日本とドイツにおける
株式会社法の発展

Die Entwicklung des
deutschen und des
japanischen Aktienrechts

高橋英治［著］

中央経済社

序　文

　本書は，ドイツと日本の株式会社法および株式会社法学の発展過程を歴史的に明らかにしようとしたものである。私の最初の留学先のドイツ・ゲッチンゲンでは，街並みをみると，ロマネスク，ゴシック，ルネサンス，バロック，アールデコ，現代建築など多様な建物がみられ，長い歴史の厚い層の中で，自分に合ったものを，ドイツ人は選択して生きているように思えた。また，ゲッチンゲン大学の外国人学生課が主催したミュンヘンへの往復十時間のバス旅行では，運転手は，日本ではほとんどかからなくなっていたヨーロッパのオールディーズをずっとかけていた。ドイツ人が，音楽でも，学問でも，美術でも，流行を追うことにはあまり熱心ではなく，常に歴史の厚い層から，自分に合うものを選択して生きていることは，時代の最先端を追う傾向にあった当時のバブル期の日本人にとっては，新鮮であった。

　本書の狙いは，ドイツと日本の株式会社法の歴史的構造を，明確に示すということにある。

　ゲッチンゲン大学では，ヨーロッパのエラスムス・プログラムなどでドイツに留学し，ゲッチンゲン大学において修士号あるいは博士号を取ろうとする外国人留学生で会社法を学ぶ者の多くは，ドイツの学説の重みに感激し，試験勉強で忙しいドイツ人学生があまり手に取らないヴェルナー・フルーメやカールステン・シュミットといった大家の体系書をこぞって読み，ドイツ株式会社法学の本質を謙虚に学び取ろうとしていた。

　私は，いつか，このドイツの株式会社法学の厚みを，日本と比較した上で，日本の読者に提示したいという思いを抱くようになっていた。本書の読者の皆様には，ドイツと日本の株式会社法の歴史的厚みとドイツと日本の学術交流の重要性を理解して頂ければ，筆者として，大変ありがたい。

　　2018年10月

　　　　　　　　　　　　　　　　　　　　　　　　　　　　　高橋英治

目　次

序　章

第1部　ドイツ法

1　成立期
　　——1807年フランス商法典から1900年ドイツ帝国商法典施行までの時期——6
　（1）株式会社法／6
　　　a　ローマ時代に株式会社は存在したのか？・6
　　　b　中世における商業組織・10
　　　c　近代的株式会社の誕生・13
　　　d　株式会社法の成立・16
　　　　aa）1807年フランス商法典・16　　bb）1838年プロイセンの「鉄道事業に関する法律」・18　　cc）1843年プロイセンの「株式会社に関する法律」・19　　dd）1861年ドイツ普通商法典の成立・26　　ee）1897年ドイツ帝国商法典の成立・28
　（2）株式会社法学／32
　　　a　アキレス・ルノー——ドイツ株式会社法学の創始者・32
　　　　aa）株式会社の概念等・32　　bb）機関等・34　　cc）計算等・38
　　　b　カール・レーマン——ドイツ株式会社法学の確立者・40
　　　　aa）体系・40　　bb）株式会社の基本概念・42　　cc）株式会社の設立・44　　dd）社員権論・46　　ee）機関・49　　ff）資金調達等・51
　　　c　レヴィン・ゴルトシュミット——ドイツ商法学の大家・52
　　　d　オットー・フォン・ギールケ——ドイツ団体法論の主唱者・58
　（3）成立期の総括／60

2　展開期
　　——1900年ドイツ帝国商法典施行から2000年までの時期——62
　（1）株式会社法／62

           a　戦前期（1887年—1937年）
              ──緊急命令による株式会社法改正・62
           b　戦中期（1937年—1945年）
              ──1937年株式法の成立・68
              aa）指導者原理・69　　bb）取締役報酬の相当性・72　　cc）コンツェルン利益の優越・74　　dd）ナチス思想を出発点として株式会社法上の制度の現代的意義・75　　ee）1937年法の全体像・78
           c　戦後期（1945年—1985年）
              ──現行株式法体制の成立と変遷・81
              aa）1965年株式法の成立・81　　bb）1965年株式法の改正・85
     (2)　株式会社法学／87
           a　戦前期（1887年—1937年）・87
              aa）ミュラー＝エルツバッハ──商法学の泰斗・88
              bb）カール・ヴィーラント──商法＝企業法説の創始者・93
           b　戦中期（1937年—1945年）・101
              aa）1937年株式法立案担当者の注釈──ナチス思想の影響・102
              bb）アドルフ・バウムバッハ──実務家のための1937年株式法注釈・104
           c　戦後期（1945年—1985年）
              ──ドイツ株式会社法学の黄金時代・105
              aa）ハンス・ヴュルティンガー──1965年株式法の通説・105
              bb）ヴェルナー・フルーメ──法人論としての株式会社法論・111
              cc）ヘルベルト・ヴィーデマン──会社法の原理の中の株式会社法・117
              dd）トマス・ライザー──標準的体系書・123
     (3)　展開期の総括／131
           a　ドイツ株式法発展過程の総括・131
           b　戦後のドイツ株式会社法研究の総括──教授資格論文を中心として・131
           c　戦後のドイツ株式会社法学の興隆の背景・135
3　「現代化」の時期
     ──2000年から現在までの時期────────────────138
     (1)　株式会社法／138
           a　組織再編法等・138
           b　コントラ法等　・141
           c　会社法専門家のハイレベルグループ報告書・142

         d 「透明性および公開法」等・145
         e 取締役報酬の相当性に関する法律 ・150
         f 女性割当制の導入等・152
         g 近時のヨーロッパ化の動き・158
    (2) 株式会社法学／163
         a フリードリッヒ・クーブラー——ドイツ会社法の現代的教科書・163
              aa）特徴・163   bb）内容・166
         b その他の教科書・167
    (3) 株式会社法の「現代化」と株式会社法学の総括と将来への展望／169
         a 21世紀のドイツ株式会社法の「現代化」の総括・169
         b 将来のドイツ株式会社法はどうなるのか？・171
              aa）自己株式取得の数量制限の撤廃は実現するのか？・171
              bb）ドイツ株式会社のコーポレート・ガバナンスのヨーロッパ化——一元型コーポレート・ガバナンス体制の導入の可能性・173
              cc）ドイツのコンツェルン法の将来に関する学界の見方・178
              dd）ドイツの株式コンツェルン法がヨーロッパ裁判所を通じて他のEU加盟国に伝播する可能性はあるのか？・180
              ee）ドイツのコンツェルン法の「現代化」——会社グループに関するヨーロッパ・フォーラムのコンツェルン指令案・183
         c 21世紀のドイツ株式会社法学の総括——重要な教授資格論文を中心として・187
         d 将来のドイツ株式会社法学はどうなるのか？・188
              aa）21世紀ドイツ株式会社法学の方法論上の反省の可能性・188
              bb）「法と経済学」と21世紀ドイツ株式会社法学・192

第2部　日本法

1　成立期
　　——ロェスレル草案から1899（明治32）年商法までの時期————199
　　(1)　株式会社および株式会社法／199
　　　　a　江戸時代に株式会社は存在したのか？・199
　　　　　　aa）匿名組合・199　　bb）合資会社・203　　cc）合名会社・206

　　　　　　dd）コンツェルン・207　　ee）幕末のカンパニー制の導入・210
　　　b　株式会社の誕生・210
　　　　　　aa）株式会社の知識の普及・210　　bb）日本最初の株式会社と株式会社法──第一国立銀行と国立銀行条例・212
　　　c　一般的株式会社法の成立──ロェスレル草案前史・214
　　　　　　aa）会社に関する大審院判例の変遷・214　　bb）1875（明治8）年「会社条例草案」・220　　cc）1881（明治14）年「会社条例」草案・223
　（2）　株式会社法──ロェスレル草案／226
　　　a　起草の経緯と体系・226
　　　b　株式会社の属性・227
　　　c　株式会社の設立と発起・230
　　　d　株式・234
　　　e　機関・236
　　　f　ファイナンス・240
　　　g　定款変更等・241
　　　h　計算等・241
　　　i　解散と清算・241
　（3）　株式会社法──ロェスレル草案以降／243
　　　a　1882（明治15）年商法案・243
　　　b　1890（明治23）年商法（旧商法）・248
　　　c　1899（明治32）年商法（新商法）・251
　　　　　　aa）株式会社法の体系・252　　bb）株式会社の属性・252　　cc）設立・254　　dd）株式・255　　ee）機関・256　　ff）会社の計算・257　　gg）社債・258　　hh）組織再編（合併・組織変更）・259
　（4）　株式会社法学／260

2　展開期
　　──1900（明治33）年から1990（平成2）年バブル崩壊までの時期──263
　（1）　株式会社法／263
　　　a　戦前期（1900（明治33）年─1938（昭和13）年）・263
　　　　　　aa）カルテルとコンツェルンの時代の本格的到来・263　　bb）戦前のコーポレート・ガバナンス・266　　cc）1911（明治44）年改正・268
　　　b　戦中期（1938（昭和13）年─1945（昭和20）年）──1938（昭和13）年改正・276
　　　　　　aa）戦中期の日本の株式会社法の概観・276　　bb）1938（昭和13）年

　　　　　　改正・279　　cc)「戦時会社法」・285
　　　　c　戦後期（1945（昭和20）年—1990（平成2）年）・288
　　　　　　aa) 1948（昭和23）年改正・288　　bb) 1950（昭和25）年改正・289
　　　　　　cc) 1955（昭和30）年改正・299　　dd) 1962（昭和37）年改正・301
　　　　　　ee) 1966（昭和41）年改正・302　　ff) 1974（昭和49）年改正・305
　　　　　　gg) 1981（昭和56）年改正・307
　　　　d　展開期の株式会社立法の総括・313
　　(2)　株式会社法学／315
　　　　a　戦前期（1899（明治32）年—1938（昭和13）年）——株式会社法学の生成・315
　　　　　　aa) 岡野敬次郎・315　　bb) 松本烝治・320
　　　　b　戦中期（1938（昭和13）年—1945（昭和20）年）——1938（昭和13）年改正法の通説的解釈（田中耕太郎）・325
　　　　c　戦後期（1945（昭和20）年—1990（平成2）年）——日本における株式会社法学の黄金時代・336
　　　　　　aa) 鈴木竹雄・336　　bb) 大隅健一郎・344
　　　　d　展開期の株式会社法学の総括・349

3 「現代化」の時期
—1990（平成2）年バブル崩壊から現在までの時期————353
　　(1)　株式会社法／353
　　　　a　株式会社法の「現代化」まで（1990（平成2）年バブル崩壊から2005（平成17）年会社法までの時期）・353
　　　　b　2005（平成17）年「会社法」の成立——株式会社法の「現代化」・359
　　　　c　2014（平成26）年改正・361
　　　　　　aa) コーポレート・ガバナンス・361　　bb) 企業結合規制とその導入の背景・363　　cc) 2014（平成26）年改正会社法下での裁判実務上の課題——企業結合法制を中心として・367　　dd) 2014（平成26）年改正後の企業結合立法の課題・374
　　(2)　株式会社法学／381
　　(3)　株式会社法の「現代化」の総括と将来への展望／384

第3部　総括—ドイツと日本の株式会社法・株式会社法学の発展史の横断的比較

1　成立期の比較 ———————————————————388
2　展開期の比較 ———————————————————395
3　「現代化」の時期の比較 —————————————401
4　比較史研究からみたドイツと日本の株式会社法と株式会社法学の課題 ————————————————————405

あとがき　409

索　引　411

序　章

　本書は，ドイツと日本における株式会社に関する立法と学説の発展の過程を100年単位で分析・検討し，両国の株式会社法と株式会社法学のあるべき姿を考える比較法制史研究である。その目的は，両国の株式会社法および株式会社法学の過去を総括することにより，両国の株式会社に関する立法と法学が進むべき道を示す点にある。

　本書は，ドイツと日本における株式会社に関する立法上の発展と学説上の発展とを分けて検討する。本書では，両国の株式会社法および株式会社法学の発達につき19世紀を「成立期」，20世紀を「展開期」，21世紀を「『現代化』の時期」とみて，それぞれの時期におけるドイツと日本での株式会社に関する立法と学説の発展過程を解明したいと思う。このような100年単位の歴史区分を行うのは，両国の発展過程をパラレルに示すための便宜的な理由だけではない。19世紀末と20世紀末とが両国の株式会社法の転換点でもあったからである。

　ドイツでは，1900年1月1日にドイツ民法と同時にドイツ帝国商法典（以下「ドイツ商法」という）が施行され，株式会社はドイツ商法によって規制されることとなった。日本でも，1899（明治32）年に現行の商法が成立し，株式会社は商法の中で規制された。20世紀という株式会社法の展開期は，第二次世界大戦を中心に，戦前期，戦中期，戦後期に分かれる。ドイツにおいては，ワイマール期の緊急命令等による改正を経て，1937年，株式会社法が，ドイツ商法から分離独立し，新たに「株式法」という株式会社等のための法律により規制されるようになった。本書は，この1937年株式法を戦中期の箇所で概説する。戦中期には，ナチスの思想が株式会社に関する立法および学説に影響を与えた。戦後，1965年株式法が成立し，新しい株式会社法学が生まれた。

　日本では，ドイツに遅れ，戦前期に株式会社法学が確立した。戦中期には，日本でも，全体主義思想の影響を受けた株式会社法の学説が出現したが，株式会社法学の主流となりえなかった。戦後期日本では，連合国の占領下で米国法の影響を受けた改正が行われ，その後も継続的に株式会社法改正が行われた。戦後期日本における株式会社に関する立法と学説は密接な関係を有していた。

学説による，会社実務に配慮した柔軟な解釈論は戦後期の日本の経済成長を促進した。

　ドイツにおける会社法の現代化の時期の始まりは，2000年前後であり，この時期からドイツでもヨーロッパ法の影響を受けた株式会社法の改正が次々と行われた。まず，1990年前後から株式法の部分改正が相次いで行われた。2000年にリスボンで開催されたヨーロッパ首脳会談では，ヨーロッパの経済を抜本的に改革し，かつ，2010年までにヨーロッパ連合（EU）を世界で最も競争力がある経済の場に発展させることが決議された[1]。この後，会社法の「現代化（Modernising）」が唱えられ，そのコンセプトを提供した2002年会社法ハイレベル・グループ報告書[2]を基に2003年EU行動計画書[3]が作成された。これにより，従来のドイツ連邦司法省のイニシアチブの下での株式会社法の改正に代わって，ヨーロッパ委員会がEU行動計画書を作成し，それに従いヨーロッパ法上の指令等を通して行われる立法方式がドイツで確立した[4]。

　日本では，1990（平成2）年にバブル崩壊を迎え，経済力強化のための立法が開始され，2000（平成12）年前後に会社法の現代化が議論され始めた。2005（平成17）年に会社法の現代化の総仕上げとしての「会社法」が成立した。2014（平成26）年に，会社法は制定後始めて本格的に改正された。

　本書は，まず，かつて日本の株式会社立法および株式会社法学の手本とされ

---

[1] ハラルド・バウム，早川勝＝久保寛展訳「ヨーロッパ買収法および会社法の改正に関する『会社法専門家ハイレベル・グループ』の提案」ワールド・ワイド・ビジネス・レビュー（同志社大学）5巻1号104頁以下（2003年）参照。

[2] Report of the High Level Group of Company Law Experts on Modern Regulatory Framework for Company Law in Europe, Brussels, 4.11.2002.

[3] Communications from the Commission to the Council and the European Parliament Modernising Company Law and Enhancing Corporate Governance in the European Union–A Plan to Move Forward, COM（2003）284 final. この2003年EU行動計画書につき，高橋英治＝山口幸代「欧州におけるコーポレート・ガバナンスの将来像——欧州委員会行動計画書」商事法務1697号101頁以下（2004年）参照。

[4] 高橋英治『ドイツ会社法概説』10頁以下（有斐閣，2012年）参照。なお，近時のドイツ会社法の改正の方向を示すEU行動計画書として，Communications from the Commission to the European Parliament, the Council and the European Economic and Social Committee and the Committee of the regions, Action Plan：European company law and corporate governance-a modern legal framework for more engaged shareholders and sustainable companies, Brussels, XXXCOM（2012）740/2がある。

たドイツにおける株式会社に関する立法と法学の成立・展開・現代化の過程を示す（第1部）。続いて、日本法が、ドイツ法およびドイツ法学をどのように受容し、それを出発点としてどのように変貌したのかという視点から日本における株式会社に関する立法と法学の成立・展開・現代化の過程を示す（第2部）。

最後に、ドイツと日本の株式会社法・株式会社法学を横断的に比較し、ドイツと日本法の株式会社に関する立法と学説の将来のあるべき姿を明らかにする（第3部）。なお、本書は、ドイツと日本の株式会社法学については、株式会社法を解説する代表的な体系書を主として用いて、その特徴を解明する。

ドイツと日本の株式会社法は、後者による前者の法律および学説の「継受」という関係にあったが、近年、ドイツと日本の株式会社法と株式会社法学はどちらも「米国化」していくという現象を生み出している[5]。本書は、この現象から、将来のドイツと日本の株式会社法・株式会社法学の相互関係のあり方に関する示唆を得たい。

本書は、近時の日本の株式会社立法（特に2014（平成26）年会社法改正）に対しては、経済界の意向が重視され、従属会社の少数派株主・債権者の利益が十分に配慮されなかったことを批判する。そもそも、会社法上の「正義」は、経済的効率性に還元されるものではなく[6]、憲法上の基本権に基づく従属会社の少数派株主・債権者等の保護を要請する[7]。本書は、ドイツと日本の株式会社立法・株式会社法学の比較法制史上の考察を通じて、大企業の利便性に重きを置く現在の日本の株式会社に関する立法に対して警鐘を鳴らすとともに、2014

---

[5] 高橋英治『会社法の継受と収斂』15頁以下（有斐閣、2016年）。

[6] これに対して、田中亘教授は、効率性と公正ないし正義の観念とは対立せず、価値基準としての効率性が公正の観点からの判断を支持すると説く（田中亘「商法学における法解釈の方法」民商法雑誌154巻1号46頁（2018年））。しかし、田中亘教授の効率性の基準である潜在的パレート基準（仮説的補償原理）によると「ある政策により、社会全体の利益が増大し、その政策の実施により不利益を受けた者に対して補償することが可能な状態になる場合には、その政策は望ましい」ということになるが、公正ないし正義の観点からは、増大した社会全体の利益からその政策により不利益を受けた者に対して実際に補償されない限り、その政策は「パレート最適」であり「望ましい」とはいえない。この問題点につき、Eiji Takahashi, Die Rezeption und Konvergenz des deutschen Handels- und Gesellschaftrechts in Japan: Gesammelte Schriften, Baden-Baden 2017, S. 176.

[7] 会社法における正義につき、高橋英治『会社法概説〔第3版〕』7頁以下（中央経済社、2015年）参照。

(平成26) 年改正会社法下における株式会社法解釈のあり方および今後の株式会社立法の方向性を示す。

第 1 部

ドイツ法

ドイツにおける株式会社に関する立法と学説の発展過程は，成立期（1807年フランス商法典から1900年ドイツ帝国商法典施行までの時期），展開期（1900年ドイツ帝国商法典施行から2000年ＥＵリスボン会議までの時期），「現代化」の時期（2000年ＥＵリスボン会議からから現在までの時期）に区分される。以下では，かかる時代区分に従い，ドイツにおける株式会社に関する立法と学説の発展過程を明らかにする。

1 成立期―1807年フランス商法典から1900年ドイツ帝国商法典施行までの時期

　19世紀はドイツ株式会社法およびドイツ株式会社法学の成立期であった。ただし，株式会社は，世界最初の近代的商法典である1807年フランス商法典の成立以前に，ヨーロッパの歴史の中で既に生み出されていた。ドイツ株式会社法の「成立期」を取り扱う本章では，まず古代の株式会社の類似組織とみられてきたソキエタス・ププリカノルムが株式会社といえるのかという問題の検討から出発し，コメンダ（commenda）を出発点とする中世の商業組織を概観する。続いて，1807年フランス商法典における株式会社法について分析・検討し，19世紀ドイツにおける株式会社に関する立法と学説の発達を概観する。最後に，ドイツ株式会社法の成立期における立法と学説の特徴を総括する。

(1) 株式会社法
a　ローマ時代に株式会社は存在したのか？

　ソキエタス・ププリカノルム（societas publicanorum）とは，租税徴収および公的事業の請負人の団体である[1]。伝統的ローマ法学において，ソキエタス・ププリカノルムは法人格のある社団（universitas）であるとみられてきた[2]。マックス・カーザーは，その主著『ローマ私法』において，ソキエタス・ププ

---

[1] 本書第1部1(1)aの叙述は，高橋英治「ローマ法上の企業形態としてのソキエタスとソキエタス・ププリカノルム」法学雑誌62巻2号217頁以下（2016年）を基礎とする。
[2] Honsell/Mayer-Maly/Selb, Römisches Recht, 4. Aufl., Berlin 1987, S. 77 f.

リカノルムを社団の一種であるケルパーシャフトとみた[3]。現代のローマ法学の世界的権威であるライハルト・チマーマンも，ソキエタス・プブリカノルムは，ソキエタス（societas：組合）という名称にもかかわらず，ソキエタスとは異なるものであり，私的な組合というよりは，公的な会社形態の企業であると説いた[4]。2014年には，現代のドイツの代表的ローマ法の概説書であるカーザーとクヌーテルの『ローマ私法〔第20版〕』も，ソキエタス・プブリカノルムは，社団（Verein）の一種であり，断じて単なる「組合」ではないと説いた[5]。

　この伝統的理解に対し，2010年，アンドレアス・フレックナーは，その博士論文『古代の資本団体』において，ソキエタス・プブリカノルムはソキエタス（組合）が公的事業を請負かつ実行するためのソキエタスの特別形態であるとみるべきであると説いた[6]。その根拠として，フレックナーは，①ソキエタス・プブリカノルムという名称自体がソキエタスの特別形態であることを示している点，②ソキエタス・プブリカノルムが歴史上ソキエタスから発展してきた点，③『ガイウス法学提要[7]』等のローマ時代の法学上の主要文献がケルパーシャフト的構造を有する団体についてはソキエタス（あるいはソキエタス・プブリカノルム）とは呼んでいなかった点等を挙げた[8]。

　フレックナーは，ソキエタス・プブリカノルムが，伝統的な租税徴収といった事業以外にも，鉱山の賃貸，金・銀・鉄・鉛・銅・塩・石灰岩やタールの採掘，公有地・漁場・水道や運河の賃貸，神殿・井戸・水道・運河・港・劇場や市場の建設維持，軍隊の援助，穀物の輸入等に携わったことを明らかにした[9]。

　かかるソキエタス・プブリカノルムの事業形態から考えると，多数の構成員と出資者からなるソキエタス・プブリカノルムが存在したかのように思われる

---

3) Kaser, Das römisches Privatrecht, Erster Abschnitt, 2. Aufl., München 1971, S. 308, S. 574, Fn. 23.
4) Zimmermann, The Law of Obligations: Roman Foundations of the Civilian Tradition, Oxford 1996, S. 468.
5) Kaser/Knütel, Römisches Privatrecht, 20. Aufl., München 2014, S. 110.
6) Fleckner, Antike Kapitalvereinigungen: Ein Beitrag zu den konzeptionellen und historischen Grundlagen der Aktiengesellschaft, Köln 2010, S. 145.
7) 邦訳として，船田享二訳『ガイウス法学提要〔新版〕』（有斐閣，1967年）がある。
8) Fleckner, Antike Kapitalvereinigungen: Ein Beitrag zu den konzeptionellen und historischen Grundlagen der Aktiengesellschaft, S. 386-413.
9) Fleckner, Roman Business Associations, Max Planck Institute for Tax and Public Finance, Working Paper 2015-10, October 2015.

が，実際にはそうではなく，大規模なソキエタス・プブリカノルムが存在したという歴史上の証拠はほとんどない。レヴィ記に19の当事者が，第二次ポエニ戦争（紀元前3世紀）におけるローマの軍隊を援助するために三つの団体を形成したとの記録が残っているにとどまる[10]。

ローマ帝国興隆期には，国家により多くの大規模事業が行われ，それに伴い紀元前1世紀頃，ソキエタス・プブリカノルムは，最盛期を迎えた。しかし，その後公共事業が少なくなるにつれ，ソキエタス・プブリカノルムは衰退し，紀元後3世紀には消滅していった[11]。

19世紀中葉のドイツにおいて，ローマ時代のソキエタス・プブリカノルムを歴史上最初の株式会社とみる説が存在した。1853年，マーキュアートが，その著作『ローマ古代ハンドブック』第3部第2節において「ソキエタス・プブリカノルムは株式会社であり，その参加者は，大きなあるいは小さな持分を有しそれが資本を形成していた[12]」と説いた。1858年，ロバート・ヘルマンも，その著作『株式会社の法的性格』において，「ソキエタス・プブリカノルム……は，その企図，その現象およびその法的性格に照らして，今日の事業のために設立した株式会社と同じものであったことを疑わない[13]」と論じた。1858年，ウンガーも，その論文『法人理論について』において，ソキエタス・プブリカノルムが「我々の近代的株式会社のモデルとなった[14]」と説いた。また，1863年，アキレス・ルノーも，ソキエタス・プブリカノルムが株式会社の起源であると説き，株式会社の成立は古代に遡ると論じた。1879年，19世紀の代表的私法学者であるヴィントシャイトも，ソキエタスが法人を意味する言葉として用いられる例としてソキエタス・プブリカノルムを挙げ，ソキエタス・プブリカノルムは株式会社であったと説いた[15]。

---

10) Livy 23：49：1, bei：Fleckner, Roman Business Associations, Max Planck Institute for Tax and Public Finance, Working Paper 2015-10, S. 8.

11) Fleckner, Roman Business Associations, Max Planck Institute for Tax and Public Finance, Working Paper 2015-10, S. 8.

12) Marquadt, Handbuch der Römischen Alterthümer-nach den Quellen bearbeitet, begonnen von Wilhelm Adorf Becker, fortgesetzt von Joachim Marquadt, Dritter Teil, Zweite Abteilung, Leipzig 1853, S. 217.

13) Robert Hermann, Der Rechtscharakter der Actienverein, Leipzig 1858, S. 20.

14) Unger, Zur Lehre von der juristischen Person, Kritische Ueberschau der deutschen Gesetzgebung und Rechtswissenschaft 6 (1858), S. 174.

近時では，2002年，マルメンディアが，その著作『ソキエタス・ププリカノルム――個人企業の手による国家の経済活動』において，ヴィントシャイトの見解に従い，租税徴収の請負を行う団体としてのソキエタス・ププリカノルムが所有権の主体となり，単独の代表者をもつことができたというディゲスタの記録[16]等を根拠として[17]，「ソキエタス・ププリカノルムはその機能において近代的株式会社に類似する[18]」と論じた。

　しかし，この点については，反対説も有力である。1868年，カール・レーマンは，ソキエタス・ププリカノルムにおいて，①構成員の有限責任が認められていなかったこと[19]，②株券の任意の譲渡が認められていなかったこと[20]，③ソキエタス・ププリカノルムの内部組織の状態，特に総会の権限について，ローマ時代の資料が少なく明確でないこと[21]，を指摘し，ソキエタス・ププリカノルムを近代的株式会社の起源とはみなかった。2012年，フレックナーは，ソキエタス・ププリカノルムが歴史上最初の株式会社であったといえるためには，これが大規模な資本の集積機能を果たす必要があるが，かかる機能はソキエタス・ププリカノルムには認められず，ローマ時代に株式会社の原型があったとはいえないと指摘した[22]。

　フレックナーは，近代的株式会社制度がローマ法上創設されなかった原因の一つとして，ローマ法が厳格主義であり，法発展の必要性に柔軟に応える仕組みとなっていなかったことを挙げる[23]。フレックナーは，近代的株式会社制度

---

15) Windscheid, Lehrbuch des Pandektenrechts, Band 1, 5. Aufl., Stuttgart 1879, S. 153, Fn. 3.
16) Digesta 3, 4, 1. bei: Malmendier, Societas Publicanorum――Staatliche Wirtschaftsaktivitäten in den Händen privater Unternehmer, Köln 2002, S. 252.
17) Malmendier, Societas Publicanorum――Staatliche Wirtschaftsaktivitäten in den Händen privater Unternehmer, S. 252 f.
18) Malmendier, Societas Publicanorum――Staatliche Wirtschaftsaktivitäten in den Händen privater Unternehmer, S. 251.
19) Karl Lehmann, Das Recht der Aktiengesellschaften, Band 1, Berlin 1898, S. 15 ff.
20) Karl Lehmann, Das Recht der Aktiengesellschaften, Band 1, S. 18.
21) Karl Lehmann, Das Recht der Aktiengesellschaften, Band 1, S. 18.
22) アンドレアス・フレックナー「京都大学講演　株式会社の概念上のおよび歴史的基礎について」学術創成通信研究第12号106頁（2012年）参照。
23) Fleckner, Roman Business Associations, Max Planck Institute for Tax and Public Finance, Working Paper 2015-10, S. 10.

がローマ時代に発達しなかった理由として，法システム外においても重要な要因があると考えた．すなわち，ローマ社会においては，軍事活動，政治活動あるいは芸術活動には，市民の多大な尊敬が払われたが，ソキエタス・ププリカノルムの形態で共同のビジネス活動を行うことは，市民の尊敬の対象にはならなかった．フレックナーは，かかる社会的・政治的背景の下で，共同で経済活動を行うソキエタス・ププリカノルムは，紀元後3世紀に消滅していったと推測した[24]．

b 中世における商業組織

株式会社が登場する以前に，中世ヨーロッパの海上貿易の担い手となったのがコメンダであった[25]．中世のイタリア諸都市の商路は，時代の推移に従い，漸次アジアにも及ぶようになり，商人が商品を携帯して航海することが困難となった．コメンダ契約は，陸上にとどまる資本家（コメンダトール）と航海に従事する企業家との組合関係であり，前者は商品等を出資し，後者を「働かせ[26]」，航海の終わりにおいて利益の分配に与った[27]．この利益の分配の要素は12世紀のジェノヴァにおいて通常みられたものであったが[28]，マックス・ウェーバーは，これを，コメンダの組合（societas）としての要素とみた[29]．

---

[24] Fleckner, Roman Business Associations, Max Planck Institute for Tax and Public Finance, Working Paper 2015-10, S. 11.

[25] 本書第1部1(1)bの叙述は，高橋英治「ドイツ法における匿名組合の発展と現状――日本法への示唆」早川勝＝正井章筰＝神作裕之＝高橋英治編『ドイツ会社法・資本市場法研究』26頁以下（中央経済社，2016年）を基にする．

[26] Levin Goldschmidt, Universalgeschichte des Handelsrechts, Erste Lieferung, Stuttgart 1891, S. 269.

[27] 小町谷操三『海商法研究第3巻』65頁（有斐閣，1931年）．

[28] Max Weber, Zur Geschichte der Handelsgesellschaften im Mittelalter: Nach südeuropäischen Quellen, Stuttgart 1889, S. 19.

[29] Max Weber, Zur Geschichte der Handelsgesellschaften im Mittelalter: Nach südeuropäischen Quellen, S. 20. マックス・ウェーバーは，中世の共同企業を，ドイツ法の合名会社等ではなく，ローマ法の組合に近づけて，その本質を理解しようとした（Max Weber, Zur Geschichte der Handelsgesellschaften im Mittelalter: Nach südeuropäischen Quellen, S. 12 f）．コメンダも，ウェーバーによると「海商法上の組合（seehandelsrechtliche Sozietäten）」の範疇で理解されている（Max Weber, Zur Geschichte der Handelsgesellschaften im Mittelalter：Nach südeuropäischen Quellen, S. 15 ff.）．ウェーバーは，その成立の歴史的背景（相続関係）から当時ゲルマン法の領域に属すると考えられていた商事会社の財産関係につきローマ法を基盤として理解しようとした日本の1890（明治23）年商法の起草者であるヘルマン・ロェスレスの博士

ドイツでは，1120年のヴェストファーレンのゼストの最古の都市法が，コメンダ契約について「同様に，ある者が取引のために自分の同朋（concivis）に自分の財産を委託した場合において，認めようとしないときは，支払能力のある現在の人士（viris）に有責判決を下すことができる[30]」と定めていた（1120年ゼスト都市法30条）。1165年のゼスト近郊のメーデバッハの都市法もコメンダにおける出資者と企業家は獲得された利益を分けあうべき旨を定めていた[31]（1165年メーデバッハ都市法15条）。
　その後，ベニス等では企業家も資本参加するコメンダの一形態であるコレガンチア（collegantia）が登場した[32]。15世紀頃，コレガンチアは，企業家のみが前面に現れ，資本家は事業の背後に隠れるパルティチパチオ[33]（participatio）と，資本家も表に現れる合資会社とに分化した[34]。
　パルティチパチオにおいて，出資者はパルティツェプス（particeps）と呼ばれた。パルティツェプスの出資は営業者の所有に帰し，パルティツェプスが複数存在する場合にも，各パルティツェプスの間には何らの法律関係も生じなかった。パルティチパチオにおいて営業者は自己の名前で営業を行った。パルティツェプスは営業者の取引相手とは何らの法律関係にも立たなかったが，営業者の営業から生じる損益に参加した。
　パルティチパチオは，対外的には営業者単独の事業の形態を採っていたが，経済機能的に株主有限責任制度と同様に機能する仕組みが存在した。すなわち，

　　論文（Roesler, Die rechtliche Natur des Vermögens der Handelsgesellschaften nach römischem Recht, ZHR 4（1861），252 ff.）を引用した（Max Weber, Zur Geschichte der Handelsgesellschaften im Mittelalter: Nach südeuropäischen Quellen, S. 10）。

30) 1120. Aelteste Staturrecht der Stadt Soest, in: Seibertz, Urkundenbuch zur Landes- und Rechtsgeschichte des Herzogtum Westfalen, Augsburg 1839, S. 52. ラテン語の原文の翻訳にあたり，大阪市立大学大学院法学研究科坂口甲准教授の助力を得た。

31) 1165, Aug. 31. Bestätigt und erweitert Erzogbischof Reinald der Stadt Medebach ihre früheren Rechte, in: Seibertz, Urkundenbuch zur Landes- und Rechtsgeschichte des Herzogtum Westfalen, S. 74.

32) Levin Goldschmidt, Universalgeschichte des Handelsrechts, Erste Lieferung, S. 260.

33) パルティチパチオにつき，Lastig, in: Endemann (Hrsg.), Handbuch des deutschen Handels-, See- und Wechselrechts, Erster Band, Buch 1, Leipzig 1881, S. 712 ff.

34) 田邊光政『商法総則・商行為法〔第4版〕』245頁（新世社，2016年）。

コメンダ契約において，出資者は取引相手とは何らの法律関係をもつことはなく，営業者が破産した場合でも，コメンダと取引をした債権者は出資者の財産を掴取することはできなかった。

パルティチパチオは，株式会社へと発展することはなかった[35]。パルティチパチオの成立の背景には，貴族や僧侶等，身分的制約から出資を秘匿しなければならないという当時の社会状況を背景とした必要性があった[36]。「何物も求めず貸し与えよ」（ルカ伝6章35節）という宗教的掟を，教会法は利息禁止法令として一般的に適用しようとしたが，かかる利息禁止法令を背景に，当時の資本家となる僧侶等は，投資に際して自己の氏名を秘匿しなければならなかった。パルティチパチオは，かかる中世特有の社会倫理を背景に発達した匿名組合契約であったのである。

コメンダに遅れて，12世紀末頃からコンパニア（compagnia）が現れた[37]。それは，同一の家計内の数人の兄弟が父の営業を共同相続することから起こったようであるが，後には特に親密な者の間で新規に事業を始める場合にも用いられた[38]。記録によると，家族構成員以外の者が加わった最初のコンパニアは1318年にイタリアでみられた[39]。コンパニアは，コメンダのように資本と労力の異質的結合体ではなく，同質な資本団体かつ労力団体であった[40]。社員の氏名は商号および登記簿により公示されたが，各社員の法律上の代表権や個別の無限責任は，後に慣習法的に発達した。中世の終わりには，合名会社の各社員の代表権および無限責任は確立しており，1479年のニュルンベルクの都市法を始めとする多くの都市法は合名会社に関する規定を有していた[41]。コンパニアは今日の合名会社の起源となった。中世のコンパニアの代表的なものとしては，

---

[35] パルティチパチオは匿名組合の原初形態であると説くものとして，Lastig, in: Endemann (Hrsg.), Handbuch des deutschen Handels-, See- und Wechselrechts, Erster Band, Buch 1, S. 733.
[36] 岩崎稜＝吉川吉衞＝吉見研次＝山手正史『セミナー商法』290頁（日本評論社，1996年）〔岩崎稜＝山手正史〕。
[37] 西原寛一『近代的商法の成立と発展』22頁（日本評論社新社，1953年）参照。
[38] Karl Wieland, Handelsrecht, Erster Band, München 1921, S. 522.
[39] 高橋英治『ドイツ会社法概説』20頁（有斐閣，2012年）参照。
[40] Levin Goldschmidt, Universalgeschichte des Handelsrechts, Erste Lieferung, S. 272.
[41] 山田晟『ドイツ法概説Ⅲ〔第3版〕』108頁（有斐閣，1989年）参照。

1494年にフッガー家の3兄弟（Ulrich, Georg und Jacob Fugger）が設立した6年の期限付きの「アウグスブルクのウルリッヒ・フッガーとその兄弟（„Ulrich Fugker und gebrudere von Augspurg"）」という商号の合名会社があった[42]。

c 近代的株式会社の誕生

世界初の株式会社に関する議論において，現在最も大きな影響力を与えているのが，カール・レーマンの説である。レーマンは，1602年3月20日の特許状によって設立されたオランダ東インド会社（以下「1602年オランダ東インド会社」という）が世界最初の株式会社であると主張した[43]。その根拠は，次のとおりであった。

レーマンによると，1602年オランダ東インド会社は，小規模な船舶共有団[44]（Rhederei）が合併して成立した共同企業であった[45]。レーマンは，1602年オランダ東インド会社を，株式会社としてみる形式的な根拠として，持分が „Aktie"（「株式」）と呼ばれ，持分所有者が最初は „Aktionnist"，後には „Aktionär"（いずれも「株主」）と呼ばれていたことを挙げた[46]。次に，レーマンは，1602年オランダ東インド会社において，株主有限責任は重視されていなかったが[47]，「個人は社団（universitas）の負責するものを負責することなし」というローマ法上の格言が中世の全時期を通じて認められ，17世紀のオランダにおいても，この法格言が妥当していたとして，当時投資家の有限責任が一般

---

[42] Häberlein, Die Fugger: Geschichte einer Augusburger Familie（1367-1650）, Stuttgart 2006, S. 36; Dauser, Die Fugger und Welser: vom Mittelalter bis zur Gegenwart, Augusburg 2010, S. 27; Haupt/Reinhard, Gesellschaftsrecht, 4. Aufl., Tübingen 1952, S. 42；石坂昭夫＝壽永欣三郎＝諸田實＝山下幸夫『商業史』53頁（有斐閣，1980年）〔諸田實〕参照。

[43] Karl Lehmann, Die geschichtliche Entwicklung des Aktienrechts bis zum Code de Commerce, Berlin 1895, S. 29. 本著作の邦訳として，カール・レーマン，津島憲一訳『株式会社法史』（有斐閣，1932年）参照。

[44] Karl Lehmann, Die geschichtliche Entwicklung des Aktienrechts bis zum Code de Commerce, S. 31.

[45] Karl Lehmann, Das Recht der Aktiengesellschaften, Band 1, S. 53.

[46] Karl Lehmann, Das Recht der Aktiengesellschaften, Band 1, S. 53.

[47] この点について，後に大塚久雄博士は，『アントウェルペン慣習法集成』が持分出資者の責任形態を有限責任と規定していることから，1602年オランダ東インド会社の前身であった船舶共有団において，既に出資者が有限責任を享受していたと推察した（大塚久雄『大塚久雄著作集第1巻株式会社発生史論』349頁（岩波書店，1969年））。

原則であり，当然の前提であったと説いた[48)]。レーマンによると，1602年オランダ東インド会社を先駆とする当時のオランダ型の株式会社の特許状が，株主有限責任についてはほとんど言及することがなかったのは，当時この問題が会社の私的自治の問題とみられていたためであった[49)]。1602年オランダ東インド会社においては，株主の有限責任は，内部関係において不文の前提とされていた[50)]。これを最初に立法化したのは，1807年フランス商法典であった。

　レーマンは，1602年オランダ東インド会社が法人であったと主張した。すなわち，レーマンによると，1602年オランダ東インド会社は特許状によって成立したが，この特許状には，同会社に法的人格を付与し，その組織を形成する機能があった[51)]。オランダ型の株式会社の機関としては，最初は株主から選任されたのではなく，政府から指名された頭取（Vorsteher）があり，これが株式会社の管理を行った[52)]。当時，オランダ型の株式会社には株主総会は存在しなかったが，海上事業終了時には，株主は利益の配当に与った。後に，株式会社に対して最も多くの投資をしている大株主は，業務執行監視権や利益配当に関する承認権を有するようになり，これは株主総会および監査役会の起源となった[53)]。

　オランダ型の会社には，今日の意味での資本金は存在しなかったが，会社財産として一定の基金が存在し，それが冒険事業に必要な限り集められ，冒険事業が終了するまでの一定期間維持されることが要求された[54)]。しかし，会社が1回の冒険事業で終了することなく，数回の冒険事業が行われるようになると，「永続的基金」が形成された。また，最初は，基金に対する均一の持分権というものもなかった。しかし，均一の持分権という考えは，最小限度の出資額面として間もなく登場し，基金は複数の均一の持分により構成されると考えられた[55)]。

---

48) Karl Lehmann, Die geschichtliche Entwicklung des Aktienrechts bis zum Code de Commerce, S. 51 f.
49) Karl Lehmann, Die geschichtliche Entwicklung des Aktienrechts bis zum Code de Commerce, S. 54 f.
50) Karl Lehmann, Das Recht der Aktiengesellschaften, Band 1, S. 58.
51) Karl Lehmann, Das Recht der Aktiengesellschaften, Band 1, S. 61.
52) Karl Lehmann, Das Recht der Aktiengesellschaften, Band 1, S. 62.
53) Karl Lehmann, Das Recht der Aktiengesellschaften, Band 1, S. 62.
54) Karl Lehmann, Das Recht der Aktiengesellschaften, Band 1, S. 63.

オランダ型の株式会社における株主権は純粋な財産権であり[56]，利益配当請求権と一定期間後に出資を取り戻す権利とに分かれていた[57]。1602年オランダ東インド会社の特許状では，10年ごとに決算をすべきことが規定されていた[58]。この決算の制度が株式会社の計算の仕組みを生み出した。決算のため，財産目録および貸借対照表が作成され，金銭債権と金銭債務は区別して，商人の原則の下，記載された。利益配当は，資本金の塡補の後に行われた[59]。

会社債権者は，会社財産に捆取することはできず，残余財産から満足を得た。株主権はほとんど常に譲渡可能であった[60]。

以上のように，レーマンは，①株主有限責任制度の存在，②法人性，③事実上の資本金制度の成立，④株主権とその自由譲渡性，という1807年フランス商法典を基礎とした株式会社の理念型を基に，1602年オランダ東インド会社が世界最初の株式会社であったと主張した。

ドイツ初の株式会社が何かという議論に対しても，レーマンの見解は現在でも影響力をもっている[61]。レーマンは，1651年の特許状により成立したブランデンブルク東インド会社がドイツ最初の株式会社であるとしているが[62]，後のドイツおよび日本の学者は同一の見解を採用している[63]。

---

55) Karl Lehmann, Das Recht der Aktiengesellschaften, Band 1, S. 63.
56) Karl Lehmann, Die geschichtliche Entwicklung des Aktienrechts bis zum Code de Commerce, S. 66.
57) Karl Lehmann, Das Recht der Aktiengesellschaften, Band 1, S. 64.
58) Karl Lehmann, Die geschichtliche Entwicklung des Aktienrechts bis zum Code de Commerce, S. 70.
59) Karl Lehmann, Die geschichtliche Entwicklung des Aktienrechts bis zum Code de Commerce, S. 70.
60) Karl Lehmann, Das Recht der Aktiengesellschaften, Band 1, S. 65.
61) 鈴木竹雄＝竹内昭夫両博士は「1602年設立のオランダの東印度会社を先駆としてオランダ・フランス・イギリス等に設立された植民会社を株式会社の起源と認める説が有力である（カール・レーマン，大塚久雄）」と説いた（鈴木竹雄＝竹内昭夫『会社法〔第3版〕』38頁（有斐閣，1994年））。
62) Karl Lehmann, Das Recht der Aktiengesellschaften, Band 1, S. 75.
63) Bösselmann, Die Entwicklung des deutschen Aktienwesens im 19. Jahrhundert, Berlin 1939, S. 51; Kießling, Eisenbahnbau und Industrialisierung als Katalysator der Entwicklung des Aktienrechts, in: Bayer/Habersack (Hrsg.), Aktienrecht im Wandel, Band 1, Entwicklung des Aktienrechts, Tübingen 2007, S. 133; 神作裕之「ドイツにおける会社法と資本市場法の交錯」商事法務1865号12頁（2009年），高橋英治『ドイツ会社法概説』79頁。ブランデンブルク東インド会社につき，Bergfeld, Trade

d　株式会社法の成立
aa）1807年フランス商法典

　株式会社に関する世界初の立法は，1807年フランス商法典に含まれる株式会社（無名会社）に関する規定であった[64]。それは全12条からなる簡潔なものであった。フランス商法典の1807年当時の姿は，日本ではあまり知られていないが，資料的にも重要であるため，以下において，その全文を掲載する。

第19条　本法は三種類の商事会社を認める。
合名会社
関係者のすべてが商事業務に参加してはいない会社（合資会社）
無名会社（société anonyme）
第29条　無名会社は，共同の関係人の氏名が表れていない商号を有する。会社への参加者は，この場合商号には含まれない。
第30条　無名会社の商号には，商事事業の対象が示される。
第31条　無名会社は，代表者によって管理される。無名会社の代表者に対する管理の委任を一定の期間に制限することができ，あるいは無名会社の代表者を解任することも可能である。無名会社の代表者は会社の事業に参加することができる。無名会社の代表者に対して報酬を与えることも，あるいは，無報酬とすることもできる。
第32条　無名会社の管理者は，受任事項の実行に関してのみ責任を負う。無名会社の管理者は，会社が負う債務を給付する人的あるいは連帯債務を負うことがない。
第33条　無名会社の社員は，その持分の額を超えて不利益を受けることがない。
第34条　無名会社の資本金は，株式およびこれと等価値をもつ株式のより小さな部分に分かたれる。
第35条　株式は，保有者が決まっている証券として作成することができる。
第36条　株式の所有権は，すべての株式保有者の名を会社登記簿へ記載することに

　　Companies in Brandenburg, VOC 1602-2002: 400 Years of Company Law, Deventer 2005, S. 251 ff.
　64）西原寛一『近代的商法の成立と発展』37頁，大隅健一郎『新版株式会社法変遷論』48頁（有斐閣，1987年）。1807年フランス商法典の立法過程につき，石川真衣「フランスにおける株式会社の成立と展開(3)——会社本質論の手がかりとして」早稲田大学大学院法研論集151号33頁（2014年），笹岡愛美「フランスにおける『商法典』」NBL935号61頁以下（2010年）参照。

より，登録することができる。この場合，株式の移転は，移転する旨を表示し，これを登記簿へ登記し，かつ，譲渡人かその代理人が署名することにより，実現する。

第37条　無名会社は，政府がこれを認可し，設立行為を認容することにより成立する。この無名会社の設立認可は，公的行政に関する規定に定められている形式で行われなければならない。

第40条　無名会社は公的認証によってのみ設立することができる。

第45条　無名会社に関する政府の設立認可証は，会社の設立行為とともに同期間，公的に開示されなければならない。

　1807年フランス商法典は，株式会社に関する世界最初の一般的制定法であっただけでなく，当時フランスの影響下にあった邦（ラント）において（全面的にあるいは一部修正され）適用されたため，株式会社について規定した最初のドイツ法でもあったとみられている[65]。

　1807年フランス商法典は，株式会社を「無名会社（société anonyme）」と呼んだ。その理由は，その商号に社員の氏名を含ませることができず（1807年フランス商法典29条），その目的たる事業対象をもってその商号とするとされていたからであった（1807年フランス商法典30条）。かかる無名会社においては，株主有限責任原則が確立していた（1807年フランス商法典33条）。無名会社においては，資本金と株式の額面総額とが一致するという資本金と株式の一致の原則が採られていた。しかし，近代株式会社法において株主が有限責任を享受しうる理論的条件ともいうべき，資本金に相当する財産が会社に出資され，維持されるという資本金の充実維持の原則は無名会社においては確立していなかった。この点での展開は，後の立法における，株式の払込みの規定および剰余金算定に関する規定の発展を待つしかなかった。しかし，1807年フランス商法典は，無名会社の取引相手が，必ずしも株主の個人財産への掴取可能性を期待しなくとも

---

[65] Andreas Deutsch, Die Aktiengesellschaft im Code de Commerce von 1807 und ihre Vorbildfunktion für Entwicklung in Deutschland, in: Bayer/Habersack (Hrsg.), Aktienrecht im Wandel, Band 1, Entwicklung des Aktienrechts, S. 48. 現行のフランス商法典も，株式会社を "société anonyme" と呼ぶ（フランス商法典 L.225—1条参照）。この点につき，鳥山恭一「フランス会社法とコーポレートガヴァナンス論」奥島孝康教授還暦記念『比較会社法研究』481頁（成文堂，1999年）参照。

よい別の制度を設けていた。すなわち，1807年フランス商法典は，無名会社が人的商号を利用することを禁止し（1807年フランス商法典29条），かつ，無名会社の商号に当該無名会社の事業対象（事業目的）を示すように義務づけた（1807年フランス商法典30条）。これにより，その商号により，無名会社の取引相手が，取引の相手方の構成員が有限責任しか負わない会社であることを認識し，かつその事業対象を知り，取引のリスクを一定程度計算し得る工夫がされていた。

1807年フランス商法典においては，無名会社における株式の自由譲渡性が確立していた（1807年フランス商法典35条・36条）。ただし，1807年フランス商法典においては，無名会社は設立認可主義を採用し（1807年フランス商法典40条），無名会社の法的性質や株主総会に関する規定などは十分に発達していなかった。

1807年フランス商法典は，当時のドイツの各邦（ラント）にも多大な影響を及ぼし，プロイセンでも，1807年フランス商法典は，1843年まで，プロイセン政府の意向に反する形でライン辺境などにおいて，効力を有した[66]。バーデンにおいても，1807年フランス商法典を翻訳したものがバーデンのラント法として1810年1月1日から施行された[67]。フランクフルト大公国では，1807年フランス商法典自体ではなく，これを修正したものが1811年1月1日から発効した[68]。

bb）1838年プロイセンの「鉄道事業に関する法律」

プロイセンでは，1838年11月3日，「鉄道事業に関する法律[69]」が制定された。この法律は，設立認可制の下に鉄道事業を行う株式会社について規制したものであり，鉄道事業を営む株式会社に対象が限定されてはいたが，プロイセンが制定した実質的意義の最初の株式会社に関する法律であった[70]。鉄道事業に関

---

[66] 松井秀征『株主総会制度の基礎理論――なぜ株主総会は必要なのか』87頁（有斐閣，2010年）。Andreas Deutsch, Die Aktiengesellschaft im Code de Commerce von 1807 und ihre Vorbildfunktion für Entwicklung in Deutschland, in: Bayer/Habersack (Hrsg.), Aktienrecht im Wandel, Band 1, Entwicklung des Aktienrechts, S. 92.

[67] Ders., S. 93 f.

[68] Ders., S. 95.

[69] Gesetz über die Eisenbahn = Unternehmungen, Gesetz No. 1947 vom 3. November 1838, Gesetz = Sammlung für die Königlichen Preußischen Saaten, No. 35, S. 505 ff. この法律は，Das Königreich Preußische Eisenbahngesetz vom 2. November 1838, Elberfeld 1838, S. 3 ff. においても収録されている。

[70] 神作・前掲注[63] 商事法務1865号12頁，高橋英治『ドイツ会社法概説』79頁以下。

する法律では，鉄道事業に従事する会社が株式資本を明確に定めなければならないと定め，株式会社という言葉は使ってはいないが，鉄道事業に従事する会社が株式会社でなければならないことを定めた（鉄道事業に関する法律1条1文）。鉄道事業に関する法律には，株式に関する規制（鉄道事業に関する法律2条）等，純粋に株式会社法に属する規定も存在した。特に注目される規定は，鉄道事業に関する法律3条2文であり，本条文は「定款が未だ認可されていない場合，会社とその代表者の関係は，一般法律上の組合（会社）契約および委任契約によって定められる」と規定していた。2007年，キースリングは，この規定は，株式会社がその設立認可前に一般法律上の組合（会社）契約等として存在することを前提としていると説いた[71]。1861年ドイツ普通商法典211条は，「有効な設立認可および商業登記簿への登記前には，株式会社はそれ自体存在しない」と規定し，「設立中の株式会社」という概念を法律上否定しているため，鉄道事業に関する法律3条2文につきキースリングがいうように「設立中の株式会社」につき一般法律上の組合（会社）契約等として認める趣旨の規定であったとするならば，1838年プロイセンの「鉄道事業に関する法律」は，その後長年にわたりその存否の可能性につき争われた「設立中の株式会社」の存在を法律上認める画期的な立法であったといえる。

　鉄道事業に関する法律3条3文は，「定款の認可により，当該会社は社団あるいは無名会社の権利を取得する」と規定した。1794年プロイセン一般ラント法によると，社団には，対第三者関係において，包括的な権利能力が認められていた（プロイセン一般ラント法第1部第17章169条以下参照）。したがって，鉄道事業に関する法律によって設立された株式会社は，対第三者関係において権利能力を有した。鉄道事業に関する法律3条3文の文言によると設立が認可された株式会社の権利能力は完全なものであるとされてはいたが[72]，株式会社が土地を譲渡する場合，あるいは新株発行による資本増加や借財等の基本的行為を行う場合には，政府等の認可が必要であるとされていた（鉄道事業に関する法律6条・7条）。

cc）1843年プロイセンの「株式会社に関する法律」

　一般の株式会社を専ら対象にしたプロイセンにおける最初の法律は，1843年

---

71) Kießling, Das preußische Eisenbahngesetz von 1838, in: Bayer/Habersack (Hrsg.), Aktienrecht im Wandel, Band 1, Entwicklung des Aktienrechts, S. 155 f.
72) Ders., S. 157.

11月9日のプロイセンの「株式会社に関する法律」（以下「1843年プロイセン株式法」という）であった。この法律は，資料的にも重要であるので，以下において，その全文を掲載する。

第1章　一般原則
第1条　現行法で定められた権利と義務を伴った株式会社は，領邦君主の許可によってのみ，設立することができる。株式会社の会社契約（定款）は，領邦君主の認可のために，提出されなければならない。

第2条　会社契約は，裁判所あるいは公証人により記録または実施されなければならない。定款には次の事項が定められなければならない。
　第1号　会社の商号と本拠地
　第2号　会社の企業の対象とそれが一定の期間に限定されているか否か
　第3号　資本金額と個々の株式および，株式につき，すべての者がその保持者になることができるのか，あるいは一定の者のみがその保有者となることができるのか
　第4号　貸借対照表（24条）の作成の基本原則
　第5号　代理の方法と代理人の資格証明書の形式
　第6号　社員総会を招集する方式
　第7号　議決権行使の方法
　第8号　単純多数決で決議可能な事項およびそれ以上の社員数によって決議可能な事項
　第9号　会社の公告がなされるべき公告紙

第3条　政府の認可を得た会社契約は，会社が本拠地を有する行政地区の公報により公告される。会社契約を認可する公告は，法律集に収録される。ただし，会社が保有者に限定の付されていない株式を発行する場合，もしくは，現行法の規定にない優先権を株式に与える場合，または，会社の定款が現行法を変更する内容を有している場合，会社契約の全文が公報および法律集に収録されなければならない。公報による公告の費用は会社が負担する。

第4条　会社契約の変更または延長は領邦君主の認可および3条が規定する公告を必要とする。

第5条　株式会社にはその社員の氏名ではなく，会社が設立された対象に従った商号をつけることを必要とする。

第6条　領邦君主は，公益の優越する理由により，公益を侵害から守るために，補償を与えて，株式会社の設立許可を撤回することができる。この場合，会社側に支払われる補償は，実損害に限定され，逸失利益には及ばない。補償の額について争いが生じる場合，その額は裁判官が決定する。

第7条　株式会社がその特権につき重大なる濫用を行った場合，この株式会社は，補償なしに権利を失う。この場合，権利の剥奪は，判決によって行われる。

第2章　株式会社と株主との関係

第1節　一般事項

第8条　株式会社は，領邦君主の認可により法人としての属性を獲得する。かかる法人としての属性としては，土地および基本財産を自己の名で取得し，かつ，登記簿に登記されるということが含まれる。

第9条　事業または商業を営む株式会社は，商人の権利と義務を有する。株式会社が手形債務を引き受ける場合，かかる株式会社に対して手形訴訟を提起することが可能である。ただし，この場合，会社財産に対してのみ強制執行ができる。商人組合が存在する地においては，株式会社はこれに加入する義務を負う。

第10条　株主の権利義務につき定款が特則を設けていない場合，会社の本拠地の会社契約に関する法律規定が適用される。

第2節　保有者に限定が付されていない株式

第11条　会社が保有者に限定が付されていない株式を発行する場合，①株式の額面額全部の払込前に株式を発行してはならず，かつ，部分的な支払いがある場合に保有者の記載のある仮株券も発行してはならず，②株式の署名者は株式の額面額の40パーセントの支払義務を負い，株式の署名者は株式を第三者に譲渡することによっても，また，会社の側からしても，額面額の40パーセントの支払義務を免れることはできず，③額面額の40パーセントの支払いの後に権利義務を第三者に与えられることができるか否かおよびいかなる権利義務を第三者に与えられることができるかについて会社契約が定めることができる。

第3節　保有者が特定されている株式

第12条　保有者が特定されている株式を発行する場合，当該保有者の氏名，出生地および住所が株主名簿に登録されなければならない。株式の所有権を第三者に譲渡する場合，株主名簿に記載するため，譲受人は会社に対し申し出なければならない。会社に対する関係では，株主名簿に記載された者のみが株式の所有者とみなされる。

第13条　株主が株式の額面額を完全に支払っていない間は，当該株主の権利を他人に譲渡しても，会社が承認を与えない限り，残額の支払いから免除されない。この場合にも，退社する株主は，退社から1年内に会社に生じる負債につき，退社の状況に鑑み，連帯責任を負う。

第4節　『保有者に限定が付されていない株式』および『保有者が特定されている株式』の両株式に共通する規定

第14条　署名した額面額の支払いが遅れている場合，または，その一部の支払いが遅れている場合，これにより他の法律上の制約が生じるか否かにかかわらず，同じ契約不履行に対する罰を定款により設けることができる。

第15条　いかなる株主も，株式の額面額を支払う義務を負うほかに，会社の目的あるいは会社の債務の履行に寄与する義務を負わない。株主は，会社の解散の場合のほか，支払った額面額を取り戻すことはできない。

第16条　株主は，その者自身として，会社の債権者に対して，債務者となることがない。ただし，株式の額面額が支払われていない場合，株主は会社の債務者となる。

第17条　会社は定款によって定まっている資本金を，これを株主に払い戻すことにより，流失させてはならない。事業の準備の段階から事業が完全に稼働するまでの期間に一定額の利息を受け取る取り決めは，定款に記載された期間でのみ許される。事業が完全に稼働してからは，利息の形式でも，あるいは，配当の形式でも，年次剰余金を超える額を，株主に配当してはならない。

第18条　会社の倒産状態が生じる場合，会社は株主に対してかつて支払われた利息や配当を払い戻すことを義務づけられない。

第3章　会社の取締役の権利義務

第19条　会社の業務は，定款規定により選任された取締役により執行される。会社の現在の取締役は公示されなければならない（2条9号）。

第20条　取締役は，自己の氏名で執行した会社の業務につきおよび自己の行為により生じた債務につき個人として第三者に対して義務を負うのは，11条1号，12条，17条，24条，25条，27条および29条の規定に違反した行為をなした場合に限られる。

第21条　会社を裁判上または裁判外で代表するという取締役の権限は，特別の代理権が必要な事項に対しても及ぶ。

第22条　会社に対する呼出状の提出およびその他の会社への発送は，これらが取締役の1人に到達した場合に有効となる。

第23条　宣誓，会社の名称は，取締役から派生する。

第24条　取締役は，財産状態を俯瞰するのに必要な帳簿を作成する義務を負う。取締役は，事業年度の3ヶ月毎に，会社財産の貸借対照表を作成し，そのための帳簿に書き込まなければならない。貸借対照表は，会社が本拠地を有する地区の政府に通知しなければならない。

第25条　直近の貸借対照表により，資本金が2分の1以下に減少したことが判明した場合，取締役はこの事実を遅滞なく公告しなければならない。政府は，前記の場合，会社の帳簿を閲覧し，前記事実が判明した場合には会社の解散命令を下すことができる。

第26条　貸借対照表からみて会社財産が会社債務を支払える程大きくない場合，政府はこのことを裁判所に通知しなければならない。この通知を受けた裁判所は，職権で会社の破産（倒産）を開始しなければならない。

第27条　会社の帳簿は30年間保管しなければならない。会社の解散の際には，会社の帳簿は，その地あるいは地区の商業裁判所に対して，特別の商業裁判所が存在しない場合にはその会社の管轄地の民事裁判所に対して，そこで10年間保管してもらうために提出しなければならない。

第4章　会社の解散

第28条　個々の社員の死亡により会社は解散しない。また，個々の社員は会社の分割を申請できない。これに対し，次の場合，会社は解散する。

　第1号　6条および7条の場合
　第2号　定款で定めた期間の終了
　第3号　社員の定款変更決議。この場合，領邦君主の認可が必要である。
　第4号　25条の場合の政府の命令
　第5号　破産（倒産）の開始

第29条　28条1号〜4号により解散しようとする場合，3回公告紙（2条9号）により公告しなければならない。会社財産の分配は，3回目の公告の終了時から起算して6ヶ月経過前に行われてはならない。この公告により債権者も会社に届け出なければならない。この届け出を行わせるため，知られている債権者に対しては，特別の罰を科すことができる。6ヶ月内に権利を届けなかった債権者については，会社にとって有利な結果となるように，その権利において不利益を被る。破産（28条5号）による解散の場合，破産（倒産）手続が開始される。

第30条　既に存在している会社に対しては，本法は適用されない。

1843年プロイセン株式法は，体系性を有する最初の株式会社に関する法律であった。本法は，「一般原則」，「株式会社と株主との関係」，「会社の取締役の権利義務」および「会社の解散」から構成されていた。この「体系」は，1807年フランス商法典の株式会社の規定が有していなかったものであり，現行法の総則・株式・機関・解散につながる近代的株式会社法の出発点となるものであった。

　1843年プロイセン株式法では，株主有限責任原則が確立していた（1843年プロイセン株式法15条）。また，1843年プロイセン株式法では，会社債権者との関係で法律関係に立つのは原則として会社であって，株主は会社債権者とは原則として法律関係に立たないことも，定められていた（1843年プロイセン株式法16条）。1843年プロイセン株式法は，1807年フランス商法典とは異なり，不完全ながらも資本金の充実維持について規定を有していた点においても（1843年プロイセン株式法17条），株主有限責任原則を維持するための制度上の条件を備えていた近代的株式会社法であった。

　大隅健一郎博士は，1843年プロイセン株式法の特徴を，定款の記載事項を定め，かつ，公示主義をとっていた点に認めた[73]。1843年プロイセン株式法の下において，株式会社は法人としての属性を獲得することができ，定款を提出して設立の許可を領邦君主に求めることにより設立することができた（1843年プロイセン株式法8条）。1843年プロイセン株式法の立法者は，定款の絶対的記載事項を定め（1843年プロイセン株式法2条），定款自体を公示することにより（1843年プロイセン株式法3条），株式会社の定款（「会社契約」とも呼ばれる）等の私法の原則からすると私的自治が及ぶと従来考えられていた事項についても，公示主義を徹底した。

　しかし，①「設立」が独立した章になっておらず，「一般原則」の中に「設立」に関する規定が置かれていた点，②「一般原則」の中に置かれるべき株式会社が法人としての属性を獲得できる旨の規定が，「株式会社と株主との関係」の中に置かれていた点，③「計算」が独立した章となっておらず，剰余金配当の制限について規定が「会社と株主との関係」の中に設けられ（1843年プロイセン株式法17条参照），貸借対照表作成業務に関する規定が会社の取締役の規定

---

[73] 大隅健一郎『新版株式会社法変遷論』61頁，菅原菊志『取締役・監査役論〔商法研究Ⅰ〕』179頁注1（信山社，1992年）参照。

の中に若干入れられていたほかは（1843年プロイセン株式法24条参照），特に計算に関する規定はなく，年次剰余金の算出方法に関する規定を欠いていた点，④「組織再編」等の重要事項に関する規定を全く欠いていた点，⑤本来法律により統一的に定めるべき貸借対照表における資産評価の原則が定款による決定事項とされていた点（1843年プロイセン株式法2条4号）等において，1843年プロイセン株式法は，近代的株式会社法としては，未だ完成されたものではなかった。

また，1843年プロイセン株式法は，取締役が会社の債務につき責任を負わないことを原則としつつも，資本金の払戻しの禁止違反（1843年プロイセン株式法17条）などの場合に，取締役が第三者に対し責任を負うべき旨につき明文をもって規定しており（1843年プロイセン株式法20条），この点でも特徴的であった。

1981年，テオドア・バウムスは，1843年プロイセン株式法の下において認可を得て設立された株式会社が法人ではなく，修正された組合（modifizierte Sozietät）であったと説いた[74]。この考え方は，19世紀のドイツ商法学の権威であったゲッチンゲン大学法学部教授ハインリッヒ・トゥールの1847年の学説[75]と一致する。その根拠として，バウムスは，1843年プロイセン株式法10条が，株主の権利義務につき，株式会社の定款に別段の定めがない場合，会社の本拠地の会社契約（Gesellschaftsvertrag）に関する法律規定が適用される旨規定している点等を挙げた[76]。1843年プロイセン株式法8条の文言も，「株式

---

[74] Baums, Einführung, in : Baums (Hrsg.), Gesetz über die Aktiengesellschaften für die Königreich Preussische Staaten vom 9. November 1843: Text und Materialien, Darmstadt 1981, S. 41.

[75] ハインリッヒ・トゥールは，1847年『商法論第1巻〔第2版〕』において「株式会社は，組合，すなわちローマ法上のソキエタスであり，これが修正されたものであるが，決して法人ではない」と論じていた（Thöl, Handelsrecht, Erster Band, 2. Aufl., Göttingen 1847, S. 163）。

[76] Baums, Einführung, in: Baums (Hrsg.), Gesetz über die Aktiengesellschaften für die Königreich Preussische Staaten vom 9. November 1843: Text und Materialien, S. 42. 1843年プロイセン株式法10条における「会社契約」は「組合契約」と訳すこともできる。1843年プロイセン株式法10条では，会社契約による自治が法律規定に優先していた。これに対してドイツの現代の株式会社では，定款自治は，法律がこれを明示して許容していなければ，認められない（株式法23条5項1文）。トマス・ライザーとファイルは，法律に明文で定められた場合以外には，定款自治が認められない点（株

会社は，領邦君主の認可により法人としての属性を獲得する」となっており，認可を得て設立された株式会社が「固有の法人格を持つ」とは規定していなかった。この点は，現行株式法1条1項1文が，株式会社が「固有の法人格を持つ」旨規定している事実とは対照的であった[77]。

dd）1861年ドイツ普通商法典の成立

1857年1月15日，ニュルンベルクにドイツ同盟諸邦からの委員がドイツ普通商法典の草案づくりの審議のために集まった[78]。そこでの議論の中心になったのは，株式会社の設立について認可主義を採るべきか否かという点であった。ハンザ都市，特にブレーメンとハンブルクでは，既に実務上，認可主義は放棄されていた[79]。1835年12月28日のハンブルクの命令では，定款を裁判所に提出し，かつ公務員と授権者が公告することだけで，株式会社を設立しうるとしていた[80]。そこで，ハンザ都市の代表者は株式会社設立に関する準則主義の導入

式法23条5項1文参照）を，株式会社の属性の一つであるとみている（Raiser/Veil, Recht der Kapitalgesellschaften, 6. Aufl., München 2015, S. 79）。

[77] ポールマンも，2007年，1843年プロイセン株式法に基づき設立された株式会社が法人ではなかったと説いた（Pohlmann, Das Aktienrecht des 19. Jahrhunderts, Baden-Baden 2007, S. 85 ff.）。

[78] Assmann, in: Hopt/Wiedemann (Hrsg.), AktG, Großkommentar, 4. Aufl., Berlin 1992, Einl Rdnr. 71（以下 „GroßkommAktG, 4. Aufl."と略記する）。なお，本書第1部1(1)d dd）およびee）の叙述は，高橋英治『ドイツ会社法概説』81頁以下を基礎とする。

[79] Assmann, in: GroßkommAktG, 4. Aufl., Einl Rdnr. 96. プロイセンやオーストリアが官僚色の強い国家であったのに対し，ハンブルク等のハンザ都市は，伝統的に自由を尊び，進取の気風に満ちていた。ハンブルク等のハンザ都市は，英国との通商関係が密接であった。当時世界経済をリードしていたのは英国であった。英国では，既に19世紀初頭に，簡易な方法で設立されたジョイント・ストック・カンパニー（当時は未だ完全な株式会社とは言えなかった）が，経済の中心的役割を果たしていたことから，ハンザ都市は，かかる英国流の進歩的な会社設立方式の導入に積極的であったと推測される。この点につき，坂本達也『影の取締役の基礎的考察――イギリスにおける会社法形成史および従属会社の債権者保護の視点からの考察』22頁（多賀出版，2009年）参照。

[80] このハンブルクでとられていた株式会社設立方式について，オットー・フォン・ギールケは，公示の原則（Prinzip der Publizität）と呼んだ。Otto von Gierke, Das Deutsche Genossenschaftsrecht, Erster Band, Graz 1868, S. 1003, Fn. 94. オットー・フォン・ギールケの代表作である本著作の第1巻については，庄子良男博士の邦訳がある（オットー・フォン・ギールケ，庄子良男訳『ドイツ団体法論第1巻第1～第4分冊』（信山社，2014年～2015年））。

を主張したが[81]，プロイセン，オーストリアら同盟邦の大半の代表者は認可主義を主張した[82]。このため，1861年ドイツ普通商法典[83]は株式会社設立につき認可主義を採用した[84]（1861年ドイツ普通商法典208条1項）。ただし，1861年ドイツ普通商法典は，反対意見も考慮して，邦による認可が株式会社の設立に必要であるか否か決定する権限を，邦の法律に委ねた（1861年ドイツ普通商法典249条1項）。この1861年ドイツ普通商法典249条1項は，「救世主条項（salvatorischer Klausel）」と呼ばれた。

1861年ドイツ普通商法典の株式会社に関する規定は，「総則」，「株主の法関係」，「取締役の権利義務」，「会社の解散」，「最終規定」の5節全43条から成っていた（1861年ドイツ普通商法典207条〜249条）。1861年ドイツ普通商法典は，株式会社の定款につき，絶対的記載事項を定め（1861年ドイツ普通商法典209条），株式会社は登記前には成立しないと定めた（1861年ドイツ普通商法典211条1項）。1861年ドイツ普通商法典は，邦の法律によって株式会社設立につき邦の認可を必要としないと定められた場合に株式会社は登記により成立すると定め[85]，この登記に創設的効力を認めた。また，1861年ドイツ普通商法典は株主が出資以上の責任を負わないと定めて，株主有限責任原則を採用した（1861年ドイツ普通商法典219条）。1861年ドイツ普通商法典は，最低資本金制度を有しなかったが，資本金の額を定款の絶対的記載事項とした（1861年ドイツ普通商法典209条4号）。1861年ドイツ普通商法典は，株主が会社財産に対し持分を有するとし

---

81) Pahlow, Aktienrecht und Aktiengesellschaft zwischen Revolution und Reichsgründung. Das Allgemeine Deutsche Handelsgesetz von 1861, in: Bayer/Habersack (Hrsg.), Aktienrecht im Wandel, Band 1, Entwicklung des Aktienrechts, S. 260.

82) Grossfeld, Die rechtspolitische Beurteilung der Aktiengesellschaft im 19. Jahrhundert, in: Coing/Wilhelm (Hrsg.), Wissenschaft und Kodifikation des Privatrechts im 19. Jahrhundert IV, Frankfurt a.M. 1979, S. 244. 議論の詳細につき，岩崎稜『戦後日本商法学史所感』367頁（新青出版，1996年）参照。

83) 1861年ドイツ普通商法典の株式会社の規定の邦訳として，江村義行「普通ドイツ商法典（ADHGB）の株式会社規定の翻訳——1861年法及び1870年改正を中心に」慶應義塾大学大学院法学研究科論文集44号43頁以下（2003年）。

84)「株式会社は邦の認可によってのみ設立することができる」（1861年ドイツ普通商法典208条1項）。

85) Anschütz/von Völderndorff, Kommentar zum Allgemeinen Deutschen Handelsgesetzbuche mit Ausschluß des Seerechtes, Zweiter Band, Erlangen 1870, S. 486.

たが（1861年ドイツ普通商法典216条1項），株主に対する出資の払戻しは禁止され，株主は会社に対して利益配当請求権を有すると定め（1861年ドイツ普通商法典216条2項），会社財産の維持に配慮していた。1861年ドイツ普通商法典は，取締役，株主総会および監査役会（Aufsichtsrath）について規定を有していたが，独立して節を有していたのは取締役のみであり[86]，株主総会および監査役会については独立した節はなく，第2節「株主の法関係」および第3節「取締役の権利義務」に若干の規定が置かれていたにすぎなかった（1861年ドイツ普通商法典224条以下・236条以下参照）。1861年ドイツ普通商法典の下において，監査役会は任意の機関であった（1861年ドイツ普通商法典225条）[87]。

ee）1897年ドイツ帝国商法典の成立

ドイツにおける私法の統一を目指した1861年ドイツ普通商法典は，救世主条項の存在のため，株式会社の設立主義に関する諸邦の株式法の統一を実現することができなかった。ハンザ都市では株式会社の設立に認可主義を採用せず，オルデンブルク，バーデン，ヴュルテンブルクも株式会社設立に邦の認可を不必要とした。後にアンハルトとザクセンも，これに加わった。認可主義を採用していたプロイセンでも，認可行政は次第に形骸化し，かつてのような根本的審査は行われなくなった[88]。株式会社設立の認可主義衰退の背景としては，株式会社設立の認可主義は，株式会社の設立に対する意味のない制約であり，邦の経済力強化のためにはマイナスになるという意識が，当時の邦の株式会社法立案担当者に生じたと考えられる。

1869年第8回ドイツ法律家会議は，株式法改正問題を扱い，レヴィン・ゴルトシュミットが作成した動議に基づき，株式会社の認可強制の廃止要求をほぼ全員一致で議決した[89]。

---

86)「第3節 取締役の権利義務」（1861年ドイツ普通商法典227条以下）参照。
87) 菅原菊志『取締役・監査役論〔商法研究Ⅰ〕』184頁以下，ヘルマン・シューマッハー，庄子良男訳「普通ドイツ商法典に至るまでのドイツ法における株式会社の内部組織の発展——株式会社の経営管理の問題についての寄与 1937年」駿河台法学22巻1号143頁（2008年）。
88) Vgl. Bösselmann, Die Entwicklung des deutschen Aktienwesens im 19. Jahrhundert, S. 116. 岩崎稜『戦後日本商法学史所感』369頁。
89) von Kißling, Die Verhandlungen der ersten zehn deutschen Juristentage（1860-1872), Berlin 1873, S. 83; Assmann, in: GroßkommAktG, 4. Aufl., Einl Rdnr. 79. 岩崎稜『戦後日本商法学史所感』369頁。

これらの実務およびドイツ法律家会議決議を反映するかたちで，1870年にドイツ普通商法典が改正された[90]。この第一次株式法改正では，株式会社設立につき，認可制度または国家的監督が廃止され，準則主義を採用した。1870年改正ドイツ普通商法典は，従来，任意機関にすぎなかった監査役会を必要機関とした（1870年改正ドイツ普通商法典209条6号参照）。1870年改正ドイツ普通商法典の起草者は，従来の国家的監督の廃止の代わりに，監査役会を必要機関にしなければならないと解説した[91]。

　第一次株式法改正では，次のことが定められた。①資本金は，そのすべてが引き受けられたことを，提出された証明書を基に株主総会決議で確定しなければならない（1870年改正ドイツ普通商法典209a条1項）。②株式会社設立の登記前に株式の少なくとも10パーセント以上（保険会社においては20パーセント以上）が支払われなければならない（1870年改正ドイツ普通商法典209a条1項）。③現物出資が行われた場合，その出資または財産の価額が決定され，それに対して付与される株式の数もしくは価格を定められなければならない（1870年改正ドイツ普通商法典209b条1項1文）。④株主のために定めた特別利益は定款に記載されなければならない（1870年改正ドイツ普通商法典209b条1項2文）。⑤資本金の支払い・株式の支払い・現物出資および株主の特別利益の付与については株主総会決議による承認を必要とする（1870年改正ドイツ普通商法典209a条1項，209b条2項・3項）。このように設立規制が厳格化されたのは，株式会社設立に関する許可主義が廃止されたので，従来よりも設立に際しての出資者の保護を強化するためであった[92]。

　その他，第一次株式法改正では，企業の対象（目的）が商業でない株式会社も商事会社とみなされることとなった[93]（1870年改正ドイツ普通商法典208条1項）。これに関し，後に，1877年9月13日プロイセン上級商業裁判所判決は，

---

[90] 1870年改正ドイツ普通商法典の株式会社の規定の邦訳につき，江村・前掲注83) 慶應義塾大学大学院法学研究科論文集44号53頁以下参照。

[91] Vgl. Passow, Aktiengesellschaft, 2. Aufl., Jena 1922, S. 400; Reichert, Die Institution des Aufsichtsrates in der deutschen Aktiengesellschaft, Stuttgart 1998, S. 45 f.

[92] Lieder, Die 1. Aktienrechtsnovelle vom 11. Juni 1870, in: Bayer/Habersack (Hrsg.), Aktienrecht im Wandel, Band 1, Entwicklung des Aktienrechts, S. 351.

[93] 1861年ドイツ普通商法典5条1項は，商事会社，特に企業の対象（目的）が商行為である株式会社に対しても，ドイツ普通商法典の商人に関する規定が適用されると規定した。

「商業を営んではいないが，商法の規定により商行為を行っているとみなされる商業を営む株式会社の行為もすべて商行為とする[94]」と判示した。こうして，株式会社は形式的商人となり，その行為はすべて商行為として取り扱われることとなった[95]。

　1870年から1873年までの間，ドイツはいわゆる発起人時代を迎えた。1870年末の時点でプロイセンにおいて株式会社は203社しか存在しなかったが，1871年から1873年までの間に843社の株式会社が新たに設立された[96]。しかし，1873年のウィーンにおける株価の大暴落および1873年10月のクイストープシェン銀行（„Quistorpschen Bank"）の経営破綻を契機にドイツは恐慌の時代を迎えた[97]。この時期に，株式会社の詐欺と濫用から一般株主と債権者を保護するために，第一次株式法改正は不十分であったことが明らかになった[98]。これを背景に，1884年7月18日，ドイツ普通商法典は再び改正された[99]。この第二次株式法改正の柱は，次の4点にあった[100]。第一に，株式会社設立に対する監督を強化した。すなわち，現物出資がなされた場合において，発起人は，現物出資対象物の評価の正当性について，書面によりその状況を説明しなければならない（1884年改正ドイツ普通商法典209ｇ条1文）。発起人は，会社による取得を

---

94) ROHGE 22, 327.
95) この規制は，現行ドイツ商法6条「商人に関する本法の規定は商事会社にも適用される」および現行株式法3条1項「企業の対象が商業でない株式会社も商事会社とみなされる」に受け継がれている。
96) Assmann, in: GroßkommAktG, 4. Aufl., Einl Rdnr. 90.
97) Assmann, in: GroßkommAktG, 4. Aufl., Einl Rdnr. 90.
98) 菅原菊志『取締役・監査役論〔商法研究Ⅰ〕』194頁，山村忠平『監査役制度の生成と発展』28頁（国際書院，1937年）参照。
99) 1884年改正ドイツ普通商法典における株式会社法の規定の原文につき，Schubert/Schmiedel/Krampe (Hrsg.), Quellen zum Handelsgesetzbuch von 1897, Band 1 Gesetz und Entwürfe, Frankfurt a.M. 1986, S. 154 ff. 1884年改正ドイツ普通商法典における株式会社法の規定の邦訳として，江村義行「普通ドイツ商法典1884年改正における株式会社規定の翻訳」慶応義塾大学大学院法学研究科論文集45号86頁以下（2004年）参照。
100) 個々の内容については，大隅健一郎「序説」大隅健一郎＝八木弘＝大森忠夫，大隅健一郎補遺『独逸商法〔Ⅲ〕株式法』5頁以下（有斐閣，1956年復刊），大隅健一郎『新版株式会社法変遷論』67頁以下参照。Assmann, in: GroßkommAktG, 4. Aufl., Einl Rdnr. 94 ff. 株主保護を巡る当時の議論につき，Hofer, Das Aktiengesetz von 1884 – ein Lehrstück für prinzipielle Schutzkonzeption, in: Bayer/Habersack (Hrsg.), Aktienrecht im Wandel, Band 1, Entwicklung des Aktienrechts, S. 260.

目論みつつ会社の取得前に行った法律行為について，取得価額および過去2年間の製造価額について報告しなければならない（1884年改正ドイツ普通商法典209g条2文）。株式会社の発起人，取締役および監査役会構成員が資本金の払込み等に関して設立登記に関し故意に虚偽の申告をした場合には，罰則の規定の適用があるとした（1884年改正ドイツ普通商法典249a条1項1号）[101]。第二に，少数株主の保護を強化し，株主総会招集または議題提案権に関する少数株主権の株式保有要件を資本金の10パーセントから5パーセントに低下させた（1884年改正ドイツ普通商法典237条1項1文）。第三に，資本増加を株金全額払込後に制限し，資本増加が濫用され投機が行われることを防止した（1884年改正ドイツ普通商法典215a条）[102]。第四に，清算人の刑事責任を，通常の株式会社の取締役および監査役会構成員のそれと同一とした（1884年改正ドイツ普通商法典249b条）。

　大隅健一郎博士は，1884年改正ドイツ株式法を評して，「まことに同法は株式会社立法に本質的な進歩をもたらし，フランス法系に対立するドイツ法系をうちたてたものといえる」と絶賛した。1897年ドイツ商法も，この第二次株式法改正にわずかな変更を加えたのみで，その成果をほぼそのまま受け継いだ[103]。

---

[101] 規制が強化された1884年改正ドイツ普通商法典の下での株式会社設立の原則は「厳格準則主義」と呼ばれている（大隅健一郎「序説」大隅健一郎＝八木弘＝大森忠夫，大隅健一郎補遺『独逸商法〔Ⅲ〕株式法』5頁参照）。

[102] 「会社の資本金の増加は，従来の資本金の全額を払い込む前に行ってはならない」（1884年改正ドイツ普通商法典215a条1項1文）。

[103] 松井秀征『株式会社制度の基礎理論―なぜ株主総会は必要なのか』219頁。1897年ドイツ商法における株式会社の章は「一般規定」，「会社と株主の法関係」，「機構と業務執行」，「会社契約の変更」，「会社の解散と無効」，「罰則」という六つの節に分かれることとなった。1897年ドイツ商法では，内容面においても，開示の強化による株主・債権者の保護および株主による出資の給付の制限，既存株主に対する新株引受権の原則付与（1897年ドイツ商法282条参照）等について若干の改正があった。この点につき，Pahlow, Das Aktienrecht im Handelsgesetzbuch von 1897, in: Bayer/Habersack (Hrsg.), Aktienrecht im Wandel, Band 1, Entwicklung des Aktienrechts, S. 423 ff.; Koenige/Pinner/Bondi, in: Staub's Kommentar zum Handelsgesetzbuch, 12. und 13. Aufl., Berlin 1926, §282 Anm. 2.

(2) 株式会社法学
a アキレス・ルノー――ドイツ株式会社法学の創始者
aa) 株式会社の概念等

ドイツにおける株式会社法学の基礎を確立したのは，ハイデルベルグ大学教授アキレス・ルノーであった。本書では，ドイツ法史上最初の本格的株式会社法の体系書であるルノーの1863年の『株式会社法論〔第1版〕』を主たる素材として氏の株式会社法学を概観する。本著作においてルノーは株式会社を次のように定義した。

「株式会社は一定数の部分（株式）に分かたれた特定の資本を有する社団 (Verein) であり，その通常譲渡可能な社員権は，先ず，資本部分の引き受け（約束または支払い）によってその引き受けの分量において，取得される。かかる社団は専らそれ自身として，すなわち，自らの名において，会社の目的のために活動し，その行為により会社財産だけを義務づける[104]」。

ルノーは，この株式会社の定義が，株式会社の三要素，すなわち，資本金・株式・会社の固有の名称を示していると説明した[105]。服部榮三博士は，かかるルノーの株式会社の定義につき，近代的株式会社の四要素，すなわち資本金・株式・社団性・株主有限責任を明確に把握しているとし，「無額面株式採用前におけるわが国の株式会社の通説的定義と極めてよく似ていて，極めて興味深いものがある[106]」と論評した。

ルノーは，株式会社は法人であると明言した[107]。その意味については，ルノーの説明は「株式会社はその内的本質から法人である。株式会社は株主の債権ではないため，社団が全体として，その構成員に対し一定の関係において一個の全体として現れ，様々な法的関係においてもまた第三者に対して一個の全体として現れる[108]」というものであった。かかる叙述から，ドイツ法において，社団 (Verein) は法人である（ドイツ民法21条以下）という前提が，ルノーの時

---

[104] Renaud, Das Recht der Actiengesellschaften, 1. Aufl., S. 53 f. この株式会社の定義は，ルノーの『株式会社法論〔第2版〕』においても，変更がない（Renaud, Das Recht der Actiengesellschaften, 2. Aufl., Leipzig 1875, S. 74 f.）。

[105] Renaud, Das Recht der Actiengesellschaften, 1. Aufl., S. 54 ff.

[106] 服部榮三「ルノー (Renaud) と近代株式会社法学(1)」同志社法学37号68頁以下（1956年）。

[107] Renaud, Das Recht der Actiengesellschaften, 1. Aufl., S. 118.

[108] Renaud, Das Recht der Actiengesellschaften, 1. Aufl., S. 119.

代に既に形成されていたことが判明する。

　ルノーは、株主有限責任原則について、「株主はその者自身、第三者に対して全く責任を負うことがない[109]」と説き、1861年ドイツ普通商法典207条により株主が会社の債務に対して人的責任を負わない旨が強調されているとした。

　株式会社の法人性および株主有限責任原則は、その株式会社の定義の中には、明確なかたちで盛り込まれていなかったが、ルノー自身は、その概念に当然に含まれていると考えていた。

　ルノーは、社員権論の創始者であった。1863年、氏は株式に関する権利を「社員権（Mitgliedschaftsrecht）」と呼び、社員権を構成する個々の権利を個別に分離して譲渡等することが不可能であるという原則、すなわち社員権不可分の原則を提唱した[110]。

　株式の本質については、ルノーは、1863年の『株式会社法論〔第1版〕』においては、株式は、物権でも債権でもなく、人格としての属性をも持っており、会社財産に対する請求権としては固有の財産権であると論じた。しかし、後にルノーは、1875年の『株式会社法論〔第2版〕』において、1863年に同書の第1版で提唱した株式の人格としての属性についてはもはや言及せず、社員権としての株式に関する権利は物権でもなく債権でもない独自の財産権であると説いた[111]。

　ルノーは、株式引受の法的性質については、これを一方的法律行為であるとした[112]。すなわち、ルノーによると、企業家と株式引受人との間には一方的な法律関係があり、株式引受人は、株主としての権利を付与されることを条件として資本金に参加する義務を負う[113]。当時、学説上、株式引受を組合契約あるいは売買契約ととらえる説が有力に主張された中にあって、かかるルノーの学説は、画期的なものであった[114]。

　ルノーの時代においては、例えば現在の議決権のような、後に「共同管理権（Mitverwaltungsrecht）」と呼ばれる権利が株主権の一部であるという意識は希

---

109) Renaud, Das Recht der Actiengesellschaften, 1. Aufl., S. 53.
110) Renaud, Das Recht der Actiengesellschaften, 1. Aufl., S. 72 f.
111) Renaud, Das Recht der Actiengesellschaften, 2. Aufl., S. 99 f.
112) Renaud, Das Recht der Actiengesellschaften, 1. Aufl., S. 223.
113) Renaud, Das Recht der Actiengesellschaften, 1. Aufl., S. 223.
114) 服部・前掲注106）同志社法学37号78頁以下。

薄であり[115]，株主権は，法人たる社団の財産に対する権利であるという意識が強かった。1861年ドイツ普通商法典においては，株主総会の制度としては，貸借対照表を株主に対して提示するための定時総会の制度[116]しか存在しなかった（1861年ドイツ普通商法典239条1項2文）[117]。1861年ドイツ普通商法典においては，株式会社の業務を執行する機関の構成員の選任等の会社の基本的事項を決定する機関として株主総会の制度が存在していたのではなく，株主総会における議決権が重要な株主権であるという意識が希薄であった。

bb) 機関等

ルノーは，株式会社の機関の説明においては，株主総会を機関の部の最初に置き，株主総会を「最も素朴で自然な機関[118]」であり，「その決議が，会社の意思を直接的に表現する株式会社の最高の機関[119]」であると説明した。しかし，株主総会は，その構成員の頻繁な交代等により，会社の利益を代表する機関としては不完全であるとし，それを補うために，常設の機関としての取締役が設置されているとした。かかる株主総会を最高の意思決定機関とみる考え方は，日本法が採る立場であるが，1861年ドイツ普通商法典では，その体系上採用されていなかった。1861年ドイツ普通商法典では，機関として独立した節が設定されていたのは「取締役」だけであり（1861年ドイツ普通商法典第3節「取締役の権利義務」（1861年ドイツ普通商法典227条以下）），株主総会については，1861年ドイツ普通商法典第2節「株主の法関係」および1861年ドイツ普通商法典第3節「取締役の権利義務」の中において，それに関する規定が散在する程度でしかなかった（1861年ドイツ普通商法典224条以下・236条以下等）[120]。なぜ，

---

115) ルノーは，株主権としての議決権の存在を認めていたが，すべての株主が株主総会において当然に議決権を持つとは解していなかった（Renaud, Das Recht der Actiengesellschaften, 1. Aufl., S. 407）。
116) 1861年ドイツ普通商法典239条1項2文は，事業年度開始の6ヶ月以内に，前年度の貸借対照表を株主に提示しなければならないと規定する。
117) 1861年ドイツ普通商法典236条は，株主総会は定款の別段の定めのない限り，取締役が招集すると規定する。1861年ドイツ普通商法典240条1項は，直近の貸借対照表における資本金が半分以下になる場合にのみ，取締役は株主総会を招集する義務を負うと規定する。
118) Renaud, Das Recht der Actiengesellschaften, 1. Aufl., S. 405．
119) Renaud, Das Recht der Actiengesellschaften, 1. Aufl., S. 405
120) 現代のドイツ会社法の体系書においては，株式会社の機関については，現行株式法の体系に沿って，取締役から説明するのが普通である（Windbichler, Gesellschafts

ルノーは，かかる独自の視点に立った株式会社の機関に関する叙述をなすことが可能であると考えたのか。その背景として，当時の体系書が単に法典の順序に従って法律の解説をするという法律第一主義を採っていたのではなく，法律の背後にあるレヒト（Recht・法）の原理を解明するのが法学者の使命であるという意識があったということが挙げられる。ルノーの体系書は，その主要目的は，ドイツ普通商法典の個々の規定の解釈論および立法論を展開することにあったが，外国法も含めて株式会社を巡る様々な法現象の背後に存在する株式会社法の本来あるべき姿を解明しようする意識も，株式会社の各制度の説明の背後に存在した。

ルノーの株式会社法の体系書は，ドイツ普通商法典が，株主総会の招集から株主総会開催までの期間を定めていないことを不当とし，かかる期間の設定は，株主に株主総会出席の機会を与え，また株主総会の議題等について調査する機会を株主に与えるために必要であるとし，ドイツにおいても多くの株式会社の定款で，総会の招集から総会開催までの期間として，2，3または4週間が置かれているのは普通であるし，英国法では，株主総会の招集から株主総会開催までの期間として7日間が置かれていると解説した[121]。1884年第二次株式法改正は，かかるルノーによる指摘に事実上応えるかたちで，ドイツ普通商法典238条1項を改正し，株主総会の招集は定款で定められた方式で書面により株主総会の日から少なくとも2週間前までに行われなければならないと規定した（1884年改正ドイツ普通商法典238条1項1文）。

また，ルノーは，1861年5月1日トリノ商事裁判所の判決[122]を根拠に，違法に行われた会社を解散させる株主総会決議について，当該総会決議に参加していなかった株主は，単独でも複数でも，当該総会決議の無効の判決を求めることができるとする解釈論を提起した[123]。瑕疵ある株主総会決議の効力を争う訴訟を巡るドイツの立法は，1897年ドイツ商法が，総会決議取消の訴えについ

---

recht, 24. Aufl., München 2017, S. 321 ff.; Kübler/Assmann, Gesellschaftsrecht, 6. Aufl., Heidelberg 2006, S. 200 ff.; Raiser/Veil, Recht der Kapitalgesellschaften, 6. Aufl., München 2015, S. 144; Hirte, Kapitalgesellschaftsrecht, 8. Aufl., Köln 2016, S. 99 ff.；Karsten Schmidt, Gesellschaftsrecht, 4. Aufl., Köln 2002, S. 804 ff.）。

121) Renaud, Das Recht der Actiengesellschaften, 1. Aufl., S. 427 ff.
122) Urteil des Tribunale di commercio di Torino v. 7. Mai 1861.
123) Renaud, Das Recht der Actiengesellschaften, 1. Aufl., S. 465.

て初めて法律上規定したのを起源とし[124]（1897年ドイツ商法271条・272条），現在でもドイツの学界において，そのあり方について議論がなされているが[125]，ルノーの学説は，総会決議の瑕疵についての訴えについての学説の最初のものの一つであった。

　取締役については，ルノーは，取締役の責任についての概説を行っていた点が注目される。ドイツ法における株式会社の取締役の責任規定の源流は，1861年ドイツ普通商法典241条2項にあった。この条文は「委任の限界を超えてまたは本節もしくは会社契約に違反する行為をなした取締役は，発生した損害に対して人的かつ連帯的責任を負う」と規定していた。本条項では取締役が誰に対して責任を負うのかが明確にされていないが，判例・学説によると，この責任規範は第三者に対しても向けられており，取締役は，会社に対してだけではなく，会社債権者に対しても責任を負う。ライヒ裁判所は，リーディングケースとなっている1881年3月30日の判決[126]において，ドイツ普通商法典241条2項は，会社債権者にも適用されることを明確にした。ライヒ裁判所は，会社債権者に対する損害賠償責任もドイツ普通商法典241条2項が規定していると考える根拠として，会社債権者の利益は会社の利益と一致するとは限らないこと，すなわち，例えば会社が消滅した場合，会社債権者は会社利益の回復を通じて侵害された自己の利益の回復を図ることは困難であることを挙げた[127]。

　ルノーによると，取締役の責任は，委任に基づく対会社責任と特に会社債権者を念頭に置いた対第三者責任とに分かれる（1861年ドイツ普通商法典241条参照）。ルノーによると，取締役の対会社責任は，単に取締役が権限を越えた行為をして会社に損害を与えた場合だけでなく，適切な注意を用いなかった投資活動等によっても生じる[128]。ルノーの時代には取締役の注意義務違反につき経

---

[124] ドイツの株主総会決議の効力を争う訴訟の沿革につき，岩原紳作「総会決議を争う訴訟の構造(7)」法学協会雑誌97巻3号374頁以下（1980年），中島弘雅「株主総会決議訴訟の機能と訴えの利益」民商法雑誌99巻4号439頁以下（1989年）参照。

[125] ドイツにおける株主総会決議の効力を争う訴訟の現状につき，山下徹哉「ドイツにおける総会決議の効力を争う訴訟の現状に関する覚書」早川勝＝正井章筰＝神作裕之＝高橋英治編『ドイツ会社法・資本市場法研究』193頁以下（中央経済社，2016年），高橋英治『ドイツ会社法概説』233頁以下参照。

[126] RGZ 5, 24.

[127] RGZ 7, 107.

[128] Renaud, Das Recht der Actiengesellschaften, 1. Aufl., S. 541.

営判断原則の考え方は，学説上も採用されていなかった。
　ルノーは，取締役の対会社責任の追及方法についても論じており，原則として株主総会決議によって行われ，定款に別段の定めがある場合には，監査役会決議によっても，取締役の対会社責任追及訴訟が提起されうると説いた[129]。ルノーは，実際の責任追及訴訟は，株主総会によって選任された株主の代理人によっても提起されうるが，かかる株主の代理人を選任することが困難な場合には，その旨を証明し，かつ株主総会の決議を得た上で，個々の株主が取締役に対し損害賠償責任追及訴訟を提起できるとした[130]。
　ルノーは，取締役が会社債権者に対しても責任を負うと論じた[131]。ルノーによると，会社の解散もしくは会社資本の株主に対する払戻しに際して会社債権者の権利が法律で規定されている方法によって守られなかった場合，または会社の資本減少もしくは会社の債務超過に際し公告義務が十分に尽くされず会社債権者がこのために損害を被った場合，取締役は会社債権者に対して連帯して損害賠償責任を負う[132]。ハーンの注釈書もルノーの見解を支持した[133]。
　ルノーは，監査役会が，株主総会と取締役の間にあって取締役による業務執行全体を監督する機関であって，株式合資会社にあっては必要的機関であるが（1861年ドイツ普通商法典187条以下参照），株式会社では任意機関であると説明した（1861年ドイツ普通商法典225条参照）[134]。また，ルノーは，監査役会が，「理事会（Verwaltungsrath）」とも呼ばれる過半数株主によって構成された会議体であり，株主総会によって選任されると説明した[135]。ヴィートヘルターは，監査役会について，株式会社設立についての認可主義の下では，任意機関であったが，株式会社設立につき準則主義が導入されると必要的機関となったことを

---

[129] Renaud, Das Recht der Actiengesellschaften, 1. Aufl., S. 542.
[130] Renaud, Das Recht der Actiengesellschaften, 1. Aufl., S. 545.
[131] Renaud, Das Recht der Actiengesellschaften, 1. Aufl., S. 548; Renaud, Das Recht der Actiengesellschaften, 2. Aufl., S. 618 ff.
[132] Renaud, Das Recht der Actiengesellschaften, 2. Aufl., S. 619. ルノーの1863年の『株式会社法論〔第1版〕』は，取締役が故意に会社帳簿の不正記載をして会社債権者に損害を与えた場合を，取締役が会社債権者に対して損害賠償責任を負う典型例としていた（Renaud, Das Recht der Actiengesellschaften, 1. Aufl., S. 548）。
[133] von Hahn, Commentar zum Allgemeinen Deutschen Handelsgsetzbuch, 3 Aufl., Band 1, Braunschweig 1878, S. 746.
[134] Renaud, Das Recht der Actiengesellschaften, 1. Aufl., S. 550 ff.
[135] Renaud, Das Recht der Actiengesellschaften, 1. Aufl., S. 551 f.

とらえて、国家的監督の代替制度とみた[136]。ルノーは監査役会について、公法の用語である「官庁（Behörde）」であると説明した[137]。ルノーは、株式会社の「取締役（Director）」や「頭取（Generaldirector）」も、「公務員（Beamte）」と呼んでいた[138]。ルノーが株式会社の機関を公法上の用語法を用いて説明したのは、ルノー自身の説明方法の特徴でもあったが、当時の代表的な株式会社が鉄道会社であり、鉄道会社は公共的性格をもつ点で公的な団体とドイツ社会からみられていたという点にも求められよう[139]。

cc）計算等

ルノーは、株式会社の計算に関しては、定款に別段の定めがある場合、株主には会社の純利益につき配当を求める請求権があると説明した[140]。ルノーは、会社が定款の規定により準備金（Reservefond）を積み立てることを認め、通常の利益配当に際しては、資本金および準備金の額を除いた額が株主に対して配当可能な利益の額となると説いた[141]。ルノーは、株式会社の本質からして、会社債権者には定款で定められた資本金が保障されなければならないとし、定款で定められた資本金額は恣意的に減少されてはならないと説いた[142]。ルノーは、1861年ドイツ普通商法典216条2項は、株主の配当請求権が、定款が株主に配当可能な額として定めた額の純利益の範囲内で生じると定めているが、かかる規定の下では資本金を善意の株主に払い戻してしまう結果が生じうると1861年ドイツ普通商法典216条2項につき疑問を表明した[143]。

ルノーの体系書では、新株発行による資本増加に関して既存の株主に新株引受権が与えられる旨の記述はなかった。ルノーは、資本金の増加の手続に関し、定款の規定により株主総会の過半数決議で行うことができる旨規定できると

---

136) Wiethölter, Interessen und Organisation der Aktiengesellschaft im amerikanischen und deutschen Recht, Karlsruhe 1961, S. 286. 新山雄三『ドイツ監査役会制度の生成と意義』193頁（商事法務研究会、1999年）参照。
137) Renaud, Das Recht der Actiengesellschaften, 1. Aufl., S. 550 ff.
138) Renaud, Das Recht der Actiengesellschaften, 1. Aufl., S. 556.
139) これは、株式会社の《前身》が相当程度公法的な性質を持っていたこととも関係がある。この点につき、アルプレヒト・コルデス「1807年以前に関して株式会社について語ることができるか？」2007年4月21日法制史学会第59回総会における講演参照。
140) Renaud, Das Recht der Actiengesellschaften, 1. Aufl., S. 571.
141) Renaud, Das Recht der Actiengesellschaften, 1. Aufl., S. 569, 572 f.
142) Renaud, Das Recht der Actiengesellschaften, 1. Aufl., S. 569.
143) Renaud, Das Recht der Actiengesellschaften, 1. Aufl., S. 581 f.

し[144]，定款に定めがない場合には，株主全員の同意が必要であるとした[145]。ルノーの時代には，資本増加による持株比率の維持という利益は，法律による特別の保護の必要な利益としては意識されてはいなかった。しかし，資本増加に関して原則として株主全員の同意が必要であるという解釈は，新株引受権という制度が認められていなかった時代における株主保護の最も単純な手段であった。

　さらに注目すべきは，株式会社の解散の一形態として，合併（Fusion）が挙げられていたことである。ルノーは，合併につき，1861年ドイツ普通商法典247条・249条により，株式会社（A社）が株主総会決議により解散し，同時に，1861年ドイツ普通商法典215条2項に基づきA社の財産と債務を別の会社（B社）に移転し，A社の株主が対価としてB社株式を取得することにより実現されると定義した[146]。解散を前提としない合併に関し，法律上の規定が設けられたのは1897年ドイツ商法306条によってであった[147]。また，合併が組織再編の一種として体系的に規定されたのは，1994年組織再編法によってであった[148]。ルノーは，1861年ドイツ普通商法典の下で，当時実務上頻繁に行われていた合併を，株式会社の解散と事業譲渡の法的枠組みを用いて，その法律上の性質を明らかにした。これは，会社法の組織再編の手段が限定されていた時代に，当時の限られた法律上の手段を用いて，新しい会社法上の現象を解明する画期的な試みであった。

　ルノーの株式会社法の体系書は，株式会社の歴史を論じた章[149]から論述が開始され，また，本文中に，外国法を多く参照している点で特徴があった。ルノーの株式会社の起源に関する歴史的導入部では，ソキエタス・プブリカノルムを株式会社の起源であるとみて，その成立過程につき詳細に論じている点でも特徴があった。ルノーの株式会社法の体系書における「歴史」と「比較法」という二つの要素は，その後のドイツの会社法の学術論文のスタイルを決定す

---

144) Renaud, Das Recht der Actiengesellschaften, 1. Aufl., S. 581 f.
145) Renaud, Das Recht der Actiengesellschaften, 1. Aufl., S. 684.
146) Renaud, Das Recht der Actiengesellschaften, 1. Aufl., S. 722.
147) Veil, Umwandlungen, in: Bayer/Habersack（Hrsg.）, Aktienrecht im Wandel, Band 2, Grundsatzfragen des Aktienrechts, Tübingen 2007, S. 1070.
148) 高橋英治『ドイツ会社法概説』457頁以下参照。
149) 序第1章「株式会社の歴史」, Renaud, Das Recht der Actiengesellschaften, 1. Aufl., S. 1 ff.

る重要な要素であった。
b　カール・レーマン――ドイツ株式会社法学の確立者
aa）体系
　ルノーにより創始されたドイツ株式会社法学を継承し，発展させた体系書が，ロストック大学法学部教授であったカール・レーマンが著した『株式会社法論全2巻』であった。レーマンは，本著作の「はしがき」において，本著作の意義を，ルノーの会社法に関する法制史的かつ比較法的側面を正しく評価して記述することにあるとした[150]。レーマンは，ルノーの体系書とあえて同じタイトルを同書に付けることにより，ルノーの1875年『株式会社法論〔第2版〕』を受け継いだことを示しつつ，その後20年余りの間の学問的発展，特に株式会社法に関するコンメンタール等も参照して，より進んだ体系書を著した。

　本著作は，全体で2編から成っていた。第1編が「株式法の歴史と法源」であり，ここではレーマンの既発表の著作『フランス商法典までの株式法の歴史的発展』のダイジェスト版が示されていた。第2編は，「現行株式法の叙述」であり，外国法を参照しながら主として1897年ドイツ商法の株式会社の規定（1897年ドイツ商法179条～311条）の制度趣旨の説明や解釈論および立法論を示した。

　1602年3月20日の特許状によって設立されたオランダ東インド会社を世界最初の株式会社とみるレーマンの見解は，本書第1部1(1)cで紹介しているため，以下においては，本著作第2編「現行株式法の叙述」について分析・検討する。

　レーマンは，1807年フランス商法典を基礎に，株式会社の概念を，次の四つの主要な要素に求めた[151]。すなわち，第一に，一定の目的の下に複数の株主が団体を形成すること（株主の存在），第二に，その目的を実現するために，株主の私的領域とは区別された，財産の存在（資本金制度の存在），第三に，資本金が株式に分かたれていること（株式の存在），第四に，社員が出資を超えた責任を負うことがないこと（株主有限責任），である。

　レーマンの著作の特徴は，これらの複数の主要要素の中，株主有限責任原則を最も重要な株式会社の要素であり，他の要素は二次的なものであると論じた点にあった[152]。レーマンの株式会社本質論は，資本金制度を株主有限責任制度

---
150) Karl Lehmann, Das Recht der Aktiengesellschaften, Band 1, Vorwort III.
151) Karl Lehmann, Das Recht der Aktiengesellschaften, Band 1, S. 132.
152) Karl Lehmann, Das Recht der Aktiengesellschaften, Band 1, S. 2.

から派生する二次的制度とした鈴木竹雄＝竹内昭夫両博士によって確立した日本の会社法の現代化前の伝統的通説[153]に影響を与えた。かかるレーマンの株式会社概念は，近代的株式会社の起源が，1602年の特許状によって設立されたオランダ東インド会社にあるとしているレーマンの法制史学上の説[154]に反映されていた。すなわち，1898年の時点において，レーマンは，構成員の無限責任を原則としていた船舶共有団が合併して成立した商事会社である1602年オランダ東インド会社で株主の間接有限責任が事実上認められていた点に，同会社を近代的株式会社の起源であるとみる主たる根拠を見出した[155]。

　レーマンは，本著作において，日本の商法典における株式会社規制についても，多く言及した。例えば，レーマンは，日本では，株式会社を設立するにあたり，4人の発起人と7人の原始株主が必要であること[156]，あるいは日本の商法典においては，株式会社として活動するためには，商号に「株式会社」という名称を付す必要があること[157]等の点を，東京大学のドイツ法の教授であったレーンホルム[158]による日本の商法に関する論文[159]を引用しつつ，本著作において，解説した。本著作は，ルノーの株式会社法論よりも，外国法の参照対象の範囲を拡げた。レーマンが，日本法に特に強い興味を示し本著作において日本の株式会社法制について紹介している理由としては，第一に，1894（明治27）年から1895（明治28）年までの日清戦争において日本が勝利し，日本が国際的地位を上げていた点が基礎にあったと考えられる。レーマンが比較の対象としての外国法の幅においてルノーの体系書を凌駕する著作を書こうとしていた事実からしても，明治維新後にドイツ法の影響下で，商法典の中で近代的な株式会社法を制定した日本は無視することができない存在であった。第二に，レーマンが，日本人留学生である津島憲一を指導した事実からして[160]，日本に

---

153) 鈴木竹雄＝竹内昭夫『会社法〔第3版〕』22頁参照。
154) Karl Lehmann, Das Recht der Aktiengesellschaften, Band 1, S. 57.
155) Karl Lehmann, Das Recht der Aktiengesellschaften, Band 1, S. 54.
156) Karl Lehmann, Das Recht der Aktiengesellschaften, Band 1, S. 142, Fn. 1.
157) Karl Lehmann, Das Recht der Aktiengesellschaften, Band 1, S. 149.
158) 田中耕太郎述『生きて来た道』9頁（世界の日本社，1950年）参照。
159) Lönholm, Das japanische Handelsrecht, in: Mitteilungen der deutschen Gesellschaft für Natur- und Völkerkunde Ostasiens, Heft 55 (1893), S. 223 ff.
160) 松本烝治「松本博士ノ序」カール・レーマン，津島憲一訳『株式会社法史』2頁，竹田省「竹田博士ノ序」カール・レーマン，津島憲一訳『株式会社法史』7頁参照。

対して特に興味を抱いていたことが想定される。

bb) 株式会社の基本概念

　レーマンは，株式会社の本質は法人であると説いた。ルノーも株式会社が法人であると説いていたが，その根拠は，必ずしも明確ではなかった。レーマンは，1884年改正ドイツ普通商法典の下での解釈として，株式会社を法人とみるのが正しいと説いた。その根拠として，レーマンは，①1807年フランス商法典を始めとして，多くの外国立法が株式会社に法人格を認めており，ドイツの株式会社法もこれらの外国法の影響を受けているという点[161]，②ローマ法あるいはゲルマン法の見地からも，株式会社に法人格が認められているとして矛盾が生じない点等を挙げているが[162]，最も重要なのは，株式会社が当時のドイツの法律の下で法人であるとみられるべきことに文言解釈上の根拠を示していた点である。すなわち，レーマンは，1884年改正普通ドイツ商法典213条1項が「株式会社がそれ自身独立して固有の権利義務を有する。すなわち，株式会社は，所有権その他の土地の権利を取得することができ，裁判所において訴えまたは訴えられることができる」と規定している点を挙げ，この条文が，かのオットー・フォン・ギールケが株式会社がドイツ法の観念の下では独立した法主体であると主張したことと同じ意味で[163]，株式会社が固有の法的人格を有することを明らかにしていると説いた[164]。

　レーマンは，資本金に関し，後にドイツ法学だけでなく，日本法学にも大きな影響を及ぼす「原則」を解明した。すなわち，レーマンは，株式会社の資本金については「確定した資本金の原則（Prinzip des festen Grundkapitals）」が

---

161) Karl Lehmann, Das Recht der Aktiengesellschaften, Band 1, S. 229.

162) Karl Lehmann, Das Recht der Aktiengesellschaften, Band 1, S. 230.

163) オットー・フォン・ギールケは，1884年改正普通ドイツ商法典111条1項が合名会社を念頭に置いて「商事会社は独自の商号の下で（unter ihrer Firma）固有の権利義務を有する。すなわち，商事会社は，所有権その他の土地の権利を取得することができ，裁判所において訴えまたは訴えられることが可能である」と規定していたように，合名会社については「独自の商号の下で」固有の権利義務を有するという表現を用いているが，株式会社では「それ自身独立して（als solche selbständig）」固有の権利義務を有すると規定されていたことを根拠にして（1884年改正普通ドイツ商法典213条1項参照），1884年改正普通ドイツ商法典213条1項が株式会社を法的な統一体として合名会社よりも格上げしていると論じた（Otto Gierke, Genossenschaftstheorie und die deutsche Rechtsprechung, Berlin 1887, S. 41, Fn. 1)。

164) Karl Lehmann, Das Recht der Aktiengesellschaften, Band 1, S. 234.

妥当し,「供出すべき財産の確定額が厳密に示されなければならない165)」とした。また, レーマンは, 株式会社には「資本金安定の原則 (Prinzip der Beständigkeit des Grundkapitals)」が妥当し,「一度決めた資本金の額は恣に変更されてはならない166)」と説いた。

後述するように日本の株式会社法学は, この資本に関するレーマンの学説をそのまま受け継いだ。松本烝治博士は, 1916 (大正5) 年の著作で, 株式会社の「資本維持の原則」については, レーマンの „Prinzip der Beständigkeit des Grundkapitals"(資本金安定の原則) の説明を受け継ぎ,「資本ハ恣ニ変更スルコトヲ得ストノ意味ヲ有スル167)」と説いた。

レーマンの資本金の原則について特徴的であったのは, 現代のドイツ法上の「資本の充実維持の原則」について, 言及することがなかった点であった。「資本の充実維持の原則」は, ドイツ法においては, 20世紀になり, 株式会社の資本金の原則として確立した。すなわち, 20世紀商法学の泰斗であるミュラー＝エルツバッハは, 1928年, 株式会社の資本金の特徴として,「資本金の充実168) (Aufbringung des Grundkapitals)」および「資本金の継続的維持169) (dauernde Erhaltung des Grundkapitals)」を強調し, 資本金の全額に相当する出資義務を資本充実の観点から, また, 出資の払戻しの禁止や自己株式の取得禁止を資本維持の観点から説明した。

19世紀後半のドイツの学説では, 株式引受関係につき発起人組合を用いて説明する学説が有力に主張されていた。すなわち, 国法学者としても有名なパウル・ラーバントは, 1864年, ルノーの『株式会社法論〔第1版〕』の書評において, 会社設立前の株式の引受関係につき, 会社の成立前に株式会社の発起人を組合員とする組合 (Societät) が少なくとも存在し, この組合に対して, 株式引受人は株式を払い込む義務を負うという自己の見解を示した170)。

レーマンは, ルノーの株式引受の法的性質論につき, ルノーの『株式会社法

165) Karl Lehmann, Das Recht der Aktiengesellschaften, Band 1, S. 167.
166) Karl Lehmann, Das Recht der Aktiengesellschaften, Band 1, S. 168.
167) 松本烝治『会社法講義』206頁以下 (厳松堂書店, 1916年)。当時の松本烝治博士の「資本維持の原則」はレーマンがいう「資本金安定の原則」すなわち, 現在の「資本不変の原則」に対応するものであった。
168) 田中耕太郎述『生きて来た道』9頁参照。
169) Müller-Erzbach, Deutsches Handelsrecht, 2./3. Aufl., S. 249 f.
170) Laband, Rezension: Das Recht der Actiengesellschaften, ZHR 7 (1864), 620.

論〔第2版〕』242頁以下を引用しつつ，ルノーが株式引受を第三者のための契約であると考えていたと説いた[171]。レーマンは，株式引受が契約ではなく，将来成立する予定の会社の社員資格すなわち社員としての権利義務の取得に向けられた一方的行為であると説いた[172]。レーマンによると，この一方的行為においては，株式を引き受けることが最も重要な要素であり，これにより，株式引受人として署名した者が将来の株式会社の構成員となることを宣言する[173]。

cc) 株式会社の設立

レーマンは，『株式会社法論第1巻』において，株式会社の設立について，100頁以上にわたり詳細に解説した。その説明は，設立の瑕疵，設立無効，発起人の責任等，多岐にわたるものであった。レーマンは，ドイツにおける泡沫会社の発生と株式会社設立を用いた詐欺に対処するために，1884年7月18日第二次株式法改正が株式会社設立に対する規制を強化し，発起人の責任を厳格化したことに着目し，これらのドイツの株式会社法の改正点を解説した。これは，1870年代の泡沫会社とその破綻の経験を生かし，詐欺的株式会社設立を防止しようとするドイツ法の立場を解明する学問上の試みでもあった。

当時，既に「設立中の会社」という概念がドイツ会社法学上の重要概念として生成する途上にあった。オットー・フォン・ギールケは，1887年，「成立した団体それ自体の法が認められるならば，成立しつつある団体それ自体の法も否定することができないはずである。公共団体の内的生活を規律づける法原則の固有の領域は，公共団体の胎児としての生活状態にも及ぶ[174]」と説き，かかる団体として株式会社を念頭に置き，「胎児」としての株式会社が成立する理論的可能性を認めていた。

これに対し，レーマンは，株式会社の設立は，会社の設立登記に伴う公示により終了すると論じた。レーマンは，準則主義の下では，設立行為より前には株式会社それ自身はいかなる形態においても存在しないと説いた[175]。ここにお

---

171) Karl Lehmann, Das Recht der Aktiengesellschaften, Band 1, S. 348, Fn. 8. 服部榮三博士は，ルノー自身の株式引受の法的性質に関する考えが必ずしも明確でないと指摘している（服部・前掲注**106**）同志社法学37号80頁参照）。

172) Karl Lehmann, Das Recht der Aktiengesellschaften, Band 1, S. 348.

173) Karl Lehmann, Das Recht der Aktiengesellschaften, Band 1, S. 349.

174) Otto Gierke, Die Genossenschaftstheorie und die deutsche Rechtsprechung, S. 135 f.

175) Karl Lehmann, Das Recht der Aktiengesellschaften, Band 1, S. 404.

ける設立行為とは，設立登記や公告などにより株式会社を対第三者関係においても成立させる行為である。レーマンは，ドイツ法が，設立行為につき英国や米国法等他の大多数の国と同様に，設立登記主義すなわち設立登記をもって株式会社が成立するとする主義を採っていると説いた[176]。ただし，レーマンは，準則主義の下でも，国家が経済政策的見地から，国家の利益に配慮して，一定の事業を行う株式会社について，当該会社の営業につき国家の免許を必要とすることはありうるとしたが，これは設立認可主義の下における設立認可とは異質なものであると説いた[177]。レーマンのこの考え方は大審院判例に大きな影響を与えた。大判大正4年12月25日民録21輯2199頁[178]では，大蔵大臣の認可を得ずに設立した銀行業を営む株式会社が既に設立されているのかという論点につき争われたが，大審院は，前記レーマンの説に立ち，銀行設立にかかる大蔵省の認可は法人格を付与する旨の認可とは異なるから大蔵省の認可を得ずに銀行業を営む株式会社を設立した場合でも，当該株式会社は既に設立されていることを認めた[179]。

レーマンは，かかる公示の方法による株式会社成立前には，いかなる団体の存在も認めない。レーマンは，『株式会社法論第1巻』の株式会社の設立の解説において，株式会社が公示により成立する以前に存在する団体の存在を前提とした説明を一切行わなかった。すなわち，レーマンは，「発起人組合」の概念も，また「設立中の会社」の概念も，いずれも認めなかった。前述のようにレーマンが，株式引受の法的性質を，株式引受人による一方的法律行為であるとし，株式引受人と「設立中の会社」あるいは「発起人組合」との「契約」であると構成しなかったことは，レーマンが，これらの概念を用いなくとも，株式会社の設立前の法律関係は説明可能であると考えていたことを示している。

レーマンは，株式会社の設立無効については，フランス法の「事実上の会社」など外国法の規制の仕方を参考にして，株式会社の設立無効判決が出されると，当該判決はすべての者に対して効力を有するが，かかる設立無効判決が出される前に，株式会社の名で行った法律行為は，設立無効判決の影響を受け

---

176) Karl Lehmann, Das Recht der Aktiengesellschaften, Band 1, S. 405.
177) Karl Lehmann, Das Recht der Aktiengesellschaften, Band 1, S. 402 f.
178) 本判決の評釈として，吉川吉衞「保険事業の免許」鴻常夫＝竹内昭夫＝江頭憲治郎＝山下友信編『損害保険判例百選〔第2版〕』196頁以下（有斐閣，1996年）参照。
179) 大判大正4年12月25日民録21輯2209頁以下参照。

ずに，有効に存続すると説いた[180]。レーマンによると，株式会社設立無効判決が出され株式会社の設立無効が登記されると，当該会社は清算会社となる[181]。

レーマンは，株式会社の設立無効の瑕疵の治癒についても論じ，法律上の最低資本金額が満たされない形で株式会社の設立がなされた場合，株主有限責任に関する規定が遵守されなかったとみて，当該株式会社の設立無効の瑕疵の治癒を認めないが，例えば，会社の公告に関する瑕疵や機関の選任に関する瑕疵等の会社を新たに設立しなくとも除去可能な瑕疵の場合，フランス法やベルギー法にならい，株主総会の全員の同意あるいは過半数決議もしくは特別決議により，かかる瑕疵の治癒は可能であると解すべきであると説いた[182]。

レーマンにより，ドイツの株式会社法学は，実務の要求にも応える解釈学説として精緻化した。レーマンによるドイツの株式会社法解釈論の精緻化には，外国法の原則の参照が大きく寄与した。

dd）社員権論

1904年に，レーマンの体系書の『株式会社法論第2巻[183]』が上梓された。レーマンは，ここでも，本著作第1巻と同じく，叙述の目標を「比較法を基礎において，建設的議論の基礎を，実務上の細かな点を除いて[184]」解明することに置いていた。

社員権論については，レーマンは，ルノーの社員権（Mitgliedschaftsrecht）という概念を受け継いだ[185]。レーマンは，株式の譲渡により，すべての社員権が株式譲受人に移転するだけでなく，社員としての地位に附随するすべての義務も移転するのであり，とりわけ株式の額面額の会社設立時の全額払込制が採られていなかった当時においては，すべての株金額が支払われていない株式を譲り受けた者は，未払いの株金額を支払う義務を負うと説いた[186]。

本著作において，レーマンは，ルノーの説[187]を受け継いで，社員権の本質から社員権の不可分性が導かれると説いた[188]。レーマンは，社員権の不可分性

---

180) Karl Lehmann, Das Recht der Aktiengesellschaften, Band 1, S. 435.
181) Karl Lehmann, Das Recht der Aktiengesellschaften, Band 1, S. 435.
182) Karl Lehmann, Das Recht der Aktiengesellschaften, Band 1, S. 436 f.
183) Karl Lehmann, Das Recht der Aktiengesellschaften, Band 2, Berlin 1904.
184) Karl Lehmann, Das Recht der Aktiengesellschaften, Band 2, Vorwort Ⅲ.
185) Karl Lehmann, Das Recht der Aktiengesellschaften, Band 2, S. 30.
186) Karl Lehmann, Das Recht der Aktiengesellschaften, Band 2, S. 33.
187) Renaud, Das Recht der Actiengesellschaften, 1. Aufl., S. 72 f.

の結果として，共同相続された株式については，議決権は統一的にのみ行使できると説いた[189]。レーマンによると，この学説を反映するかたちで，既に1897年ドイツ商法225条1文は「一つの株式が多数の権利者に帰属する場合，当該株式の権利は，共同の代理人によってのみ行使できる」と規定していた。レーマンによると，単一の株式は分割不能な財である[190]。

1893年，レーゲルスベルガーは，「団体の権利は，個々の構成員が団体の意思に参加するのか，あるいは，団体の私的利益に与るかにより，前者は共益権（gemeinnützige Rechte），後者は自益権（selbstnützige Rechte）として区別される[191]」と説き，共益権としては総会における参加権および議決権，機関選任権などを挙げ，自益権としては構成員の個人的利益を満足させるのに資する権利を挙げた[192]。

レーマンは，レーゲルスベルガーの説を発展させ，株主の権利をその目的により，株主個人の利益のためだけに資する権利たる自益権と，株主の利益と共に全体の利益のためにも資する権利である共益権とに分類し，自益権は株式に関する純粋に財産的な側面であり，共益権は議決権等の会社の管理に参加する権利であると説いた[193]。そして，株主は共益権を行使している際に，会社の機関としての権利を行使しているともいえると説いた[194]。

また，レーマンは，株主権の中でも本質的なものは株主から奪うことができない権利であるとして，これを固有権（Sonderrechte）と呼んだ[195]。レーマンの固有権論は日本の法実務・通説に多大な影響を与えた[196]。レーマンの固有権

---

188) Karl Lehmann, Das Recht der Aktiengesellschaften, Band 2, S. 26.
189) Karl Lehmann, Das Recht der Aktiengesellschaften, Band 2, S. 26.
190) Karl Lehmann, Das Recht der Aktiengesellschaften, Band 2, S. 27.
191) Regelsberger, Pandekten, Erster Band, Leipzig 1893, S. 331.
192) Regelsberger, Pandekten, Erster Band, S. 332.
193) Karl Lehmann, Das Recht der Aktiengesellschaften, Band 2, S. 398. このレーマンの共益権に関する考え方は，現在の日本の判例・通説の考えに近い（最大判昭和45年7月15日民集27巻4号804頁，鈴木竹雄＝竹内昭夫『会社法〔第3版〕』95頁以下参照）。
194) Karl Lehmann, Das Recht der Aktiengesellschaften, Band 2, S. 399. レーマンのかかる学説は，後の田中耕太郎博士の学説にも影響を与えた（田中耕太郎『改訂会社法概論下巻』307頁以下（岩波書店，1955年）参照）。
195) Karl Lehmann, Das Recht der Aktiengesellschaften, Band 2, S. 396 f.
196) レーマンの固有権論については，田中耕太郎博士が詳細な解説をした（田中耕太

論は，大判昭和8年12月21日民集12巻1916頁[197]において，本件上告人によって引用された。本判決では，建設利息支払請求権の法的性質が争点となった。レーマンは，建設利息支払請求権が固有権であり本人の同意がない限り多数決によっても奪うことができない（ドイツ民法35条）と解していたが[198]，本件上告人は，本件において，かかるレーマンの立場からすると，建設利息支払請求権は，株主総会の決議を必要とせずに株主が会社に請求できる既得権ということになると主張した[199]。しかし，本判決は，結論的にレーマンの解釈を採らず，建設利息支払請求権が株主総会の決議をまって初めて発生するとした。また，鈴木竹雄・竹内昭夫両博士は，レーマンの固有権論の影響下で，「何が固有権かは……一般に各株主にとってその本質的利益に関するものと認められるかどうかによって判断すべき」であると論じた[200]。

レーマンは，自己株式の取得については，投機的な動機から株式会社が自己株式を取得することはありうるとし[201]，株式会社自身が当該株式会社の社員となることでその社員の地位が混同により消滅することはなく，法律により株式が当該株式会社に帰属する限り，それを当該株式会社が第三者に譲渡すれば株式として復活するという一時的休眠状態が生じるに過ぎないと論じた[202]。これは，当時の自己株式取得禁止規制の変更を法解釈上反映させたものであった。

すなわち，1884年7月18日の第二次株式法改正は，自己株式取得の絶対禁止を定めていた規定（1870年改正ドイツ普通商法典215条3項）を，「株式会社は買入委託が実行されない限り業務経営において自己株式を買付けないし質受けすべきではない（soll）」と改正した（1884年改正ドイツ普通商法典215d条1項1文）。自己株式取得の絶対禁止から，かかる Soll 規定へと改正がなされた最大の理

　　郎「固有権の理論に就て——社員権否認論3」同『商法学　特殊問題上』186頁以下（春秋社，1955年））。
- 197) 本判決の評釈として，升本喜兵衛「建設利息請求権の具体化と総会の決議」我妻栄編集代表『ジュリスト296号の2臨時増刊会社判例百選』140頁以下（有斐閣，1964年），加美和照「建設利息請求権の性質」矢沢惇＝鴻常夫編『会社判例百選〔第3版〕』142頁以下（有斐閣，1979年）。
- 198) Karl Lehmann, Das Recht der Aktiengesellschaften, Band 2, S. 397.
- 199) 大判昭和8年12月21日民集12巻2932頁。
- 200) 鈴木竹雄＝竹内昭夫『会社法〔第3版〕』111頁。
- 201) Karl Lehmann, Das Recht der Aktiengesellschaften, Band 2, S. 76.
- 202) Karl Lehmann, Das Recht der Aktiengesellschaften, Band 2, S. 75.

由は，新法のSoll規定に違反しても，自己株式の取得自体は無効にはならず[203]，取締役および監査役の会社に対する内部責任を生じさせるにすぎないことを明らかにするためであった[204]。1897年ドイツ商法は，1884年改正ドイツ普通商法典215d条1項1文の「業務経営において」の箇所を「通常の業務経営において」と変更した上で，1884年改正ドイツ普通商法典のSoll規定を受け継いだ（1897年ドイツ商法226条1項1文）。

　レーマンの自己株式取得に関する解釈論は，株式会社による自己株式取得が無効となるという旧法の考え方を是正し，自己株式取得は無効ではないという新しいドイツの株式会社立法に理論上の根拠を与えるものであった。

ee）機関

　レーマンは，株式会社の機関についても，ルノーの考え方を受け継ぎ，株式総会を最も重要な機関とみなし，株主総会についての解説を，本著作の機関の叙述の最初に置いた[205]。レーマンによると，株式会社という団体の意思を第一次的に代表しているのは株主総会であり，取締役は，株主総会に従属する機関としての役割をもつにすぎない[206]。レーマンは，株主が業務執行を行うごとに集まり監督することが不可能であることに照らし，常設の監督機関として，監査役会が置かれているとみた。レーマンは，かかる氏自身の機関の性質論に基づき，株主総会，取締役，監査役会の順序で，株式会社の機関の概説を行った。

　これらの解説の中で，ルノーの解説からの大きな変更となっているのは取締役の対第三者責任に対する解説であった。1884年7月18日の第二次株式法改正は，ルノーが前提としていた取締役の責任に関する規範構造に大きな変更を加え，取締役が会社債権者に対して損害賠償責任を負わないとした。すなわち，1884年改正ドイツ普通商法典241条1項は，「取締役は，会社の名で行った法的行為について第三者に対して会社の債務につき人的な責任を負わない」と規定した。1897年ドイツ商法は，同法241条3項が規定する一定の場合にのみ，自己の債権につき満足をえられなかった会社債権者は，会社の取締役に対する責任を代位行使することができると規定した（1897年ドイツ商法241条4項1文）。レーマンは，1897年ドイツ商法241条3項が規定していた各条項は，取締役が

---

203) Schön, Geschichte und Wesen der eigenen Aktie, Würzburg 1937, S. 8.
204) Hirsch, Der Erwerb eigener Aktien nach dem KonTraG, Köln 2004, S. 11 f.
205) Karl Lehmann, Das Recht der Aktiengesellschaften, Band 2, S. 153.
206) Karl Lehmann, Das Recht der Aktiengesellschaften, Band 2, S. 151.

資本金に関する法律上の規定に違反し会社財産を減少させる場合に該当し，会社債権者は，法律に違反し会社財産を減少させ会社を支払不能に陥らせた当該取締役に対して会社の請求権を直接代位行使できると論じた[207]。レーマンは，前述の資本金の規定違反以外の場合には，ドイツ民法823条2項に該当する場合，すなわち，故意または過失により保護法律に違反した場合に該当しない限り，取締役が会社債権者に対し損害賠償責任を負うことはないと解説した[208]。

レーマンは，かかる取締役の対第三者責任を原則として否定する規範構造は，侵害される者が株式会社だけであるとみるべきであるという考えに基づいていると説明した[209]。レーマンは，法律は，取締役が二重に損害賠償責任を負う状況が形成されることを回避しようとしたのであると説いた。

会社の株主に対する関係について，レーマンは，ドイツ法が，取締役が株式会社に対して違法行為を行った場合においても，個々の株主には代表訴訟提起権が発生しないとしていることが比較法的に見ると特殊な立場であることを示唆した。外国における取締役の対会社責任の追及方法に関する規制として，英米法，フランス法，ベルギー法，スイス法とともに，日本法[210]も紹介されている。レーマンによると，ドイツの規制方式は，取締役のなり手を確保するという意味では優れているが，取締役の地位を安定化させ，取締役の無責任経営を生み出す危険を増大させている[211]。

レーマンによると，株式会社は社団であり，組合ではないから，構成員が社団とのみ法的関係をもち，社団の取締役とは法的関係を有しないため，取締役の違法行為があった場合においても，社団構成員たる少数派株主は何らの損害賠償請求権を行使する権限を有しない[212]。社団の構成員たる株主は，株主総会への参加を通じて，取締役が行った違法行為につき損害賠償責任追及訴訟を提起するように会社に対して促すという地位を有するにすぎない。レーマンは，取締役は個々の株主に対し原則として責任を負わないと説いた[213]。

その上で，レーマンは，1897年ドイツ商法では，取締役の違法行為について

---

207) Karl Lehmann, Das Recht der Aktiengesellschaften, Band 2, S. 272.
208) Karl Lehmann, Das Recht der Aktiengesellschaften, Band 2, S. 272 f.
209) Karl Lehmann, Das Recht der Aktiengesellschaften, Band 2, S. 273.
210) Karl Lehmann, Das Recht der Aktiengesellschaften, Band 2, S. 282.
211) Karl Lehmann, Das Recht der Aktiengesellschaften, Band 2, S. 275 f.
212) Karl Lehmann, Das Recht der Aktiengesellschaften, Band 2, S. 276 ff.
213) Karl Lehmann, Das Recht der Aktiengesellschaften, Band 2, S. 279.

の会社の損害賠償請求権は，監査役会が行使しなければならない（1897年ドイツ商法268条1項1文参照）と解説した。さらに，1897年ドイツ商法によると，資本金の10パーセントを有する少数株主も，株主総会に対し，違法行為をなした取締役に対する会社の損害賠償請求権の行使を請求できる（1897年ドイツ商法268条2項1文）。1897年ドイツ商法によると，かかる少数株主の請求があった場合には，裁判所により会社を代理する者が選任される（1897年ドイツ商法268条2項2文）。レーマンの考えによると，株主が直接，株式会社を代表して，会社に帰属する取締役に対する損害賠償請求権を行使する余地はない。

　レーマンは，株式会社は社団であるため，個々の構成員は相互に法的関係をもたないとみていた。レーマンは，取締役は法人たる会社に対して法的関係を有するが，株主あるいは株主の組合とは何らの法的関係をもたないと解していた。当時，株主は会社に対して誠実義務を負うことは認められていなかった[214]。レーマンは，取締役が違法行為を行った場合においても，少数派株主は当該取締役に対して法的関係をもたないため，会社に生じた損害の賠償を求めて当該取締役に対して株主代表訴訟を提起するということは，社団たる株式会社の本質に反するものとして許されないと解していた。

ff）資金調達等

　レーマンの『株式会社法論第2巻』における株式会社のファイナンスの叙述につき注目される点は，1897年ドイツ商法が資本増加に際して既存の株主は原則として新株引受権を有するとしたのに伴い（1897年ドイツ商法282条参照），レーマンが，資本増加に際しての株主の新株引受権について言及したことである。レーマンは，新株引受権を，株主が一定の割合で株式を引き受ける権利であると定義した[215]。レーマンは，かかる新株引受権が，会社が新株発行をする

---

[214] ドイツで史上初めて株主の会社に対する誠実義務を認めた判決は，1934年12月4日ライヒ裁判所判決（RGZ 146, 71）であった。また，株主相互間の誠実義務を最初に認めたドイツの判決は，1988年2月1日連邦通常裁判所ライノタイプ判決（BGHZ 103, 184）であった。これらの判決につき，潘阿憲『会社持分支配権濫用の法理——多数派社員の誠実義務』177頁以下（信山社，2000年），高橋英治『会社法の継受と収斂』95頁以下（有斐閣，2016年）参照。また，前者の判決につき，豊崎光衛「株式会社における多数決の濫用(4)」法学協会雑誌58巻5号670頁（1935年）参照。後者の判決につき，ペーター・シュレヒトリーム＝ヴェルナー・バッハマン＝クラウス・バッハー，海老原明夫訳「会社法における最近の発展」日独法学14号97頁以下（1990年）参照。

場合に株主の社員権から当然に発生するものではなく，新株発行を決める株主総会決議において，新株引受権について定めることができるとした。また，レーマンは，原始定款あるいは定款変更により，すべてのあるいは一定の株主に対して新株引受権を与える旨規定することもできるとした。

レーマンは，新株発行につき，既存の株主に対して新株引受権を与えることは，衡平にかなうと説いた[216]。レーマンは，ドイツ商法が新株引受権の制度を導入したことにより，資本増加が投機的に利用されることが防止されると考えた。また，レーマンは，既存株主に新株引受権を与えることにより，取締役が架空の者に無償で新株を発行して，事実上，利得することを防止することができ，あるいは株式の数を増加させて相場を操縦することを防止することもできると考えた。

レーマンは，組織再編については，合併に反対した株主に対し株式買取請求権を与える米国の立法を説明し，イタリア，ルーマニア，アルゼンチン等の国が，同様の法制を採っている旨紹介した[217]。しかし，レーマンは，ドイツ法について，合併に伴う少数派株主への「代償」の制度を導入すべきである，あるいは少数派株主の憲法上の財産権から「代償」の権利が発生するという解釈論または立法論を展開することはなかった。レーマンは，合併により消滅する株式会社の債権者保護をより重要な立法課題であるとみていた[218]。

c　レヴィン・ゴルトシュミット——ドイツ商法学の大家

レヴィン・ゴルトシュミットは，ドイツ商法学の基礎を築いた一人であった。ゴルトシュミットの代表作は，『世界商法史論[219]』であり，その商法学の方法は「歴史的方法[220]」と特徴づけられている。1868年に発刊されたゴルトシュミットの大著『商法ハンドブック第1巻第1部[221]』は，第2編第1章の冒頭に

---

215) Karl Lehmann, Das Recht der Aktiengesellschaften, Band 2, S. 461.
216) Karl Lehmann, Das Recht der Aktiengesellschaften, Band 2, S. 462.
217) Karl Lehmann, Das Recht der Aktiengesellschaften, Band 2, S. 530.
218) Karl Lehmann, Das Recht der Aktiengesellschaften, Band 2, S. 531 f.
219) Levin Goldschmidt, Universal Geschichte des Handelsrechts, Erster Band, 3. Aufl., Stuttgart 1891.
220) 服部榮三「ゴールドシュミットの商法学方法，特にその歴史的方法について」法学協会雑誌71巻4号333頁（1953年）参照。
221) Levin Goldschmidt, Handbuch des Handelsrechts, Erster Band, Erste Abteilung, Erlangen 1864.

おいて，「商（Handel）」を「本質的には変更のない状態で商品を媒介し（vermitteln），かかる交換媒介を促進する業の全体[222]」であると定義した。ゴルトシュミットは，商法対象論として「媒介説」を説いたと商法学上位置づけられている[223]。しかし，ゴルトシュミットは，以上のような商法の対象に関する学問としての商法学を追求しただけでなく，ドイツ普通商法典における株式会社法改正に関しては立法委員として関与した。以下において，ゴルトシュミットのドイツ普通商法典の改正作業への関与と，その経験に基づくゴルトシュミットの体系書について概観する。

1870年ドイツ普通商法典改正に際して，再度，最大の争点となったのが，株式会社の設立につき，認可主義を採用するのか，それとも準則主義を採用するのかであった。

ゴルトシュミットは，第8回ドイツ法律家会議において，まず，1861年ドイツ普通商法典の下で，株式会社設立につき認可主義を採用している邦が，オーストリア，バイエルン，ヘッセン，ブラウンシュヴァイグ，メクレンブルク，チューリンゲン諸邦に限られていることを指摘した上で[224]，英国が1862年・1867年会社法により会社法に服するケルパーシャフトについても7人以上の発起人が存在すれば自由に設立できるようにしている点，および，フランスが1867年6月24日の法律で保険会社等の特別な会社を除き原則としてすべての有限責任の商事会社につき準則主義を採用したといった外国法の状況を参照し[225]，「我々ドイツ人も総ての常識を働かせ，我々の思考を大胆に使って，我々自身を周囲の外国の模範に同化させることが望ましいと思うようになっている[226]」と説き，10年前には株式会社に国家の認可が必要であるということが常識となっていたが，現在では，ヨーロッパにおいては準則主義の方が説得力を有するようになってきているとし，外国では自由に会社を設立できる現状に

---

222) Levin Goldschmidt, Handbuch des Handelsrechts, Erster Band, Erste Abteilung, S. 286.
223) 服部榮三「商法の対象」北沢正啓＝浜田道代編『商法の争点Ⅰ』4頁（有斐閣，1993年），服部榮三『商法総則〔第3版〕』6頁（青林書院新社，1983年）。
224) Referat Goldschmids, in: Das Schriftführer-Amt der ständigen Deputation (Hrsg.), Verhandlungen des Achten deutschen Juristentages, Zweiter Band, Berlin 1870, S. 44.
225) Ders., S. 46.
226) Ders., S. 48 f.

鑑みると,「我々も自身の固有の会社につき同じ有利な地位を与えるようにすることが合目的的である[227)]」として準則主義の導入を強く支持した。また,ゴルトシュミットは,認可主義の背後にある,株式会社の良俗性につき官吏による警察的監視の必要性を説く考えを一笑に付して,かかる考えは現在では説得力をもたないとした。氏は,認可主義においては,国家機関が恣意的な認可決定権限を有し,株式会社の許可を担当する官吏が収賄を受けるおそれがあるとして,認可主義こそが道徳的に問題であることを指摘した[228)]。ゴルトシュミットは,現在のドイツの法律家のコモンセンスは法人が国家の認可によって成立するというものであるが,自身の考えによると,私法上の社団が構成員の結合自体によって成立するというべきであり,この考えはドイツ普通法およびローマ法に合致する,と説いた[229)]。このゴルトシュミットの報告は大きな意味を持った。第8回ドイツ法律家会議は,株式法改正問題を扱い,ゴルトシュミットが作成した動議に基づき[230)],株式会社の認可強制の廃止要求案をほぼ全員一致で決議した[231)]。1870年改正ドイツ普通商法典は,株式会社につき,従来原則として採用していた認可主義を廃棄し,準則主義を採用した（1861年ドイツ普通商法典208条1項削除）。

1870年改正ドイツ普通商法典は,一方で,自己株式の取得および償却を禁止しておきながら（1870年改正ドイツ普通商法典215条3項),他方で,資本金の払戻しを認めていた（1870年改正ドイツ普通商法典248条）。そこで株式会社が,資本金の払戻しを,自己株式の取得という方法によって行うことができるのか否かが争点となっていた。

ゴルトシュミットは,1876年に「自己株式の買付および償却による株式会社の資本金の減少[232)]」という論文をZHRに発表し,自己株式の取得禁止が理論的要請から導かれるものではなく,株式会社が自己株式の取得により株式の市場価格を操作することを防止するという合目的性の見地からの規制であること

---

227) Ders., S. 49 f.
228) Ders., S. 50.
229) Ders., S. 50 f.
230) Assmann, in: GroßkommAktG, 4. Aufl., Einl Rdnr. 79.
231) von Kißling, Die Verhandlungen der ersten zehn deutschen Juristentage (1860-1872), Berlin 1873, S. 83；岩崎稜『戦後日本商法学史所感』369頁。
232) Levin Goldschmidt, Herabsetzung des Grundkapitals einer Aktiengesellschaft durch Ankauf und Amortisation eigener Aktien, ZHR Bd. 21 (1876), 1-11.

を明らかにした[233]。これを前提として、氏は、株式償却のためなら自己株式を取得して資本を減少することができるとすべきであるが、1870年改正ドイツ普通商法典215条はこれを定めていない点で欠缺があるとし[234]、株主総会決議を経た上で株式償却のための自己株式取得が株式会社に認められるべきであるという立法論を展開した[235]。この立法提案は1884年ドイツ普通商法典の改正において採用された（1884年改正ドイツ普通商法典215d条2項1文）。

1882年にライヒ内務省とライヒ司法省が共同で起草した草案[236]を基に、ドイツ普通商法典の再改正が議論された。ゴルトシュミットの立場は現代の株式会社法の議論を先取りしたかのような、斬新なものであった。すなわち、ゴルトシュミットは、1884年3月24日に開催された草案の審議のための第1回委員会会議において、株式会社設立における認可主義制度の再導入に警戒すべきであり[237]、無記名株式の額面額を引き上げることにより、大衆の資本が外国に流れてしまう可能性があることをも考慮すべきことを説いた[238]。この発言は、株式会社の設立に関する国家の監督を排除し、株式会社法改正にあたっては、世界レベルでの「会社法の競争[239]」を意識した改正がなされるべきことを示唆していた。

ゴルトシュミットの関心は、当時横行していた詐欺的株式会社設立に対する

---

233) Levin Goldschmidt, ZHR Bd. 21（1876）, 5.
234) Levin Goldschmidt, ZHR Bd. 21（1876）, 9.
235) Levin Goldschmidt, ZHR Bd. 21（1876）, 11.
236) Entwurf eines Gesetzes, betreffend die Kommanditgesellschaften auf Aktien und Aktiengesellschaften（Januar 1882）, in: Schubert/Hommelhoff, Hundertjahre modernes Aktienrecht: Eine Sammlung von Texten und Quellen zur Aktienrechtsreform 1884 mit zwei Einführungen, ZGR-Sonderheft 4, Berlin 1985, S. 263-287.
237) Goldschmidt, in: Protokolle, 1. Sitzung. Verhandelt Berlin, den 24. März 1882, in: Schubert/Hommelhoff, Hundertjahre modernes Aktienrecht: Eine Sammlung von Texten und Quellen zur Aktienrechtsreform 1884 mit zwei Einführungen, ZGR-Sonderheft 4, S. 291.
238) Goldschmidt, in: Protokolle, 1. Sitzung. Verhandelt Berlin, den 24. März 1882, in: Schubert/Hommelhoff, Hundertjahre modernes Aktienrecht: Eine Sammlung von Texten und Quellen zur Aktienrechtsreform 1884 mit zwei Einführungen, ZGR-Sonderheft 4, S. 293 f.
239) 「会社法の競争」につき、ダニエル・チマー、高橋英治訳「ヨーロッパにおける会社法の競争」同志社法学59巻4号218頁（2007年）。

抜本的な対抗策を立案することにあった。ゴルトシュミットは，1882年3月29日の第5回委員会会議において，ドイツ普通商法典213e条として，「商事裁判所が定めた宣誓または証書を提出するにつき，または公募するにつき，不正な事実関係の説明や黙秘により悪しき方法で株式の引受人や後の株式取得者や株式会社債権者を害した者は，被害者に対し賠償責任を負う」という規定を新設することを提案した[240]。ゴルトシュミットは，1882年3月31日の第7回委員会会議においても，同じ提案を繰り返した。ゴルトシュミットは，現行法によっても，詐欺的方法で株式の公募を行った会社は損害賠償責任を負うが，詐欺を行った者自身は責任を負わない点で，現行法は詐欺の被害を受けた個々の株主の保護において十分でないから，前記規定が必要なのである[241]，と説いた。しかし，ゴルトシュミットの提案には若干の賛成者[242]はあったものの，現行法とは相容いれないとして多くの討論参加者は反対意見を表明した[243]。その結果，ゴルトシュミットのドイツ普通商法典213e条新設に関する提案は，採用されなかった。

　1884年7月18日，ドイツ普通商法典は改正された[244]。改正法が成立する直前

---

[240] Goldschmidt, in: Protokolle, 1. Sitzung. Verhandelt Berlin, den 30. März 1882, in: Schubert/Hommelhoff, Hundertjahre modernes Aktienrecht: Eine Sammlung von Texten und Quellen zur Aktienrechtsreform 1884 mit zwei Einführungen, ZGR-Sonderheft 4, S. 321.

[241] Goldschmidt, in: Protokolle, 1. Sitzung. Verhandelt Berlin, den 31. März 1882, in: Schubert/Hommelhoff, Hundertjahre modernes Aktienrecht: Eine Sammlung von Texten und Quellen zur Aktienrechtsreform 1884 mit zwei Einführungen, ZGR-Sonderheft 4, S. 332.

[242] von Sichererは原則としてゴルトシュミットの提案に賛成した。von Sicherer, in: Protokolle, 1. Sitzung. Verhandelt Berlin, den 31. März 1882, in: Schubert/Hommelhoff, Hundertjahre modernes Aktienrecht: Eine Sammlung von Texten und Quellen zur Aktienrechtsreform 1884 mit zwei Einführungen, ZGR-Sonderheft 4, S. 332.

[243] Hagen, Koch, Russellらが強硬にゴルトシュミットの提案に反対した。Vgl. Schubert/Hommelhoff, Hundertjahre modernes Aktienrecht: Eine Sammlung von Texten und Quellen zur Aktienrechtsreform 1884 mit zwei Einführungen, ZGR-Sonderheft 4, S. 332 f.

[244] 1884年改正ドイツ普通商法典における株式会社法の規定の原文につき，Schubert/Hommelhoff, Hundertjahre modernes Aktienrecht: Eine Sammlung von Texten und Quellen zur Aktienrechtsreform 1884 mit zwei Einführungen, ZGR-Sonderheft 4, Berlin 1985, S. 560 ff.; Schubert/Schmiedel/Krampe (Hrsg.), Quellen zum

の1884年2月23日，ゴルトシュミットは「株式会社法の改正」というテーマでベルリンの法律家協会にて講演をした。その内容は世界的視野の中から1884年株式会社法改正を俯瞰する巨視的なものであった。ゴルトシュミットは，最初に，1870年の株式会社法の最後の改正から14年が経過し，その間にイギリスを始めとしたヨーロッパ諸国は株式会社法改正に取り組んでおり，これらに遅れをとらないために，株式会社法の改正は必要であったと述べた[245]。ゴルトシュミットによると，1884年株式会社法改正は，現行法の基礎を維持しつつ，適切な進歩の要素をこれに付け足すというものであったと説いた[246]。また，ゴルトシュミットは，1884年株式会社法改正が，1870年改正ドイツ普通商法典の自由な体系，すなわち株式会社の設立と機関構成において国家の監督を排除するということを基礎とすると説いた[247]。その上で，ゴルトシュミットは，改正法草案は，1884年改正ドイツ普通商法典249a条に表れているように，株式取引において詐欺をなした者に対し，刑罰規定を設けることとしたと説明した[248]。

　1892年，ゴルトシュミットは，『商法の体系〔第4版〕[249]』という著作において，株式会社法についても言及した。ゴルトシュミットによると，株式の権利とは，株主の社員権（Mitgliedschaftsrecht）を指し，これは，「共同管理権（Mitverwaltungsrecht）」と「個別権（Einzelrecht）」とに分類される[250]。「共同管理権」には会社法の少数株主権が含まれ，例えば，5パーセントの資本金に参加している株主が行使できる株主総会招集権（1884年改正ドイツ商法典237条）などがこれにあたる[251]。最も重要な「個別権」には利益配当請求権がある。本著作においては，株主に対する配当は会計上算出された純利益から出されなければならず，純利益から出されない配当は禁止されており，かかる違法配当の

　　Handelsgesetzbuch von 1897, Band 1 Gesetz und Entwürfe, S. 154 ff. 1884年改正ドイツ普通商法典における株式会社法の規定の邦訳として，江村・前掲注99）慶応義塾大学大学院法学研究科論文集45号86頁以下（2004年）参照。

245) Levin Goldschmidt, Die Reform des Aktiengesellschaftsrechts, ZHR 30 (1885), 69 f.
246) Levin Goldschmidt, ZHR 30 (1885), 74 f.
247) Levin Goldschmidt, ZHR 30 (1885), 75.
248) Levin Goldschmidt, ZHR 30 (1885), 83.
249) Levin Goldschmidt, System des Handelsrechts mit Einschluss des Wechsel- See- und Versicherungsrechts im Grundriss, Stuttgart 1992.
250) Ders., S. 134 f.

場合には，株式会社の機関の責任が生じうることが明確にされていた。

　本著作は，資本金の増減についても言及している。ゴルトシュミットによると，株式会社の資本金額は不変であるのが原則であるが，株主総会の特別決議により増加できる。ゴルトシュミットは，株式会社の資本増加は株式会社を部分的に新設する場合とも捉えることができ，資本増加が新株発行という形態を採る場合には，額面額より多い額で新株を引き受けることは許されるが，額面額より少ない額で新株を引き受けることは禁止されると説いた[252]。ゴルトシュミットは，株式会社の資本減少は，株式の額面額の減少でも起こるが，株式消却あるいは株式併合という形でも行われるとし，株式会社の資本減少は，株主総会の特別決議により行われると説明した。

　本著作は，株式会社の法規制につき，株式会社の設立から解散まで包括的に説明するものではなかったが，多くの裁判例も引用されており，ゴルトシュミットの商法学者としての姿だけではなく，商法の実務家としての姿をもみてとれるものとなっていた。

d　オットー・フォン・ギールケ——ドイツ団体法論の主唱者

　オットー・フォン・ギールケは，ドイツ法史から「株式会社」の本質を追求し，株式会社が「ケルパーシャフト」であると説いた[253]。ギールケは，「ケルパーシャフト」を権利能力ある社団を指す語として用いた[254]。かかるギールケの株式会社の法的性質論は，ドイツの会社法学に多大な影響を与えた。現代のドイツの会社法学は，株式会社をケルパーシャフトと位置づける[255]。

　1868年，ギールケは，ルノーの社員権論[256]に従い，社員権が「人の権利

---

251) Ders., S. 136.
252) Ders., S. 138 f.
253) Otto Gierke, Das deutsche Genossenschaftsrecht, Erster Band, Berlin 1868, S. 1009. オットー・フォン・ギールケ，庄子良男訳『ドイツ団体法論第1巻第4分冊』185頁（信山社，2015年）。
254) Otto Gierke, Die Genossenschaftstheorie und die deutsche Rechtsprechung, Berlin 1887, S. 146. 庄子良男「第1分冊『訳者まえがき』の補遺」オットー・フォン・ギールケ，庄子良男訳『ドイツ団体法論第1巻第4分冊』480頁。
255) Kübler/Assmann, Gesellschaftsrecht, 6. Aufl., Heidelberg 2006, S. 24 ff.; Raiser/Veil, Recht der Kapitalgesellschaften, 6. Aufl., München 2015, S. 8 f.; Windbichler, Gesellschaftsrecht, 24. Aufl., München 2017, S. 277.
256) ルノーは，1863年『株式会社法論〔第1版〕』において，株式に関する権利を「社員権（Mitgliedschaftsrecht）」と呼び，社員権を構成する個々の権利を個別に分離し

(Recht der Person)」であると説いた[257]。1887年,ギールケは,人的会社を念頭に置いて業務執行権,違法行為差止権等の諸権利および会社の本質を変更する等の権利義務が,商法典の規定により社員自身に帰属すると説いた[258]。ギールケは,資本会社である株式会社の社員権についても,法律によりそれ自体個々の株主に固有に帰属すると考えたと推測される。ルノーとギールケにより確立された「社員権論」は,現代のドイツ[259]と日本の学説[260]と判例[261]に受け継がれている。

1868年,ギールケは,株式社団をゲノッセンシャフトにするのは株式社団の組織体(Organisation)であると説いた上で,さらに,株式社団が機関(Organ)を有することにより完成すると説き[262],「機関」という概念を本格的に株式会社法学に持ち込んだ[263]。ギールケの「機関論」の本質は,次のようにまとめられている[264]。①人が知覚できるのは団体の存在を示す事実だけで,団体そのものは知覚できない[265],②団体は単に観念上に考えられただけのものではなく,

---

て譲渡等することが不可能であるという原則,すなわち社員権不可分の原則を提唱した(Renaud, Das Recht der Actiengesellschaften, 1. Aufl., S. 72 f.)。ルノーは,1863年,株式が人格としての属性をももっていると論じていた(Renaud, Das Recht der Actiengesellschaften, 1. Aufl., S. 74)。

257) Otto Gierke, Das deutsche Genossenschaftsrecht, Erster Band, S. 1022. オットー・フォン・ギールケ,庄子良男訳『ドイツ団体法論第1巻第4分冊』198頁。

258) Otto Gierke, Die Genossenschaftstheorie und die deutsche Rechtsprechung, S. 525.

259) Raiser/Veil, Recht der Kapitalgesellschaften, 6. Aufl., München 2015, S. 101 ff.; Windbichler, Gesellschaftsrecht, 24. Aufl., S. 279. 近時,ハンノ・メルクトは,「団体の社員権(Verbandsmitgliedschaft)」という統一的概念に対して,今日の団体は多様であり,これを「団体の社員権」という統一的概念でまとめて観念することは不可能であると批判する(Merkt, Verbandsmitgliedschaft und Verbandsvielheit, in: Bruns (Hrsg.), Tradition und Innovation im Recht, Tübingen 2017, S. 185 ff.)。

260) 大隅健一郎=今井宏=小林量『新会社法概説〔第2版〕』13頁(有斐閣,2010年),高橋英治『会社法概説〔第3版〕』67頁(中央経済社,2015年)。

261) 最大判昭和45年7月15日民集27巻4号804頁。

262) Otto Gierke, Das deutsche Genossenschaftsrecht, Erster Band, S. 1023.

263) ただし,1863年,アキレス・ルノーは,ドイツ法史上最初の本格的株式会社法の体系書『株式会社論〔第1版〕』において,株主総会が株式会社の最高の機関であると論じていた(Renaud, Das Recht der Actiengesellschaften, 1. Aufl., S. 279)。

264) 柳瀬良幹「ギールケの機関論」法学31巻1号22頁(1967年)参照。

265) ギールケは,1887年の著作『ゲノッセンシャフト理論とドイツの判例』において,

事実において存在するものである，③団体の存在を示す事実は団体とは別のものではなく，団体の一部，すなわち団体の機関である。

株式会社の行為の基礎は「機関」であり，株式会社は機関を通じて意思を決定し行為できるという理論の出発点として，ギールケは，株式会社がゲノッセンシャフト（ケルパーシャフト）であると説いた。このように，ギールケの議論の出発点には，それ自身生命体であるゲノッセンシャフト（ケルパーシャフト）観があり，これを基礎として株式会社の「機関」についての1861年ドイツ普通商法典の規制が解説された[266]。

1887年，ギールケは，株式会社を有機的生命体の一種として把握し，その「胎児」としての「設立中の株式会社」を認め，「設立中の株式会社」にケルパーシャフトの内部法が適用されるべきであると説いた[267]。かかる「設立中の会社」を認めるギールケの説は現代のドイツ[268]と日本[269]の通説に受け継がれている。

(3) 成立期の総括

19世紀ドイツは，近代的な株式会社法および株式会社法学の成立期であった。この時期の株式会社法は，フランス商法典がドイツの一部領域に適用されるという時代から始まり，ドイツ独自の株式会社法が商法典の中に設けられる時代が到来した。19世紀の株式会社法に関する学説は，歴史と比較法を重視するという点で方法上の特徴をもっていた。学説では，ルノーが株式会社法学を創設

　　機関の背後に存在する人格は「見ることができない（unsichtbar）」と説いた（Otto Gierke, Das deutsche Genossenschaftsrecht, Erster Band, S. 617）。

266) Otto Gierke, Das deutsche Genossenschaftsrecht, Erster Band, S. 1023 ff. ギールケが，法律に対する学説の優位性を前提として法律上の機関を論じるというスタイルを採った理由は，1861年ドイツ普通商法典はドイツ普通法の一部を実現したものにすぎず，ドイツ普通法を普遍的方法によって論じる学説は1861年普通ドイツ商法典に優位するという考えが基本にあったからであった（村上淳一＝守矢健一＝ハンス・ペーター・マルチュケ『ドイツ法入門〔第9版〕』193頁（有斐閣，2018年）参照）。

267) Otto Gierke, Die Genossenschaftstheorie und die deutsche Rechtsprechung, S. 135 f.

268) 高橋英治『ドイツ会社法概説』330頁参照。

269) 東京高判昭和51年7月28日判例時報831号94頁，東京高判平成元年5月23日金融法務事情1252号24頁，江頭憲治郎『株式会社法〔第7版〕』107頁注2（有斐閣，2017年），神田秀樹『会社法〔第20版〕』58頁以下（弘文堂，2018年）

した。ルノーの体系書は，ドイツ普通商法典の解釈論および立法論を示そうとするとともに，独自の視点から，自己の見地からみたあるべき株式会社法につき，外国法を参照し，その内容を確定しようとした。かかるルノーの学問上の態度には，ルノーの時代に株式会社法を規定していたドイツ普通商法典が，当然にドイツ全土に適用されたのではなく，各邦（ラント）にその導入が委ねられていたという，この法律の特徴も大きな影響を与えていた[270]。

　ドイツ帝国が成立し，その全土に「ドイツ商法」が適用される状況が生じると，かかる学説の役割は変化していった。すなわち，カール・レーマンの時代に至り，株式会社法の解説方法が，あるべき株式会社法につき外国法を参照しつつその全体像を示すという方法から，外国法を参照しつつ，現行法であるドイツ商法の解釈論と立法論を展開するという方法へと変化するに至った。その背後にはドイツ商法の成立により，ドイツの商事立法が一応の完成を遂げたという意識があった。レーマンの体系書によるドイツ商法の株式会社法上の各制度の制度趣旨の説明と各規定の解釈の提示により，ドイツ株式会社法学は実務上の要求にも応えるものとなっていった。

　実際に，レーマンの体系書は，日本の法実務に対しても影響を与え，多くの日本の裁判例で当事者によって引用されることとなった[271]。これはルノーの体系書が日本の訴訟において当事者によって引用されていない事実と対照的である。まさにレーマンはドイツ株式会社法学の確立者であり，ドイツの株式会社法学の地位を世界水準に引き上げることに大いに貢献した。

　19世紀ドイツ商法学の大家であったレヴィン・ゴルトシュミットとオットー・フォン・ギールケの株式会社法への関わり方は対照的であった。すなわち，ゴルトシュミットが，株式会社法改正に積極的に関与したのに対して，ギールケは，株式会社立法には関与することなく，その著作を通じて株式会社法の理論に多大な影響を与えた。

---

[270] 村上淳一＝守矢健一＝ハンス・ペーター・マルチュケ『ドイツ法入門〔第9版〕』194頁参照。

[271] レーマンの『株式会社法論』が日本の訴訟当事者によって引用された裁判例として，大判大正2年7月9日民録19輯619頁，大判大正4年12月25日民録21輯2199頁，大判昭和4年5月22日民集8巻504頁，大判昭和8年12月21日民集12巻1916頁ほか参照。

2 展開期——1900年ドイツ帝国商法典施行から2000年までの時期

　20世紀ドイツにおける株式会社法の「展開期」は，ナチス独裁政権期である戦中期（1937年—1945年）の前後で，戦前期および戦後期に分かれる。以下においては，各期におけるドイツの株式会社立法と株式会社法学の特徴を概観する。

(1) 株式会社法
a 戦前期（1887年—1937年）——緊急命令による株式会社法改正

　ドイツの1900年代は，1897年に制定され株式会社についても規定していたドイツ帝国商法典（以下「ドイツ商法」という）および1896年に制定されていたドイツ民法典（以下「ドイツ民法」という）という二つの重要な民事法典のドイツ帝国全土での施行で幕を開けた[1]。20世紀初頭におけるドイツは，経済上の大躍進を遂げた。第一次世界大戦終結までには，大きな株式会社法上の改革はなかった[2]。

　1918年11月11日，ドイツは第一次世界大戦で敗れた。この敗北は，ドイツの株式会社法に対して，二つの流れを生み出した。その第一が，「社会化」の流れである。すなわち，1919年8月11日，「ドイツ帝国憲法[3]（Die Verfassung des Deutschen Reichs）」（以下「ワイマール憲法」という）が制定され，そこに社会的条項とともに事業所における労働者代表に関する条項が盛り込まれた。すなわち，ワイマール憲法165条2項は「労働者と一般職員は，自己の社会的および経済的利益を実現するために，法律上の代表者を，労働者事業所すなわち経済地域に編成された地区労働委員会およびライヒ労働委員会において有する」

1）ドイツ商法およびドイツ民法は，1900年1月1日から施行された。この点につき，村上淳一＝守矢健一＝ハンス・ペーター・マルチュケ『ドイツ法入門〔第9版〕』194頁（有斐閣，2018年）参照。
2）Assmann, in: Hopt/Wiedemann (Hrsg.), AktG: Großkommentar, 4. Aufl., Berlin 1992, Einl Rdnr. 116.（以下 „GroßkommAktG, 4. Aufl." と略記する）.
3）1919年8月11日のドイツ国憲法につき，Ch・グズィ，原田武夫訳『ヴァイマール憲法——全体像と現実』2頁以下（風行社，2002年）参照。

と規定した[4]。結局、地区労働委員会およびライヒ労働委員会は実現しなかったが[5]、1920年2月4日に事業所委員会法[6]（以下「1920年事業者委員会法」という）が制定され、この法律を契機として、ドイツ最初の共同決定制度が導入された[7]。すなわち、1920年事業所委員会法66条は、事業所委員会の職務を「経済的目的で事業（Betrieb）を行うにあたり、所長による事業指揮を補佐し、できる限り生産力を増進しかつこれを最も経済的になすべく協力すること」（同条1号）、「経済的目的で事業を行うにあたり、新しい作業の方法の採用を促進するように協力すること」（同条2号）、「就業規則およびその変更に際し労働協約の範囲内において75条に従い使用人と協定すること」（同条5号）あるいは「労働者内部および労働者と雇用者との間における了解を増進し労働者の団結の自由の確保に努めること」（同条6号）等に置いた。1920年事業所委員会法によると、雇用者は事業所委員会との了解の下において決定された雇用に関する準則につき協定する（1920年事業所委員会法78条8号・81条4項）。事業所委員会は監査役会に対して1人または2人の代表者を送る権利を有する（1920年事業所委員会法70条）。1922年2月15日、「事業所委員会構成員の監査役会への派遣に関する法律[8]」が成立し、少なくとも1人の労働者代表が株式会社の監査役会構成員として選任されるべきことを定めた（同法4条1項）[9]。

　第二に、第一次世界大戦敗北によりドイツが莫大な額の賠償義務を負ったことは、ドイツに未曾有の経済問題を引き起こした。すなわち、ドイツ国内でインフレが急激に進行し、1923年12月には1兆マルクがもとの1金マルクに相当するという異常事態が発生した。これに対応すべく、1923年12月28日、金貨貸借対照表令[10]が出され、株式会社は資本価値の下落勘定をなすべきであると

4）ワイマール憲法の条文の邦訳につき、Ch・グズィ、原田武夫訳『ヴァイマール憲法——全体像と現実』388頁-418頁、高田敏＝初宿正典編訳『ドイツ憲法集〔第7版〕』113頁以下（信山社、2016年）参照。

5）佐々木常和『ドイツ共同決定法の生成』269頁（森山書店、1990年）。

6）Betriebsrätegesetz. Vom 4. Februar 1920. Reichsgesetzblatt Nr. 26, S. 147.

7）佐々木常和『ドイツ共同決定法の生成』279頁以下参照。

8）Gesetz über die Entsendung von Betriebsratsmitgliedern in den Aufsichtsrat. Vom 17. Februar 1922. Reichsgesetzblatt Nr. 17, S. 209.

9）Kübler/Assmann, Gesellschaftsrecht, 6. Aufl., Heidelberg 2006, S. 519.

10）Verordnung über Goldbilanzen. Vom 28. Dezember 1923 (Reichsgesetzblatt I S. 1253), in: Schlegelberger, Die Verordnungen über Goldbilanzen vom 28. Dezember 1925 mit dem Durchführungsverordnungen, 3. Aufl., Berlin 1925, S. 61 ff.

定められた。すなわち，本命令により，1897年ドイツ商法180条は改正され[11]，資本調整後の株式の最低額面額は100金マルク[12]（金貨貸借対照表令10条2項），資本調整後の株式会社の最低資本金額は5000金マルク（金貨貸借対照表令10条1項），新設される株式会社の最低資本金額は50000金マルクと定められた[13]（金貨貸借対照表令17条2項1文）。

1929年の世界恐慌はドイツにも波及した。世界恐慌による会社の財政上の悪化はドイツの株式会社法の「規制強化」と「規制緩和」の流れの両方を同時に生み出した。まず，「規制強化」から説明する。1931年9月19日の緊急命令[14]においては，各事業年度の計算書類につき決算検査人による検査義務の規定を株式法に導入した[15]。すなわち，会社の計算書類は，その基礎である帳簿および営業報告書とともに，一人または数人の決算検査人[16]の検査を受けなければならない（1931年改正ドイツ商法262a条1項）。決算検査人は，毎事業年度の経過前に，原則として株主総会によって選任される（1931年改正ドイツ商法

---

11) 1897年ドイツ商法180条1項は最低資本金の規定を置かず，ただ株式の最低額面額につき，これを1000マルクと定めていた。この条文につき，Schubert/Schmiedel/Krampe (Hrsg.), Quellen zum Handelsgesetzbuch von 1897, Band 1 Gesetz und Entwürfe, Frankfurt a.M. 1986, S. 755 参照。

12) ただし，譲渡につき会社の承認を要する株式については，その最低額面額を20金マルクとした（金貨貸借対照表令10条2項）。

13) 以上，金貨貸借対照表令につき，大隅健一郎「序説」大隅健一郎＝八木弘＝大森忠夫，大隅健一郎補遺『独逸商法〔Ⅲ〕株式法〔復刻版〕』8頁（有斐閣，1991年）参照。

14) Verordnung des Reichspräsidenten über Aktienrecht, Bankenaufsicht und über eine Steueramnestie vom 19. September 1931, RGBl. I S. 493, Erster Teil. 1931年9月19日の緊急命令は，Julius Lehmann/Hirsch, Verordnung über Aktienrecht vom 19. September 1931, Mannheim 1931, S. 1 ff.; Schlegelberger/Quassowski/Schmölder, Verordnung über Aktienrecht vom 19. September 1931 nebst Durchführungsbestimmungen, Berlin 1932, S. 1-16 に収録されている。1931年9月19日の緊急命令の邦訳として，司法省調査課訳編「1930年独逸国株式会社法及株式合資会社法草案並説明書・1931年9月独逸国株式会社法改正に関する緊急律令」司法資料222号231頁以下（司法省調査課，1936年）参照。

15) Habersack in: Goette/Habersack (Hrsg.), Münchener Kommentar zum Aktiengesetz, 4. Aufl., München 2016, Einl. Rdnr. 20.

16) 1931年9月19日の緊急命令における決算検査人の規定につき，大隅健一郎「独逸に於ける株式会社法の一部改正」法学論叢27巻3号481頁以下（1932年），加藤恭彦『ドイツ監査論』8頁（千倉書房，1978年）参照。なお，決算検査人制度導入の背景につき，塩原一郎編『現代監査への道』65頁（同文舘，2004年）〔荒木和夫〕参照。

262b条1項)。決算検査人となりうる者は，簿記について十分な教養と経験を有する者またはその取締役等がかかる資格を有する検査会社に限られる（1931年改正ドイツ商法262c条)。決算検査人による検査は，単に形式的に計算書類が正しく作成され，かつ財産目録および商業帳簿の記載と一致するか否かのみならず，実質的に既存の書類の作成に関し諸規則が正しく適用されているか否かにまで及ばなければならない（1931年改正ドイツ商法262a条2項)。そのために，取締役は決算検査人に会社の帳簿および書類の閲覧ならびに金庫有価証券および商品の状態の調査を許すことを要する（1931年改正ドイツ商法262d条1項)。決算検査人は調査義務の慎重な遂行のため必要な一切の説明および証明を取締役に対して求めることができる（1931年改正ドイツ商法262d条2項)。決算検査人の検査の結果は，書面により監査役会に報告され，各監査役会構成員は検査結果報告書を閲覧する権利を有する（1931年改正ドイツ商法262e条2項)。検査の結果として決算に対し重要な異議が唱えられなかった場合，決算検査人はこれを認証する記載をなすことを要し，この記載はすべての公告および計算書類の複製にとり入れられる（1931年改正ドイツ商法262f条)。決算検査人等は，誠実かつ公平な検査および守秘の義務を負い，また，任務遂行中に知り得た営業上の秘密を権利なくして利用することができない（1931年改正ドイツ商法262g条)。

世界恐慌が生み出したドイツの株式会社法における「規制強化」の流れとして，自己株式取得規制の強化も挙げられる。1931年9月19日の緊急命令は，自己株式取得規制を大幅に強化し，数量規定を導入した。

1897年ドイツ商法226条は，「株式会社は買入委託が実行されない限り通常の業務事業において自己株式を買付けないし質受けすべきではない（soll)」と規定していた。しかし，本規定の下では，通常の業務事業以外の目的においては自己株式を自由に取得することが許されると解された[17]。ドイツの株式会社は，当初，自己株式取得を，資本金額を減少させて高額配当をするための前提条件をつくる手段として利用していたが，後に不況のために下落した株価の底上げの手段として利用するようになった。1931年には，ドイツの経済不況はピークを迎えるが，そこでは倒産した企業の多くが自己株式を取得していたことが明らかになった。こうして自己株式取得規制は再び立法者の関心事となった。

---

[17] Bezzenberger, Erwerb eigener Aktien durch die AG, Köln 2002, S. 17.

以上の背景の下で，自己株式取得について規制していたドイツ商法226条は，1931年9月19日の緊急命令により，大幅に改正された。1931年改正ドイツ商法226条は，自己株式取得禁止を前提に，株式会社が例外的に自己株式を取得できる場合について次のように定めた。

「株式会社は，会社の重大な損害を回避するために必要な場合，自己株式または自己の仮株券（Interimsscheine）を取得することが許される。ただし，この場合，取得すべき自己株式の全体額は資本金額の10分の1または帝国政府が確定したこれより低い割合を超えてはならない。このほか，株式会社は，自己の仮株券を取得してはならないが，自己株式については，額面額が完全に給付されているか，もしくは発行価額が額面額より高い場合には発行価額が完全に給付されている場合で，かつ次の場合に限り取得することができる。
1　株式会社が自己株式の取得により買入委託を実行するとき。
2　取得すべき自己株式の全体額が，株式会社が既に取得した他の自己株式と合算して資本金の10分の1または帝国政府が確定したこれより低い割合を超えず，かつ自己株式を消却のため取得するとき。ただし，自己株式が6ヶ月以内に消却される場合にのみ，消却のために取得されたとみなされる。」

こうして，自己株式取得禁止を前提としつつ例外的に許容される場合を列挙するという現行ドイツ法の自己株式取得規制の原型が，この1931年改正ドイツ商法226条1項において形成された。かかる1931年ドイツ商法改正により，自己株式取得禁止の根拠は債権者保護という法政策的なものへと転換した。

1931年改正ドイツ商法226条1項には，現行株式法71条2項1文のように，自己株式取得につき10パーセントの取得枠が付されている点が興味深い。近年の研究[18]によると，この数量規制のモデルは，1930年4月15日のデンマーク株式会社法[19]であったといわれている。すなわち，デンマーク株式会社法39

---

[18] Benckendorff, Erwerb eigener Aktien im deutschen und US-amerikanischen Recht, Baden-Baden 1998, S. 42.

[19] Gesetz über Aktiengesellschaften (Nr. 123) vom 15. April 1930 (Lovtidenden A Nr. 18 vom 19. April 1930 S. 663-687). この法律のドイツ語訳は Menzel, Das neue dänische Aktiengesellschafts- sowie das neue Bankgesetz. Vorbemerkung und Übersetzung, 4 Zeitschrift für ausländisches und internationales Privatrecht (ZAIR) (1930), 666 ff. に収録されている。

条1項1文は,「株式会社は自己株式または自己の仮株券を株式資本の100分の10を超えて取得ないし担保に取ることができない[20]」と規定していたが,これがドイツの自己株式取得の数量規制のモデルになった。デンマーク株式会社法の立法者によると,かかる数量規制は,従来デンマークがとっていた自己株式取得の完全禁止と緩和の要請との妥協の産物であった[21]。デンマーク株式会社法39条によると,自己株式の取得は株式資本に欠損が生ずる場合でも認められていたため,10パーセントの数量規制は資本維持という意味があった。しかし,上限を10パーセントとした理由は明らかでなく,その基準は恣意的であった[22]。

　世界恐慌による株式会社の財政の悪化は,資本減少手続の簡素化(「規制緩和」)も生み出した。すなわち,1931年10月6日の緊急命令[23]は,資本減少を簡易な方法で行うことを認めた[24]。この緊急命令は「経済財政の確実化ならびに政治的暴動防止のための第3緊急命令[25]」と呼ばれているものであり,「簡易形式による資本減少(Kapitalherabsetzung in erleichterter Form)」の方法(以下「簡易減資」という)を新設した(1931年10月6日緊急命令第5部第2章)。この緊急命令は,1931年6月30日までに決議された資本減少につき減資の際の厳格な債権者保護の規定(1897年ドイツ商法288条・289条)を緩和し,株式会社の経営状況の悪化に伴う資本減少を行いやすくするものであった[26]。すなわち,当時のドイツ経済の著しい悪化により,株式会社の中には,資産状態が悪化し

---

20) Menzel, 4 ZAIR (1930), 676.
21) Menzel, 4 ZAIR (1930), 662.
22) Benckendorff, Erwerb eigener Aktien im deutschen und US-amerikanischen Recht, S. 42.
23) 1931年10月6日の緊急命令の条文と各条文の注釈につき,Friedländer, Aktienrecht, Handkommentar, Stuttgart 1932, S. 256 ff.
24) Habersack in: Goette/Habersack (Hrsg.), Münchener Kommentar zum Aktiengesetz, 4. Aufl., Einl. Rdnr. 20.
25) Dritte Notverordnung zur Sicherung von Wirtschaft und Finanzen und zur Bekämpfung politischen Ausschreitung, RGBl. I S. 537.
26) Engelke/Maltschew, Wirtschaftskrise, Aktienskandaleund Reaktion des Gesetzgebers durch Notverordnungen im Jahre 1931, in: Bayer/Habersack (Hrsg.), Aktienrecht im Wandel, Band 1, Entwicklung des Aktienrechts, Tübingen 2007, S. 595 ff.; 大隅健一郎「序説」大隅健一郎＝八木弘＝大森忠夫,大隅健一郎補遺『独逸商法〔Ⅲ〕株式法〔復刻版〕』13頁以下。

て資本金額に合致しないものが多く生じたため,資本減少を簡易化して,これを行いやすくし,もって会社債権者の利益と会社の利益とを調和させるというのが,この緊急命令の目的であった[27]。この緊急命令による簡易減資の場合には,債権者に対して異議を促す通知をなすことも,また異議ある債権者に担保を供与することも必要ではない。簡易減資の場合の債権者保護の規定としては,①株主に対する払戻しは,通常の減資の場合には一定期間経過後許されるのに対して,簡易減資の場合には絶対的に禁止される（1931年10月6日緊急命令6条1項),②簡易減資の結果として生じた帳簿上の利益は,会社財産の減価その他の損失を塡補するか,または,法定準備金に組み入れることを要する（1931年10月6日緊急命令6条2項),③簡易減資後の利益配当は法定準備金額が新資本金の10パーセントに達しない限り許されない（1931年10月6日緊急命令7条）等があった。また,簡易減資の場合の株主保護の規定としては,①簡易減資により個々の株主に直接の影響を与えないために,貯蔵株または自己株式がある限りは,まずその消却によって減資すべきである（1931年10月6日緊急命令2条2項),②貯蔵株または自己株式の消却によらざる場合には,新資本金額の1割を超える法定準備金か損失塡補の準備金が存在する限り,まずこれを取り崩した後でなければ簡易減資の方法をとることを許さない（1931年10月6日緊急命令5条）等があった。

b 戦中期（1937年—1945年）——1937年株式法の成立

ワイマール期（1919年〜1933年）には,ドイツ商法とは独立した特別法として「株式法」を制定しようという機運が高まった。1930年8月16日には株式法第一次草案[28],1931年10月には株式法第二次草案[29]が発表された。これらは株

---

27) 1931年10月6日の緊急命令による簡易減資については, Engelke/Matschew, Weltwirtschaftskrise, Aktienskandaleund Reaktionen des Gesetzgebers durch Notverordnung im Jahre 1931, in: Bayer/Habersack (Hrsg.), Aktienrecht im Wandel, Band 1, Entwicklung des Aktienrechts, S. 612 f.; 鈴木竹雄「独逸株式会社法の改正（2・完)」法学協会雑誌50巻12号116頁以下（1932年)。

28) 1930年株式法第一次草案は, Schubert (Hrsg.), Quellen zur Aktienreform der Weimarer Republik (1926-1930), Band 2, Frankfurt a.M. 1999, S. 847 ff.に収録されている。1930年株式法第一次草案の邦訳として,司法省調査課編・前掲注14）司法資料222号1頁以下参照。

29) 1931年株式法第二次草案は, Schubert/Hommelhoff (Hrsg.), Die Aktienreform am Ende der Weimarer Republik: Die Protokolle der Verhandlungen im Aktienrechtsausschuß des Vorläufigen Rechtswirtschaftsrats unter dem Vorsitz

式法改正にナチス思想が反映する前の草案であった。1933年にアドルフ・ヒトラーが政権を握ると，ナチス思想に基づいた株式法改正が議論の対象となった。当初ナチスは，匿名の多数による会社支配を可能にする株式会社が「責任ある経営」という国家社会主義経済の遂行原則と完全に反すると批判し[30]，既に会社化された企業を国営化すべきことを要求した（ナチス綱領13条，フェーダー綱領13条[31]）。その後のナチスの株式会社制度改革論は，株式会社の存立は認めるが，その匿名性に基づく弊害は除去するという方針に転換し，1937年株式法が成立した。

1937年株式法は，ナチス政権下での立法であったが，その根底においては，ナチス的性格を有さず，1933年以前から行われてきた株式法改正に関する議論に基づくものであったと一般にいわれている[32]。ただし，次にみるように，いくつかの条項は明らかにナチス思想の影響を受けて形成された。

aa）指導者原理

1937年株式法70条はいわゆる「指導者原理（Führerprinzip）」を導入し，「取締役は自己の責任において，事業およびその従者の福利ならびに国民および帝国（ライヒ）の共同の利益の要求するところに従い，会社を指揮することを要す」と規定していた。通説上，その趣旨は「公益は私益に優先する」という国家社会主義の基本原理から説明された[33]。

ナチス期において憲法は明文化されたものではなかった。「民族の種に根ざして形成される共同体の生」すなわち「民族共同体」が憲法とされ[34]，実際の統治は，「民族共同体の意志」を体現する指導者によってなされることとなっ

---

von Max Hachenburg, Berlin 1987, S. 849 ff.に収録されている。

30) Kisskalt, Reform des Aktienrechts, Bericht des Ausschusses für Aktienrecht der Akademie für Deutsches Recht, Zeitschrift für Deutsches Recht 1934, Heft 1, S. 26.

31) 「既に会社化されたる企業（トラスト）を国営化すべきことを要求する」（ナチス綱領13条，フェーダー綱領13条）。杉村章三郎＝後藤清＝木村亀二＝我妻榮『ナチスの法律』94頁（日本評論社，1934年）参照。

32) Baumbach/Hueck, Aktiengesetz, 9. Aufl., München 1956, S. 3.

33) W. Schmidt, in: Gadow/Heinichen/E. Schmidt/W. Schmidt, Großkommentar AktG, 1. Aufl., Berlin 1939, §70 Anm. 11; 大隅健一郎＝八木弘＝大森忠夫，大隅健一郎補遺『独逸商法〔Ⅲ〕株式法〔復刻版〕』183頁参照。

34) 南利明「民族共同体と指導者——憲法体制」静岡大学法政研究7巻2号126頁以下（2002年）参照。

ていた(「指導者原理35)」)。1937年株式法70条において導入された原理も指導者原理と呼ばれ、国家の指導者に適用される指導者原理を、株式会社の指導者たる取締役に適用したものであった。

　ナチス政権下での立法を主導したドイツ法アカデミー株式法委員会では、①政治上実現されている指導者原理を私企業にいかにして導入するか、②株式会社の取締役に株式会社の「指導者」としての地位を与える場合には、いかなる法的制度が導入されなければならないのかという共通の問題意識が、各委員に存在した。1934年4月、ドイツ法アカデミー株式法委員会委員長キスカルトは、ドイツ法アカデミー株式法会長に宛てた報告書において、株式会社の機関の問題を「指導者原理」という表題の下で総括し、「指導者原理とは次のことを意味する。企業の頂点に指導者が位置する。指導者の精神と意思とは企業の魂である。指導者という概念は、不可避的に、権威と責任に結びついている。指導者原理の考えは、民主主義的大衆原理・多数決原理の反対に位置するものである36)」と説明した。キスカルトは、同報告書において、「指導者原理は単なる政治的原則にすぎないのかという問題が答えられなければならない。この問題に対する答えは否である。指導者原理の実現は、国家社会主義経済政策の要請として認められている。しかし、政治的な指導者に妥当する原則のすべてが経済上の指導者に適用されるというわけではない。政治的な指導者と経済上の指導者とは根本的な相違がある。すなわち、両者の役割は国家と国民に奉仕することにあるが、政治上の指導者は、これらの職務を直接実現することができるのに対し、経済上の指導者は、これらの職務を果たすにつき、任されている事業を、最善の指導によって、事業目的の要請に応えて、国民と国家の共通の利益をもたらさなければならない。なぜなら、経済上の事業は、利益の獲得を常に目標としているため、経済上の指導者に対する人的要請は、政治上の指導者に対する人的要請とは異なるからである。決断力、責任感のようなものは、すべての指導者になければならないものであろう。しかし、政治上の指導者は政治を理解する力がなければならないのに対し、経済上の指導者は、営業上の意

---

35) ナチス期における国家法上の指導者概念につき、南・前掲注34) 静岡大学法政研究7巻2号130頁以下参照。

36) Bericht des Vorsitzenden des Ausschusses für Aktienrecht vom April 1934, in: Schubert (Hrsg.), Akademie für Deutsches Recht, 1933-1945, Protokolle der Ausschüsse, Bd. 1. Ausschuß für Aktienrecht, Berlin 1986, S. 484.

味での専門に関する特別の知識と教育以外にも，営業を理解する力がなければならず，特に株式会社の指導者にあっては，他人の金銭を用いて事業を行わなければならない[37)]」と論じて，国家上の指導者と株式会社の指導者たる取締役の地位の相違を明確にした。ドイツ法アカデミー株式法委員会は，政治上の指導者原理が，株式会社において，どのようにして実現されるべきかという問題意識から出発して，株主からの他人資本を用いて営利事業を行わなければならない株式会社の取締役の機関としてのあり方を再検討した。

その結果，ドイツ法アカデミー株式法委員会は，「株主総会が今日の立法において株式会社における最高の機関であり，その決議はすべてのものに優越するのであり，監査役会と取締役は，その権限を株主総会から受けている[38)]」という前提については，改正の対象とはせず，代わりに株式会社の指導者としての取締役の責任の原理につき次の規定を新設することを提言した。

　　「取締役は株式会社の指導者（Führer）である。取締役は，事業の福利，事業の成功および国民と国家の共通の利益が要求するように，株式会社を指揮しなければならない[39)]。」

この提言は，1937年株式法70条の原型となった。学説は，一般に，1937年株式法70条は企業自体の利益が株主の個人的利益に優越すると考えた「企業自体の思想[40)]」の影響を受けているとみる[41)]。しかし，ドイツ法アカデミー株式法委員会委員長の報告書からみる限り，1937年株式法70条は，その原点においては，政治上の指導者原理を営利組織たる株式会社の取締役に適合するように導入された規定であった。

---

37) Bericht des Vorsitzenden des Ausschusses für Aktienrecht vom April 1934, in: Schubert (Hrsg.), Akademie für Deutsches Recht, 1933-1945, Protokolle der Ausschüsse, Bd. 1. Ausschuß für Aktienrecht, S. 485.

38) Bericht des Vorsitzenden des Ausschusses für Aktienrecht vom April 1934, in: Schubert (Hrsg.), Akademie für Deutsches Recht, 1933-1945, Protokolle der Ausschüsse, Bd. 1. Ausschuß für Aktienrecht, S. 485.

39) Bericht des Vorsitzenden des Ausschusses für Aktienrecht vom April 1934, in: Schubert (Hrsg.), Akademie für Deutsches Recht, 1933-1945, Protokolle der Ausschüsse, Bd. 1. Ausschuß für Aktienrecht, S. 490.

bb) 取締役報酬の相当性

1937年株式法78条は、「監査役会は取締役の総収入（俸給、利益参加、費用の補償、保険料、手数料およびあらゆる種類の附随的給付）が各取締役の職務および会社の状態と相当な関係にあることにつき注意をなすことを要す。本項は退職手当、遺族扶助手当およびこれと類似した給付につきこれを準用する」（同条1項）および「取締役の総収入の確定後、会社の事情に重要な悪化が生じ、その収入の継続付与が会社のために著しく不公正となる場合、監査役会は相当な減額をなす権利を有する」（同条2項1文）と規定していた。これらの規定は、ドイツの経済不況を背景に、労働者が労働時間の短縮または失業を余儀なくされているにもかかわらず、その株式会社の取締役は多額の報酬を受けている場合が少なくなかったことに鑑み、国家社会主義思想を基礎に制定されたものであった[42]。1937年株式法の形成に大きな影響を与えたクラウジングは、株式法70条以下の立法趣旨につき、「『個人の利益』と『全体の利益』が対立した場合に、『全体の利益』を優先させて事業を行う経済企業だけがドイツにおいては存在することが許される[43]」と説明した。1937年株式法に関するドイツの代表的注釈書は、1937年株式法78条2項に関し「本規定は、今日すべての国民が服する『共同利益は個人利益に優先する』という国家社会主義原則に合致する[44]」と説明した。

1937年株式法78条1項の原点も、ドイツ法アカデミー株式法委員会委員長キ

---

40) 企業自体の思想につき、新津和典「『企業自体』の理論と普遍的理念としての株主権の『私益性』（1）――ドイツとアメリカにおける株式会社の構造改革」法と政治（関西学院大学）59巻4号143頁以下（2009年）、大隅健一郎『新版株式会社法変遷論』425頁（有斐閣、1987年）、出口正義『株主権法理の展開』42頁以下（文眞堂、1991年）、三原園子「企業の利益について――CSRと社員権、取締役の経営判断および少数派株主の締出し」関東学院法学14巻3＝4号158頁以下（2005年）参照。ドイツおよび日本における企業自体の思想の発展史に関する基礎的研究として、正井章筰『西ドイツ企業法の基本問題』（成文堂、1989年）。ドイツにおける企業自体の思想の概念史研究として、Riechers, Das „Unternehmen an sich", Tübingen 1996, S. 7 ff.
41) ドイツの学説の概観として、正井章筰『西ドイツ企業法の基本問題』125頁注17参照。
42) 大隅健一郎＝八木弘＝大森忠夫、大隅健一郎補遺『独逸商法〔Ⅲ〕株式法〔復刻版〕』196頁参照。
43) Klausing, Einleitung, in: Klausing, Gesetz über Aktiengesellschaften und Kommanditgesellschaften auf Aktien (Aktien-Gesetz) nebst Einführungsgesetz und „Amtliche Begründung", Berlin 1937, S. 59.

スカルトの提言にあった。すなわち，1934年6月9日の報告書で，キスカルトは「取締役の固定報酬は，その取締役の成果，会社の状態および同じ種類の企業のその他の従業員と労働者の給与と相当な関係になければならない[45]」とすることを提案した。1934年11月30日ドイツ法アカデミー株式法委員会討議において，当時の株式会社法学の権威であったクラウジングは，この条文に続けて，「これは退職手当およびこれと類似した報酬にも妥当する。その他の手当（純利益に対する参加等）についても，この原則があてはまる。監査役は，かかる要請が取締役の任用契約締結の際に合目的な方法で考慮されていることにつき責任を負う[46]」という条文を付加することを提案した。クラウジングは，キスカルトの報告書にある取締役報酬の相当性確保の要請に応えるため，監査役会に，その新たな責務として，取締役の報酬の相当性の確保に配慮する義務を課す規定の新設を提案したのである。さらに，1934年11月30日ドイツ法アカデミー株式法委員会討議において，クラウジングは，かかる責任条項が導入されて監査役会構成員が訴えられることに対抗する権限を監査役会に与えるために，「取締役と労務契約を締結する時期に，会社の事情に重要な悪化が生じる場合，監査役会は，取締役の固定報酬を適切な額へと減額できる[47]」という条項を置くべきことを勧告した。

　1935年4月のドイツ法アカデミー株式法委員会委員長キスカルトの報告書は，指導者原理の項目の中で，取締役の報酬の相当性の問題を取り上げ，取締役の報酬は会社が上げた純利益から一定の俸給の形式をとることが望ましいとしつつも，その上限を法律で定めることは行き過ぎであると主張し[48]，その代わ

---

[44] Schlegelberger/Quassowski, Aktiengesetz vom 30. Januar 1937, Kommentar, 3. Aufl., München 1939, §78 Rdnr. 1.
[45] Bericht vom 9. Juni 1934, S. 50, in: Schubert (Hrsg.), Akademie für Deutsches Recht, 1933-1945, Protokolle der Ausschüsse, Bd. 1. Ausschuß für Aktienrecht, S. 334.
[46] Bericht über die Sitzung des Ausschusses vom 30. November 1934, in: Schubert (Hrsg.), Akademie für Deutsches Recht, 1933-1945, Protokolle der Ausschüsse, Bd. 1. Ausschuß für Aktienrecht, S. 334.
[47] Bericht über die Sitzung des Ausschusses vom 30. November 1934, in: Schubert (Hrsg.), Akademie für Deutsches Recht, 1933-1945, Protokolle der Ausschüsse, Bd. 1. Ausschuß für Aktienrecht, S. 335.
[48] Zweiter Bericht des Vorsitzenden des Ausschusses für Aktienrecht vom April 1935, in: Schubert (Hrsg.), Akademie für Deutsches Recht, 1933-1945, Protokolle der

りに,「監査役会が,取締役の全報酬が個々の取締役の職務および会社の状態と相当な関係にあることに対し——同じことは退職手当およびこれと類似した報酬にも妥当する——注意を払う特別の義務を負うことにつき,明確な法律上の規定が置かれるべきである[49]」と提言した。ここにおいて1937年株式法78条の原型が形成された。

cc) コンツェルン利益の優越

1937年株式法101条は,ドイツ法史上初めて,影響力利用者の責任を定めた[50]。すなわち,1937年株式法101条は,「自己または他人のために会社に関係ない特別利益を取得する目的をもって,故意に,自己の会社に対する影響力を利用して,取締役または監査役会構成員をして会社または株主の損害において行為をさせた者は,これによって生じた損害を賠償する義務を負う」(同条1項)。および「保護すべき利益に有益なる利益を取得するために影響力を利用したときは,賠償義務は生じない」(同条3項)と規定していた[51]。

1937年株式法の公式理由書は,1937年株式法101条3項がいう「保護すべき利益」として,「コンツェルン利益も考慮されうる[52]」と解説した。このため,

---

Ausschüsse, Bd. 1. Ausschuß für Aktienrecht, S. 508. 同様の主張は,1934年11月30日ドイツ法アカデミー株式法委員会討議において,マックス・エベケ (Max Ebbecke) からなされていた (Bericht über die Sitzung des Ausschusses vom 30. November 1934, in: Schubert (Hrsg.), Akademie für Deutsches Recht, 1933-1945, Protokolle der Ausschüsse, Bd. 1. Ausschuß für Aktienrecht, S. 333 f.)。

49) Zweiter Bericht des Vorsitzenden des Ausschusses für Aktienrecht vom April 1935, in: Schubert (Hrsg.), Akademie für Deutsches Recht, 1933-1945, Protokolle der Ausschüsse, Bd. 1. Ausschuß für Aktienrecht, S. 508 f.

50) 1937年株式法101条の沿革につき,山口賢「会社の支配・従属関係と取締役の責任(1)(2)(3完)——ドイツにおける立法の変遷と学説(1937年株式法制定前後の時期)の考察」民商法雑誌61巻1号29頁以下(1969年),61巻4号527頁以下(1969年),61巻6号897頁以下(1970年),山口賢「ドイツ株式法における従属会社の保護の制度としての『会社の支配・従属関係における責任規範』の沿革」経済理論104号47頁(1968年)参照。1937年株式法101条は,若干の改正を経て,1965年株式法117条に受け継がれた。1965年株式法117条につき,高橋英治『会社法の継受と収斂』197頁以下(有斐閣,2016年)参照。

51) 1937年株式法の邦訳として,大隅健一郎=八木弘=大森忠夫,大隅健一郎補遺『独逸商法〔Ⅲ〕株式法〔復刻版〕』48頁以下参照。

52) Amtliche Begründung zum AktG von 1937, §§ 100, 101, in: Klausing, Gesetz über Aktiengesellschaften und Kommanditgesellschaften auf Aktien (Aktien-Gesetz) nebst Einführungsgesetz und „Amtliche Begründung", S. 87.

第二次世界大戦前の多数説は，本条3項においてコンツェルン利益の前に従属会社の利益が後退することが示されていると説明し，コンツェルン利益のために影響力の利用がなされ会社に損害が発生しても影響力利用者には損害賠償責任が生じないと解釈した[53]。ここにおいて，従属会社の少数派株主の利益はコンツェルン全体の利益の前に後退することが明らかにされた。これも，侵害される従属会社少数派株主の個別利益よりもコンツェルン組織全体の利益を重視するという点で，経済上の全体主義思想の現れであった。

dd) ナチス思想を出発点とした株式会社法上の制度の現代的意義

1937年株式法70条・78条・101条は，当時のナチス思想を背景にして，その制度趣旨が説明されたが，同時に現代的意味を有していた。1937年株式法70条の思想上の背景となった「企業自体の思想」は，戦後，取締役は株主利益に還元されえない「企業の利益」を基準として行動するべきであり，労働者等のステークホルダーの利益にも配慮すべきであるという解釈論を生み出し[54]，これが現在の判例[55]・通説[56]を形成している[57]。1965年株式法76条の政府草案理由

---

53) 高橋英治『企業結合法制の将来像』22頁（中央経済社，2008年）参照。しかし，第二次世界大戦後，1937年株式法101条3項がいう「保護すべき利益」には「コンツェルン利益」は含まれず，コンツェルン利益の前に従属会社の利益が後退することはないと解されるようになった。この点につき，山口賢「会社の支配・従属関係と取締役の責任——ドイツにおける立法の変遷と学説（報告者草案から1965年株式法まで）の考察」法学論叢83巻3号63頁（1968年），高橋英治『企業結合法制の将来像』23頁以下参照。

54) 新津・前掲注40) 法と政治（関西学院大学）59巻4号150頁。

55) BVerfGE 50, 374; BGHZ 64, 329; BGHZ 83, 120.

56) Zöllner, Die Schranken mitgliedschaftlicher Stimmrechtsmacht bei den privatrechtlichen Personenverbänden, München 1969, S. 69; Schmidt-Leithoff, Die Verantwortung der Unternehmensleitung, Tübingen 1989, S. 62 ff.; Raiser/Veil, Recht der Kapitalgesellschaften, 6. Aufl., München 2015, S. 143; Kübler/Assmann, Gesellschaftsrecht, 6. Aufl., Heidelberg 2006, S. 178. 正井章筰『西ドイツ企業法の基本問題』171頁参照。メーシェルは，「企業の利益」が株式会社のあり方を決定する中心的規範であり，労働者利益を含む一般公衆の利益と株主の利益とが対立する場合，いかなる利益も優越することができず，「いたわりのある，意味のある調和が見出されなければならない」と説く（ヴェルンハルト・メーシェル，小川浩三訳『ドイツ株式法』39頁（信山社，2011年））。

57) ドイツ・コーポレート・ガバナンス規準4・1・1は，「取締役は自己責任の下で企業の利益のため，すなわち株主，労働者およびその他の企業と結びつきのあるグループ（ステークホルダー）の利害を配慮しつつ，継続的に価値を創造する目的のため指

書は，同条1項につき，「1965年株式法76条1項は，1937年株式法70条1項に相当する規定である。取締役が措置をなす際に，株主および労働者の利益に配慮すべきであるということは自明のことであり，特に法律で明文をもって規定しなかった[58]」と説明した。

取締役の報酬の相当性については，近年，これを発展させる法律がドイツにおいて制定され，その意義が再確認された。すなわち，ドイツでは，2009年，「取締役報酬の相当性に関する法律[59] (VorstAG)」が成立し，取締役の報酬に関し新たな相当性審査を導入した。本法は，監査役会が取締役の業績等に配慮して報酬の相当性を確保する義務があることを明確にし，相当でない高額の報酬を確定した監査役会構成員は会社に対して支払われた報酬額と適正な報酬額との差額を最低額として損害賠償責任を負うとした（株式法116条3文）。本法は，世界的な経済危機を背景に，取締役が受け取る報酬が企業の長期的成長を抑制しないようにするという配慮の下に起草されたものであった[60]。

　　揮しなければならない（傍点引用者）」と規定する。Windbichler, Gesellschaftsrecht, 24. Aufl., München 2017, S. 332.
[58] Begründung zum Regierungsentwurf eines Aktiengesetzes 1965, §76, in: Kropff, Aktiengesetz, Textausgabe, Düsseldorf 1965, S. 97. 本政府草案理由書の邦訳として，慶應義塾大学商法研究会訳『西ドイツ株式法草案および理由書（1960年）』188頁以下（慶應義塾大学法学研究会，1966年），慶應義塾大学商法研究会訳『西独株式法』105頁（慶應義塾大学法学研究会，1969年）参照。
[59] Gesetz zur Angemessenheit der Vorstandsvergütung (VorstAG) vom 31. 7. 2009, BGBl. I S. 2509. 本法につき，伊藤靖史『経営者の報酬の法的規律』323頁以下（有斐閣，2013年），伊藤靖史「ドイツにおける取締役報酬に関する規律――近年の動向」同志社法学62巻2号142頁以下（2010年），青竹正一「ドイツと日本における取締役の報酬規制」早川勝＝正井章筰＝神作裕之＝高橋英治編『ドイツ会社法・資本市場法研究』327頁以下（中央経済社，2016年），正井章筰「ドイツにおけるコーポレート・ガバナンス強化への取組み（上）（下）――『取締役報酬の相当性に関する法律』を中心として」月刊監査役594号59頁以下（2009年），565号82頁以下（2010年），野田輝久「ドイツにおける取締役報酬の実質的相当性について」近畿大学法科大学院論集7号53頁以下（2011年），高橋英治「ドイツにおける『取締役報酬の相当性に関する法律』草案の概要――日本法への示唆」商事法務1873号72頁以下（2009年）参照。
[60] 高橋・前掲注[59]商事法務1873号73頁。カールステン・シュミットは，「取締役報酬の相当性に関する法律」は2007年以降のドイツの金融危機を背景とした，「危機に対応してつくられた法律（Kriesengesetz）」であるとみる（Karsten Schmidt, in: Karsten Schmidt/Marcus Lutter, AktG, Kommentar, 3. Aufl., Köln 2015, Einleitung Rdnr. 10）。

「コンツェルン利益」の優越についても，近時，「コンツェルン利益」をEU加盟国の国内法上認めていこうということが立法の流れとなっている。すなわち，2011年4月5日「EU会社法の将来を考えるグループ報告書[61]」は，「ヨーロッパ委員会は，EUレベルで行動することは利になるという認識に立ち，グループ利益を認容する推奨規定の導入を検討すべきである[62]」と提案した。これを受けて，2012年12月12日，ヨーロッパ委員会は，その行動計画書（以下「2012年EU行動計画書」という）において，「ヨーロッパ委員会が，2014年に，グループにおける情報の開示と『グループ利益』の概念を認容するためにイニシアチブをとる[63]」ことを表明した。2012年EU行動計画書における「グループ利益（Gruppeninteresse）」とは「コンツェルン利益（Konzerninteresse）」と同じ意味を有すると解され[64]，学説上，ローゼンブルームドクトリンの導入[65]やコンツェルン法上の経営判断原則の導入[66]によるコンツェルン指揮者の責任の緩和が提案された[67]。

ライヒ裁判所の判例も，ナチス政権の時期，会社は共同体であるというナチス思想[68]の影響を受けて，「株主の誠実義務」を会社との関係において認めた

---

61) Report of the Reflection Group on the Future of EU Company Law, of 5 April 2011. このグループ・メンバーとしては，ドイツからゲーテ大学名誉教授テオドア・バウムス（Theodor Baums），ベルギーからゲント大学名誉教授エディー・ウィマーシュ（Eddy Wymeersch）らがいた。

62) Report of the Reflection Group on the Future of EU Company Law, of 5. April 2011, S. 65.

63) European Commission, Action Plan: European company law and corporate governance - a modern legal framework for more engaged shareholders and sustainable companies, Brussels, XXX COM (2012) 740/2, S. 15. この行動計画書につき，クラウス・J・ホプト，早川勝訳「2012年12月のEU委員会のアクションプランに焦点をあてたヨーロッパ会社法」早川勝＝正井章筰＝神作裕之＝高橋英治編『ドイツ会社法・資本市場法研究』107頁以下（中央経済社，2016年）参照。

64) Teichmann, Europäisches Konzernrecht: Vom Schutzrecht zum Enabling Law, AG 2013, 197.

65) FORUM EUROPAEUM ON COMPANY GROUPS, Eckpunkte für einen Rechtsrahmen zur erleichterten Führung von grenzüberschreitenden Unternehmensgruppe in Europa, ZGR 2015, 507 ff.

66) Teichmann, AG 2013, 197.

67) 高橋英治「ヨーロッパ企業結合法の歴史的転換点——日本法への示唆〔下〕」国際商事法務44巻4号579頁以下（2016年）参照。

68) 1934年12月4日ライヒ裁判所判決（RGZ 146, 76）は，株式会社を共同体であるとし

が，戦後，連邦通常裁判所は，このライヒ裁判所の解釈を受け継ぎ発展させている[69]。株主の誠実義務は，現在，ドイツの裁判実務において，大株主の権力の濫用から少数派株主の利益を保護するために大きな役割を負っている。

以上のように，ナチス思想は1937年株式法および当時の判例に影響を与えた。ナチス思想から生み出されたものの多くは，①株式会社における所有と経営の分離に配慮した取締役の株主総会からの独立性の強化，②企業経営にあたっての労働者等のステークホルダーへの配慮義務，③コンツェルン利益の容認，④取締役の過剰報酬の抑制，⑤大株主に誠実義務を課すことにより会社の利益への配慮を要求する，⑥株式会社が合名会社等の人的会社に組織変更することを可能にする，といった，現代ドイツの株式会社法にも受け継がれている制度や概念であった[70]。

ee) 1937年株式法の全体像

1937年株式法は全体で304条と大部なものとなったため，ドイツ商法から独立して一つの独立した法典とされた。1937年株式法の年度決算の規定は，ワイマール期に出された1931年9月19日の緊急命令[71]による年度計算書類（貸借対照表・損益計算書）および営業報告書についての新しい規定を受け継いだ。本書は，以下において，1937年株式法の概要を説明する。

まず，株式会社の最低資本金額は50万ライヒスマルクとされた（1937年株式法7条1項）。株式の最低額面額は，1000ライヒスマルクとされた（1937年株式法8条1項）。

1937年株式法は，国家と株式会社との関係につき新規定を設けた。すなわち，本法は，株式会社の解散につき，株式会社の機関が，重大なる法律違反行為に

て，ここから会社に対する株主の誠実義務を導く（高橋英治『会社法の継受と収斂』96頁参照）。

69) 高橋英治『会社法の継受と収斂』98頁以下参照。

70) 1965年株式法の政府草案理由書では，1937年株式法が，ナチス的であるという批判については，用語上の問題は別として，根拠がないとしている（Begründung zum Regierungsentwurf eines Aktiengesetzes 1965, Allgemeines, in: Kropff, Aktiengesetz, Textausgabe, S. 13）。この政府草案理由書の邦訳として，慶應義塾大学商法研究会訳『西ドイツ株式法草案および理由書（1960年）』135頁以下，慶應義塾大学商法研究会訳『西独株式法』2頁参照。

71) Verordnung des Reichspräsidenten über Aktienrecht, Bankenaufsicht und über eine Steueramnestie vom 19. September 1931, RGBl. I S. 493.

より公共の福祉に危険を与える場合，国家は株式会社を強制的に解散させることができると規定した（1937年株式法288条1項）。

既に説明したように，株式会社の機関に関する中心的規定として，「取締役は自己の責任において，事業およびその従者の福利ならびに国民および帝国の共同の利益の要求するところに従い，会社を指揮することを要す」が置かれた（1937年株式法70条）。この規定により，株式会社法がドイツ商法の中で規制されていた時代とは異なり，取締役は大きな独立性を獲得した[72]。ドイツ法においては，この規定により，取締役は業務執行をなすにあたって株主総会の指図に拘束されないことが明らかにされ，その代わりに，より厳格な責任を負うことが明らかにされた[73]。株主総会は，取締役の請求がある場合に限り，業務執行上の問題について決定することができるようになった（1937年株式法103条2項）。また，取締役が，年度決算書を原則として確定する権限を有するようになった（1937年株式法125条）。これに対応して，取締役の責任の基準は，従来の「通常の事業者（ordentlicher Geschäftsmann）」（1897年ドイツ商法241条1項参照）から，より厳格な「通常でかつ誠実な業務指揮者（ordentlicher und gewissenhafter Geschäftsleiter）」に変更された（1937年株式法84条1項）。

事実上，取締役は監査役会により選任されてきたという従来の会社実務を反映させて，取締役の選任は監査役会の権限とされた（1937年株式法75条1項）。取締役の報酬は任用契約の一部として監査役会が決定するが，取締役の報酬は，個々の取締役の職務および会社の経済的状態と相当な関係になければならないとされた（1937年株式法78条1項）。

監査役会の主要な職務は，業務執行の監督に置かれた（1937年株式法95条1項）。監査役会が業務執行をなすことは禁じられた（1937年株式法95条5項1文）。しかし，一定の種類の業務は監査役会の同意をもってのみ，これを行うことができる旨を定款で定めることができるとされた（1937年株式法95条5項2文）。

株主総会は，従来，株式会社法の理念上，最高の機関であると考えられてき

---

72) Bayer/Engelke, Die Revision des Aktienrechts durch das Aktiengesetz von 1937, in: Bayer/Habersack (Hrsg.), Aktienrecht im Wandel, Band 1, Entwicklung des Aktienrechts, S. 647.

73) Bayer/Engelke, Die Revision des Aktienrechts durch das Aktiengesetz von 1937, in: Bayer/Habersack (Hrsg.), Aktienrecht im Wandel, Band 1, Entwicklung des Aktienrechts, S. 647.

た。しかし，1937年株式法の下では，取締役の業務執行権限は強化され，また，取締役は業務執行をなすにあたって株主総会の指図に従う義務を負わないことになった（1937年株式法70条1項）。ただし，1937年株式法の下でも，株主総会には，定款変更（1937年株式法154条以下），資本増加（1937年株式法149条以下），合併や事業財産の譲渡（1937年株式法234条以下），組織変更（1937年株式法257条）および解散（1937年株式法203条）等を決定する権限が与えられ，完全に無力な機関となったわけではなかった。

株主総会の議事に関わる改正としては，株主の解説請求権に関する明文の規定が設けられた（1937年株式法112条1項1文）。ただし，この解説請求権に関し，株式会社は，会社，関係企業の重大な利益または国民および帝国の共同の利益に必要な範囲で，説明を拒絶することも認められた（1937年株式法112条3項）。また，株主総会決議の瑕疵について，無効事由が明文上明確化され（1937年株式法195条），総会決議取消事由についても，決議の法令または定款違反以外にも（1937年株式法197条1項），自己または第三者のために故意に会社または株主の損害において会社と関係のない特別な利益を取得する意図でなされた総会決議が総会決議取消事由に新たに入れられる等の改正がなされた（1937年株式法197条2項）。

株式会社の資本増加に関しては，新たに「条件付増資（bedingte Kapitalerhöhung）」の制度が導入された（1937年株式法159条以下）。条件付増資とは，会社が付与した奪うことのできない権利としての新株への転換権または新株引受権が行使された範囲内において実行される増資決議である。通常の資本増加は，資本増加の株主総会決議があり，その後に行われる登記によって資本増加の効力が発生するのに対し（1937年株式法156条以下），条件付増資の場合には，転換権ないし新株引受権の行使につき時間的制約がなく，これらの権利の行使が不確定な将来の時点での発生を意味する点で資本増加の「条件」となっている。

また，株式会社の資本増加に関しては，新たに「認可資本（genehmigtes Kapital）」の制度が，英米法の授権資本（authorized capital）に倣って導入された。認可資本とは定款によって認可資本として定められた資本金額まで，総会の決議によらずして，取締役が増資を独自に決定できるとする制度である。この制度は，アドルフ・ヒトラーが政権を奪取する前の1932年から1933年に，その導入の検討がなされたものであるが，取締役の地位を強化する結果を伴うも

のであった。認可資本の制度の導入は，ナチス政権下の，1937年株式法の注釈書においては，取締役の指導者的地位を確保し，かつ強化する制度として説明された[74]。

通常の資本増加については，1897年ドイツ商法以来，資本増加に際して既存株主に保障されている新株引受権は，株主総会の四分の三多数決[75]により排除できると定められた（1937年株式法153条3項）。

1937年株式法は，体系的なコンツェルン法を有していなかったが，企業結合に関する若干の規定を有していた。すなわち，従属企業が支配会社の株式を引き受けることの禁止（1937年株式法51条2項）や会社は従属企業に帰属する自己の株式につき議決権を行使できない（1937年株式法114条6項）等，自己株式取得原則禁止規制を結合企業関係に拡張するための規制群がそれであった。

組織変更については，1934年7月5日に「資本会社の人的会社への組織変更に関する法律[76]」（以下「1934年組織変更法」という）が制定され，新たに株式会社が合名会社等の人的会社に組織変更することが認められた。1934年組織変更法の公式理由書は，「本法の目的は，匿名的な会社形態を交替させ保有者の個人責任を伴う企業へと回帰させることを促進することにある[77]」と説明した。本法は「責任ある経営」の促進というナチス思想を体現した法律であった。

c　戦後期（1945年―1985年）――現行株式法体制の成立と変遷
aa）1965年株式法の成立

1945年，ドイツは，第二次世界大戦に敗北した。ナチス政権下で成立した

---

74) Schlegelberger/Quassowski, Aktiengesetz vom 30. Januar 1937, Kommentar, 3. Aufl., §169 Rdnr. 3. 同様の説明として，大隅健一郎＝八木弘＝大森忠夫，大隅健一郎補遺『独逸商法〔Ⅲ〕株式法〔復刻版〕』403頁。

75) 1937年株式法および1965年株式法において，株主総会における四分の三多数決による決議とは，投じられた議決権の4分の3によって承認された決議ではなく，決議において代表される資本金の4分の3以上の多数によって承認された決議という意味である（1937年株式法153条3項，1965年株式法179条2項1文ほか参照）。本書第1部において，株主総会において決議において代表される資本金を構成する株式の4分の3以上の多数（特別多数）によって行われる決議を「四分の三多数決」という。

76) Gesetz vom 5.7.1934 über dieumwandlung von Kapitalgesellschaften in Personengesellschaften, RGBl. I S. 569.

77) Amtliche Begründung zum UmwG 1934, bei: Veil, Umwandlungen, in: Bayer/Habersack (Hrsg.), Aktienrecht im Wandel, Band 2, Grundsatzfragen des Aktienrechts, Tübingen 2007, S. 1073.

1937年株式法は，1965年株式法施行時まで実効性を有していた法律であった。1965年株式法の政府草案理由書は，「1937年株式法の20年以上にわたる施行中においても，立法者の措置によって排除しなければならないような著しい不都合は何も生じなかった[78]」という。それにもかかわらず，戦後，株式法の改正が必要であると考えられた理由は，株式法を経済組織の新しい要請と一致させなければならなかったからであった。とりわけ，コンツェルンを法的に規制する必要が認識されたからであった[79]。その他に，国家社会主義的要素の除去，株主総会の決算確定権限の復活および労働者の企業への参加が，株式法改正の当初の検討事項とされた[80]。

1950年，ドイツ連邦司法大臣は，ドイツ連邦司法省のエルンスト・ゲスラー[81]に株式法の改正作業を始めるように委嘱した[82]。

エルンスト・ゲスラーは，「株式法の父[83]」と後にいわれるように，1965年株式法制定において常に主導的な地位を占めた。ゲスラーは，株式法上の問題につき会社実務に適合した解決法を見つける有能な人物として，第二次世界大戦前から名声をあげていた。1965年株式法制定にあたっても，ゲスラーは，株式法に関する知識，実行力および自己の立場についての「ぶれのなさ」においては，卓越していた。ゲスラーのかかる人格は，株式法の草案の考え方が各種利益団体から揺さぶりを受けたときにも，草案の目標を見失うことなく，新しい立案をするという柔軟性を生み出した。ゲスラーは，ドイツ連邦司法省内に

---

[78] Begründung zum Regierungsentwurf eines Aktiengesetzes 1965, Allgemeines II, bei: Kropff, Aktiengesetz, Textausgabe, S. 13.

[79] Begründung zum Regierungsentwurf eines Aktiengesetzes 1965, Allgemeines IV, bei: Kropff, Aktiengesetz, Textausgabe, S. 16.

[80] Kropff, Reformbestrebungen im Nachkriegsdeutschland und die Aktienrechtsreform 1965, in: Bayer/Habersack (Hrsg.), Aktienrecht im Wandel, Band 1, Entwicklung des Aktienrechts, S. 697 f.

[81] エルンスト・ゲスラーにつき，Flume, Ernst Geßler zum Gedächtnis, AG 1988, S. 88 ff.

[82] Bahrenfuss, Die Entstehung des Aktiengesetzes von 1965, Berlin 2001, S. 102. ハンス・ヴュルディンガー＝河本一郎「新ドイツ株式法Ⅲ ドイツ株式法の成立」海外商事法務54号19頁（1966年）。

[83] Kropff, Reformbestrebungen im Nachkriegsdeutschland und die Aktienrechtsreform 1965, in: Bayer/Habersack (Hrsg.), Aktienrecht im Wandel, Band 1, Entwicklung des Aktienrechts, S. 721.

あっては，自らが「正しい」解決方法であると考えた場合には，自己の部下や助手らの意見でも躊躇なく採用する柔軟性をもって1965年株式法の制定作業にあたった。

　少人数での討議の後に自分自身で草案を熟考して練り上げるというのが，ゲスラー独特の仕事の流儀であり，1965年株式法制定にあたり，ゲスラーは株式法改正を特に専門に検討する大規模な審議会等を設けなかった[84]。株式法の草案作成は，ドイツ連邦司法省が1950年以来本拠地としていたボン＝ケッセニッヒの北にある新ロマネスク調の城の塔の中で，常に土曜日は出勤し，ときには日曜日の休暇も返上して，ドイツ連邦司法省関係者の緊密な連携の下で行われた[85]。

　ドイツ連邦司法大臣が株式法の改正を計画していることが知れたとき，各種団体は提案を出したが，とりわけ大きな影響力を有したのが，ドイツ法律家会議であった。1951年にはドイツ法律家会議の中に特別の委員会が設置され，この委員会は4年間にわたって審議を続け，その審議結果を1955年のベルリンでの第41回ドイツ法律家会議で報告した[86]。ドイツ連邦司法省のゲスラーは，同僚とともに，改正提案を検討し，1958年10月にドイツ連邦司法省により株式法参事官草案[87]が公表された[88]。その後，各種団体の意見も考慮して，ドイツ連邦司法大臣は草案を修正し，1960年，株式法政府草案[89]を公表し，ドイツ連

---

84) Kropff, Reformbestrebungen im Nachkriegsdeutschland und die Aktienrechtsreform 1965, in: Bayer/Habersack (Hrsg.), Aktienrecht im Wandel, Band 1, Entwicklung des Aktienrechts, S. 694.

85) Kropff, Rückblick, in: Fleischer/Koch/Kropff/Lutter (Hrsg.), 50 Jahre Aktiengesetz, Berlin 2016, S. 2.

86) W. Schmidt, Bericht über die Arbeit der Kommission zur Untersuchung des Unternehmensrechts, in: Deutscher Juristentag - Ständige Deputation (Hrsg.), Verhandlungen des 41. Deutschen Juristentag (Berlin 1955), Band 2 (Sitzungsberichte), Tübingen 1956, H 27 ff.

87) Referentenentwurf eines Aktiengesetzes, veröffentlicht durch das Bundesjustizministerium, Köln 1958.

88) Kropff, Reformbestrebungen im Nachkriegsdeutschland und die Aktienrechtsreform 1965, in: Bayer/Habersack (Hrsg.), Aktienrecht im Wandel, Band 1, Entwicklung des Aktienrechts, S. 727.

89) 1960年の株式法政府草案の邦訳として，慶應義塾大学商法研究会訳『西ドイツ株式法草案および理由書（1960年）』3頁以下，八木弘＝正亀慶介「ドイツ株式法改正草案訳(1)～(8)」神戸法学雑誌11巻2号279頁以下（1961年），11巻3号422頁以下（1961年），

邦議会に提出した。政府草案は，ドイツ連邦議会法務委員会および経済委員会での審議に付され，1965年6月9日，株式法[90]が成立した。

この1965年株式法は，株式法を1937年以来発展した経済組織に適合させるために，次のような法律措置を施した[91]。第一に，1937年株式法は会社債権者保護のみに注目して，会社財産を過少評価すること等により貸借対照表上，秘密準備金を積み立てることを許していたが，1965年株式法は株主利益にも配慮して恣意的な秘密準備金の積立を禁止した（株式法149条）。第二に，取締役の業務執行に対するコントロールを強化する目的から，取締役が監査役会に対して報告する事項について規定の整備が行われた（株式法90条）。また，監査役会の職務が実効性を伴って実行されるように，1人の監査役会構成員が占めることのできる地位の数を制限する規定が設けられた（株式法100条2項）。第三に，株主利益保護の見地から，1937年株式法によって初めて創設された取締役に解説を求める権利の規定が整備され，解説拒絶事由が明確化された（株式法131条）。第四に，コンツェルンに関する計算の規定が設けられた[92]（1965年株式法329条以下）。第五に，世界で初めて，主として従属会社の少数派株主・債権者保護の見地から企業結合に関する体系的な規定が創設された[93]（株式法291条以

　11巻4号562頁以下（1962年），12巻1号115頁以下（1962年），12巻3号398頁以下（1962年），13巻1号116頁以下（1963年）参照。

90) Aktiengesetz vom 6. 9. 1965, BGBl. I S. 1089.

91) 1965年株式法の概要につき，ハンス・ヴュルディンガー＝河本一郎「新ドイツ株式法Ｉ　日独比較会社法セミナー記録」海外商事法務54号2頁以下（1966年），ハンス・ヴュルディンガー＝河本一郎編『ドイツと日本の会社法〔改訂版〕』21頁以下（商事法務研究会，1975年）参照。1965年株式法の制定当時の邦訳として，慶應義塾大学商法研究会訳『西独株式法』6頁以下，八木弘＝河本一郎＝正亀慶介「ドイツ株式法邦訳(1)～(10)」神戸法学雑誌15巻3号593頁以下（1965年），15巻4号797頁（1966年），16巻3号669頁以下（1966年），16巻4号841頁以下（1967年），17巻1＝2号231頁以下（1967年），17巻3号127頁以下（1967年），17巻4号99頁以下（1968年），18巻1号126頁以下（1968年），18巻2号327頁以下（1968年），18巻3＝4号620頁以下（1969年）参照。2016年改正前の1965年株式法の条文の邦訳として，早川勝「1965年ドイツ株式法の改正と展開」同志社法学63巻6号200頁以下（2012年）参照。

92) その後，コンツェルン計算規定は，1969年開示法（PublG）により，ドイツ商法290条以下に置かれた（Busse von Colbe, in: Karsten Schmidt/Werner F. Ebke (Hrsg.), Münchener Kommentar zum Handelsgesetzbuch, 3. Aufl., München 2013, Vor §290 Rdnr. 1)。

93) Habersack in: Goette/Habersack (Hrsg.), Münchener Kommentar zum Aktiengesetz, 4. Aufl., Einl. Rdnr. 31 f.

下）。

bb） 1965年株式法の改正

1965年株式法制定は戦後最大の株式会社法の改革であった。今日まで，これを超える規模での改正は行われていない。1965年株式法制定は，株式法を経済組織の新しい要請と一致させるというドイツ法内部から生じた必要に基づくものであった。

1965年以降，株式会社に関して，多くの法改正ならびに新法の制定が行われた。その中でも，ドイツ法固有の要請から制定されたのが，株式会社の監査役会における共同決定に関する1976年共同決定法[94]であった。この新法は，労働者2000人以上の大規模な株式会社の監査役会が，株主代表と労働者代表とが同数の構成員によって構成される（共同決定法7条1項）という点に特色を有していた[95]。この「同権的共同決定」を定める1976年共同決定法7条に対しては，基本法14条1項の規定する財産権保障等に違反するという理由から憲法異議の訴えが申し立てられた。連邦憲法裁判所は，取締役の人事について株主代表監査役と労働者代表監査役との間で意見が対立した際の最終決定権が株主側に留保されている等の理由により，同規定等により株主の権利に制限は加えられているものの，それは適切で期待可能な範囲に留まっているとして，共同決定法7条は基本法に合致をすると判示した[96]。

この共同決定法以降の株式法改正または新法制定は，主としてヨーロッパ法との調和という新しい要請に基づくものであった。以下においては，その重要なものを二つ挙げる。

まず，1976年12月13日にEC第2指令[97]が出されたが，その内容は既にドイ

---

94) Gesetz über die Mitbestimmung der Arbeitnehmer (Mitbestimmungsgesetz - MitbestG) vom 4.5.1976, BGBl. I S. 1153.
95) 正井章筰『共同決定法と会社法の交錯』8頁以下（成文堂，1990年）参照。
96) BVerfGE 50, 290. 本判決の紹介として，後藤清「西独共同決定法合憲判決について」ジュリスト694号105頁以下（1979年），正井章筰『共同決定法と会社法の交錯』79頁以下。
97) Zweite Richtlinie vom 13. Dezember 1976 (Kapitalrichtlinie) (77/191/EWG). 1976年第2指令（2006年改正前）の条文は，Lutter, Europäisches Unternehmensrecht: Grundlagen, Stand und Entwicklung nebst Texten und Materialien zur Rechtsangleichung, 4. Aufl., ZGR-Sonderheft 1, Berlin 1996, S. 114 ff.; Hopt/Wymeersch (Edit.), European Company and Financial Law: Texts and Leading Cases, Oxford 2004, S. 284 ff.に収録されている。1976年第2指令（2006年改正前）につき，森本滋『EC

ツ法上は実現されていたので，これに伴う株式法の改正は小規模に止まった。EC第2指令42条が，「この指令の適用領域において，加盟国の法規定は，株主の平等取扱が同じ状態になるように確保しなければならない」と定めていたのを契機として，1979年株式法改正が行われ，従来判例法理として認められていた株主平等取扱原則が制定法化された（株式法53a条）。

1985年12月19日の貸借対照表指令法[98]（BiRiLiG）に基づき，株式会社の計算の規定は，株式会社のみに適用される計算に関する特別規定を除き（株式法150条～176条），株式法から分離され，ドイツ商法第3編商業帳簿[99]（ドイツ商法238条～342e条）において規制されるようになった。

会社法の形成と展開』103頁以下（商事法務研究会，1984年）参照。

[98] Gesetz zur Durchführung der Vierten, Siebten und Achten Richtlinie des Rates der Eüropäischen Gemeinschaften zur Koordinierung des Gesellschaftsrechts (Bilanzrichtlinien-Gesetz - BiRiLiG) vom 19.12.1985, BGBl. I S. 2355. この法律は，第4指令（Vierte Richtlinie 78/660/EWG vom 25. Juli 1978（Jahresabschlußrichtlinie/Bilanzrichtlinie）），第7指令（Siebente Richtlinie 83/349/EWG vom 13. Juni 1983（Richtlinie über den konsolidierten Abschluß））および第8指令（Achte Richtlinie 84/253/EWG vom 10. April 1984（Prüferbefähigungsrichtlinie））を国内法化するための法律であった。第4指令，第7指令および第8指令の条文は，Lutter/Bayer/Jessica Schmidt, Europäisches Unternehmens- Kapitalmarktrecht: Grundlagen, Stand und Entwicklung nebst Texten und Materialien, 5. Aufl., ZGR-Sonderheft 1, Berlin 2012, S. 761 ff.; Grundmann/Riesenhuber (Hrsg.), Textsammlung Europäisches Privatrecht, Vertrags- und Schuldrecht, Arbeitsrecht, Gesellschaftsrecht, Berlin 2009, S. 595 ff. に収録されている。貸借対照表指令法の概要につき，ペーター・シュレヒトリーム，山下友信訳「ドイツ連邦共和国における商法・会社法の発展（1985-1987年）——会計指令法」日独法学12号53頁以下（1988年）参照。なお，第4指令と第7指令は，2013年7月26日に「EU貸借対照表指令（EU-Bilanz-Rl）」として統合され，かつ，改訂されている（Richtlinie 2013/34/EU des Europäischen Parlaments und des Rates vom 26. Juni 2013 über den Jahresabschluss, den konsolidierten Abschluss und dam it verbundene Berichte von Unternehmen bestimmter Rechtsformen und zur Änder ung der Richtlinie 2006/43/EG des Europäischen Parlaments und des Rates und zur Aufhebung der Richtlinien 78/660/EWG und 83/349/EWG des Rates）。2013年EU貸借対照表指令は，Lutter/Bayer/Jessica Schmidt, Europäisches Unternehmens- Kapitalmarktrecht: Grundlagen, Stand und Entwicklung nebst Texten und Materialien, 6. Aufl., ZGR-Sonderheft 1, Berlin 2018, S. 831 ff.に収録されている。

[99] ドイツ商法第3編商業帳簿の邦訳として，法務省大臣官房司法法制部『ドイツ商法典（第1編～第4編）』法務資料465号69頁以下（法務省大臣官房司法法制部司法法制課，2016年）〔久保大作〕，宮上一男＝W・フレーリックス監修『現代ドイツ商法典〔第2版〕』3頁以下（森山書店，1993年）参照。

(2) 株式会社法学
a 戦前期（1887年—1937年）

　本項は，体系書を中心として，ドイツ株式会社法学の発展を概観することを主目的とする。1937年株式法成立以前においては，ドイツの株式会社についてはドイツ商法の中で規定が設けられていた。したがって，戦前のドイツを代表する株式会社法の体系書は，このドイツ商法の体系に従い，商法の体系書の中で，株式会社法を取り扱った。戦前期には，19世紀のルノーやカール・レーマンの体系書に匹敵するような，株式会社法のみを取り扱った体系書は現れなかった。

　戦前期の株式会社法に関する研究論文としては，ワイマール期の後半に属する1931年のクロンシュタインの『従属法人論[100]』があった。本論文がハイデルベルク大学への教授資格論文として提出されていながら，同大学がこの論文を受理しなかったことが示すように[101]，本著作は，「従属法人」という新しい法概念につき，批判的観点から執筆された問題作であった[102]。

　パッソーの『株式会社論——経済学的見地からの研究[103]』は，経済的見地から株式会社を，多数の社員がリスクを免れつつ，持分の譲渡によって投資の回収を行う仕組みであると定義し[104]，株式会社に関する実証的研究を行った。本著作は，法律学の研究書ではなかったが，例えば，ドイツの監査役会制度については，その成立過程を19世紀の実際の株式会社の定款の規定など入手困難な資料に基づき綿密に説明しており[105]，日本のドイツ株式会社法研究[106]に大き

---

[100] Kronstein, Die abhängige juristische Person, München 1931.
[101] 田中誠二ほか『会社法学の新傾向とその評価』205頁注1（千倉書房，1978年）参照。
[102] クロンシュタインは，フランツ・ベーム，ヴァルター・オイケン等とともに，戦前からネオ・リベラリズムを代表する学者である。クロンシュタインの『従属法人論』は，従属会社の利益を念頭に置き，機関契約締結に際しては従属会社の株主総会による承認が必要であるという解釈論を提起した（Kronstein, Die abhängige juristische Person, S. 47）。この解釈論が1937年株式法256条に結実したことにつき，高橋英治『企業結合法制の将来像』20頁参照。
[103] Passow, Die Aktiengesellschaft: Eine wirtschaftswissenschaftliche Studie, Jena 1922.
[104] Passow, Die Aktiengesellschaft: Eine wirtschaftswissenschaftliche Studie, S. 8 f.
[105] Passow, Die Aktiengesellschaft: Eine wirtschaftswissenschaftliche Studie, S. 345 ff., 387 ff.
[106] 菅原菊志『取締役・監査役論〔商法研究Ⅰ〕』178頁以下（信山社，1992年）。

な影響を与えた。

aa) ミュラー＝エルツバッハ——商法学の泰斗

ミュンヘン大学教授ミュラー＝エルツバッハは，法概念の相対性についての独創的見解で，法哲学の領域でも高名であったが[107]，戦前期のドイツ商法学を代表する著作『ドイツ商法論[108]』を1921年から1924年に発表し，ドイツ商法学の大家の地位を獲得した。本書では，1928年に出版されたミュラー＝エルツバッハの単著である『ドイツ商法論〔第2版・第3版〕[109]』を取り上げる。

本著作は，1897年ドイツ商法の体系の中でのドイツ株式会社法について解説する。本著作は，『ドイツ商法論』と題する体系書ではあるが，本著作でミュラー＝エルツバッハが重視したのは比較法であった。ミュラー＝エルツバッハは，1928年に書かれた本著作のはしがきで比較法の重要性につき次のように論じた。

「本著作は，その第1版から，比較法を重視する。比較法は，我々の視点を広げるだけでなく，我々の法理解を深める。すなわち，比較法は，同じ問題につき他国においては違った解決をしているということが，なぜなのかという内的理解を深めることを要求する。……将来ドイツにおいて，比較法研究が盛んになることこそが，ドイツの学問上の隆盛のサインであるというべきであり，比較法の研究成果が，将来，本著作のより大きな部分を占めるようにならんことを！」

ミュラー＝エルツバッハの『ドイツ商法論〔第2版・第3版〕』の株式会社法の概説では，最初に，主要文献が挙げられていた。外国文献としては，オーストリア法，スウェーデン法，英国法，フランス法，ユーゴスラビア法の株式会社法の文献が挙げられていた[110]。本文の株式会社法の解説の中で，ミュラー＝エルツバッハが，外国法に言及することは従前の株式会社法の体系書と比べて少なく，この点で本著作はルノーやカール・レーマンの体系書と趣を異にするが，この文献表に，本著作の比較法重視の姿勢が表れていた。

---

107) Müller-Erzbach, Die Relativität der Begriffeund ihre Begrenzung durch den Zweck des Gesetzes: zur Beleuchtung der Begriffsjurisprudenz: Vortrag gehalten in der Wiener Juristischen Gesellschaft, Jena 1913.
108) Müller-Erzbach, Deutsches Handelsrecht, Tübingen 1921-1924.
109) Müller-Erzbach, Deutsches Handelsrecht, 2./3. Aufl., Tübingen 1928.
110) Müller-Erzbach, Deutsches Handelsrecht, 2./3. Aufl., S. 239 f.

本著作の株式会社の総論の部分での特色は，「資本金の充実（Das Aufbringen des Grundkapitals）」と「資本金の継続的維持（Die dauernde Erhaltung des Grundkapitals）」を，株式会社法の原則として要求している点にあった。具体的には，資本の充実としては，①設立時から資本金全額の充実が図られなければならない，②株主に出資義務を免れさせてはならない，③会社は払込義務が果たされていない自己株式を取得してはならない等が挙げられていて，資本充実原則の適用を，会社設立時と新株発行時に限らずに，より広く認めている点に特徴があった。資本の継続的維持を具体化する制度としては，株主の出資払戻しの禁止そしてそこから導かれる株主の退社の禁止等が挙げられていた。資本金の充実・維持という概念は，株式会社法の資本の原則として，その後のドイツ[111]および日本[112]の株式会社法学に受け継がれた。

　ミュラー＝エルツバッハは，株式会社の設立について，次のように論じた。株式会社を設立しようと発起人が合意することにより，相互の信頼により倫理的拘束力のみを有する，形式上の要件がない「会社設立前の契約（Vorgründungsvertrag）」が成立する[113]。その後に，会社契約の締結により，権利能力なき社団が成立すると解した[114]。氏は，会社契約の締結により，民法上の組合ではなく，権利能力なき社団が成立すると解する理由は，会社契約の締結当初から当該存在が社団的組織を有しているからであると説いた。ミュラー＝エルツバッハは「設立中の会社（Vorgesellschaft）」という言葉を用いてはいないが，ここでは，実質的に，今日の日本法における「発起人組合」と「設立中の会社」の議論がなされていた。

　発起人が，すべての株式を引き受けて設立する場合は，「引受設立（Uebernahmegründung）」と呼ばれるが，ミュラー＝エルツバッハは，これを

---

[111] „Grundsatz der Aufbringung und Erhaltung des Grundkapitals". Kübler/Assmann, Gesellschaftsrecht, 6. Aufl., Heidelberg 2006, S. 158; Lutter, Kapital, Sicherung der Kapitalaufbringung und Kapitalerhaltung in den Aktien- und GmbH-Rechten der EWG, Karlsruhe 1964.

[112] 大隅健一郎＝今井宏＝小林量『新会社法概説〔第2版〕』22頁以下，高橋英治『会社法概説〔第3版〕』38頁以下，高橋英治『会社法の継受と収斂』4頁以下参照。

[113] Müller-Erzbach, Deutsches Handelsrecht, 2./3. Aufl., S. 254.

[114] Müller-Erzbach, Deutsches Handelsrecht, 2./3. Aufl., S. 256. この説は，現在の日本の学説に引き継がれている（江頭憲治郎『株式会社法〔第7版〕』107頁注2（有斐閣，2017年），高橋英治『会社法概説〔第3版〕』43頁参照）。

「同時設立（Simultangründung）」と呼んだ方がわかりやすいと説いた。この概念は，日本法の「発起設立」（会社法25条1項1号）の概念と一致する。ミュラー＝エルツバッハは，ドイツでは銀行が株式会社設立につき通常大きな役割を果たすが，英国では，発起人が公衆に向かって株式引受人を募集する「段階的設立（Sukzessivgründung）」も存在すると説いた。「段階的設立」は，日本法の「募集設立」（会社法25条1項2号）に相当する。

ミュラー＝エルツバッハは，株式会社と会社債権者を特に害する危険がある「変態設立（qualifizierte Gründungen）」の存在を明らかにし，これに属する事項として，組織変更による株式会社の設立，発起人の報酬，個別の株主に対する特別利益の付与および現物出資等を挙げ，これらの変態設立事項がある場合，検査役により調査が行われるというドイツ商法の仕組みを解説した[115]。

本著作においては，今日のドイツと日本の株式会社法の基礎となる株式会社の設立方法の分類と変態設立事項の存在が明らかにされた。これらの問題の中には既に1897年ドイツ商法に規定が存在するものもあったが，これらの制度を株式会社の設立手続の手順に従って体系的にわかりやすく整理して叙述したミュラー＝エルツバッハの功績は大きい。また，本著作では，現代の株式会社法学の基礎となる「発起人組合」と「設立中の会社」の考え方が現われており，これらを本著作で取り上げることにより法実務および法学教育の対象にした点でも，氏の功績は大きい。

この株式会社の設立の説明の後，本著作は株式会社の機関につき，取締役から説明を始める[116]。この点でも，本著作において，現代のドイツの株式会社法の教科書の機関の概説のスタイルが確立していた。その後，本著作は，監査役会について説明し，最後に株主総会について説明した。1897年商法は取締役・監査役会・株主総会の順序でこれらの株式会社の諸機関についての条文を配置していたが（1897年ドイツ商法231条以下），1897年ドイツ商法の株式会社の機関について説明する本著作第3節「組織と業務執行」はこの法律の構成に素直に従ったと推測される。本著作において，もはや株主総会は最高の機関であるという説明はなかった。

その後，本著作は，株式会社の機関の説明の後に，「社員としての地位

---

115) Müller-Erzbach, Deutsches Handelsrecht, 2./3. Aufl., S. 262 ff.
116) Müller-Erzbach, Deutsches Handelsrecht, 2./3. Aufl., S. 267 ff.

(Mitgliedschaft)」(以下「社員権」と訳す)について,特別に章を設けて概説した。当時のドイツ商法の体系とは異なり,社員権の存在を強調する独自の構成をとった理由は[117],ミュラー=エルツバッハが,社員権論について特に興味をもっていたという氏の個人的理由にあったと考えられる。ミュラー=エルツバッハは,1929年に『責任感のある大株主の中核会社への株式会社の組織変更——社員権利益からの株式法の発展 株式会社と有限会社の改革のために[118]』という著書を,また,1949年には,氏の代表作である『因果的法思考の試金石としての社員権の私法[119]』を発表した点からわかるように,「社員権」の問題は,氏のライフワークであった。

ミュラー=エルツバッハは,本著作における社員権の項目で,株式会社法の「株式」に相当する部分を概説しただけでなく,社員権一体の原則(社員権は一体でありこれを構成する個々の権利を全体から分離して譲渡することはできないという原則[120])や特別権(固有権[121])についてなど,社員権の理論的側面も概説した。ミュラー=エルツバッハによると,社員権自体はドイツ民法35条[122]の意味での「特別権」ではなく,したがって社員の同意なく総会決議によって奪うことができる。

ミュラー=エルツバッハは,「年度決算と任期満了」の章において,年度決算の仕組み,準備金および貸借対照表について解説した[123]。20世紀初めに発達したドイツ会計学の知見を生かして,貸借対照表について実際の資産と負債に

---

117) 1897年ドイツ商法において「会社と社員の関係」についての節は機関についての第3節「組織と業務執行」の前に置かれていた(1897年ドイツ商法210条以下)。かかる1897年ドイツ商法の体系からすると,社員権についての説明は,株式会社の機関の概説の前に置かれるのが素直な配置であったといえる。

118) Müller-Erzbach, Umgestaltung der Aktiengesellschaft zur Kerngesellschaft verantwortungsvoller Großaktionäre: Entwicklung des Aktienrechts aus dem mitgliedschaftlichen Interesse Zur Reform der Aktiengesellschaft und der Gesellschaft m.b.H., Berlin 1929.

119) Müller-Erzbach, Das private Recht der Mitgliedschaft als Prüfstein eines Kausalen Rechtsdenkens, Weimar 1948.

120) Müller-Erzbach, Deutsches Handelsrecht, 2./3. Aufl., S. 286. この原則は「社員権不可分の原則」とも呼ばれる。

121) Müller-Erzbach, Deutsches Handelsrecht, 2./3. Aufl., S. 291.

122) ドイツ民法35条は,社団の社員の特別権につき「社員総会の決議をもって社員の特別権を害するには,その社員の同意を要する」と規定する。

123) Müller-Erzbach, Deutsches Handelsrecht, 2./3. Aufl., S. 300 ff.

関する表と数字を用いて詳説している点が，この章の特徴であった。続く「組織の変更と調整」の章は，資本増加と資本減少に対象を絞って株式会社の定款変更について概説した[124]。資本増加の部は，新株引受権による既存株主の保護についても概説したが，本章の重点は，資本減少に伴う会社債権者の保護にあった。「解散，組織変更および破産」の章は，合併や組織変更とならび株式会社の国有化について概説した[125]。

本著作では，通常の株式会社に関する規制の概説の最後の章において，「株式会社の歴史」が概説されていた。ミュラー＝エルツバッハも，現在の株式会社の起源を1602年のオランダ東インド会社にみていた点で，カール・レーマンの説を継承していた[126]。本章は，「もちろん立法者の考えに留まるのではあるが」という留保をつけた上で，ドイツでは，19世紀後半に出現した経済的自由主義の影響下で，特に民主主義的になり，立法者は株主総会を最も重要な機関とし，最も少ない数の株式を有する株主に対しても議決権を与えたとし，その後の改正で，力の均衡をとるために監査役会を必要的監督機関としたが，第一次世界大戦後のインフレーションの時期に，複数議決権株式等を用いた株主総会における力の濫用の事例が出現していると説き，ドイツの株主総会のあり方につき警鐘を鳴らした[127]。そして，本章は，最後に19世紀末から現代にかけて，ドイツの株式会社法が，フランス・イギリス・オーストリア等の外国の株式会社立法に影響を与えている実例を示した。

本著作の最終章は，砂糖を製造する株式会社を設立するにあたり一定量の砂糖大根の給付を株主に義務づけ，会社の設立後も株主に対し一定量の砂糖大根の会社への給付を義務づける特殊の株式会社形態に代表される「付加的給付株式会社（Nebenleistungsaktiengesellschaft）」について概説した[128]。1897年ドイツ商法212条1項は，株主に対し，資本金の給付義務と並行して，かかる付加的給付を義務づけることを株式会社に許した。これは，ドイツの現行株式法55条に引き継がれている。

---

[124] Müller-Erzbach, Deutsches Handelsrecht, 2./3. Aufl., S. 307 ff.
[125] Müller-Erzbach, Deutsches Handelsrecht, 2./3. Aufl., S. 313.
[126] Müller-Erzbach, Deutsches Handelsrecht, 2./3. Aufl., S. 316.
[127] Müller-Erzbach, Deutsches Handelsrecht, 2./3. Aufl., S. 320.
[128] Müller-Erzbach, Deutsches Handelsrecht, 2./3. Aufl., S. 320 ff.

bb）カール・ヴィーラント——商法＝企業法説の創始者

　株式会社法を取り扱う体系書としては，ドイツ刑法学の権威として有名なカール・ビンディングにより創始された『ドイツ法学体系書』のシリーズを飾るスイスのバーゼル大学教授で同大学総長も務めたカール・ヴィーラント[129]の『商法論第2巻　資本会社』（1931年）があった。本著作も，戦前期のドイツを代表する特色のある体系書であった。ヴィーラントは，『商法論第1巻　商企業および商行為』（1921年）では，「商法＝企業法」説を展開し，その後のヨーロッパ・東アジアに大きな影響を与えたが[130]，『商法論第2巻　資本会社』は，本著作の目的につき，「はしがき」において次のように述べた。

　「資本会社が商法全体の中でどのような地位を体系的に占めるのかについて明らかにし，資本会社の諸形態を典型的な形態に絞りわかりやすく説明し，特に資本会社が第1巻で扱った人的会社と比較して会社としてどのような共通点があり，どのような相違点があるかについてわかりやすく説明することが，本著作の叙述の目的である[131]。」

　この「はしがき」が示すように，株式会社を商事会社の一形態として捉え，その特徴および株式会社法が商法の中でどのような地位を占めるのかについて明快に説明することが，株式会社法が商法の中で規定されていた1937年株式法成立以前のドイツ法下でのドイツ法系に属するスイスの商法学者が，体系書を執筆する上で目標とした点であった。
　ヴィーラントの『商法学第2巻　資本会社』の画期的特徴は，株式会社法の章とは別に「資本会社の変遷——合併と組織変更」，「会社の結合と団体（コンツェルン）」および「一人会社」が独立の章として設けられ，これらの新しい株式会社法上の問題につき，ヴィーラントが独自の見解を示している点にあっ

---

129) カール・ヴィーラントにつき，西原寛一「カール・ヴィーラント教授」同『書斎とその周辺——一商法学者の随想』131頁以下（有斐閣，1982年）参照。

130) Karsten Schmidt, Morgenröte des Unternehmensrechts? Ein Streifzug durch Wielands „Handelsrechts", BJM 2008, S. 61; Eiji Takahashi, Rezeption der Lehre „Handelsrecht als Unternehmensrecht" in Japan, FS Blaurock, Tübingen 2013, S. 453.

131) Wieland, Handelsrecht, Zweiter Band: Die Kapitalgesellschaften, München 1931, Einleitung, VII（以下 „Wieland, Handelsrecht Ⅱ" と略記する）。

た。

　本著作の第4章を構成している「資本会社の変遷（Wandlungen）——合併と組織変更（Umwandlung）」は，将来を見通す力のあるカール・ヴィーラントの学識を表していた。1994年組織再編法[132]（UmwG）は，経済企業の担い手による四つの行為，すなわち，合併（Verschmelzung），分割（Spaltung），財産譲渡（Vermögensübertragung），法形式の変更（Formwechsel）の上位概念を組織再編（Umwandlung）とし（組織再編法1条1項），これらの行為を体系的に規定した。ヴィーラントによると「変遷」とは会社財産の担い手が変化することを指す。ヴィーラントは，会社の全財産譲渡，合併および組織変更の上位概念を「変遷」として[133]，一つの章の中で，これらの行為を簡潔に概説した。かかるヴィーラントの「資本会社の変遷」体系は，1994年組織再編法を先取りするものであった。

　本著作の「会社の結合と団体（コンツェルン）」の章においても，独自の視点からの分析が示されていた。この章では，多様な企業結合形態の中でも「コンツェルン」が中心に取り上げられていた。氏は，「支配」の諸形態に触れ，支配会社と従属会社との間に賃労働契約が結ばれ，長期にわたり，従属会社が支配会社に対し労務を提供する従属会社として支配会社が指定する商品等の供給を行う場合，これは法形態として許された支配・従属関係といえるのかという問題提起をした[134]。ヴィーラントは，この問いを出発点として，会社による会

---

132) Umwandlungsgesetz vom 28. 10. 1994, BGBl. I S. 3210. 1994年制定時における組織再編法の邦訳として，早川勝訳「ドイツ組織変更法」同志社法学49巻4号234頁以下（1998年）。組織再編法の成立・改正過程につき，J. Semler/Strengel, in: Semler/Stengel (Hrsg.), Umwandlungsgesetz mit Spruchsverfahrensgesetz, 3. Aufl., München 2012, Einleitung A Rdnr. 6 ff.; Sagasser, in: Sagasser/Bula/Brünger (Hrsg.), Umwandlungen, Verschmelzung-Spaltung-Formwechsel-Vermögensübertragung, 4. Aufl., München 2011, §1 Rdnr. 1 ff. 組織再編法に関する近時の邦語文献として，受川環大『組織再編の法理と立法——利害関係者の保護と救済』136頁以下（中央経済社，2017年），牧真理子「組織再編に係る決議の効力を争う訴え」早川勝＝正井章筰＝神作裕之＝高橋英治編『ドイツ会社法・資本市場法研究』448頁以下（中央経済社，2016年），牧真理子「ドイツ組織再編法における債権者保護規定——会社分割法制の研究」北村雅史＝高橋英治編『（藤田勝利先生古稀記念）グローバル化の中の会社法改正』339頁以下（法律文化社，2014年）参照。

133) Wieland, Handelsrecht II, S. 354.

134) Wieland, Handelsrecht II, S. 378.

社の支配に限界は存在するのかという一般的な問題提起をした。ヴィーラントは，ライヒ裁判所が，この問題の解決に「良俗」に反する程度に会社が他の会社に従属することは許されないとしていること[135]を不当とし，株主が会社の決定事項から影響を与える可能性を奪われることが良俗違反となることはありうるが，会社の（独立性の）概念からその支配の形態が良俗違反になるという結論を導くのは概念矛盾であると説いた。氏は，会社がどの程度他の会社に従属することが許されるかは，会社に関係した多様な利益の状態を衡量して，総合的に判断されるべきであると説いた。

かかるヴィーラントの指摘は企業結合法の問題の本質を把握するものであった。メストメッカーの事実上のコンツェルン違法説[136]あるいは（違法な）変態的事実上のコンツェルン[137]という概念が認められるべきという学説上・判例法上の問題[138]として，以後，この指摘は，ドイツのコンツェルン法学の議論の中心となった。現在では，学説上「変態的不利益付与（qualifizierte Nachteilszufügung）」すなわち，支配企業による強力な指揮の下で支配企業がなした子会社に対する侵害行為の一つひとつを個別に分離することができない状態が生じることが違法であると有力に主張されている[139]。ドイツの現行株式法291条以下のような契約コンツェルン規制をもたない国にとっては，契約によって会社が他の会社の完全な支配下に置かれることが許されるのか自体が未解決の問題となっている。日本を含め，多くの国で，ドイツの1965年株式法で導入されたような支配契約の制度を導入することにためらいがあるのは，かか

---

135) RGZ 82, 308 ff.
136) Mestmäcker, Zur Systematik des Rechts der verbundenen Unternehmen im neuen Aktiengesetz, FS Kronstein, Kahlsruhe 1967, S. 129. この論文の邦訳として，早川勝訳「新株式法における企業結合法の体系化について」上柳克郎＝河本一郎監訳『法秩序と経済体制』235頁以下（商事法務研究会，1980年）。メストメッカーの事実上コンツェルン違法説の詳細につき，高橋英治『企業結合法制の将来像』54頁以下。
137) 変態的事実上のコンツェルンは違法であり，差止めの対象になると説くものとして，Koppensteiner, in: Zöllner/Noack (Hrsg.), Kölner Kommentar zum Aktiengesetz, 3. Aufl., Köln 2004, Anh. §318 Rdnr. 38.
138) 高橋英治『企業結合法制の将来像』222頁以下。
139) Emmerich/Habersack, Konzernrecht, 10. Aufl., München 2013, S. 519. マティアス・ハバーザック，新津和典訳「従属株式会社における会社利益とグループ利益」早川勝＝正井章筰＝神作裕之＝高橋英治編『ドイツ会社法・資本市場法研究』483頁（中央経済社，2016年）。

る会社の独立性を完全に奪う契約がそれぞれの国の会社法からみて許されるのか否かについて明らかではないことに求められよう。

　ヴィーラントは，コンツェルン法の中心問題の一つが，コンツェルンにおける「法律的独立性と経済的従属性との対立」にあると考えた。この視点も，後に，取引コストの経済学の担い手による，コンツェルンを「市場 (Market) と組織 (Organization) との間の中間形態[140]」あるいは「市場と内部組織との間に存在する中間組織[141]」とみる考え方の先駆となるものであり，当時としては極めて斬新な考え方であった。ただし，ヴィーラントの時代には，コンツェルン法の中心的問題が従属会社の少数派株主・債権者保護であることは見出されていなかった。

　「一人会社」を取り扱った本著作第6章で，ヴィーラントは，比較法的には，一人会社を法的に認めるか否かについては，国により相違が存在するが，有限会社が一人会社となる場合を念頭に置いて，一人会社が権利能力を有し[142]，他の会社の構成員になることができる[143]，と論じた。ヴィーラントは，一人会社の法的性質については，会社形態ではなく，責任形態であり，その本質は義務づけられた特別財産であり，かかる特別財産に権利能力等の法人としての属性が与えられたものであると説いた。ヴィーラントの「一人会社は一種の責任形態である」という考えは，日本の一人会社に関する学説[144]などに大きな影響を与えた。

　ヴィーラントは，「株式会社とは，有限責任・出資義務の有限性および団体

---

[140] Kirchner, Ökonomische Überlegungen zum Konzernrecht, ZGR 1985, 226.

[141] 高橋英治『ドイツと日本における株式会社法の改革——コーポレート・ガバナンスと企業結合法制』45頁以下（商事法務，2007年），Eiji Takahashi, Market-Organization-Corporate Group: An Economic Analysis of Law of Corporate Groups, The Journal of Interdisciplinary Economics, Volume 22 No 1 & 2 (2010), 45-71. 中間組織論につき，今井賢一＝伊丹敬之＝小池和男『内部組織の経済学』126頁以下（東洋経済新報社，1982年）参照。

[142] Wieland, Handelsrecht II, S. 392.

[143] Wieland, Handelsrecht II, S. 393.

[144] 菅原菊志『企業法発展論〔商法研究II〕』263頁（信山社，1993年）参照。ヴィーラントと同様の学説をとるものとして，柿崎榮治「構造的視点からの閉鎖的株式会社の社団性に関する若干の考察——各論的意味での一人会社および株式譲渡制限について」加藤勝郎＝柿崎榮治＝新山雄三編『(服部榮三先生古稀記念) 商法学における論争と省察』181頁（商事法務研究会，1980年）。

的かつ資本主義的構造を有している純粋な資本会社である[145]」と定義した。

　ヴィーラントは，株式会社の起源については，カール・レーマンの説に従い，ジェノヴァのゲオルク銀行が国家債権者の団体にすぎなかったとし[146]，今日の株式会社のモデルとなった会社は，1602年3月20日のオランダ東インド会社であると説いた[147]。続いて，ヴィーラントは，主として19世紀後半以降の世界の株式会社法の文献を紹介した[148]。ヴィーラントは，日本については，ドイツ法系に分類し，その参考文献としては，1911（明治44）年5月2日に改正された日本の商法の条文のフランス語への翻訳としてリペールと小町谷操三博士との共同の翻訳[149]を挙げた。歴史と比較法の重視というドイツの株式会社法学の伝統はヴィーラントにも引き継がれていた。

　ヴィーラントの株式会社の本質論の特徴は，株主有限責任よりも，まず，「資本金（Grundkapital）」を株式会社の本質的特徴とする点にあった。ヴィーラントは，資本金は，株金払込みによる資本充実により純資産を形成し，会社の存続中，維持されなければならないと説いた[150]。資本金は，一つの単位である株式によって分かたれ，株式引受人は出資義務を負う。登記によって株式会社の資本金が確定した場合には，株式会社の構成員の出資義務によって株式会社の資本金を確保しなければならず，これを確保できない場合当該株式会社は不成立となるが，ヴィーラントは，これを「確定した資本金の原則[151]（Prinzip des festen Grundkapitals）」と呼んだ。これは，1950（昭和25）年の商法改正により授権資本制度が導入される前の日本法の株式会社の資本確定の原則および資本充実の原則に相当するものであった。ヴィーラントは，資本金を経済的意味での資本ではなく，「債権者のために保障された責任財団[152]」であると定義した。ヴィーラントは，会社の資本金額に相当する基本財産は確保されていなければならず，会社の財産状態は変化しても，資本金に相当する財産は常に一

---

145) Wieland, Handelsrecht Ⅱ, S. 3.
146) Wieland, Handelsrecht Ⅱ, S. 5.
147) Wieland, Handelsrecht Ⅱ, S. 6.
148) Wieland, Handelsrecht Ⅱ, S. 10 ff.
149) Ripert/Komachiya, Code decommerse de l'empire du Japon, Paris 1924. 本著作につき，菅原菊志『企業法発展論〔商法研究Ⅱ〕』561頁以下（信山社，1992年）参照。
150) Wieland, Handelsrecht Ⅱ, S. 17 f.
151) Wieland, Handelsrecht Ⅱ, S. 19.
152) Wieland, Handelsrecht Ⅱ, S. 21.

定に保たれなければならないと説いた[153]。

　ヴィーラントは，株式については，①資本金の分割された単位，②株券，③社員権という三つの側面があるとした。氏は，社員権として株式は原則として譲渡可能であり，相続可能であるとした[154]。また，ヴィーラントは，社員権は不可分であり，社員権として一つにまとまっている株主の個々の権利，例えば配当請求権のみを株主が社員権から分離して個別に他者に譲渡することはできないと説いた[155]。

　ヴィーラントは，通常の会社の設立について，会社の内部的な設立過程が当事者による会社契約締結を内容とする同時設立（Simultangründung）および株式の募集を伴う段階的設立（Sukzessivgründung）に分類した。これらは，それぞれ，概ね，日本法の発起設立（会社法25条1項1号）と募集設立（会社法25条1項2号）に相当する。ヴィーラントによると，同時設立は，会社契約成立時に発起人が，発起人以外の者で，これから設立する会社の株主になってくれる者を仲介して，その者に株式引受書に署名してもらう場合も含まれるため[156]，この説明からすると同時設立は発起設立よりも広い概念であるかのようにも一見思われる。ただし，ドイツ法の下では，会社契約の中で株主であるとされた者は発起人であるとみなされるから（1897年ドイツ商法187条），同時設立は発起人のみによる株式会社設立，すなわち日本法の「発起設立」（会社法25条1項1号）と概念的にはほぼ同一である。続けて，ヴィーラントは，変態設立事項や事後設立についても概説した。

　ヴィーラントは，設立登記により株式会社は法人として成立すると説いた。しかし，株式会社は，設立登記以前に――民法上の組合あるいは権利能力なき社団という形式で――何らかのかたちで成立しているはずであると説き，これを「設立中の会社（Vorgesellschaft）」と呼んだ[157]。ここで，ヴィーラントは，設立中の会社は，最初の形態は民法上の組合であるといえるが，その後の法形態が，具体的にどのようなものであるのかについては，積極的に解明しようとはしなかった。ヴィーラントは，株式会社の設立登記前の法律問題を，実務的

---

153) Wieland, Handelsrecht Ⅱ, S. 22.
154) Wieland, Handelsrecht Ⅱ, S. 43.
155) Wieland, Handelsrecht Ⅱ, S. 44.
156) Wieland, Handelsrecht Ⅱ, S. 56.
157) Wieland, Handelsrecht Ⅱ, S. 70.

に妥当に解決することこそが重要であり，設立登記前の株式会社がどのようにその法的形態を変遷すると考えるべきかという概念の問題については，重要性が低いと考えていたようである。なお，ヴィーラントは，設立中の会社は，「ゲゼルシャフト」であるという点で設立後の会社と同一であると理解した[158]。ヴィーラントによると，設立中の会社は部分的法人格を有し，既に説明したように，その原始形態は民法上の組合であり，発起人は設立中の会社の機関である[159]。

発起人が株式会社の設立登記前に将来成立する株式会社のために，いかなる行為をなしうるのか，という問題がある。ヴィーラントは，発起人が，設立自体にかかる行為だけでなく，設立と関連して設立後の株式会社にその行為の効果が帰属することが必要な行為もなしうると解した。ヴィーラントは，この意味で，日本の現在の通説である「発起人は設立に必要な行為をなしうる[160]」という考えに大きな影響を与えた。

株式会社の設立の瑕疵について，ヴィーラントは，株式会社設立の無効事由につき，1897年ドイツ商法が定款の絶対的記載事項に記載がない，あるいは誤記がある場合等を挙げるが（1897年ドイツ商法309条・182条），株式会社の設立無効事由は限定されるべきであると同時に，法律で明確に限定列挙されるべきであると説き，例えば，資本金の充実がなされない場合，会社債権者の利益が著しく侵害されるため，これを会社設立無効事由として新たに法律で加えられるべきであると説いた[161]。

ヴィーラントは，株式会社の機関については，株主総会，監視・監督機関，取締役，監査役会の順序で概説した。しかし，ヴィーラントは，株主総会が株式会社における最高の機関であるとはもはや論じなかった。

ヴィーラントは，株式会社の資本金の増加と減少，株式の消却，解散と清算について概説し，最終章で，株主の権利義務について論じた。これは，1897年ドイツ商法やスイスの債務法（Obligationsrecht）の体系とは異なるものであったが，社員権論が，当時の学説上，重要な問題であると考えられていたので，

---

158) Wieland, Handelsrecht Ⅱ, S. 72.
159) Wieland, Handelsrecht Ⅱ, S. 74.
160) 神田秀樹『会社法〔第20版〕』59頁以下（弘文堂，2018年），龍田節＝前田雅弘『会社法大要〔第2版〕』444頁（有斐閣，2017年）。
161) Wieland, Handelsrecht Ⅱ, S. 86.

ヴィーラントは，本著作の最終章で特別に章を立てて詳論したのではないかと思われる。ヴィーラントは，ルノー以来の社員権論の伝統を受け継いだ上で，社員権（Mitgliedschaftsrecht）を，「財産権（Vermögensrecht）」と「支配権（Herrschaftsrecht）」とに分類した[162]。ヴィーラントは，「財産権」として，利益配当請求権，新株引受権，残余財産分配請求権などを挙げ，「支配権」としては，議決権，株主総会招集権，質問権などを挙げた。ヴィーラントは，財産権を「価値権（Wertrechte）」，支配権を「機関権（Organshaftsrechte)」とも呼んでおり，かかるヴィーラントの分類法は，法人の構成員の権利を「機関権」と「価値権」に二分するヨーゼフ・コーラーの学説[163]から示唆を受けたものであったと推察される。

田中耕太郎博士は，合名会社社員の業務執行権は，社員の権利ではなく，合名会社社員が合名会社の機関を構成することによる権限であると説いた[164]。田中耕太郎博士は，1917年，同様の議論を株式会社にも適用し，株式会社の株主の議決権等の共益権は株主が株主総会の機関の構成者として有する権限にすぎないと説いた[165]。日本法では共益権と呼ばれる議決権等の「支配権」を「機関権」とも呼ぶヴィーラントの思考法は，共益権を株主が株式会社の機関の構成員として有する権限にすぎないと考える田中耕太郎博士の思考法と類似したものであった。

注目すべきは，ヴィーラントが，従来の会社法学の用語法とは異なり，「特別権（Sonderrecht）」を，ドイツ民法35条の定義に従い総会決議や定款規定をもってしても本人の同意なしには奪うことのできない権利とは定義せず，優先株式に附随する優先権など，一般の株主には認められない特殊の権利を指す用語として用いていた点である[166]。ヴィーラントが，優先権などがドイツ民法35条が規定する「特別権」には該当せず，ドイツ民法35条の意味での特別権が，株式会社には認められないと考えていたとすれば，かかる考えは，現代のドイ

---

[162] Wieland, Handelsrecht II, S. 185.
[163] Josef Kohler, Lehrbuch des Bürgerlichen Rechts Band 1: Allgemeiner Teil, Berlin 1906, S. 360.
[164] 田中耕太郎「機関の観念」同『商法学 特殊問題上』231頁（初出1917年）（春秋社，1955年）。
[165] 田中・前掲注[164] 246頁。
[166] Wieland, Handelsrecht II, S. 185.

ツ株式会社法学の通説の立場と一致する[167]。

　ヴィーラントは，1931年の本著作において，取締役が違法な業務執行等を行った結果として株式会社に損害が生じた場合につき，株主が個別に株主代表訴訟を提起して自己に生じた間接損害を回復する途を与えるべきであるという立法政策上の考えを既に表明していた[168]。株主代表訴訟は，戦後，グロースフェルトの教授資格論文によりドイツ法への導入が強く主張され[169]，2005年9月22日の「企業の健全性および取消権の現代化のための法律[170]」により，株式法148条以下として導入されることとなった[171]。この点でも，ヴィーラントの株主代表訴訟導入の主張は，氏の「商法＝企業法」説[172]と同様に，先見性に満ちていた。

b　戦中期（1937年―1945年）

　1937年株式法下の株式会社法の体系書としてみるべきものは存在しない。そ

---

167) 特別権を優先株式に附随する優先権などを意味すると定義する学説として，Raiser/Veil, Das Recht der Kapitalgesellschaften, 6. Aufl., S. 103. ただし，ドイツ民法35条の株式会社への適用を否定する説として，Rieckers, in: Hoffmann-Becking (Hrsg.), Münchener Handbuch des Gesellschaftsrechts, Bd. 4, 4. Aufl., München 2015, S. 270. ドイツ民法35条の株式会社への類推適用を認める説として，Hirte, Kapitalgesellschaftsrecht, 8. Aufl., Köln 2016, S. 258.

168) Wieland, Handelsrecht II, S. 137.

169) Grossfeld, Aktiengesellschaft, Unternehmenskonzentration und Kleinaktionär, Tübingen 1968, S. 224.

170) Gesetz zur Unternehmensintegrität und Modernisierung des Anfechtungsrechts (UMAG) vom 22. 9. 2005, BGBl. I S. 2802.

171) ドイツにおける株主代表訴訟制度導入の背景につき，高橋均『株主代表訴訟の理論と制度改正の課題』191頁以下（同文舘，2008年），高橋英治『ドイツと日本における株式会社法の改革――コーポレート・ガバナンスと企業結合法制』250頁以下。ドイツにおける株主代表訴訟制度の全体像と特徴につき，周劍龍「ドイツ株式法における株主代表訴訟」早川勝＝正井章筰＝神作裕之＝高橋英治編『ドイツ会社法・資本市場法研究』395頁以下（中央経済社，2016年）。ドイツ法における株主代表訴訟の歴史的沿革についての代表的ドイツ語文献として，Grossfeld, Aktiengesellschaft, Unternehmenskonzentration und Kleinaktionär, S. 226 ff.; Thomas Raiser, Aktionärsklagen, in: Bayer/Habersack (Hrsg.), Aktienrecht im Wandel, Band 2, Grundsatzfragen des Aktienrechts, S. 649 ff. 邦語文献としては，早川勝「西ドイツ株式法における個人株主訴訟」産大法学18巻2＝3号141頁以下（1984年），周劍龍『株主代表訴訟制度論』119頁以下（信山社，1996年）参照。

172) 高橋英治『会社法の継受と収斂』28頁以下参照。

こで，本書は，アドルフ・ヒトラー政権下のライヒ内閣のメンバーのみで構成された編者陣からなる『株式法注釈書〔第2版〕[173]』を素材として，最も親ナチス的である1937年株式法解釈を概観する。続いて，本書は，ベック社から出版された最も標準的な株式法の注釈書を取り上げ，当時のドイツの実務家が求めていた1937年株式法の解釈論を概観する。

aa) 1937年株式法立案担当者の注釈——ナチス思想の影響

1937年当時国家秘書であり，ナチスのドイツ法アカデミー株式法委員会の委員であったフランツ・シュレーゲルベルガーを筆頭編者にした『株式法注釈書〔第2版〕』は，前述のように，ヒトラー政権下のライヒ内閣のメンバーのみにより編者が構成されていた。本著作の編者としては，シュレーゲルベルガーのほかに，レオ・カズヴスキ，グスタフ・ヘルビッヒ，エルンスト・ゲスラー，ウォルフガング・ヘーファーメールが名を連ねていた。本著作は，1937年株式法の立案担当者による同法の注釈書であり，「立法者によるコンメンタール」という本著作の築き上げた新しい株式法コンメンタールの伝統は，戦後も，1965年株式法の立案に関与したエルンスト・ゲスラー，ウォルフガング・ヘーファーメール等のドイツ連邦司法省の立案担当者による1965年株式法のコンメンタール[174]に受け継がれた。

本著作では，「はしがき」において，本著作が，1937年株式法の立案担当者の注釈書であることを明らかにした後で，アドルフ・ヒトラーの『わが闘争』からの一節を次のように引用した。

「人間が行う最も高貴な改革とは，その最後の基盤が帰属する所へ築き上げることである。既存の真実を利用することに，恥じる必要はない。すべての世代が石を背負い積み上げることによって達成される長い発展の成果こそが，全人間的文化であり，人間そのものである。革命の意味と目的は，全構築物を完全に破壊してしまうことではなく，悪い付加物あるいは不適切な物を遠ざけ，解放された健全な場所で建設を続けることである。」

---

[173] Schlegelberger/Quassowski/Herbig/Geßler/Hefermehl (Hrsg.), Aktiengesetz vom 30. Januar 1937, Kommentar, 2. Aufl., Berlin 1937.

[174] Geßler/Hefermehl/Eckardt/Kropff, Kommentar zum Aktiengesetz, München 1994.

本著作は，このドイツ帝国（ライヒ）の指導者であるアドルフ・ヒトラーの言葉に，1937年株式法およびその解釈の目標が掲げられていると説いた。本著作は，株式会社法に造詣の深い読者は，本著作に「既存の真実」を見出すであろうとした。そして，執筆者としては，本著作が，「既存の真実」と1937年株式法という新しい法律がもつ新しい思考に，学問的かつ実務的な調和を達成することができれば幸いであると本著作の「はしがき」を締めくくった。

本著作のほとんどの部分では，ナチス思想とは無関係の既存のドイツ株式会社法の伝統に基づく保守的な解釈論が展開されていたが，国家社会主義の影響下で新設された規定については，ナチス思想に基づく制度趣旨の説明がなされていた。例えば，本著作は，株式会社の取締役の指揮に関する指導者原理についての1937年株式法70条については，民主主義的な多数決原理とは対照的であり，国家社会主義がその基盤を置く指導者主義を実現したものであり，政治と軍事で実現されている指導者原理を立法者が考慮したものであるとその趣旨について説明した[175]。ここでは，1937年株式法が，株主民主主義とは異なる「指導者主義」と呼ばれる経営者独裁主義をとっていることが明らかにされていた。

総会における影響力利用者が「保護に値する利益」を守るため影響力を行使した場合には例外的に損害賠償責任を免れるとする1937年株式法101条3項の解説において，本著作は，本規定はコンツェルン関係において重要であるとし，「コンツェルンに帰属する従属会社とその少数派株主を害する行為でも，コンツェルンの視点からすると経済的に健全であり，かつ合理的な措置となっていることもある。かかる場合，個々のコンツェルンに帰属する従属企業の利益は，コンツェルンに集約されている共同体のより高次の利益の前に後退しなければならない[176]」と論じていた。本条項の注釈では従属会社の利益はより大きなコンツェルン全体の利益の前では後退すべきであるという経済上の全体主義思想が示されていた[177]。

本著作は，取締役の総収入の確定後，会社の事情が悪化し，当該総収入が著しく不相応になった場合に，当該総収入を監査役会が減額できることについて

---

175) Schlegelberger/Quassowski/Herbig/Geßler/Hefermehl (Hrsg.), Aktiengesetz vom 30. Januar 1937, Kommentar, 2. Aufl., §70 Rdnr. 1.
176) Schlegelberger/Quassowski/Herbig/Geßler/Hefermehl (Hrsg.), Aktiengesetz vom 30. Januar 1937, Kommentar, 2. Aufl., §101 Rdnr. 9.
177) 高橋英治『企業結合法制の将来像』20頁以下参照。

定める1937年株式法78条2項につき，「本規定は，今日すべての国民が服する『共同利益は個人利益に優先する』という国家社会主義原則に合致する。国民共同体の構成員にとって利益になり，かかる措置によって国民共同体の構成員がはじめて生存することができるという条件下では，一般利益のために個人が犠牲になるということは必要である[178]」と説明し，本条項の趣旨を国家社会主義原則から説明した。

bb）アドルフ・バウムバッハ——実務家のための1937年株式法注釈

　ベック社の小コンメンタール第23巻である『株式法注釈書[179]』は，1937年株式法の実務に最も影響を与えたコンメンタールであり，当時，判事であったアドルフ・バウムバッハにより著された。裁判実務を重視する本著作は，判例の展開に即応して版を重ねた。本著作は，バウムバッハの没後，ミュンヘン大学教授アルフレッド・フックによって引き継がれ[180]，1937年株式法の裁判実務に対して多大な影響を与えた。本書は，1937年に刊行されたバウムバッハによる単著である本著作の第2版を素材として，当時の実務家が求めていた1937年株式法の解釈論を概観する。

　本著作では，ナチス思想を代弁する箇所は，ほとんど見られない。本著作は，影響力利用者の損害賠償責任が生じない場合を定めた1937年株式法101条3項の「保護すべき利益」についての解釈においても，1937年株式法の公式理由書や当時の多数説を無視し，「保護すべき利益」には「コンツェルン利益」が含まれるとは解説しなかった[181]。取締役報酬の相当性を定めた1937年株式法78条についても，その趣旨をナチス的標語で修飾することなく，単に「取締役の報酬の原則を今日の国民の考え方に沿うようにしたものである[182]」と説明した。

　バウムバッハは，1937年株式法70条についても，ナチスの指導者原理により，その趣旨を説明することはなかった。バウムバッハは，1937年株式法70条2項の筆頭取締役につき，法律により「指導者としての地位[183]（Führerstellung）」を有すると説いた。バウムバッハは，その意味は，筆頭取締役が選任された場

---

178) Schlegelberger/Quassowski Herdig/Geßler/Hefermehl（Hrsg.), Aktiengesetz vom 30. Januar 1937, Kommentar, 2. Aufl., §78 Rdnr. 1.
179) Baumbach, Aktiengesetz vom 30. Januar 1937, 2. Aufl., München 1937.
180) Baumbach-Hueck, Aktiengesetz, 9. Aufl., München 1956.
181) Baumbach, Aktiengesetz vom 30. Januar 1937, 2. Aufl., S. 178.
182) Baumbach, Aktiengesetz vom 30. Januar 1937, 2. Aufl., S. 138.
183) Baumbach, Aktiengesetz vom 30. Januar 1937, 2. Aufl., S. 121.

合，取締役間に意見の対立が生じた場合，取締役の多数意見に従わずに，筆頭取締役自身が独自に決定できるということであると解説した。

　本注釈書は，戦後も版を代えて継続されたことに示されるように，ナチス思想の影響を全くといってよい程受けていなかった。本著作を利用したであろう実務家は，1937年株式法により新しく導入された制度の制度趣旨に対しても，大げさなナチス的修辞を求めず，あくまでも裁判実務に耐えうる明解な制度趣旨の説明を求めたと想定される。かかる実務家の要求に応えたのが本著作であった。

c　戦後期（1945年―1985年）――ドイツ株式会社法学の黄金時代

　戦後期は，ドイツ株式会社法学の最盛期であった。多数の秀れた体系書が，次々と刊行された。本書は，特色のある代表的な体系書を取り上げて紹介する。本書は，通説を形成したハンス・ヴュルディンガーの体系書，ヴェルナー・フルーメの民法学の見地から執筆された体系書，会社法の原理を解明しようと試みたヘリベルト・ヴィーデマンの体系書および新しい企業法概念を生み出したトマス・ライザーの体系書を取り上げる。

aa）ハンス・ヴュルディンガー――1965年株式法の通説

　1959年にその第1版が刊行されたハンブルク大学教授ハンス・ヴュルディンガーの『株式法論[184]』は，1981年の『株式法および結合企業法論〔第4版〕[185]』まで継続して刊行され，その間，通説として，ドイツの学界に君臨した戦後期のドイツを代表する株式会社法の体系書であった。本書は，1981年の『株式法および結合企業法論〔第4版〕』を素材として，ヴュルディンガーの株式会社法観を概説することとする。

　本著作は，第1部「株式会社」，第2部「株式合資会社」および第3部「結合企業とコンツェルン」からなる。本著作第1部「株式会社」は，従来の株式会社法の体系書にはみられない，独特の構成をとっていた。本著作は，その第1部において，まず，株式会社の法的意味と経済的意味，設立等についての解説も含んだ「株式会社の基礎」および「機関」について論じ，続いて，「新株発行」および定款変更および解散等も含んだ「株式会社の法的基礎および資本的基礎の変更」について論じ，最後に合併等の組織再編について論じた。

---

[184] Würdinger, Aktienrecht, Karlsruhe 1959.
[185] Würdinger, Aktienrecht und das Recht der verbundenen Unternehmen, 4. Aufl., Heidelberg 1981.

ヴュルディンガーは，本著作第1部第1章「株式会社の基礎」において，1897年ドイツ商法下では，株主総会は「最高の意思決定機関[186]」であったと説いた。1897年ドイツ商法下においては，法律で他の機関に決定権限が与えられない，あるいは，定款に別段の定めがない限り，株主総会はあらゆる問題について決定できた。したがって，ヴュルディンガーは，株主総会は業務執行につき決定することができ，また，取締役を選任する権限をも有したと説いた。ヴュルディンガーは，1897年ドイツ商法における，株式会社について多くのことを規定せずに，定款自治の範囲を広く認めた当時の自由な精神から，株主が出資者であり営利事業を営む株式会社という企業の主人であり株主総会が最高の機関であるという命題が導かれたと説いた[187]。しかし，ヴュルディンガーは，1965年株式法の下で株主総会は「最高の機関」であるとは論じなかった。

　本著作第1部第1章「株式会社の基礎」において注目されるべきは，ヴュルディンガーが，株式会社の基本概念を再定義して，より明確にした点である。まず，ヴュルディンガーは，株式会社が法人であり，法人の本質が目的に向けて提供された財産であると説いた[188]。この説はドイツ会社法学の伝統を受け継ぐ説であった。すなわち，ブリンツは，1860年に，株式会社を含めた法人の本質を「目的財産[189]（Zweckvermögen）」と把握していた。かかる「法人＝目的財産説」に基づき，ヴュルディンガーは，株式会社の「対象（Gegenstand）」と「目的（Zweck）」とを区別した。株式会社の「対象」（株式法23条3項2号）とは，日本の会社法における株式会社の「目的」（会社法27条1号）にほぼ相当し[190]，会社がいかなる事業を営むかについての定款上の記載である[191]。これ

---

[186] Würdinger, Aktienrecht und das Recht der verbundenen Unternehmen, 4. Aufl., S. 14.

[187] Würdinger, Aktienrecht und das Recht der verbundenen Unternehmen, 4. Aufl., S. 14.

[188] Würdinger, Aktienrecht und das Recht der verbundenen Unternehmen, 4. Aufl., S. 19 f.

[189] Brinz, Lehrbuch der Pandekten, Zweite Abteilung, Erlangen 1860, S. 979 ff.

[190] ただし，ドイツ法では，会社の「目的」による会社の権利能力の制限（目的外の法理）は認められていない。英国法は，目的外の法理（ultra-vires-Lehre）の母国であったが，第1指令により，同法理を廃棄した（Edwards, EC Company Law, Oxford 1999, S. 36; Habersack/Verse, Europäisches Gesellschaftsrecht, München 2011, S. 67）。日本においても，民法34条の会社への直接適用説は，民法33条2項の存在により，解釈上，確立した学説となりつつあるが（龍田節＝前田雅弘『会社法大要〔第2版〕』

に対して，ヴュルディンガーは，株式会社の「目的」とは，株式会社の法的・経済的目標であり株式会社はかかる目標に向けて設立されるとし，「目的」には株式会社の営利性等が含まれ，その変更には，ドイツ民法33条1項2文に基づき，全株主の同意が必要であると論じた[192]。

ヴュルディンガーは，「定款（Satzung）」と「会社契約（Gesellschaftsvertrag）」とを区別し，「定款」を，「会社の団体的法関係を規制する法律を補うあるいは変更する法律行為により作成された規範全体である[193]」と定義し，定款は会社契約から生じると説いた。氏によると，「会社契約」は「組織契約（Organisationsvertrag）」であり，定款のような会社の団体的法関係を規制する法律を補充しあるいは変更する客観的規範を形成する。ヴュルディンガーは，「組織契約」という契約類型には会社契約以外にも合併契約（組織再編法4条）または支配契約や利益供与契約（株式法291条1項）がこれに属するとした。

1937年，ヴュルディンガーは，社員権を「財産権（Vermögensrechte）」と「管理権（Verwaltungsrechte）」とに分類していたが[194]，1981年，この説明方法を引き継ぎ[195]，新たに戦後の連邦憲法裁判所のフェルトミューレ判決[196]を受

55頁，高橋英治『会社法概説〔第3版〕』27頁参照），立法論的には，かかる目的外の法理の採用は再考されるべきである。

[191] Würdinger, Aktienrecht und das Recht der verbundenen Unternehmen, 4. Aufl., S. 40.

[192] Würdinger, Aktienrecht und das Recht der verbundenen Unternehmen, 4. Aufl., S. 41.

[193] Würdinger, Aktienrecht und das Recht der verbundenen Unternehmen, 4. Aufl., S. 39.

[194] Würdinger, Gesellschaften, Zweiter Teil: Recht der Kapitalgesellschaften, Hamburg 1943, S. 38 f.

[195] Würdinger, Aktienrecht und das Recht der verbundenen Unternehmen, 4. Aufl., S. 48 ff.

[196] BVerfGE 14, 263 „Feldmühle". フェルトミューレ判決を契機とした株式と憲法上の財産権保障に関するドイツの研究としては，von Falkenhausen, Verfassungsrechtliche Grenzen der Mehrheitsherrschaft nach dem Recht der Kapitalgesellschaften (AG und GmbH), Karlsruhe 1967; von Falkenhausen, Aktienrecht und Verfassungsrecht, AG 1963, 150, 178; Suhr, Eigentumsinstitut und Aktieneigentum, Hamburg 1966; Alfred Hueck, Zur Frage der Verfassungsmäßigkeit des Umwandlungs-Gesetzes, DB 1960, 375; Fechner, Das Umwandlungsgesetz und das Bundesverfassungsgericht, AG 1962, 229; Hamann, Mehrstimmrecht und Grundgesetz, AG 1962, 287; Heinz Meilicke/Wieland Meilickeumverteilung gesellschaftsrechtlicher Herr-

けて，財産権的要素を有する株式は憲法上の財産権保障（基本法14条）の対象となることを明確にした[197]。1981年の本著作においては，ルノー以来の社員権論の伝統が受け継がれていた。すなわち，本著作では，社員権（Mitgliedschaftsrecht）という用語を用いている箇所が存在し[198]，社員権の不可分性（Unteilbarkeit der Mitgliedschaft）が取り上げられていた[199]。

ヴュルディンガーは，戦前期に学説上の議論が集中した「設立中の会社」についても，本著作の中で取り上げることがなかった。まず，ヴュルディンガーは，「組織契約」たる会社契約の締結により，客観的規範を含む「定款」が拘束力を有するようになると説いた[200]。その上で，ヴュルディンガーは，「設立中の会社」ではなく，それに代わって，「発起人組合（Gründergesellschaft）」の概念を採用し，発起人組合は発起人相互の組合契約であり，出資義務を履行していない発起人に対しては，他の発起人は組合訴権（actio pro socio）を提起して，出資を促すことができると説いた[201]。

このように，ヴュルディンガーは，1981年の著作において，ドイツ株式会社法学の伝統を単に墨守するのではなく，さらに進んでこれを革新して新しいドイツ法の伝統を自ら創造しようとした。これは，本著作が，「設立中の会社」のようなドイツ会社法学上の伝統的概念を採用しない反面，「組織契約」のような新しい会社法学上の概念を導入したことに表れている。

ヴュルディンガーは，この著作において，外国法について言及することは全

---

schaftsrechte, FS Luther, München 1976, S. 97 などがある。フェルトミューレ判決に関する邦語文献として，岩崎稜「株式に対する憲法の財産権保障と西独組織変更法──Feldmühle AG 事件」會社實務の友第71輯3月号10頁，第72輯4月号37頁（1961年），岩崎稜「転換法による転換の合憲性」別冊ジュリスト『ドイツ判例百選』141頁（有斐閣，1969年），高橋英治『ドイツと日本における株式会社法の改革──コーポレート・ガバナンスと企業結合法制』7頁以下参照。

197) Würdinger, Aktienrecht und das Recht der verbundenen Unternehmen, 4. Aufl., S. 49.
198) Würdinger, Aktienrecht und das Recht der verbundenen Unternehmen, 4. Aufl., S. 172.
199) Würdinger, Aktienrecht und das Recht der verbundenen Unternehmen, 4. Aufl., S. 47.
200) Würdinger, Aktienrecht und das Recht der verbundenen Unternehmen, 4. Aufl., S. 100.
201) Würdinger, Aktienrecht und das Recht der verbundenen Unternehmen, 4. Aufl., S. 100.

2　展開期　109

くなかった。しかし，ヴュルディンガーは，外国の株式会社法の形成には積極的に関与した。ヴュルディンガーの外国法への関与は，ヨーロッパ法の局面と日本との接点との二つの領域においてみられた。

　まず，ヴュルディンガーとヨーロッパ法との接点についてみる。1980年代中葉までは，ドイツの1965年株式法上の企業結合規制（以下「株式コンツェルン法」という）をモデルとして，ヨーロッパ共同体の加盟国の企業結合法制を指令により調整する試みが有力に主張されたが，この指令案の先駆けとなったのが，ドイツの株式コンツェルン法の立案に関与したヴュルディンガーの1970年に公表されたコンツェルン法指令案（以下「ヴュルディンガー提案」という[202]）であった。ヴュルディンガー提案は，主要提案とそれが実現できない場合に選択されるべき選択的提案とに分かれるが，主要提案は，ドイツの株式法に基づき，そのコンツェルン法上の契約主義[203]を徹底するものであった。ヴュルディンガーの主要提案は，会社が他の会社を統一的に支配したい場合には書面による企業結合契約を締結しなければならないとし，従属会社の少数派株主を代償や配当保証により直接保護することを支配会社に要求する点でドイツの株式法291条・304条・305条をモデルにするものであったが，それに従属会社の少数派株主・債権者保護の観点から重要な変更を加えていた。すなわち，ドイツ法が，企業契約（支配契約・利益供与契約等）が従属会社の（支配企業も決議に参加する）株主総会の特別決議（四分の三多数決）により有効となるとしていたのに対し（株式法293条1項2文参照），ヴュルディンガーの主要提案では，企業契約は，従属会社の少数派株主のみによって構成される（支配企業は決議に参加しない）株主総会の特別決議（四分の三以上の多数決）により有効となるとしていた[204]。この「MOM」による承認により従属会社の少数派株主が，支配

---

202) Kommission der Europäischen Gemeinschaften, Verbundene Gesellschaften, Arbeitsdokument von Professor Dr. Hans Würdinger, 15.524/XIV/70-D, Org. D（以下„Würdinger-Bericht"と略記する）.

203) コンツェルン法上の契約主義とは，「契約がなければコンツェルンを認めない」とする原則である（高橋英治『企業結合法制の将来像』27頁参照）。

204) Würdinger-Bericht, S. 47. 本書は，以下において，少数派株主のみにより構成される株主総会の多数決による承認を「少数派における多数派（Majority of Minority）」すなわち「MOM」による承認と呼ぶ。米国法における「少数派における多数派（MOM）」の問題につき，伊藤吉洋「手続的側面を重視した少数派締め出し規制（3・完）」法学77巻2号153頁以下（2013年）参照。

企業と対等な立場で，支配企業から受け取る代償や配当保証の額を決定する交渉力を得ることが期待された。

ヴュルディンガーの主要提案は，支配企業には大株主として従属会社の利益に配慮する義務が存在することを認めていたため[205]，この大株主の誠実義務に違反して従属会社の利益を侵害した場合，支配企業は従属会社に対し損害賠償責任を負うと考えていた。また本主要提案は，従属会社の取締役に対し従属会社の利益に従って行為すべきことを義務づけており，かかる従属会社取締役における従属会社利益優先の原則を事実上のコンツェルン規制の基礎としていた[206]。

ヴュルディンガーは，選択的提案として，従属会社の少数派株主等の申立てにより裁判所が議決権所有による統一的指揮の存在，すなわち事実上のコンツェルンの存在を認定した場合に，支配企業において，従属会社の少数派株主に対して代償や配当保証をなす義務が生じるという事実主義に基づく「構造的コンツェルン規制」の導入を提案した[207]。

かかるヴュルディンガーの提案は実現しなかったが，1980年代まで，EC指令案の最も有力なものとして，ECにおける議論の中心に位置づけられていた。

ヴュルディンガーの外国法への関与は，日本法においてもみられた。1966年10月，ヴュルディンガーは来日し，東京の海外商事法務調査会において，5人の日本人会社法学者と1人の法務省参事官を交えて，5日間にわたりドイツの株式法の諸問題について講演および報告を行った。当時はドイツの1965年株式法が成立した直後であり，日本人研究者のドイツ法への関心も非常に高かった。日本側のチーフ・レポーターには，菅原菊志，谷川久，竹内昭夫，上柳克郎ら当時の日本の会社法学を代表する学者の氏名がみられる。このドイツと日本の比較株式会社法研究の成果は，ハンス・ヴュルディンガー＝河本一郎編『ドイツと日本の会社法』として初版が1969年に，改訂版が1975年に出版された。ドイツの企業結合法については，『ドイツと日本の会社法〔改訂版〕』においては，ヴュルディンガーの体系書『株式法および結合企業法論〔第3版〕[208]』の第3

---

205) Würdinger-Bericht, S. 41.
206) Würdinger-Bericht, S. 41.
207) Würdinger-Bericht, S. 57 ff.
208) Würdinger, Aktienrecht und das Recht der verbundenen Unternehmen, 3. Aufl., Heidelberg 1973.

部「結合企業」の翻訳が提示され[209]，日本の会社法研究者に，ドイツの企業結合法の最新状況を伝える啓蒙的役割を果たした。

かかる経緯を前提に考えると，ヴュルディンガーは，株式会社法研究における外国法研究を軽視していたわけではなく，外国会社法研究が，国内会社法の立法と解釈に与える影響を重視していたが，自身のドイツ法の体系書においては，ドイツ法の解釈論に集中しようとした。氏は，外国法研究が立法に与える影響を重視し，ドイツが当時の立法技術の粋を結集してつくり上げた1965年株式法の「伝道師」になろうとした。氏は，外国の株式会社法制にも興味をもち，ヨーロッパや他の海外諸国においてドイツ法の考え方を広めることに大きな役割を果たした。

しかし，1965年株式法に集中して解釈論を展開した本著作以降，ドイツの体系書が外国法について言及することは，少なくなくなった。これは，ドイツ株式会社法学が，解釈学として専門性を獲得し深化したことを示す証でもあったが，ドイツの株式法の体系書の多くが，比較法学から得られる英知を利用しなくなる契機ともなった。

bb）ヴェルナー・フルーメ——法人論としての株式会社法論

ドイツにおいて主として民法学者として高名なボン大学教授ヴェルナー・フルーメは，1965年株式法の立法にも大きな影響を与えた。現行株式法312条が規定する「従属報告書」は，フルーメの提案に基づく制度であった[210]。フルーメは，会社法にも，生涯を通じて関心を持ち続け，1991年9月23日連邦通常裁判所のビデオ判決[211]の結論に対しては，1992年，本判決が支配企業の帰責事由の有無を問わない純粋な危険責任を定めるものであり，ドイツ有限会社法の基礎である社員の有限責任（ドイツ有限会社法13条2項）を破壊するものであるという厳しい批判を展開した[212]。

---

[209] ハンス・ヴュルディンガー＝河本一郎編『ドイツと日本の会社法〔改訂版〕』249頁以下。

[210] 高橋英治『企業結合法制の将来像』45頁以下参照。

[211] BGHZ 115, 187 „Video". ビデオ判決の詳細につき，早川勝「変態的事実上の有限会社コンツェルンにおける支配企業の責任——近時における連邦通常裁判所の判例を中心として」同志社法学45巻1＝2合併号46頁以下（1993年），丸山秀平編著『ドイツ企業法判例の展開』236頁以下（1996年，中央大学出版部）〔梶浦桂司〕，高橋英治『ドイツと日本における株式会社法の改革——コーポレート・ガバナンスと企業結合法制』112頁以下，高橋英治『企業結合法制の将来像』228頁以下参照。

フルーメは，1983年，その代表作『民法総則第1巻第2部　法人論[213]』において，株式会社法について自己の見解を体系的に展開した。本著作は，株式会社法を専門に取り扱った体系書ではないが，株式会社を民法上の社団の特別形態とみて，その重要論点を取り扱った体系書として，今なおドイツの私法学に多大の影響を与えている。そこで，本書は，以下において，簡潔に，本著作が取り扱っている株式会社法の論点について分析・検討したい。

本著作の中心にある概念は法人である。フルーメは，法人が，抽象的には，法秩序の力で権利能力を与えられた効力ないし組織の統一体であると定義した[214]。

フルーメは，かかる法人論から，株式会社の機関が追求する目標とは，現行法上何であると考えるべきであるのかという問題に対する答えを導こうとした。フルーメによると，株式会社が法人として効力の統一体である以上，「企業の利益（Unternehmensinteresse）」と株主の持分所有者としての利益である「会社の利益（Gesellschfaftsinteresse）」とは，株式会社においては原則として一致する[215]。ただし，フルーメは，「会社法から企業法へ」の議論から生み出された共同決定法の下では，株式会社の監査役会には労働者代表監査役が存在し，労働者代表監査役は，理念上存在する会社全体の利益すなわち企業の利益を追求する義務を負う結果として，株主の利益のみを追求する義務を負うのではなく，労働者の利益にも配慮する義務を負うことになると論じた[216]。

フルーメは，法人論から，透視理論も導こうとした。透視理論は，一般的には法人の属性の一部である社員と独立した権利主体である法人との分離原則が例外的に否定され，会社債権者が法人の背後の社員の責任を追及できる法理であると定義される[217]。フルーメは，透視理論につき，その本質が効力および理念としての統一体である法人に対して，通常法人に適用されるべき規範を適用

---

212) Flume, Das Video-Urteil und das GmbH-Recht, DB 1992, 29. 高橋英治『ドイツと日本における株式会社法の改革――コーポレート・ガバナンスと企業結合法制』112頁以下参照。

213) Flume, Allgemeiner Teil des Bürgerlichen Rechts, Erster Band, Zweiter Teil: Die juristische Person, Berlin 1983（以下 "Flume, Die juristische Person" と略記する）。

214) Flume, Die juristische Person, S. 29.

215) Flume, Die juristische Person, S. 59.

216) Flume, Die juristische Person, S. 62 f.

217) Flume, Die juristische Person, S. 63.

することであると考え，いわゆる「規範適用説[218]」の立場を支持した[219]。

続いて，フルーメは法人の諸形態を分析・検討した。氏は，「従属法人」の章で，法人が，多様な形で従属的状態になる場合があるとし[220]，従属状態形成の手段の中でも，最も重要な手段は，過半数参加であると説いた。氏は，過半数参加等から形成される「事実上のコンツェルン」につき，株式法は，事実上のコンツェルンの形成を禁止しているわけではなく，支配契約が締結されている「強い指揮が行われているコンツェルン」と比較して「より緩やかな指揮が行われているコンツェルン」の一形態として，事実上のコンツェルンを認めていると説いた。しかし，フルーメによると，事実上のコンツェルンにおいても，支配企業は，従属会社の固有の利益に配慮し，これを侵害しないようにする義務を負っている。そのため，支配企業は，原則として従属会社の利益を侵害してはならず，例外的に支配企業が従属会社の利益を侵害した場合には，株式法311条に基づき従属会社に生じた不利益を補償しなければならない[221]。フルーメによると，株式法上，事実上のコンツェルンは，従属会社の「固有の利益」が守られている状態になければならない。また，フルーメ自身が考案し，エルンスト・ゲスラーにより株式法上の制度として採用された従属報告書の制度については[222]，これが従属会社の機関にとって負担になるという観点からの批判は正しいと認めた。フルーメは，従属報告書に代わる新たな従属会社の少数派株主の保護の制度として，立法論として，当時発表されていた1975年第9指令事前草案第2部32条以下[223]および1975年ヨーロッパ会社法草案223条以下・228条[224]の考えに従うべきであると説き，過半数参加の状態が生じた場合，事

---

[218] この説の提唱者は，フライブルク大学法学部教授ミュラー＝フライエンフェルスであった（Müller-Freienfels, AcP 156 (1957), 98)。日本において，法人格否認の法理の適用を個別規範の適用問題とみる論考として，酒巻俊雄＝龍田節編集代表『逐条解説会社法(1)——総則・設立』96頁（中央経済社，2008年）〔森本滋〕，高橋英治「子会社の偽装解散と法人格否認の法理」商事法務1887号129頁（2010年）が挙げられる。

[219] Flume, Die juristische Person, S. 68.

[220] Flume, Die juristische Person, S. 118.

[221] Flume, Die juristische Person, S. 121.

[222] 高橋英治『企業結合法制の将来像』45頁以下参照。

[223] Lutter, Europäisches Gesellschaftsrecht, 2. Aufl., ZGR-Sonderheft 1, Berlin 1984, S. 212 ff.

[224] 当時のヨーロッパ株式会社法草案では，「構造的コンツェルン規制」あるいは「事実主義」という規制方式を導入しており，それによると，従属会社が支配企業に指揮

実上の合併状態に比すべき状態にあると考えて，支配企業に，従属会社の少数派株主に対する代償および配当保証，従属会社の損失補償等をなす義務を認めてもよいと説いた[225]。

フルーメは，「設立中の会社」に対しても，ドイツで一般的に用いられている „Vorgesellschaft" という用語を用いず，「成立中の法人（Die werdende juristische Person）」という言葉を用い[226]，この問題を法人論の一部とみた。フルーメによると，「成立中の法人」の本質は，民法上の組合でもなく，また，権利能力なき社団でもなく，「発起人共同体（Gründergemeinschaft）」である。フルーメは，資本会社が形式的商人としてドイツ商法に服する以上，その生成上の形態も，商法上の存在である「人的合手共同体（Gesamthandspersonengemeinschaft）」とみるべきであると主張した。

フルーメは，「成立中の法人」の内部関係については，次のように論じた。発起人の共同体である成立中の法人（＝発起人共同体）の内部関係は，通常の合手体と変わらない。成立中の法人の構成員は法人の成立に尽力する義務を負う。成立中の法人の構成員は，ある一部の構成員が，法人の成立に尽力しない場合，尽力するように請求する権利を有し，有責に尽力しない場合には，損害賠償請求訴訟を提起することができる[227]。個々の発起人の権利義務は，発起人の将来の持分による多数決により定まる[228]。ただし，成立中の法人が会社契約に反する行為をなす場合には，発起人の全員の同意を必要とする。

フルーメは，「成立中の法人」の外部関係については，次のように論じた。成立中の法人に対して，現物出資として営業が出資された場合には，成立中の法人自体が商人資格を取得する。成立中の法人が定款の定めに従って営業をなす場合にも，完全商人となる。かかる場合，登記をなす義務が，成立中の法人に生じるが（ドイツ商法29条），かかる義務を成立中の会社が果たした場合でも，成立中の法人は，法人として登記をされたわけではなく，単に合名会社として

されているという事実が存在すれば，支配企業は従属会社の少数派株主に代償や配当保証等の義務を負うとされていた（高橋英治『企業結合法制の将来像』75頁以下参照）。

225) Flume, Die juristische Person, S. 126.
226) Flume, Die juristische Person, S. 142. この独特の表現は，フリッツ・リットナーの教授資格論文から影響を受けたものと思われる（Rittner, Die werdende juristische Person, Tübingen 1973）。
227) Flume, Die juristische Person, S. 158.
228) Flume, Die juristische Person, S. 159.

登記されたとみるべきである[229]。

1人の構成員からなる法人が設立される場合，これは法人の社団としての性格と対立する。この場合における成立中の法人（＝発起人共同体）の構成員は1人であるということになり，人的会社においては構成員1人の場合は，構成員の複数を前提とする社団としては認められないことになるからである。フルーメは，構成員1人からなる法人の場合，その「成立中の法人」の本質は，「組織（Organisation）」であり，同時に「特別財産（Sondervermögen）」であると説明した[230]。

フルーメは，株式会社の機関については，株式会社における「株主総会・取締役」が，民法上の社団における「社員総会・理事」に相当すると論じた。フルーメは，「社員総会は団体の最高の代表機関である[231]」というドイツ民法の立法者の命題に従い，株式会社にも定款自治が認められており，定款自治の権限を行使する唯一の機関が株主総会であるとみた[232]。株式会社の代表機関は取締役である。フルーメは，株式会社の取締役に対する代表権濫用法理の適用を認めており，株式会社の取締役が代表権を濫用した場合，これを代理権の踰越の場合とみて，代表権濫用行為は無効であると説いた[233]。

日本の会社法とは異なり，ドイツでは，株式会社を主として規制する株式法は，民法およびその特別法たる商法の特別法である，という私法の規範のヒエラルキーの中で位置づけられる。かつて日本においても，株式会社法が民法の社団の規定の特別法であるという意識は強かった。しかし，2005（平成17）年会社法制定により，株式会社の不法行為について会社法の中に特別規定（会社法350条）が設けられたことに示されるように，日本の株式会社立法においては，株式会社に関する規定が民法の特別法であるという意識は薄れつつある。かかる株式会社法の「現代化」に対して，フルーメの法人論は，株式会社を民法の社団の特殊形態とみて，この観点から株式会社法上の各制度を詳説したという点で，「木を見て森を見ず」という傾向になりがちな，日本の会社法学に対し

---

[229] Flume, Die juristische Person, S. 161 f.
[230] Flume, Die juristische Person, S. 174.
[231] 「いわゆる社員総会は，内部事項に関する団体（Körperschaft）の代表機関であり，理事は内部的決定に従わなければならないという意味で，団体の最高の機関である」(Mot. I, 106＝Mugdan I, 410)。
[232] Flume, Die juristische Person, S. 193 ff.
[233] Flume, Die juristische Person, S. 371.

て与える示唆は大きい[234]。

　立法論からすると，日本の株式会社法も，民法および商法で規制できる領域は，会社法に特別規定を設けず，民事法または商法からの準用で済ませるべきであろう[235]。特に株式会社の代表者の不法行為についての株式会社の責任の規定（会社法350条）は，その責任の根拠が代表者の行為に限定されているため適用範囲が狭く，また使用者責任等の民法上の不法行為責任（民法709条・715条）の規定と並列されているため，その守備範囲も不明確となっている[236]。このように，現行の2005（平成17）年会社法は，全体の条文数が無理矢理圧縮されたにもかかわらず[237]，会社法総則（会社法5条以下）や株式会社の不法行為責任（会社法350条）に代表されるように，本来商法や民法で規定すべき条文も多い。会社法の全体条文数が圧縮された結果，組織再編規定（会社法743条～827条）等がわかりにくくなった。私見によると，会社法5条以下や会社法350条等については民法または商法でこれらに相当する規定を設け，その代わりに組織再編についてより具体的に規定する条文を増やし，組織再編に関する会社法の規定をよりわかりやすくする余地はあるように思われる[238]。

---

[234] 日本の民法学説においても，株式会社を社団法人として再構成しようという試みは存在する（鷹巣信孝『社団法人（株式会社）の法的構造』（成文堂，2004年））。

[235] 2005（平成17）年会社法成立前は，株式会社の代表者の不法行為による会社の損害賠償責任は，社団の代理人が職務上行った不法行為についての社団の損害賠償責任の規定を準用することにより基礎づけられていた（2005（平成17）年改正前商法261条3項・78条2項による2006（平成18）年改正前民法44条1項準用）。日本においても，株式会社は社団法人であり（会社法3条，大隅健一郎＝今井宏＝小林量『新会社法概説〔第2版〕』22頁以下，神田秀樹『会社法〔第20版〕』6頁，高橋英治『会社法概説〔第3版〕』19頁参照），将来において会社法350条を廃止する余地はあるのではないか。すなわち，会社法350条を設けなくとも，民法第1編第3章「法人」の中で，法人の代表者がその職務を行うについて第三者に加えた損害を法人が賠償する旨の一般規定を新たに設置すれば，会社法350条は不要となる。かかる規定方式の方が，私法本来のヒエラルキー構造，すなわち，株式会社法は民法の法人法の特別法であるという趣旨を，法文上，明確に示すことができる。

[236] 近藤光男「会社法350条に基づく会社の責任」上村達男ほか編『（正井章筰先生古稀祝賀）企業法の現代的課題』284頁以下（成文堂，2015年）参照。

[237] 相澤哲＝神田秀樹『対談　商法から会社法へ』会社法コンメンタール第12巻別冊付録20頁（商事法務，2009年）〔相澤哲発言〕参照。

[238] 高橋英治『会社法概説〔第3版〕』11頁参照。

cc) ヘルベルト・ヴィーデマン——会社法の原理の中の株式会社法

　ケルン大学教授であり同大学労働法経済法研究所所長であったヘルベルト・ヴィーデマンは，労働法学者としても高名であったが[239]，会社法の研究者としてもドイツの学界において重要な地位を占めていた。クラウス・ホプトと共に，1992年から株式法大コンメンタールの編者を務める前の1980年，『会社法論第1巻　基礎[240]』を著し，世界中の会社法学者から注目を集めた。本著作は，民法上の組合・合名会社・合資会社等の合手体および有限会社や株式会社等の法人等の会社の法の基礎理論を展開した。本書は，以下において，本著作の株式会社法が関係する箇所を中心に解説する。

　ヴィーデマンは，本著作の「はしがき」において本著作の目的につき，次のように述べた。

　　「ドイツ連邦共和国の会社法は，第二次大戦後，予想外の最盛期を経験し，この時期，固有の法分野へと発展した。これを示すのが，大きな注釈書や多数の教授資格論文および博士論文さらに祝賀論文集や雑誌に掲載される多数の個別研究である。……
　　本著作の目的は，会社法という法分野において，相互に関連づけて読むに値する叙述をなすことにある。それは完全なものにはなりえない。企業法および会社法およびその隣接法分野の宇宙から，これを理解するのに必要な本質的法原則と法分野を比較的多く取り上げる[241]。」

　このように本著作の目的が，株式会社法の諸問題について完全な解説をするものではなく，会社法全体を対象にして，そこに妥当する普遍的な法原理を明らかにすることにあった点に，本著作の最大の特徴があった。

　本著作第2章第4節において，株式会社は法人の一種として，その財産秩序の特徴が解説されている。本著作は，法人（juristische Person）という言葉の由来につき，これが1798年に出版されたグスタフ・フーゴーの自然法の教科

---

239) ヴィーデマンの労働法上の著作として，Wiedemann, Die Gleichbehandlungsgebote im Arbeitsrecht, Tübingen 2001 がある。
240) Wiedemann, Gesellschaftsrecht Band 1. Grundlagen, München 1980（以下 "Wiedemann, Gesellschaftsrecht I" と略記する）．
241) Wiedemann, Gesellschaftsrecht I, Vorwort Ⅶ．

書[242)]に由来し、これを契機にドイツ語圏で急速に一般的に使われるようになったことをまず指摘した。

ヴィーデマンは、法人の本質論について、サヴィニー[243)]等の法人擬制説における、法人は特別財産の権利義務の帰属点を形成するための擬制であるという見解は、人とは法秩序により権利義務を与えられた主体であるというハンス・ケルゼンの法理論からも導かれるものではあるが、法人を擬制とみても、そこから例えば法人の能力の限界はどこにあるのか等の具体的な効果を導くことができないという欠点があると説いた[244)]。

ヴィーデマンは、オットー・フォン・ギールケ[245)]の法人実在説については、この理論が実在する法人に権利義務を認めよという法政策的主張であったと説き、ドイツ連邦共和国の基本法19条3項「基本権は、その性質上内国法人に適用されうる限り、これにも適用される[246)]」において、オットー・フォン・ギールケの主張は既に実現されていると説いた[247)]。すなわち、本著作によると、基本法19条3項により法人は基本権の主体として既に憲法上認められている。

ヴィーデマンは、法人＝特別財産説が説得的であるとし、法人とは構成員を前提としていない財産秩序であると説いた[248)]。氏は、法人では法人の財産が取引上、法主体として現れるのであるから、ここから法人財産と法人構成員の財産との分離原則が生じると説いた。ただし、氏は、ドイツ有限会社法の判例に

---

242) Gustav Hugo, Lehrbuch des Naturrechts als einer Philosophie des positiven Rechts, Berlin 1798, S. 45.

243) 日本人によるドイツ語で執筆された優れたサヴィニー研究として、Kenichi Moriya, Savinys Gedanke im Recht des Besitzes, Frankfurt a.M. 2003 がある。商法学者によるサヴィニーの代表的著作の邦訳として、サヴィニー、服部榮三訳『法学方法論』（日本評論新社、1958年）、サヴィニー、小橋一郎訳『現代ローマ法体系第1巻～第8巻』（成文堂、1993年～2009年）参照。

244) Wiedemann, Gesellschaftsrecht I, S. 193.

245) オットー・フォン・ギールケの代表作であるドイツ団体法論第1巻については、庄子良男博士の邦訳がある（オットー・フォン・ギールケ、庄子良男訳『ドイツ団体法論第1巻第1分冊～第4分冊』（信山社、2014年～2015年））。オットー・フォン・ギールケがドイツの商法・会社法に与えた影響につき、庄子良男「ギールケに関する若干の重要文献の紹介」オットー・フォン・ギールケ、庄子良男訳『ドイツ団体法論第1巻第4分冊』468頁以下（信山社、2015年）参照。

246) 宮沢俊義編『世界憲法集〔第3版〕』198頁（岩波書店、1980年）〔山田晟〕参照。

247) Wiedemann, Gesellschaftsrecht I, S. 194.

248) Wiedemann, Gesellschaftsrecht I, S. 196.

見られるように法人構成員には相互に誠実義務が認められるという理由から，法人の構成員間には法的関係は認められないという考えには反対した[249]。

ヴィーデマンは，法人＝特別財産説から出発して，かかる法人本質論から，①法秩序は会社財産の担い手や会社の管理機関を形成する課題を負う，②構成員の有限責任原則が導かれる，③法人の財産管理の秩序を形成する必要が生じる，と説いた[250]。

現在のドイツの通説によると，有限会社が，その発行する全持分を自身で取得することによって成立した，社員の存在しない有限会社（無人会社，Keinmanngesellschaft）も許されると解されている[251]。ヴィーデマンは，法人＝特別財産説から出発して，法人が構成員を前提としていない財産秩序であると説いたが，これにより，ドイツ法上の無人会社許容説の理論的基礎を提供した。

本著作第3章第8節は，会社形態横断的に，少数派社員の保護について論じた。その叙述の特徴は，少数派社員の保護の必要性に言及してから，少数派社員の保護の発展・概念・方法について論じている点にあった。

ヴィーデマンは，まず，多数派社員に支配権を与えるという原理からすると，少数派社員の保護は，かかる原理から必然的に生じる補充原理であると説いた[252]。氏は，商事会社において，頭数平等原則ではなく，出資に応じて議決権を与える原則が採用されると，多数派社員の意見が会社の意見となる。かかる状況下では，会社に生じるプレミアムの多数派社員による独占や利益の引き出しが生じ，多数派社員のグループと少数派社員のグループとの間で利益対立が生じることになるため，少数派社員に対してもその持分比率に応じたプレミアム等の配分が必要になると説いた[253]。

ヴィーデマンによると，ドイツ法上の最も本源的な少数派社員の保護の方法

---

249) Wiedemann, Gesellschaftsrecht I, S. 199.
250) Wiedemann, Gesellschaftsrecht I, S. 201 ff.
251) Westermann, in: Scholz GmbHG, 10. Aufl., Köln 2006, §33 Rdnr. 44; G. Hueck/Fastrich, in: Baumbach/Hueck, GmbHG, 21. Aufl., München 2017, §33 Rdnr. 12. クロイツは継続的な企業形態としての「社員の存在しない有限会社（Keinmann-GmbH）」を認めている（Kreuz, Von der Einmann- zur „Keinmann-"GmbH?, FS Stimpel, Berlin 1985, S. 393）。無人会社につき，大山俊彦『企業形成の法的研究』261頁以下（信山社，2000年），高橋英治『ドイツ会社法概説』363頁（有斐閣，2012年）参照。
252) Wiedemann, Gesellschaftsrecht I, S. 405.
253) Wiedemann, Gesellschaftsrecht I, S. 406 f.

は，人的会社における「確定性の原則[254]」である。確定性の原則とは，法律で予定していない多数決は，人的会社の会社契約により十分に確定性をもって行われた授権を限界として行われるべきであるというものである[255]。本著作は同原則を「手続による少数派保護[256]」であるとみた。

もともと確定性の原則は，多数決で決められた追加出資を少数派社員にも課すことが正当であるか否かを判断する基準として出現した。すなわち，確定性の原則について初めて言及したとされる1917年11月23日ライヒ裁判所判決[257]は，将来における多数決による追加出資を許すか否かは，当該合名会社の社員の自由に委ねられているとし，この問題については追加出資について多数決に委ねると定める規定が会社契約に明確に存在するか否かが決め手になるとした[258]。

戦後になり，1952年11月12日連邦通常裁判所判決[259]は，1917年11月23日ライヒ裁判所判決を基礎に，多数決により会社契約を変更できる事項は会社契約中に定められていなければならないが[260]，本件で有力性が争われている組織変更（以下「本件変更」という）は会社契約中に明確に定められておらず，しかも全く通常ではない契約の変更であるとした[261]。本判決は，本件組織変更が有効になるためには，会社契約中に多数決により会社契約を変更することができる事項が明確に定められなければならないとした点で，確定性の原則を前提としていた。

1972年10月23日連邦通常裁判所判決は，業務執行権の剥奪および会社の顧問（Beirat）からの解任は，多数決によってこれをなしうるということが会社契約から一義的に（eindeutig）生じる場合に可能であると判示した。本判決は，顧問からの解任が多数決でできることが会社契約から一義的に読み取れるか否か

---

254) 本原則の詳細につき，高橋英治「ドイツと日本における固有権論の発展と課題」徳本穰ほか編『（森淳二朗先生退職記念）会社法の到達点と展望』315頁以下（法律文化社，2018年）参照。
255) Karsten Schmidt, Gesellschaftsrecht, 4. Aufl., Köln 2002, S. 474.
256) Wiedemann, Gesellschaftsrecht I, S. 411.
257) RGZ 91, 166.
258) RGZ 91, 168.
259) BGHZ 8, 35.
260) BGHZ 8, 41.
261) BGHZ 8, 42.

を，当該解任の有効性のポイントとした点において，本判決では確定性の原則が確立していた。

　1978年3月13日連邦通常裁判所判決は，公開合資会社[262)]につき，確定性の原則を放棄するに至った[263)]。本判決において，連邦通常裁判所は，原審につき，確定性原則を固持して，多数決による会社契約の変更が許されることが会社契約から一義的に認められなければならないことを前提としていると批判し[264)]，確定性の原則に固執する場合，会社の発展が不可能となり，危機的状況が生じても，これに対応した決定ができなくなると批判した[265)]。

　本著作の発表後30年以上経過した2014年10月21日，連邦通常裁判所は，確定性の原則を完全に放棄した[266)]。ヴィーデマンは，確定性の原則が，その採用から放棄へと法発展が進んでいる過程を概観し，確定性の原則は，会社から柔軟性のある解決可能性を奪い，少数派社員の保護の手段として問題があることを示した。これは，1980年の段階において，その後の法発展を予見するものであった。

　ヴィーデマンは，資本会社では，確定性の原理による少数派社員の保護はみられず，以下のような特別の手段が判例法上あるいは立法上とられていることを明らかにした。まず，氏は，ドイツ有限会社法の判例[267)]として多数派社員の誠実義務を根拠として，会社の利益を侵害した多数派社員は会社に対し損害賠償責任を負い，当該損害賠償責任追及訴訟の提起権を少数派社員が会社のために行使すること（actio pro socio）が認められていることを指摘した[268)]。また，氏は，株式会社においては成文法化された企業結合法による従属会社の少数派株主保護がなされていることを指摘した[269)]。

---

262) 公開合資会社とは，多数の出資者が有限責任社員として参加している合資会社の特殊形態である（高橋英治『ドイツ会社法概説』75頁参照）。
263) BGHZ 71, 53.
264) BGHZ 71, 57.
265) BGHZ 71, 58.
266) BGH ZIP 2014, 2231. 本判決につき，高橋英治「ドイツと日本における固有権論の発展と課題」徳本穰ほか編『（森淳二朗先生退職記念）会社法の到達点と展望』318頁以下参照。
267) BGHZ 65, 15 „ITT".
268) Wiedemann, Gesellschaftsrecht I, S. 412 ff.
269) Wiedemann, Gesellschaftsrecht I, S. 414 ff.

ヴィーデマンは，少数派社員の保護を，形式的少数派保護と実質的少数派保護とに分類する[270]。氏は，形式的少数派保護としては，法律上少数株主権として定められた少数株主による株主総会招集権（株式法122条）や検査役選任権（株式法142条・258条2項）などを挙げ，実質的少数派保護としては，決議における四分の三多数決，議決権禁止あるいは少数派代表を挙げるが，これらの法的手段によっても十分に少数派社員の保護の法的枠組みを形成することはできないと考えた。そこで，ヴィーデマンは，一定の侵害行為を行った多数派社員につき損害賠償責任を課す等の「法的コントロール」という方法による多数派社員による力の濫用から少数派社員を保護する必要性が生じると説いた。氏は，かかる立法例として，株式法117条1項が，故意に会社に対する自己の影響力を利用して取締役に会社の損害において行為をさせた者は，会社に生じた損害を会社に対して賠償する義務を負うと規定していること等を挙げた[271]。

ヴィーデマンは，少数派社員の保護の法的基礎については，まず，民法の不法行為責任（ドイツ民法126条・826条）を挙げるが，実際上は，会社法上の誠実義務等の規範が特別法として，これら民法上の一般条項よりも優位に立つと解されているため，これらドイツ民法上の規範が少数派社員の保護のために機能することはないと説いた[272]。氏は，平等取扱原則についても，支配契約や利益供与契約が締結されてしまえば，この原則を働かせて少数派社員を保護することは不可能であるとし，この原則が形式的平等のみを保護の対象としているために，保護の範囲が限定されていると説いた[273]。ヴィーデマンは，コンツェルン利益などの差別的取扱いを正当化する利益が存在する場合には，平等取扱原則は差別的取扱いを抑制することができないなどと論じ，平等取扱原則が少数

---

270) Wiedemann, Gesellschaftsrecht I, S. 419 ff.
271) Wiedemann, Gesellschaftsrecht I, S. 423. 株式法117条につき，高橋英治『会社法の継受と収斂』197頁以下参照。株式法117条の沿革につき，山口賢「会社の支配・従属関係と取締役の責任(1)(2)（3完）――ドイツにおける立法の変遷と学説（1937年株式法制定前後の時期）の考察」民商法雑誌61巻1号29頁以下（1969年），61巻4号527頁以下（1969年），61巻6号897頁以下（1970年），山口賢「ドイツ株式法における従属会社の保護の制度としての『会社の支配・従属関係における責任規範』の沿革」経済理論（和歌山大学）104号47頁（1968年）参照。
272) Wiedemann, Gesellschaftsrecht I, S. 425 ff.
273) Wiedemann, Gesellschaftsrecht I, S. 429.

派社員の保護の手段としては実効性がないことを指摘した[274]。少数派社員の保護の手段として氏が当時導入すべきと考えていたのが，株式会社における多数派株主が負う誠実義務[275]および株式会社に対する取締役の損害賠償責任に関する株主代表訴訟制度[276]であった。これらは，後の判例[277]および立法[278]によって導入された。

本著作は，広い視野で人的会社と資本会社を横断的に，これらの会社における少数派社員の保護の問題を，保護の態様に相違点が生じるのはいかなる点に原因があるのかを，これらの会社の特色にまで遡って明らかにした。このヴィーデマンの私法全体を見渡す法分野横断的方法は，本著作の第3章第7節「個人保護」，第3章第9節「出資者保護」，第3章第10節「債権者利益」，第3章第11節「労働者利益」，第4章「憲法および経済秩序の中の会社」および第5章「国際会社法」においても一貫してとられていた[279]。この意味で，本著作は，会社法の歴史的展開を踏まえた会社法における一般理論構築のための著作であった。

dd）トマス・ライザー――標準的体系書

ア　株式会社の概念等　1983年にフンボルト大学教授トマス・ライザーの単著として著された『資本会社法論』は，現在，トマス・ライザーの弟子であ

---

274) Wiedemann, Gesellschaftsrecht I, S. 430.
275) Wiedemann, Gesellschaftsrecht I, S. 432.
276) Wiedemann, Gesellschaftsrecht I, S. 463.
277) BGHZ 103, 184 „Lynotype". この1988年2月1日の連邦通常裁判所ライノタイプ判決は，「会社法上の誠実義務は株主間にも存在する」と判示し（BGHZ 103, 194），「株式会社においても，多数派社員が業務執行に対する影響力の行使により他社員の会社上の利益を害する可能性を有するため，その均衡として，他社員の利益に配慮するという会社法上の義務を要求しなければならない」と判示した（BGHZ 103, 195）。本判決につき，潘阿憲『会社持分支配権濫用の法理――多数派社員の誠実義務』214頁以下（信山社，2000年），高橋英治『会社法の継受と収斂』98頁以下，ペーター・シュレヒトリーム＝ヴェルナー・バッハマン＝クラウス・バッハー，海老原明夫訳「会社法における最近の発展」日独法学14号97頁以下（1990年）参照。
278) 取締役の会社に対する損害賠償責任を追及するための株主代表訴訟は，2005年9月22日の「企業の健全性および取消権の現代化のための法律」により，株式法148条以下として導入された。
279) ヴィーデマンは，その著作『私法における企業集団』において，会社法と労働法の二つの法領域における企業結合の法的問題を横断的に分析・検討した（Wiedeman, Die Unternehmensgruppe im Privatrecht, Tübingen 1988）。

るミュンヘン大学教授であるルディガー・ファイルとの共著となり，2015年に第6版が出版されている。本著作には「実務と学問のためのハンドブック」という副題が付けられており，本著作は，現在のドイツの資本会社法に関する体系書の中でも最も標準的かつ信頼ができるものである。本著作は，著者独自の理論を構築するというよりは，判例・通説の立場を，バランス良く説明している。その特色は，そのコンパクトな本の中に，簡潔に株式会社法の各論的問題も網羅して解説している点にある。本書は，以下において，本著作の特色につき第6版を対象として説明する。

本著作は，第1部「基礎」，第2部「株式会社」，第3部「ヨーロッパ株式会社（SE）」，第4部「株式合資会社」，第5部「有限会社」，第6部「資本合資会社」，第7部「倒産法」，第8部「コンツェルン法」，第9部「組織再編法」，第10部「企業買収法」，第11部「資本市場法」と資本会社に関するほとんどすべての法領域を網羅している。

この第1部「基礎」においては，資本会社の歴史と外国の資本会社法についても解説しており，「歴史」と「比較法」を重視するドイツ株式会社法の体系書の伝統を受け継いでいる。本著作は，カール・レーマンの説に従い「今日では，1602年のオランダ東インド会社が世界最初の近代的株式会社の前身であるということは疑いなく支配的学説になっている[280]」と論じている。

本著作は，『組織としての企業[281]』を著して従業員を企業の構成員とみる独自の企業法論[282]を展開したトマス・ライザーが執筆者となっている体系書であったが，第6版においては，ライザー独自の企業法論は展開されていない。本著作は，既に，ドイツ商法271条[283]などにおいて，「企業」は法律上の概念

---

[280] Raiser/Veil, Das Recht der Kapitalgesellschaften, 6. Aufl., München 2015, S. 3.
[281] Thomas Raiser, Das Unternehmen als Organisation, Berlin 1969. なお，トマス・ライザーの企業法論につき，西尾幸夫「システムとしての企業（論）――トーマス・ライザーの組織論に関する若干の検討」奥島孝康教授還暦記念論文集編集委員会編『(奥島孝康教授還暦記念第1巻) 比較会社法研究』343頁以下（成文堂，1999年），正井章筰『西ドイツ企業法の基本問題』172頁以下，正井章筰『共同決定法と会社法の交錯』63頁以下，庄子良男「企業法の現在と課題――T・ライザーの企業法論」月刊監査役159号42頁以下（1982年），163号43頁以下（1982年），木内宜彦『企業法学の理論〔木内宜彦論文集2〕』92頁（大学図書，1996年）参照。
[282] Thomas Raiser, Das Unternehmen als Organisation, Berlin 1969, S. 154 ff.
[283] 現行ドイツ商法271条1項は，「資本参加とは，他の企業（Unternehmen）の持分であって，当該企業との持続的結合関係の生成によって自己の業務に役立てられるも

として用いられているため，資本会社法が企業法の一部を構成することは一般的に認められていると論じる[284]。本著作は，1970年代に盛んに議論された「会社法から企業法へ」に関する議論からの成果として「企業の利益」が株式会社の指揮機関である取締役の業務執行の目標であり，義務違反等を理由とする損害賠償責任の有無を決める決定的基準であると説いている。ここでいう「企業の利益」とは，単に「株主の利益」だけを指すのではなく，株式会社のステークホルダーである労働者の利益や公共の利益がこれに包含される。本著作は，ドイツ・コーポレート・ガバナンス規準，裁判実務，会社実務においても，資本会社が企業の利益を指向することは明白であると説く[285]。

本著作の株式会社についての第2部は，株式会社の概念から解説を始める。本著作は，株式会社につきライザー＝ファイル独自の定義を示さず，株式会社の概念を株式法1条の解釈問題としている。株式法1条は「株式会社は固有の法人格をもつ会社である。会社の債務については，会社財産のみが債務者に対して責任を負う（同条1項）。株式会社は株式に細分化された資本金を有する[286]（同条2項）」と規定する。本著作は，通説[287]に従い，本条項を株式会社についてその法的特色を示した規定とみる。本著作は次のように説く。

「株式法は第1条で株式会社を法的に定義する。これは五つのメルクマールからなる。すなわち，株式会社は固有の法人格をもつ会社である。株式会社の債務に対しては会社財産のみが責任を負う。株式会社の資本金は株式に細分化される[288]。」

本著作は，まず，株式会社が会社（Gesellschaft）であるというが（株式会社の第一の属性），厳密に言うとゲゼルシャフトというよりは，社団（Verein）というべきであると論じる。本著作は，会社は法人であり（株式会社の第二の属性），原則として無限定の権利能力を享受するとし，コモンローの能力外の法

のをいう」と規定する。現行ドイツ商法271条1項の邦訳として，法務省大臣官房司法法制部『ドイツ商法典（第1編〜第4編）』法務資料465号93頁（法務省大臣官房司法法制部司法法制課，2016年）〔久保大作〕参照。

284) Raiser/Veil, Das Recht der Kapitalgesellschaften, 6. Aufl., S. 12 f.
285) Raiser/Veil, Das Recht der Kapitalgesellschaften, 6. Aufl., S. 14.
286) 株式法1条の邦訳につき，早川勝「1965年ドイツ株式法の改正と展開」同志社法学63巻6号203頁（2012年）参照。
287) Hüffer/Koch, Aktiengesetz, 13. Aufl., München 2018, §1 Rdnr. 1.
288) Raiser/Veil, Das Recht der Kapitalgesellschaften, 6. Aufl., S. 63.

理をドイツ法は知らず，目的により株式会社の権利能力が制限されることもないと論じる。そして，本著作は，スイス民法典（ZGB）53条を引用し，年齢や性別や親族関係に関する自然人の属性に基づく権利能力は，株式会社には認められないと論じ，相続人となる権利なども，これらの権利の性質上，株式会社には帰属しないと結論づける[289]。ここには，ドイツ株式会社法の解釈に，積極的に外国法を参照するドイツ株式会社法学の伝統がみられる。

本著作は，株式法1条1項2文に規定されている株主有限責任を株式会社の最も重要な属性とみた（株式会社の第三の属性）。この点で，本著作は日本法と類似の立場に立つ[290]。ただし，本著作は，ドイツの多数説に反対し，株主有限責任は，株式会社の法人格から導かれる属性ではなく，立法者の独自の決定によって株式会社に与えられた属性であるとする[291]。これは，トマス・ライザーの独自の考えである。すなわち，ライザーは，1994年組織再編法が，法人が合名会社等の合手体（ゲザムトハント）へ，同一性を保ったまま，組織変更することを認めたことで（組織再編法190条・191条・202条），合名会社等の合手体に法人格が認められたと論じた[292]。ライザーによると，1994年組織再編法の制定という立法者の決定が，合手体に法人格が認められるか否かを決定する決め手である。かかるライザーの法人論によると，株主有限責任は法人格の属性ではない[293]。本著作は，日本法の通説[294]とは異なり，株主有限責任は，株式会社の法人格の属性の一つであるとは考えず，法人たる株式会社が債務の主体となる結果，株主が会社の債務に「間接的に」有限責任を負う[295]とは論じない。

株式会社の第四の属性である「資本金」は，株主有限責任への対抗策として株式法上定められているとするが，本著作は，米国の模範会社法が法定資本金の株主に対する払戻しを認めていることを指摘し，ヨーロッパ法上定められた最低資本金と資本金の充実，維持の原則は立法として維持されるべきか否かに

---

[289] Raiser/Veil, Das Recht der Kapitalgesellschaften, 6. Aufl., S. 63.
[290] 「株式と社員の有限責任とが，株式会社の最も根本的な二特質である」（鈴木竹雄＝竹内昭夫『会社法〔第3版〕』22頁（有斐閣，1994年））。
[291] Raiser/Veil, Das Recht der Kapitalgesellschaften, 6. Aufl., S. 72.
[292] Thomas Raiser, Gesamthand und juristische Person im Licht des neuen Umwandlungsrechts, AcP 194 (1994), 511. なお，ライザーの学説の詳細につき，福瀧博之「ドイツ法における民法上の組合の法人性——Thomas Raiser の見解」関西大学法學論集53巻3号1頁以下（2003年），高橋英治『ドイツと日本における株式会社法の改革——コーポレート・ガバナンスと企業結合法制』330頁以下参照。

つき検討されるべきことを示唆する[296]。

　株式会社の第五の属性である「株式」について問題になる点は，ドイツ法は資本金が株式に細分化されると規定されているところ，1998年3月25日の「無額面株式の許容のための法律[297]」により無額面株式がドイツ法に導入され，額面総額が資本金額と一致するというかつてのドイツ法の原則がもはや維持されなくなったことである。本著作は，無額面株式もその発行価額の払込みにより定款上定められた資本金の形成に寄与しているのであるから，株式法1条2項は無額面株式制度の導入後も維持されていると説明する[298]。

　本著作は，株式法1条に定められていない株式会社の特色として，法律上これを許容すると定められている場合を除き，定款自治が株式会社には認められない点を挙げる[299]。すなわち，株式法23条5項1文は「定款は，本法の規定が明文によって認めているときに限り，本法の規定と異なる定めをすることができる」と定める。本著作は，かかる定款自治を原則として認めない株式法23条5項1文の立法趣旨を，社員権を標準的なものとして株主および投資家を保護する必要性と，資本市場の透明性を確保するという公的利益に求める。

　本著作が「株主の権利義務」の章で，株主の誠実義務について解説している点も特徴的である。本著作は，判例法の発展により，1988年までは，株主の会社に対する関係で認められていた誠実義務が，株主相互の関係で認められるようになったと解説する。本著作は，株主の誠実義務の根拠は，社員としての地位が基礎となって生じる団体法上の特別法関係であると説く。本著作は，株主

---

293) Thomas Raiser, Die Haftungsbeschränkung ist kein Wesensmerkmal der juristischen Person, FS Lutter, Köln 2000, S. 637 ff.; Thomas Raiser, Der Begriff der juristischen Person, Eine Neubesinnung, AcP 199 (1999), 135; Thomas Raiser, Allgemeine Vorschrifter über juristische Personen in einem künftigen Bürgerlichen Gesetzbuch, ZGR 2016, 787.

294) 上柳克郎「法人論研究序説」同『会社法・手形法論集』2頁（有斐閣，1980年），神田秀樹『会社法〔第20版〕』4頁注1参照。

295) 鈴木竹雄＝竹内昭夫『会社法〔第3版〕』18頁注1，山下友信編『会社法コンメンタール3』14頁（商事法務，2013年）〔上村達男〕参照。

296) Raiser/Veil, Das Recht der Kapitalgesellschaften, 6. Aufl., S. 73 f.

297) Gesetz über die Zulassung von Stückaktien vom 25. 3. 1998, BGBl. I S. 590. 本法律につき，高橋英治『ドイツ会社法概説』91頁参照。

298) Raiser/Veil, Das Recht der Kapitalgesellschaften, 6. Aufl., S. 74.

299) Raiser/Veil, Das Recht der Kapitalgesellschaften, 6. Aufl., S. 79.

に対する株式会社の誠実義務も認め，株式会社は，株主総会議事録の一部を閲覧させる等の義務を負うと説く[300]。

　イ　機関等　本著作は，「会社の機関」については，「株式会社の機関構成からすると，株主（総会）は他の会社機関には優越しない[301]」と判示した1999年9月20日連邦憲法裁判所決定を引用しつつ，株主総会は最高の機関ではないと説く。これは現行法上，多数説[302]となっている。本著作は，その根拠として，株主総会の権限が，法律または定款で定められた事項に限定されている点を挙げ，立法者は，取締役・監査役会・株主総会という株式会社における三機関の力の均衡を保とうとしていると論じる[303]。

　本著作は，取締役について認められる経営判断原則につき，これを2005年以降立法上定める株式法93条1項2文の条文に従って解説する[304]。本著作は，同じく2005年に立法上導入された取締役の会社に対する損害賠償責任を追及する株主代表訴訟についても，株主の権利の項目の中で，詳細に説明している[305]。

　本著作は，株式会社のファイナンスの章においては，自己株式取得の原則禁止というドイツ法の立場を解説し[306]，同時に，資本増加に関する複雑なドイツ法の規制を解説する[307]。その中でも注目されるのは，新株引受権についての解説である。本著作は，株式法186条1項が，新株を株主の資本参加に応じて提供しなければならないと規制しているとし，株式法186条1項に基づき既存株

---

300) Raiser/Veil, Das Recht der Kapitalgesellschaften, 6. Aufl., S. 115.
301) BVerfG NJW 2000, 350.
302) Hüffer/Koch, Aktiengesetz, 13. Aufl., §118 Rdnr. 4; Bungert, in: Hoffmann-Becking (Hrsg.), Münchener Handbuch des Gesellschaftsrechts Bd. 4, 4. Aufl., München 2015, S. 69; Spindler, in: Karsten Schmidt/Marcus Lutter (Hrsg.), Aktiengesetz, Kommentar, 3. Aufl., §118 Rdnr. 10; Hoffmann, in: Spindler/Stilz (Hrsg.), Kommentar zum Aktiengesetz, 3. Aufl., München 2015, §118 Rdnr. 6.　ただし，これらの多数説に反対して，ゼムラーは，株主総会が監査役会の構成員を選任し，かつ資本調達等の重要事項を決定すること等に鑑み，株主総会を「最高の機関」であると説く。ただし，ゼムラーは，株主総会の最高機関性から何らかの法的効果が生じるわけではないと説く（Semler, in: Hoffmann-Becking (Hrsg.), Münchener Handbuch des Gesellschaftsrechts Bd. 4, 2. Aufl., München 1999, S. 406 f.）。
303) Raiser/Veil, Das Recht der Kapitalgesellschaften, 6. Aufl., S. 230 f.
304) Raiser/Veil, Das Recht der Kapitalgesellschaften, 6. Aufl., S. 167 ff.
305) Raiser/Veil, Das Recht der Kapitalgesellschaften, 6. Aufl., S. 108 ff.
306) Raiser/Veil, Das Recht der Kapitalgesellschaften, 6. Aufl., S. 320 ff.
307) 高橋英治『ドイツ会社法概説』261頁以下参照。

主に与えられる権利を法律上の新株引受権と呼ぶ[308]。本著作は，新株引受権が保障されることにより，既存株主は新株が引受人にとって有利な価格で発行された場合でも，新株引受権を行使することにより，財産的損失を被ることを免れることができ，また，資本参加および議決権の割合の希釈化から免れることができると，新株引受権を法律上保障することの長所を説明する。株式法186条3項は，例外的に，株式会社が既存株主への新株引受権を排除した上で新株発行を行うことができる旨規定する。

本著作は，これが株主権の重大な侵害につながる可能性があるとし，この危険に対する法律上の措置として，既存株主に新株引受権を与えないで新株を発行する場合，報告書による理由の明確化および株主総会の特別決議（四分の三多数決）が要求されていると説く。本著作は，新株引受権を排除した上での新株発行について実質面での規制も存在すると説明し，株式法53a条の株主平等原則に従わなければならないほか，判例法は，株式法186条3項に新株引受権の排除が正当化される不文の実質的要件を定めたと説く。すなわち，本著作は，会社が「合理的な商人上の熟慮により緊急の利益を有し，達成しようとしている目的が新株引受権を排除される既存株主の議決権の喪失よりも重要である[309]」場合にのみ新株引受権の排除が，正当化されるとした1978年3月13日連邦通常裁判所カリ・ザルツ判決が，かかる新株引受権排除にかかる正当化事由を定めた不文の法理を定めているとみる。

本著作のファイナンスの章は，資本維持の原則についても，特に言及している。本著作は，この原則を体現する規定として，出資払戻禁止（株式法57条1項・3項）を挙げ，出資払戻しと同等の効果を有する行為も禁止されるとし，かかる行為として，①会社株主にとって有利な条件で融資すること，②会社が株主の負っている債務に対して保証等すること，③株主が会社に対して負っている債務を会社が免除すること，④会社が株主に対し有利な条件でライセンスやオプションを付与すること，⑤会社が不相応な報酬を株主に与えること等を挙げ，会社と株主との間の取引が出資払戻禁止に該当するのは，当該取引が会社にとって不利な内容になっている場合に限られると説明する[310]。本著作は，株式法57条3項は，第三者を介した株主への出資払戻しも禁止していると説き，

---

308) Raiser/Veil, Das Recht der Kapitalgesellschaften, 6. Aufl., S. 331.
309) BGHZ 71, 46 f. „Kali ＋ Salz".
310) Raiser/Veil, Das Recht der Kapitalgesellschaften, 6. Aufl., S. 315 f.

例えば，会社が株主の妻や子に対して給付を与えることに対しては，本条項は直接適用され，会社がその株主の従属会社に給付を与えることに対しても，株式法57条は類推適用されると説く[311]。出資払戻禁止規定に違反した場合，株主は受領した給付を会社に返還しなければならない（株式法62条）。以上の出資払戻禁止に関する規定は，日本法には存在しないため，本著作の叙述は，日本の会社法研究者にとって，特に興味深いものとなっている。

　本著作は，株式会社の最後の章で，株式会社の解散と清算を取り扱う。本著作は，まず，解散事由を規定しているのが株式法262条であるとして，多様な解散事由を，以下に示すように三つのグループに分類する[312]。第一のグループとしては，定款で定めた存立期間の満了（株式法262条1項1号）のほか総会決議による解散が挙げられ，これには四分の三多数決が必要である（株式法262条1項2号）。この総会決議による解散には，解散できるか否かに関する実質的内容審査は必要でない。ただし，判例[313]によると，多数派株主が少数派株主を追い出すために会社を解散し，その清算の過程で事業を安値で取得することは，多数派株主が少数派株主に対して負う誠実義務に違反する。第二のグループとしては，公的利益のため裁判所および公的機関により株式会社は解散されうる。これには株式法262条1項3号・4号が規定する株式会社の倒産開始決定等があった場合のほかに，株式会社に資産がなくなり登記裁判所の職権により，あるいは税務機関の申請により，商業登記簿から当該株式会社が抹消される場合等が含まれる（株式法262条1項6号）。第三のグループとしては，定款に瑕疵があり，裁判所は一定の期間を設けてその解消を求めても株式会社がこれに応じない場合があるが（株式法262条1項5号），本著作は，この規定は登記裁判所が，株式会社に定款を正確に作成させることを強制する手段であるとみる[314]。

　本著作が法律と同等に実務上重要な裁判例を取り上げて，株式会社法の重要な法源として解説を加えている点は，本著作を最も標準的な体系書の代表であると国際的に評価される上で最も重要な特色となっている。

---

311) Raiser/Veil, Das Recht der Kapitalgesellschaften, 6. Aufl., S. 318.
312) Raiser/Veil, Das Recht der Kapitalgesellschaften, 6. Aufl., S. 354 f.
313) BGHZ 103, 190 ff.
314) Raiser/Veil, Das Recht der Kapitalgesellschaften, 6. Aufl., S. 355.

(3) 展開期の総括
a ドイツ株式法発展過程の総括

20世紀はドイツにとって激動の時代であった。1914年7月28日，第一次世界大戦が勃発し，1918年11月11日，ドイツは連合国との休戦協定に調印し，第一次世界大戦に敗れた。その後の世界恐慌により大統領の緊急命令等を用いた株式会社法の改正が行われた。この第一次世界大戦前後の「戦前期」においては，株式会社法の内容が短期間のうちに変化したという経緯もあり，法解釈論は発達することなく，ドイツの株式会社法学は大きな発展をみせなかった。

1933年1月31日，アドルフ・ヒトラーが首相に就任して政権を獲得すると，その下で，株式法の制定が継続的に行われた。ナチスは当初，無限責任を負う構成員が存在する合名会社や合資会社を望ましい法形態とみて，不特定多数の匿名の投資家からなる株式会社を敵視していたが，次第に，経済成長には株式会社制度は不可欠であることを自覚し，株式会社法改正に積極的に関与した。ナチス思想の影響下で，指導者原理，取締役報酬の相当性，コンツェルン利益の優越などの原則も株式法上導入された。この時期に，学者によるみるべき体系書は執筆されなかった。「共同利益は個人利益に優先する」などのナチスの標語を用いた株式法の制度趣旨の説明は，1937年株式法の厳密な解釈論の形成を阻害する要因でもあった[315]。

ドイツは，1945年5月7日，連合国に無条件降伏し，第二次世界大戦に敗れた。戦後の西ドイツにおいても連合国により「非ナチ化」政策は行われたが[316]，ナチス政権下で株式会社立法に関与し法務官僚や御用学者となっていた者は，戦後も法律家としての活動を行った。戦時中，ライヒ司法省に属していたエルンスト・ゲスラーが中心となり1965年株式法がつくられた。その後に改正はなされたが，1965年株式法体制は，現在でも維持されている。

b 戦後のドイツ株式会社法研究の総括——教授資格論文を中心として

戦後の最初を飾るドイツの会社法の本格的研究は，ミュラー＝エルツバッハ

---

315) Alfred Hueck, Der Treuegedanke im Privatrecht, München 1947, S. 7. 正井章筰「ナチス商法学の日本への影響」倉沢康一郎＝奥島孝康編『(岩崎稜先生追悼論文集) 昭和商法学史』178頁注33（日本評論社，1996年），出口正義『株式権法理の展開』83頁注74（文眞堂，1991年）参照。

の社員権論に関する研究論文[317]であった。この論文は，ミュラー＝エルツバッハの既存の論文を基に社員権の本質を中世の教会法等にも遡り歴史的に解明しようとした伝統的手法による研究であり，その思想や叙述の体系に戦後ドイツ株式会社法学の特色は現れていなかった。

　1965年株式法下で，ドイツ株式会社法学は黄金期を迎える。本書は，以下において，第二次世界大戦後のドイツの株式会社法に関する代表的な教授資格論文を挙げる。まず，1965年株式法の立法に影響を与えた研究論文として，英米法との比較に特徴があり，ネオ・リベラリズムの思想を基礎にコンツェルンを経済権力とみなし，この権力行使から従属会社の少数派株主をどのようにしたら実効的に保護することができるのかという問題意識から執筆されたメストメッカーの教授資格論文[318]があった。また，米国の株主代表訴訟の歴史的発展を参照し，ドイツにおける株主代表訴訟の導入を主張したグロースフェルトの教授資格論文[319]があった。エッカルト・レービンダーは，米国法も視野に入れて，コンツェルンにおける債権者保護の問題を検討する教授資格論文[320]を発表した。ヴィートヘルターは，米国とドイツの株式会社における管理・監査機関を比較する教授資格論文[321]を著し，米国法にならい，ドイツ法上，監査役会に少数派株主の代表者を設置する立法上の可能性を探究した[322]。これらは戦後ドイツを代表する株式会社法研究であり，多くの外国人研究者を魅了してドイツ株式会社法研究へと駆り立てた。戦後期には，新しい体系書やコンメンタールも数多く出され，再びドイツ株式会社法学は世界の注目を集めた。

---

316) 熊野直樹「東西ドイツ司法と『過去の克服』」法政研究（九州大学）71巻3号453頁（2005年）参照。

317) Müller-Erzbach, Das Private Recht der Mitgliedschaft als Prüfstein eines kausalen Rechtsdenkens, Weimar 1949.

318) Mestmäcker, Verwaltung, Konzerngewalt und Rechte der Aktionäre, Karlsruhe 1958.

319) Grossfeld, Aktiengesellschaft, Unternehmenskonzentration und Kleinaktionär, Tübingen 1968.

320) Eckard Rehbinder, Konzernaußenrecht und allgemeines Privatrecht, Bad Homburg 1969.

321) Wiethölter, Interessen und Organisation der Aktiengesellschaft im amerikanischen und deutschen Recht, Karlsruhe 1961.

322) Wiethölter, Interessen und Organisation der Aktiengesellschaft im amerikanischen und deutschen Recht, S. 310 ff.

戦後のドイツの株式法の法解釈論・立法論としては，まず，192頁という異例の短さではあったが，鋭い分析を行った，資本会社における資本金の社員への払戻しを禁止する法理の構築を目指したバラーシュテットの教授資格論文[323]があった。ゲッツ・フックは，最も標準的な会社法の体系書[324]を著すとともに，株主平等取扱原則を含む私法における平等原則一般についての教授資格論文[325]発表した。ルッターは，戦後のドイツ株式会社法学の新しい問題であるヨーロッパ会社法上の資本充実・維持の問題について教授資格論文を発表した[326]。ヴィーデマンは，株式会社における株式の移転・相続を含め商事会社における社員権の移転・相続に関する一般理論の構築を目指した教授資格論文を著した[327]。株式会社法と民事訴訟法の両法に関する最も重要な研究論文としては，ドイツの民法上の組合や株式会社における議決権の制限を正当化する法理論を解明したツェルナーの教授資格論文[328]があった。「設立中の会社」に関しては，株式会社および有限会社を対象にし，19世紀の法人理論に遡って，深い考察をなしたリットナーの教授資格論文[329]があった。クラウス・ホプトは，銀行法における投資家保護の問題を取り扱った教授資格論文を発表し，投資家保護がドイツ法上「未開拓の領域」であったことを示し，ドイツにおける資本市場法研究の開拓者となった[330]。ヤン・ヴィルヘルムは，フルーメの指導の下で，透視理論を巡る学説の混迷を解決すべく教授資格論文[331]を著した。ホメ

---

323) Ballerstedt, Kapital, Gewinn und Ausschüttung bei Kapitalgesellschaften, Tübingen 1949.
324) Goetz Hueck, Gesellschaftsrecht, 19. Aufl., München 1991. 本著作は，ゲッツ・フックの弟子のクリスティーネ・ヴィンドビヒラーに受け継がれ，現在，第24版が出版されており，ドイツにおける最も標準的な会社法一般に関する教科書としての名声を今なお保持している（Windbichler, Gesellschaftsrecht, 24. Aufl., München 2017）。
325) Goetz Hueck, Der Grundsatz der Gleichbehandlung im Privatrecht, München 1958.
326) Lutter, Kapital, Sicherung der Kapitalaufbringung und Kapitalerhaltung in den Aktien- und GmbH-Rechten der EWG, Karlsruhe 1964.
327) Wiedemann, Die Übertragung und Vererbung von Mitgliedschaftsrechten bei Handelsgesellschaften, München 1965.
328) Zöllner, Die Schranken mitgliedschaftlicher Stimmrechtsmacht bei den privatrechtlichen Personenverbänden, München 1969.
329) Rittner, Die werdende juristische Person, Tübingen 1973.
330) Hopt, Der Kapitalanlegerschutz im Recht der Banken, München 1975.
331) Jan Wilhelm, Rechtsform und Haftung bei der juristischen Person, Köln 1981.

ルホフは，その教授資格論文[332]において，1965年株式法の企業結合規制が，その事実上のコンツェルンに関する規定（株式法311条以下）を含めて，「コンツェルン指揮義務」を認めているという解釈論を展開し，日本の下級審判例にも影響を与えた[333]。テオドア・バウムスは，その教授資格論文[334]において，株式会社の取締役や有限会社の業務執行者と会社との関係につき，通説が機関上の地位と労務契約たる任用契約とに分けて解釈論を組み立てていることに反対し，任用関係のみが存在するとみるべきであると説いて，いわゆる分離説を批判した。シュミット＝ライトホフは，リットナーの指導下で，株式会社の取締役の責任に関し，取締役の行為の目標である「企業の利益」の法的性質論にまで踏み込んだ教授資格論文を執筆した[335]。ノアークは，大株主間で合意される議決権拘束契約等，資本会社における社員間の合意の法的問題を総合的に取り上げる教授資格論文[336]を執筆した。ミュルベルトは，ホルツミュラー判決以後のコンツェルン形成規制も対象にし，資本市場法の視点もとり入れた新しいタイプのコンツェルン法研究を教授資格論文[337]として示した。ハバーザックは，社員権がドイツ民法823条1項の「その他の権利」に含まれるのかという解釈論上の問題を，社員権法理の歴史的発展を踏まえて検討し，社員権は主観的権利であり，ドイツ民法823条1項の「その他の権利」に含まれると主張する教授資格論文[338]を発表した。アンドレアス・カーンは，親会社が直接の法的関係に立たない孫会社の財産を引き出す場合，社員に対する出資払戻禁止規定が機能しなくなることに示されているように，コンツェルンにおける孫会社の債権者を保護するためには現行の株式法およびドイツ有限会社法の資本維持規制は不十分であるとし，孫会社の責任財産維持の規制および孫会社を侵害した者の責任規制を強化するべきであると主張する教授資格論文[339]を発表した。これらの教授資格論文は，ドイツ国内の立法論および解釈論を定立するこ

---

332) Hommelhoff, Konzernleitungspflicht, Köln 1982.
333) 高橋英治『会社法の継受と収斂』222頁以下参照。
334) Baums, Der Geschäftsleitervertrag, Köln 1987.
335) Schmidt-Leithoff, Die Verantwortung der Unternehmensleitung, Tübingen 1989.
336) Noack, Gesellschftervereinbarungen bei Kapitalgesellschaften, Tübingen 1994.
337) Mülbert, Aktiengesellschaft, Unternehmensgruppeund Kapitalmarkt, München 1995.
338) Habersack, Mitgliedschaft - subjektives und 'sonstiges' Recht, Tübingen 1996.
339) Cahn, Kapitalerhaltung im Konzern, Köln 1998.

とを目的にしており，比較法的検討を主題とするものではなかったが，この中のいくつかの論文は日本においても紹介され，日本の株式会社法学に対して大きな影響を与えた。

アーベルツハウザーは，トマス・ライザーの指導下で，米国とドイツの資本会社における事業指揮者の注意義務および忠実義務のあり方につき比較検討する教授資格論文[340]を執筆した。本論文は，経営判断原則が成文法化される以前に，ドイツの判例上，同法理の考え方が歴史的にどのように発展してきたかについて興味深い検討を行った。

マックスプランク外国私法国際私法研究所に所属するハラルド・バウムとウルリッヒ・ドロブニッヒは，共編著として，日本の商法・経済法に関する初の本格的体系書[341]を執筆した。本著作は，従来のドイツ法学が統一した訳語を示すことができなかった日本の株式会社法上の専門用語（例えば，「取締役会 (Verwaltungsrat)」や「監査役 (interner Prüfer)」など）につき定訳を確定する重要な役割を果たした[342]。

c 戦後のドイツ株式会社法学の興隆の背景

なぜ，戦後期にドイツの株式会社法学の隆盛が生じたのか，その前提となる要因は何であったのか。私見は次のとおりである。第一に，主観的要因として，戦時中のナチスの言論統制により会社法学者も当時敵国であった英米法の制度を自由に研究できる状態になく，法解釈上無意味なナチスの標語で修飾された実務書に対して，多くの会社法学者は不快感をもっていた。そのため，戦時中のドイツ会社法学者の真の学問を求める鬱積した感情が，戦後爆発したという点が挙げられる。メストメッカーに代表されるネオ・リベラリズムの思想を出発点とした，戦前の伝統的ドイツ会社法学とは全く違ったかたちの株式会社法研究は，新しいドイツの株式法学の伝統を形成しようとする試みであり，多くのドイツの若手研究者を魅了した[343]。第二に，客観的要因として，1965年株式法の下では，大改正が戦後数十年にわたって行われず，解釈論が熟成する余地があった点が挙げられる。戦前期および戦中期のドイツ株式会社法学の衰退が示したように，株式法の大改正が頻繁に生じる状況下では，株式会社法の本格的な解釈論は創造されえなかったであろう。

---

340) Abeltshauser, Leitungshaftung im Kapitalgesellschaftsrecht, Köln 1998.
341) Baum/Drobnig (Hrsg.), Japanisches Handels- und Wirtschaftsrecht, Berlin 1994.
342) 高橋英治「書評」ジュリスト1421号72頁（2011年）参照。

ミュンヘン大学教授マティアス・ハバーザックは，第二次世界大戦後に爆発的に多数の優れた教授資格論文が執筆された要因として，①第二次世界大戦後，ドイツ株式会社法学が新たに取り組まなければならない課題が多くあり，多くの法解釈上の重要問題が未解決のままとなっていたこと，②第二次世界大戦直後，ヨーロッパ法の影響はまだ少なく，ドイツの株式会社法学者は，自国の株式会社法の解釈上の問題に研究を集中できたこと，③当時の教授資格論文執筆者が特に優秀であり世界的視野を有していたこと，を挙げる[344]。

　フンボルト大学教授ハンス＝ペーター・シュヴィントフスキは，戦後，株式会社法に関する教授資格論文が爆発的に増加した社会的背景を次のように分析する[345]。1970年代，ヴィリー・ブラント首相によるドイツ社会民主党政権は「機会の均等（Chancengleichheit）」を基本原則として掲げ，大学で学ぶことを望むすべての若者に対してギムナジウム修了資格制度を提供し，大学での学籍を得られるようにした。1965年から1975年までの間に，ドイツの大学の入学定員は10倍に達した。現在では若者の3割近くが大学へ進んでいる。その結果，ドイツにおいて多大な数の研究室と法学部が誕生した。現在のドイツでは，650の私法関係の研究室が存在し，その中の3分の1が会社法を専門としていると推測される。これに対して，1960年代には，私法関係の研究室は100程度しか存在しなかった。氏によると，これが1970年代からドイツで株式会社法に関する教授資格論文が飛躍的に増加した理由である。

　シュヴィントフスキによると，既に1960年代からヨーロッパでは会社法指令が出されたことから，株式会社法は重要であり，経済法や資本市場法と並んで株式会社法をマスターしたいという意識が若手法律家に芽生えた。戦後のドイツの株式会社法改正の契機となったのが，ヨーロッパの会社法指令であったが，この指令が米国法をモデルにしていたため，米国で法学修士の資格を取りつつ米国法を学び，帰国後，教授資格論文を執筆するというドイツの若手会社法研究者のキャリアアップスタイルがこのようにして誕生した。

---

[343] この点につき，田中誠二ほか『会社法学の新傾向とその評価』2頁以下（千倉書房，1978年）参照。

[344] 2017年2月9日のミュンヘン大学教授マティアス・ハバーザック（Mathias Habersack）の筆者への電子メールによる回答。

[345] 2017年2月9日のフンボルト大学教授ハンス＝ペーター・シュヴィントフスキ（Hans-Peter Schwintowski）の筆者への書簡による回答。

さらに，ドイツでは，一研究室あたり1人から2人の任期なしの助手のポストが伝統的に与えられており，十分な給与（今日における約5,000ユーロの月給）が支払われる。助手は教授の仕事を手助けしながら，教授資格論文の執筆に専念することができる。シュヴィントフスキは，このような任期なしの助手の制度がなければ，株式会社法に関する質の高い教授資格論文は過去40年にわたりドイツで執筆され続けることはありえなかったとみる。

3 「現代化」の時期
―2000年から現在までの時期

　2000年前後からドイツの株式会社法は，大きな転換期を迎えた。まず，第一に，1994年以降，ドイツ国内から生じる改革のテンポが高まった。第二に，2000年のEUリスボン会議を契機として，ヨーロッパからの改革の圧力が大きくなり，EU主導での株式会社法改正のテンポが高まった[1]。本書は，これらの1994年以降のドイツ国内からの主として株式会社法の「規制緩和」を内容とする改革の動きと2000年以降のドイツの株式法の「ヨーロッパ化」の流れを，ドイツ株式会社法の「現代化」と呼び，これらの潮流を概観する[2]。

(1) 株式会社法
a　組織再編法等

　ドイツでは，1994年8月4日，「小株式会社の規制と株式法の規制緩和のための法律[3]」が制定され，中小企業が株式会社形態をとりやすくするための規制緩和が行われた[4]。すなわち，この法律において，①一人会社の設立を許容した[5]（株式法2条），②会社が株主の氏名を知っている場合について書留郵便

---

[1] Habersack/Schürnbrand, Modernisierung des Aktiengesetzes von 1965, in: Bayer/Habersack（Hrsg.）, Aktienrecht im Wandel, Band 1, Entwicklung des Aktienrechts, Tübingen 2007, S. 893.

[2] 以下の叙述は，高橋英治『ドイツ会社法概説』90頁以下（有斐閣，2012年）を基礎とする。

[3] Gesetz für kleine Aktiengesellschaften und zur Deregulierung des Aktienrechts vom 2.8.1994, BGBl. I S. 1961.

[4] この法律の詳細につき，早川勝「ドイツにおける『小株式会社の規制と株式法の規制緩和のための法律』について」同志社法学47巻2号1頁以下（1995年），丸山秀平「小規模株式会社法制とドイツ株式法改正」田中誠二先生追悼論文集刊行会編『（田中誠二先生追悼）企業の社会的役割と商事法』71頁以下（経済法令研究会，1995年）参照。

[5] 株式法2条の旧規定は，定款の確定には，「少なくとも5人」が参加し，株式を出資によって引き受けなければならないと規定しており，一人会社の設立を許容していなかった。これに対して，この法律により改正された株式法2条は，定款の確定には「1人または複数の者」が参加し，株式を出資によって引き受けなければならないと規定することにより，一人会社を許容した（Lutter, Das neue „Gesetz für kleine Aktiengesellschaften und zur Deregulierung des Aktienrechts", AG 1994, 430；早川・前掲注4）同志社法学47巻2号12頁）。

により総会を招集できるようにした（株式法121条4項2文），③全員出席総会の場合には総会招集手続を不要とした（株式法121条6項），④労働者が500人未満の株式会社に対しては1952年事業所組織法76条以下に基づく共同決定の適用を除外することとした（三分の一参加法1条1項1号・4条1項），⑤株式会社が既存株主に新株引受権を与えないで行う資本増加を容易にした（株式法186条3項4文），などの改正がなされた。

1994年10月28日，組織再編法[6]（UmwG）が制定された。この法律にいう組織再編[7]（Umwandlung）とは，1994年組織再編法により列挙されている経済企業の担い手による四つの行為，すなわち，合併（Verschmelzung），分割（Spaltung），財産譲渡（Vermögensübertragung），法形式の変更（Formwechsel）の上位概念である（組織再編法1条1項）。1994年組織再編法は，合名会社・合資会社等の人的会社および株式会社・有限会社等の資本会社だけにではなく，例えば協同組合や民法上の登記社団・保険相互会社等の「権利の担い手」となりうる団

---

[6] Umwandlungsgesetz vom 28.10.1994, BGBl. I S. 3210. 1994年制定時における組織再編法の邦訳として，早川勝訳「ドイツ組織変更法」同志社法学49巻4号234頁以下（1998年）。組織再編法の成立・改正過程につき，J. Semler/Strengel, in: Semler/Stengel, UmwG, 3. Aufl., München 2012, Einleitung A Rdnr. 6 ff.；Sagasser, in: Sagasser/Bula/Brünger, Umwandlungen, 4. Aufl., München 2011, §1 Rdnr. 1 ff.

[7] „Umwandlung" は伝統的に組織変更と訳されてきた（大隅健一郎＝八木弘＝大森忠夫，大隅健一郎補遺『独逸商法〔Ⅲ〕株式法〔復刻版〕』561頁以下（有斐閣，1991年），早川勝訳「ドイツ組織変更法」同志社法学49巻4号234頁以下（1998年）参照）。大隅健一郎博士が，„Umwandlung" に「組織変更」という定訳を与えた1937年株式法における „Umwandlung" は会社が別の種類の会社にその法形式を変更する場合のみを指し，„Umwandlung" を「組織変更」と訳すことは適切であった。しかし，1994年10月28日の „Umwandlungsgesetz" では，„Umwandlung" の概念に，日本の会社法743条以下の意味での「組織変更」（「法形式の変更」とされている）以外に，合併，分割および財産譲渡が含まれる以上（組織再編法1条1項参照），現在では „Umwandlung" を「組織再編」と訳するのが適切である。1994年10月28日の „Umwandlungsgesetz" を「組織再編法」と訳するものとして，受川環大『組織再編の法理と立法――利害関係者の保護と救済』4頁（中央経済社，2017年），牧真理子「組織再編に係る決議の効力を争う訴え」早川勝＝正井章筰＝神作裕之＝高橋英治編『ドイツ会社法・資本市場法研究』448頁以下（中央経済社，2016年），牧真理子「ドイツ組織再編法における債権者保護規定――会社分割法制の研究」北村雅史＝高橋英治編『（藤田勝利先生古稀記念）グローバル化の中の会社法改正』339頁以下（法律文化社，2014年），牧真理子『組織再編における債権者保護――詐害的会社分割における「詐害性」の考察』40頁以下（法律文化社，2018年），高橋英治『ドイツ会社法概説』467頁参照。

体・個人にも適用される一般法典である（組織再編法3条[8]）。

1994年組織再編法制定の目的は，①企業の組織再編を体系化して整備する，②新しい組織再編の可能性を開く，③投資家および債権者の保護を強化するということにあった[9]。1994年組織再編法政府草案は，本草案の目的を，①企業の変更の可能性を体系的に規制する，②現行法上の法の欠缺を埋めて変化する経済状況に応じてドイツ企業がその組織構造を変更する可能性を開く，③組織再編に際しての開示を進めて少数派株主および債権者を保護することにあると明確に述べている[10]。

1994年組織再編法は，七つの編から構成されている。第1編は，1条のみから成り，組織再編の種類を限定列挙し，組織再編法の適用範囲（組織再編法1条1項），組織再編の可能な範囲（組織再編法1条2項）および組織再編法の規定の性質（組織再編法1条3項）について規定する。第2編は合併について規制する（組織再編法2条〜122ℓ条）。第2編は総則（組織再編法2条〜38条）および各則（組織再編法39条〜122ℓ条）からなり，各則では，合併に参加する会社の種類による特別規制が置かれている。合併は，組織再編法上，指導的地位を占めており，合併以外の組織再編措置についても，合併の規定が準用される（組織再編法125条参照）。第3編は分割について規定する（組織再編法123条〜173条）。組織再編法123条は分割の種類として，消滅分割（Aufspaltung），存続分割（Abspaltung）および分離分割（Ausgliederung）を限定列挙する。第3編も，総則（組織再編法123条〜137条）および各論（組織再編法138条〜173条）からなり，各論では，分割に参加する会社の種類による特別規定が置かれている。第4編は財産譲渡につき（組織再編法174条〜189条），第5編は法形式の変更につき（組織再編法190条〜304条），第6編は罰則等につき（組織再編法313条〜316条），

---

[8] 1994年組織再編法に基づく，権利能力のある社団の法形式の変更につき，受川環大「公益社団法人の営利転換に関する立法論的考察――ドイツ組織変更法の検討を中心として」奥島孝康教授還暦記念論文集編集委員会編『（奥島孝康先生還暦記念第1巻）比較会社法研究』450頁以下（成文堂，1999年）参照。

[9] Veil, Umwandlungen, in: Bayer/Habersack (Hrsg.), Aktienrecht im Wandel, Band 2, Grundsatzfragen des Aktienrechts, Tübingen 2007, S. 1089.

[10] Allgemeine Teil der Begündung des Regierungsentwurfs UmwG 1994, in: Schaumburg/Rödder, UmwG - UmwStG, Strukturierte Textausgabe des Umwandlungsgesetzes und Umwandlungssteuergesetzes mit Materialien und ergänzenden Hinweisen, Köln 1995, S. 2.

第7編は経過措置等につき（組織再編法317条〜325条），それぞれ規定を置いている。

1998年3月25日に「無額面株式の許容に関する法律[11]（StückAG）」（以下「無額面株式法」という）が制定され，株式が必ず額面を有するというドイツ株式会社法の伝統的要素に変更を加え，株式会社に無額面株式（Stückaktie）の導入を認めた[12]（株式法8条3項）。

b コントラ法等

1998年4月27日の「企業領域における統制および透明化のための法律[13]（KonTraG）」では，コーポレート・ガバナンスに関する重要な改正がなされた[14]。その内容としては，①監査役会と決算検査人との共同作業の改善（株式法111条2項3文参照），②会社の存続を危うくする事態の展開を早期に発見するための監督システムの構築義務[15]を取締役に課したこと（株式法91条2項），③複数議決権の禁止[16]（株式法12条2項），④上場会社については最高議決権制

---

11) Gesetz über die Zulassung von Stückaktien vom 25.3.1998, BGBl. I S. 590.

12) 無額面株式法制定前における，ドイツ法上の無額面株式に関する学説の展開につき，小林量「無額面株式制度に関する一考察(1)」民商法雑誌89巻1号27頁以下（1983年）参照。

13) Gesetz zur Kontrolle und Transparenz im Unternehmensbereich (KonTraG) vom 27.4.1998, BGBl. I S. 786. KonTraG（コントラ法）についての邦語文献として，早川勝「会社法の規制緩和と会社内部の透明化——1996年ドイツ『株式法改正』参事官草案を中心として」同志社法学48巻6号222頁以下（1997年），早川勝「1998年コントラック法における監査役監査と会計監査人監査制度の改正を中心として」奥島孝康先生還暦記念論文集編集委員会編『（奥島孝康先生還暦記念第1巻）比較会社法研究』317頁以下（成文堂，1999年），正井章筰『ドイツのコーポレート・ガバナンス』57頁以下（成文堂，2003年），前田重行「ドイツ株式法における経営監督制度の改革」平出慶道＝小島康裕＝庄子良男編『（菅原菊志先生古稀記念）現代企業法の理論』592頁以下（信山社，1998年），小宮靖毅「1997年ドイツ株式法改正試案素描——in dubio pro libertate」法学新報104巻4＝5号109頁以下（1998年），佐藤誠二「ドイツにおける1998年の商法会計法改革」法政研究（静岡大学）5巻3＝4号523頁以下（2001年），高木康衣「ドイツ株式法147条とその改正案について」比較法雑誌38巻1号142頁以下（2004年）参照。

14) Kirchwehm, Reformen der Corporate Governance in Japan und Deutschland, Frankfurt a.M. 2010, S. 68.

15) 本監督システムの構築義務の沿革につき，小宮靖毅「法遵守体制と『二層式』制度——モニタリングモデル受容の一過程を考える小論」明治学院論叢（法学研究）73号84頁以下（2002年）参照。

度を認めないこと[17]（株式法134条1項2文），⑤ストック・オプション制度の導入[18]（株式法192条2項3号）等が挙げられる。

2001年1月18日，「記名株式と議決権行使簡素化のための法律[19]（NaStraG）」が制定され，記名株式の普及と総会実務におけるIT技術への対応を目的とする改正が行われた[20]。重要な改正として，次の三点が挙げられる。①株主名簿（Aktienbuch）は，株主登録（Aktienregister）と呼ばれ（株式法67条），オンラインによる名義書換実務に対応し，紙面によるアウトプットが要求されなくなった。②名義書換の際に株券の提示が不要となり，記名株式の権利移転は，通知と証明による株式登録における「抹消および新登録」によって行われるようになった（株式法67条3項）。③議決権は会社が指定する代理人によって行使することが許されることとなった[21]（株式法134条3項3文）。

c　会社法専門家ハイレベルグループ報告書

2000年にリスボンで開催されたヨーロッパ首脳会談で，ヨーロッパの経済を抜本的に改革し，かつ，2010年までにEUを世界で最も競争力のある経済の場に発展させることが決議された。この2000年EUリスボン会議以降，ドイツ株式会社法のヨーロッパ化が急速に進展することになる[22]。

EU企業買収指令の策定を進捗させ，かつヨーロッパ会社法の適合化および

---

16) 複数議決権株式の沿革につき，加藤修「複数議決権株式」法学研究（慶応義塾大学）66巻1号82頁以下（1993年），複数議決権株式の廃止の詳細につき，加藤貴仁『株主間の議決権配分――一株一議決権の機能と限界』392頁以下（商事法務，2007年）参照。
17) 加藤貴仁『株主間の議決権配分――一株一議決権の機能と限界』393頁以下参照。
18) 黒石英毅「コントラ法によるドイツのストック・オプション制度の概要」比較法雑誌34巻2号170頁以下（2000年）参照。
19) Gesetz zur Namensaktie und zur Erleichterung der Stimmrechtsausübung vom 18.1.2001, BGBl. I S. 123. この法律につき，吉田夏彦「インターネットによる議決権行使の簡易化――ドイツ記名株式法（NaStraG）案の概要」憲法論叢7号63頁以下（2000年）参照。
20) Seibert, Aktienrechtsnovelle NastraG in Kraft - Übersicht über das Gesetz und Auszüge aus dem Bericht des Rechtsausschusses, ZIP 2001, 53 ff.
21) Noack, Stimmrechtvertretung in der Hauptversammlung nach NaStraG, ZIP 2001, 61 f. この点の詳細につき，小柿徳武「ドイツにおける株主総会に関する規整」森本滋編著『比較会社法研究』150頁以下（商事法務，2003年）参照。
22) 以下の叙述につき，ハラルド・バウム，早川勝＝久保寛я訳「ヨーロッパ買収法および会社法の改正に関する『会社法専門家ハイレベル・グループ』の提案」ワールド・ワイド・ビジネス・レビュー（同志社大学）5巻1号104頁以下（2003年）参照。

現代化を促進するために，EU域内市場の管轄機関の委員であるフリッツ・ボルケシュタインは，2001年9月初旬に，ヨーロッパの代表的な会社法学者および法実務家から構成されるグループを設置した。この「会社法専門家ハイレベル・グループ」の目的は，EU加盟国間の既存の政治上の争いから距離を置いた立場から，将来の会社に関わるEU法を制定するための中立的で適切な提案を行うことにあった。2002年1月10日に，会社法専門家ハイレベル・グループは，ブリュッセルで最初の報告書を公表した。約100頁にわたるその報告書は，「株式公開買付に関する問題についての会社法専門家ハイレベル・グループの報告書[23]」という名称が付与された。

2002年10月4日，会社法専門家ハイレベル・グループの第二報告書が提示された。それは，補遺を含めて161頁にわたっており，「ヨーロッパにおける会社法に関する現代的な立法枠組みについての会社法専門家ハイレベル・グループの報告書[24]」という名称が付されていた。この第二報告書作成に際しては，ドイツを代表して会社法専門家ハイレベル・グループのメンバーでありマックスプランク外国私法国際私法研究所の所長であったクラウス・ホプトが重要な役割を果たした。会社法専門家ハイレベル・グループの第二報告書は，ヨーロッパにおける会社法が進むべき進路を「会社法の現代化」という言葉で表現した。第二報告書では，①会社を，立法上，上場会社（"Listed" Company）・公開会社（"Open" Company）・閉鎖会社（"Closed" Company）に区分して規制すべき

---

[23] Report of High Level Group of Company Law Experts on Issues Related to Takeover Bids（Jan. 10, 2002）available at http://ec.europa.eu/internal_market/company/docs/takeoverbids/2002-01-hlg-report_en.pdf（last visited Feb. 20, 2017）. この報告書につき，バウム・前掲注22）ワールド・ワイド・ビジネス・レビュー5巻1号107頁以下，尾形祥「スウェーデン公開買付法におけるブレイクスルー・ルールの法的問題（2・完）――出資と支配の比例性の原則に抵抗する理由を中心として」高崎経済大学論集55巻3号132頁以下（2013年），飯田秀総「公開買付規制における対象会社株主の保護」法学協会雑誌123巻5号989頁（2006年）参照。

[24] Report of High Level Group of Company Law Experts on Modern Regulatory Framework for Company Law in Europe（Nov. 4, 2002）available at http://www.ecgi.org/publications/documents/report_en.pdf（last visited Feb. 20, 2017）. 本報告につき，バウム・前掲注22）ワールド・ワイド・ビジネス・レビュー5巻1号111頁以下，ハンノ・メルクト，小柿徳武＝守矢健一訳「ドイツにおける株式法の改正：基本方針および基本傾向」松本博之＝西谷敏＝守矢健一編『団体・組織と法』107頁（信山社，2006年）参照。

こと，②自己株式取得規制の10パーセントの制限を撤廃すべきこと，③米国法にならい資本金制度を撤廃し，利益配当をソルベンシーテストにより行わせるべきか否かについて検討すべきこと，④ヨーロッパ私会社（European Private Company・EPC）」をEU固有の会社形態として導入すべきこと，⑤インターネットを介した株主への情報提供および株主の議決権行使の可能性を認めるべきこと，⑥ヨーロッパ株式会社におけるような一元型コーポレート・ガバナンスと二元型コーポレート・ガバナンスの一般的な選択権を株式会社に認めるべきこと，⑦利益相反の危険が特に大きい報酬，管理機関構成員の指名提案および計算書類の監査についての決定は，業務執行機関ではなく，監査を委託された複数の独立した機関の構成員だけで行うべきであり，これができないならば，少なくともその旨が公表されなければならず，かつ，その理由が述べられなければならない（comply or explain；遵守せよ，さもなければ説明せよ）とすべきことなど[25]，ヨーロッパのみならず，ドイツの21世紀の会社立法の指針が示されていた。

　2001年12月20日に成立した「有価証券の取得および企業買収のための公開買付の規制に関する法律[26]」は，上場会社についての公開買付を定める「有価証券取得および買収に関する法律[27]（WpÜG）」（以下「ドイツ企業買収法」という）

---

[25] Report of High Level Group of Company Law Experts on Modern Regulatory Framework for Company Law in Europe（Nov. 4, 2002）S. 34 ff.

[26] Gesetz zur Regelung von öffentlichen Angeboten zum Erwerb von Wertpapieren und von Unternehmensübernahmen vom 20.12.2001, BGBl. I S. 3822. この法律の邦訳として，早川勝「ドイツ株式公開買付規制の新展開」同志社法学54巻1号355頁以下（2002年）。この法律の2007年1月5日改正を踏まえた条文の邦訳として，早川勝「ドイツ有価証券取得法と公開買付法（試訳）」同志社法学59巻4号175頁以下（2007年），佐藤文彦「ドイツ改正『有価証券取得及び支配獲得法』（試訳）」獨協ロー・ジャーナル3号125頁以下（2008年）。本法の詳細につき，池田良一「ドイツ『企業買収法』の導入とEU『企業買収指令』合意に向けての再スタート」国際商事法務30巻9号1197頁以下（2002年）。

[27] Wertpapiererwerbs-und Übernahmegesetz（WpÜG）vom 20.12.2001, BGBl. I S. 3822. ドイツの公開買付規制の概要につき，加藤貴仁「ドイツの企業結合形成過程に関する規制」商事法務1832号19頁以下（2008年），クリスティアン・トライヒェル，フローリアン・ヴァーグナー「EU企業買収指令とドイツ企業買収法」国際商事法務33巻11号1499頁以下（2005年），佐藤文彦「ドイツ有価証券取得及び支配獲得法（WpÜG）と敵対的企業買収における将来の局外株主の利益保護」獨協法学58号78頁以下（2002年）。また，2001年ドイツ企業買収法の政府草案理由書は，Pötzsch, Das

の制定と株式法における少数派株主締出条項（株式法327a条～327f条）の新設[28]を目的とした法律であった[29]。

d 「透明性および公開法」等

2002年7月19日,「透明性および公開法[30]（TransPuG）」が成立した。これは2001年7月にドイツ連邦政府により設置された「コーポレート・ガバナンス──企業経営──企業統制──株式法の現代化」委員会（いわゆるバウムス委員会）の提案[31]の中で, 緊急性が高くまた比較的議論が少ないものを立法化したものであった。この改正の最も重要な点は, ドイツ・コーポレート・ガバナンス規準[32]（Deutscher Corporate Governance Kodex）を導入したことにあった。

---

neue Übernahmerecht: Einführung, Texte, Materialien, Köln 2002 に収録されている。

[28] 2001年に株式法に新設された少数派株主締出規制の概要につき, 福島洋尚「株式会社法における少数派株主の締め出し制度──ドイツ株式法を中心として」柴田和史＝野田博編著『会社法の現代的課題』200頁以下（法政大学出版局, 2004年）, 斉藤真紀「ドイツにおける少数株主締め出し規整(1)(2・完)」法学論叢155巻5号1頁以下（2004年）, 155巻6号38頁以下（2004年）, 加藤・前掲注27) 商事法務1832号21頁以下, 伊藤靖史「少数株主の締出しに関する規制のあり方について──ドイツにおける少数株主締出制度を参考に」同志社法学56巻4号74頁以下（2004年）, 寺前慎太郎「ドイツ株式法上の締出しをめぐる近時の動向(1)」信州大学経法論集2017年1号445頁以下（2017年）参照。

[29] ドイツ企業買収法の制定過程については, Hirte, in：Hirte/von Bülow (Hrsg.), Kölner Kommentar zum WpÜG, 2. Aufl., Köln 2010, Einl. Rdnr. 35 ff.；早川勝「ドイツ株式公開買付法制の新展開」同志社法学54巻1号346頁以下（2002年）, 野田輝久「EUとドイツにおける株式公開買付規制」青山法学論集40巻2号60頁（1998年）, 牧真理子「ドイツ企業買収法における経営管理者の中立義務と例外規定」GEMCジャーナル5号142頁（2011年）参照。

[30] 正式名称「透明化と開示のための株式法および計算法のさらなる改革のための法律」, Gesetz zur weiteren Reform des Aktien- und Bilanzrechts, zu Transparenz und Publizität (Transparenz-und Publizitätsgesetz) vom 19.7.2002, BGBl. I S. 2681. この法律につき, Hirte, Das Transparenz-und Publizitätsgesetz, München 2003, S. 1 ff.；Strunk/Kolaschnik, TransPuG und Corporate Governance Kodex, Berlin 2003, S. 1 ff.；ヘリベルト・ヒルテ, 髙橋英治＝清水円香訳「ドイツおよびヨーロッパにおけるコーポレート・ガバナンスと会社法改正(1)」法学雑誌51巻1号304頁以下（2004年）参照。

[31] Baums, Bericht der Regierungskommission Corporate Governance: Unternehmensführung, Unternehmenskontrolle, Modernisierung des Aktienrechts, Köln 2001, S. 9 ff.

[32] ドイツ・コーポレート・ガバナンス規準につき, 小柿徳武「ドイツにおける会社法改正の動向」森本滋編著『比較会社法研究──21世紀の会社法制を模索して』61頁以下（商事法務, 2003年）, 正井章筰『ドイツのコーポレート・ガバナンス』290頁以下,

ドイツ・コーポレート・ガバナンス規準は，ドイツ連邦司法省によって任命された規準策定委員会が2002年1月23日に承認決議したものであった[33]。本規準は，その法的性質がしばしばソフトローと呼ばれることに象徴されるように，会社法の立法技術として，新しいものであった[34]。本規準の規定はその効力により三つに分けられる。すなわち，①現行法の内容を説明する規定，②「soll（すべき）」という表現を用いる勧告規定，③「sollte（することが望ましい）」あるいは「kann（できる）」という表現を用いる推奨規定である[35]。②による勧告については従わないこともできるが，その場合その旨を説明および開示しなければならない（comply or explain；遵守せよ，さもなければ説明せよ，株式法161条[36]）。③の推奨については規定から逸脱している場合でも報告義務はない[37]。

早川勝「ドイツにおけるコーポレート・ガバナンス基準の策定」同志社法学54巻2号246頁以下（2002年），中川美佐子「ドイツにおけるコーポレート・ガバナンスに関する一考察——ドイツ企業統治規範を中心として（上）（下）」国際商事法務32巻6号707頁以下（2004年），32巻7号873頁以下（2004年），舩津浩司「ドイツのコーポレートガバナンスコード」日本取引所金融商品取引法研究3号55頁以下（2016年）参照。ドイツ・コーポレート・ガバナンス規準は，2002年の策定以来，改正が繰り返されている。最新版は2017年2月7日改訂版である。2017年2月7日時点のドイツ・コーポレート・ガバナンスの注釈書として，Kremer/Bachmann/Lutter/v. Weber, Deutscher Corporate Governance Kodex, Kodex-Kommentar, 7. Aufl., München 2018 がある。

33) ドイツ・コーポレート・ガバナンス規準の成立の背景につき，Kremer/Bachmann/Lutter/v. Weber, Deutscher Corporate Governance Kodex, Kodex-Kommentar, 7. Aufl., S. 17 ff. 参照。
34) Windbichler, Gesellschaftsrecht, 24. Aufl., München 2017, S. 301.
35) 2014年6月24日版のドイツ・コーポレート・ガバナンス規準では，sollte の規定は六つ存在した（舩津・前掲注32）日本取引所金融商品取引法研究3号60頁）。
36) この「soll規定」（勧告規定）については，上場会社の取締役と監査役会は毎年規準の勧告を遵守したのか，これからも遵守するのか，あるいはどの勧告を遵守しなかったのか，遵守しなかった理由は何かについて説明なければならない（株式法161条1項）。この説明は会社のインターネット上のウェブサイトにおいて公表され，一般人が継続的にアクセスできる状態に置かれなければならない（株式法161条2項）。株式法161条が定める企業の対応宣言につき，Radke, Die Entsprechenserklärung zum Deutschen Corporate Governance Kodex nach §161 AktG, Frankfurt a.M. 2004, S. 69 ff. 株式法161条が定める企業の対応宣言についての2003年度の実態調査につき，久保寛展「ドイツ株式法161条における企業の対応宣言（Entsprechungserklärung）の現状について」福岡大学法学論叢50巻1号55頁以下（2005年）参照。
37) Ringleb in: Ringleb/Kremer/Lutter/v.Werder, Kommentar zum Deutschen Corpo-

「透明性および公開法」は，上記の規準の導入以外にも，次の点を定めた。①会社公告紙による開示については，ドイツ電子連邦公報（elektronischer Bundesanzeiger）への掲載を義務づけた（株式法25条）。②旧法では，定款または監査役会は特定の種類の業務については監査役会の同意を要すると「定めることができる」と規定されていたが，これを「定めなければならない」と変更し，会社の規模や業種に応じて監査役会の同意を経ることが要求される事項を定めることを義務づけた（株式法111条4項2文）。③監査役会への情報提供の充実を図った（株式法90条1項1号・90条3項2文・90条4項2文）。④（③に対応して）監査役会構成員の守秘義務を明文化した[38)]（株式法116条2文）。

2005年8月3日，「取締役報酬開示法[39)]（VorstOG）」が成立した。この法律では，年度決算および連結決算の附属明細書においてすべての取締役の報酬を個別に開示することが定められた（ドイツ商法285条9号）。ただし，会社の株主総会が四分の三多数決[40)]をもって当該会社は取締役の報酬の個別開示をしないと決議した場合，その会社は最高5年間取締役の報酬の個別開示を例外的に行わないことができる（ドイツ商法286条5項）。

取締役報酬開示法制定の直接の契機となったのは，ヨーロッパ委員会が2004年12月14日に出した「上場会社の取締役の報酬の適正な規制のための勧告[41)]」

---

　　rate Governance Kodex, 1. Aufl., München 2003, Vorbem. 34 ff.; Kirchner, Regulierung durch Unternehmensführungskodizes (Code of Corporate Governance), in: Ballwieser (Hrsg.), BWL und Regulierung, zfbf Sonderheft 48 (2002), S. 106.

38) Lutter, Information und Vertraulichkeit im Aufsichtsrat, 3. Aufl., Köln 2006, S. 2.

39) 正式名称「取締役報酬開示に関する法律」, Gesetz über die Offenlegung der Vorstandsvergütungen (Vorstandsvergütungs-Offenlegungsgesetz – VorstOG) vom 3.8.2005, BGBl. I S. 2267. この法律につき，野田輝久「ドイツにおける取締役報酬の開示規制」尾崎安央＝川島いづみ編集委員『石川卓磨先生＝上村達男先生還暦記念』比較企業法の現在――その理論と課題」61頁以下（成文堂，2011年），高橋英治＝山口幸代「EUにおける企業法制改革の最新動向――行動計画の実現過程およびドイツの改革状況〔下〕」国際商事法務34巻4号448頁以下（2006年）参照。

40) 1965年現行株式法において，株式会社の株主総会における四分の三多数決による決議とは，投じられた議決権の4分の3によって承認された決議ではなく，決議において代表される資本金の4分の3以上の多数によって承認された決議という意味である（1965年現行株式法179条2項1文ほか参照, vgl. Hüffer/Koch, Aktiengesetz, 13. Aufl., München 2018, §179 Rdnr. 1）。本書において，株式会社の株主総会において決議において代表される資本金を構成する株式の4分の3以上の多数(特別多数)によって行われる決議を「四分の三多数決」という。

であった。この勧告でヨーロッパ委員会は,「当該会計年度に取締役個人に対して与えられた報酬その他の便益の全体が年度会計書類またはその附属明細書あるいは適切な場合報酬報告書において詳細に開示されるべきである(同勧告5・1)」とEU加盟国に提案していた。

 2005年9月22日に,「企業の誠実性及び取消権の現代化のための法律[42)](UMAG)」が成立した。この法律は取締役の責任追及のための株主代表訴訟制度の導入[43)]および経営判断原則の明文化[44)]を柱としていたが,株主総会取消

---

41) Commssion Recommendation of 14 December 2004 forstering an appropriate regime for the remuneration of directors of listed companies (2004/913/EC). このEU委員会勧告につき,菊田秀雄「EUにおける取締役報酬規制改革——EU委員会による勧告を中心に」早稲田大学大学院法研論集115号296頁以下(2005年)参照。

42) Gesetz zur Unternehmensintegrität und Modernisierung des Anfechtungsrechts (UMAG) vom 22.9.2005, BGBl. I S. 2802. UMAG政府草案は, Regierungsentwurf eines Gesetzes zur Unternehmensintegrität und Modernisierung des Anfechtungsrechts (UMAG), ZIP 2004, 2455 ff. に収録されている。UMAGにつき, Koch, Das Gesetz zur Unternehmensintegrität und Modernisierung des Anfechtungsrechts (UMAG), ZGR 2006, 769 ff.; Wilsing, Neuerungen des UMAG für die aktienrechtliche Beratungspraxis, ZIP 2004, 1082 ff.; Kirchwehm, Reformen der Corporate Governance in Japan und Deutschland, Frankfurt a.M. 2010, S. 75 ff. UMAGについての邦語文献として,ジェラルド・シュピンドラー,久保寛展＝早川勝訳「ドイツにおけるコーポレート・ガバナンス——『企業の健全性および総会決議取消に関する法規制の現代化に関する法律(UMAG)』による変更」同志社法学58巻1号293頁以下(2006年),藤嶋肇「株主総会決議取消手続の現代化——『企業の誠実性及び取消権の現代化のための法律(UMAG)』の成立」大阪経大論集56巻6号153頁以下(2006年),久保寛展「株主総会決議に対する濫訴防止の可能性——ドイツにおけるUMAG草案による措置を中心として」福岡大学法学論叢49巻3＝4号385頁以下(2005年),高橋英治『ドイツと日本における株式会社法の改革——コーポレート・ガバナンスと企業結合法制』233頁以下(商事法務,2007年)。

43) UMAGにより導入された株主代表訴訟につき,高橋均『株主代表訴訟の理論と制度改正の課題』198頁以下(同文舘,2008年),周剣龍「ドイツ株式法における株主代表訴訟」早川勝＝正井章筰＝神作裕之＝高橋英治編『ドイツ会社法・資本市場法研究』395頁以下(中央経済社,2016年),松井秀征「ドイツにおける株式会社法制の運用実態とわが国への示唆〔上〕」商事法務1941号29頁(2011年)参照。

44) UMAGにより明文化された経営判断原則についての邦語文献として,内藤裕貴「経営判断原則の再考(1)〜(3・完)」早稲田大学大学院法研論集153号219頁以下(2015年),154号183頁以下(2015年),155号225頁以下(2015年),高橋英治『会社法の継受と収斂』345頁以下(有斐閣,2016年),マルクス・ロート,早川勝訳「ドイツの経営判断原則と取締役の責任の追及——ドイツ株式法の近時の改正」ワールド・ワイド・ビジ

訴訟の濫用防止のための改正もなされた。
　2008年10月23日，「ドイツ有限会社法の現代化と濫用対処のための法律[45]（MoMiG）」が成立した。この法律は主としてドイツ有限会社法を改正するためのものであったが，株主貸付け[46]等に関する株式法の改正など（株式法57条1項4文参照）も含んでいた。
　2009年7月31日，「債券法[47]（SchVG）」（以下「2009年債券法」という）が成立した。この法律は，株式会社等が社債を発行する場合には適用されるが，連邦，連邦の特別財産，ラント（州）やゲマインデ（市町村）が債務者となる公債等を発行する場合には適用されない（2009年債券法1条2項）。この2009年債券法は，1899年12月4日の「債券法[48]」を包括改正し，新しい法律として立法化したものであった。2009年債券法の立法目的は，社債務者が倒産の危機に瀕している場合に，社債権者が遅すぎない時期に集団で社債権を放棄することによって社債務者を再建させることを可能にし（2009年債券法19条参照），社債務者の再建を意味あるものにすることにあった[49]。この目的を可能にするために，2009年債券法は，社債権者が完全かつ適切な情報を収集することを可能にし（2009年債券法16条・17条参照），社債権者に自由な決定権を与えようとしている。2009年債券法は，社債権者が，社債権者の多数決[50]により，社債務の支払延期や放棄，デット・エクイティ・スワップやデット・ハイブリット・スワップ

　　　　ネス・レビュー（同志社大学）7巻2号105頁以下（2006年）参照。
45)　Gesetz zur Modernisierung des GmbH-Rechts und zur Bekämpfung von Missbrauchen vom 23.10.2008, BGBl. I S. 2026. MoMiG による有限会社の社員貸付に関する改正につき，増田友樹「ドイツにおける社員貸付けに対する規律付け」同志社法学68巻2号67頁以下（2016年）参照。
46)　株主貸付けにつき，髙橋英治『ドイツ会社法概説』296頁以下参照。
47)　Gesetz über Schuldverschreibungen aus Gesamtemissionen (Schuldverschreibungsgesetz - SchVG) vom 31. Juli 2009, BGBl. I S. 1693. この法律の概要および沿革につき，行岡睦彦『社債のリストラクチャリング』189頁以下（有斐閣，2018年）参照。
48)　Gesetz, betreffend die gemeinsamen Rechte der Besitzer von Schuldverschreibungen von 4. Dezember 1899, Deutsches Reichsgesetzblatt Band 1899, Nr. 47, S. 691-698.
49)　Gesetzentwurf der Bundesregierung, Entwurf eines Gesetzes zur Neuregelung der Rechtsverhältnisse bei Schuldverschreibungen aus Gesamtemissionen und zur verbesserten Durchsetzbarkeit von Ansprüchen von Anlegern auf Falschberatung, BT-Drs. 16/12814, S. 13; Hopt/Seibt, in: Hopt/Seibt (Hrsg.), Schuldverschreibungsrecht, Köln 2017, S. 1.

を行うことを可能にしている（2009年債券法5条）。

2009年7月30日，「株主権指令の国内法化のための法律[51]（ARUG）」が成立した。この法律は主としてEUの2007年7月11日の株主権指令[52]を国内法化するための法律であり，株主が議決権や質問権などの株主権を行使しやすくすることを目的としていた。この法律により，定款で定めた場合，株主はその議決権を電子的方法によって行使できるようになった（株式法118条2項）。

e 取締役報酬の相当性に関する法律

2009年，「取締役報酬の相当性に関する法律[53]（VorstAG）」が成立し，取締役の報酬に関し新たな相当性審査を導入することを明らかにした。すなわち，この法律は，監査役会が取締役の業績等に配慮して取締役報酬の相当性を確保する義務があることを明確し，相当でない高額の取締役報酬を確定した監査役会構成員は取締役に支払われた報酬額と適正な報酬額との差額を最低額として

---

50) 社債権者の多数決と少数派保護につき，Hans-Gert Vogel, Der Rechtsschutz des Schuldverschreibungsgläubigers, in: Baums, Das neue Schuldverschreibungsrecht, Berlin 2013, S. 41.

51) Gesetz zur Umsetzung der Aktionärsrechterichtlinie vom 30.7.2009, BGBl. I S. 2479.

52) Aktionärsrechte-Richtlinie 2007/36/EG vom 11.7.2007. 株主権指令は，Grundmann/Riesenhuber（Hrsg.），Textsammlung Europäisches Privatrecht, Vertrags- und Schuldrecht, Arbeitsrecht, Gesellschaftsrecht, Berlin 2009, S. 576 ff. に収録されている。株主権指令の邦訳として，正井章筰「EUにおける株主の権利指令」早稲田法学84巻4号179頁以下（2009年）。株主権指令につき，正井章筰「EUにおける株主の権利指令について——ドイツと日本の制度との比較において」早稲田法学84巻4号19頁以下（2009年），川瀬裕司「EUにおける株主の権利指令の制定過程とその意義(1)——クロス・ボーダー議決権行使のための最小限の基準」早稲田大学大学院法経論集140号29頁以下（2011年）参照。

53) Gesetz zur Angemessenheit der Vorstandsvergütung（VorstAG）vom 31.7.2009, BGBl. I S. 2509. この法律につき，伊藤靖史『経営者の報酬の法的規律』323頁以下（有斐閣，2013年），伊藤靖史「ドイツにおける取締役報酬に関する規律——近年の動向」同志社法学62巻2号142頁以下（2010年），青竹正一「ドイツと日本における取締役の報酬規制」早川勝＝正井章筰＝神作裕之＝高橋英治編『ドイツ会社法・資本市場法研究』327頁以下（中央経済社，2016年），正井章筰「ドイツにおけるコーポレート・ガバナンス強化への取組み（上）（下）——『取締役報酬の相当性に関する法律』を中心として」月刊監査役564号59頁以下（2009年），565号82頁以下（2010年），野田輝久「ドイツにおける取締役報酬の実質的相当性について」近畿大学法科大学院論集7号53頁以下（2011年），高橋英治「ドイツにおける『取締役報酬の相当性に関する法律』草案の概要——日本法への示唆」商事法務1873号72頁以下（2009年）参照。

会社に対して損害賠償責任を負うとした。この法律は，世界的な経済危機を背景に，取締役の報酬が企業の長期的成長を抑制しないようにするという配慮の下に起草されたものである。ドイツ商法学・会社法学の第一人者であるカールステン・シュミットは，「取締役報酬の相当性に関する法律」が2007年以降のドイツの金融危機を背景とし，危機に対応してつくられた法律（Kriesengesetz）であるという見解を示した[54]。この法律は，日本法にとって，参考になる点が多いため，その概要を以下において詳しく解説する。

「取締役報酬の相当性に関する法律」の骨子は，次の四点である。第一に，この法律は，監査役会が，取締役報酬確定の際，報酬が当該取締役の業績に相応しく，かつ企業の持続的発展のために長期的行為上のインセンティブを与えるように注意する義務を負うと定めた。すなわち，この法律は，株式法87条1項1文として「監査役会は個々の取締役の総収入（俸給，利益参加，費用の補償，保険料，手数料，例えば新株引受権のようなインセンティブ報酬の約束，およびあらゆる種類の附随的給付）の確定にあたり，これが取締役の職務と業績，会社の状態および通常の報酬と相当な関係にあり，かつ企業の持続的発展のため長期的行為上のインセンティブを与えるように注意しなければならない」という規定を設けた。この規定は，取締役報酬の相当性を決定する要因として，新たに取締役の「業績」を挙げた。これはドイツ・コーポレート・ガバナンス規準が，取締役報酬の相当性の基準として，取締役個人の業績を挙げていることに従うものであった（ドイツ・コーポレート・ガバナンス規準4・2・2第2項2文参照）。

第二に，「取締役報酬の相当性に関する法律」は，報酬確定後，会社の状態が悪化し既に確定した報酬を与えることが不適当となる場合，監査役会等が報酬を相当な額に削減する義務があると定めた（株式法87条2項1文）。1937年株式法78条2項を受け継ぐ2009年改正前株式法87条2項1文は，報酬確定後，会社の状態に「重要な」悪化が生じ，かつ既に確定した報酬を継続して与えることが「重要な不適当」を生じさせる場合，監査役会等が報酬を削減する義務を負うとしていた。「取締役報酬の相当性に関する法律」は，この報酬削減義務の要件をより明確かつ厳格なものに変更した。この法律の草案理由書によると，会社が利益配当できず解雇または給料の減額措置に踏み切らざるをえない場合

---

[54] Karsten Schmidt, in: Karsten Schmidt/Marcus Lutter, AktG, Kommentar, 3. Aufl., Köln 2015, Einleitung Rdnr. 10.

には，本法の「会社の状態が悪化した」という要件が満たされる。2009年改正株式法87条2項1文の「報酬の付与が不適当になる」とは，典型的には取締役に義務違反があった場合であるが，義務違反がなくとも，会社の状態の悪化が当該取締役の在任中に発生し，これが当該取締役の責めに帰す場合には，当該取締役に対する報酬給付が不適当となりうる[55]。

第三に，「取締役報酬の相当性に関する法律」は，監査役会構成員が不相当な報酬を定めた場合につき，過大な額と相当額との差額を最低損害額として，損害賠償義務を負うとした（株式法116条3文）。この規定において，かかる監査役会構成員の損害賠償責任は，義務違反を理由とする監査役会構成員の会社に対する損害賠償責任の一種として定められていた。この法律は，報酬決定の際の監査役会構成員の注意義務を強調するものであり，同時に，過大な額と相当額との差額が常に賠償すべき損害であると定めた。この法律の草案理由書によると，取締役の活動により会社が利益を得た場合であっても，当該利益による損益相殺は行われない[56]。なぜなら，損益相殺に際して考慮される利益は侵害結果と相当因果関係になければならず，かつ，被害者にとって損益相殺されることが相当でなければならず，かつ，損益相殺が損害賠償の目的にも相応していなければならないが，法律に違反する過大な報酬の付与の事例においては，これらの要件が満たされず，損益相殺することが不適当となるからである。

第四に，「取締役報酬の相当性に関する法律」は，上場会社において過去2年間取締役であった者は，原則として監査役会構成員になれないとした（株式法100条2項1文4号）。この規定の目的は，取締役経験者は，監査役会を通じて，株式会社の指揮機関に対して，事実上，大きな影響を与えることができるところ，過去取締役であった者による監査役会を通じた株式会社の指揮機関への影響力行使を防止しようとする点にあった[57]。

f 女性割当制の導入等

2015年3月27日，「私企業および公企業における管理者の地位への男女の同権的参加に関する法律[58]」が成立した。この法律が定める株式会社の役員にお

---

[55] Gesetzentwurf der Fraktionen der CDU/CSU und SPD, Entwurf eines Gesetzes zur Angemessenheit der Vorstandsvergütung (VorstAG), BT-Drucks. 16/12278, S. 7.

[56] Gesetzentwurf der Fraktionen der CDU/CSU und SPD, Entwurf eines Gesetzes zur Angemessenheit der Vorstandsvergütung (VorstAG), BT-Drucks. 16/12278, S. 8.

[57] Hüffer/Koch, Aktiengesetz, 13. Aufl., §100 Rdnr. 16.

ける女性割当制を巡っては，ドイツとヨーロッパにおいて，次のような大きな展開があった。

既に，2003年から，ノルウェーを始めとする多数のEU加盟国では，上場企業における取締役会等の構成員のポストを一定程度女性に対して割り当てる法制が整備されてきていた[59]。当時，ドイツ・コーポレート・ガバナンス規準4・1・5が，「取締役は，会社の指揮職の構成に際して，多様性，特に，女性に対して適切な配慮に努めるべきである」と規定していた。すなわち，ドイツ・コーポレート・ガバナンス規準5・1・2第1項2文は，監査役会に向けられた規範であり，「監査役会が取締役を構成する際に……多様性，特に，女性に対して適切な配慮に努めるべきである」と規定していた。ドイツ・コーポレート・ガバナンス規準5・4・1第2項も，監査役会が，自己の構成において多様性に配慮するべきであり，女性の適切な参加を具体的目標とすべきであると定めていた。ドイツ連邦家族老人女性青年省（Bundesministerium für Familie, Senioren, Frauen und Jugend；BMFSFJ）は，2013年までに，女性役員の登用を企業の自主的規制として行うことで，連邦規模で監査役会構成員および取締役として平均3分の1以上の数の女性役員が登用されている状態を形成することを目標とし，一定の規模を超える企業については，法律上，個別に女性役員の割合を設定し，これを公表・実現すべきであるとした[60]。ドイツ連邦家族老人女性青年省は，女性役員の割合30パーセントを達成できなかった会社あるいは女性役員の割合の公表を拒んだ会社は会社法上の制裁を受けることを定めることを予定した。ここにおいて，女性役員の登用がドイツ会社法上の立法課題として登場した。

ドイツの法律家は，株式会社の役員における女性割当制に反対であった。2012年9月18日からミュンヘンで開催された第69回ドイツ法律家会議経済法部

---

[58] Gesetz für die gleichberechtigte Teilhabe von Frauen und Männern an Führungspositionen in der Privatwirtschaft und im öffentlichen Dienst vom 24.4.2015, BGBl. I S. 642.

[59] 正井章筰「ドイツにおける女性役員の割当て制――管理者の地位への男女の同権的参加に関する法律について」早川勝＝正井章筰＝神作裕之＝高橋英治編『ドイツ会社法・資本市場法研究』246頁以下（中央経済社，2016年）参照。

[60] Bundesministerium für Familie, Senioren, Frauen und Jugend, Mehr Frauen-Mehr Vielhalt, in: Flexi-Quote und Stufenplan „Frauen und Männer in Führungspositionen" am 24.7.2012（文書名で検索）．

会では，ミュンヘン大学教授マティアス・ハバーザックの鑑定書「企業運営における国家的および半国家的介入[61]」を基礎に株式会社の役員における女性割当制の導入の可否を巡り討議がなされたが，ハバーザックは，その鑑定書において，株式会社の役員における女性割合を法律上定めることに反対した。その理由は，ドイツ法は，既に共同決定というかたちで監査役会構成員の多様化を実現しているが，これに加えて，監査役会構成員における女性割合を義務づけると，株主の選任の自由が妨げられるおそれがあり，監査役会構成員における女性割合の義務づけはドイツの会社法のシステムと調和しないというものであった[62]。また，ハバーザックは，取締役に一定の割合の女性の登用を義務づけることにも反対であり，かかる規制が法律上導入されるならば，この割合を達成していない会社は，将来数年間にわたり，取締役の候補者が女性のみによって占められるということになり，会社の成長にとって重要な人事が制約されてしまうと主張した[63]。

2012年9月21日第69回ドイツ法律家会議経済法部会の決議は，ハバーザックの提案を受け入れた。すなわち，同決議において，「ドイツの立法者もヨーロッパの立法者も，監査役会および取締役において女性割合を法律上定めるべきでない」という決議事項が可決された[64]。

これに対して，2012年12月ヨーロッパ委員会は，「上場会社の非業務執行役員におけるジェンダー・バランスの改善に関する指令案[65]」を出し，2020年までに上場会社の非業務執行役員の40パーセントを女性に割り当てるべきものと

---

[61] Habersack, Staatliche und halbstaatliche Eingriffe in die Unternehmensführung, Gutachten E zum 69. Deutschen Juristentag, München 2012.
[62] Ders., E. 100.
[63] Ders., E. 43. 取締役における女性割合の法定化に反対するものとして，Bachmann, Zur Umsetzung einer Frauenquote im Aufsichtsrat, ZIP 2011, 1138 f.
[64] 賛成62票，反対16票，棄権2票。Der Ständige Deputation des Deutschen Juristentages (Hrsg.), Verhandlungen des 69. Deutschen Juristentages München 2012, Band II/2 Sitzungsberichte (Diskussion und Beschlussfassung), München 2013, N 229.
[65] Vorschlag für eine Richtlinie des Europäischen Parlaments und des Rates zur Gewährleistung einer ausgewogeneren Vertretung von Frauen und Männern unter den nicht geschäftsführenden Direktoren/Aufsichtsratsmitgliedern börsennotierter Gesellschaften und über damit zusammenhängende Maßnahmen, COM (2012) 614 final（タイトルで検索）。

した（同指令案4条）。この規定は，ドイツのような株式会社の管理機関に二元型を採用している加盟国では監査役会に適用されることになっていた。2013年11月20日，ヨーロッパ議会はこの指令案を可決した。

ドイツでは，2015年3月27日，「私企業および公企業における管理者の地位への男女の同権的参加に関する法律」が成立した。この法律には私企業につき次のような二つの柱があった。第一の柱は，上場会社等の監査役会構成員に占める女性の割合を確定するという点にあった。すなわち，1976年共同決定法・1951年石炭鉄鋼共同決定法または1956年共同決定補充法による同権的共同決定に服する上場会社は，監査役会構成員における女性の割合を少なくとも30パーセントにしなければならないとする規定が導入された（株式法96条2項1文）。

第二の柱は，会社に段階的に目標値を設定させ，その目標値を達成させることで，管理職における女性の割合を増加させるというものであった。これを実現するための規制として，次の二つの条項が導入された。

「上場会社または共同決定に服する会社の監査役会は，監査役会および取締役における女性の割合の目標値を確定する。目標値の確定に際して，女性の割合が30パーセントよりも低いときは，その目標値はもはやその都度達成された割合を下回ることは許されない。同時に，目標値の達成に関する期間が確定されなければならない。その期間はその都度5年を超えることが許されない。監査役会について既に96条2項の割合が実現されている場合，この目標値の確定は取締役についてのみ行われる[66]」（株式法111条5項）。

「上場会社または共同決定に服する会社の取締役は，取締役の下の二つの経営レベルにおける女性の割合を確定する。目標値の確定に際して，女性の割合が30パーセントより低いときは，その目標値はもはやその都度達成された割合を下回ることは許されない。同時に，目標値の達成に関する期間が確定されなければならない。その期間はその都度5年を超えることが許されない」（株式法76条4項）。

株式会社が株式法111条5項・76条4項の目標値を達成できなくとも，法的

---

[66] 「私企業および公企業における管理者の地位への男女の同権的参加に関する法律」の成立による2015年改正株式法の条文の邦訳につき，正井章筰「ドイツにおける女性役員の割当て制——管理者の地位への男女の同権的参加に関する法律について」早川勝＝正井章筰＝神作裕之＝髙橋英治編『ドイツ会社法・資本市場法研究』257頁以下参照。

効果は全く生じない[67]。ドイツの立法者は,「遵守せよ,さもなければ説明せよ」の原則に従って,目標値の報告・公表による経営の透明性の向上と目標が実現されなかった場合の目標を実現する社会的圧力の発生に期待した[68]。

2011年12月20日,ドイツ連邦政府は,ドイツ連邦司法大臣より提案された「2012年株式法改正(Aktienrechtsnovelle 2012)」を閣議決定した。その政府草案によると,2012年株式法改正の主要目的は株式法の規制緩和にあり,その改正点としては,優先株式に関する改正および会社が転換権を有する転換社債の発行を可能にすること等があった[69]。この草案は,紆余曲折を経て,「2016年株式法改正[70](Aktienrechtsnovelle 2016)」として,他の草案と合わせて,初めて制定法となった。

2016年株式法改正の柱は,次の六点にあった[71]。

第一に,2016年改正株式法は,株式会社のファイナンス上の規制緩和策として,従来の議決権なき優先株式に加えて,優先配当等が後から支払われる優先株という新しいタイプの優先株式を導入した。この新しい優先株式においては,優先配当等が支払われるまでは,当該優先株式を保有する優先株主は議決権を有する(株式法140条2項)。

---

[67] Hüffer/Koch, Aktiengesetz, 13. Aufl., §76 Rdnr. 69, §111 Rdnr. 58; Teichmann/Rüb, Die gesetzliche Geschlechtsquote in der Privatwirtschaft, BB 2015, 903; 正井章筰「ドイツにおける女性役員の割当て制——管理者の地位への男女の同権的参加に関する法律について」早川勝=正井章筰=神作裕之=高橋英治編『ドイツ会社法・資本市場法研究』260頁。

[68] Gesetzentwurf der Bundesregierung, Entwurf eines Gesetzes für die gleichberechtigte Teilhabe von Frauen und Männern an Führungspositionen in der Privatwirtschaft und im öffentlichen Dienst, BT-Drucksache 18/3784, S. 119 f.; Herb, Gesetz für die gleichberechtigte Teilhabe an Führungspositionen — Umsetzung in der Praxis, DB 2015, 970; 正井章筰「ドイツにおける女性役員の割当て制——管理者の地位への男女の同権的参加に関する法律について」早川勝=正井章筰=神作裕之=高橋英治編『ドイツ会社法・資本市場法研究』261頁。

[69] Gesetzentwurf der Bundesregierung, Entwurf eines Gesetzes zur Änderung des Aktiengesetzes (Aktiennovelle 2012). この政府草案につき,Seibert/Böttcher, Der Regierungsentwurf der Aktienrechtsnovelle 2012, ZIP 2012, 12 ff. 2011年12月20日に決定した2012年株式法改正政府草案を分析・検討する邦語文献として,藤嶋肇「2012年ドイツ株式法改正法案」大阪経大論集63巻4号137頁以下(2012年)参照。

[70] Das Gesetz zur Änderung des Aktiengesetzes vom 30.12.2015, BGBl. I S. 2565.

[71] Böttcher/Carl Schmidt/Seibert, Die Aktienrechtsnovelle, München 2016, S. 33 ff.

第二に，2016年改正株式法は，会社が転換権を有する転換社債を認めた（株式法221条1項1文参照）。

第三に，2016年改正株式法は，テロ対策および資金洗浄対策としての資本参加状況の透明化等のための規定を，特に株式について置いた。すなわち，株式は原則として記名株式とした（株式法10条1項1文）。また，非上場会社が無議決権株式（Inhaberaktien）を発行できるための条件を限定した（株式法10条1項2号）。

第四に，従来，報告書作成義務が監査役会構成員に課されていたが，これが法律を根拠とするものであるのか，それとも監査役会が会社との間で締結する委任契約を基礎とするものであるのかにつき争いがあった。2016年改正株式法は，地域団体により選任ないし派遣された地域団体（Gebietskörperschaft）が株式会社に資本参加している場合についての特別規定として，監査役会構成員の地域団体に対する報告書作成義務につき，この義務が，法律，定款あるいは監査役会に文書形式で課された法律行為を基礎にすることができる旨の規定を置いた（株式法394条3文）。

第五に，1952年10月11日事業所組織法が監査役会構成員の3分の1は労働者でなければならないとしていたところ，1994年8月4日の「小株式会社の規制と株式法の規制緩和のための法律[72]」により小株式会社はこの三分の一共同決定の規定から適用除外されるようになったため，監査役会の構成員数は3で割り切れる数でなくてもよくなった。そこで，2016年改正株式法は，三分の一参加法1条が適用される企業を除いて，監査役会の構成員数は3で割り切れる数でなくてもよいとした（株式法95条2文[73]）。

第六に，2016年改正株式法は，株式会社の公告の方法として会社公告とドイツ連邦公報以外の方法を認めないようにする等，公告方法に関する改正（株式法25条2項の削除）や剰余金配当請求権が「株主総会の次の事業日」に第三者との関係においても効力を発生することを定めた規定の設定（株式法58条4項2文）等，解釈上の疑義をなくすための改正を行った[74]。

---

[72] Gesetz für kleine Aktiengesellschaften und zur Deregulierung des Aktienrechts vom 2.8.1994, BGBl. I S. 1961.

[73] 「定款は，（監査役会構成員の数として・引用者注）3を超える一定の数を定めることができる」（株式法95条2文）。

[74] その詳細につき，Böttcher/Carl Schmidt/Seibert, Die Aktienrechtsnovelle, S. 47 ff.

g　近時のヨーロッパ化の動き

EUは，2014年10月22日に，多国籍企業に向けられたOECDのガイドライン[75]やILOの三者間宣言[76]に従い，「企業の社会的責任指令[77]」を出し，500人を超える従業員を有する大企業が，状況報告書（Lagebericht）における非財務上の事項として，「環境，社会的利益，労働者利益，人権の尊重および腐敗と贈収賄の撲滅」につき宣言等しなければならないとした[78]（同指令19a条）。企業の社会的責任指令4条により，2016年12月6日まで，EU加盟国であるドイツは企業の社会的責任指令を国内法化する義務を負った。これを受けて，2016年3月11日，ドイツ連邦司法および消費者保護省は，「企業の社会的責任指令の国内法化のための法律参事官草案[79]」を公表した[80]。2016年9月21日には，政府草案[81]が発表された。この政府草案は，上場会社等が，状況報告書およびコンツェルン状況報告書（Konzernlagebericht）において，環境，社会的利益，労働者利益，人権の尊重および腐敗と贈収賄の撲滅等に関する非財務上の事項に関する宣言を行う規制を導入することを企図していた（改正ドイツ商法政府

---

[75] OECD, 2011 Update of the OECD Guidelines for Multinational Enterprises（タイトルで検索）．

[76] International Labor Office, Tripartite Declaration of Principles Concerning Multinational Enterprises and Social Policy, Geneva 2006（タイトルで検索）．

[77] Richtlinie 2014/95/EU. この指令につき，Spießhofer, Die neue europäische Richtlinie über die Offenlegung nicht finanzieller Informationen ― Paradigmenwechsel oder Papiertiger?, NZG 2014, 1281 ff.; Voland, Erweiterung der Berichtspflichten für Unternehmen nach der neuen CSR-Richtlinie, DB 2014, 2815 ff.

[78] かかるドイツにおける企業の社会的責任に関する立法案は，日本企業が持続的成長を達成するための手段として参考にされてよい。この点につき，高橋英治「将来の日本のコーポレート・ガバナンスのあり方について――ドイツ法の視点から」月刊監査役657号9頁（2016年）参照．

[79] Referentenentwurf des Bundesministeriums der Justiz und für Verbraucherschutz, Entwurf eines Gesetzes zur Stärkung der nichtfinanziellen Berichterstattung der Unternehmen in ihrer Lage- und Konzernlageberichten（CSR-Richtlinie-Umsetzungsgesetz）（立法案の名称で検索）．

[80] Müller, Referentenentwurf des CSR-Richtlinie-Umsetzungsgesetzes ― wieder eine missglückte 1:1 Umsetzung?, BB 19/2016, Die Erste Seite.

[81] Gesetzentwurf der Bundesregierung, Entwurf des Bundesministeriums der Justiz und für Verbraucherschutz, Entwurf eines Gesetzes zur Stärkung der nichtfinanziellen Berichterstattung der Unternehmen in ihrer Lage-und Konzernlageberichten（CSR-Richtlinie-Umsetzungsgesetz）（立法案の名称で検索）．

草案289b条1項・289c条2項・315c1項)。

　「企業の社会的責任指令の国内法化のための法律[82]」は，当初2016年中に成立して2017年1月1日から始まる年度決算から実際に適用されると予定されていたが[83]，2017年4月11日に成立し，同月19日に発効した。この法律により次の規制が導入された。環境，社会的利益，労働者利益，人権の尊重および腐敗と贈収賄の撲滅等に関する宣言は，非財務事項報告書（以下「企業の社会的責任報告書」という）として，状況報告書等から分離して作成されてもよい（2017年改正ドイツ商法289b条3項・298c条)。この場合，取締役が「企業の社会的責任報告書」を作成し[84]，監査役会に提出され（2017年改正株式法170条1項・2017年改正ドイツ商法289b条)，監査役会が「企業の社会的責任報告書」の検査を行う（2017年改正株式法171条1項3文・2017年改正ドイツ商法289b条)。監査役会は，通常の監査業務として「企業の社会的責任報告書」を検査すれば足りると解されている。監査役会は，「企業の社会的責任報告書」に不正確な点や通常と異なる点を発見した場合には，取締役や従業員に対して聴き取り調査を行わなければならないと解されている[85]。「企業の社会的責任報告書」は，決算検査人の任意の検査を受けることも可能であると解されている[86]。

　2011年4月5日「EU会社法の将来を考えるグループ報告書[87]」(Report of the Reflection Group on the Future of EU Company Law)」は，「ヨーロッパ委員会は，EUレベルで行動することは利になるという認識に立ち，グループ利益を認容する推奨規定の導入を検討すべきである[88]」と提案していた。同時に同報告書

---

[82] Das CSR-Richtlinie-Umsetzungsgesetz vom 11.4.2017, BGBl. I 2017, 802. この法律について，Hennrichs, CSR-UmsetzungNeue Pflichten für Aufsichtsräte, NZG 2017, 841 ff.

[83] Lanfermann, Referentenentwurf des CSR-Richtlinie-Umsetzungsgesetzes sieht Prüfungspflicht für den Aufsichtsrat vor, BB 2016, 1131.

[84] Hennrichs/Pöschke, Die Pflicht des Aufsichtsrats zur Püfung des „CSR-Bericht", NZG 2017, 127.

[85] Hennrichs/Pöschke, NZG 2017, 127.

[86] Hennrichs/Pöschke, NZG 2017, 127.

[87] 同グループのメンバーとしては，ドイツからはゲーテ大学名誉教授テオドア・バウムス（Theodor Baums)，ベルギーからはゲント大学名誉教授エディー・ウィマーシュ（Eddy Wymeersch）らが入っていた。

[88] Report of the Reflection Group on the Future of EU Company Law, of 5 April 2011, S. 65（立法案の名称で検索)。

は，企業グループの情報開示に関する規制を改善すべきことを提案していた[89]。これを受けて，2012年12月12日，ヨーロッパ委員会は，その行動計画書（以下「2012年EU行動計画書」という）において，「ヨーロッパ委員会が2014年に，グループにおける情報の開示と『グループ利益』の概念を認容するためにイニシアチブをとる[90]」ことを表明していた。2014年4月9日，ヨーロッパ委員会は，関連当事者取引の開示等のための株主権指令[91]改正案および「単独社員の有限会社に関する指令案[92]」を公表した。前者は，2012年EU行動計画書の企業グループ内取引等の情報開示に資するものであり，後者は，一人有限会社において一人社員の指図権を法定すること等により，EU域内の多国籍企業におけるコンツェルン指揮者の指揮権行使を容易化することを意図したものであった[93]。前者の指令案は，「株主に対する長期的取り込みおよび企業指揮に関する指令案[94]」という名称になり，ヨーロッパ議会で決議され，2017年5月17日に「株主の長期の関与の観点から株主権指令を改正する指令[95]」という名

---

89) Report of the Reflection Group on the Future of EU Company Law, of 5 April 2011, S. 75.
90) European Commission, Communication from the Commission to the European Parliament, the Council, the European Economic and Social Committee and the Committee of the Regions, Action Plan: European company law and corporate governance a modern legal framework for more engaged shareholders and sustainable companies, Brussels, XXX COM (2012) 740/2, S. 15（立法案の名称で検索）.
91) 株主権指令につき，正井・前掲注52) 早稲田法学84巻4号19頁以下参照。
92) Vorschlag für eine Richtlinie des europäischen Parlaments und des Rates über Gesellschaften mit beschränkter Haftung mit einem einzigen Gesellschafter, COM/2014/0212 final-2014/0120（COD）（立法案の名称で検索）.
93) この「一人有限会社指令案」につき，高橋英治「ヨーロッパ企業結合法の歴史的転換点——日本法への示唆」国際商事法務44巻4号579頁以下（2016年）参照。この草案の，一人社員の一人会社に対する指図権を認める一方で，一人社員の「影の取締役」としての責任を認める構想は一人会社規制の考え方として明解であり，日本法にとっても参考になる。
94) Legislative Entschließung des Europäischen Parlaments vom 14. März 2017 zu dem Vorschlag für eine Richtlinie des Europäischen Parlaments und des Rates zur Änderung der Richtlinie 2007/36/EG im Hinblick auf die Förderung der langfristigen Einbeziehung der Aktionäre sowie der Richtlinie 2013/34/EU in Bezug auf bestimmte Elemente der Erklärung zur Unternehmensführung (COM (2014) 0213-C7-0147/2014-2014/0121 (COD)).
95) Richtlinie (EU) 2017/828 des Europäischen Parlaments und des Rates vom 17.

称で成立した。この指令には，いわゆる関連当事者取引（Related Party Transactions）に関する規定[96]がある。この規定は，会社と近い関係にある企業および人との間の「重要な取引」が行われた場合につき，その相当性ないし合理性についての報告書（株主権指令9c条3項）を付して開示（株主権指令9c条2項）することを求め，さらに，かかる「重要な取引」を行うに際しては，原則として株主総会または監査役会による承認を必要とするとしている（株主権指令9c条4項）。具体的にいかなる取引が「重要な取引」になるのかについては，指令は，各加盟国が，会社や株主に対して与えるリスク等を考慮して複数の要素からなる判断基準を設定できるとする（株主権指令9c条1項2文）。株主権指令9c条1項2文の存在により，ドイツは，ホルツミュラー判決[97]およびジェラティーネ判決[98]により確定した親会社がその総資産の80パーセント

Mai 2017 zur Änderung der Richtlinie 2007/36/EG im Hinblick auf die Förderung der langfristigen Mitwirkung der Aktionäre, Amtsblatt der Europäischen Union, L 132, Ausgabe in deutscher Sprache, Rechtsvorschriften, 60. Jahrgang 20. Mai 2017, S. 1 ff. この指令についての邦語文献として，野田輝久「EUにおける関連当事者との取引に関する規制」岡田豊基＝吉本健一編『（神戸学院大学法学部開設50周年記念企業法論文集）企業関係法の新潮流』79頁以下（中央経済社，2018年）。

[96] 関連当事者取引に関する指令によりドイツ法がどのように改正されなければならないのかについて論じるものとして，Vetter, Regelungsbedarf für Related Party Transactions?, ZHR 179 (2015) 273 ff.: 近時の論文として，Spindler/Seidel, Die Zustimmungspflicht bei Related Party Transactions in der konzernrechtlichen Diskussion — Ein Plädozer für die Zuständigkeit des Aufsichtsrats, AG 2017, 169.

[97] BGHZ 83, 122 „Holzmüller". 本判決の詳細につき，早川勝「コンツェルンにおける上位会社の局外株主の保護——Holzmüller 判決を中心として」産大法学19巻4号22頁以下（1986年），神作裕之「純粋持株会社における株主保護〔中〕——ドイツ法を中心として」商事法務1430号13頁以下（1996年），伊藤靖史「子会社の基礎的変更への親会社株主の関与——ドイツにおけるコンツェルン形成・指揮規制に関する議論を参考に」同志社法学51巻2号59頁以下（1999年），前田重行「持株会社における経営参加権の確保——比較法的観点からの分析」遠藤美光＝清水忠之編『（田村諄之輔先生古稀記念）企業結合法の現代的課題と展開』194頁以下（商事法務, 2002年），マークス・ルッター＝木内宜彦編著『日独会社法の展開』188頁以下（中央大学出版会, 1988年），松浦寛「株式会社における業務執行権の制限について——いわゆるホルツミュラー判決を中心として」明治大学短期大学紀要39号3頁以下（1986年）参照。

[98] BGHZ 159, 30 „Gelatine I". 本判決につき，舩津浩司『「グループ経営」の義務と責任』20頁以下（商事法務, 2010年），舩津浩司「ドイツの親会社保護」森本滋編著『企業結合法の総合的研究』300頁以下（商事法務, 2009年）。同時に出されたジェラティーネⅡ判決（BGH NJW 2004, 1860=ZIP 2004, 993=NZG 2004, 571 „GelatineⅡ"）につき，

以上に相当する財産を子会社等に移転する等の場合にだけ，親会社の株主総会による承認が必要であるという判例法上のルールを立法により変更する必要はなくなっている。

　ミュンヘン大学教授マティアス・ハバーザックは，この株主権指令によって，ドイツの株式法におけるコンツェルン規制（株式法291条以下）（以下「株式コンツェルン法」という）は事実上のコンツェルン規制（株式法311条以下）を含めて変更する必要性は原則として生じないが[99]，株主権指令9c条の存在に鑑み，親子会社関係に該当しない会社と株主との間の重要な取引一般について新たに本指令を考慮した規制を株式法311条に付加する必要が生じるであろうと予想する[100]。ハイデルベルク大学教授デルク・フェアゼは，関連当事者取引規制を含む指令が今後1年以内に立法化される場合，既に成立している株主権指令[101]の立法化と合わせて，ドイツの株式コンツェルン法は，事実上のコンツェルンにおける少数派株主保護を強化しなければならなくなるであろうと予想する[102]。ただし，フェアゼは，関連当事者取引規制を含む株主権指令により，ドイツの株式コンツェルン法を全面的に改正する必要は生じないであろうと予想する。これに対して，ハルデは，株主権指令の国内法化により，個々の関連当事者取引の公正が厳しく要求されるようになり，不利益補償を延期する可能性を認めた株式法311条2項は削除されるであろうと予想する[103]。

　私見としては，株式法311条は，支配従属会社間の関連当事者間取引の開示につき，従属報告書（株式法312条）は存在するが，これが非開示となっているので，この従属報告書の支配従属会社間取引の部分について開示するような改正が行われると予想する。ハバーザックも，株主権指令の国内法化に関する法

　　早川勝「持株会社による事業統合の問題点」判例タイムズ1158号143頁以下（2004年），高橋英治『ドイツと日本における株式会社法の改革——コーポレート・ガバナンスと企業結合法制』143頁以下参照。

[99] Habersack, Aktienkonzernrecht — Bestandsaufnahme und Perspektiven, AG 2016, 697. 同様の見解として，Hopt, Group of Companies Regulation and Reform Debate in Europe, Lecture at Kyoto University on March 21, 2017, Typoskript, S. 3.
[100] 2017年4月4日および2017年4月10日のミュンヘン大学教授マティアス・ハバーザック（Mathias Habersack）の筆者への電子メールによる回答。
[101] 株主権指令の邦訳として，正井・前掲注52）早稲田法学84巻4号179頁以下参照。
[102] 2017年4月12日のハイデルベルク大学教授デルク・フェアゼ（Dirk A. Verse）の筆者への電子メールによる回答。
[103] Trade, Die verschleierte Konzernrichtlinie, ZGR 2017, 387.

律の草案は未だ発表されていないため，自己の見解は単なる推測に過ぎないが，株主権指令の国内法化に関する法律において従属報告書の開示が定められる可能性はあると説く[104]。

(2) 株式会社法学
a　フリードリッヒ・クーブラー——ドイツ会社法の現代的教科書
aa）特徴

　1981年に第1版が出されたゲーテ大学名誉教授であったフリードリッヒ・クーブラーの『会社法論』は，学生向けの教科書であったという点で，これまで本書が紹介してきた体系書とは趣を異にする。本著作は，米国の「法と経済学」とりわけロナルド・コース[105]やオリバー・ウィリアムソン[106]らに代表される「市場と組織の経済学」を意識し，私的組織の法的構造を明らかにしようという狙いをもっていた。本著作の第1版の「はしがき」でクーブラーは，「会社法は私的組織の法である。文化，経済および政治のシステムは，組織構造の多様化と進化に支えられているといってよい。かかる経緯は，統計上も確認することができる。私的な結合体だけではなく，個人を母体とする組織関係の絶対数は恒常的に増加している。……これにより，会社法の課題も，具体的な法政策的な目標を定立することに置かれるようになる[107]」という言葉で書き始める。本著作は，スペイン語，中国語等に翻訳され，国際的にドイツを代表する会社法の教科書である。本書は，クーブラーの単著であった第5版に，近時の法発展を考慮して改訂されチュービンゲン大学名誉教授ハインツ＝ディーター・アスマンとの共著となった『会社法論〔第6版〕[108]』（2006年）を素材に，

104）2018年4月9日のミュンヘン大学教授マティアス・ハバーザック（Mathias Habersack）の筆者への電子メールによる回答。
105）Ronald H. Coase, The Firm, the Market, and the Law, Illinoi 1988. 本著作の邦訳として，ロナルド・H・コース，宮沢健一ほか訳『企業・市場・法』（東洋経済新報社，1994年）参照。
106）Oliver E. Williamson, Markets and Hierarchies：Analyse and Antitrust Implications, New York 1975. 本著作の邦訳として，O・E・ウィリアムソン，浅沼萬里＝岩崎晃訳『市場と企業組織』（日本評論社，1980年）参照。
107）Vorwort zur 1. Auflage, in: Kübler/Assmann, Gesellschaftsrecht, 6. Aufl., Heidelberg 2006, VI.
108）Kübler/Assmann, Gesellschaftsrecht, 6. Aufl., Heidelberg 2006.

本著作の特徴を説明する。

本著作は，第1部「基礎」，第2部「法形態」，第3部「法形態を超越した規制問題」という3部構成になっている。第1部「基礎」は，会社法の概念について説明した後で，会社法の歴史について概説している。この部で，本著作は，21世紀のドイツ会社法の発展の方向を見定めようする。本著作は，米国で20世紀後半から始まった規制緩和の波が世界にも及び，資本金制度 (legal capital) は必要性がないと主張されていることに鑑み，会社債権者保護のあり方がドイツでも変化していくであろうと予想する[109]。本著作は，株主保護のあり方も大きく変化し，多くの国で廃止されているように新株引受権制度が廃止され，米国法をモデルとした株主代表訴訟 (derivative action) が株主による経営者等に対するコントロール手段として利用されるであろうと予想する[110]。この取締役の責任追及のための株主代表訴訟導入は，この制度を立法上導入した2005年9月22日「企業の誠実性及び取消権の現代化のための法律[111] (UMAG)」以前の1999年の本著作第5版 (フリードリッヒ・クープラーの単著) において，既に予想されていた[112]。

本著作は，1994年の「小株式会社と株式法の規制緩和のための法律[113]」および1998年の「企業領域における統制および透明化のための法律[114] (KonTraG)」が，21世紀へ向けてのドイツ株式会社法における規制緩和の最初のものであったとみる。本著作は，将来のドイツの株式会社法において，債権者および株主の保護において，具体的には次のような大きな構造的変革が行われるであろうと予想する[115]。すなわち，本著作は，債権者保護については，ドイツ法の伝統であった資本金制度が廃棄され，剰余金配当の方法が——自己株式取得を含め——緩和化され，無額面株式が認められたことに象徴されるように，株式会社

---

109) Kübler/Assmann, Gesellschaftsrecht, 6. Aufl., S. 17.
110) Kübler/Assmann, Gesellschaftsrecht, 6. Aufl., S. 18.
111) Gesetz zur Unternehmensintegrität und Modernisierung des Anfechtungsrechts (UMAG) vom 22.9.2005, BGBl. I S. 2802.
112) Kübler, Gesellschaftsrecht, 5. Aufl., Heidelberg 1999, S. 18.
113) Gesetz für kleine Aktiengesellschaften und zur Deregulierung des Aktienrechts vom 2.8.1994, BGBl. I S. 1961.
114) Gesetz zur Kontrolle und Transparenz im Unternehmensbereich (KonTraG) vom 27.4.1998, BGBl. I S. 786.
115) Kübler/Assmann, Gesellschaftsrecht, 6. Aufl., S. 17 ff.

の設立・資金調達規制が簡素化され，株式会社の設立と資金調達が容易になるであろうと予想する。本著作は，株主保護については，上場会社においては，既に多くの会社で新株発行にあたり既存株主に新株引受権の付与がなされていないことを指摘する。これのみに着眼すると，ドイツ法上，株主保護は将来弱体化の一歩を辿るようにみえるが，本著作は，ドイツ法が，米国流の資本市場法の導入および大株主の少数派株主に対する誠実義務や取締役の違法行為に対する株主代表訴訟制度の導入により，株主保護を強化するであろうと予想する。本著作は，学界で廃止論も提起されているドイツの共同決定制度に関しては，この制度が，第二次世界大戦後のドイツ経済の急速な復興を成し遂げることに大きく貢献したと評価するが，共同決定制度が費用のかかる制度となっていることも認め，より組織の自由度の高い米国型の機関制度設計が，費用の点では優位に立っているとし，ドイツ経済が世界経済に取り込まれていく過程で，共同決定制度を維持できるかについては，解答が困難な問題であるとする[116]。本著作を，21世紀ドイツ株式会社法学を代表するドイツの教科書として取り上げたのは，本著作が1981年に第1版が書かれていながら，他の体系書と異なり，21世紀ドイツ株式会社法が進む発展方向を大胆に予想している点にある。

　本著作は，第1部「基礎」第2章「分類」において，会社（ゲゼルシャフト）を，その構造から，人的会社と団体（ケルパーシャフト）とに分類する。民法上の組合や合名会社，合資会社が人的会社の典型であるのに対し，株式会社は，団体の典型であり，多数の構成員からなることを想定しており，①構成員の死亡や交替によって解散しない，②固有の名称をもち，機関につき会社契約ではなく定款が細目を定め，取締役および構成員による総会という少なくとも二つの機関を有し，特に取締役については構成員以外の者も機関構成員となることができる（第三者機関制），③意思決定は多数決によってなされる，④構成員の事項と団体の事項とが厳格に分離していて，かつ，法人である，⑤構成員と団体の関係および構成員相互の関係が希薄である，等の特徴があると論じた[117]。このダイナミックな分類法は，本著作の特徴であり，初学者にとって，ドイツ会社法の複雑な体系を理解するのに助けになると同時に，本著作の会社法の「理論」の書としての魅力を高めている。

---

116) Kübler/Assmann, Gesellschaftsrecht, 6. Aufl., S. 19 f.
117) Kübler/Assmann, Gesellschaftsrecht, 6. Aufl., S. 24 f.

bb) 内容

本著作は，株式会社法については，ルノー[118]以来の社員権論を受け継いだ[119]。社員権の分類についてはヴュルディンガー[120]の見解に従い，社員権は，議決権に代表される「管理権」および剰余金配当請求権に代表される「財産権」に分かれると説いた[121]。本著作は，新しいタイプの株主の機能として，「株主相互間のコミュニケーション」を挙げる。すなわち，少数株主権となっている権利（例えば，株主代表訴訟の許可を得るための権利（株式法142条2項））を複数の株主が共同で充足するために，ドイツ電子連邦公報[122]に存在する「株主フォーラム[123]」で行われる株主相互のコミュニケーションが，これにあたる。2005年UMAGによる株式法改正により，株式法128a条が設けられ，本条によると，株主がドイツ電子連邦公報の株主フォーラムを利用して共同して申立てや要求等ができ（株式法128a条1項），会社はこのインターネットサイトでの申立てや要求等に対しドイツ電子連邦公報上で意見を表明することができる（株式法128a条4項）。この新しいタイプの株主の機能を指摘した点でも，本著作は，ドイツにおける株式会社の「現代化」の方向を明確に示す，新しいドイツの株式会社法の教科書であった。

本著作は，ドイツの通説[124]に従い，取締役の「選任（Bestellung）」と「任用（Anstellung）」を区別する（分離説）。本著作によると，「選任」が取締役候補者の承認によって当該人を取締役とする会社法上の行為であるのに対し，「任用」は会社を代表して監査役会が取締役と締結する債務契約を基礎とするものであり，取締役は，かかる債務契約としての任用契約を締結することによ

---

118) Renaud, Das Recht der Actiengesellschaften, 1. Aufl., Leipzig 1863, S. 72 f.
119) Kübler/Assmann, Gesellschaftsrecht, 6. Aufl., S. 196.
120) Würdinger, Gesellschaften, Zweiter Teil: Recht der Kapitalgesellschaften, Hamburg 1943, S. 38 f.; Würdinger, Aktienrecht und das Recht der verbundenen Unternehmen, 4. Aufl., Heidelberg 1981, S. 48 ff.
121) Kübler/Assmann, Gesellschaftsrecht, 6. Aufl., S. 197 ff.
122) 電子版の「官報」に相当するものである。高橋英治『ドイツ会社法概説』214頁参照。
123) 株主フォーラムにつき，久保寛展「株主間のコミュニケーション手段の確立——ドイツにおける株主フォーラム（広場）制度の創設」福岡大学法学論叢51巻1＝2号1頁以下（2006年），高橋英治「ドイツ法における株主代表訴訟の導入——UMAG報告者草案とわが国法制への示唆」商事法務1711号16頁以下（2004年）参照。
124) 高橋英治『ドイツ会社法概説』145頁以下参照。

り，会社の業務執行を指揮する義務を会社に対して負う[125]。任用契約は通常ドイツ民法611条以下の雇用契約である。しかし，本著作は，判例に従い，取締役は労働者ではなく，むしろ「使用者としての機能を果たす[126]」と説く。しかし，本著作は，任用契約は，長期的契約であり，その意味では労働関係に近いとし，取締役の疾病等により任用契約が履行不能となった場合でも，ドイツ民法326条1項により任用契約が契約締結時に遡って無効になるわけではなく，取締役には報酬が支払われなければならないと説く。

本著作は，かかる分離説の立場から，取締役としての選任行為が任期終了前に取り消された場合でも，任用契約は，かかる「解任」により，自動的に解除されることはないと説く[127]。任用契約は，ドイツ民法626条に従い，重要な事由がある場合に解除することができ，解除可能であるかについて考慮される要素は，ドイツ民法626条の文面に従うならば，任用解約の当事者たる会社と取締役の双方の利益であるはずであるが，株式法上は，会社と株主の利益も重要であると説く。また，本著作は，判例[128]を引用し，20年にわたり不当に高額な報酬を得ていた取締役は，即時に解任することができるが，選任期間が長期にわたっていたことが考慮され，任用契約を解除するためには，通常の解雇の方法によることが必要であると説く。このように，本著作は，短い叙述の中にも，判例を多数引用し，私的組織としての株式会社の法秩序の全体像を，初学者に伝えようとしている。

b　その他の教科書

21世紀を代表するドイツの株式会社法の教科書としては，まず，ゲッツ・フックの弟子で，ドイツを代表する経済法・労働法・会社法学者であるクリスティーネ・ヴィンドビヒラーの『会社法論〔第24版〕[129]』がある。この著作は，ドイツの法学部の学生の学習用のものとして標準的な教科書である。商法＝企業法説の現在の主唱者が会社法のすべての領域につき体系的に論じたものとしては，カールステン・シュミットの『会社法論〔第4版〕[130]』がある。これは

---

[125] Kübler/Assmann, Gesellschaftsrecht, 6. Aufl., S. 201.
[126] これは連邦通常裁判所の見解である（BGHZ 36, 143）。
[127] Kübler/Assmann, Gesellschaftsrecht, 6. Aufl., S. 203.
[128] BGHZ 20, 249.
[129] Windbichler, Gesellschaftsrecht, 24. Aufl., München 2017.
[130] Karsten Schmidt, Gesellschaftsrecht, 4. Aufl., Köln 2002.

読者として学生以外に，実務家および研究者も想定した体系書であるが，研究書としても水準が極めて高い。ハンブルク大学教授であり，キリスト教民主同盟（CDU）に属し2017年のドイツ連邦議会選挙でもケルン第2区から当選し現在ドイツ連邦議会議員としても活躍するヘリベルト・ヒルテは，資本会社法の一般理論が存在することを前提に，設立・機関構造・社員権・ファイナンス等の各事項につき，有限会社の規制と株式会社の規制とを対比させてそれぞれの規制を解説する『資本会社法論〔第8版〕[131)]』という体系書を執筆している。企業結合法の体系書としては，経済法学者としても名高いエメリッヒと現代ドイツ私法学を代表する学者であるハバーザックとの共著の『コンツェルン法論〔第10版〕[132)]』がある。これは，学習用の教科書というより，実務と研究に影響を与えている体系書に属する。
　それ以外の教科書としては，事例問題と簡単な解答を提示し平易な解説で定評のあるカールステン・シェーファーの『会社法論〔第4版〕[133)]』，比較的詳細な解説でありながら事例問題・解答・重要判例の要約を提示し会社法を初めて学ぶ学部生に配慮したゼンガーの『会社法論〔第3版〕[134)]』，判例・通説の立場で平易に書かれており初学者向けの会社法の教科書の代表的なものであるバーバラ・グリューネバルトの『会社法論〔第9版〕[135)]』，会社法全体の概説の後に事例問題と解答を付している点に特徴のあるビッターとハイムの『会社法論〔第3版〕[136)]』，複雑なドイツの企業結合法と組織再編法を平易に解説したクールマンとアーニスの『コンツェルン法・組織再編法論〔第4版〕[137)]』があるが，これらは初学者を対象とした教科書である。
　21世紀に第1版が出たドイツの株式会社法に関する教科書は，そのすべてが初学者を対象としたものであり，学術的な「体系書」と呼べるものは未だ出ていない。この背景には，①国家試験合格という目的を重視する21世紀のドイツの法学部生の需要に応えるために学術性の高い体系書よりも，わかりやすい学習用の教科書が求められるようになってきていること，②株式会社法につき実

---

131) Hirte, Kapitalgesellschaftsrecht, 8. Aufl., Köln 2016.
132) Emmerich/Habersack, Konzernrecht, 10. Aufl., München 2013.
133) Carsten Schäfer, Gesellschaftsrecht, 5. Aufl., München 2018.
134) Saenger, Gesellschaftsrecht, 4. Aufl., München 2018.
135) Grunewald, Gesellschaftsrecht, 10. Aufl., Tübingen 2017.
136) Bitter/Heim, Gesellschaftsrecht, 4. Aufl., München 2018.
137) Kuhlmann/Ahnis, Konzern-und Umwandlungsrecht, 4. Aufl., Heidelberg 2016.

務での実際の取扱いの実態を知りたいという要求が高まり，経済法を専門とする弁護士などの実務家により株式会社法に関するハンドブックが多く執筆されるようになっていること[138]，③21世紀を迎えて（ドイツ・コーポレート・ガバナンス規準の改訂や小規模な株式法改正も含めると）ドイツでは株式会社法の改正が毎年のように行われ，株式会社に関する法律の状態が安定せず，ドイツ株式会社法学が学問として成熟する機会を逸していること，などに求められるであろう。

(3) 株式会社法の「現代化」と株式会社法学の総括と将来への展望
a　21世紀のドイツ株式会社法の「現代化」の総括

　1602年オランダ東インド会社および19世紀前半に採用されていた株式会社設立に関する認可主義にみられるように，株式会社法の歴史の初期で国家権力は株式会社設立に積極的に関与していた[139]。ドイツでは既に19世紀後半に株式会社設立に準則主義が導入され，株式会社は，設立に関する国家の監督から解放され，自律的に発展するようになった。ドイツにおいては，20世紀の「発展期」を経て，20世紀から21世紀に移行する時期から，株式会社法の「現代化」が行われるようになった。その特徴の一つは，1994年の「小株式会社の規制と株式法の規制緩和のための法律[140]」に代表されるような株式会社法の「規制緩

---

138) かかる株式会社法のハンドブックの代表的なものとして，Henn/Frodermann/Janott (Hrsg.), Handbuch des Aktienrechts, 8. Aufl., Heidelberg 2009; Welf Müller/Thomas Rödder (Hrsg.), Beck'sches Handbuch der AG, 2. Aufl., München 2009; Ziemons/Binnewies, Handbuch Aktiengesellschaft : Gesellschaftsrecht-Steuerrecht, Köln 2016.

139) オットー・フォン・ギールケは，「オランダにおいては，まず，最初に，〈1602年3月20日，その当時まで存在した小さな諸会社および諸マスコバイの結合をとおしてオランダ議会によって設立され，そして喜望峰のかなたで専売的商業の独占権と多数の特権（同盟権，戦争権および支店設置権など）を付与された〉東インド会社が，国家によって，そしてしかも徹底して一つのコーポラチオンとして，有機的に組織された」と論じた (Otto von Gierke, Das Deutsche Genossenschaftsrecht, Erster Band, Graz 1868, S. 992 f. 邦訳は，オットー・フォン・ギールケ，庄子良男訳『ドイツ団体法論第1巻第4分冊』168頁（信山社，2015年）参照）。このギールケの叙述によると，1602年オランダ東インド会社の設立に際して国家は積極的に関与した。

140) Gesetz für kleine Aktiengesellschaften und zur Deregulierung des Aktienrechts vom 2.8.1994, BGBl. I S. 1961.

和」であった。その結果，ドイツ国内の株式会社の数は増加した。1893年にはドイツ国内に2143社存在した株式会社は，2014年には，株式合資会社を合わせた総数は16292社に増加した[141]。2015年，ドイツにおいて登記されている株式会社の数は15000社余りであると推定されていた[142]。2016年1月1日時点において登記されている，株式会社と株式合資会社の総数は，15746社であり，全企業数の0.95パーセントを占めている[143]。ただし，ドイツの国内上場株式会社の数は，2012年10月の時点で，761社である[144]。

　21世紀のドイツ株式会社法の特徴は，「ヨーロッパ化」にもあった。2015年，1965年株式法はその制定から，半世紀を迎えた。フェアゼは，2015年に開催された株式法50年記念の祝賀シンポジウムにおいて，「ヨーロッパの影響下でのドイツ株式法」というテーマで講演し，将来においても，ヨーロッパ委員会からの一元型コーポレート・ガバナンスの受容の要請は一段と強まり，共同決定法とコンツェルン法というドイツ型の規制を，どのように維持していくべきであるのか，あるいは変更していくべきであるのかについて，EU加盟国とドイツとの間での建設的な議論が，これから続けられなければならないと説いた[145]。

　かかる「ヨーロッパ化」と「規制緩和」の加速化の背景には，ヨーロッパの国際会社法に関する原則の変更があった。すなわち，世紀転換前後のヨーロッパ裁判所の三つの判例[146]の影響を受けて，2008年10月27日，ドイツの連邦通

---

[141] Karsten Schmidt, in: Karsten Schmidt/Marcus Lutter (Hrsg.), Aktiengesetz, Kommentar, 3. Aufl., Einleitung Rdnr. 2.

[142] Schäfer, Gesellschaftsrecht, 4. Aufl., München 2015, S. 263.

[143] Windbichler, Gesellschaftsrecht, 24. Aufl., S. 45.

[144] Karsten Schmidt, in: Karsten Schmidt/Marcus Lutter (Hrsg.), Aktiengesetz, Kommentar, 3. Aufl., Einleitung Rdnr. 2.

[145] Verse, 50 Jahre Aktiengesetz — Das deutsche Aktienrecht unter europäischem Einfluss, in: Fleischer/Koch/Kropff/Lutter (Hrsg), 50 Jahre Aktiengesetz, ZGR-Sonderheft 19, Berlin 2016, S. 324.

[146] ヨーロッパ裁判所の三つの判例を以下に挙げる。EuGH, Urteil vom 9.3.1999, Rs. C-212/97, Slg. 1999, I 1459 „Centros"。この判決の詳細につき，森田果「ヨーロッパ国際会社法の行方(1)」民商法雑誌130巻4＝5号782頁以下（2004年），中村民雄＝須網隆夫編著『EU法基本判例集〔第2版〕』261頁以下（日本評論社，2010年）〔由布節子〕，今野裕之「ECにおける移動の自由の原則とペーパーカンパニーの2次的開業権」国際商事法務29巻6号741頁以下（2001年），山内惟介「セントロス事件」同『国際会社法研究第1巻』331頁以下（中央大学出版部，2003年）参照。

常裁判所も，従来の本拠地準拠法主義の立場を捨て，設立地準拠法主義の立場へと移行した[147]。これらヨーロッパ裁判所の三つの判例によりEU加盟国の一国に会社を設立すれば，その国の会社法が適用され，かかる会社はEU全域にわたって，設立地の加盟国の会社法の適用を受けたまま営業活動ができるようになった。かかる設立地準拠法主義の採用を背景に，各EU加盟国は，自国に会社設立を誘致するため「規制緩和」を行う傾向が顕著になった。こうして，ヨーロッパにおける「会社法の競争」[148]が生じた。EUは，かかる現象が，「レース・トゥ・ザ・ボトム」へとEU加盟国の会社法秩序を導かないように，すなわち，各加盟国の法制が投資家保護の水準を落とさないように，主として「指令」などの「法の見える手」により加盟国の会社法を制御しているのである。

本書は，以下において，EU法の影響下で，ドイツ株式会社法が，将来どのように改正されていくかについて，ドイツの代表的会社法学者の見解を示したい。

b　将来のドイツ株式会社法はどうなるのか？
aa）自己株式取得の数量制限の撤廃は実現するのか？

まず，ドイツの株式会社の資金調達については，その「規制緩和」や「多様化・柔軟化」が進んで行くであろうと予想される。将来においては，会社法専門家ハイレベル・グループの第二報告書が提案していたように[149]，自己株式取得規制の10パーセントの制限を撤廃すべきか否かが将来ドイツの立法上の争点になると思われる。この自己株式取得に関する10パーセントの制限（株式法71

EuGH, Urteil vom 5.11.2002, Rs. C-208/00, Slg. 2002, I 9919 „Überseering". この判決の詳細につき，森田・前掲注146）民商法雑誌130巻4＝5号785頁以下参照。

EuGH, Urteil vom 30.9.2003 Rs. C-167/01, Slg. 2002, I 607 „Inspire Art". この判決の詳細につき，森田果「ヨーロッパ国際会社法の行方（2・完）」民商法雑誌130巻6号1098頁以下（2004年），上田廣美「EUにおける開業の自由の原則に関する判例の変遷――インスパイア・アート事件を中心に」奥島孝康＝宮島司編『（倉澤康一郎先生古稀記念）商法の歴史と論理』59頁以下（新青出版，2005年）参照。

147）　BGH NJW 2009, 289 „Trabrennbahn".
148）　ダニエル・チマー，高橋英治訳「ヨーロッパにおける会社法の競争」同志社法学59巻4号218頁（2007年）。
149）　Report of High Level Group of Company Law Experts on Modern Regulatory Framework for Company Law in Europe (Nov. 4, 2002), S. 85.

条1項8号)は,1976年(2006年改正前)第2指令[150]の下では,資本金の10パーセント以下の数量規制を設けることが「できる」とする同指令19条1項b号に根拠があった。2006年改正第2指令19条1項iにも,かかる数量制限を設ける加盟国の裁量は維持されている。マルクス・ルッターを中心としたドイツ会社法専門家グループ[151]は,資本金の10パーセント枠を撤廃することに反対する。その理由は,10パーセント規制が,自己株式の取得を株価操作のために利用することを防止する機能を果たしていることを挙げる[152]。ただし,2006年改正第2指令[153]19条1項iは,加盟国が10パーセント以下の数量規制を維持できることを示しているだけであり,この数量規制を撤廃するか否かは加盟国の裁量に委ねられている。会社法専門家ハイレベル・グループは,10パーセントの数量規制は過剰規制となっているのであり,将来撤廃するべきであると主張したが,現在までのところ,10パーセント規制を撤廃する立法の動きは,ドイツ法上存在していない。

　この問題についてのドイツの学説の見解は分かれる。フンボルト大学教授グレゴール・バッハマンは,自己株式取得についての10パーセントの数量制限の

---

[150] Zweite Richtlinie vom 13. Dezember 1976 (Kapitalrichtlinie) (77/191/EWG). 1976年第2指令(2006年改正前)の条文は,Lutter, Europäisches Unternehmensrecht: Grundlagen, Stand und Entwicklung nebst Texten und Materialien zur Rechtsangleichung, 4. Aufl., ZGR-Sonderheft 1, Berlin 1996, S. 114 ff.; Hopt/Wymeersch (Edit.), European Company and Financial Law: Texts and Leading Cases, Oxford 2004, S. 284 ff.に収録されている。1976年第2指令(2006年改正前)につき,森本滋『EC会社法の形成と展開』103頁以下(商事法務,1984年)参照。

[151] Zur Entwicklung des Europäischen Gesellschaftsrechts: Stellungnahme der Arbeitsgruppe Europäisches Gesellschaftsrecht (Group of German Experts on Corporate Law) zum Report of the High Level Group of Corporate Law Experts on a modern Regulatory Framework for Company Law in Europe, ZIP 2003, 863. この「ドイツ会社法専門家グループ」は,EUに対して提言を行う「会社法専門家ハイレベル・グループ」の見解に対し,ドイツ法の立場から意見を述べるために結成された。

[152] Stellungnahme der Arbeitsgruppe Europäisches Gesellschaftsrecht, ZIP 2003, 873.

[153] 2006年改正第2指令の条文は,Marcus Lutter/Walter Bayer/Jessica Schmidt, Europäisches Unternehmens- und Kapitalmarktrecht, 5. Aufl., ZGR-Sonderheft 1, Berlin 2012, S. 571 ff.; Grundmann/Riesenhuber (Hrsg.), Textsammlung Europäisches Privatrecht, Vertrags- und Schuldrecht, Arbeitsrecht, Gesellschaftsrecht, Berlin 2009, S. 595 ff. に収録されている。

撤廃のような急進的な改正はドイツでは近い将来行われないであろうと予想する154)。これに対して，フンボルト大学教授ハンス＝ペーター・シュヴィントフスキは，経済理論的には，株式会社が10パーセントを超えて自己株式を取得することについて，障害は考えられないと説く。ハンス＝ペーター・シュヴィントフスキは，株式会社が100パーセント自己株式を取得したとしても，その株式会社は「財団」のような形態になるだけであり，ドイツにおいて企業が「財団」を形成する例は150年にわたり存在することに鑑みると，法的問題は生じないと説く155)。

私見としては，ファイナンス規制の緩和の流れの中で，ドイツの自己株式取得の数量制限も撤廃される流れが，EU第二指令の改正を通じて形成されるのではないかと考える。

bb）ドイツの株式会社のコーポレート・ガバナンスのヨーロッパ化
―――元型コーポレート・ガバナンス体制の導入の可能性

ハンス＝ペーター・シュヴィントフスキは，2014年4月9日にヨーロッパ委員会が出した指令案156)が，近々実現されるドイツ法の将来像を示していると考える。氏は，①株主に対して与えられる情報が充実して株主がその権利を行使しやすくする仕組みが導入されること157)，②取締役の報酬の額と方法は監査役会ではなく株主総会によって決定されること158)などを予想する159)。

ドイツ法の「ヨーロッパ化」は，共同決定法にも及んでいくのであろうか。1976年共同決定法は，特に同権的共同決定（半数共同決定）が適用されるドイツの上場株式会社にとって，外国企業が当該上場株式会社の過半数の議決権を

---

154) 2017年3月10日のフンボルト大学教授グレゴール・バッハマン（Gregor Bachmann）の筆者への電子メールによる回答。
155) 以上，2017年3月10日のフンボルト大学教授ハンス＝ペーター・シュヴィントフスキ（Hans-Peter Schwintowski）の筆者への電子メールによる回答。
156) Vorschlag für eine Richtlinie des Europäischen Parlaments und des Rates zur Änderung der Richtlinie 2007/36/EG im Hinblick auf die Förderung der langfristigen Einbeziehung der Aktionäre sowie der Richtlinie 2013/34/EU in Bezug auf bestimmte Elemente der Erklärung zur Unternehmensführung, Brüssel, den 9.4.2014 COM（2014）213 final, 2014/0121（COD）.
157) Ders., S. 14.
158) Ders., S. 16.
159) 2017年3月10日のフンボルト大学教授ハンス＝ペーター・シュヴィントフスキ（Hans-Peter Schwintowski）の筆者への電子メールによる回答。

取得したとしても（株式法133条参照），監査役会構成員の半数のみに代表者を送れるに過ぎない結果をもたらしているという点で[160]，資本移動の自由（ヨーロッパ連合運営条約63条・64条）を事実上制限する効果を有している。ただし，EU法は，加盟国の多様化を尊重する立場を現在ではとっているので（補完性原則，ヨーロッパ連合条約5条3項参照），EUが直ちに同権的共同決定制度を放棄するようにドイツに迫ることはないと思われる。

　将来のドイツの株式会社のコーポレート・ガバナンス体制は，監査役会を前提とする二元型式と一元型の選択制をとるようになるであろう。ドイツに定款上の本拠地を有するヨーロッパ株式会社（SE）が一元型の形態を選択した場合，株主総会が直接的に経営機関の構成員を選任しうるため（ヨーロッパ株式会社規則[161] 43条3項），大株主が経営機関である経営会の会長と業務執行役員を兼任し，ほかの2人の経営会構成員の計3人でヨーロッパ株式会社を経営することができる[162]。このため，ドイツを定款上の本拠地としてヨーロッパ株式会社の形態をとった小規模会社や子会社の多くが一元型のコーポレート・ガバナンス体制を選択した[163]。ハバーザックは，かかるヨーロッパ株式会社の経験から，一元型機関構造は中小株式会社にとっては有意義な選択肢となっていると結論づけ，一元型と二元型との選択制を株式会社に導入すべきであると提案した[164]。2012年第69回ドイツ法律家会議経済法部会決議は，すべての株式会社に対して機関構造として一元型と二元型との選択制を導入すべきであるという提案を可決した[165]。かかる経緯に照らすと，ドイツにおいて，株式会社への一元型コーポレート・ガバナンス体制の選択的導入は不可避であろう[166]。これに伴

---

[160] 高橋英治『ドイツ会社法概説』169頁参照。

[161] ヨーロッパ株式会社規則は，Marcus Lutter/Walter Bayer/Jessica Schmidt, Europäisches Unternehmens- und Kapitalmarktrecht, 5. Aufl., ZGR-Sonderheft 1, S. 1551 ff. に収録されている。

[162] 高橋英治＝新津和典「ヨーロッパ会社（SE）法制の現状と課題〔下〕」商事法務1959号51頁（2012年）参照。

[163] 高橋＝新津・前掲注[162] 商事法務1959号51頁参照。

[164] Habersack, Staatliche und halbstaatliche Eingriffe in die Unternehmensführung, Gutachten E zum 69. Deutschen Juristentag, E. 103.

[165] 賛成53票，反対26票，棄権5票。Der Ständige Deputation des Deutschen Juristentages (Hrsg.), Verhandlungen des 69. Deutschen Juristentages München 2012, Band II/2 Sitzungsberichte (Diskussion und Beschlussfassung), N 234.

[166] 一元型コーポレート・ガバナンスの導入に賛同する近時の見解として，Reichert,

3 「現代化」の時期　　175

い，ドイツの共同決定制度の見直しの議論は再燃していくであろうと予想される。

　ハバーザックは，ドイツの共同決定法は，その本質においては，維持されるであろうが，その内容は，2009年に「企業家的共同決定研究会[167]」が提案したように，一定程度，柔軟化すると予想する。2009年の「企業家的共同決定研究会」の提案は，ヨーロッパ株式会社の規制に従い，共同決定が現行法のように一定の要件を満たした場合に強制されるとするのではなく，「交渉モデル」を採用し，共同決定を導入するか否かが，株式会社を代表する取締役と労働者を構成員とする特別委員会との交渉の結果決まるとする[168]。

　ハバーザックとグレゴール・バッハマン[169]は，TUI航空事件等[170]で，ヨーロッパ裁判所は，近日中に，ドイツの共同決定制度が，国籍による労働者の差別的取扱いになっていないか否か，および，ドイツの共同決定制度がEUの基本的自由（労働者の自由な移動）を侵害していないか否かについて判決を下す予定であり，この判決がドイツの共同決定制度の運命に影響を与えるであろうと予想していた。

　ハイデルベルク大学教授デルク・フェアゼは，TUI航空事件においてヨー

　　Reformbedarf im Aktienrecht, AG 2016, 681. グレゴール・バッハマンは，長期的には，ドイツの株式会社にも一元型コーポレート・ガバナンスは導入されるであろうが，ドイツの立法上，近時に導入される予定はないと説く（2017年3月10日のフンボルト大学教授グレゴール・バッハマン（Gregor Bachmann）の筆者への電子メールによる回答）。
167) 企業家的共同決定研究会のメンバーは，フンボルト大学教授グレゴール・バッハマン（Gregor Bachmann），ゲーテ大学名誉教授テオドア・バウムス（Theodor Baums），ミュンヘン大学教授マティアス・ハバーザック（Mathias Habersack），ケルン大学教授マーチン・ヘンスラー（Martin Henssler），ボン大学名誉教授マルクス・ルッター（Marcus Lutter），キール大学教授ハルトムート・エトカー（Hartmut Oetker），ハイデルベルク大学名誉教授ペーター・ウルマー（Peter Ulmer）である。
168) Arbeitskreis „Unternehmerische Mitbestimmung", Entwurf einer Regelung zur Mitbestimmungsvereinbarung sowie zur Größe des mitbestimmten Aufsichtsrats, ZIP 2009, 886 ff.
169) 2017年3月10日のフンボルト大学教授グレゴール・バッハマン（Gregor Bachmann）の筆者への電子メールによる回答。
170) TUI航空事件は，KG, Vorlagebeschluß von 16.10.2015, AG 2015, 872=KG NZG 2015, 1311. その他にドイツの共同決定制度のEU法違反が争われている事件として，OLG Frankfurt a.M. NZG 2016, 1186 がある。

ロッパ裁判所によりドイツの共同決定法がEU法に違反しているとする判決が出たとしても，ドイツの立法者は現在の共同決定法がEU法違反にならないようにするための最低限度の措置しかとらないであろうし，現在のドイツの政党には，積極的に同権的共同決定を改正するイニシアチブをとろうとするものはないとみていた[171]。

　ハンス＝ペーター・シュヴィントフスキも，同権的共同決定はドイツにおいて将来も存続すると予想する。ただし，氏は，株式の相互保有で形成されたいわゆる「ドイツ株式会社（"Deutschland AG"）」は崩壊し，国際資本市場からの圧力を受けて，ドイツの株式会社は，長期的利益追求から，短期的利益追求へと目標を変更しつつあり，かかる短期的視点から，共同決定制度から逃避するためにドイツの株式会社（AG）がヨーロッパ株式会社（SE）へと組織変更する現象は，一般的になるであろうと予想する[172]。

　2017年7月18日ヨーロッパ裁判所TUI航空事件判決[173]は，ドイツ会社法上の共同決定制度において，ドイツ以外のEU加盟国子会社で働く労働者が，ドイツの親会社の監査役会構成員を選任する上で監査役会構成員となる被選挙権も選挙権もない（ドイツの子会社で働く労働者は，ドイツの親会社の監査役会構成員を選任する上で監査役会構成員となる被選挙権も選挙権もある）ことは，ヨーロッパ連合運営条約18条が規定する一般差別禁止に抵触せず，また，ヨーロッパ連合運営条約45条が規定する労働者の移動の自由にも違反しないと判示した。本件は，TUIグループの頂点に位置するTUI株式会社の原告株主が，株式法98条に基づいて，TUI株式会社の監査役会が，その構成員に外国人が被選挙権・選挙権をもたない点で，ヨーロッパ法に違反した構成をとっていると訴えた事例である。ベルリン地裁は，TUI株式会社の監査役会の構成を決定している共同決定法がヨーロッパ法に違反していないと判示した[174]。ベルリン上級地方裁

---

171) 2017年4月12日のハイデルベルク大学教授デルク・フェアゼ（Dirk A. Verse）の筆者への電子メールによる回答。

172) 以上，2017年3月10日のフンボルト大学教授ハンス＝ペーター・シュヴィントフスキ（Hans-Peter Schwintowski）の筆者への電子メールによる回答。

173) EuGH, Urteil vom 18.7.2017, C-566/15, Celex-Nr. 62015C0566. この判決の評釈として，Schilha, Anmerkung, EWiR 16/2017, 489 f.; Schanze, Die Pluralität der Mitbestimmungslösung in Europa: Kommentar zum EuGH v. 18.7.2017 – C-566/15, ECLI:EU:C:2017:562 –Konrad Ezberger./.TUI AG, AG 2017, 577 ff.

174) LG Berlin, Beschluß von 1.6.2015, AG 2015, 588 ff.

判所は，共同決定法のヨーロッパ法違反はありうると考え，共同決定法がヨーロッパ法に違反するか否かについて，先行判決を求めて，ヨーロッパ裁判所に本件を付託した[175]。TUI事件を担当したヨーロッパ裁判所補佐官（Generalanwalt）は，2017年5月4日，ドイツの共同決定制度が，労働者の移動の自由にも，また，国籍を理由とした差別禁止にも違反しないという結論に達していた[176]。

　2017年7月18日ヨーロッパ裁判所TUI航空事件判決に対して，ハバーザックは，TUIグループには全体で5万人の労働者がいるが，ドイツで働いている労働者は1万人程度しか存在せず，この1万人程度の労働者のみがドイツの親会社の監査役会構成員の選挙権・被選挙権を有し，他の4万人のTUIグループのドイツ以外のEU加盟国で働く（外国人）労働者はドイツの親会社の監査役会構成員の選挙権・被選挙権を有しないという明らかに不合理な現状を指摘し，TUIグループのドイツの親会社または子会社で働いていた労働者が他のEU加盟国の子会社へ配置転換になった場合，ドイツの共同決定制度の下では，当該労働者は親会社の監査役会構成員選任に関する選挙権も被選挙権も失ってしまうと論じ，ヨーロッパ裁判所TUI航空事件判決は時代錯誤も甚だしいと批判する[177]。その上で，ハバーザックは，ヨーロッパ裁判所は，ドイツ共同決定制度の廃止を結論づけるのではなく，ドイツの共同決定制度を，ドイツ以外のEU加盟国で働く労働者にも開くべきであったと論じる。ハバーザックは，これが実現できなかったという意味で，ヨーロッパ裁判所TUI航空事件判決において勝利したのは，民主主義ではなく，ドイツの共同決定制度を改革してドイツ以外のEU加盟国で働く労働者に対して共同決定制度に参加するか否かについての選択権を与える提案に反対する者であったと論じた[178]。ハバーザックは，ヨーロッパ裁判所TUI航空事件判決を契機として，ドイツの共同決定制度が，団体の自治を尊重し，ドイツ以外のEU加盟国の子会社の労働者の参加を可能

---

175) KG, Vorlagebeschluß von 16.10.2015, AG 2015, 872 f.
176) EuGH, Schlussanträge vom 04052017-Rs. C-566/15 des Generalanwalts, Konrad Erzberger/TUI AG. このヨーロッパ裁判所補佐官の見解につき，Stolzenberg, Vereinbarkeit des deutschen Mitbestimmungsgesetzes mit EU-Recht - Schlussanträge des Generalanwalts, DB 2017, 1077.
177) Habersack, „Germany first"?, NZG 2017, 1022.
178) Habersack, NZG 2017, 1023.

なものへと変化していくべきであると論じた[179]。

　TUI航空事件における原告（Konrad Erzberger）は，TUIグループのドイツ以外のEU加盟国の子会社で働く労働者ではなく，ドイツのTUIグループの親会社であるTUI株式会社の株主であり，そもそもドイツの共同決定法の適用を免れようとしてドイツ共同決定法のEU法違反を主張していた。この点に着目し，ヴュルツブルク大学のヨーロッパ会社法のドイツの第一人者であるクリストフ・タイヒマンは，かかる原告の主張は国家の立法権限の侵害を意味すると説き，ヨーロッパ裁判所が，ドイツ共同決定法がEU法に違反しないと判示したのは，正しい判断であり，これにより，ドイツ共同決定法を巡る議論は一段落を付いたと説く[180]。タイヒマンは，ヨーロッパ裁判所TUI航空事件判決を契機として，ドイツ共同決定法の立法者は，新たな段階すなわち，法の潜脱を防止しつつ，弾力化と国際化を進めていくことが課題になると説く[181]。

　私見としては，TUI判決により，共同決定制度は加盟国の国内法の裁量に属することが明らかになり，将来的には，1980年代にヨーロッパが導入を諦めた株式会社の機関構成に関する指令につき，共同決定制度導入については加盟国の選択に委ねる方式で，その形成の議論が長期的に行われていくと予想する。

cc）ドイツのコンツェルン法の将来に関する学界の見方

　企業結合法を有するEU加盟国の中で，企業結合に関する体系的な法典を有するEU加盟国はドイツ以外にはポルトガルだけであり，部分的に法典化された規定を有するEU加盟国は，イタリア，ポーランド，スロベニア，チェコ，ハンガリーなど，少数にとどまる[182]。ドイツの株式法におけるコンツェルン規制（株式法291条以下）は，1965年にドイツが世界に先駆けて導入した制度である。しかし，この株式コンツェルン法は，ドイツにおいて子会社として株式会社を設立しようとするEU加盟国の企業家にとっては，当該子会社の少数派株主と債権者の保護のためのコストがかかる制度であり，開業の自由（ヨーロッパ連合運営条約49条・54条）を事実上制限する効果を有するという面をもつ[183]。

　ドイツ法の「ヨーロッパ化」は，企業結合法にも及び，ドイツの株式コン

---

[179] Habersack, NZG 2017, 1023.
[180] Teichmann, Atempause für die Mitbestimmung, NJW-aktuell 21/2017, S. 3.
[181] Teichmann, NJW-aktuell 21/2017, S. 3.
[182] Emmerich/Habersack, Konzernrecht, 10. Aufl., S. 20.
[183] 高橋英治『会社法の継受と収斂』409頁以下参照。

ツェルン法は将来廃止へと向かうのであろうか。

　EU法は，加盟国の多様化を尊重する立場を現在ではとっているので（補完性原則，ヨーロッパ連合条約5条3項参照），ここでもEUが直ちに株式コンツェルン法を放棄するようにドイツに迫ることはないように思われる[184]。しかし，21世紀を担うドイツの若手株式会社法学者が，自国の株式コンツェルン法に自信と誇りを持つことがなくなってきていることには注目する必要がある[185]。株式法291条以下，とりわけ同法311条以下の事実上のコンツェルン規制は，期限付の不利益補償の存在や従属報告書の非開示により従属会社の少数派株主を十分に保護できないという欠陥が指摘され，1990年代までは従属会社の少数派株主および債権者の保護のためにドイツの事実上のコンツェルン規制の強化がドイツ独占委員会やドイツの会社法学者から提案されてきたが[186]，近い将来，ドイツが自らイニシアチブをとって自国の事実上のコンツェルン規制（株式法311条以下）における従属会社の少数派株主と債権者の保護を強化することはないであろう。事実上のコンツェルン規制が，従属会社の少数派株主の支配企業に対する代償請求権の新設等により強化されるとすれば，それはEU企業結合指令の下での改革によるであろう。

　ドイツのコンツェルン法の将来について，ドイツでも見解は分かれている。ドイツ・コンツェルン法研究の第一人者であるミュンヘン大学教授マティアス・ハバーザックは，ドイツのコンツェルン法は，さらに発展を遂げて，カルテル法のように契約の有無による区別がなくなり，契約コンツェルンと事実上のコンツェルンとの法体系上の区別が消滅し，両者ともに同一の責任規範で規制される可能性があると説く[187]。これに対して，ハンス＝ペーター・シュヴィ

---

[184] ドイツのコンツェルン法研究の第一人者であるハバーザックは，将来にわたってドイツの株式法上のコンツェルン規制が——EUの関連当事者取引に関する指令の国内法化によっても——契約コンツェルン規制および事実上のコンツェルン規制ともに，大きく変化することはないであろうと予想する（Habersack, Aktienkonzernrecht — Bestandsaufnahme und Perspektiven, AG 2016, 697）。

[185] Katja Langenbucher, Do We Need a Law of Corporate Groups?, in: Fleischer/Kanda/Kim/Mülbert, German and Asian Perspectives on Company Law, Tübingen 2016, S. 355 ff.

[186] 高橋英治『企業結合法制の将来像』58頁以下（中央経済社，2008年）参照。

[187] 2017年3月9日のミュンヘン大学教授マティアス・ハバーザック（Mathias Habersack）の筆者への電子メールによる回答。

ントフスキは，1965年株式法のコンツェルン規制に表れていた思考方法は，ヨーロッパにおいて，また国際的には受け入れられていないのであって，ヨーロッパ・コンツェルン法は将来において，実現しないであろうと説く。氏は，ドイツ国内法としては，コンツェルン法は，団体の構成員間に認められる誠実義務と知悉責任[188]（Wissenszurechnung）にとって代わられるであろうと予想する[189]。

　私見としては，ドイツの株式法のコンツェルン規制が，ヨーロッパの共通の財産になることは，ヨーロッパの少数派株主や会社債権者の保護のために望ましいが，この方向での立法は行われないであろうと予想される。むしろ，EU加盟国は，今実現されようとしている関連当事者取引規制の一環として，また，影の取締役や株主の誠実義務といったドイツ有限会社法上の一般条項による従属会社の少数派株主の保護を実現していくであろうと予想される。

dd）ドイツの株式コンツェルン法がヨーロッパ裁判所を通じて他のEU加盟国に伝播する可能性はあるのか？

　将来，ドイツの株式コンツェルン法の考え方がヨーロッパ裁判所を通じて，他のEU加盟国に伝播する可能性はあるのか。次のような事例を仮定する。

　　「オーストリアの企業家（A）が，自らが発起人となってオーストリアで株式会社（B社）を設立しオーストリアで設立登記をし，ドイツを本拠地として営業活動を行った。Xはドイツ人であり，B社設立の際にAに誘われてB社の株主となった。B社はやがて上場したが，ドイツ国籍の株式会社（C社）に買収され，C社の従属会社となった。C社は，B社との間で支配契約および利益供与契約を締結した。B社の少数派株主となったXは，C社から代償（株式法305条）を得てB社から離脱しようとした。しかし，C社は，B社はドイツで設立された会社ではないから，株式法305条の適用がなく，Aに対して代償を支払う義務がないと主張した。Xは，ドイツで設立した会社であったならば，代償を受ける権利があったはずなのに，オーストリア国籍の会社であるためにドイツの株式コンツェ

---

[188]　知悉責任につき，Alexander Reuter, Wissenszurechnung in Unternehmen, ZIP 2017, S. 310 ff. 2017年1月にはZHRシンポジウムが知悉責任をテーマにして開催され，そこでの報告および討論の報告書が，ZHR 181（2017），160-427 に掲載されている。
[189]　以上，2017年3月10日のフンボルト大学教授ハンス＝ペーター・シュヴィントフスキ（Hans-Peter Schwintowski）の筆者への電子メールによる回答。

ルン法の適用がないのは，会社の国籍による差別的取扱いであるし，相当な額の代償を受ける権利が基本法14条の財産権保障から生じるとした連邦憲法裁判所の判例に違反すると主張し，連邦憲法裁判所に憲法異議の訴えを提起した。連邦憲法裁判所は，XがB社の株主になる時点で投資対象たるB社がオーストリアで設立された事実を知っており，そのことから当然Xがオーストリア国籍の株式会社であるB社にはドイツの株式法の適用がないことを予め知ることができたはずであるから，Xに株式法上の代償の権利も憲法上の代償の権利も認めることはできないと考えたが，Xが支配契約や利益供与契約の実務が行われていながらドイツ法のような従属会社の少数派株主に対する代償の権利が株式法上定められていないオーストリア法の状態は，オーストリアで設立された子会社への投資を妨げ，資本移動の自由を著しく制限するものであり，ヨーロッパ連合運営条約63条に違反すると主張したため，ヨーロッパ連合運営条約の解釈を求めてヨーロッパ裁判所に事件を付託した。」

　資本移動の自由を定めるヨーロッパ連合運営条約63条は，EU加盟国における第三者に直接効力を有するというのが現在のヨーロッパ法上の通説である[190]。オーストリアでは，学説上，支配契約が締結された場合には，オーストリア分割法9条・11条が適用されて，従属会社の少数派株主は代償を得て会社から退社する権利を有すると主張されているが[191]，この問題を正面から取り上げる裁判例はない。かかる状況下で，支配契約や利益供与契約の実務が行われていながらドイツ法のような従属会社の少数派株主に対して代償の権利が法律上保障されていないオーストリアの法状態が，投資家の保護を十分に実現しない点で資本移動の自由を制限しているようにも思える。しかし，ドイツのコンツェルン法とヨーロッパ会社法の権威であるハバーザックは，ヨーロッパ裁判所の実務では，資本移動の自由は，公企業に限定して適用されており[192]，ヨーロッパ裁判所が株式法上の問題に資本移動の自由を援用する例はこれまでないとする。ハバーザックは，上記のようなケースについて，ヨーロッパ裁判所が，

---

[190] 高橋英治『会社法の継受と収斂』389頁以下。

[191] Vgl. Dorald/Dieger, in: Goette/Habersack (Hrsg.), Münchener Kommentar zum Aktiengesetz, 4. Aufl., München 2015, ÖKonzernR Rdnr. 106.

[192] この点につき，高橋英治「ヨーロッパ会社法の基礎としての資本移動の自由」国際商事法務42巻9号1330頁以下（2014年）参照。

投資家は，オーストリアにおける企業結合法の調整がなされていない事実を甘受するべきであると判断するであろうと予想する[193]。ハバーザックは，ヨーロッパ裁判所が，コンツェルン法上の問題の解決のために，EU加盟国の会社法秩序に介入することはせず，コンツェルン指令による調整に委ねているという。

以上検討したように，ドイツの株式コンツェルン法の規制内容が，ヨーロッパ裁判所を通じて，EU加盟国へと伝播する可能性はない[194]。先にみたように，EU加盟国において少数派であるドイツの株式コンツェルン法の規制方式の方が，ドイツで子会社を設立しようとする親会社に当該子会社の少数派株主・債権者保護の費用を課す結果となり，EU加盟国間の開業の自由（ヨーロッパ連合運営条約49条・54条）を制限している可能性があると考える論者がEUでは多数派を占める[195]。かかる状況下では，ドイツの株式コンツェルン法の考えをヨーロッパの共通財産にするために，指令を用いたEU加盟国の企業結合規制の調整につき，ドイツの会社法学者は積極的にイニシアチブを取りこれを実現すべきであろう[196]。

---

193) 以上，2017年5月24日のミュンヘン大学教授マティアス・ハバーザック（Mathias Habersack）の筆者の質問に対する回答。
194) 2017年5月29日のミュンヘン大学教授マティアス・ハバーザック（Mathias Habersack）の電子メールによる回答。
195) Mathias Lehmann, LMK 2013, 352735. 高橋英治『会社法の継受と収斂』415頁参照。
196) かかるドイツ人の会社法学者を中心とする1998年の試みとして，ヨーロッパ・コンツェルン法フォーラムの提案（FORUM EUROPAEUM KONZERNRECHT, Konzernrecht für Europa, ZGR 1998, 672 ff.）がある。ヨーロッパ・コンツェルン法フォーラムの提案の邦語訳として，早川勝訳「ヨーロッパ・コンツェルン法(1)～(3)——ヨーロッパ・コンツェルン法フォーラム」同志社法学53巻8号195頁以下（2002年），54巻1号401頁以下（2002年），55巻3号351頁以下（2003年）。ヨーロッパ・コンツェルン法フォーラムの提案を分析・検討する邦語文献として，早川勝「ヨーロッパコンツェルン法の新たな展開とその方向」同志社法学49巻2号246頁以下（1998年），斉藤真紀「子会社の管理と親会社の責任(4)——子会社の債権者保護に関する基礎的考察」法学論叢150巻3号10頁以下（2001年），早川勝「ヨーロッパ・コンツェルン法の基本構想について——ヨーロッパ・コンツェルン法フォーラムの提言と提案を中心として」泉田栄一＝関英昭＝藤田勝利編『（小島康裕教授退官記念）現代企業法の新展開』401頁以下（信山社，2001年）がある。

ee） ドイツのコンツェルン法の「現代化」——会社グループに関するヨーロッパ・フォーラムのコンツェルン指令案

　ドイツの会社法学者が中心となっているヨーロッパにおけるコンツェルン指令策定の近時の試みとして，2015年の「会社グループに関するヨーロッパ・フォーラム[197]（FORUM EUROPAEUM ON COMPANY GROUPS）」（以下「新フォーラム」という）の「ヨーロッパにおける国境を越えた指揮を容易化するための法的枠組みのための要綱[198]」（以下「要綱」という）がある。要綱は，EU域内における多国籍企業のコンツェルン指揮を容易化することを主要目的としている。要綱は，この目的を達成するためには，子会社が完全子会社であるか，あるいは少数派株主が存在する子会社であるか否かを問わず，親会社の子会社に対する指図権を承認し，子会社は親会社の指図に従う義務を負うべきであるとする[199]。

　要綱の親会社の責任規制は，ローゼンブルーム・ドクトリン[200]をモデルとする。1998年のヨーロッパ・コンツェルン法フォーラムの提案におけるローゼンブルーム・ドクトリンとは，次のようなコンツェルン指揮者の義務違反の有無に関する基準であった[201]。

---

[197] 新フォーラムのメンバーには，ドイツからは，ミュンヘン大学教授マティアス・ハバーザック（Mathias Habersack），ボン大学ヨーロッパ経済法研究所所長マークス・ルター（Marcus Lutter），ハイデルベルク大学名誉教授ペーター・ホメルホフ（Peter Hommelhoff）らが入っていた。

[198] FORUM EUROPAEUM ON COMPANY GROUPS, Eckpunkte für einen Rechtsrahmen zur erleichterten Führung von grenzüberschreitenden Unternehmensgruppe in Europa, ZGR 2015, 507 ff. 新フォーラムの提案につき，高橋・前掲注93）国際商事法務44巻4号582頁以下参照。以下の新フォーラムの提案内容の紹介は，この論文に基づいている。

[199] FORUM EUROPAEUM ON COMPANY GROUPS, ZGR 2015, 511.

[200] そもそもローゼンブルーム・ドクトリンは，1985年のフランスの破毀院刑事部の判決（Cour de Cassation-drim 4.2.1985, ICP/E 1985, II, 14614. この判決の詳細につき，清水円香「グループ利益の追求と取締役の義務・責任(1)」法政研究（九州大学）77巻3号454頁以下（2010年）参照）をリーディングケースとするグループ利益のための取引をした会社の指揮者を保護する法理である（齊藤真紀「フランスにおける子会社の少数株主・債権者保護」森本滋編著『企業結合法の総合的研究』386頁（商事法務，2009年）参照）。

[201] FORUM EUROPAEUM KONZERNRECHT, ZGR 1998, 712; 早川勝「ヨーロッパ・コンツェルン法の基本構想について——ヨーロッパ・コンツェルン法フォーラムの提言と提案を中心として」泉田栄一＝関英昭＝藤田勝利編『(小島康裕教授退官記念)』

「グループ会社の業務執行者がグループ利益における業務政策を追求し，その行為が自己の会社の企業家的裁量の範囲を越える場合，次の要件を満たせば義務違反とはならない。

1　グループが均衡のとれ，かつ堅固な構造をしており，かつ，
2　グループ会社が整合的かつ長期的なグループ政策に組み入れられ，かつ，
3　業務指揮者が，発生した損害（特に取引機会の奪取）を利益により見積り可能な期間内に補償したと合理的に認めうる場合。ただし，補償可能な不利益には，グループ会社の存在を危険にさらすこと（特に存続に必要な支払能力の奪取）は含まれない。」

要綱は，かかるローゼンブルーム・ドクトリンの導入により，親会社が不利益を与えた子会社に対し長期的観点から補償を与えることができると考える。また，要綱は，2014年ヨーロッパ委員会株主権指令改正案に従い，通常でないグループ内取引につき独立した第三者に「フェアネス・オピニオン[202]」を作成

現代企業法の新展開』408頁以下参照。

[202]　2014年4月9日，ヨーロッパ委員会は，株主権指令改正案を公表した（Europäische Kommission, Vorschlag für eine Richtlinie des Europäischen Parlaments und des Rates Zur Änderung der Richtlinie 2007/36/EG im Hinblick auf die Förderung der Langfristigen Einbeziehung der Aktionäre sowie der Richtlinie 2013/34/EU in Bezug auf bestimmte Elemente der Erklärung zur Unternehmensführung, Brüssel, den 9.4.2014 COM (2014) 213 final, in: BR-Drucks. 166/14 v. 10.4.2014）。2014年ヨーロッパ委員会株主権指令改正案は，EU域内企業のコーポレート・ガバナンスを改善するという目標を有するが，その柱の一つとして，企業グループ内取引の情報開示の強化があった。ヨーロッパ委員会は，2014年，株主権指令改正案において，企業グループ内取引の開示につき，「EU加盟国は，企業が関連企業等と取引をする場合，その取引が当該企業の財産の1パーセントにあたる場合，取引時に当該関連当事者との取引を開示しなければならない」とすることを提案した（2014年ヨーロッパ委員会株主権指令改正案9c条1項）。同指令改正案によると，当該関連当事者取引の開示に際しては，当該関連当事者取引が市場で通常行われる取引と同じ条件で行われたか否かにつき独立した第三者の報告書を付さなければならない（2014年ヨーロッパ委員会株主権指令改正案9c条1項）。この「第三者の報告書」は「フェアネス・オピニオン」と呼ばれる。米国法における「フェアネス・オピニオン」につき，永江亘「少数派株主の締出し取引における外部機関の意見について――フェアネス・オピニオンの意義と問題点の検討を中心に」私法75号258頁以下（2013年），永江亘「Going-Private取引における外部機関による公正性に関する評価意見書（フェアネス・オピニオン）の機能と問題点――米国法の検討を中心に」神戸法學雜誌60巻3号273頁以下（2011年）。

させるとする。要綱は，当該関連当事者との取引が通常であるか否かは，長期のグループの計画を考慮して判断するとする。

　要綱は，子会社が，グループにおいて財産管理等のサービスを行っているにすぎない「サービス会社」である場合，企業結合規制を選択的に導入すること(opting in)を認めるべきであるとする[203]。

　要綱は，グループの開示規制としては，次の規制を置く。年度構造報告書においてグループの全体構造が報告され，年度取引報告書においては，どのような方針の下，グループ内取引の補償等が行われたかが報告され，それぞれが独立した専門家の監査を受ける。年度構造報告書と年度取引報告書は，独立した専門家の評価書とともに適切な方法で開示がなされる[204]。

　要綱は，制裁規定として，サービス子会社以外の通常の子会社において不利益補償が長期にわたり行われていない場合，子会社の少数派株主に，親会社から現金代償を受けて子会社から退出する権利を認めるべきであるとする[205]。

　新フォーラムは，以上の要綱の内容をEUにおいて指令という形式で実現すべきことを提案する[206]。

　要綱は，子会社に少数派株主が存在する場合でも，親会社の子会社に対する指図権を認める点で，ホメルホフのコンツェルン指揮義務[207]（ないしコンツェルン指揮権）を，ホメルホフの構想とは異なり，コンツェルン宣言ないし支配契約締結の前提なしに認める。要綱は，この点で，EU域内における子会社の設立を促進するものである。要綱の問題点は，かかる要綱の規制により，事実上のコンツェルンにおいて子会社を指揮する法的権限を認められた親会社の侵害行為から子会社の利益を十分に保護することができるか否かにある。

　メストメッカーは，1958年，市場価格という明確な基準のもとでなされる不利益補償のみが正当であるという前提の下，コンツェルンに従属会社として組み込まれていること自体が不利益補償における利益となりうると考えると，不利益補償の判断にコンツェルン政策が成功したかあるいは失敗したかについて

---

[203] FORUM EUROPAEUM ON COMPANY GROUPS, ZGR 2015, 513.
[204] FORUM EUROPAEUM ON COMPANY GROUPS, ZGR 2015, 514.
[205] FORUM EUROPAEUM ON COMPANY GROUPS, ZGR 2015, 514.
[206] FORUM EUROPAEUM ON COMPANY GROUPS, ZGR 2015, 515.
[207] Hommelhoff, Konzernleitungspflicht, Köln 1982, S. 165 ff. ホメルホフのコンツェルン指揮義務論につき，舩津浩司『「グループ経営」の義務と責任』126頁以下参照。

の判断が入り込んでしまうと説き，かかる判断はもはや法的判断とはいえないとした[208]。その上で，氏は，コンツェルンにおける不利益補償は契約の枠内でのみ可能であると説いた。その根拠は，支配企業の支配的影響力行使により従属会社が不利益を被ったか否かは，支配企業が従属会社と締結した契約における給付とその反対給付とを個別に比較することによってのみ可能であるからである[209]。

　要綱は，かかるネオ・リベラリズム[210]の古典的思想と訣別する。この意味で要綱はドイツの「コンツェルン法」の「現代化」を体現している。要綱は，長期のグループ計画において子会社が親会社からメリットを享受しているか否かという観点から不利益補償の有無を判断することとし，個別の不利益補償という考え方を放棄する代わりに，不利益補償が長期にわたって実行されていない場合につき，子会社の少数派株主に対し親会社に対する現金代償請求権を認める。かかる子会社保護の法政策の転換によって，子会社の少数派株主の利益が十分に保護されるか否かについては議論が分かれようが，EU域内において子会社設立を促進するための一つの政策的選択肢としては評価できる解決方法となっている。

　要綱は，まだ発表されて間もない。要綱は，子会社が，グループにおいて財産管理等のサービスを行っているにすぎない「サービス会社」である場合，企業結合規制を選択的に導入すること（opting in）を認めるべきであるとするが，かかるかたちで「サービス会社」が企業結合規制を免れることができる理論的根拠はどこにあるのかについては根拠が薄弱である。また，要綱は，子会社に少数派株主が存在する場合でも，親会社の子会社に対する指図権を認めるが，果たして，要綱が，親会社のかかる法定化された指図権の下で経済的弱者である子会社の少数派株主を実効的に保護できるのかについても疑問がある。かかる子会社の少数派株主の保護措置として，要綱には，不利益補償が長期にわたって実行されていない場合につき，子会社の少数派株主に親会社に対する現

---

　208) Mestmäcker, Verwaltung, Konzerngewalt und Rechte der Aktionäre, Kahlsruhe 1958, S. 278 f.
　209) 高橋英治『企業結合法制の将来像』37頁，54頁参照。
　210) オルドー・リベラリズムとも呼ばれる。ネオ・リベラリストとしてのメストメッカーの法解釈の方法につき，田中誠二ほか『会社法学の新傾向とその評価』235頁（千倉書房，1978年）参照。

金代償請求権を認める等，ドイツの事実上のコンツェルン規制を子会社の少数派株主保護の見地から大幅に改善する規定も存在する。かかる現金代償の制度は，前記の場合につき親会社の子会社に対する損害賠償責任（株式法317条1項1文参照）を追及する株主代表訴訟提起権を子会社の少数派株主に認めるよりも（株式法317条4項・309条4項参照），少数派株主の保護に資する。これから，ドイツおよびEU加盟国の会社法学者が要綱に対してどのような見解を示すのか，また，果たして要綱を基礎としてEU企業結合指令が実現するのか否かが注目される。

c 21世紀のドイツ株式会社法学の総括——重要な教授資格論文を中心として

21世紀には，前世紀に引き続き，重要な株式会社法に関する教授資格論文が多数発表された。本書は，これらの中で代表的な教授資格論文を取り上げる。まず，メルクトは，クラウス・ホプトの指導の下，歴史的・比較法的・経済学的考察から企業の計算書類等の開示の法理論を確立した教授資格論文[211]を執筆した。メルクトは，本著作を契機に，バウムバッハ＝ホプトのドイツ商法コンメンタールの商業帳簿の部分を担当し[212]，現在ではドイツの会計法の第一人者としての地位を築いている。フェアゼは，ハバーザックの指導下で，株主平等取扱原則につき，歴史的かつ比較法的考察を行った教授資格論文[213]を執筆した。本著作は，ドイツ[214]と日本[215]における株主平等原則の研究と解釈に大きな影響を与えた。フェアゼは，これらの業績が評価され，2016年に，フライブルク大学から招聘を受けたが，マインツ大学に留まった。フェアゼは，ハイデルベルク大学の招聘を受け，2018年10月より同大学へ移籍した。フォン・ハ

---

211) Merkt, Unternehmenspublizität, Tübingen 2001.
212) Merkt, in: Baumbach/Hopt, Handelsgesetzbuch, 38. Aufl., München 2018, S. 979-1897.
213) Verse, Der Gleichbehandlungsgrundsatz in Recht der Kapitalgesellschaften, Tübingen 2006.
214) Blaurock, Gleichbehandlungsgrundsatz und Treuepflicht im Gesellschaftsrecht, in: Stürner (Hrsg.), Die Bedeutung der Rechtsdogmatik für die Rechtsentwicklung, Tübingen 2010, S. 254. この論文の邦訳として，ウベ・ブラウロック，高橋英治訳「会社法における株主平等原則と誠実義務」松本博之＝野田昌吾＝守矢健一編『法発展における法ドグマーティクの意義』289頁（信山社，2011年）。
215) 山下徹哉「株主平等の原則の機能と判断構造の検討(1)」法学論叢169巻3号16頁以下（2011年），高橋英治『会社法の継受と収斂』47頁以下参照。

インは，クラウス・ホプトの指導下で，ドイツ法が米国の会社法を継受する現象を包括的に取り扱う，1089頁にも及ぶ大部の教授資格論文を執筆した[216]。本論文は，ドイツと米国の株式会社法の比較法制史研究であり，ドイツ法が米国法から継受した代表的な制度として，資本市場法・経営判断原則・株主代表訴訟等を挙げた。

ペーター・ユングは，ブラウロックの指導下で，企業が会社の構成員となった場合についての透視理論の適用可能性等の問題等を総合的かつ包括的に検討する教授資格論文[217]を執筆した。ファイルは，トマス・ライザーの指導下で，株式法291条以下が規制する契約コンツェルンに関する法律上の問題を包括的に取り上げる教授資格論文[218]を執筆した。クルーンは，シュピンドラーの指導下で，株式法および組織再編法上の代償請求権と基本法14条から生じる憲法上の代償請求権との関係につき，総合的に考察する教授資格論文[219]を執筆した。シュルンブランドは，ハバーザックの指導下で，事実上の取締役等，会社法上の機関の問題を総合的に考察する教授資格論文[220]を執筆した。

マックスプランク外国私法国際私法研究所上級研究員（日本法担当）でありハンブルク大学教授のハラルド・バウムとゲーテ大学教授のモーリッツ・ベルツは，編著者として『日本の商法・経済法ハンドブック[221]』を著した。日本の会社法の解説の主要部分は，神作裕之教授とモーリッツ・ベルツが担当した[222]。これは，21世紀のドイツにおける日本の2005（平成17）年会社法に関する最高水準の解説となった。

d 将来のドイツ株式会社法学はどうなるのか？

aa) 21世紀ドイツ株式会社法学の方法論上の反省の可能性

ドイツ国法学は，20世紀，純粋法学の登場により，長足の進歩を遂げた。ゲ

---

216) Jan von Hein, Die Rezeption US-amerikanischen Gesellschaftsrechts in Deutschland, Tübingen 2008.
217) Peter Jung, Der Unternehmergesellschafter als personaler Kern der rechtsfähigen Gesellschaft, Tübingen 2002.
218) Veil, Unternehmensverträge, Tübingen 2003.
219) Klöhn, Das System der aktien- und umwandlungsrechtlichen Abfindungsansprüche, Tübingen 2009.
220) Schürnbrand, Organschaft im Recht der privaten Verbände, Tübingen 2007.
221) Harald Baum/Moritz Bälz (Hrsg.), Handbuch Japanisches Handels-und Wirtschaftsrecht, Köln 2011.

オルク・イェリネックが説いたという国家が社会学の対象であり,法学の対象でもあるという「国家二面説」はハンス・ケルゼンによりその矛盾が指摘され[223],国家に固有の意思等を認める国家理論は「国家神学」として批判され[224],国家の本質は法秩序であり人為の存在であると説かれた[225]。かかる「当為」(sollen)と「存在」(sein)の峻別論を基礎とする法の純粋性の追求は,株式会社法学においては,なされていない。

21世紀のドイツの株式会社法学は,自らの立場の方法論的反省もテーマとしなければならないであろう。その際,ドイツの株式会社法学は,ドイツの国法学の理論的発展もその内部にとり入れなければならないであろう。この観点から次のことがいえる。

当為と存在の峻別を前提とする「純粋法学」の立場からすると,ドイツにおける「株式会社」の本質は基本法,ドイツ民法,ドイツ商法,株式法,ドイツ・コーポレート・ガバナンス規準および定款等の自治法規を含む段階的構造を有する法秩序そのもの,ないし,かかる法秩序が形成した擬制としての法主体である[226]。

オットー・フォン・ギールケは,1887年,団体は固有の意思と行為とをもつ主体であり,その全存在が「有機的生命統一体」として「団体としての人格の魂」を形成しているとし[227],かかる事実から団体には権利能力だけでなく,意思能力と行為能力とが(ローマ法上ではなく)ドイツ法上認められていることについては今日疑う余地はないと説いた[228]。また,オットー・フォン・ギール

---

222) Hiroyuki Kansaku/Moritz Bälz, Gesellschaftsrecht, in: Harald Baum/Moritz Bälz (Hrsg.), Handbuch Japanisches Handels-und Wirtschaftsrecht, Köln 2011, S. 63-140.
223) Hans Kelsen, Der soziologische und der juristische Staatsbegriff, 2. Aufl., Wien 1927, S. 114 ff.
224) Hans Kelsen, Der soziologische und der juristische Staatsbegriff, 2. Aufl., S. 248, 253.
225) Hans Kelsen, Der soziologische und der juristische Staatsbegriff, 2. Aufl., S. 248; Hans Kelsen, Vorrede zur zweiten Auflage, in: Hans Kelsen, Hauptprobleme der Staatsrechtslehre, 2. Aufl., Aalen 1960, S. 13 ; Hans Kelsen, Gott und Staat, in: Hans Kelsen, Aufsätze zur Ideologiekritik, Neuwied 1964, S. 29 ff.；ハンス・ケルゼン,長尾龍一訳『神と国家』56頁(木鐸社,1977年)。
226) Vgl. Wiedemann, Gesellschaftsrecht Band 1. Grundlagen, München 1980, S. 193.
227) Otto Gierke, Die Genossenschaftstheorie und die deutsche Rechtsprechung, Berlin 1887, S. 611.

ケは，1913年，その主著『ドイツ団体法論第4巻』の「序文」において，本著作の目的につき「団体法を，その公法ならびに私法をつらぬく豊かな諸形態につき体系的に分類して提示し，そして，実在的総体人格（reale Gesamtpersönlichkeit）という中心思想からあらゆる面を明らかにしようとした[229]」と説いた。かかる「法人実在説」は，所与の団体が法人として認められるべきであるという市民社会的世界観の表れであった[230]。「法人実在説」は当為と存在の峻別論からすると，法人の認可という法学的問題に対して社会学的方法で答えたという方法論的過ちを犯しているというべきである。純粋法学の立場からすると，ある団体が法人として認められるか否かを決するのは法による授権のみである。

日本でも，判例上，オットー・フォン・ギールケの影響を受けた「法人実在説」によって会社による政治献金の合法性が基礎づけられている[231]。すなわち，最判昭和45年6月24日八幡製鉄政治献金事件判決[232]は，「会社は……社会的実在なのである……（政党の・引用者注）健全な発展に協力することは，会社に対しても，社会的実在としての当然の行為として期待されるところであり，協力の一態様として政治資金の寄附についても例外ではないのである[233]」と判示して，会社による政治献金が会社の定款上の目的の範囲内であるとした。株式会社を「法秩序」ないし「法秩序が形成した擬制」とみる考えからみると，会社を「社会的実在」とみること自体が誤りであり[234]，「会社＝社会的実在論」から会社が政党に寄付をすることができるか否かという法解釈学上の問題に対

---

[228] Otto Gierke, Die Genossenschaftstheorie und die deutsche Rechtsprechung, S. 603 ff.

[229] Otto von Gierke, Das deutsche Genossenschaftsrecht, Vierter Band Die Staats- und Korporationslehre der Neuzeit, Berlin 1913, Vorwort S. 11. 邦訳として，オットー・フォン・ギールケ，庄子良男訳『ドイツ団体法論第1巻　ドイツゲノッセンシャフト法史第1分冊』（第4巻のまえがき）64頁（信山社，2014年）参照。

[230] 川島武宜『民法総則』91頁（有斐閣，1965年）参照。

[231] 中原俊明「会社の政治献金」鴻常夫ほか編『会社判例百選〔第6版〕』9頁（有斐閣，1998年）参照。

[232] 最判昭和45年6月24日民集24巻6号625頁。

[233] 最判昭和45年6月24日民集24巻6号628頁以下。

[234] 星野英一博士は，八幡製鉄政治献金事件最高裁判決に関連して，この最高裁判決の会社が社会的実在であるという考えにはギールケなどの影響があると指摘し，「今日民法学界では法人実在説はほとんど捨てられているといってもいいくらいです」と発言した（座談会「会社の政治献金」ジュリスト460号30頁（1970年）〔星野英一発言〕）。

する答えを導き出せるはずもない[235]）。

　ドイツと日本の株式会社法学は，従来用いてきた方法について反省を行い，株式会社法上の「団体＝有機体論」の誤りから，真に脱却する時期を迎えている。

　ドイツの公法学界では，純粋法学は，「ケルゼン・ルネサンス[236]）」と呼ばれハンス・ケルゼンの全集[237]）が2007年から順次刊行されている今日に至るまで，戦後ほとんど顧みられることはなかったが，日本では理論的な深化がなされた。すなわち，日本では，菅野喜八郎博士により，法秩序の中心は（ケルゼンが考えていたような）強制規範ではなく，授権規範であるとの考えが提示されるに至った[238]）。株式法を中心とした法秩序についても，その中心には「授権規範」がある。その観点からすると，20世紀から21世紀にかけて，ドイツの株式会社法学者が議論を重ねている株式会社の取締役の業務執行の目的とすべきは「企業の利益」であるべきか，それとも「株主価値」であるべきかという問題の決め手は，株式法を中心とする実質的意味での株式会社法が，株式会社の業務執行機関たる取締役にいかに行動するように「授権」しているのかに存するというべきであろう。1937年株式法には，従業員の利益や公共の利益が取締役の追求する利益に当然に含まれることを明文化した規定が存在した（1937年株式法70条1項参照）。1965年株式法76条1項は，この1937年株式法70条1項を受け継いだ規定であると1965年株式法の立法者が1965年株式法の政府草案理由書で述べており[239]），株式会社の取締役が追求する利益を「企業の利益」とする規定が

235）鈴木竹雄『商法研究Ⅲ』331頁（有斐閣，1971年）参照。
236）オリバー・レプシウス，高田倫子訳「ドイツ国法学におけるケルゼン・ルネサンス」日独法学30=31=32号1頁（2011／2012／2013年）参照。
237）Matthias Jestaedt (Hrsg.) in Koop. m. d. Hans Kelsen-Institut, Hans Kelsen, Hans Kelsen Werke, Tübingen 2007.
238）菅野喜八郎「ケルゼンの強制秩序概念と授権規範論」日本法哲学会編『（法哲学年報）法規範の諸問題』1頁以下（有斐閣，1977年）。
239）1965年株式法76条の政府草案理由書は，「1965年株式法76条1項は，1937年株式法70条1項に相当する規定である。取締役が措置をなす際に，株主および労働者の利益に配慮すべきであるということは自明のことであり，特に法律で明文をもって規定しなかった。同様のことは公共の利益についても妥当する」と解説した（Begründung zum §76 Aktiengesetz 1965, in: Kropff, Aktiengesetz, Textausgabe 1965, Düsseldorf 1965, S. 97. この政府草案理由書の邦訳として，慶應義塾大学商法研究会訳『西ドイツ株式法草案および理由書（1960年）』188頁以下（慶應義塾大学法学研究会，1966年），

ドイツ・コーポレート・ガバナンス規準等に散在する（2017年2月7日改訂ドイツ・コーポレート・ガバナンス規準4・3・1第1文[240]参照）。この事実から，取締役の追求すべき利益は株主の利益だけでなく，従業員の利益や公共の利益を含む「企業の利益」であるという解釈に対して，「企業の利益」という言語表現の当否はともかく，その内容についてはこれを疑う余地はないように思われる。

　ドイツの株式会社法学が前提とする「企業の利益」は「幅」のある概念である。ここにドイツ株式会社法学，ひいてはドイツ経済の強みがある[241]。すなわち，取締役が追求すべき利益が「企業の利益」という抽象的概念であるがゆえに，株式会社をいかにコントロールしていくべきかという経営上の課題について，株主の利益だけでなく，労働者の利益に配慮することが可能になり，同時に企業の社会的責任のような企業倫理に配慮することが取締役において可能になる。すなわち，純粋法学的にいうと「企業の利益」の具体的確定，すなわちドイツの株式会社の取締役が労働者の利益や公共の利益等をどこまで配慮することができるのかについては，ドイツの株式会社を取り巻くその時々の具体的な環境に委ねられている。純粋法学的観点からは，かかる方法で1965年株式法の立法者は，ドイツ株式会社法学が，柔軟に株式会社の効率的かつ倫理的発展方向を定める解釈上の命題を形成する余地を形成しているのである。

　21世紀においては，ドイツの株式会社法学は，ドイツの株式会社が現在置かれている時代環境を背景に，当面においては出資者の利益擁護に傾く議論は継続してなされると推察されるが，その前提とする取締役の行為基準は「株主価値（shareholder value）」に還元されない「企業の利益」であるという学説を堅持していくであろう。

bb）「法と経済学」と21世紀ドイツ株式会社法学

　21世紀のドイツの株式会社法学はどのように変貌していくのであろうか。21

　　　慶應義塾大学商法研究会訳『西独株式法』105頁（慶應義塾大学法学研究会，1969年）参照）。

240）2017年2月7日改訂ドイツ・コーポレート・ガバナンス規準4・1・1は，「取締役は自己責任の下で企業の利益（Unternehmensinteresse）のため，すなわち株主，労働者およびその他の企業と結びつきのあるグループ（ステークホルダー）の利害を配慮しつつ，継続的に価値を創造する目的のため指揮しなければならない」と規定する。2017年2月7日改訂ドイツ・コーポレート・ガバナンス規準4・3・1第1文は，「取締役は企業の利益（Unternehmensinteresse）に義務づけられる」と規定する。

世紀のドイツ株式会社法学の将来像を予想する上で重要な点は，株式会社法学においても「実証研究」の波が，近時，ドイツに及んでいるという点である[242]。この点は，日本との比較において，今後の展開が注目される[243]。ドイツにおいても，米国流の「法と経済学」の手法を用いた研究が，21世紀を迎えてますます盛んになってきている[244]。ドイツと日本の「株式会社法学」も「米国化」するという「収斂」現象を見せている[245]。その反面において，若手研究者等が執筆する博士論文等において歴史的導入部を有するものが減少している。ドイツの株式会社法学は，伝統から脱却して新しい世界へ向かおうとしているのであろうか[246]。

従来のドイツの株式会社法における「実証研究」は，インタビューやアンケート調査等によって得られた少ない数のデータを基にしていた[247]。少ない数のデータにより行われた「実証研究」は，これを実施する研究者の先入観などによりバイアスがかかりやすい。また，企業が出資して設立された財団から支

---

241) 高橋英治『ドイツ会社法概説』3頁以下参照。
242) Spindler/Gerdmann, Rechtstatsachenforshung – Grundlagen, Entwicklung und Potentiale, AG 2016, 698 ff.
243) 森田果『実証分析入門―データから「因果関係」を読み解く作法』1頁以下（日本評論社，2014年）。
244) フェアゼは，株主平等取扱原則と株主の誠実義務という一般条項が株式会社法上認められなければならない根拠を，会社契約が長期契約であり必然的に「不完全契約」とならざるをえない点に求める（Verse, Treuepflicht und Gleichbehandlungsgrundsatz, in: Bayer/Habersack（Hrsg.）, Aktienrecht im Wandel, Band 2, Grundsatzfragen des Aktienrechts, Tübingen 2007, S. 582, Fn. 1）。
245) ただし，法実証研究の重要性を説くシュピンドラーとゲルトマンは，ドイツの法実証学が目指すのは，ドイツ法律学の熟慮を欠いた「米国化」であってはならないと論じる（Spindler/Gerdmann, AG 2016, 703）。
246) フンボルト大学教授グレゴール・バッハマンは，ドイツの株式会社法においては解釈学の伝統が強く，日本のように米国型の「法と経済学」がドイツの株式会社法に大きな影響を与えることはないであろうと予想する。同時に氏は，「法と経済学」が大きな影響を与えるとするならば，それは次第にヨーロッパ法の影響を受けつつある資本市場法であろうと予想する（2017年3月10日のフンボルト大学教授グレゴール・バッハマン（Gregor Bachmann）の筆者への電子メールによる回答）。
247) 代表的な研究として，Vogel, Aktienrecht und Aktienwirklichkeit ─ Organisation und Aufgabenteilung von Vorstand und Aufsichtsrat: Eine empirische Untersuchung deutscher Aktiengesellschaften, Baden-Baden 1980; Hommelhoff, Praktische Erfahrungen mit dem Abhängigkeitsbericht, ZHR 156 (1992), 295 ff.

援を受けた研究では，経済界寄りの調査結果と提言がなされる傾向があり，労働組合関係の財団の資金を受けた研究は，労働者寄りの調査結果と提言がなされる傾向がある。少なくとも，「実証研究」がドイツの株式会社立法の基礎となる資料を提供するためには，実施者が調査対象を広げ，多数の客観的なデータを収集する必要があるだろう。それとともに，実証研究のための資金が外部から調達されているような場合，実施者は，研究体制のガバナンスも工夫し，「実証研究」の中立性を確保しなければならない。

　株式会社法の立法政策上の決定にとって，重要な「立法事実」に関する情報を提供する「実証研究」を支える統計学，経済学，会計学，心理学等の隣接科学の分野の発展は日進月歩であり，その手法を用いたデータの信頼性は増しつつある。「実証研究」が，ドイツの株式会社立法の基礎となる客観的データを提供できる日は近づいている。また「法と経済学」を既存のドイツ法上の制度の新しい視点からの正当化根拠としてだけではなく，将来ある法政策がとられた場合の結果の予測に用いることができる可能性も日々大きくなってきている。ドイツにおいて，将来ドイツ国内に会社の設立を誘致する立法政策を行う必要性は高まるであろう。その際に，ある立法政策に関しドイツへの会社設立誘致に資する効果を予測するためのツールとしての「法と経済学」と「実証研究」の意義は大きなものになると予想される。ただし，「実証研究」と「法と経済学」を立法政策の手段として用いる場合，立法政策の基礎には常に「価値判断」があり，それは政策立案担当者等が主観的に理想と考える法状態のあり方など反映したものであり，かかる価値判断は，客観的データの集積によっても，正当化できないことを忘れてはならない（「当為と存在の峻別」）。また，特に日本では同族会社のような小規模閉鎖的株式会社における少数派株主としての地位も，会計学等の「学問」の名の下に行われる研究成果を用いて，常に金銭に換算できるという前提についても，かかる少数派株主がわずかな現金を得て会社から締め出されうるという現行法の現状（会社法179条 1 項）に照らして，再考されなければならない[248]。

　マックスプランク外国私法国際私法研究所前所長であり現代ドイツを代表する株式会社法および資本市場法学者であるクラウス・ホプトは，マックスプラ

---

248) 髙橋英治「特別支配株主の株式売渡請求制度の憲法適合性の検討――ドイツでの議論を手がかりに」民商法雑誌151巻 3 号259頁（2014年）参照。

ンク租税法研究所所長であるウォルフガング・シェーンと同じく、ドイツと米国の株式会社法学の違いにつき、ドイツの株式会社法学は内的なアプローチをとるのに対して、米国の株式会社法学は外的なアプローチをとる、と対比して説明する。すなわち、ホプトによると、ドイツの株式会社法学では何よりも解釈学という側面が強く、裁判所と緊密な協働作業により内部者の視点から法のもつべき内容を明らかにしようとしていたのに対し、米国の株式会社法学は、外部者の視点から、経済学その他の学問の方法を用いて法の経済的根拠および社会的根拠を明らかにしようとしていた。ホプトによると、21世紀のドイツ株式会社法学は、両者のアプローチを統合したものであるべきであり、それは既に機能的比較法学[249]をいう方法で行われているものである[250]。

ホプトの指摘するように、ドイツの株式会社法学は、解釈学という側面が伝統的に強かった。これからのドイツ株式会社法学には、株式会社法秩序内部に存在する意味の探求という閉ざされた研究に自己規定することなく、他の社会科学の分野の研究成果や方法をも吸収して、新しい伝統を自らが創造していくことが、現在、求められている。

---

[249] 機能的比較法学の代表的著作として、Zweigert/Kötz, Einführung in die Rechtsvergleichung, 3. Aufl., Tübingen 1996. 本著作の英訳として、Konrad Zweigert and Hein Kötz, Translated by Tony Weir, An Introduction to Comparative Law, Third Edition, Oxford 1998.

[250] 以上、Hopt, Professor Takahashi, Aufsatz über „Die Deutsche Rechtswissenschaft im 21. Jahrhundert", Hamburg 12.4.2017, Typoskript, S. 1 f.

第2部

日本法

日本において，株式会社は，欧米からの「法的移植物[1] (legal transplants)」であった。すなわち，株式会社は，本来日本には存在していなかった。「法的移植物」は，それを受け入れる土壌がなければ順調に成長することはないのであり，欧米で生まれた株式会社もこれを受け入れる環境（日本人の教育水準，資本主義の精神，既存の商業組織）が整っていなかったならば「異なる土壌」をもつ日本では，育たなかったであろう。本書第2部では，「株式会社」という欧米からの法的移植物が，いかにして，日本において受容され，成長してきたかについて分析・検討したい。この点で注目されるのが，明治時代以前の商業組織に関する近時の日本経営史研究の進展である。本書第2部の「成立期」においては，特に，株式会社に類似した営利を目的とした商業組織が明治時代以前にどこまで発達していたのかについて，日本経営史研究の最新の成果を踏まえて，その実態を明らかにしたい。

　本書は，ドイツ法と日本法との比較法制史研究である。本書第2部の主題である日本における株式会社法と株式会社法学の発展については，ドイツ法からの影響を受けて，日本において株式会社に関する制度・法律・学説が発展していく過程を中心に叙述したい。

---

[1] 「法的移植」とはルールや法システムがある国から別の国へあるいはある国民から別の国民へと移転される場合を指す（Alan Watson, Legal Transplants: An Approach to Comparative Law, Second Edition, Athen 1993, S. 21）。会社法における「法的移植物」を扱った近時の代表的文献として，Fleischer, Legal Transplants in European Company Law - The Case of Fiduciary Duties, ECFR 2005, S. 378 ff.; Kanda/Milhaupt, Re-Examining Legal Transplants: The Director's Fiduciary Duty in Japanese Corporate Law, The American Journal of Comparative Law, Vol. 51, No. 4 (2003), 887 ff.; Spiegel, Independent Directors in Japan, Tübingen 2017, S. 5 ff. が挙げられる。

1 成立期―ロェスレル草案から1899（明治32）年商法までの時期

(1) 株式会社および株式会社法

a 江戸時代に株式会社は存在したのか？

　日本における会社法学[2]・経営史学[3]・法制史学[4]・証券史研究[5]の定説によると，日本で最初の株式会社は，明治5年太政官布告349号に基づき，許可順に番号をつけて設立された国立銀行（「第一国立銀行」）であるとされている。「第一国立銀行」以前に，株式会社が日本に存在したとみることはできないであろうか。この問題は，株式会社の概念をいかに設定するのかという法学上の論点でもある[6]。本書においては，株式会社の株主は，会社の成立後は，会社の債務につき責任を負わないという株主有限責任（会社法104条）を他の会社，組合等と区別する最も重要な要素とみたい。

aa) 匿名組合

　日本においても，明治時代以前に，出資者が事実上有限責任を負う共同企業の形態は存在した。しかし，それは株式会社ではなく，匿名組合に類似したものであった。

　1639（寛永16）年に始まる鎖国以前における貿易商人のあいだでは，抛銀（なげがね）証文をもってするコメンダに類する仕組みが存在した。その方法は，船主が外航に赴く際，投資家から資金を借り受けた貿易業者が一定の銀を船主に提供し貿易を行い，無事帰国し利潤をあげたときには，投資家・船主・貿易業者に利潤を分配するが，海上遭難によって損失が出た場合には，元利の返済

---

[2] 龍田節『会社法〔第9版〕』23頁（有斐閣，2003年），浜田道代「会社との出会い――幕末から明治初期」浜田道代編『（北澤正啓先生古稀祝賀論文集）日本会社立法の歴史的展開』18頁（商事法務研究会，1999年），Eiji Takahashi, Rezeption des Aktienrechts in Japan, FS Schott, Bern 2001, S. 317.

[3] 菅野和太郎『日本会社企業発生史の研究』322頁（岩波書店，1931年），高村直助『会社の誕生』41頁（吉川弘文館，1996年）。

[4] 利谷信義＝水林彪「近代日本における会社法の形成」高柳信一＝藤田勇編『資本主義法学の形成と展開』19頁（東京大学出版会，1971年）。

[5] 小林和子『株式会社の世紀――証券市場の120年』15頁（日本経済評論社，1995年）。

[6] 高橋英治『会社法概説〔第3版〕』37頁（中央経済社，2015年）参照。

のないことをあらかじめ約束したというものであった[7]。利率は，一航海につき中国船が9割から3割5分，朱印船が5割から3割5分，ポルトガル船が4割8分から2割5分であった[8]。ポルトガル船の場合，途中で待ち受けるオランダ艦隊の危険の度合により利率が大きく変動した。抛銀は，ポルトガル語でレスポンデンシア（respondençia）といい[9]，これを日本にもたらしたのは，ポルトガル人であった[10]。抛銀は，現代の匿名組合契約（商法535条）に類似した消費貸借契約（民法587条）の形態であった。

日本の株式会社制度発生史研究の古典というべき菅野和太郎『日本会社企業発生史の研究』は，江戸時代の匿名組合としていくつかの例を挙げたが，その中でも匿名組合が成立していた可能性が考えられる例は次の二つであった。

①1739（元文4）年，北海道産の煎海鼠[11]（いりこ）が幕府の命により長崎に移出されることになり，1741（寛保元）年以降は，近江商人が煎海鼠の移出を引き受けたが，表面上は近江八幡出身の富商西川傳治がその経営の任にあたり，煎海鼠の仕入，輸入および販売に関する一切の責任を負った。この事業には多くの近江商人が参加し，それぞれその持分によって参加した[12]。1741（寛保元）年8月15日，煎海鼠432本を積み込んだ濱野源三郎船が難破した際には，その損失を各出資者がそれぞれの株数に応じて負担した[13]。

②1838（天保9）年には，近江出身の藤野喜兵衛・西川准兵衛・岡田半兵衛の三家が共同で択捉の場所請負を行ったが，その共同経営組織では，屋号を

---

7) 宮本又郎ほか『日本経営史〔新版〕』38頁（有斐閣，2007年）〔宮本又郎〕，柴謙太郎「投銀とは何，海上貸付か，コメンダ投資か（中）」経済史研究46号16頁（1933年），中村質「投銀」日東寺義昌ほか編『日本歴史大事典　3巻』173頁（小学館，2001年）参照。

8) 永積洋子「投銀」国史大事典編集委員会編『國史大事典　第10巻』682頁（吉川弘文館，1998年）。

9) 永積洋子「投銀」国史大事典編集委員会編『國史大事典　第10巻』682頁，武田久義「投銀をめぐる一考察」桃山学院大学経済経営論集33巻4号57頁（1992年）。

10) 川島元治郎「日本に於ける冒険貸借の起源に就きて」商業と経済（長崎高等商業学校研究館年報）第3冊164頁（1923年），武田・前掲注9）桃山学院大学経済経営論集33巻4号57頁。

11) ナマコ類を乾燥させて，内臓を除いて，茹でて干した珍味。

12) 菅野和太郎『日本会社企業発生史の研究』24頁。

13) 菅野和太郎『近江商人の研究』242頁（有斐閣，1972年），菅野和太郎『日本会社企業発生史の研究』25頁。

「丸三」，店名を「近江屋惣兵衛」（架空の人物）としたが，支配人が事業の実際を掌握し，藤野・西川・岡田の三家はそれぞれ6・2・2の割合で出資し，出資額に応じて営業損益が分配されていた[14]。

これらの江戸時代の共同企業は匿名組合といえるのであろうか。注目されるのは，これらの取引において表面に表れて取引の主体になっていたのが，①においては，西川傳治であったという点である。その事業には多くの近江商人が参加していたが，これらの近江商人は取引の主体となることはなかった。①においては，煎海鼠の移出事業は表面上，西川傳治の個人事業であり，損失が生じた場合に，西川傳治が事業の一切の責任を負った。ここでは，近江商人からの出資が，西川傳治の所有に帰属していたか否かが問題となる。もしも，近江商人からの出資が西川傳治に帰属していたのであるならば，この事業は，西川傳治を「営業者」，他の近江商人を「匿名組合員」とする匿名組合契約による事業に近いものであったと一応推測される（商法536条1項参照）。ただし，「濱野源三郎船が難破した際に，損失を各出資者がその株数に応じて負担した」という点であるが，これが事業に損失が生じた場合，持分がマイナスとなり，その結果として，マイナスの持分に応じて，出資者がその個人財産から事業の損失を負担する義務を負ったということを意味するのであるならば，少なくとも，現代の日本の通説[15]およびドイツ法[16]が前提とする匿名組合（商法535条，ドイツ商法230条参照）ではなく，むしろ民法上の組合契約（民法667条，ドイツ民法705条参照）に類似したものであったと考えられる。出資者の有限責任の実質がなかったからである。煎海鼠の移出事業が債務超過となった場合にも，西川傳治のみが対外的に債権者に対し一切の責任を負ったのであるならば，匿名組合であったとみてよいであろう。

②においては，取引上，店名とされたのが「近江屋惣兵衛」という架空の人

---

14) 菅野和太郎『近江商人の研究』242頁以下，菅野和太郎『日本会社企業発生史の研究』25頁以下。

15) 西原寛一博士は，匿名組合につき，損失分担の結果，出資額がマイナスになることは，合資会社の有限責任社員の責任との均衡上，一般にはこれを否定すべきであると説いた（西原寛一『商行為法〔第3版〕』182頁（有斐閣，1973年））。

16) ドイツ商法336条は，匿名組合員が払込済または払込未済の出資額を限度として損失を分担することを前提とした規定内容となっている。ドイツ商法336条の邦訳として，法務省大臣官房司法法制部『ドイツ商法典（第1編～第4編）』法務資料465号68頁（法務省大臣官房司法法制部司法法制課，2016年）〔松井秀征〕参照。

物の氏名であった。ここから，②においては，匿名組合における「営業者」（商法536条参照）に相当する者は，事業経営者以外に存在していなかった。②においては，匿名組合員の場合と同様に，共同企業の構成員が機能上の有限責任の効果（商法536条4項参照）を享受していたか否かは，事業が債務超過となった場合，事業経営者のみが責任を負ったのか，出資者も事業の損失に対して責任を負っていたのかが決め手となる。菅野和太郎博士の記述からは，事業に損失が生じた場合，損失負担も藤野・西川・岡田の三家はそれぞれ6・2・2の割合で負担したようであり，そうであるならば，かかる損失発生時の分割債務の原則からすると，この共同企業は日本の民法上の組合契約に近いものではなかったかと考えられる（民法674条1項参照）。菅野和太郎博士は，実際上の事業経営者が，出資者とは別に存在したことをもって，この共同企業（「丸三」）が単なる民法上の組合ではなく，匿名組合であったとみたが[17]，前記のように，この共同企業（「丸三」）が匿名組合であったとしたら，営業を任されていた事業経営者は，「営業者」（商法536条参照）としての実質を有し，三家からの出資金を「所有」していなければならなかったはずである。そこまでの信頼関係は出資者と事業経営者との間にはなかったと通常考えられる。この共同企業（「丸三」）は，組合契約で組合の業務執行が組合員以外の第三者に委任されていた場合（民法670条2項）とみるべきであろう。ただし，事業が債務超過となった場合でも，事業経営者のみが対外的に債権者に対して責任を負う仕組みがとられていたならば，この共同企業体（「丸三」）は，匿名組合に近いものであったといえる（商法536条4項参照）。

1697（元禄10）年以降，宇部市とその近郷では石炭の採取が行われてきたが，次第に企業形態での採掘が行われるようになり，その担い手である慣習上成立した炭鉱共同企業である「宇部式匿名組合」では，組合員の中に「蔭歩」と呼ばれ，業務を担当しない者がいた。「蔭歩」は企業の首長である頭取に対して絶対的ともいうべき信頼を置き，企業の運営一切を頭取に対して一任していた。「宇部式匿名組合」は，共同企業でありながら対外的には頭取個人の企業であり，その財産は頭取のみに帰属し，頭取のみが無限責任を負っていた[18]。「宇

---

17) 菅野和太郎『近江商人の研究』247頁。
18) 和座一清「宇部式匿名組合の研究——炭鉱業における家父長制的企業の資本的発展と消滅」金沢大学法文学部論集法経編12号106頁以下（1964年）。

部式匿名組合」は現代の匿名組合（商法535条）に近いものであった[19]。

かかる事実から，江戸時代における出資者有限責任の共同企業として，匿名組合に類似した共同企業が存在した可能性は高い。ただし，これらの共同企業は明治時代に日本に導入された株式会社制度の起源とはならなかった。江戸時代から明治初期まで続いたこれらの匿名組合の経営実態は，日本の1890（明治23）年商法の匿名組合や株式会社に関する規定の策定にあたって全く考慮されなかった。

bb）合資会社

鴻池善右衛門家では，大名貸しを主要事業としていたが[20]，享保年間（1716年～1736年）以前においては経営が安定し，多くの分家・別家が創設され，それらは独立して事業を営むようになった。ところが，享保期以降，大名貸の利率が低下すると，弱小の分家・別家では，経営が困難になり，自分家業を抑え，本家や有力な分家・別家が行う貸付に「加入」の形態で参加する場合が多くなった[21]。「加入」における「加」とは本家等の貸付に「差し加えた」すなわち出資をしたことを意味した[22]。「加入」による出資を伴う貸付の場合，貸付のイニシアチブをとったのは，貸付を行う本家等であり，貸付先や条件の決定は本家等が行い，加入した分家等は，貸付先や貸付条件の決定権をもたず，利息のみを受け取る「持分資本家」となった。加入は出資であって貸付ではなく，貸付金が返済されない場合，分家等は，出資金を請求することはできなかった[23]。加入は無機能資本家による持分出資であった。請求する分家等が差し出した加入銀を借入銀ではなく，出資銀としていたため，経営史家は，この「加入貸し」を鴻池同族による合本事業とみなしている[24]。18世紀中葉の別家算用帳（鴻池弥三郎）をみると，この別家はその資本のほとんどすべてを加入貸し

---

19) 1889（明治22）年の宇部式匿名組合の規約に「蔭歩」という言葉が見出せる（和座・前掲注18）金沢大学法文学部論集法経編12号111頁）。「宇部式匿名組合」は1889（明治22）年以前から成立していたとみてよいが，江戸時代に「蔭歩」が存在したのかについては，資料上，確認されてはいない。

20) 宮本又次「鴻池家」国史大事典編纂委員会編『國史大事典　第5巻』476頁（吉川弘文館，1985年）。

21) 宮本又郎ほか『日本経営史〔新版〕』38頁（有斐閣，2007年）〔宮本又郎〕。

22) 安岡重明『財閥形成史の研究〔増補版〕』137頁（ミネルヴァ書房，1998年）。

23) 安岡重明『財閥経営の歴史的研究』23頁（岩波書店，1998年）。

24) 宮本又郎ほか『日本経営史〔新版〕』38頁〔宮本又郎〕。

にしていた[25]。

　宮本又郎博士は，かかる鴻池家の事業形態は，無限責任の機能資本家（本家や有力な分家・別家）と有限責任の持分資本家の結合であり，合資会社的資本結合であると説く[26]。

　かかる宮本又郎博士の見解の基礎となる研究を行った安岡重明博士は，機能資本家となったのは本家等であるが，利息業の性格から考えると，加入した分家等の無機能資本家も，また本家等の機能資本家も，出資を限度とする有限責任のみを負ったため，「鴻池家の企業形態は合資会社の変形的な一企業形態であったとみられる……あるいは匿名組合に相当するかとも考えている[27]」と説く[28]。この安岡重明氏の見解を，2005（平成17）年会社法の下で理解するならば，鴻池家全体の企業組織全体は，構成員全員が有限責任を負う合同会社（会社法576条4項）類似の組織であったということになろう。安岡重明博士の指摘を，2005（平成17）年以降の新法の下で再構成すれば，加入貸しにより分家等が出資した出資銀は，貸付の主体たる本家等の所有に属したのか（商法536条1項），あるいは出資銀は「差し加えて貸した」分家等の所有に属していたのかが，「加入貸し」形態での事業が，匿名組合に類似していたのか，あるいは合同会社（会社法576条4項）に類似していたのかの決め手となろう。

　安岡重明博士は利息業の性格から考えると貸付を行う主体である本家等についても有限責任しか負わなかったとみる。確かに，利息業者の行う個々の取引に着目すると，貸付を行う本家等も，個々の取引から，貸付金を取り戻せなくなる以上の損失は蒙らない。しかし，この点をもってしても，法的には，貸付の主体が有限責任しか負わなかったとはいえない。共同企業における有限責任とは，あくまでも，その構成員が，共同企業の活動によって債務が生じた場合，出資額を超えて当該債務の債権者に対して責任を負わないことを意味する[29]。貸付を行った本家等も，その事業において債務超過が生じ，自己が負う債務を

---

25) 安岡重明『財閥形成史の研究〔増補版〕』137頁。
26) 宮本又郎「商家の経営組織」日本経営史学会編『日本経営史の基礎知識』20頁（有斐閣，2004年）。同旨，吉田準三『日本の会社制度発達史の研究』まえがき i （流通経済大学出版会，1998年）。これらの説は，安岡重明氏の研究に依拠している（宮本又郎『日本企業経営氏研究――人と制度と戦略と』31頁（有斐閣，2010年）参照）。
27) 安岡重明『財閥形成史の研究〔増補版〕』141頁。
28) 作道洋太郎ほか『日本経営史』55頁（ミネルヴァ書房，1980年）参照。
29) 神田秀樹『会社法〔第20版〕』26頁，321頁（弘文堂，2018年）参照。

支払えない状態が生じた場合，本家等がその個人財産によって事業上の債務を支払う法的義務を負った場合には，本家等は無限責任を負ったことを意味する。鴻池家が行っていた個々の貸付をみる限り，貸付の名義人たる本家等は，貸付額を限度とする「有限責任」を負ったかのようにみえるが，鴻池家の本家等が行っていた貸付等により債務超過の状態が発生して，貸付の名義人たる本家等が債務を支払われない状態が生じた場合に，債務の名義人である本家等を構成する自然人たる個人は，その個人の財産をもって無限責任を負ったのではないかと推測される。これに対し，鴻池家全体が債務を支払えない状態が生じても，「加入貸し」を行っていた手代等は出資金を失う以外，責任を負うことはなかったのではないかと推測される。この意味で，鴻池家の事業は，合資会社の前身であったと推測することができる。

　安岡重明博士も，宮本又郎博士も，機能資本家と無機能資本家との資本結合を合資会社の要素であるとみているが，2005（平成17）年会社法は，合資会社において，有限責任社員は業務執行に原則として携わることができないという規定を有していない。すなわち，機能資本家と無機能資本家との資本結合は，2005（平成17）年会社法下での合資会社の必要条件ではない。2005（平成17）年会社法下では，合資会社は，無限責任社員と有限責任社員とによって構成されている会社であると定義されており（会社法576条3項），有限責任社員であっても原則として業務執行から排除されない（会社法590条1項参照）。2005（平成17）年改正前においても，有限責任社員の業務執行を禁じていた2005（平成17）年改正前商法156条は，判例[30]・通説上[31]，任意規定であり，定款で別に定めれば，有限責任社員が業務執行を行うこともできたのであるから，機能資本家と無機能資本家の資本結合は，合資会社の必要条件ではなかった。ドイツ法においても，状況は，2005（平成17）年改正前商法の場合と同じである（ドイツ商法163条・164条参照）。ドイツ法においても，有限責任社員と無限責任社員との双方によって構成される会社が合資会社であると定義され（ドイツ商法161条1

---

30) 「商法第156条の規定中業務執行に関する部分は任意規定と解するのが相当であり，従つて，合資会社が定款その他の内部規約を以て有限責任社員に業務執行の権利義務ある旨を定めた場合においては，その定は有効と認むべきである。」（最判昭和24年7月26日民集3巻8号284頁）。

31) 大隅健一郎＝今井宏『会社法論上巻〔第3版〕』135頁（有斐閣，1991年），上柳克郎＝鴻常夫＝竹内昭夫編集代表『新版注釈会社法第1巻』636頁（有斐閣，1985年）〔林竧〕。

項参照),有限責任社員が会社の業務執行から排除される旨を規定するドイツ商法164条は任意規定であり(ドイツ商法163条),定款で定めれば有限責任社員は業務執行に携わることができると判例[32]・学説上[33]は解されている。

　法改正等により,ある共同企業の概念に著しい変化が生じた場合,これをどのように当該共同企業の起源の議論に反映させるべきかは,現代企業法制史研究が直面している困難な問題である。

cc) 合名会社

　三井家の創業者である八郎兵衛高利は,伊勢松坂から江戸に出て呉服店を開業して財をなし,1694(元禄7)年に没した。高利の死後,相続財産は,相続人の共同財産として運用することを誓約した。こうして三井家の事業は,三井家同苗九家の共同事業となった。これを制度化したのが,1710(宝永7)年における大元方の設置であった。大元方は三井九家の全財産を資本として一括所有し,九家が大元方の持分権を有するというものであり,各家は,持分比率は異なるが,平等の発言権を有し,大元方の評議に参加するとともに,それぞれ三井家の営業店の経営を担当し(機能資本家),大元方に無限責任を負っていた。これをもって,宮本又郎博士は,大元方を合名会社的資本結合とみるが[34],ここにも法学上の疑問がある。そもそも,合名会社における構成員の直接無限責任(会社法580条1項)とは,合名会社(ここでは「大元方」)が第三者に対して負った債務に対し構成員が直接・無限・連帯の責任を負ったということを意味し[35],構成員が大元方に対して——すなわち内部関係において——無限責任を負っていたということは,合名会社の属性ではない。しかし,①家父の死亡後に相続人が共同で事業を行ったことを起源とする点,②構成員たる各家が大元方に対する持分権を有し,社員総会にあたる大元方の評議に参加していた点,③大元方の評議において構成員が平等の発言権を有していた点,④構成員たる三井各家が業務執行を行っていた点(自己機関制,会社法590条1項・599条1項)等において,三井家の大元方は,相続財産を管理する合名会社類似の組織を有していたとみてよい。

---

[32] BGHZ 17, 394; BGHZ 45, 207 f.; BGHZ 51, 201.
[33] Kübler/Assmann, Gesellschaftsrecht, 6. Aufl., Heidelberg 2006, S. 103.
[34] 以上,宮本又郎「市場と企業」宮本又郎=粕谷誠編著『講座・日本経営史第1巻 経営史・江戸の経験』63頁以下(ミネルヴァ書房,2009年)。
[35] 髙橋英治『会社法概説〔第3版〕』285頁。

1722（享保7）年以降は，大元方の持分権は三井九家のみにより所有されたが，三井九家はその所有する持分権を分割請求することや処分することは認められなくなる[36]。ここにおいて，大元方は完全に閉鎖した会社類似の三井家財産管理機構となった。
　大元方は，その資本を「建」として，両替屋・呉服屋の各営業店に出資した形式をとり，それを資本として営まれる各営業所は毎期一定率の「功納金」を大元方に納めることになっていた[37]。大元方は共有財産の管理組織であったが，持株会社類似の機能も有していた。すなわち，三井の支店は本店一巻に決算書を提出し，さらに本店一巻が大元方に決算を報告することになっていた。三井の場合は支店の独立性は高くなく，大元方が各営業店に強大な権限と無限責任を負っていた[38]。三井家においては，戦前における持株会社たる三井合名会社を頂点とする三井コンツェルンに類似した組織が既に江戸時代に形成されていた[39]。三井家における株式会社を従属会社としたコンツェルン経営の本格的開始は，1909（明治42）年にハンブルク銀行頭取マックス・ヴァールブルクの助言に従うかたちで行われた三井家の営業組織改革を嚆矢とするが[40]，ドイツのコンツェルンをモデルとした1909（明治42）年の三井家の営業組織改革が無理なく受け入れられた理由も，三井家において，かかる江戸時代の経験があったことにある。江戸時代におけるコンツェルンについては，次に，近江商人のそれを例として詳しく説明する。

　dd）コンツェルン
　江戸時代には，近江商人において，経営史家が後に「中井家コンツェルン[41]」と呼んだ共同企業の形態が存在した。経営史家によると，その経営形態の態様は次のとおりであった[42]。

---

36) 宮本又郎ほか『日本経営史〔新版〕』37頁〔宮本又郎〕。
37) 宮本又郎「市場と企業」宮本又郎＝粕谷誠編著『講座・日本経営史　第1巻　経営史・江戸の経験』64頁。
38) 藤田貞一郎＝宮本又郎＝長谷川彰『日本商業史』133頁（有斐閣，1978年）〔宮本又郎〕。
39) 高橋英治『ドイツと日本における株式会社法の改革――コーポレート・ガバナンスと企業結合法制』262頁以下（商事法務，2007年）。
40) 高橋英治『企業結合法制の将来像』108頁（中央経済社，2008年）参照。
41) 江頭恒治『江州商人』166頁（至文堂，1965年）。
42) 以下の叙述は，江頭恒治『江州商人』155頁以下および江頭恒治『近江商人中井家の研究』179頁以下，315頁以下（雄山閣，1965年，復刻，1992年）を主として参照し，

「近江日野の商人中井家の出店の多くは共同企業の形態をとっていた。それらは，資本額・出資者数・持分割・機構などを異にし，また資本に対する利子ならびに収益の配当率も異なり，それぞれが独立の会計を有する別個の企業体であった。しかし，各企業に対する中井家の出資額は圧倒的巨額を占めていた関係から，中井家の資本を中心とした，今日のコンツェルンに比すべき企業の複合組織が形成されていた。例えば，古手商と繰綿商を主として営む中井家の「仙台店」は，1772（安永元）年，合資の形態をとり，中井家の創業者であった中井源左衛門は67.5パーセント，その他 4 人による共同企業の形態をとった。1783（天明 3 ）年に，同じく古手・繰綿販売のかたわら，質屋等を営んでいた中井家の「相馬店」の資本金に対しては，中井家の「仙台店」が50パーセント，中井家が45パーセント，支配人が 5 パーセントの出資（労務出資）を行っていた[43]。かかる「中井家コンツェルン」において見い出される特徴は，極度の危険分散主義がとられていたという点であり，この分散主義は，資本の分散，地域の分散，業種の分散の三方面に現れている。まず，資本の分散とは，中井家以外の参加資本として，それぞれの地方の地元資本を利用していたという点である。各出店において，現地経営者は無限責任を負い，中井家は有限責任であったから，各出店は合資会社的形態であった[44]。次に，地域の分散とは，出店の分布が，東北から九州までほぼ日本全土に至っていたことを指す。さらに，業種の分散は，質屋や金貸業だけでなく，酒・醤油・酢の醸造業から油絞業や鋳物業などの生産業まで手を伸ばし，極めて多岐にわたっていた点を指す。また，中井家商法の一つとして注目しなければならない点は，末端に至るほど，実際の経営を地元企業者に一任する傾向が強く，地元企業者の労務を金銭出資と同じように扱い，かかる労務出資に利益配当を行ったという点である。これは末端の出店における実務担当者の勤勉と忠実を期待する上で大きな役割を果たした。出店の経営は支配人によって，本家から示達された「店掟目」などの店則に準拠して行われ，月次の営業報告・期末の店卸勘定を本家に送ることとなっていた[45]。」

それに他の研究を加筆してまとめたものである。
[43] 以上の事実から，中井家，仙台店，相馬店の各企業体は，垂直型のコンツェルン構造をとっていたと考えられる。
[44] 宮本又郎ほか『日本経営史〔新版〕』48頁〔宮本又郎〕。
[45] 藤田貞一郎＝宮本又郎＝長谷川彰『日本商業史』134頁〔宮本又郎〕。

これを読む限り，中井家の共同企業形態が，ドイツ法の意味での「コンツェルン（複数の企業が統一的指揮の下に置かれている企業体）」（株式法18条[46]）に該当するかについては，いくつかの点で疑問がある。第一に，中井家の出店が法的に独立した企業体であったか否かという点である。中井家の出店のすべてが，中井家が全額出資して立ち上げたのであれば，たとえ各出店が独立の会計を有し，業績責任を負わされていたとしても，中井家の共同企業の全体が事業部制（単一の企業の事業部門ごとに独立の運営および採算制等がとられている形態）をとっていたとみることもできる。しかし，「中井家コンツェルン」を構成する大部分の出店には，中井家だけでなくその他の複数の出資者が存在したことを考えると，出店はそれ自体それぞれ独立した共同企業体であったとみるのが自然であろう[47]。第二に，「中井家コンツェルン」が高度に分権化された構造をとっていた点である。中井家の企業体全体が厳密な意味で「コンツェルン」（株式法18条）に該当するためには，それぞれの「出店」が中井家による「統一的指揮」の下に置かれていなければならない。中井家の共同企業形態は，中井家の圧倒的多額の出資によるドイツ法の意味での「支配・従属関係」（中井家が各出店に対して支配的影響力を行使する可能性がある状態にある）（株式法17条[48]）のみが存在していた事例であるとも考えられる。ただし，宮本又郎博士は，末端の支店も本店の管理を受け，本家において必要に応じて企画された経営の大綱は，各有力支店に通達され，ここでさらに具体化されて業務部門に移され執行される仕組みになっていたと説く。この宮本又郎博士の見解からすると，各出店は，本店により統一的に指揮されていたとみることができる。

　いずれにしても，江戸時代にコンツェルン類似の商家経営が存在した点は重要である。江戸時代に三井家および中井家がコンツェルン類似の経営を行って

---

[46] 支配企業と一個以上の従属企業が，支配企業の統一的指揮の下に総括される場合には，これらの企業はコンツェルンを形成する（株式法18条1項1文）。株式法の邦訳につき，早川勝「1965年株式法の改正と展開」同志社法学63巻6号206頁以下（2012年）参照。

[47] 宮本又郎博士は，これらの出店は，独立会計を有し，業績責任を負わされた別個の企業体であり，無限責任の現地経営者と，有限責任の中井家との合資会社的形態であったという（宮本又郎ほか『日本経営史〔新版〕』48頁〔宮本又郎〕，藤田貞一郎＝宮本又郎＝長谷川彰『日本商業史』133頁以下〔宮本又郎〕参照）。

[48] 従属企業とは，法律上独立の企業であって，この企業に対して他の企業（支配企業）が直接または間接に支配的影響力を行使できるものをいう（株式法17条1項）。

いたという歴史的経験は，明治時代以後のコンツェルン経営の興隆の基礎となった。ただし，江戸時代の共同企業の形成の目的は近代の株式会社におけるように社会的資本の集中という積極的なものではなく，三井家においてみられるように家産分散防止等のための消極的なものであり，また共同企業における意思決定は，多くの共同企業体において，家族構成員による制約を受けていた[49]。

ee) 幕末のカンパニー制度の導入

1867（慶應3）年4月，1860（萬延元）年の遣米使節の一行に参加して，欧米諸国に存在する会社制度を見聞した後帰国した勘定奉行小栗上野介の主唱で，兵庫開港に伴い大資本をもって外国貿易を行わせるため商社設立の案が出された。1867（慶應3）年6月に商社が設立されるや，富豪3人が商社頭取となり，一代限りで百石が与えられ，旅行の際の帯刀を許された。また商社御用を仰せつかった者で未だ苗字をもっていなかった者には，一代限りで苗字が与えられた。1867（慶應3）年8月19日には，幕府は広く一般から商社の参加者を募る旨の触れを発した。しかし，当時，商社の内容について理解する者は少なく，貿易のような新規の事業には手を出さないことが大阪商人の家風であったため，商社加入者を見い出すことは困難であった。そこで，幕府は大阪の富豪60余人を町奉行に呼び出して，商社御用聞という幕府の役職に就くことを命じた。これは事実上商社に対する出資の強制を意味した。これらの富豪は再度集会し，商社御用聞の辞退を申し出たが聞き入れられず，商社へ強制的に加入させられた。この「兵庫商社」は，ほとんど活動することなく，半年で解散した[50]。

経営史研究者の多数は，兵庫商社は元来カンパニーに倣って設立されたものであるが，「会社」ではなく，その組織からみると「組合」であったと論じている[51]。安岡重明博士は，兵庫商社は厳密にいうと機能資本家と無機能資本家からなるマグナ・ソキエタスであったと説く[52]。

b 株式会社の誕生
aa) 株式会社の知識の普及

日本における株式会社の誕生には，株式会社制度に関する知識の民間への広

---

49) 藤田貞一郎＝宮本又郎＝長谷川彰『日本商業史』132頁〔宮本又郎〕。
50) 菅野和太郎『日本会社企業発生史の研究』74頁以下参照。
51) 菅野和太郎『日本会社企業発生史の研究』109頁，高村直助『会社の誕生』10頁参照。
52) 安岡重明『財閥経営の歴史的研究』29頁（岩波書店，1998年）。

まりが前提となった。そのために大きな役割を果たしたのが，福沢諭吉の『西洋事情』，福地源一郎がまとめた『会社弁』および渋沢栄一がまとめた『立会略則』などの株式会社に関する啓蒙書であった。

福沢諭吉の『西洋事情』は，「商人会社」の項において，西洋では，大きな商売を一商人でできない場合には，5人あるいは10人仲間を集めてこれを共同で行うが，これを「商人会社」というとし，商売の仕組み，元金や年度計算を公示し，「アクション」と呼ばれる手形を売って金を集めると紹介した[53]。福沢諭吉は，西洋では鉄道や運河等の大事業はかかる「商人会社」によって行われているとし，その国民経済的な重要性を強調した。この叙述は，西洋の株式会社制度についての日本における初めての紹介の一つであったとともに，「会社」という言葉を株式会社の意味で用いた最初の例であった[54]。福沢諭吉は，株式の自由譲渡性と株式譲渡による利益獲得の可能性などについては言及しているものの，株式が会社の構成員たる資格であるとは意識されていなかった。福沢諭吉は，株式会社の破綻時の株主の有限責任については全く言及しなかったが，株式を「手形」であると説明した。手形はこれを取得した者は，手形金を支払う義務以外に商人会社の債務を負うことはないから，ここに株主有限責任の意味が込められていたとも推測される。

1870（明治3）年に福地源一郎により訳述され，1871（明治4）年の渋沢栄一の序が付されている『会社弁[55]』は，米国のヴィーラントの経済書綱の会社編を基に，これに英国のミル，オランダのニーマンの経済編を抄訳したものであった。本著作における「会社」とは銀行を意味し，一般の株式会社について紹介するものではなく，預金会社（バンク・オフ・デポシット），為替会社（バンク・オフ・エクスチェンジ），貸付会社（バンク・オフ・ジスカウント），廻文会

---

[53] 福沢諭吉「西洋事情」慶應義塾『福沢諭吉全集　第1巻』296頁以下（岩波書店，1958年）。

[54] Eiji Takahashi, FS Schott, S. 319；穂積陳重「会社」同『続法窓夜話』143頁（岩波書店，1980年），野田良之「会社という言葉について」竹内昭夫編『（鈴木竹雄先生古稀記念）現代会社法学の課題 中』696頁（有斐閣，1975年），浜田道代「会社との出会い――幕末から明治初期」浜田道代編『（北澤正啓先生古稀祝賀論文集）日本会社立法の歴史的展開』4頁。日本の株式会社が「株式会社」と自称したのは，1886（明治19）年設立の「東京製紙株式会社」（1919年富士製紙に合併）が最も古いとされている（小林和子『株式会社の世紀――証券市場の120年』28頁）。

[55] 福地源一郎訳『官版会社弁』（大蔵省，出版年不明）。

社（バンク・オフ・シルクレーション）の各銀行につき，その設立手続，各銀行の種類によるメリット，設立にあたっての注意事項を説明したものであった。注目すべきは，「諸会社取建の手続大要」の章において，各会社の持分につき「株」という言葉が用いられていた点である。本著作は，「株」を引き受けて社中の利を分かつ人を「株主」，会社の諸務を取り扱う者を「会社の取扱人」，会社の取扱人の中から真面目な者１人が選任されるが，この者を「会社の支配人」と定義した。本著作は，株式会社における持分を「株」，これを引き受けて利益配当に与る者を「株主」と定義し，銀行たる会社が発行する「手形」と概念的に区別して説明することで，前述の西洋事情の誤解を招く点につき変更して解説した。

　福地源一郎が銀行についてのみ株式会社の設立方法を説明したのに対し，1871（明治４）年９月の渋沢栄一により執筆された『立会略則[56]』は，通商会社を代表する一般の株式会社についても対象としてその設立や運営についての注意点を解説したものである。渋沢栄一は，商社（通商会社）を設立する手続の概要につき，発起人の組合が負う資本の額，商社の業名および完約規則につき書面で地方官に提出し会社設立についての免許を求め，地方官はこれを受けて発起人の人となりを調査等し審査を行い，商社を設立させることが適当と判断する場合には，その旨添え書きをして政府に送り，政府が商社設立に関する許可を出すと説明した。

bb） 日本最初の株式会社と株式会社法——第一国立銀行と国立銀行条例

　株主有限責任について規定を有する日本の最初の株式会社法は，明治５年11月15日太政官布告第349号国立銀行条例[57]であり，これに基づいて設立された日本の最初の株式会社が第一国立銀行であった。国立銀行とは，モデルとした米国の「ナショナル・バンク」の訳語であった[58]。以下においては，国立銀行条例の内容を概観する。

　まず，国立銀行の法的性質についてであるが，これを直接定める規定を国立銀行条例はもっていなかった。しかし，国立銀行条例では，国立銀行が，①銀

---

[56] 『官版立会略則』（大蔵省，1871年）。
[57] 国立銀行条例の全文は，明治財政史編纂会『明治財政史第13巻』31頁以下（丸善株式会社，1905年）に収録されている。
[58] 『第一銀行五十年小史』２頁（1926年），玉置紀夫『日本金融史』24頁（有斐閣，1994年）。

行業を営むために家屋を必要とする場合，代物弁済がなされた場合，あるいは貸付金の引当として借主が銀行に差し出した家屋が質物である場合，土地や家屋などの不動産を所有する能力を有していたこと（国立銀行条例10条3節参照），②金銭を貸し付ける能力があること等契約の主体となる能力を有していたこと（国立銀行条例11条8節参照），③役員等の第三者機関を設置することができたこと（国立銀行条例25条2節），④その固有の名称を有していたこと（国立銀行条例2条3節1号），⑤一般の訴訟法に従い訴訟当事者となる能力を有していたこと（国立銀行条例23条1節），⑥国立銀行条例が定める「元金」を入金しなければ設立できないとされていたこと（国立銀行条例3条2節），⑦利益配当にあたり利益の一定額から積立金を積み立てるべく定められていたこと（国立銀行条例13条3節），⑧株主有限責任が採用されていたこと（国立銀行条例18条12節）等から考えて，出資者から独立した（現在の法律学でいう）「法人格」を有していたとみられる。

　国立銀行の設立主義であるが，次のように許可主義をとっていた。すなわち，国立銀行の設立には5人以上の発起人を必要とした（国立銀行条例1条1節）。これらの発起人は国立銀行を設立するための「組合」を形成した（国立銀行条例1条1節）。これらの点は，「設立中の国立銀行」の法的性質を考える上で興味深い。国立銀行の設立の第一歩は，発起人が連名で国立銀行設立の願書を紙幣寮に提出することであった（国立銀行条例1条2節）。紙幣頭は，願書から「相当」と判断すれば，発起人等に会社創立証書と定款の提出を命じた（国立銀行条例1条3節本文）。紙幣頭は，発起人の身分等につき「隠密の探索」をなす権限や地方官庁に対して発起人等の身分やその営む営業の模様につき諮問をなす権限を有した（国立銀行条例1条3節ただし書）。

　国立銀行の設立の種類としては，次のように募集設立のみが形式上認められていた。株主の募集は紙幣頭の前記命令後に開始することができた（国立銀行条例2条1節）。株主となる者が定まると，創立総会は，銀行創立証書および定款を承認し，頭取および取締役を選任し，銀行創立証書および定款を紙幣寮に差し出すことになっていた（国立銀行条例2条2節）。大蔵卿が銀行創立証書および定款に対して承諾を与える場合，紙幣頭は開業免状を与える手続をなした（国立銀行条例3条1節）。紙幣頭は，国立銀行条例が定める「元金」の入金があったこと，株式の払込みがなされていること，株主が不正な事務を行っていないこと等を確認した上で，開業免状を与えた（国立銀行条例3条2節）。開業

免状は新聞紙等に公告された（国立銀行条例3条4節）。開業免状を得てから，国立銀行は事業を開始することができた（国立銀行条例3条3節）。

　国立銀行と株主との関係については，次のように定められていた。国立銀行の株高は1株百円であり，株主は何株でも所有することができた（国立銀行条例5条1節）。株主はその株高に応じて権利を有した（国立銀行条例5条2節）。国立銀行において，株主総会は制度として法定されていなかったが，「株主等の集議」において一株一議決権原則が定められていた（国立銀行条例5条9節）。「株主等の集議」において，議決権の代理行使も認められた（国立銀行条例5条11節）。株式の自由譲渡性が確立していた（国立銀行条例5条3節）。株式の元金の払戻しおよび株主の自由な退社は認められなかった（国立銀行条例5条7節・同条13節）。

　国立銀行の取締役に関しては，次のような規律があった。国立銀行において，取締役は5人以上存在しなければならず（国立銀行条例4条4節括弧書），取締役の1人が頭取となった（国立銀行条例4条4節括弧書）。頭取および取締役が国立銀行の業務を行った（国立銀行条例4条2節後段）。国立銀行の頭取および取締役は業務執行をなすにあたり忠実公平義務を負った（国立銀行条例4条6節）。国立銀行の頭取および取締役等は，業務執行にあたり，支配人および会計役および書記役その他の役員を選任した（国立銀行条例4条3節）。

　国立銀行はその計算書類を正確かつ簡明に記載しなければならなかった（国立銀行条例24条1節）。国立銀行の頭取および取締役等は毎年度国立銀行の総勘定を行い，純利益を計算し，株高に応じてこれを株主に配当した（国立銀行条例13条1節）。国立銀行の頭取および取締役等は，利益配当の前に，分配する利益を株主に対して通知し，新聞紙上に公告した（国立銀行条例13条2節）。国立銀行の頭取および取締役等は，公告後で利益配当前に利益配当の計算を紙幣頭に通知した（国立銀行条例13条3節）。

　国立銀行条例は，国立銀行の解散については規定を有していなかった。

c　一般的株式会社法の成立 ── ロェスレル草案前史
aa）会社に関する大審院判例の変遷

　『西洋事情』等の前記啓蒙書には，株主有限責任などの株式会社の倒産時に問題となる法的事項については，明確に触れていなかった。これは，これらの啓蒙書が会社設立の手引きであり，会社法を取り扱ったものではなかったためであったが，それが，国立銀行条例以降，民間において設立された「会社」の

社員の責任を巡り多くの訴訟が提起された一因ともなった[59]。会社の社員の有限責任の有無を巡る裁判例の分析については，既に優れた先行業績[60]がある。本書は，先行業績を基礎に，これに独自に調査したものを加え，会社にかかわる裁判例一般を分析・検討し，会社を規制する法規が欠如した状態にあった当時の問題を明らかにしたい。

『明治前期大審院民事判決録[61]』によると，1875（明治8）年から1877（明治10）年11月にかけては，日本の会社ないし商社に関連した大審院民事判決はなかった。この判決録によると，日本の会社が関連した最初の事件は，大判明治11年9月18日言渡明治前期大審院民事判決録3巻203頁内国通運会社妨害一件であった。本件では，大阪上等裁判所の審判によると，石川県の元伏木村の総代（X）が，六度寺村通運会社（A社）の取締を被告（Yら）として，A社が，元伏木村が水運の特権を有するにもかかわらず，元伏木村の水路を許可なしに使ったとして，Yらの元伏木村の港からの荷物の運送の差止めを求めた事件である。大審院は，Xらにはかかる水運の特権は認められないと判示し，Xの訴えを認めなかった。この判決では，Yらが旧長尾県の布達によりA社の前身となる元陸運会社を設立し，営業の許可を得たが，その後，「合併」等により水運会社を設立した後，甲乙丙丁戊に「分社」された等，1890（明治23）年旧商法の成立前に組織再編が行われた事実が認められる。同時に，民間の通運会社が県の布達により（すなわち許可主義の下で）設立されていた事実が明らかにされている。

大判明治11年9月30日言渡明治前期大審院民事判決録3巻209頁内国通運会社妨害一件は，石川県の元伏木村の総代（X）が同村の水路の特権を侵害したとして，石川県の渡り村通運会社（A社）が川筋を利用して勝手に水運事業をしたとして，A社の取締であるYらを訴えた事件であるが，大審院は，石川県の元伏木村の水路の特権は既に消滅しているとして，Xの訴えを斥けた。ここでは，元伏木村の水路権を侵害したのがA社であったにもかかわらず，A社ではなく，A社の取締が本件訴訟の被告となった点が注目される。その理由は，事件の当時，私立会社の権利能力が認められていなかったため，私立会社が，

59）吉田準三『日本の会社制度発達史の研究』3頁。
60）利谷信義＝水林彪「近代日本における会社法の形成」高柳信一＝藤田勇編『資本主義法学の形成と展開』70頁以下。
61）我妻榮編集代表『明治前期大審院民事判決録全13巻』（1957年，三和書房）。

訴訟上の当事者となることが訴訟法上，許されなかったことにあったと推測される。

大判明治12年2月24日言渡明治前期大審院民事判決録4巻94頁私立会社違約一件は，次のような事件であった。明治5年10月にXとYらとは共同で運輸会社を設立した。本社は新設される商法会社と合併され，官許なく「富士川会社」（A社）として設立されたが，A社は4年間も無配であった。A社の社員（X）は，Yらに約束違反があったとして退社すべくA社の社員であるYらを被告として静岡県裁判所に出訴した。大審院は，Yらに約束違反はあったことを認め，原審のXのA社の社員としての地位を復帰させるという判決は不法の判決であるとして原判決を破棄した。本件では，①官許なく私立会社が設立された場合でも，大審院がかかる私立会社が無効であるとしなかった点，②官許なく設立された私立会社が合併等の組織再編を行っていた点が注目される。

大判明治12年7月1日言渡明治前期大審院民事判決録5巻7頁退社ならび株金取戻一件では，原告（X）が，自己が所有する旧小田県殖産商社の株券を同県へ抵当として差し出したことを契機に抵当人（Y）との間でXが差し出した株券の抵当としての価値等につき争われた事件である。会社法の観点からは，本件では，私立会社である商社の「株券」が抵当となっている点が注目される。

大判明治16年4月30日言渡明治前期大審院民事判決録9巻100頁不正金賠償法不富一件では，第六二国立銀行（現，常陽銀行）の支店主（X）がYから金400円を不正金として領取したか否かが争われ，その賠償の必要性の有無が争われた。大審院はXに不正金として領取した事実はないとした原審を維持した。本件は，株式会社である国立銀行が関係した，その運営上の不正の有無に関わる民事事件として注目される。

大判明治16年7月26日言渡明治前期大審院民事判決録9巻234頁米商株券名義書換請求の件では，Xの所有した米商会所の株券10枚につきYに売却する予約があったといえるのか否かが争点となった。大審院は，Xには，この株券を買い戻す権利はないと判示した。1876（明治9）年8月に米商会所条例が布告され株式会社としての米商会所を設立することが認められていたが，1879（明治12）年の同条例改正では，株主の責任が無限であるか有限であるかにつき創立証書に明記すること（同条例2条3節ただし書）とされていた[62]。本件は，株

62）吉田準三『日本の会社制度発達史の研究』30頁参照。

主の責任の有限性が争われた事件ではなかったが，かかる経緯で株式会社としての設立が認められていた米商会所の株券の売買契約の予約の有無が争われた事件として注目される。

大判明治17年5月22日言渡明治前期大審院民事判決録10巻136頁貸金催促一件では，第二四国立銀行（X）がYとの間でXを貸主とする消費賃借を締結したところ，Yが義務を怠ったため，Xが当該消費賃借の抵当として保有していたとしていた株券を評価しその不足金をYに訴求したところ，Yは当該株券を返還したならば当該義務を履行すると答えた。大審院は，Xが抵当物件たる株券をYに返還することを拒むことは著しい不条理であるとした。本件では，株券が抵当権の対象となっていたことが注目される。

大判明治17年10月8日言渡明治前期大審院民事判決録10巻259頁貨物代償金要求一件では，内国通運会社（A社）が旧高田石油会社から貸金の抵当として差し出された貨物を別の石油会社に引き渡したことによりXが損害を被ったとしてその賠償をA社の頭取であるYに求めたものである。大審院は，A社による貨物引渡しには不当な点はないとして上告を受理しなかった。本件は私立会社と私人との紛争であるが，被上告人となっているのは私立会社の頭取であり，当時の私立会社には訴訟当事者となる能力が認められていなかったことが明らかになっている。

大判明治17年12月25日言渡明治前期大審院民事判決録10巻330頁開墾農産会社所有山取戻一件では，Xらは開墾農産会社（A社）の社長7人であり，政府（勧農寮）から払い下げを受けた山地等の帰属を巡り争われたが，大審院はXらの上告を受理しなかった。

大判明治18年1月27日言渡明治前期大審院民事判決録11巻15頁銀行株券請求ノ件では，第一三二国立銀行の株券の帰属を巡る争いであったが，大審院は，当該株券の名義人が訴訟に参加していないという理由で原判決を破棄した。

大判明治19年3月8日言渡明治前期大審院民事判決録12巻70頁貸金催促ノ件では，訴外殖産商社の大株主，すなわち大頭取と称し各支社を分担し，中央に元社を置き主任者1名を選挙して全社の事務を統括させていたYらに対する貸金のXからの請求が争点となった。大審院はXの上告を受理しなかった。本件では，元社と支社とがそれぞれ法的に独立した会社であったか否かは判決文を読む限り判然としないが，もし本件で元社と支社が法的に独立した存在であったならば，当時元社と支社という形態でYらが持分会社コンツェルン類似の形

態で経営を行っていたことになり，注目される。

　大判明治19年12月20日には，銀行創立資金立換金請求ノ件として，五つの判決が言い渡された[63]。いずれも争点は，第一四六国立銀行（現，広島銀行）の頭取Yらに対し，Xらが支出した金員が銀行創立費の立換金であるとして，第一四六国立銀行に対し弁済の請求をしたものである。大審院は，原審に錯誤があるなどとして，事件を岡山始審裁判所に移す等した。本件では，第一四六国立銀行が訴訟当事者となる能力を有していたにもかかわらず（国立銀行条例23条1節参照），Xらが国立銀行の頭取を被告人として創立費の弁済を請求している点が注目される。その理由は，「設立中の会社[64]」という概念が未だ発達しておらず，Xらが第一四六国立銀行の創立のために発起人等に支払った費用が未払いとなっている場合，同銀行成立以後は同費用の支払債務が同銀行に受け継がれるといういわゆる「会社責任説[65]」の考え方が判例法上採用されていなかったところ，Xらが金員を支出した時点においては，第一四六国立銀行は成立していなかったので，第一四六国立銀行の頭取に同金員を同銀行の創立費の立替金として弁済するように請求するという訴訟形態を採らざるをえなかったためであると推測される。

　大判明治19年12月22日言渡裁判粋誌刑事集第1巻226頁は，会社の名誉毀損に関する刑事事件であったが，本判決において，大審院は，一種の団結体である会社は各人の集合により成立するものであるから，権利・義務・名誉も有するものであり法律もこれを保護し，（これらを毀損する者に対し）制裁しており，この点については通常人と異なる点がないと判示した。この判決において，大審院は，一般論として，会社に権利義務の主体となる能力を認めた。

　大判明治20年4月14日言渡明治20年大審院民事商事判決録・商事1頁では，X社（モリンソン商会）は，A鉱業会社の債権者であったが，A社が無資産であったため，その株主であるYらは無限責任を負うと主張して，Yらに対し債務の弁済を求めた。原審（東京控訴院）は，A社の定款において有限責任の条

---

63) 明治前期大審院民事判決録12巻414頁～429頁。
64) 東京高判昭和51年7月28日判例時報831号94頁，東京地判平成11年5月28日判例時報1727号108頁〔有限会社の事例〕，東京高判平成元年5月22日金融商事法務1251号24頁，江頭憲治郎『株式会社法〔第7版〕』107頁注2（有斐閣，2017年），神田秀樹『会社法〔第20版〕』58頁以下，田中亘『会社法』574頁（東京大学出版会，2016年），龍田節＝前田雅弘『会社法大要〔第2版〕』443頁（有斐閣，2017年）参照。
65) 高橋英治『会社法概説〔第3版〕』50頁（中央経済社，2015年）参照。

項があったが，これは株主限りの申し合せであるとして，これによりA社を有限責任の会社であると認めることはできないと判示した。大審院は，A社は有限責任の会社であると世間に「公告」していない以上，有限責任の会社ということはできないということは原判決のとおりであると判示し，X社がYらの個人財産に掴取することを認めた。本件で，原審の東京控訴院は，定款は株主限りの申し合わせであるとして，定款の規定により有限責任の会社をつくることができる可能性を認めなかった。大審院は，「会社」は原則として無限責任会社であるという立場を採りつつも，「公告」することにより，有限責任会社の成立の可能性を認めた。

大判明治21年7月25日言渡裁判粹誌民事集第1巻332頁は，第百国立銀行（現，三菱UFJ銀行）が倉庫会社を訴えたものであるが，大審院は，国立銀行条例に基づき訴訟当事者となる能力が認められた第百国立銀行だけでなく（国立銀行条例23条1節参照），民間で設立された倉庫会社につき，訴訟当事者となる能力を当然に認めていた。

大判明治20年10月31日言渡裁判粹誌民事集第2巻332頁は，設立中の有限責任会社の法的性質が争われた事案において，大審院はこれを「組合」とみた。

大判明治24年11月24日言渡裁判粹誌民事集第6巻392頁は，XはA社（日本硝子製造会社）の貸金債権者であったところ，Xは，YらがA社の株主であるとしてYらに対して貸金の返済を求めて出訴した。大審院は，会社の定款は地方庁の許可を得てはいるが，これは慣行にすぎず，「公告」ということはできないとし，会社組織につき一定の法則が存在しない今日にあっては，株主の資格および責任の程度は，一々実際に徴して究明しなければならないと判示した。本判決は，社員の有限責任に関する「公告」があった場合には，無限責任を原則とする会社が有限責任会社となる可能性を認める前記大判明治20年4月14日明治20年大審院民事商事判決録・商事1頁に従いつつ，会社の定款への記載はかかる「公告」に該当せず，「公告」がない場合には，会社が有限責任会社か否かは個別事案により決定されるというものであったため，私立会社の株主がいかなる条件を満たせば有限責任を享受することができるか否かについては，明確な基準を示していなかった。

大判明治25年1月23日明治25年大審院判決録自1月至2月53頁は，XがA社（横浜丸善為替店）の株主であるYらに対し，預金の払戻しを請求した事件で，会社の責任が有限であるためには条件が必要になると判示したが，その条件に

ついては明確に定式を示さなかった。

大判明治26年3月11日言渡裁判粋誌民事集8巻73頁は，官衙用達会社であるA社の債権者であるXが，A社が無限責任会社であるとしてA社の債務を弁済するようにA社の株主であるYらに求めた事件であったが，有限責任の会社であることを相当の方法で公示するか，契約に際して明示しない限り，一般の私立会社が有限責任の会社であると認められることはないと判示した。本判決は，有限責任の私立会社であると認められるための条件として，相当の方法での「公示」以外に，「契約」で有限責任の私立会社である旨を示すことも加えた点で新しい判決であった。

明治前期の大審院民事事件の会社に関する民事につき注目すべき点は次の五点である。第一に，大審院は，官許なく設立された私立会社を無効な会社としては取り扱わなかった。第二に，初期の大審院裁判例では私人が「会社」を訴えるという事例はなく，その責任者たる取締役をかかる訴訟における被告とする事例のみが存在したが，時代を経るに従って，大審院は，私立会社については，通常人と同じ権利能力をこれに認めるようになり，私人が「会社」自体を訴えることが認められるようになった。第三に，会社に関する一般法規の施行以前に，官許なく設立された私立会社が合併・分社等の組織再編行為を行い，大審院もその効力を認めていた。第四に，大審院は設立中の有限責任会社の法的性質を「組合」とみた。第五に，大審院は，1893（明治26）年7月1日の会社法施行までは，民間の一般の会社について，社員の有限責任が，一般論としては「公告」および「契約」により相手方へ明示された場合には認められるという議論を傍論として展開しつつ，実際の具体的な事件においては民間の一般の私立会社の社員の有限責任は認めなかった。大審院は，一般論として，一般の私立会社についても，その社員が有限責任を負う旨の「公告」等があれば，かかる会社の社員は有限責任を負うとしていたが，「公告」等の具体的な方法についてはこれを明らかにしなかった。ここに株式会社法を形成して，法律により株主有限責任を明確化する必要が生じていた。

bb）1875（明治8）年「会社条例」草案

法制史研究によると，明治時代における会社法草案の嚆矢となったのが，1875（明治8）年の内務省「会社条例」草案であった[66]。この草案は，1875（明

---

66) 利谷信義＝水林彪「近代日本における会社法の形成」高柳信一＝藤田勇編『資本主

治8）5月26日に脱稿完成し，内務卿大久保利通より太政大臣三条実美に対して布告案を付けて提出された。

1875（明治8）年内務省「会社条例」草案（以下「1875（明治8）年会社条例」という）は次のような内容であった[67]。

1875（明治8）年会社条例における会社には「保証有限会社」と「責任無限会社」との二種類が存在した（1875（明治8）年会社条例1条3節）。両社とも設立につき許可主義をとっていた（1875（明治8）年会社条例7条25節）。株式会社に近い会社は「保証有限会社」であった。「保証有限会社」は，会社の解散時に会社の負債等につき弁済をなすために，会社による保証がなされる会社であった（1875（明治8）年会社条例2条4節）。これに対して，「責任無限会社」は会社の解散時に会社の負債につき，社員が負担する会社であった。「保証有限会社」の中でも，会社解散時に会社が負うべき保証の額が一定額定められている会社は「有限定額会社」と呼ばれ，会社解散時に会社が負うべき保証の額が定められていない会社は「有限不定額会社」と呼ばれ，それぞれの会社では創立証書の記載事項に差異があった（1875（明治8）年会社条例3条7節・8節）。1875（明治8）年会社条例は，「保証有限会社」と「責任無限会社」という異なった原理に基づく二つの会社につき編を分けずに規定しているために，これらの会社に対する規制の内容は極めて理解しにくいものとなっていた。1875（明治8）年会社条例においては，「保証有限会社」における社員有限責任は法律上規定されておらず，創立証書の約束によりこれを定めることができるとされていた。「保証有限会社」の一種である「有限定額会社」では，資本金は株式に分割されるという原則が妥当し（1875（明治8）年会社条例3条7節4），資本金額を増加すれば，それに従って保証金額も増大するという規定が存在した（1875（明治8）年会社条例21条55節）。

1875（明治8）年会社条例における社員の権利については，入金がなければ社員集議にあたり発言権がないという規定が存在したに過ぎず（1875（明治8）年会社条例23条69節），社員の配当請求権等については規定がなかった。また，社員録という制度が存在し，社員の氏名・職業・住所・所有株数等が記載され

義法学の形成と展開』85頁。
67）1875（明治8）年会社条例草案は，向井健「明治8年・内務省『会社条例』草案——明治前期商法編纂史研究(3)」法学研究44巻9号90頁以下（1971年）に，その全文が掲載されている。

た社員表を（1875（明治8）年会社条例19条47節），定時総会の後20日以内に地方官に提出することが定められていた（1875（明治8）年会社条例20条52節）。

1875（明治8）年会社条例においては，会社の「機関」として「会社役人」が存在した（1875（明治8）年会社条例17条）。「会社役人」としては，頭取・副頭取・支配人・取締役・検査役・肝入等があり，かかる重要な役人の権限および職務は会社定款に（それ以下の役員の権限および職務は社中申合規則に）記載すべきことが定められていた（1875（明治8）年会社条例17条40節）。「会社役人」以外の会社の「機関」としては，社員総会（「総社員ノ集会」）の制度があり，毎年1回定時総会（「定式集会」）を開催されるべきことが定められていた（1875（明治8）年会社条例26条74節前段）。その他に会社は臨時総会（「臨時集会」）を開催することもできた（1875（明治8）年会社条例26条74節後段）。社員総会の決議の方法としては，通常決議（「通常集義」）と特別決議（「特別集義」）とがあった（1875（明治8）年会社条例26条75節）。資本金または社員数の増減や定款変更・会社の解散には，総会の招集通知をなして議事の大意を社員に知らせた上で総株数4分の3以上の「特別集議」が必要とされ（1875（明治8）年会社条例26条78節），それ以外の「通常集議」は総社員数または総株数の過半数決議等によって行われた（1875（明治8）年会社条例26条81節）。

1875（明治8）年内務省「会社条例」草案は，取締法規としての性格が強く，株主の権利を保障する近代的株式会社法とはいえないものであった。また，株式会社に近い「有限定額会社」には，資本金の制度は一応存在したものの，社員の有限責任は法律上導入されておらず，社員録により，全社員につきその氏名・職業・住所・所有株数を記載し，これを地方庁に報告する制度があり（1875（明治8）年会社条例20条52節），また，社員の増加には社員総会の特別決議が必要とされたこと（1875（明治8）年会社条例26条78節1）等は，この「有限定額会社」が多数の少額の遊休資本を吸引して大規模事業を行う大規模上場株式会社の法形態として適合したものではなかったことを示していた。1874（明治7）年10月13日「株式取引条例[68]」（太政官布告107号）が布告され，取引所での相対での株式取引が認められていた状況からするならば（同条例24条第1節），遊休資本を吸引する上場会社の成立への法制度の整備は着々と出来上

---

[68] 株式取引条例につき，長谷川新「取引所条例（ブールス条例）と仲裁制度——金融取引所法における金融ADRの源流を辿る」関東学院法学24巻1号53頁以下（2014年）参照。

がりつつあった。1875（明治8）年内務省「会社条例」草案を基礎に日本の株式会社制度が成立していたならば，明治時代の「殖産興業」は実現されなかったであろうと推測される。

太政官法制局は，この草案が主として英国法に依拠し，ドイツ・フランス・オランダ等の法律を考慮していないと主張し，学者と実務家との専門委員によって大修正が加えられるべきであると批判した[69]。その検討の途中，1877（明治10）年に西南戦争が勃発し，1875（明治8）年内務省「会社条例」草案は，太政官の手に温存されたまま，うやむやの中に過去に埋没されてしまった[70]。その原因は，本草案が日本経済の近代化のための会社法典としてはあまりにも出来が悪かったことによるものと推測される。

cc）1881（明治14）年「会社条例」草案

西南戦争後，会社法の草案ができ，1880（明治13）年から元老院幹事山口尚芳を長とする「会社并組合条例審査局」で検討され，1881（明治14）年4月に「会社条例」草案（以下「1881（明治14）年会社条例」という）として脱稿された。

1881（明治14）年会社条例の株式会社規制は次のような内容であった[71]。会社は人名会社と株式会社とからなるが，人名会社については商号（「名号」）に社員の氏または氏名を用いることが義務づけられ（1881（明治14）年会社条例6条），社員の無限責任が定められていたのに対し（1881（明治14）年会社条例5条），株式会社では，その商号に株主の氏名を用いることはできないとされ（1881（明治14）年会社条例44条），また，「株式会社ノ責任ハ有限ニシテ会社所有ノ資産ニ止マルモノトス」と定められていた（1881（明治14）年会社条例45条）。本条は株式会社の責任が有限であるという表現を用いて，株主有限責任を定めた規定であった[72]（1881（明治14）年会社条例58条参照）。株式会社がその商号を

---

69) 利谷信義＝水林彪「近代日本における会社法の形成」高柳信一＝藤田勇編『資本主義法学の形成と展開』85頁。

70) 向井健「会社法草案の編纂始期——明治初期商法編纂史の一齣」法制史研究22号10頁（1972年）。

71) 1881（明治14）年会社条例草案は，向井健「明治十四年『会社条例』草案とその周辺——明治前期商法編纂史研究(2)」法学研究44巻2号87頁以下（1971年）にその全文が掲載されている。

72) 1881（明治14）年会社条例58条は，「第56条及ヒ第57条ノ定則に背キ営業シタル時間ニ生シタル株式会社ノ責任ハ其資産ニ限ラス株主一同連帯シテ之ヲ負担ス可キモノトス」と規定していた。この条文からすると，「株式会社ノ責任ハ有限ニシテ会社所

用いるときには「有限」という文字を加えることが義務づけられた（1881（明治14）年会社条例67条）。会社の設立については、許可主義がとられていた（1881（明治14）年会社条例50条）。株式会社の設立については、発起設立と募集設立の両方が認められていた（1881（明治14）年会社条例46条・49条）。株式会社の成立前には、「起業目論見書」を作成することが義務づけられ（1881（明治14）年会社条例47条参照）、起業目論見書に、「社名」、「会社設置ノ地」、「起業の原由及ヒ目的」あるいは「資本の金額」などが記載されることが義務づけられていた（1881（明治14）年会社条例48条）。株式会社は、「起業目論見書」以外に株主総会決議により「定款」を作成することが許されていた（1881（明治14）年会社条例52条）。株式会社は、設立の許可を得てから、創立証書と定款の登録を受けた日に設立されると規定されていた（1881（明治14）年会社条例54条）。

1881（明治14）年会社条例の株式会社の設立につき、特筆すべき点は、発起人は創立総会（「第一総会」）前になした契約につき責任を負うべき旨が定められていたことであった（1881（明治14）年会社条例61条）。最判昭和33年10月24日民集12巻14号3228頁は、開業準備行為についての発起人の責任について、民法117条1項を類推適用して、これを認めているが、1881（明治14）年会社条例は、かかる迂遠な解釈論によらずとも、発起人の責任を1881（明治14）年会社条例61条の直接適用により導ける点で優れていた。

1881（明治14）年会社条例の株式会社規制においては、株式の自由譲渡制が確立しておらず、株式の売買には取締役会の承認が必要であった（1881（明治14）年会社条例78条）。1861年ドイツ普通商法典において株式の自由譲渡制が確立していたことと比べると（1861年ドイツ普通商法典223条・183条3項）、1881（明治14）年会社条例78条は、同族会社に適した規制であり、多くの遊休資本を吸引する大規模上場株式会社には適さない規制方式をとっていた。1874（明治7）年10月13日「株式取引条例」（太政官布告107号）が布告された後、1878（明治11）年5月4日には「株式取引所条例[73]」が布告され、株式の上場のための法整備は飛躍的に進んでいた。1881（明治14）年会社条例78条は、当時の大規模上場株式会社の実情に合わない規定であった。

1881（明治14）年会社条例の株式会社では、額面株式のみが発行され、最低

　　有ノ資産ニ止マルモノトス」とする1881（明治14）年会社条例45条は、株主有限責任を定めたものと解される。

　73）株式取引所条例につき、長谷川・前掲注**68**）関東学院法学24巻1号58頁以下参照。

額面額は10円に定められていた（1881（明治14）年会社条例74条）。1881（明治14）年会社条例における株式会社には，無額面株式の制度は存在せず，株式の分割払込みが許された（1881（明治14）年会社条例77条）。

　1881（明治14）年会社条例の株式会社には，株主名簿の制度（「株主牒」）が導入され（1881（明治14）年会社条例71条以下），一株一議決権原則も導入されていた（1881（明治14）年会社条例85条）。

　1881（明治14）年会社条例の株式会社の機関としては，会社の「役員」としての取締役（1881（明治14）年会社条例63条以下）および「総会」（1881（明治14）年会社条例80条以下）が存在した。この「取締役」の職務は，株式会社の事務を管理し役員を監督し訴訟において被告になることにあった（1881（明治14）年会社条例115条）。「総会」の規制としては，臨時総会につき総会の招集通知（「議事ノ要旨ノ報知」）があり（1881（明治14）年会社条例81条），資本金の増減や定款改正が総会の必要的決議事項とされていたこと等が挙げられる（1881（明治14）年会社条例83条）。1881（明治14）年会社条例が，第9章として特別に章を設けて，「総会」の制度を条文上定めていた点は，1861年ドイツ普通商法典が，「株主総会」について明確な章立てをもって規定していなかったことと比べて，優れていた点であった。

　1881（明治14）年会社条例の株式会社の決算については，総会の承認事項とはされず（1881（明治14）年会社条例83条参照），地方庁への報告事項とされていた（1881（明治14）年会社条例111条）。この点で，1881（明治14）年会社条例は，官庁による管理色の強い立法案であった。1881（明治14）年会社条例112条は，株式会社につき，利益配当は株式数に応じると定めていた。1881（明治14）年会社条例112条は，一株一議決権原則を定める1881（明治14）年会社条例85条と並んで，株主平等原則の一部を体現する規定であった。

　1881（明治14）年会社条例においては，取締役の不法行為についての会社の責任（1881（明治14）年会社条例114条）および取締役の会社に対する任務懈怠責任（1881（明治14）年会社条例116条）が定められていたが，取締役の対第三者責任に関する規定は存在しなかった。

　以上のように1881（明治14）年会社条例は，1875（明治8）年会社条例と比べて，優れた内容を有していた。しかし，会社法編纂が商法編纂の一環として位置づけられ，ロェスレルによる商法草案の起草が始まったため，1881（明治14）年会社条例も陽の目を見ることがなかった。

(2) 株式会社法——ロェスレル草案
　a　起草の経緯と体系
　1881（明治14）年4月，太政官法制局主管参議山田顕義は，外務省顧問ヘルマン・ロェスレルに日本の近代的商法典の起草を命じた[74]。1881（明治14）年7月よりロェスレルは，日本の商法典草案作成作業を開始した[75]。ロェスレルは，その後2年9ヶ月を経て1884（明治17）年ドイツ語で書かれた商法草案（以下「ロェスレル草案」という）を脱稿し，緒言，各条注解および脱稿後報告書を添えて上申した。

　法制史上は，大日本帝国憲法の編纂にかかわった人物として名高いロェスレル[76]が，いかなる背景で日本の商法典編纂も命じられるに至ったかについては，所説論じられたが，現在では，ロェスレルの博士論文『ローマ法による商事会社の財産の法的性質[77]』で示されている氏の会社法に関する見識および氏の国民経済学の知識から判断して，ロェスレルの手による日本の商法典の編纂が日本の国益にとってプラスになると，明治政府が考えた点にあると推測されている[78]。

　ロェスレル草案の体系は，フランス商法典のそれとほとんど同じであった[79]。しかし，ロェスレル草案における株式会社法の内容は1870年改正ドイツ普通商法典の影響を強く受けていた[80]。ロェスレルは，会社法については，「ド

---

74) 伊東すみ子「ロェスレル商法草案の立法史的意義について」滋賀秀三＝平松義郎編『（石井良助先生還暦祝賀）法制史論集』187頁（創文社，1976年）。
75) Bartels-Ishikawa (Hrsg.), Hermann Roesler, Berlin 2006, S. 61.
76) 大日本国憲法の編纂においてロェスレルが果たした役割につき，Siemes, Hermann Roesler and the making of the Meiji State, Tokyo 1968, S. 15 ff.
77) ロェスレルのこの博士論文は，レヴィン・ゴルトシュミットが編集していた『ゴルトシュミット商法雑誌（Goldschmidt's Zeitschrift für Handelsrecht）』に掲載された。Karl Friedrich Hermann Roesler, Die rechtliche Natur der Handelsgesellschaften nach römischem Recht, ZHR 4 (1861), 252-326. 『ゴルトシュミット商法雑誌』は，現在も続いており，『全商法経済法雑誌（Zeitschrift für das gesamte Handels- und Wirtschaftsrecht（ZHR））』と雑誌名を変更している。
78) Bartels-Ishikawa (Hrsg.), Hermann Roesler, S. 61; 海老原明夫「ロエスレル」ジュリスト1155号38頁以下（1999年）。
79) Bartels-Ishikawa (Hrsg.), Hermann Roesler, S. 62.
80) ただし，菅原菊志博士は，ロェスレル草案が1861年ドイツ普通商法典の影響を受けていると論じる（菅原菊志『企業法発展論』11頁（信山社，1993年）参照）。しかし，ロェスレル草案では株式会社については1870年改正ドイツ普通商法典が引用されている

イツ法が，その完全性と徹底性においては，第一の地位を有する[81]」と評した。

b 株式会社の属性

ロェスレル草案は，株式会社の属性を次の四点に置いた。第一に，商事会社であること，第二に，その株主が7人以上存在すること，第三に，その財産（資本金）が株式すなわち一定の割合をもった持分に分かたれ，その持分が流通可能であること，第四に，株式会社の代表機関としては，その株主（総会）以外に，特別の代表機関が存すること，であった[82]（ロェスレル草案175条）。この定義規定は，現代ドイツ会社法の第一人者であるヴィンドビヒラーがいう意味での「第三者機関制[83]（Drittorganshaft）」を株式会社の属性とする点で，合名会社や合資会社のような「自己機関制」を基本原理とする「人的会社」との根本的差異を明らかにする優れた定義規定であった。

ロェスレルによると，株主有限責任は株式会社の固有の属性ではない。すなわち，ロェルレルは，構成員の有限責任という属性は合資会社にも常にみられるものであり（ロェスレル草案154条），株式会社の株主の中から選任される取締役も，定款の規定により，在任中生じた会社の債務につき人的連帯責任を負うとロェスレル草案228条2文が定めており，かかる規定の存在により株主は有限責任を負うとはいえないと説いた[84]。この点のロェスレルの叙述は説得力があるとはいえない。ロェスレル草案228条2文は，株主の義務について規定したものではなく，機関としての取締役が負う義務についての規定であり，かかる規定の存在をもって，株主有限責任が破られているとみることができないからである。ロェスレル草案においては，「取締役」は同時に常に「株主」でもあったため（ロェスレル草案223条参照），取締役の機関としての権利義務と株

(Roesler, Entwurf eines Handels-Gesetzbuches für Japan mit Commentar, Band 1, Tokio 1884, S. 293)。

[81] Roesler, Entwurf eines Handels-Gesetzbuches für Japan mit Commentar, Band 1, S. 192.

[82] Roesler, Entwurf eines Handels-Gesetzbuches für Japan mit Commentar, Band 1, S. 290 f.

[83] Windbichler, Gesellschaftsrecht, 24. Aufl., München 2017, S. 24. ヴィンドビヒラーは，株式会社の代表機関である取締役が会社構成員以外の第三者によって担われうることを「第三者機関制」と呼ぶ。

[84] Roesler, Entwurf eines Handels-Gesetzbuches für Japan mit Commentar, Band 1, S. 291.

主としての権利義務とが明確に区別して観念されていなかった。

ロェスレル草案は，株式会社が法人であるとは定義しなかった。これは日本の2005（平成17）年会社法が法律上明文で株式会社を法人とするとしている（会社法3条参照），あるいはドイツの現行株式法が株式会社につき固有の法人格をもつと定義している（株式法1条1項1文）ことと対照的である。株式会社が法人であると規定することに代えて，ロェスレル草案71条は，「すべての商事会社は特別の財産，独立した権利義務を有する。特に商事会社は自己の名前で債権債務を有することができ，動産および不動産を取得し，裁判所に訴えおよび訴えられることができる」と規定した。1861年ドイツ普通商法典も株式会社を「法人」とは定義せず，ロェスレル草案と同様の規定形式を採用しており[85]（1861年ドイツ普通商法典213条），ロェスレル草案は，当時のドイツ法に従ったものと推察される。

ロェスレル草案71条の注釈は，商事会社は完全な意味で法人とはいえず，商事事業の要請から法の上で法人として取り扱われるにすぎないと解説した[86]。ロェスレルは，商事会社をあえて法人として規定しなかったのは，民法上の通念との衝突を避けたかったこともその理由とすると説いた[87]。

ロェスレルは，1861年に『ゴルトシュミット商法雑誌』に掲載されたローマ法の視点からみた商事会社の財産関係の性質に関する論文において，ソキエタス・プブリカノルムが法人であったか否かについて論じた箇所において，法人が権利義務をもつという考えを純粋な擬制であると説き，法人に帰属する財産はその構成員たる自然人にそもそも帰属していると論じていた[88]。かかる法人擬制説の下で，ロェスレルは，株式会社を法人と定義することに法律上の具体的効果を期待できないと考えていたとも推測される。ロェスレルは，氏独自のローマ法上の商事会社概念を基に，その商法草案において，株式会社を「権利

---

[85] 1870年改正ドイツ普通商法典も，1861年ドイツ普通商法典213条に対し改正を加えなかった。この点につき，江村義行「普通ドイツ商法典（ADHGB）の株式会社規定の翻訳——1861年法及び1870年改正を中心に」慶應義塾大学大学院法学研究科論文集44号46頁（2003年）参照。

[86] Roesler, Entwurf eines Handels-Gesetzbuches für Japan mit Commentar, Band 1, S. 199.

[87] Roesler, Entwurf eines Handels-Gesetzbuches für Japan mit Commentar, Band 1, S. 199.

[88] Roesler, ZHR 4 (1861), 283.

能力を有するソキエタス」として構成した。

　ロェスレル草案は「株式会社の債務に対しては……会社財産のみが責任を負う」と規定し（ロェスレル草案178条），この規定をもって株主有限責任を定めたと注釈した。ロェスレルは，株式会社の財産関係から株主の有限責任を規定する方式を採用した。1807年フランス商法は，株主の有限責任を，株主の責任の観点から直接的に定める明文の規定を有していた（1807年フランス商法典33条）。1861年ドイツ普通商法典も同様の規定を有していた（1861年ドイツ普通商法典207条1項）。ロェスレルの博士論文はローマ法の視点からみた商事会社の財産の法的性質に関するものであり，商事会社の財産関係は氏の専門分野であった。氏の商事会社の財産関係論からすると，株式会社の債務に対し会社財産のみが責任を負うという規定は，その構成員が会社の債務に責任を負わないということが前提とされており，その規定には当然に株主の有限責任が定められていた。1890（明治23）年商法は，商事会社の財産関係を規定することにより社員の責任の有限性を導くというロェスレルの基本方針には修正を加えなかった。すなわち，1890（明治23）年商法154条は，株式会社の概念につき，「会社ノ資本ヲ株式ニ分チ其義務ニ対シテ会社財産ノミ責任ヲ負フモノヲ株式会社ト為ス」と規定し，「株式」という単位に分けられた「資本金」の存在および会社の債務に対して会社財産のみが責任を負う（「株主有限責任」）という三要素を株式会社の属性とした。これはドイツ法の視点からは現代的な規定方式であった。すなわち，ドイツの現行株式法は，「会社の債務については，会社財産のみが債務者に対して責任を負う」（株式法1条1項2文）と規定し，通説は本条項に株主有限責任が定められていると解しており[89]，ロェスレル草案と同様に株式会社の財産関係から株式会社の属性としての株主有限責任を導くという方式を採用している。なお，日本法では，1899（明治32）年商法以後，株式会社の財産関係から株主有限責任を導くという規制方式は採用されなくなった。すなわち，1899（明治32）年商法は，会社財産のみをもって会社債権者に対して責任を負う会社を株式会社とするという定義規定を廃止し，これに代わり，「株主ノ責任ハ其引受又ハ譲受ケタル株式ノ金額ヲ限度トスル」と株主の責任の観点から株主有限責任を明確に規定した（1899（明治32）年商法144条1項）。

---

[89] Raiser/Veil, Das Recht der Kapitalgesellschaften, 6. Aufl., München 2015, S. 72.

c 株式会社の設立と発起

ロェスレル草案は，「発起 (Errichtung)」と「設立 (Gründung)」とを区別した。ロェスレルによると，「設立」とは会社を法的に成立させることであるのに対し，「発起」とは会社が目的の範囲内の事業を行うことができるよう法的に存在する能力を獲得させることを意味した[90]。かかる「発起」と「設立」との区別をドイツ法は知らない。かかる発起と設立との区別は，1890（明治23）年商法により採用されたが，1899（明治32）年商法においては採用されなかった。1898（明治31）年に発表された『商法修正案理由書』によると，1899（明治32）年商法が株式会社につき「発起」と「設立」との区別を放棄したその主たる理由は，株式会社において発起と設立とが区別されるならば，その他の会社においても発起と設立とを区別しなければ論理的でないところ，このような立法例は他国には存在しなかったことにあった[91]。

ロェスレル草案は，株式会社の設立の原則として，準則主義を採用した（ロェスレル草案182条参照）。ただし，ロェスレルは，公的行政および警察の分野に属する目的を有する株式会社を設立する場合には，例外的に，官庁の許可が必要であるとした（ロェスレル草案182条・69条・187条1号参照）。ロェスレルは，財産の裏付けのない無責任な株式会社設立は，株式会社に対する厳格な法規制，特に開示の規制等により十分防止できると考えていた[92]。むしろ株式会社の設立を，許可主義ではなく，準則主義とすることで，その国の経済の活性化に寄与できるとみていた[93]。ロェスレルは，株式会社の設立にかかる準則主義は，英国では1862年・1867年に，フランスでは1867年に，ドイツでは1870年に確立した比較的新しい考え方であると説いた[94]。ロェスレルは，かかる最新の立法上の考えを日本にも導入することで，草案の「緒言」で述べていた「他

---

90) Roesler, Entwurf eines Handels-Gesetzbuches für Japan mit Commentar, Band 1, S. 295.
91) 『商法修正案理由書』104頁以下（博文館，1898年）。『商法修正案理由書』につき，本書第2部1 (3) c cc) 参照。
92) Roesler, Entwurf eines Handels-Gesetzbuches für Japan mit Commentar, Band 1, S. 293.
93) Roesler, Entwurf eines Handels-Gesetzbuches für Japan mit Commentar, Band 1, S. 292.
94) Roesler, Entwurf eines Handels-Gesetzbuches für Japan mit Commentar, Band 1, S. 292 f.

の文明国とも共通する最新の原理[95]」に基づいて日本の商法典を起草するという氏の草案起草の基本方針が満たされると考えていた。

　この点は，1890（明治23）年の商法で修正され，株式会社の設立に関し許可主義が導入された。すなわち，1890（明治23）年商法は，株式会社は政府の免許を得なければ設立することができないとした（1890（明治23）年商法156条）。株式会社の立法主義が準則主義から許可主義へと大幅に変更された背景としては，ロェスレル自身の考えの転換があったことが，近年の法制史研究[96]によって明らかにされている。それらの研究によると，1882（明治15）年の鶴田晧を委員長とする商法編纂局の草案が株式会社の設立につき許可主義をとっていた点につき，ロェスレルは，1884（明治17）年2月13日，株式会社の設立に関する許可主義は現在では国際的にはもはや採用されていない主義であり，紡績や砂糖製造等の株式会社は何人といえども随意に設立できるとすべきであると説き[97]，これを批判していた。しかし，1884（明治17）年11月18日，商社法案の審議途中で日本における株式会社の設立に関する立法主義に関する考えを次のように変更した。すなわち，ロェスレルによると，株式会社の設立に関する準則主義の根底にある思想，すなわち，株式会社に対する政府の監督はその目的を達成することができないという考えは英国・ドイツ・フランスの通説であり，この準則主義にみられる自由主義の思想は，主として英国の自由貿易論の思想に基づくが，この思想に基づいて多数の株式会社が設立され，これらが破産に至った事実が18世紀ヨーロッパでみられた[98]。ロェスレルは，当時の状況下における日本の実情を考えた場合，株式会社の設立を自由にすると，ヨーロッパ

---

[95] Roesler, Entwurf eines Handels-Gesetzbuches für Japan mit Commentar, Band 1, Einleitung 1.

[96] 利谷信義＝水林彪「近代日本における会社法の形成」高柳信一＝藤田勇編『資本主義法学の形成と展開』114頁。

[97] 「ロエスレル氏商法草案意見書」43頁以下，明治17年2月13日「商法編纂委員ノ草案ニ対フ（ママ）意見書」は越智俊夫「明治前期の会社設立に関する立法主義」松山商科大学商経研究会編『（星野通博士退職記念論集）法史学及び法学の諸問題』103頁（日本評論社，1967年）にその一部が収録されている。

[98] これは英国における18世紀最初の20年間の「南海泡沫」と呼ばれるバブル時代とその崩壊後の時代を指すと考えられる。「南海泡沫」につき，坂本達也『影の取締役の基礎的考察――イギリスにおける会社法形成史および従属会社保護の視点からの考察』18頁以下（多賀出版，2009年），上田純子『英連邦会社法発展史論』17頁注13（信山社，2005年），本間輝雄『英米会社法の基礎理論』138頁（有斐閣，1986年）参照。

で生起したように，軽率あるいは不正の目的をもって株式会社の設立がなされ，かかる軽率ないし詐欺的株式会社設立によって出資者たる個人が財産を浪費する可能性があるため，会社はその目的を問わず官許を得なければ設立することができないとすべきである，という見解をもつに至った[99]。

以上のようなロェスレルの思想の転換にはドイツにおける株式会社を巡る状況の変化も影響を与えたと推測される。すなわち，株式会社の設立主義が認可主義から準則主義へと変更された1870年ドイツ普通商法典改正の後の1870年から1873年の間，ドイツはいわゆる「発起人時代」を迎えた。1870年末の時点でプロイセンにおいて株式会社は203社しか存在しなかったが，1871年から1873年の間に843社の株式会社が新設された[100]。しかし，1873年のウィーンにおける株価の大暴落および1873年10月のクイストープシェン銀行(,,Quistorpschen Bank")の経営破綻を契機にドイツは恐慌の時代を迎えた[101]。かかるバブルの生成と崩壊の経験を背景に，ドイツでは，株式会社を廃止するべきであるという見解が出された[102]。すなわち，1877年，ゲッチンゲン大学教授ルドルフ・フォン・イエーリングは，株式会社の管理者は，他人からの投資を基に個人的利益を追求しており，詐欺的な方法で大衆の投資を吸引し，株式は投機的動機の下で取引されており，1873年の恐慌が示したように，株式会社は社会全体を破壊しかねない「悪の根源(Quelle des Uebels)」であると非難した[103]。ロェスレルの株式会社の設立主義に関する考え方の転換には，かかるドイツの1870年改正ドイツ普通商法典以降のバブルの弊害の経験およびこれに伴うドイツの法思想の変化が反映していた。

ロェスレル草案は，株式会社の存立には7人以上の構成員（株主）が必要で

---

99) 以上のロェスレルの見解につき，1884（明治17）年11月18日第1回商社法第一読会に提出された，ハー．リヨウスレル（H. Roesler）稿「株式会社官許ニ関スル意見書」会社条例編纂委員会「第1回商社法第一読会筆記」法務大臣官房司法法制調査部監修『日本近代立法資料叢書第17巻』161頁（商事法務研究会，1885年）参照。

100) Assmann, in: Hopt/Wiedemann (Hrsg.), AktG: Großkommentar, 4. Aufl., Berlin 1992, Einl Rdnr. 90（以下 ,,GroßkommAktG, 4. Aufl." と略記する）.

101) Assmann, in: GroßkommAktG, 4. Aufl., Einl Rdnr. 90.

102) 新山雄三「19世紀におけるバブル対処策としての会社法改正——1884年ドイツ株式法改正草案理由書管見」石川卓磨＝上村達男編『(酒巻俊雄先生還暦記念) 公開会社と閉鎖会社の法理』531頁以下（商事法務研究会，1992年）参照。

103) Rudorf von Jhering, Der Zweck im Recht, Erster Band, 1. Aufl., Leipzig 1877, S. 226 ff.; S. 228.

あるとしたが（ロェスレル草案175条），株式会社の設立にあたっては4人以上の発起人があれば足りるとした（ロェスレル草案179条）。ロェスレル草案179条理由書は，同条は発起人がその資格を得るために当初から1株以上の株式を引き受けることが必要であるとはなっておらず，株式会社の設立活動を容易にするために，発起人は4人以上存在すれば足りるとしたと説明した[104]。ロェスレルは，発起人が1人でも足りるとしなかった理由として，株式会社の設立の計画を複数人で実行させることにより，株式会社設立の濫用を防止し，公衆の信頼を得るためであると説いた[105]。

　ロェスレルは，会社の目論見書（Prospect）と定款（Statut）とを区別した。ロェスレルは，目論見書を人間の誕生前の「卵細胞（Ei）」に譬え，目論見書には，当該株式会社を他の株式会社と区別する会社の基本となる事項が記載されるのに対し，定款には，かかる基本事項を実際に実行するために必要な原則が記載されると説明した[106]。目論見書の絶対的記載事項としては，会社の商号，会社の住所，企業の目的と動機，会社が株式会社であるという言明，資本金の額および株式の総数と個々の株式の額などが挙げられていた（ロェスレル草案181条）。ロェスレル草案においては，定款の絶対的記載事項は定められていなかった。ロェスレルは，その草案180条理由書において，英国法の「メモランダム（memorandum）」と「定款（articles of association）」との区別を参考に，目論見書と定款との区別を採用したと説明した。ロェスレルは，この区別は事物の本性による区別というだけでなく，開示および登記の事項になるのか否かによると説いた[107]。すなわち，ロェスレルは，1870年改正ドイツ普通商法典も，開示および登記の観点から「会社契約（Gesellschaftsvertrag）」（1870年改正ドイツ普通商法典209条）と「抜粋書（Auszug）」（1870年改正ドイツ普通商法典

---

[104] Roesler, Entwurf eines Handels-Gesetzbuches für Japan mit Commentar, Band 1, S. 269.

[105] Roesler, Entwurf eines Handels-Gesetzbuches für Japan mit Commentar, Band 1, S. 269 f.

[106] Roesler, Entwurf eines Handels-Gesetzbuches für Japan mit Commentar, Band 1, S. 297.

[107] ①ロェスレル草案195条は，株式会社の設立登記事項を列挙しているが，これは目論見書記載事項とは完全に一致しない，②目論見書も定款もともに全く同じ方法ですべての者に開示されるため（ロェスレル草案273条参照），ここでのロェスレルの議論が正しいのかについては疑問がある。

210条）とを区別するが，これはロェスレル草案の目論見書と定款との区別よりも明確性に欠けると批判した[108]。かかる目論見書と定款の区別は，1890（明治23）年商法により採用されたが（1890（明治23）年商法158条・166条1号参照），1899（明治32）年商法においては採用されず，目論見書の絶対的記載事項の一部は定款の絶対的記載事項として引き継がれた（1899（明治32）年商法120条参照）。

ロェスレル草案によると，株式会社の設立は，目論見書および仮定款の作成・認証に始まり（ロェスレル草案180条），登記・公告をもって終了した（ロェスレル草案197条）。ロェスレル草案は，発起設立と募集設立を手続上区別せず，どちらの場合にも株主総会による定款の承認を必要とした（ロェスレル草案182条2号）。

ロェスレル草案197条によると，株式会社はその設立登記・公告の前に事業を行ってはならない。株式会社の設立登記前に会社の名であるいは会社の計算で負担した債務については，これらの債務が登記されない限り，発起人と取締役が人的かつ連帯の責任を負う（ロェスレル草案198条）。発起人は，会社が第1回株主総会より前に締結した契約等につき，これが第1回株主総会により承認されない場合には，人的に責任を負う（ロェスレル草案199条）。このロェスレル草案199条は1867年英国会社法38条をモデルにした[109]。

d　株式

既に述べたように，ロェスレルは，1861年に『ゴルトシュミット商法雑誌』に掲載されたローマ法の視点からみた商事会社の財産関係の性質に関する論文において，ソキエタス・ププリカノルムが法人であったか否かについて論じた箇所において，「法人が権利義務をもつ」という考えを純粋な擬制であると説き，法人に帰属する財産はその構成員たる自然人にそもそも帰属していると論じていた[110]。

以上のロェスレルの法人観は，ロェスレル草案の株式本質論に影響を与えた。すなわち，ロェスレル草案によると，株式の本質は社員権ではなく，二面性を

---

[108] Roesler, Entwurf eines Handels-Gesetzbuches für Japan mit Commentar, Band 1, S. 297.

[109] Roesler, Entwurf eines Handels-Gesetzbuches für Japan mit Commentar, Band 1, S. 310 f.

[110] Roesler, ZHR 4 (1861), 283.

有する。すなわち，ロェスレル草案は，株式が，会社財産に対する持分であると同時に流通可能な証券であり，かかる証券に，社員としての地位すなわち単なる債務関係ではなく資本の構成要素が表章されていると説いた[111]。ロェスレルは株式会社において会社財産は株式会社の所有に属すると明確に説明した[112]。しかし，ロェスレル草案は，同時に，株式に会社財産に対する持分としての要素を認め，株主を会社財産の持分所有者であるとみた[113]。株式会社の財産はその構成員たる自然人たる株主にも帰属しているとみた点で，氏の株式本質論は1861年にロェスレルが発表した商事会社の財産関係に関する氏の考えが反映した独自のものであった。

　ロェスレル草案では，原則として記名株式のみが認められ（ロェスレル草案209条），株主名簿の制度が設けられていた（ロェスレル草案204条以下）。ただし，ロェスレル草案によると，例外的に，全株主が額面額全額を完全に支払った後，株主総会の「四分の三多数決」（以下，出席株主が投じた議決権の4分の3以上の賛成を経て成立する必要のある総会決議をロェスレル草案の用語法（ロェスレル草案242条参照）に従い「四分の三多数決」という）を経て，記名株式を無記名株式（Actien auf Inhaber）に変更することも可能であった（ロェスレル草案241条3号・242条・249条以下）。

　ロェスレル草案は，株金の分割払込みを認めていた（ロェスレル草案211条）。ロェスレル草案では，株金の全額払込制をとっておらず，分割払込みが認められていたこととの関係で，株式を譲渡するには，株主名簿の変更だけでなく，会社の承認が必要であるとされていた（ロェスレル草案214条）。ロェスレル草案において，株式の自由譲渡性は未だ確立していなかった。ただし，ロェスレル草案は，記名株式のすべての払込みがなされた後に株主総会決議で全株式が無記名株式へと変更された場合（ロェスレル草案249条参照），かかる無記名株式はあたかも動産と同じように（株式会社の承認を要することなく）自由に譲渡され，流通するとした（ロェスレル草案252条）。ロェスレル草案は，無記名株券

---

111) Roesler, Entwurf eines Handels-Gesetzbuches für Japan mit Commentar, Band 1, S. 291.
112) Roesler, Entwurf eines Handels-Gesetzbuches für Japan mit Commentar, Band 1, S. 199.
113) Roesler, Entwurf eines Handels-Gesetzbuches für Japan mit Commentar, Band 1, S. 200.

については，その占有者が，利益配当請求権等の権利を行使するとした[114]。ただし，ロェスレル草案は，無記名株券の占有者が配当請求権や株主総会における議決権を行使する具体的方法の詳細について，規定を置かなかった。

　ロェスレル草案では，現在の日本法とは異なり，株式会社の株主に対する出資払戻返還禁止が定められていた（ロェスレル草案266条）。これとの関連で，ロェスレル草案は，株式会社が自己株式を原則として取得できないとしていた（ロェスレル草案267条）。その理由として，ロェスレル草案は，①自己株式の取得は株式会社の資本金の払戻しを意味し，株式会社の債権者利益を害するおそれがあるという資本政策上の根拠，および，②株式は株主の株式会社に対する債権を基礎づけるところ，株式会社が自己株式を取得すると，株式会社が債権者であり同時に債務者であるという不合理なこととなってしまうという法理論上の根拠を挙げた[115]。

e　機関

　ロェスレル草案は，「株主総会」を，株主が全体として会社を代表して意思決定する機関として位置づけた[116]。ロェスレルによると，個々の株主は株式会社を代表する権限を有さず，「株主総会」を通じて，株式会社の業務執行に対して影響を与えることができた。ロェスレル草案は，株式会社の代表機関として，「取締役」という機関を形成し，株主は株主総会決議を通じて取締役を選任できるとした[117]。ロェスレル草案は，株式会社が，取締役の業務執行を監査する機関として「監査役」という機関を設置することができるとした。しかし，ロェスレル草案は，小規模会社では，監査役になりうる者が不足するであろうことに鑑み，監査役を任意機関とした。

　ロェスレル草案は，現代の日本の会社法とは異なり，株式会社の機関の条文を，「株主総会」から始めるのではなく，「取締役および監査役」から始めた。

---

[114] Roesler, Entwurf eines Handels-Gesetzbuches für Japan mit Commentar, Band 1, S. 336.

[115] Roesler, Entwurf eines Handels-Gesetzbuches für Japan mit Commentar, Band 1, S. 344.

[116] Roesler, Entwurf eines Handels-Gesetzbuches für Japan mit Commentar, Band 1, S. 329.

[117] Roesler, Entwurf eines Handels-Gesetzbuches für Japan mit Commentar, Band 1, S. 319.

高田晴仁教授が正当に指摘するように[118]，ロェスレル草案において「取締役」と「監査役」との関係は上下関係ではないとされており，両者は並列して規定されていた。

ロェスレル草案によると，株式会社は最低3人の取締役を株主総会により選任しなければならなかった（ロェスレル草案219条）。このようにして選任された取締役らは，1人のあるいは複数の業務執行取締役を任命できた（ロェスレル草案219条）。ロェスレル草案によると，取締役は株式会社の「代表機関」であり，株式会社は取締役の行為によってのみ直接的に義務づけられた（ロェスレル草案222条1文）。

ロェスレル草案においては，取締役が報酬等を受けるために，定款へのこの旨の記載あるいは株主総会決議が必要であると定められていた（ロェスレル草案225条）。ロェスレル草案が日本の2005（平成17）年会社法と異なる点は，取締役の資格として，自己が属する株式会社の株式を保有する株主でなければならず，その最低保有株式数は定款が定めるとしていた点であった（ロェスレル草案223条）。ロェスレル草案223条理由書によると，同条は1867年フランス法の規定に基づくものであり，取締役が自社の株式所有を義務づけられることにより，職務により真剣に取り組むインセンティブが取締役に与えられることが期待されていた。

ロェスレル草案においては，「監査役」は「監査機関」にすぎず，①取締役が業務執行等で違法あるいは通常でない行為を行わないように監査する（ロェスレル草案231条1号），②年次決算および利益配当を検査し，検査結果を株主総会に報告する（ロェスレル草案231条2号），③必要な場合株主総会を招集する（ロェスレル草案231条3号）という職務を有した。監査役は，この職務を果たすために，①株式会社の業務執行状況につき報告を受ける権限，②商業帳簿や書類等を閲覧する権限，③株式会社の財産状態を調査する権限を有していた（ロェスレル草案234条）。ロェスレル草案によると，株式会社は，定款の規定によりあるいは株主総会決議を経て，監査役に対して報酬を与えることができた

---

[118] 高田晴仁「『取締役』と『監査役』の形成——ロェスレル草案の受容」早川勝＝正井章筰＝神作裕之＝高橋英治編『ドイツ会社法・資本市場法研究』276頁（中央経済社，2016年）参照。Haruhito Takada/Masamichi Yamamoto, The "Roesler Model" Corporation, Zeitschrift für Japanisches Recht/Journal of Japanese Law, Nr./No. 45 (2018), S. 57.

(ロェスレル草案232条)。

　ロェスレル草案は，取締役と監査役について，それぞれ異なった責任規定を置いていた。まず，ロェスレル草案227条は，取締役の会社に対する任務懈怠責任を規定し，①取締役が通常の商人としての注意と勤勉さを欠いた場合，②自己の職責を果たすために必要な知識を欠いている場合，③会社の利益と同時に自己の利益を追求する場合には，株式会社に対して損害賠償責任を負うとした[119]。会社がかかわる訴訟の追行は原則として業務執行を行う権限を有する取締役が執り行うが，取締役の会社に対する任務懈怠責任を追及する訴訟においては，取締役と会社の利益が相反するため，監査役あるいは訴訟追行のために株主総会が特別に選任した代理人が会社を代表するとした[120]（ロェスレル草案279条）。ロェスレル草案228条は，違法配当やその他の法律違反行為等があった場合には，定款の定めがある場合，取締役が，株式会社に対してだけでなく，会社債権者に対しても責任を負うとした[121]。

　これに対して，ロェスレル草案235条によると，監査役は，原則として取締役の行為について承認を与えた場合でも取締役と同じ責任を負わない。ただし，ロェスレル草案は，監査役は，その任務懈怠により会社または会社債権者に損害を与えた場合，株式会社に対してまたは会社債権者に対して例外的に責任を負うと規定した（ロェスレル草案235条）。監査役の会社に対する任務懈怠責任を追及する主体は，株主総会が選任した特別の代理人であった（ロェスレル草案279条）。

　ロェスレル草案280条は，株主による会社役員の責任追及制度について規定していた。すなわち，ロェスレル草案は，同条は，5パーセント以上の資本参加をしている株主は，取締役あるいは監査役に対する訴訟において，原告または被告の職分を代理させるために特別の代理人を指名することができるとした。これは，株式会社の取締役に対する訴訟において5パーセントの資本参加をしている株主が代理人を指名して取締役等に対する責任追及訴訟を追行できるこ

---

[119] Roesler, Entwurf eines Handels-Gesetzbuches für Japan mit Commentar, Band 1, S. 350.
[120] Roesler, Entwurf eines Handels-Gesetzbuches für Japan mit Commentar, Band 1, S. 325.
[121] Roesler, Entwurf eines Handels-Gesetzbuches für Japan mit Commentar, Band 1, S. 325 f.

とを意味した。ロェスレル草案280条理由書によると、同条のモデルは、フランスの1867年法17条・39条にあった[122]。

　ロェスレル草案における「株主総会」としては、計算書類確定・利益配当のための「定時総会」と資本金の5分の1以上の株式を有する株主の申請による「臨時総会」とがあった（ロェスレル草案238条・239条）。ロェスレル草案では、株主総会決議は、通常、過半数決議であったが、ロェスレル草案241条が列挙する特別事項（商号の変更、住所の移動、記名株式の無記名株式への変更、資本増加または額面額の増加、定款変更、解散）の決議については、資本金の半分の株式を有する株主が出席し、出席株主が投じた議決権の4分の3以上の賛成による多数決が必要であった（ロェスレル草案241条・242条）。

　このようにロェスレル草案が、特別決議を3分の2多数決とするのではなく、四分の三多数決としたのは、英国法の原理に従ったものであった。ロェスレル草案起草当時の1870年改正ドイツ普通商法典は、特別決議に関する規定を有していたが（1870年改正ドイツ普通商法典209b条3項参照）、特別決議の成立に必要な議決権割合について定めていなかった。ドイツ株式会社法において、四分の三多数決が導入されたのは、1937年株式法以降であった（1937年株式法146条1項参照）。

　ロェスレル草案では、一株一議決権原則が定められていたが、10株以上有する株主については定款の規定で議決権を制限することができる旨の規定があった（ロェスレル草案244条）。ロェスレル草案244条理由書は、本条の趣旨を、1人の株主が過剰な（経営に対する）影響力をもつことを制限することにあると説明していた[123]。

　ロェスレル草案は、20パーセント以上の資本参加をしている株主が、会社の所在地を管轄する裁判所等に株式会社の業務状況および財産状態を調査させるため「検査役」の選任を申し立てることができると規定した（ロェスレル草案275条）。ロェスレル草案によると、「検査役」は会社のすべての書類および帳簿を検査する権限を有するとともに取締役その他の役員に対して質問することができた（ロェスレル草案276条）。ロェスレル草案によると、検査役は検査報

---

[122] Roesler, Entwurf eines Handels-Gesetzbuches für Japan mit Commentar, Band 1, S. 351.

[123] Roesler, Entwurf eines Handels-Gesetzbuches für Japan mit Commentar, Band 1, S. 333.

告書を所管裁判所に提出するが，会社および株主等は，その請求により，検査報告書の抜粋書を得ることができた（ロェスレル草案277条）。

f　ファイナンス

ロェスレル草案は，株式会社の定款に規定がある場合または株主総会の四分の三多数決がある場合につき，資本金額の増減あるいは株式の額面額の増減を認めた（ロェスレル草案254条）。ロェスレル草案254条2文は，資本金額の増加は，株式の額面額の増加による方法，新株発行による方法，「債券（Schuldobligation）」を発行する方法のいずれによっても，可能であると規定した。

ロェスレル草案が，新株発行による資本増加を認めていた点は注目に値する。ロェスレル草案は，資本金額の減少は資本金額の4分の1まで可能とすること（ロェスレル草案255条），または，資本金額を減少する場合につきこれを承認しない債権者に対して債務の履行や担保の供与をなすべきこと（ロェスレル草案258条）等の詳細な会社債権者保護規定を置いていた（ロェスレル草案255条・256条・257条・258条・259条・260条）。これに対し，ロェスレル草案は，新株発行による資本増加につき持分比率や持分の財産価値の変動等の不利益を被る可能性がある既存株主の保護については十分な規制を行っていなかった。ドイツにおいても，新株発行にあたり新株引受権付与による既存株主の原則的な保護が事実上法定化されるのは，1897年ドイツ商法以降になるので[124]（1897年ドイツ商法282条参照），このロェスレル草案の立場は，当時の学問水準からすれば，やむをえない法律上の欠缺であった。

ロェスレル草案254条が「債券」の発行を認めていた点も注目に値する。ロェスレル草案254条理由書は，本条における「債券」を「優先株式（Prioritätsactien）」とも呼んでいたため[125]，本条は社債の発行を認めたものというよりは，利息に関する優先株式を認めたようにもみえるが，ロェスレル草案に基づく1890（明治23）年商法と同時期に公布された明治23年8月8日法律

---

[124] Karl Lehmann, Das Recht der Aktiengesellschaften, Band 2, Berlin 1904, S. 462; Müller-Erzbach, Deutsches Handelsrecht, 2./3. Aufl., Tübingen 1928, S. 308; Koenige/Pinner/Bondi, in: Staub's Kommentar zum Handelsgesetzbuch, 12. und 13. Aufl., Berlin 1926, §282 Anm. 2.

[125] Roesler, Entwurf eines Handels-Gesetzbuches für Japan mit Commentar, Band 1, S. 338.

第60号は,「債券」を償還時期等が定まった「社債」として規制していた。明治23年8月8日法律第60号制定にロェスレルが関与したか否かについては不明である。

g 定款変更等

ロェスレル草案は,株式会社が定款変更する場合にはこれを登記簿上に開示しなければならないという原則を規定した(ロェスレル草案261条)。ロェスレル草案は,組織変更や合併等の組織再編について規定していなかった。

h 計算等

ロェスレル草案は,株式会社が,半年ごとに決算を確定し[126],財産目録書および貸借対照表を作成し,監査役の検査および取締役の承認を経て,これらを開示しなければならないと規定した(ロェスレル草案268条)。ロェスレル草案は,財産目録書および貸借対照表の詳細については全くこれを明らかにしていなかった。

ロェスレル草案272条は,利益配当における株主平等原則について言及し,利益・利息の配当は株式の額面額に応じてこれを行うべきことを定めた。

ロェスレル草案269条・270条は,利益配当における資本充実原則について定めていた。すなわち,ロェスレル草案269条は,会社資本を減少させるかたちでの利益配当は許されないと規定し,ロェスレル草案270条は,会社資本の4分の1の準備金が積み立てられるまで,株式会社は利益配当ごとに年度利益の5パーセント以上を準備金として積み立てなければならないと規定した。

ロェスレル草案において,特に画期的であったのは,株主名簿,目論見書,定款,株式会社設立許可状,登記書類,株主総会決議,半年ごとの年度決算決議と貸借対照表,会社の担保債権者名簿は,通常の営業時間にすべての者が閲覧することができるとしていた点である(ロェスレル草案273条1文)。ただし,ロェスレル草案は,株式会社は,株主でない者がこれらの書類を閲覧するには手数料を支払わなければならないとすることができるとした(ロェスレル草案273条2文)。

i 解散と清算

ロェスレル草案281条は,①定款に記載した事項の発生,②株主総会決議,

---

[126] 株式会社の決算の確定には定時株主総会による決議が必要である(ロェスレル草案238条)。

③株主が7人未満になったこと，④資本金が4分の1未満になったこと，⑤倒産，⑥裁判官の解散命令により，株式会社は解散すると規定した。また，ロェスレル草案282条は，株式会社が不法の事業に従事しまたはその業務執行において公序および道徳に違反した場合にも，裁判所は官庁の申立てにより当該株式会社の解散を命じることができると規定した。ロェスレル草案は，株式会社が解散すると清算手続に移行し，清算人の名前が遅滞なく裁判所に通知され，登記簿に登記され公告されなければならないとしていた（ロェスレル草案288条）。

ロェスレル草案では，株式会社の清算手続には，合名会社の清算手続の規定が一部準用されていた（ロェスレル草案293条）。しかし，これは，ロェスレルが，清算手続に入った株式会社の本質は合名会社であるとみていたことを必ずしも意味しない[127]。

ロェスレル草案では，清算は次の手続を経るべきことが定められていた。まず，株式会社が清算手続に入ると，その商号に「清算中の（in Liquidation）」という字句が付加されなければならない（ロェスレル草案296条）。この規制は現在の日本の2005（平成17）年会社法では採用されていないが，ドイツの現行株式法269条6項において採用されている。

ロェスレル草案における清算では，まず，会社債権者に対する支払いが行われ，すべての債務の支払いの後，積極財産が残った場合，株式の所有割合に応じて当該残余財産は株主に支払われる（ロェスレル草案302条）。すなわち，ここでは，残余財産分配における株主平等原則が定められていた。ロェスレル草案では，株式会社の清算途中で会社財産がすべての債権者を満足させるのに十分でないことが判明した場合，株式会社は倒産手続に移行する（ロェスレル草案306条1文）。この場合，善意で株主または債権者になされた支払いは無効になり，当該支払いの受領者は清算手続において支払われた給付を清算会社に対して返還する義務を負った（ロェスレル草案306条2文）。

ロェスレル草案では，清算が結了すると，清算結了の結果につき，特に，①すべての債権者が完全にあるいは一部の支払いを得たこと（ロェスレル草案308条1号），②残余財産が株主に対しその有する株式の額面に応じて分配されたこと，および残余財産の額および残余財産となった物件（ロェスレル草案308条2号），③清算費用を支出し清算請求権を処分したこと（ロェスレル草案308条3

---

[127] 清算中の株式会社の株主は会社の債務に無限責任を負わない。

号），④株主総会決議または裁判官の命令により計算終了が認可されたこと（ロェスレル草案308条4号），⑤会社の帳簿および書類につき保存の措置をなすこと（ロェスレル草案308条5号），⑥倒産手続が開始された場合にはその旨等（ロェスレル草案308条6号）を，裁判所で公示し，新聞紙上で知らせなければならないと定められていた。ロェスレルは，株式会社は清算の結了により消滅すると考えていた。

(3) 株式会社法－ロェスレル草案以降
a 1882（明治15）年商法案

太政官法制部商法編纂局においてロェスレル草案の翻訳作業が始められたが，これとは別に太政官参事官に，1882（明治15）年に鶴田晧を委員長とする商法編纂局が設けられ，ロェスレル草案の総則と会社の部分に変更を加えた全体で160条からなる草案が作成された。これが「商法案[128]」である。このように会社法の整備が急がれたのは，第一に，会社法の欠如による弊害が人民により訴えられたからであり，第二に，松方デフレによる紙幣整理が成功をおさめ，日本においても企業の発展を促進する段階に達したところ，会社制度の整備を行って投資の安全を保障しておかなければ，社会的資本の集中が期待できなかったからであった[129]。しかし，「商法案」に対して，ロェスレルは，商法草案脱稿後直ちに反対意見を起案した。これが1884（明治17）年2月13日付の「ロエスレル氏商法草案意見書[130]」（以下「意見書」という）であった。ロェスレルの意見書に対し日本側も反論を展開した。これが商法編纂局による「ロェスレル氏意見に対する答弁[131]」（以下「答弁」という）であった。

---

[128]「商法案」は，法務大臣官房司法法制調査部監修『日本近代立法資料叢書 第21巻』（商事法務研究会，1885年）に収録されている。

[129] 利谷信義＝水林彪「近代日本における会社法の形成」高柳信一＝藤田勇編『資本主義法学の形成と展開』50頁。

[130] ロェスレル草案起草以降の商法草案を巡る資料を体系的にまとめた画期的なウェブサイトとして名古屋大学大学院法学研究科佐野智也教授が慶應義塾大学法科大学院高田晴仁教授の要望と示唆を得て作成された「明治民法情報基盤——旧商法」がある（http://www.law.nagoya-u.ac.jp/jalii/meiji/commerce/index23.html）。「ロェスレル氏商法草案意見書」は，このウェブサイトから原文を読める。

[131]「ロェスレル氏意見に対する答弁」は，法律取調委員会「商法に関する書類」法務大臣官房司法法制調査部監修『日本近代立法資料叢書 第19巻』61頁以下（商事法務研究会，1885年）に収録されている。

「商法案」は，基本的にはロエスレル草案に従うものの[132]，いくつかの点においてロエスレル草案と内容が異なっており，この内容の変更を巡って，ロエスレルと，太政官参事官商法編纂局の日本人委員との間で論争が生じた。筆者は，既に他稿[133]において，この論争を詳細に取り上げているので，本書では，それをまとめて，これに加筆するかたちで，ロエスレルと太政官参事官商法編纂局の意見の対立点を示したい[134]。

ロエスレルによる商法案に対する批判は，まず，ロエスレルが氏の草案において全318条にわたって展開した商法総則と会社法が，わずか全160条に短縮されている点に向けられた。ロエスレルは，株式会社の章では，①記名株式の無記名株式への変更の節，②資本金の増減の節，③定款変更の節，④取締役および監査役に対する訴訟提起に関する節が削除されたとして，非難した[135]。

ロエスレルは，このような条文の削減は，一般的に，この問題に関する訴訟を取り扱う裁判官によって立法を事実上行わせる結果になると批判した[136]。

これに対し，太政官参事官商法編纂局は，これらの規定を削除した具体的理由については，反論をせず，今日の人情に照らし商事の慣習に沿って法律の実施にあたり問題が生じないようにするための削除であったという一般論を展開した[137]。商法案では，確かに，資本金の増減に関する節は削除されたが，株主総会の資本金の増減は，株主総会の四分の三多数決によって可能であった（商法案112条3項）。資本減少については，これを公告することとし（商法案116条1項），資本減少に対し期間内に異論が出されない場合にのみ，地方長官の許

---

132) 「ロエスレル氏商法草案意見書」40頁。
133) 高橋英治「ロエスレル氏商法草案意見書について」関西法律特許事務所編『（関西法律特許事務所開設35周年記念論文集）民事特別法の諸問題 第4巻』223頁以下（第一法規，2002年）。
134) 本書では，ロエスレルと太政官参事官商法編纂局委員との対立が明確な，ロエスレル草案の短縮と株式会社設立に関する問題に対象を限定して，両者の対立点を明らかにする。その他の対立点につき，高橋英治「ロエスレル氏商法草案意見書について」関西法律特許事務所編『（関西法律特許事務所開設35周年記念論文集）民事特別法の諸問題 第4巻』234頁以下参照。
135) 「ロエスレル氏商法草案意見書」2頁以下。
136) 「ロエスレル氏商法草案意見書」3頁。
137) 「ロエスレル氏意見ニ対スル答弁」法律取調委員会「商法ニ関スル書類」法務大臣官房司法法制調査部監修『日本近代立法資料叢書 第19巻』61頁（商事法務研究会，1985年）。

可を得て，資本減少が可能になるとした（商法案116条2項）。かかる日本側の規制方針が，株式会社のファイナンスに対する官庁の干渉を意味し，会社債権者保護としても十分ではなかったことはいうまでもない。また，「商法案」における取締役および監査役に対する訴訟提起に関する規定の削除は，これらの会社役員のコーポレート・ガバナンスに対する意識を低下させ，例えば，取締役がその経営する株式会社から会社財産を奪取しても，株主は訴訟を提起できない状態が法律上形成されることを意味し，株主からの会社役員への訴訟提起を恐れる当時の経済界の意向を意識した条項削除であったことは明白である。

　株式会社の設立につき，ロェスレル草案が準則主義をとっていたのに対し，「商法案」が許可主義をとっていたことに対し，ロェスレルは批判を展開した。答弁は，次の三点から，ロェスレル草案の準則主義を批判した[138]。まず，第一に，答弁は，会社の設立に政府の許可が必要であるということが日本の慣習に属するとした。第二に，答弁は，政府の認可の有無にかかわらず，会社が設立されるということになると，狡猾な資本家が株式会社に関する知識のない市民を騙して会社を設立し，市民の財産を奪い取る結果になりかねないと説いた。第三に，答弁は，例えば鉄道や海運の事業を行う株式会社を念頭に置くと，かかる事業を行う会社の設立の許可は政府の産業政策ともかかわるとした。後に，答弁の第二の理由を重視して，ロェスレルは自らの見解を変更し，株式会社設立に関し許可主義をとることを認めた。

　株式会社の発起人の最低人数についても，ロェスレル草案179条が4人としたのに対し，商法案は，株式会社の発起人の最低人数を，最低株主数と同じ7人とした。ロェスレル草案179条が，発起人の最低人数を4人としたのは，発起人の最低人数を7人とすると，実際に設立に携わらない発起人や架空の発起人などが出現することをおそれてのことであった[139]。これに対し，答弁は，日本では株式会社の設立が容易すぎて失敗に至る例も多く，会社の事業を確実にし，かつ株式会社設立につき慎重にさせるためにも，発起人は7人必要であるとすることが日本の実情に合うと説明した[140]。この点では「商法案」がロエス

---

[138]　「ロエスレル氏意見ニ対スル答弁」法律取調委員会「商法ニ関スル書類」法務大臣官房司法法制調査部監修『日本近代立法資料叢書 第19巻』71頁。
[139]　「ロエスレル氏商法草案意見書」43頁。
[140]　「ロエスレル氏意見ニ対スル答弁」法律取調委員会「商法ニ関スル書類」法務大臣官房司法法制調査部監修『日本近代立法資料叢書 第19巻』71頁。

レル草案よりも優れていた。すなわち，ロェスレル草案の下では，発起人のみによる株式会社設立である「発起設立」が不可能となり，株式会社の発起人は常に何らかのかたちで株主となってくれる者を募集しなければならないことになっていた。このため，ロェスレル草案は，「発起設立」の場合に限定した特別の立法上の規制措置（例えば創立総会ないし第1回株主総会の開催を不要にする等）をとることができず，立法技術的には，かえって設立にかかる社会のコストを増大させる結果を招くものであった。周知のごとく，1890（明治23）年商法は，ロェスレル草案179条に従い，発起人の最低数を4人とした（1890（明治23）年商法157条1項）。これに対し，1899（明治32）年商法119条理由書は，発起人の最低人数と株主の最低人数とを異なるように設定しているのは，1890（明治23）年商法が，会社設立の準備行為である「発起」と会社設立行為そのものである「設立」とを区別しているからに他ならないと説き，会社設立の準備行為も設立に含まれるため両者を区別する必要がないとし，フランス・英国その他の立法例に従い発起人の最低人数を7人とした[141]と説明した（1899（明治32）年商法119条）。

意見書は，ロェスレル草案183条・184条・185条とは異なり，商法案は，株式申込みの募集方法や株式申込みの法的効果については，一切言及していないと批判した[142]。答弁は，株式申込みの方法は実際に行われている慣例に任せるのが適当であり，また株式申込者が支払義務を負うことは当然であるから，これらの規定を削除したと弁明した[143]。

株式会社の設立に際しての公証人による認証（以下「公証」という）についても，ロェスレル草案180条が公証を必要としたのに対し，商法案は公証を不要とした。意見書は，公証を不要にすると，（設立に政府の許可が必要な株式会社につき）政府が株式会社の設立につき許可を与えることが困難になるとしたのに対し[144]，答弁は，日本には公証を行う実務上の慣行がないとし，起業目論見書に家長の印鑑が押されるべしとする令規があり，これが事実上，公証と同じ機能を果たすと反論した[145]。

---

141) 『商法修正案理由書』106頁以下。
142) 「ロエスレル氏商法草案意見書」44頁。
143) 「ロエスレル氏意見ニ対スル答弁」法律取調委員会「商法ニ関スル書類」法務大臣官房司法法制調査部監修『日本近代立法資料叢書 第19巻』72頁。
144) 「ロエスレル氏商法草案意見書」43頁。

ロエスレルは，意見書において，その他にも，商法案がロエスレル草案の内容を変更した点が多いとし，この変更を加えた部分については責任を負いかねると宣言した[146]。また，ロエスレルは，商法案が，自己の案につき簡明な単一の主義に基づくというが，ロエスレル草案の方がわかりやすい規定になっているとし，商法案は，その内容が不完全であり，立法上の便宜と法律上の緻密さを欠いている点でも支持できないと批判した。その上で，ロエスレルは，商法案は，到底外国人の尊敬を受けるはずもなく，日本のためにならないと説いた。さらに，ロエスレルは，実際上日本の裁判官は既に法律を適用する能力を有するが，商法案は，日本の裁判官がこれを適用する上で困難をもたらすと批判した[147]。これに対して答弁は，「商法案」は，ロエスレル草案を基礎にして，これを現在の日本の実情に合うものにするために編纂したものであり，ロエスレル草案をみだりに攪乱しようとしたものではなく，また学問上の理論に基づいて諸外国の法律を凌駕しようという大それたことを考えて編纂したものでもないとも弁明した[148]。

商法案は1882（明治15）年9月1日，太政官に上達されたが，そのまま「握り潰」となった[149]。これには，ロエスレルの反対が影響したと推測されている[150]。

---

[145] 「ロエスレル氏意見ニ対スル答弁」法律取調委員会「商法ニ関スル書類」法務大臣官房司法法制調査部監修『日本近代立法資料叢書 第19巻』71頁。
[146] 「ロエスレル氏商法草案意見書」48頁。
[147] 以上，「ロエスレル氏商法草案意見書」49頁。
[148] 以上，「ロエスレル氏意見ニ対スル答弁」法律取調委員会「商法に関する書類」法務大臣官房司法法制調査部監修『日本近代立法資料叢書 第19巻』74頁以下（商事法務研究会，1885年）。
[149] 志田鉀太郎『日本商法典の編纂と其改正』26頁以下（明治大学出版会，1933年），高田晴仁「『旧商法典――その意義と研究に関する覚書』奥島孝康先生還暦記念論文集編集委員会編『(奥島孝康教授還暦記念第2巻）近代企業法の形成と展開』24頁（成文堂，1999年），高橋英治「ロエスレル氏商法草案意見書について」関西法律特許事務所編『（関西法律特許事務所開設35周年記念論文集）民事特別法の諸問題 第4巻』226頁。
[150] 伊東すみ子「ロエスレル商法草案の立法史的意義について」滋賀秀三＝平松義郎編『（石井良助先生還暦祝賀）法制史論集』207頁，利谷信義＝水林彪「近代日本における会社法の形成」高柳信一＝藤田勇編『資本主義法学の形成と展開』88頁。商法案の不採用には，ロエスレルが，商法案がロエスレル草案に変更を加えた部分については「自分は責任を負いかねる」と宣言したことが，大きな影響を及ぼしたように思われる。

b　1890（明治23）年商法（旧商法）

　1882（明治15）年商法案がロェスレルの反対により挫折したこともあり，その後はロェスレル草案に依拠して条文が起草されていき，これが1886（明治19）年商社法案として結実し，元老院においても，一部修正の上可決されたが，再び条約改正等との関係で商法典編纂の動きが生じ，これも挫折した[151]。

　これより先，商社法の編纂が遅いこともあり，農商務省において独自の草案がつくられていた。これが1885（明治18）年太政官に提出された「会社取扱内則」案[152]であった。

　「会社取扱内則」案は，当時の会社の弊害に困惑した農商務省当局が自らの会社行政の指針とするために作成したものであった。「会社取扱内則」案は，株式会社を，7人以上の発起人が株主を募り株券を発行するものと定義し，株主の責任が有限か無限かについては，株式会社が自ら起業目論見書で定めることとしていた（会社取扱内則案24条8号）。株主の責任が有限であるか，あるいは無限であるかについては，新聞紙その他の方法により公告される（会社取扱内則案31条5号）。「会社取扱内則」案では，株主有限責任が確立しておらず，また，株式会社の設立には農商務省卿の許可が必要であるとしていた。これらの点で，「会社取扱内則」案における株式会社法は保守的かつ遅れたものであり，近代的株式会社法の条件を満たしたものではなかった。しかし，大審院は，その後，会社は原則として無限責任会社であるという立場をとりつつも，会社がその社員が有限責任しか負わない旨を「公告」することにより有限責任会社となる可能性を認める立場をとることを明確にしたのであり（大判明治20年4月14日言渡明治20年大審院民事商事判決録・商事1頁，大判明治24年11月24日言渡裁判粋誌民事集第6巻392頁等），「会社取扱内則」案は，株主の責任の有限性につき新聞紙等により「公告」する制度を規則として設けることにより（会社取扱内則案31条5号参照），大審院の考え方に基づき，「有限責任会社」を「株式会社」として設立することを認めるものであった。

　農商務省の「会社取扱内則」案が上申はされたもののこれが受け入れられな

---

151) 利谷信義＝水林彪「近代日本における会社法の形成」高柳信一＝藤田勇編『資本主義法学の形成と展開』88頁以下参照。

152) 「会社取扱内則」案は，日本学術振興会・会社条例編纂委員会『商社法第1読会筆記 第6巻』商社1ノ6ノ13頁以下に掲載されている。前掲注130) ウェブサイト「明治民法情報基盤――旧商法」参照。

かった原因は,「会社取扱内則」案が, 株式会社における株主の有限責任が確立していなかった等の点において, ロェスレル草案の基本構想とは大きく異なっていたことにあったと考えられる。法制史家は, 農商務省より上申を受けた太政官が「会社取扱内則」案を発布するべきか否かについて会社条例編纂委員会に意見を求めたところ, 同委員会の委員の多くがこの「会社取扱内則」案につき「不完全」であるとして反対であり, 同委員会の委員には会社条例ができるまでは「会社取扱内則」を発布しない方針をとるべきであるとした者が多数であり, 太政官にその旨が報告された点が, 太政官が「会社取扱内則」案を受け入れなかった経緯であったと指摘する[153]。

　1886 (明治19) 年商社法案の挫折の後, ロェスレル草案を基礎として1890 (明治23) 年商法[154] (旧商法) が公布された。

　1890 (明治23) 年商法は, 株式会社の設立につき準則主義ではなく許可主義をとった点等, ロェスレル自身の考えの変更を経てロェスレル草案とは若干内容の点で異なる点もみられた。例えば, 1890 (明治23) 年商法206条は, ロェスレル草案254条で事実上優先株式について規定していた「債券」に関する規定を, 定款変更により記名式債券を発行できるという規定に改めた。これは日本における「社債」に関する規定の第一歩となった[155]。

　1890 (明治23) 年8月8日には日本で最初の社債 (債券) に関する特別法が制定された (明治23年8月8日法律第60号)。ドイツで債券法が制定されるのは, 1899年12月4日の「債券法[156]」であり, 日本は, そのおよそ10年前に, 社債に関する特別法を有していたことになる。日本の最初の社債法である明治23年8月8日法律第60号は, 資料的に重要であるので, 以下, この法律の全文を掲載する。

---

[153] 利谷信義＝水林彪「近代日本における会社法の形成」高柳信一＝藤田勇編『資本主義法学の形成と展開』109頁以下参照。

[154] 1890 (明治23) 年商法 (旧商法, 1893 (明治26) 年修正前) の条文は, 我妻榮編『旧商法集』234頁以下 (有斐閣, 1968年) に収録されている。

[155] 田邊光政「社債法制の沿革」倉沢康一郎＝奥島孝康編『(岩崎稜先生追悼論文集) 昭和商法学史』460頁 (日本評論社, 1996年)。

[156] Gesetz, betreffend die gemeinsamen Rechte der Besitzer von Schuldverschreibungen von 4. Dezember 1899, Deutsches Reichsgesetzblatt Band 1899, Nr. 47, S. 691-698.

明治23年8月8日法律第60号（官報　8月9日）

第1条　商法206条ニ依リ株式会社債券ヲ発行スルハ総株金半額以上ノ払込アリタル後ニ於テスヘシ

第2条　債券ノ発行額ハ株金ノ払込金額ヲ超過スルコトヲ得ス

第3条　債券ヲ発行セントスルトキハ地方長官ヲ経由シテ主務省ノ認可ヲ受クヘシ

第4条　債券ハ一通毎ニ其債務金額、利子ノ歩合及支払時期、発行ノ年月日、番号、商号、社印、取締役ノ氏名、印、債権者ノ氏名ノ外左ノ事項ヲ記載スルコトヲ要ス

　　1　会社ノ営業所
　　2　株金総額及払込額
　　3　債券償還ノ初期及最終期
　　4　会社開業ノ年月日
　　5　存立時期ヲ定メタル会社ハ其時期
　　6　認許ヲ受ケタル事

第5条　株式会社ハ債券ヲ発行スルトキハ債券原簿ヲ備ヘ債券一通毎ニ区分シテ左ノ事項ヲ記載スヘシ

　　1　債券者ノ氏名住所
　　2　債券ノ金額番号
　　3　利子ノ歩合
　　4　債券発行ノ年月日及譲渡ノ年月日
　　5　債券償還ノ初期及最終期

第6条　債券ノ譲渡ハ取得者ノ氏名ヲ債券及債券原簿に記載スルニアラサレハ会社ニ対シテ其効ナシ

第7条　株式会社ハ営業時間中債券原簿ノ展開ヲ請求スル者アルトキハ之ヲ拒ムコトヲ得ス此場合ニ於テハ請求人ニ対シテ二〇銭以内ノ手数料ヲ求ムルコトヲ得

第8条　取締役ハ左ノ場合ニ於テハ五円以上五〇円以下ノ過料ニ処セラル

　　1　債券ニ記載スヘキ事項ヲ記載セス又ハ不正ノ記載ヲ為シタルトキ
　　2　債券原簿ヲ備ヘス又ハ之ニ不正ノ記載ヲ為シタルトキ」

1890（明治23）年商法は「ロェスレル商法」と呼ばれるように[157]、株式会社

157）高田晴仁「『旧商法典』──その意義と研究に関する覚書」奥島孝康先生還暦記念

の規制については基本的にはロェスレル草案をそのまま立法化したものであった。1890（明治23）年商法は，その編別においてフランス法系であるが，内容的には主としてドイツ法系であった[158]。

1890（明治23）年商法は，旧民法と同時に施行されるべきであるという見地から，まず，第一議会で旧民法の施行予定日である1893（明治26）1月1日まで施行延期となった。次いで法典論争[159]に巻き込まれ，1890（明治23）年商法も旧民法と同様に外国法の模倣に過ぎず，日本の商慣習を十分に考慮していない等の指摘がなされ[160]，第三議会で再び1896（明治29）年12月30日まで施行延期となった。1890（明治23）年の恐慌がもたらした経済界の混乱は法典施行の要求を生じさせた。政府は，法典施行の機運の高まりに乗じて，第四議会に商法施行の法案を提出し，その結果，1893（明治26）年7月1日から，手形小切手法，破産法とともに会社法が商法の一部施行として1890（明治23）年商法を若干修正して施行されることとなった[161]。1890（明治23）年商法の残りの部分も，1898（明治31）年7月1日から1899（明治32）年商法の施行日の前日である1899（明治32）年6月15日まで施行された[162]。

c 1899（明治32）年商法（新商法）

1899（明治32）年，ドイツ法の影響をより多く受けている商法（新商法）が公布された。この1899（明治32）年商法の制定の経緯および内容については，先行研究[163]が存在する。ここでは，1899（明治32）年商法における株式会社

論文集編集委員会編『(奥島孝康教授還暦記念第2巻）近代企業法の形成と展開』24頁。

[158] 西原寛一『近代的商法の成立と発展』63頁（日本評論新社，1963年），山本桂一『商法のはなし』19頁（有信堂，1970年），Harald Baum/Eiji Takahashi, Commercial and Corporate Law in Japan, Legal and Economic Developments after 1868, in: Wilhelm Röhl (edit.), History of Law in Japan since 1868, Leiden 2005, S. 356.

[159] 商法典論争につき，三枝一雄『明治商法の成立と変遷』83頁以下（三省堂，1992年），大和正史「商法典論争に関する一考察――大阪商工会議所の商法断行決議をめぐって」関西大学法学論集36巻2号18頁以下（1986年），淺木愼一『日本会社法成立史』11頁以下（信山社，2003年）高倉史人「商法典の成立」ジュリスト1155号8頁以下（1999年）参照。

[160] Takahashi, FS Schott, S. 323.

[161] 1893（明治26）年に施行された商法の条文は，『明治26年3月6日公布改正大日本商法』（長島文昌堂，1893年）に収録されている。1890（明治23）年商法と1893（明治26）年商法との対照表は，淺木愼一『日本会社法成立史』74頁以下に収録されている。

[162] 菅原菊志『企業法発展論』13頁参照。

[163] 淺木愼一『日本会社法成立史』55頁以下。

規制がドイツ法の影響を受けていた点と，ドイツ法よりも優れていた点を中心に解説したい。

aa) 株式会社法の体系

1899（明治32）年商法の株式会社法の体系は，設立，株式，会社の機関，会社の計算，社債，定款変更，解散，清算からなっていた。日本でも商法の歴史研究で知られる[164]ハレ大学教授パウル・レーメは，20世紀初頭から今日に至るまで商法に関するドイツ最高水準の雑誌であるレヴィン・ゴルトシュミット創刊の『全商法雑誌[165]（Zeitschrift für das gesamte Handelsrecht）』における「日本の商法」と題する論説において，この日本の1899（明治32）年商法の株式会社法の体系につき，ドイツ普通商法典・1897年ドイツ商法よりも，より明確に秩序立っていると絶賛した[166]。

bb) 株式会社の属性

1899（明治32）年商法は，1890（明治23）年商法154条が設けていたものと同一の株式会社の定義規定（「会社ノ資本ヲ株式に分チ其義務ニ対シテ会社財産ノミ責任ヲ負フモノヲ株式会社ト為ス」）を置かずに，単に「総則」において，会社はこれを法人とすると規定した（1899（明治32）年商法44条1項）。これにより，株式会社は法人とされた。1890（明治23）年商法は，会社は独立した固有の財産を所有し，独立して権利義務を負い，訴訟当事者となる能力を負うと具体的に会社の能力について規定していた（1890（明治23）年商法73条）。この1890（明治23）年商法73条につき日本人立案担当者は，本条は商事会社が法人であることを認めた規定であると解説した[167]。これに対して，本規定の元となったロェスレル草案71条理由書は，「商事会社は完全な意味では法人ではない[168]」と解説していた[169]。会社につきこれを法人であると定めた1899（明治32）年商法44

---

164) P・レーメ「商法史概説」墹浩『(墹浩著作集7) ヨーロッパ商法史』3頁以下（信山社，1992年），服部榮三『商法総則〔第3版〕』127頁（青林書院新社，1983年）参照。

165) 既に示したように（前掲注77)），本誌は，現在は「全商法経済法雑誌（Zeitschrift für das gesamte Handels- und Wirtschaftsrecht（ZHR））」と雑誌名を変更している。

166) Paul Rehme, Das japanische Handelsrecht, ZHR 54 (1904), 369.

167) 岸本辰雄著述『商法正義 第2巻』36頁（新法注釈会出版，出版年不明）。

168) Roesler, Entwurf eines Handels-Gesetzbuches für Japan mit Commentar, Band 1, S. 199.

169) 1890（明治23）年商法73条を巡るロェスレルと日本人委員との見解の相違につき，村上淳一「会社の法人格——比較法史の一断章」桐蔭法学2巻2号5頁以下（1996年）

条の理由書は，会社が法人であるか否かについては争いがあり，この争いの結果として会社が法人とされるか否かが法律の適用上大きな差違を生じさせるため，かかる規定を設けたという[170]。しかし，かかる具体的な規定から抽象的文言への変化が，会社法上の進歩であったか否かについては疑問も提起されている[171]。すなわち，合名会社や合資会社を含めすべての会社はこれを法人とするとされたことにより，「法人」の意味の内容が希薄なものとなり，解釈論上の不明確が生じたと指摘されている。

　1897年ドイツ帝国商法典（以下「ドイツ商法」という）においては，株式会社はこれを法人とすると定義する規定は存在しなかった（1897年ドイツ商法178条参照）。ただし，1897年ドイツ商法には，ロェスレル草案71条に相当する規定が存在し，「株式会社はそれ自身独立に権利および義務をもつ。すなわち，株式会社は不動産に対する物権その他の所有権を取得し，裁判所に訴えまたは訴えられうる」という規定が存在していた（1897年ドイツ商法210条1項）。1965年株式法[172]において株式会社は固有の法人格をもつ会社であると定義されており（株式法1条1項1文），これが株式会社の法人性を定めた規定であると解されている[173]。日本法が，1899（明治32）年商法44条1項によって，株式会社を法人としたことは，立法技術的には，ドイツの株式会社法制を先取りし，ドイツ法よりも進んだ状態が形成されたことを意味した。

　レーメは，合名会社・合資会社・株式会社そして当時日本にも存在した株式合資会社につき，日本の1899（明治32）年商法の立法者がこれらを法人としたことにつき，「これはフランスの学説に倣ったものと思われるが，母法のドイツ法とは異なった規制となっており，これらの会社の構造に照らして，矛盾が生じるであろう[174]」と予想した。しかし，これに反し，日本法が，すべての会社を法人としたことにつき，立法上および解釈上の矛盾は，ほとんど指摘され

　　　参照。
170）『商法修正案理由書』40頁（博文館，1898年）。
171）海老原・前掲注78）ジュリスト1155号41頁（1999年）。
172）2012年の時点の1965年株式法の邦訳として，早川勝「1965年ドイツ株式法の改正と展開」同志社法学63巻6号200頁以下（2012年）参照。
173）Hüffer/Koch, Aktiengesetz, 13. Aufl., München 2018, §1 Rdnr. 4; Lange, in: Henssler/Strohn (Hrsg.), Gesellschaftsrecht, 3. Aufl., München 2016, AktG §5 Rdnr. 5.
174）Paul Rehme, ZHR 51 (1901), 457.

ていない。

　現代のドイツにおいて，株式会社は法人であるが，その「法人である」という意味を明確に法律により規定しようという学説が存在する。すなわち，トマス・ライザーは，2016年，ドイツ民法に，法人の通則の一つとして，法人を権利・義務の主体となる能力である旨の定義規定を置くことを提案している[175]。かかるトマス・ライザーの提案する定義規定によると，レーメが法人であるとすると矛盾が生じるとした合名会社，合資会社および株式合資会社も法人であることになる[176]。なお，日本においても，2005（平成17）年会社法下において，会社の法人格の本質を「権利能力」とみる見解も存在する[177]。日本法においても，トマス・ライザーの見解にならい，民法第1編第3章「法人」において，法人を権利能力の観点から定義する規定が置かれるべきである。

cc) 設立

　1899（明治32）年商法は，株式会社の設立につき，許可主義を廃して準則主義を採用した。その理由につき，1899（明治32）年商法を制定するにあたり政府が改正の趣旨を明らかにするため帝国議会両院に送付した『商法修正案参考書』を改題して出版された『商法修正案理由書』は，①合名会社や合資会社などの他の会社は設立免許なく設立できるのに対し，株式会社についてのみその設立に設立免許を必要とするのは，他の会社との間で権衡が保たれないこと，②当時の先進諸国は準則主義をとっていたこと，③実業界から設立免許制度の廃止が求められており，株式会社設立に許可主義をとることは有害無用であること，④株式会社制度導入の当初は株式会社に関する知識経験は政府の官吏が有していたが，今はかかる状態にあるとはいえなくなったこと，⑤設立免許制度の存在のため株式会社の設立に時間がかかる結果となり，このために株式会社を設立しようとする実業家がビジネスチャンスを逸する弊害もみられること，等を挙げた[178]。

　1893（明治26）年7月1日の会社法の施行から1895（明治28）年9月まで農商務省への会社出願は310社あったが，その中で不認可とされたのは13社にと

---

[175] Thomas Raiser, Allgemeine Vorschriften über juristische Personen in einem künftigen Bürgerlichen Gesetzbuch, ZGR 2016, 786.
[176] Vgl. Thomas Raiser, ZGR 2016, 786, Fn. 9.
[177] 髙橋英治『会社法概説〔第3版〕』20頁。
[178] 『商法修正案理由書』103頁以下。

どまった[179]。1890（明治23）年商法下では，株式会社の設立につき許可主義が採用されていたが，その運用は緩やかであった。かかる会社の設立認可の実務上の取扱いからすると，許可主義から準則主義への移行するにあたっての弊害は少なかった。

　1899（明治32）年商法が株式会社の設立につき準則主義を採用したことにより，ようやく日本の株式会社法は規定上欧米の先進国に追いついた。

　レーメは，1899（明治32）年商法の株式会社の設立に関して準則主義を採用している点などにつき——発起人の最低人数が5人ではなく（1884年改正ドイツ普通商法典209条1項参照），7人とされていることを除き（1899（明治32）年商法119条参照）——ドイツ法に従うものとみた[180]。

　1890（明治23）年商法がロェスレル草案にならい，設立と発起とを区別していたところ（1890（明治23）年商法第1編第6章第3節第2款「会社ノ発起及ヒ設立」），1899（明治32）年商法は，設立と発起とを区別せず，設立のみに一本化して規制した。設立と発起とを株式会社において区別するのであるならば，他の会社についても設立と発起とを区別すべきところ，すべての会社につき設立と発起とを区別する立法例は諸外国において全く存在しなかったというのが，その理由であった[181]。また，1899（明治32）年商法は，目論見書，仮定款，定款を区別せず，すべての書類を「定款」に一本化した[182]。この2点においても，1899（明治32）年商法は，ドイツ法に接近した。

　dd）**株式**

　1899（明治32）年商法144条1項は，株主有限責任について，株主はその引受等した株式の金額を限度として責任を負うと規定した。同条理由書は，会社が法人とされた以上その財産をもって会社債権者に責任を負うということは当然のこととなったため，規定の表現を本条のように変更したとし，同条は間接的に株主が会社債権者に対して責任を負わないということを意味していると解説した[183]。1807年フランス商法典は，株主有限責任につき，「無名会社の社員

---

[179] 高村直助『会社の誕生』125頁。
[180] Paul Rehme, ZHR 54 (1904), 370.
[181] 『商法修正案理由書』104頁以下。
[182] 1899（明治32）年商法第2編第4章第1節理由書（『商法修正案理由書』105頁以下）参照。
[183] 『商法修正案理由書』128頁。

はその会社に対する持分額を超えて不利益を受けることがない」とし，株主の責任の視点から明確に規定していた（1807年フランス商法典33条）。1861年ドイツ普通商法典も，株主が株式会社の債務に人的に責任を負うことがない旨規定していた（1861年ドイツ普通商法典207条1項参照）。1897年ドイツ商法も，株主の義務が額面額に限定される旨規定していた（1897年ドイツ商法211条）。1899（明治32）年商法144条は，株主有限責任を，株主の責任の観点から，より明確に規定したという日本の株式会社法史上，画期的意味をもつ規定であった。株主有限責任は，株主にとって会社およびその債権者からの防御的権利というべきものであるが，日本の1890（明治23）年商法の株主有限責任原則の規定方式は，その法的明確性の点において，日本はドイツやフランスの立法例に遅れていたのであり，1899（明治32）年商法144条1項において，これらの欧米諸国に追いついたといえよう。ただし，レーメは，会社が法人である以上，株式会社がその財産のみをもって責任を負うのは当然であり，1899（明治32）年商法144条が，会社債権者に向けて株主の責任の有限性を宣言した規定であることが明確に読み取れないと批判した[184]。

ee）機関

1899（明治32）年商法は，株式会社の機関に関する第3節の構成を，第1款「株主総会」，第2款「取締役」，第3款「監査役」とし，大幅に変更した。株主総会は会社の最高の機関であり，取締役および監査役を選解任する権限を有するため，第1款として機関の節の最初に特別に款を設けて規定したと1899（明治32）年商法の第2編第4章第3節理由書はその構成の趣旨につき解説した[185]。また，同理由書は，取締役と監査役についても，前者が会社の業務執行および代表のための機関であるのに対し，後者は取締役の監督にあたる機関であるにすぎず，両者はその機関としての性質や職務に大きな差があるため，款を別にして規定したと解説した[186]。

この1899（明治32）年商法の株式会社の機関に関する規制の形式および内容については，ドイツ法との差異が大きい。1897年ドイツ商法において，株主総会は，株式会社の「組織と業務執行」の節の最後において規制され（1897年ドイツ商法250条～273条），取締役を選任する権限を原則としてもたなかったのに

---

[184] Paul Rehme, ZHR 54（1904），391．
[185] 『商法修正案理由書』139頁。
[186] 『商法修正案理由書』139頁以下。

対し（1897年ドイツ商法237条参照），1899（明治32）年商法においては，株主総会が機関の節の最初に規定され（1899（明治32）年商法156条〜163条），株主総会が取締役を選任するとされていた[187]（1899（明治32）年商法164条）。また，1890（明治23）年商法とは異なり，1899（明治32）年商法において監査役は必要的機関となった（1899（明治32）年商法180条以下参照）。ここにおいて，2005（平成17）年会社法以前の（委員会設置会社の場合を除く）日本型コーポレート・ガバナンスの原型が形成された。すなわち，フランス革命当時の立憲思想の影響の下に，立法機関であり国家の構成員たる国民を代表する三権の最高機関に比した「株主総会」，行政機関に比した「取締役」および株式会社内での司法機関に比した「監査役」の機関の明確な分化が生じたのである[188]。

ff) 会社の計算

1899（明治32）年商法は，1890（明治23）年商法においては，「会社ノ義務」の節となっていた節を，アルゼンチン商法に倣い，「会社ノ計算」の節として改めて規定した[189]。1890（明治23）年商法216条は，1861年普通ドイツ商法典216条2項の出資払戻禁止規定にならい，株主に対する株金の払戻しを禁止していたが，1899（明治32）年商法は，株金払戻禁止を当然であるとみて，これに関する規定を設けなかった[190]。ドイツの現行株式法は，なお出資の払戻しを禁止しており（株式法57条1項1文），現在，株主に対する出資の払戻禁止規定の有無は，ドイツ法と日本法との大きな差異となっているが，この差異の起源は，日本の1899（明治32）年商法の立案担当者の判断に求められる。ただし，現在ドイツ法において，出資払戻禁止（株式法51条1項・3項）は，①会社が株主にとって有利な条件で融資すること，②株主が負っている債務に対して会社が保証等すること，③会社が株主に対して有している債務を免除すること，④会社が株主に対し有利な条件でライセンスやオプションを付与すること，⑤会社が不相応な報酬を株主に与えること等を禁止することに及び，出資払戻禁止規定は，株式会社の資本維持，株主間の平等取扱いの保障および利益配当に

---

[187] ドイツの現行株式法では株主総会の規定は，取締役・監査役会・会社に対する影響力の行使に関する規定の後に置かれている（株式法118条以下）。また，ドイツの現行株式法では監査役会が取締役を選任する（株式法84条1項）。

[188] 大隅健一郎＝今井宏『会社法論中巻〔第3版〕』2頁（有斐閣，1992年）参照。

[189] 『商法修正案理由書』164頁。

[190] 『商法修正案理由書』164頁。

関する権限秩序維持等のために重要な機能を果たしている[191]。したがって，株金払戻禁止規定は当然のこととして削除した日本の1899（明治32）年商法の立案担当者の判断が正しかったかについては疑問が残る。

レーメは，1899（明治32）年商法の「会社の計算」の節につき，商業帳簿の作成，検査役の選任に関する少数株主権，利益配当という性質の異なる規定が混在していると批判した[192]。現在のドイツ法は，商業帳簿の作成を広い意味の「計算（Rechnungslegung）」と理解し[193]，株式会社のみに適用される特別規定を除き（株式法150条～176条），これを原則的には株式法から分離した上で，ドイツ商法第3編「商業帳簿[194]」（ドイツ商法238条～342e条）において規定している。日本の2005（平成17）年会社法は，2005（平成17）年改正前商法において「会社ノ計算」とされてきた節を，第2編第5章「計算等」とした。2005（平成17）年会社法が第2編第5章を「計算」ではなく「計算等」とした理由は，本章で規制される「事業報告」等（会社法436条）が「計算書類」に含まれない等の技術的な考慮が影響したものとも考えられるが，剰余金配当などが「計算」の概念にはなじまないと考えられたためと推測される。いずれにしても，1904年のレーメの批判は，商業帳簿・計算書類等の作成と剰余金配当とを別のカテゴリーで把握されるべきであるという指摘として現代に蘇り，1世紀以上後の2005（平成17）年会社法において，ようやく対応策（章の表題の変更）がとられることとなった。

gg）社債

1899（明治32）年商法が，ドイツ法と比べて進んでいた点は，株式会社が発行する社債に関する規定が体系的に整備されていた点にみられる（1899（明治32）年商法199条以下）。ドイツで株式会社に関する規定がドイツ普通商法典およびドイツ商法のみによって規定されていた時代には，（株式会社が発行する）社債に関する特別規定は存在していなかった。ドイツにおける最初の（株式会

---

[191] Cahn/v. Spannenberg, in: Spindler/Stilz (Hrsg.), Kommentar zum Akitengesetz, 3. Aufl., München 2015, §57 Rdnr. 4; Hüffer/Koch, Aktiengesetz, 13. Aufl., §57 Rdnr. 1; Raiser/Veil, Das Recht der Kapitalgesellschaften, 6. Aufl., S. 315 f.

[192] Paul Rehme, ZHR 54 (1904), 389 ff.

[193] Creisfeld, Rechtswörterbuch, 22. Aufl., München 2017, S. 1062.

[194] ドイツ商法第3編商業帳簿の邦訳として，法務省大臣官房司法法制部『ドイツ法典（第1編～第4編）』法務資料465号69頁以下〔久保大作〕，宮上一男＝W・フレーリックス監修『現代ドイツ商法典〔第2版〕』3頁以下（森山書店，1993年）参照。

社が発行する）社債に関する法律上の特別規定は，1930年株式法草案194条を基に制定された1937年株式法174条[195]であった[196]。

これに対して，日本では，1890（明治23）年商法206条が（株式会社が発行する）記名式債券（すなわち社債）についての規定を置いていたのに加え（1890（明治23）年商法206条），（株式会社が発行する）社債に関する特別法として明治23年8月8日法律第60号が存在していたが，1899（明治32）年商法は，この特別法を修正して商法の中に取り込んだ[197]。1899（明治32）年商法によると次の事項が法律上定められていた。すなわち，①（株式会社が発行する）社債には記名式のもののほかに，無記名式のものも認める（1899（明治32）年商法207条・156条），②社債の発行には定款変更の場合と同じ「特別決議」を必要とする（1899（明治32）年商法199条・209条），③社債の総額は払込みがあった株金額を超えることができず，株式会社の現有財産の額が株金額を下回る場合には，現有財産の額を超えてはならない（1899（明治32）年商法200条），④株式会社が社債を募集する場合には，取締役が，社債の総数およびその金額，社債の利率あるいは社債の償還の方法とその期限などを公告しなければならない（1899（明治32）年商法203条）などであった。

この社債に関する1899（明治32）年商法199条以下について，レーメは，ドイツの読者に対して詳細に解説した[198]。

hh）組織再編（合併・組織変更）

1890（明治23）年商法は，合併の規定を欠いていたが，1899（明治32）年商法は，すべての種類の会社が他の会社と合併できるという当時の最新の合併規制を導入した[199]。1899（明治32）年商法の下では，株式会社も，他の会社と合

---

[195] この条文の邦訳は，大隅健一郎ほか『独逸商法〔Ⅲ〕株式法』408頁（有斐閣，復刻版，1956年）に掲載されている。ただし，1937年株式法以前においても，法人が発行する「債券（Schuldverschreibung）」については，1899年「債券法（Gesetz, betreffend die gemeinsamen Rechte der Besitzer von Schuldverschreibungen）」が規定を置いていた。この点につき本書第1部3 d参照。

[196] Habersack, in: Goette/Habersack (Hrsg.), Münchener Kommentar zum Aktiengesetz, 4. Aufl., München 2016, §221 Rdnr. 4; Merkt, in: Karsten Schmidt/Marcus Lutter (Hrsg.), Aktiengesetz, Kommentar, 3. Aufl., Köln 2015, §221 Rdnr. 5.

[197] 『商法修正案理由書』173頁。

[198] Paul Rehme, ZHR 54（1904），386 f.

[199] 合名会社につき1899（明治32）年商法74条4号・77条～82条，合資会社につき同法105条，株式会社につき同法221条1号・222条・223条，株式合資会社につき同法

併できた。ただし，1899（明治32）年商法における株式会社の合併規制は会社の解散の節に置かれ，合併が決議されると株式会社は解散し清算手続が行われることが前提となっていた（1899（明治32）年商法221条1号・74条4号）。1897年ドイツ商法が株式会社につき清算手続を前提としない合併を認めていたことと比べ（1897年ドイツ商法306条参照），1899（明治32）年商法における株式会社の合併規制は遅れていた。1899（明治32）年商法の下では，合併に際しての反対株主の株式買取請求権等は未だ認められておらず，株主は合併前会社の清算手続の枠組みの中で保護されることとなっていた。合併に際して株式会社は解散するため，合併比率の不公正等の株主保護の問題は生じる余地がなかった。1899（明治32）年商法の下における合併に際しての会社債権者保護としては合併をする会社は，合併を公告するとともに際して知れたる債権者に対しては催告し（1899（明治32）年商法225条・78条2項），異議を述べた債権者に対しては弁済等をなす義務を負うことが定められていた（1899（明治32）年商法225条・79条2項）ほかに，合併後存続する会社が合併後消滅する会社の権利義務を承継することになっており（1899（明治32）年商法225条・82条），1899（明治32）年商法における株式会社の合併規制における債権者保護の規制は十分に発達していたとみることができる。

　1899（明治32）年商法は株式合資会社が株式会社に組織変更することを認めていた（1899（明治32）年商法251条）。1897年ドイツ商法は，株式会社と株式合資会社との間での組織変更を認めていた[200]（1897年ドイツ商法305〜308条・320条3項）。1899（明治32）年商法における株式合資会社の株式会社への組織変更規制は，1897年ドイツ商法を参考にしたものと推測される[201]。

(4) 株式会社法学

　19世紀日本において，本格的な株式会社法学は未だ誕生していなかった。

　　236条・246条。これらの規定により，異種会社間の合併が認められるようになったのか否かについては，これらの条文の解釈上明確でなかった。そこで，1911（明治44）年改正商法44条ノ3第1項は，異種会社間の合併が認められることを明確にした。
　　Vgl. Veil, Umwandlungen, in: Bayer/Habersack（Hrsg.）, Aktienrecht im Wandel, Band 2, Grundsatzfragen des Aktienrechts, Tübingen 2007, S. 1069.
  200) Vgl. Veil, Umwandlungen, in: Bayer/Habersack（Hrsg.）, Aktienrecht im Wandel, Band 2, Grundsatzfragen des Aktienrechts, Tübingen 2007, S. 1069.
  201)『商法修正案理由書』215頁参照。

1890（明治23）年商法の株式会社の規定については，1890（明治23）年商法の立案担当者であった岸本辰雄著述『商法正義第二巻[202]』（新法注釈会出版，出版年不明）および梅謙次郎講述『商法第一編[203]』（和仏法律学校蔵版，出版年不明）があった。前者はロェスレル草案理由書を基礎とした実務家を対象とした1890（明治23）年商法の注釈書であった。後者は和仏法律学校（現，法政大学）の講義録であり，同法律学校で学ぶ学生を対象とした教科書であった。両者とも，株式会社法に関する外国文献を独自に調査研究して本格的に学問として1890（明治23）年商法の注釈や解説を行ったものではなかった。

　1893（明治26）年商法を一部修正して1890（明治23）年商法が施行された際にも，本法の立案担当者であった磯部四郎[204]が『大日本商法会社法釈義[205]』（長島書房叢書，1893年）を発表しているが，これも株式会社法に関する外国文献を独自に調査研究したにとどまり，本格的な学問として1893（明治26）年に一部施行された商法の注釈や解説を行ったものではなかった。1899（明治32年）商法の株式会社の規定についても，志田鉀太郎[206]『日本商法論巻之二会社』（有斐閣書房，1902年）があるが，これも実務家を対象として1899（明治32）年商法を解説したものにすぎず，本格的に学問としての株式会社法学を確立しようとしたものではなかった。

　日本の株式会社法学の創始は，ドイツのベルリンに留学し，オットー・フォン・ギールケの薫陶を受けてドイツの法律学の知識を備えた岡野敬次郎博士の出現を待たなければならなかった。

　岡野敬次郎博士による会社法の最初の体系書は，1920（大正9）年の『会社法講義案[207]』（有斐閣書房，1920年）であるから，岡野敬次郎博士の業績の具体

---

[202]　長谷川喬著述＝岸本辰雄著述『商法〔明治23年〕正義』（新法注釈会出版，出版年不明，復刻，信山社，1995年）。

[203]　梅謙次郎先生講述『日本商法〔明治23年〕講義』（和仏法律学校蔵版，出版年不明，復刻，信山社，2007年）。

[204]　磯部四郎に関する研究として，平井一雄＝村上一博編『磯部四郎研究』（信山社，2007年）がある。

[205]　磯部四郎『大日本商法会社法釈義〔明治26年〕』（長島書房叢書，1893年，復刻，信山社，1996年）。

[206]　志田鉀太郎につき，坂口光男「志田鉀太郎」ジュリスト1155号47頁以下（1999年）参照。

[207]　岡野敬次郎『会社法講義案』（有斐閣書房，1920年）。

的な内容について，本書は，20世紀日本の株式会社法学のところで解説したいと思う。

2　展開期—1900（明治33）年から1990（平成２）年バブル崩壊までの時期

　20世紀日本の株式会社法は，戦中期（1938（昭和13）年—1945（昭和20）年）の前後で，戦前期と戦後期に分かれる。以下においては，各期における日本の株式会社立法と株式会社法学の特徴を概観する。

(1)　株式会社法
a　戦前期（1900（明治33）年—1938（昭和13）年）
aa）カルテルとコンツェルンの時代の本格的到来

　日本の1900年代は，恐慌によって始まり，この恐慌を契機として，カルテル活動がなされた。

　日清戦争（1894（明治27）年—1895（明治28）年）を経て，1899（明治32）年末からアメリカ恐慌のため生糸輸出が急減し，日本の貿易は輸入超過に陥った。1900（明治33）年には株式市場は崩壊した[1]。この主に紡績業の不振が契機となった恐慌は，やがて全産業に及んだ。この恐慌に対して，日本の産業はカルテル活動によって対応した。

　そもそも，カルテルは日本経済の発達と不可分なものとして既に19世紀から存在していた。記録上，日本における「カルテル[2]」と経済史家によって呼ばれるものの起源として，1880（明治13）年12月26日に結成された「製紙所連合会」があり[3]，その創立規約１条で製紙所連合会が，印刷用紙の上等品の最高価格と下等品の最低価格を決定するとし，同規約２条でこの価格設定が加盟企業を拘束する旨が定められていた[4]。この「価格カルテル[5]」を実際上拘束力あ

1）高村直助『日本紡績業史序説下』66頁（塙書房，1971年）。
2）大島清「カルテル」国史大事典編集委員会編『国史大事典第３巻』682頁（吉川弘文館，1983年）。
3）平林英勝『独占禁止法の歴史（上）』11頁（信山社，2012年）。
4）四宮俊之『近代日本製紙業の競争と協調——王子製紙，富士製紙，樺太工業の成長とカルテル活動の変遷』144頁以下（日本経済評論社，1997年）。
5）現代の経済法学上，これは「価格カルテル」と呼ばれる（根岸哲＝舟田正之『独占禁止法概説〔第５版〕』143頁以下（有斐閣，2015年），金井貴嗣＝川濱昇＝泉水文雄編著『独占禁止法〔第５版〕』41頁以下（弘文堂，2015年）参照）。

るものとするため，製紙所連合会創立規約19条は，創立規約に反した加盟企業を製紙所連合会が除名することができると定めていた[6]。製紙所連合会については，同業者組合的団体とみる見解と，カルテル的団体とみる見解とがある[7]。製紙所連合会は，その創立当初から，販売価格協定という価格カルテル活動を一つの目的とした事業者団体であった。

1882（明治15）年10月結成の「紡績連合会」も，1890（明治23）年恐慌への対応策として，1890（明治23）年5月の紡績連合会定期大会において操業短縮すなわち生産調整のためのカルテル[8]の実施を決議した[9]。1900（明治33）年から1901（明治34）年にかけて，紡績連合会は，紡績業不況を背景に，「第三次操短」を実施した[10]。これらは日本の紡績業不況の原因が綿糸の過剰生産にあるという紡績連合会の認識に基づくものであった。また，1902（明治35）年5月，紡績連合会委員会は，1899（明治32）年の日本政府の関税改正実施により割高となったインド綿糸の価格を日本における綿糸の最低価格とする価格カルテルを行うことを決定した[11]。

1893（明治26）年7月1日，1890（明治23）年商法の商事会社の部分が施行されるのと同時に，三井物産・三井鉱山・三井銀行は，合名会社として発足した。1893（明治26）年9月7日には三井呉服店も合名会社として発足した。しかし，合名会社の形態では，会社が経営破綻した場合，社員がその個人財産をもって責任を負う結果となる。そこで，三井家が経営に対する影響力を保持しつつ，事業を有限責任の会社形態にすることが，三井家の経営組織改革の重要課題となった。

6）四宮俊之『近代日本製紙業の競争と協調——王子製紙，富士製紙，樺太工業の成長とカルテル活動の変遷』145頁。
7）四宮俊之『近代日本製紙業の競争と協調——王子製紙，富士製紙，樺太工業の成長とカルテル活動の変遷』155頁参照。
8）現代の経済法学上，これは「数量制限カルテル」と呼ばれる（金井貴嗣＝川濱昇＝泉水文雄編著『独占禁止法〔第5版〕』42頁，根岸哲＝舟田正之『独占禁止法概説〔第5版〕』144頁以下参照）。
9）高村直助『日本紡績業史序説上』175頁（塙書房，1971年）。
10）高村直助『日本紡績業史序説下』95頁（塙書房，1971年），宮本又郎ほか『日本経営史〔新版〕』151頁（有斐閣，2001年）。
11）この決定は実施されなかった（高村直助『日本紡績業史序説下』96頁参照）。紡績連合会を「同業組合」とみるか，「カルテル」とみるかについて経済史研究者において争いがある（森芳三『明治期初期独占論』1頁以下（風間書房，1969年））。

1907（明治40）年，当時三井家副顧問の益田孝は，欧米の旧家における財産管理方法を調査するため渡欧した。巡遊先で会見したユダヤ人銀行家マックス・ヴァールブルクの提案が，合名会社コンツェルンの形態をとっていた三井財閥を，株式会社コンツェルンへと再編成することに，決定的な影響を与えた。ヴァールブルクは，益田を非常な好意をもって迎え，益田の質問に対し懇切丁寧に対応し，日本の民商法を参照し，ベルリン在住の書記官と連絡をとり，法律上の疑問点について質問し，さらに日本の法律との適合性に配慮して，その意見を書面にて送付した。これが「三井家組織ニ関スルマックス・ウォルブルク氏ノ意見書[12]」である。

　この意見書の中で，ヴァールブルクは，①三井物産，三井鉱山および三井銀行の三つの合名会社をすべて株式会社に変更し，②これらの株式会社の株式を保有する持株会社を新たに設立し，③持株会社の持分はすべて三井家が掌握するが，④各株式会社の株式は持株会社が51パーセントまでは保有するべきことを提案した。この意見書に従うかたちで，1909（明治42）年，三井家の営業組織改革が実施された。

　まず，三井銀行・三井物産両合名会社は株式会社に組織変更され，その資本金は全額三井家によって出資された。同時に，三井家同族11人のみを出資社員とする三井合名会社が設立され，この三井合名会社が三井銀行・三井物産両株式会社の総株式を保有し持株会社としての機能をもった。また，従来三井家同族会が担っていた傘下事業に対する統轄機能は，新設の三井合名会社が引き継ぎ，同会社の社員総会が，三井家の事業経営全体についての最高決定機関とされた[13]。

　三菱財閥も，1917（大正6）年から1919（大正8）年にかけて，事業組織をコンツェルン化する[14]。すなわち，これまでの事業主体であった三菱合資会社を持株会社とし，三菱合資会社の下で独立採算制をとっていた鉱山・商事・造

---

12) 三井文庫編『三井事業史資料篇第3巻』561頁以下（三井文庫，1974年）。
13) 以上につき，高橋英治『ドイツと日本における株式会社法の改革――コーポレート・ガバナンスと企業結合法制』262頁以下（商事法務，2007年）参照。
14) 柴孝夫「財閥の生成，そして解体」伊丹敬之ほか編『ケースブック日本企業の経営行動第1巻日本的経営の生成と発展』60頁以下（有斐閣，1998年），橋本寿朗「財閥のコンツェルン化」橋本寿朗＝武田晴人編『日本経済の発展と企業集団』109頁（東京大学出版会，1992年），持株会社整理委員会調査部第二課編『日本財閥とその解体』12頁以下（持株会社整理委員会，1951年）。

船・銀行の各事業部門を株式会社として設立した。これらの株式会社は、持株会社としての三菱合資会社の下で子会社として統轄された。

住友財閥も、1921（大正10）年に住友総本店を住友合資会社とし、倉庫業や鉱山業といった直営事業を分社化して組織をコンツェルン化させていった[15]。

かくして戦前の日本の経済において重要な地位を占めた財閥コンツェルンは、ドイツのコンツェルンをモデルとして形成された。

bb）戦前のコーポレート・ガバナンス

戦前の日本企業では株主主権によるガバナンスが行われていた。戦前期の日本の株式会社において、株主は経営に大きな影響を与えていた。1938（昭和13）年の改正まで、日本の商法には、株式会社の取締役・監査役は株主の中から選任されなければならないという規定が存在した（1938（昭和13）年改正前商法164条・189条）。非財閥系企業では、1935（昭和10）年時点での全取締役の20パーセント以上を10位以内の大株主が占めた[16]。すなわち、非財閥系企業では大株主が取締役として直接経営に参加することが多く、大株主でもある取締役は、株主の視点から業務執行を行う（あるいは業務執行を監視する）という機能も有していた。

戦前の日本企業は利益のうち大きな部分を配当に回した。経営者に対するインセンティブ制度も、株主利益に合致するように設計されていた。非財閥企業における役員賞与の当期利益に対する比率を戦前と戦後で比較すると、戦前は戦後の3倍以上であった[17]。

戦前の日本の会社の利益は、株主に配当される割合が大きかった。1921（大正10）年から1936（昭和11）年の上場会社の平均配当性向は70パーセントに達していた[18]。

---

15) 橋本寿朗「財閥のコンツェルン化」橋本寿朗＝武田晴人編『日本経済の発展と企業集団』119頁。

16) 岡崎哲二「企業システム」岡崎哲二＝奥野正寛編『現代日本経済システムの源流』103頁（日本経済新聞社、1993年）。

17) 非財閥系企業における役員賞与の当期利益に対する割合を戦前と戦後で比較すると、1961年から1970年では0.0118であったのに対し、1921年から1936年では平均0.0363であった。岡崎哲二「企業システム」岡崎哲二＝奥野正寛編『現代日本経済システムの源流』106頁。

18) 岡崎哲二「企業システム」岡崎哲二＝奥野正寛編『現代日本経済システムの源流』106頁。なお、2017年度の日本の上場会社の配当性向は31パーセントであった（日本

計量経営学的研究により，戦前の日本企業では，経営者交替に会社のパフォーマンスが強く感応しており，特に大株主が存在する企業では経営者交替に対するパフォーマンス感応度は極めて高かったことが明らかにされている[19]。要するに，戦前の日本企業においては，大株主の経営に対する影響力は絶大であり，経営者は大株主の鼻息を窺いながら経営を行う弱い立場にあり，成果を出せない経営者は交替させられる危機の中で緊張感のある経営を行っていた。

戦前の日本では，敵対的企業買収も行われた。1930年代，東京急行の創業者である五島慶太は，当時株価が低迷していた武蔵電鉄，池上電鉄，玉川電鉄の各鉄道株式会社の株式を買い集め，役員を総辞職させ，自らが役員に就任した[20]。1920年代の不況期には，日産などの新興財閥や三井財閥は，業績不振企業を買収して，経営に参加した[21]。

1900（明治33）年頃までは監査役は監査機関として有効に機能を果たしていた[22]。株式会社の初期（明治40年代まで）には大株主が存在しており，特に江戸時代からの大商人が株式会社組織をとった場合には従来の「大番頭」が，また旧藩主の出資により設立された株式会社の場合には忠実な「家令」が，いずれも主人たる大株主の依頼により監査役の地位に就き，主人の利益の保護のためお目付的役割を果たしたので，監査役は監査機能を果たしていた。また地方財界からの出資で創設された株式会社も，その中の「名士」から監査役が選ばれる例が多かったので，監査役はうまく機能していた。

このような実質的に監視できる力をもった監査役も，20世紀初頭には機能しなくなった。すなわち，1904（明治37）年～1905（明治38）年の日露戦争後，

経済新聞2017年12月8日〔電子版〕）。

[19] 宮島英昭＝川本真哉「企業統治の有効性とパフォーマンス：戦前期日本企業の経営者交替メカニズム」Working Paper Series, Waseda University Institute of Finance, WIF-07-005: June 2007, pp. 13-14.

[20] 岡崎哲二「日本におけるコーポレート・ガバナンスの発展——歴史的パースペクティブ」青木昌彦＝ロナルド・ドーア編『システムとしての日本企業』448頁以下（NTT出版株式会社，1995年）。

[21] 岡崎哲二「日本におけるコーポレート・ガバナンスの発展——歴史的パースペクティブ」青木昌彦＝ロナルド・ドーア編『システムとしての日本企業』448頁。

[22] 以下，本文の叙述は，菅原菊志『取締役・監査役論〔商法研究Ⅰ〕』40頁以下（信山社，1992年）を基にする。

日本経済の急速な発展に伴い株式会社の数と規模の増大から，大物監査役を求めることが困難となり，大正から昭和初期にかけて監査役は，法律の規定により株主の中から選任されたが，従業員出身者が多くなった。①監査役に従業員出身が増えた，②監査対象である経営が複雑になった，③株式所有が分散化した，などの理由により，監査役制度の実効性を担保していた社会的基盤が失われていった。こうして戦前期の日本において，「監査役は単に取締役の傀儡たるに過ぎないのが実情である[23]」と嘆かれる状況が出現した。

cc) 1911（明治44）年改正

ア　改正の経緯　1893（明治26）年，ロェスレルは欧州へ帰国した[24]。その後の日本の商法の改正は，ロェスレルの考えから乖離していった。すべての商事会社に対し法人格を認めた1899（明治32）年改正商法44条（「会社ハ之ヲ法人トス」）の新設などは，その典型であった。1911（明治44）年改正は，ロェスレルの考えから脱却して，日本の会社法の解釈上の疑義をなくし，日本の株式会社の実務に合致した株式会社法を形成しようという意図で行われた改正であった。志田鉀太郎博士『日本商法典の編纂と其改正』によると，1899（明治32）年商法の施行とともに，商法の適用と解釈につき無数の疑義が生じ，その疑義は実務上の問題であり，商業上の損益に大きな影響を与えるものと考えられたため，1906（明治39）年，松田正久司法大臣の下で司法省内に法律取調委員会を設けるための会議を開催し，明治40年4月20日勅令133号により，法律取調委員会が設置された[25]。商法修正主査委員は，河村譲三郎，穂積八束，梅謙次郎，富井政章，岡野敬次郎，奥田義人，鳩山和夫，原嘉道，齊藤十一郎，田部芳，富谷鉎太郎，元田肇であった[26]。1911（明治44）年の改正法の政府の草案作成者は，岡野敬次郎，富谷鉎太郎，齊藤十一郎であった[27]。

---

23) 大隅健一郎『会社法論』204頁（有斐閣，1931年）。
24) Bartels-Ishikawa, Hermann Roesler: Dokumente zu seinem Leben und Werk, Berlin 2007, S. 85.
25) 志田鉀太郎『日本商法典の編纂と其改正』116頁以下（明治大学出版部，1933年）。
26) 志田鉀太郎『日本商法典の編纂と其改正』123頁。淺木愼一教授は，法律取調委員会において会社法改正作業を担ったのは，1899（明治32）年商法制定の中核にあった者であったことに着目し，1911（明治44）年改正が，1899（明治32）年の立法の継続作業であったと指摘し，会社法制定の第一世代が「自ら世に送り出した会社法を，より完成度の高いものに昇華させる作業こそが，明治44年会社法改正の意義であった」と説く（淺木愼一『日本会社法成立史』229頁（信山社，2003年））。

20世紀の戦前期および戦中期の株式会社立法は、日本国内の会社法の実際の運営を通じて判明した実務上の問題に対応すべくなされたものであり、学者と実務家との共同作業であった。その際に、ドイツ法は最もよく参照され、しばしば、日本法の規制のモデルとなった。しかし、19世紀とは異なり、既に自国の株式会社法実務がある程度蓄積していた20世紀の日本の株式会社法立案担当者は、日本国内の株式会社法上の実務的および法理論的問題を解決する一つのモデルとしてドイツ法を参照した。その意味で、戦前期の株式会社法の改正は、外国の制度を輸入して近代化を急速に実現するというよりは、自国の経済や法律上の問題を契機としてなされた内発的なものであった。その典型が、1911（明治44）年改正であった。

　1911（明治44）年改正は、事前に政府の改正草案の内容が一般に発表されたという点で、従来の秘密裏に行われてきた立法作業とは異なっていた。1911（明治44）年改正は、世論に配慮した。当時の新聞には改正法に関する社説が多く掲載された[28]。会社法制史研究者は、このような1911（明治44）年改正に始まる立法過程の情報開示は、今日の日本の会社法改正手続の良き先例として高く評価されるべきであると説いている[29]。

　以下においては、1911（明治44）年商法改正の概要につき解説する。

　イ　株主総会決議無効　1911（明治44）年改正は、総会招集の手続または決議の方法が法令または定款に違反する場合に、株主、取締役または監査役が決議の無効を主張できると定めた（1911（明治44）年改正商法163条1項）。かかる決議の無効の訴えは決議の日から1ヶ月以内に提起しなければならない（1911（明治44）年改正商法163条ノ2第1項）[30]。

　この改正は、株主が、決議無効の訴えを提起する場合、会社の請求により相当の担保の提供を義務づけられうる点（1911（明治44）年改正商法163条ノ3）、および、招集を受けながら総会に出席しなかった株主および出席しても決議に異議を述べなかった株主は決議無効の訴えを提起することができない点（1911（明治44）年改正商法163条2項）で、株主による権利行使に抑制的であった。

27）志田鉀太郎『日本商法典の編纂と其改正』119頁。
28）これらの社説につき、淺木愼一『日本会社法成立史』190頁以下参照。
29）淺木愼一『日本会社法成立史』230頁。
30）この決議無効事由（法令・定款違反）および無効の訴えの提起期間（1ヶ月）の定めは、大体において、1887年ドイツ商法271条1項に従ったものであった。

松本烝治博士は，これらの総会決議無効についての日本の商法の規定につき，周到精細なドイツ商法の規定（1897年ドイツ商法171条～173条）には一歩譲ると評価した[31]。岡野敬次郎博士は，1911（明治44）年に改正された総会決議無効についての日本の商法の規定につき，立法として決議事項が狭いという欠点はあるが，その適用においては，ドイツ法と比べてより明瞭であると評価した[32]。

　ウ　取締役の被選任資格　　1911（明治44）年改正の最も重要な争点が，自社の株式を保有することを，株式会社の取締役・監査役に選任されるための要件とすべきか否かにあった。ロェスレル草案は，株式会社の取締役・監査役は，株主の中から選任されるべきことを定めていた（ロェスレル草案219条1文・230条）。ロェスレルは，株主以外に代表機関が存在することを株式会社の属性とみていたのであり（ロェスレル草案175条参照），株式会社の取締役・監査役を株主の中から選任すべきことを定めるロェスレル草案219条1文・230条の規定により，人的会社の原理である「自己機関制」が株式会社に導入されたとは考えていなかった。

　これに対して，1910（明治43）年，松本烝治博士は，日本の1899（明治32）年商法のように，監査役を株主の中から選任すべしと定める国は，ポルトガル，メキシコ，セルビアなどの23ヶ国しかないことを指摘した上で，適切な人材を得ることが困難な点は，監査役より，取締役においてより一層切実であると説いた[33]。松本烝治博士は，取締役・監査役につき，その選任されるための資格を法律により株主に限定する必要がなく，むしろ定款により株主に限定できると法律で定める方が株主以外の者を重役に選任でき，実務上のメリットが大きいと説いた[34]。

　1911（明治44）年改正の政府の草案は，取締役は株主の中から株主総会が選任するという内容の規定に代わり，取締役は株主総会が選任するという内容の規定に変更することにより，取締役の被選任資格としての「株主であること」を排除し（1911（明治44）年商法中改正法律案164条），この規定を監査役にも準用し，監査役の被選任資格からも「株主であること」をなくそうとした（1911

31）松本烝治『商法改正法評論』65頁（巖松堂，1911年）。
32）岡野敬次郎『会社法講義案』160頁以下（中央大学，1920年）。
33）松本烝治「監査役制度ノ改正問題ニ付テ」法学協会雑誌28巻5号785頁以下（1910年）。
34）松本・前掲注33）法学協会雑誌28巻5号786頁以下。

(明治44) 年商法中改正法律案189条)。1911 (明治44) 年2月,『商法改正法案評論』において,松本烝治博士は,適当な人材を得ることが困難なのは取締役において切実であり,政府の改正草案はかかる認識に基づく自説に合致するものであり,賛成すると説いた[35]。しかし,取締役・監査役に選任されるためにはその者が株主である必要がないとする旨の政府の改正案は,衆議院特別委員会に設けられた特別調査委員会(以下「衆議院・特別調査委員会」という)で否決された。1911 (明治44) 年3月17日午後1時30分から開催された第27回帝国議会衆議院商法中改正法律案外二件委員会議事録(速記)第6回は,①最も会社の立場を理解しそれに応じた経営方法をとれるのは株主にほかならず,取締役が株主であったならば,かかる取締役は会社の立場を理解しそれに応じ責任をもった経営ができる,②株式分割払込制度を採用している現状において,2回目以降の払込みは取締役に一任しているのが普通であろうが,もしも取締役が株主でなかったならば,かかる2回目以降の払込みも容易に強要するであろうが,これは一般株主にとって過酷な結果となるという理由から,取締役・監査役に選任されるためにはその者が株主である必要がないという案は不当であるとして,政府の改正草案が衆議院・特別調査委員会で否決されたことを伝えている[36]。

花井卓蔵氏は,衆議院・特別調査委員会において,監査役には株主の権利を守るという職務があるのであるから,監査役の要件として株主でなければならないというのは相当の理由があるが,株式会社の事業の経営について人を得るという点では,現行法に留まることは立法の退歩を意味し,政府の改正案こそが立法の進歩をもたらすとして,主として才能のある者を取締役に就任させるには,取締役被選任資格要件としての株主要件の排除が必要であると再度提案した。しかし,花井氏の提案は衆議院・特別調査委員会において少数否決された。衆議院・特別調査委員会の多数派は,株主要件を排除するともはや株主ではなくなった取締役が株式の払込みを強圧的に命じて株主が困るという弊害も考えられ,株主要件を排除しなくとも,株主以外の者を取締役に迎えたい場合には,その者の取締役選任にあたり,その者に懇意な者が株式を貸してもよいはずであるとして,政府の商法改正案を否決した。すなわち,衆議院・特別調

---

35) 松本烝治『商法改正案評論』69頁(巌松堂,1911年)。
36) 第27回帝国議会衆議院商法中改正法立案外二件委員会議事録(速記)第6回(明治44年3月17日)52頁以下参照。

査委員会の多数派は，当時行われていた貸株の運用などに鑑みれば，現行法の下においても株主以外の者から才能のある者を取締役として迎えることは可能であり，現行法に不備な点はなく，取締役の被選任資格としての株主要件の排除は必要ないと考えた[37]。

1911（明治44）年改正後の1911（明治44）年11月に出版された『商法改正法評論』において，松本烝治博士は，改正法が衆議院・特別調査委員会の反対の決議により自説を反映したものとならなかった点については特に言及せず，1911（明治44）年改正商法164条1項が取締役の選任を株主総会の専決事項としている点は，ドイツ法と異なると説いた。松本博士は，ドイツ法では，取締役の選任が監査役会の決定事項とされていることで監査役会の専権横私の弊害があり，日本法では，監査役が取締役を選任する権限を持たないため監査役が取締役の鼻息を窺うという弊害が認められるものの，一般的には，取締役選任手続規制は日本法の方が優れていると説いた[38]。

エ　取締役・監査役と会社との関係　　現代の日本法においては，取締役・監査役と会社との関係が民法の委任の規定によって律せられる点で（2005（平成17）年会社法330条），ドイツ法とは異なる。また，現代の日本法においては，民法の委任の規定の適用により，取締役・監査役は会社に対して善管注意義務を負うとされている（2005（平成17）年会社法330条・民法644条）。これを定める会社法330条の起源は，「会社ト取締役トノ間ノ関係ハ委任ニ関スル規定ニ従フ」とする1911（明治44）年改正商法164条2項（新設規定）にあった。政府の改正理由は，かかる規定が新設された理由として，会社と取締役の法律関係が不明確であったので，これを民法の委任に従うと定めることにより明確化したと説いた[39]。

ドイツ法では，現行法上，会社と取締役の関係は原則として雇用契約であると考えられており[40]，無償でなされた場合に限り，委任契約となると解されて

---

37) 以上の衆議院・特別調査委員会の議事内容につき，法律新聞社編『改正商法』181頁以下（法律新聞社，1911年）。藤井信秀「日露戦争後の経済発展への対応――明治44年の改正」浜田道代編『（北澤正啓先生古稀祝賀記念）日本会社立法の歴史的展開』142頁（商事法務研究会，1999年）参照。

38) 松本烝治『商法改正法評論』69頁。

39) 法律新聞社編『改正商法理由』168頁（法律新聞社，1911年）。

40) BGHZ 10, 194; BGHZ 41, 185 f.; BGHZ 47, 343.

いる[41]。

　そもそも、日本において、取締役・監査役と会社との関係を委任に従うとした議論はフランス法学派から生じた。まず、大決明治36年3月14日民録9号307頁は、取締役の選任の法定性質につき、これを被選任者の承諾を必要とする「契約」ではなく、被選任者の承諾を必要としない「単独行為」であるという説に立っていたが、かかる選任という単独行為により会社と取締役との間にいかなる法律関係が生じるのかについては明確にはしていなかった。かかる判例下では、取締役の注意義務の基準が明確でなかった。当時のフランス法学派を代表していた梅謙次郎博士は、取締役の選任は、株主総会の決議によるのであり、総会決議は契約とはいえないから、取締役の選任はあくまでも単独行為であるとした上で[42]、取締役はいかなる程度の注意義務を負うべきかについて日本の商法典がこれを明らかにしていないのは法典の欠缺であると指摘し、立法論として会社と取締役との間の関係は委任に関する規定を準用するとすれば、委任に関する民法644条が適用され、取締役は委任を受けた代理人のように善良なる管理者の注意義務を負うことになり、日本の商法典の欠缺が埋められると説いた[43]。

　「会社ト取締役トノ間ノ関係ハ委任ニ関スル規定ニ従フ」とする1911（明治44）年改正商法164条2項（新設規定）および同条を監査役にも準用する1911（明治44）年改正商法189条は、かかる梅謙次郎博士の見解に従ったものであった。

　松本烝治博士は、取締役・監査役の選任はそれ自体が委任および準委任であると解すべきであり、この解釈によると会社と取締役との関係には委任に関する規定が当然に適用されるのであり、「会社ト取締役トノ間ノ関係ハ委任ニ関スル規定ニ従フ」とする1911（明治44）年改正商法164条2項（新設規定）は必ずしも必要ないということになるが、大審院が取締役の選任は単独行為であるとした以上、1911（明治44）年改正商法164条2項のような立法解釈の規定を

---

[41] Hirte, Kapitalgesellschaftsrecht, 8. Aufl., Köln 2016, S. 112; Kübler/Assmann, Gesellschaftsrecht, 6. Aufl., Heidelberg 2006, S. 201.

[42] 梅謙次郎「取締役の選任の性質」法学志林12巻8号4頁（1910年）。

[43] 梅・前掲注[42]　法学志林12巻8号21頁以下。1911（明治44）年改正前において、取締役選任決議に被選任者の承諾が含まれていない以上、取締役と会社との間に契約関係がないとする学説が多数説であったことにつき、王佳子「取締役の任務懈怠の再構成(1)」青山ローフォーラム6巻2号124頁（2018年）参照。

設けることには特に反対しないと説いた[44]）。

　オ　**取締役の責任**　　1911（明治44）年改正商法177条1項は，「取締役カ其任務ヲ怠リタルトキハ其取締役ハ会社ニ対シ連帯シテ損害賠償ノ責ニ任ス」と規定して，取締役の任務懈怠責任を対会社責任として明文化した。1911（明治44）年改正商法立案担当者は，従来，取締役の対会社責任の規定が，民法の規制に委ねられていたところ，それでは責任の連帯性までは根拠づけることができないため，かかる規定を新設した。1911（明治44）年改正においては，この取締役の対会社責任の明文化によっても，取締役の対第三者責任を定める規定（「取締役カ法令又ハ定款ニ反スル行為ヲ為シタルトキハ株主総会ノ決議ニ依リタル場合ト雖モ其ノ取締役ハ第三者ニ対シ連帯シテ賠償ノ責ニ任ス」）は残された（1911（明治44）年改正商法177条2項）。この点で，以後日本の株式会社法は，取締役の責任に関し，対会社責任と対第三者責任との両方を有するというドイツ法とは違う責任規定をもつようになった。また，1911（明治44）年改正商法177条1項の任務懈怠責任という条文上の表現は，1950（昭和25）年改正により一時廃棄されたが（1950（昭和25）年改正商法266条参照），2005（平成17）年会社法において復活し，同法423条1項のモデルとなった。

　ドイツ法における株式会社の取締役の責任規定の源流は，1861年ドイツ普通商法典241条2項にあり，この条文では「委任の限界を越えてもしくは本法律もしくは会社契約に反して行為する取締役は，発生した損害に対して人的かつ連帯的責任を負う」と規定されていたが，ドイツの判例法は，1861年ドイツ普通商法典241条2項が会社債権者にも適用されることを明確にした[45]）。

　1884年改正ドイツ普通商法典は，「義務に反する取締役は義務違反から生ずる損害を会社に対して連帯して賠償する責任を負う」と規定し（1884年改正ドイツ普通商法典241条3項1文），取締役の任務懈怠責任を法定化するとともに，「取締役は会社の名で行った法的行為について第三者に対して会社の債務につき人的な責任を負わない」と規定した（1884年改正ドイツ普通商法典241条1項）。

　このように，1884年改正ドイツ普通商法典が取締役の対第三者責任を立法により明確に廃棄した背景としては，1884年改正ドイツ普通商法典が，会社債権者が，自己が有している債権につき会社から満足を得られない場合には，取締

　44）松本烝治『商法改正法評論』69頁以下。
　45）RGZ　5，24．

役に対する会社の損害賠償請求権を直接行使することができる（1884年改正ドイツ普通商法典241条4項1文）と定めていた点に求められる。ドイツ法は,「第三者」として会社債権者を念頭に置き,会社債権者が自己の債権から満足が得られない場合に会社に対する直接の責任追及により救済されるべきであるという考えから,取締役の対第三者責任を廃棄したのに対し,日本法はかかる割り切り型の規制方法を採用しなかったのである。

その後,ドイツと日本のどちらの規制方法にも問題が生じるようになった。ドイツの規制方式は,取締役による第三者に対する侵害の事案につき,ドイツ民法の不法行為責任を援用せざるを得なくなっているのに対し[46],日本法では,取締役の対第三者責任の規定の法的性質が不法行為責任あるいは法定責任のいずれであるのかを巡り,また取締役の対第三者責任の規定によって「株主の間接損害」を追及することができるのか否かを巡り,学説上の争いが生じ,それが現在まで継続している[47]。

カ　合併その他　1890（明治23）年商法では,合併の規定を欠いていたが,1899（明治32）年商法は,すべての会社が他の会社と合併することができるという,当時の外国立法中,最新の政策を導入した[48]。日本の1899（明治32）年商法の合併規定は,イタリア法に従ったものである[49]。しかし,日本の1899（明治32）年商法の合併規定において,異種会社間の合併が可能であるか否かについて規定の文言上不明確であり[50],異種会社間の合併可能性につき解釈論

---

46) 髙橋英治『ドイツ会社法概説』162頁以下（有斐閣,2012年）参照。

47) 洲崎博史「取締役の第三者に対する責任の法意」岩原紳作＝神作裕之＝藤田友敬編『会社法判例百選〔第3版〕』144頁以下（有斐閣,2016年），村田敏一「取締役の第三者に対する損害賠償責任と株主の第三者性」立命館法学363＝364号913頁以下（2015年），髙橋陽一「取締役の対第三者責任に関する判例法理は今後も維持されるべきか？(1)(2・完)」法学論叢177巻6号1頁以下（2015年），178巻2号1頁以下（2015年）。神田秀樹『会社法〔第20版〕』269頁注1（弘文堂,2018年）および大隅健一郎＝今井宏『会社法論中巻〔第3版〕』269頁以下（有斐閣,1992年）は,株主の間接損害が（代表訴訟等の手段による）取締役の会社に対する損害賠償責任の履行により回復されるべきことを法が予定していることを示唆する。

48) 合名会社につき1899（明治32）年商法74条4号・77条〜82条,合資会社につき同法105条,株式会社につき同法221条1号・222条・223条,株式合資会社につき同法236条・246条。

49) 松本烝治『商法改正法評論』25頁参照。

50) 合名会社につき1899（明治32）年商法74条4号・77条〜82条,合資会社につき同法105条,株式会社につき同法221条1号・222条・223条,株式合資会社につき同法236

上の疑義が生じていた[51]。そこで，日本の1911（明治44）年改正商法44条ノ3第1項は「会社ハ合併ヲ為スコトヲ得」と規定して，異種会社間の合併が可能であることを規定の文言上，明確にした。また，日本の1911（明治44）年改正は，新設合併について，合併による新設会社の設立に関する行為を，当事会社から選任された者が行う旨を明確化する規定を置いた（1911（明治44）年改正商法44条ノ3第2項）。

1897年ドイツ商法は，株式会社と株式会社との間または株式会社と株式合資会社との間の吸収合併しか認めていなかった（1897年ドイツ商法305条1項参照）。ドイツ法で，株式会社と合名会社等の人的会社との合併が認められるのは，1994年組織再編法以降である（1994年組織再編法3条1項参照）。この意味で，日本の1911（明治44）年改正商法44条ノ3第1項が株式会社と合名会社等の人的会社との合併を認めたことは，ドイツ法に先駆けるものであり，画期的であった。日本法では，合名会社等の人的会社も「法人」であったから（1899（明治32）年商法44条1項），株式会社と合名会社等との合併も——ドイツ法のように法人と「ゲザムトハント（合手体）」との合併とみられることがなく——法人間の合併とみることができたため，異種会社間の合併規制を形成する上で法理論上の抵抗感がなかったと推察される。

その他，1911（明治44）年改正は，財産目録に記載する財産の評価に関し，時価以下主義を導入し（1911（明治44）年改正商法26条2項），株式会社の取締役につき共同代表を可能にした（1911（明治44）年改正商法30条ノ2）。

b　戦中期（1938（昭和13）年—1945（昭和20）年）
──1938（昭和13）年改正
aa）戦中期の日本の株式会社法の概観

1929年のニューヨーク証券取引所の株価大暴落に端を発した経済恐慌は，世界全土の資本主義諸国に及び，世界恐慌を生み出した。これを打開するため，各資本主義国は強い指導者を求めるようになった。米国では，ルーズベルト大統領の下で，1933年にニューディール政策が開始され，米国内の失業者数を減少させようとした。イタリアでは，1922年に首相となったムッソリーニの下で，ファシズム政策が実施されていた。ドイツでも，アドルフ・ヒトラーが1933年

条・246条参照。松本烝治『商法改正法評論』24頁以下参照。
51）松本烝治『商法改正法評論』25頁に掲げられている文献参照。

に政権を獲得すると，国家社会主義ドイツ労働者党（NSDAP，ナチス）の下で，全体主義的な政策が行われた。ドイツの1937年株式法制定は，ワイマール期からその草案づくりの作業が始められ，この作業開始時の草案は全体主義的な色彩を全く帯びていなかったが，1933年以降は，指導者原理の導入などにみられるように，ナチスのイデオロギーの影響を受けた。

　日本においても，1938（昭和13）年改正の作業が開始されたのは，1929（昭和4）年5月11日であり，同日勅令332号によって，法制審議会が設置され，商法改正の審議が開始された（1929（昭和4）年10月19日諮問）。すなわち，日本が1938（昭和13）年改正に着手したのは，1931（昭和6）年の満州事変以前であり，日本が軍国主義化する以前であった。

　1929（昭和4）年に設置された法制審議会では，3年をかけて主査委員が改正要綱原案を作成し，1931（昭和6）年7月20日に原案どおり可決され[52]，公表され，新聞ならびに法律雑誌に掲載された[53]。1932（昭和7）年，司法省内に原嘉道博士を委員長とする商法改正委員会が設置され，全206条から成る商法改正要綱を骨子として，商法（総則・会社）の改正案が起草された[54]。起案を行ったのは主として松本烝治博士であった[55]。1938（昭和13）年改正商法は，貴族院での審議を経て，1938（昭和13）年2月23日衆議院で可決され，1938（昭和13）年4月5日公布され，1940（昭和15）年施行された。

　日本の株式会社法は，1938（昭和13）年改正によって，内容的にドイツ法により近づいた。1938（昭和13）年改正には，司法省民事局が編纂した『商法中改正法律案理由書（総則・会社）[56]』が発刊されており，これは極めて簡素な解説ではあったが，ドイツの1937年株式法について政府公式理由書[57]が発刊されていることと対応していた。法形式上も，日本の1938（昭和13）年改正は，

---

[52] 松本烝治「商法改正要綱解説」同『私法論文集続編』26頁（巌松堂，1938年）。この1931（昭和6）年7月20日法制審議会「商法改正要綱」は，淺木愼一『日本会社法成立史』417頁以下にその一部が掲載されている。

[53] 志田鉀太郎『日本商法典の編纂と其改正』134頁以下。

[54] 田中耕太郎『改正商法及有限会社法概説』3頁（有斐閣，1929年）。

[55] 志田鉀太郎『日本商法典の編纂と其改正』137頁。

[56] 司法省民事局編纂『商法中改正法律案理由書（総則・会社）』（清水書店，1937年）。

[57] Klausing, Gesetz über Aktiengesellschaften und Kommanditgesellschaften auf Aktien (Aktien=Gesetz) nebst Einführungsgesetz und „Amtliche Begründung", Berlin 1937.

ドイツの1937年株式法に近いかたちをとった。

日本の1938（昭和13）年の株式会社法の改正が，ドイツの1937年株式法と大きく異なる点は，ファシズムの時代に成立した立法でありながら，全体主義思想の影響を全く受けていなかった点である。1938（昭和13）年改正を主導した松本烝治博士は，この改正の要点につき「従来の法律の不備を補充すると同時に，経済上の新しい要求に応じて適当な規定を設けた」と説いた。

松本烝治博士は，太平洋戦争直前の1940（昭和15）年，「この頃或る商法学者は改正法を批評されて改正法は自由主義の残滓を嘗めているものであつて，全体主義，又は統制経済といふ観念が入つてをらんといふやうなことを云つて居られるのでありますが，…改正要綱の起草を始めたのは昭和四年で…その當時には今日のやうに全体主義といふやうなことが流行していた訳ではありません…民法，商法といふような一般的の司法法規は…一般的な社会事情，又は経済状況が変わつて参りましたときに，その後からついて行つて改正されて宜しいものであります。或る主義又は或るイデオロギーに基づいて民法，商法を作るといふことは余り例がないのみならず，甚だ危険なことと云はなければならない。…或るイデオロギーに基く急激なる変更は私共の理想とするところでは[58]」ないと説いた。すなわち，1938（昭和13）年改正の立案担当者によると，同改正は，ナチスのイデオロギーの影響を受けたドイツの1937年株式法とは一線を画し，特定のイデオロギーの下で会社法を形成することは，立法の正しいあり方ではないという立場をとった。

特筆すべきは，後にドイツの1937年株式法として結実する1930年8月16日の株式法第一次草案が，1929（昭和4）年から開始された日本の1938（昭和13）年改正に多大な影響を与えたという事実である。大隅健一郎博士は，1930年8月16日の株式法第一次草案につき，「本草案の発表は，時恰も我が商法改正案の立案準備中に当たり，会社編の規定中本草案の影響を受けたるものは二三に止まらず[59]」と説き，1930年8月16日の株式法第一次草案が，日本の1938（昭和13）年改正会社法の研究にとっても極めて重要な意味をもつと説いた。

日本の商法第2編会社は1938（昭和13）年改正前全体で225条から成っていたが，1938（昭和13）年改正後には全体で449条となり，条文数の上では倍近

---

[58] 松本烝治『株式会社法改正の要点』7頁以下（巌松堂，1940年）。

[59] 大隅健一郎「序説」大隅健一郎＝八木弘＝大森忠夫『独逸商法〔Ⅲ〕株式法』12頁（有斐閣，復刻版，1966年）。

く増加し，しかも新規定のほとんどは株式会社法に関するものであった。1938（昭和13）年改正で最も大きな変更を加えられたのは，株式会社法であった。1938（昭和13）年改正には，転換社債・転換株式のように，英米法を起源とする制度に基づく改正もあったが，ドイツ法をモデルとした改正も多数存在した。

　本書では，以下において，1938（昭和13）年改正につき，ドイツ法との異同を中心に，この改正の要点について解説する。1938（昭和13）年改正商法は，第二次世界大戦中も日本に適用された。1938（昭和13）年改正商法は，戦中期の株式会社法の中心的規範であった。第二次世界大戦中の日本では，商法以外に，国家総動員法に基づく株式会社に対する統制のための法律や戦争をより効率的に遂行するための特殊会社の設立を促進する法律も形成された。本書では，これらの「戦時会社法」についても解説したい。

bb）1938（昭和13）年改正

　ア　株式会社の設立　　株式会社の設立の出発点は，定款の確定である。1897年ドイツ商法182条1項・1930年株式法第一次草案5条1項は，定款の内容が，裁判所または公証の手続によって確定されなければならない旨定めていた。日本の1938（昭和13）年改正商法167条は「定款ハ公証人ノ認証ヲ受クルニ非ザレバ其ノ効力ヲ有セズ」と定めた。日本の1938（昭和13）年改正法は，ドイツ法を参考にしつつ，ドイツ法とは異なり，裁判所による定款の内容の確定を認めなかった。戦後，ドイツの1965年株式法23条1項1文は「定款は公証人の作成する証書によって確定しなければならない[60]」と規定して裁判所による定款の内容の確定を認めなくなり，ドイツ法は日本法に規定上接近することになった。

　1938（昭和13）年改正商法168条1項6号は，変態設立事項として，新たに「財産引受」を加えた。これは，1897年ドイツ商法186条および1930年株式法第一次草案9条が「財産引受（Sachübernahme）」を定款の相対的記載事項としていたことを受けて，この条文をモデルとしたものであった[61]（1897年ドイツ

---

[60]　1965年株式法の邦訳として，早川勝「1965年ドイツ株式法の改正と展開」同志社法学63巻6号200頁以下（2012年）参照。

[61]　1938（昭和13）年改正商法168条1項6号は，1931（昭和6）年の商法改正要綱第77を基にするが，この要綱の解説において，立案担当者の松本烝治博士は，商法改正要綱解説第77が，1897年ドイツ商法186条を基礎としていることを明らかにしている（松本烝治「商法改正要綱解説」同『私法論文集続編』81頁以下）。

商法186条2項・4項参照）。また，1938（昭和13）年改正商法246条は，いわゆる「事後設立」についての規定を設けた。これも，1897年ドイツ商法207条および1930年株式法第一次草案36条の「事後設立（Nachgründung）」をモデルにしたものであった[62]。

　戦前・戦中期の株式会社の設立実務に関するドイツと日本の大きな相違は，両国の法実務では，ともに発起設立と募集設立が存在したが，ドイツでは「発起設立」が多かったのに対し，日本では「募集設立」が多かった点にある[63]。日本の1938（昭和13）年改正では，この傾向をさらに促進する規制が導入された。すなわち，日本の1938（昭和13）年改正法は，発起設立の場合には，検査役による調査が必要不可欠であるが（1938（昭和13）年改正商法173条1項），募集設立の場合には現物出資などの変態設立事項が定款に記載された場合にのみ，検査役による調査が必要になるとした（1938（昭和13）年改正商法181条）。1938（昭和13）年改正法の下では，募集設立においては，変態設立事項がなければ，検査役の検査が実施されなくてもよいということになり，これは，募集設立では検査役という「外部者」による設立の調査が必ずしもなされなくてもよいということを意味した。1938（昭和13）年改正商法181条を契機として，日本では，株式会社を設立するにあたり，「外部者」による設立の調査が行われるのを起業家が嫌って，発起人だけで株式をすべて引き受けるかたちでの方法（発起設立）が採用できるにもかかわらず，その場合でも，あえて若干名の株式引受人を加えて，「募集設立」の方法をとるという不合理な慣行が広まった[64]。

---

62) 1938（昭和13）年改正商法246条は，1931（昭和6）年の商法改正要綱第79を基にするが，この要綱の解説において，立案担当者の松本烝治博士は，商法改正要綱解説第79が，1897年ドイツ商法207条をモデルとしているが，1897年ドイツ商法207条と必ずしも同一でないと説明した（松本烝治「商法改正要綱解説」同『私法論文集続編』82頁以下）。

63) 大隅健一郎＝八木弘＝大森忠夫，大隅健一郎補遺『独逸商法〔Ⅲ〕株式法』68頁。なお，19世紀日本においても，本来の意味での募集設立の事例が存在していたようである。江頭憲治郎博士は，「無の状態から大資本の事業（鉄道，電力，綿紡績等）が興された明治20年頃までは，設立時に発起人・縁故者以外の公衆に株式引受けを求める設立が実際にあった」と説く（江頭憲治郎『株式会社法〔第7版〕』61頁注4（有斐閣，2017年））。

64)「わが国で募集設立が多いのは，銀行が起業金融を行わないため，大資本の会社設立にさいしては，発起人のみでは引受・払込をなし得ないし，さらに発起設立の場合には，裁判所選任の検査役の調査を必要とする（商法173条）からである。そして，

イ　株式　　日本の1938（昭和13）年改正は，ドイツ・スイス法（1897年ドイツ商法222条，223条1項・3項，スイス債務法637条等）にならい，記名株券の裏書きによる譲渡（1938（昭和13）年改正商法205条1項）および記名株券が譲渡された場合についての会社に対する対抗要件としての株主名簿書換（1938（昭和13）年改正商法206条1項）の制度を導入した[65]。

日本の1938（昭和13）年改正商法210条は，株式会社による自己株式取得を全面的に禁止していた旧法を改めて，①株式の消却のためにするとき，②合併または他の会社の営業全部の譲渡によるとき，③会社の権利の実行にあたりその目的を達成するため必要なとき，会社が例外的に自己株式を取得できると定めた。これは1931（昭和6）年の法制審議会商法改正要綱第101を立法化したものである。立案担当者の松本烝治博士は，商法改正要綱第101が，ドイツ法を基礎にした規定ではなく，当時のスイス債務法628条および同改正案660条によっている点が多いと指摘した[66]。

ドイツでは，1937年株式法以前においては，株式会社法の規定は，ドイツ商法に置かれていたが，1897年ドイツ商法226条は，株式会社が自己株式を取得すべきではないと規定し，例外規定を設けていなかった。ドイツの1930年株式法第一次草案56条も，株式会社が自己株式を取得すべきではないと規定し，例外規定を設けなかった。1931年9月19日の緊急命令により改正されたドイツ商法226条は，自己株式取得の原則禁止を前提に，資本金額の10パーセント以内での取得という数量規定を置きつつ，①会社の重大な損害を回避するのに必要なとき，②買入委託を実行するために取得するとき，③株式消却のために取得するとき，会社が例外的に自己株式を取得できると定めた。

1931年に示された日本とドイツの自己株式取得規制のモデルは，その後の両国の自己株式取得規制の相違を画す分岐点となった。すなわち，1931年以降，ドイツ法では自己株式取得規制に常に数量規制が置かれていたが，日本法では，1994（平成6）年から2001（平成13）年までの7年間自己株式の取得につき数量規制が置かれたことを除いて，自己株式取得につき数量規制は置かれなかっ

　　　検査役の調査を回避するために，若干名の株式引受人を加えて募集設立の形式をとることが多い」（本間輝雄＝菅原菊志＝上田宏＝志村治美『会社法』46頁（青林書院新社，1984年）〔志村治美〕）。
65)　松本烝治「商法改正要綱解説」同『私法論文集続編』93頁以下参照。
66)　松本烝治「商法改正要綱解説」同『私法論文集続編』100頁。

た[67]。

1938（昭和13）年改正は，議決権のない株式（non-voting stock）（1938（昭和13）年改正商法242条）を，米国法をモデルに導入した[68]。

1938（昭和13）年改正は，日本が，その経済・法実務での経験を生かして，ドイツ以外の国の法制度も参考にしつつ，独自の規制を創造していたことを示していた。

　　ウ　株主総会　　日本の1938（昭和13）年改正商法245条1項は，株主総会の法定特別決議事項を定めた。株主総会の特別決議が必要な事項としては，営業全部の賃借，経営の委任，他人と営業上の損益全部を共通にする契約（損益共同体契約）の締結等が定められた（1938（昭和13）年改正商法245条1項2号）。この規定は，ドイツの1930年株式法第一次草案195条を参考にした[69]。特に「他人ト営業上ノ損益全部ヲ共通ニスル契約」は，1930年株式法第一次草案195条1項の「利益共同体契約（Interessengemeinschaftsvertrag）」に相当し，企業結合の基礎となる契約であった[70]。1938（昭和13）年改正商法245条1項2号は，ほぼそのままのかたちで2005（平成17）年会社法467条1項4号・309条2項11号に受け継がれている。

ドイツ法では，1965年株式法で，租税上のメリット享受を目的として締結されていた機関契約を基礎として，支配契約・利益供与契約等の契約コンツェルン規制が発展していくのに対し[71]，日本法では，経営の委任や損益共同体契約を契機にして，体系的な契約コンツェルン規制が導入されることはなかった。この点で，1938（昭和13）年商法改正の時点では，日本とドイツの契約による企業結合の規制は，ほぼ同じ水準に達していたが（1937年株式法256条参照），

---

[67] ただし，1994（平成6）年に導入された自己株式取得に関する数量規制は「発行株式総数の3パーセント以内」であり，ドイツ法の「資本金額の10パーセント以内」とは基準の内容が異なっていた。この点につき，高橋英治『ドイツと日本における株式会社法の改革――コーポレート・ガバナンスと企業結合法制』291頁以下（商事法務，2007年）参照。

[68] Matsuda, Das neue japanische Aktienrecht, RabelsZ 24 (1959), 116.

[69] 松本烝治「商法改正要綱解説」同『私法論文集続編』114頁以下参照。

[70] 1965年株式法は，「結合企業（verbundene Unternehmen）」の篇に位置する同法292条1項1文において，「その他の企業契約（andere Unternehmensverträge）」として「利益共同体（Gewinngemeinschaft）」を挙げている。

[71] 高橋英治『企業結合法制の将来像』10頁以下（中央経済社，2008年）参照。

1965年株式法成立以降，両国の企業結合規制には大きな相違が生じた。

1938（昭和13）年商法改正は，特別利害関係人による議決権行使が行われた場合の決議の効力についても大きく規制を変更した。そもそも1899（明治32）年商法162条4項は，決議により責任の解除を受けあるいは義務を免れる株主は議決権を行使できない旨定めていた1897年ドイツ商法252条3項1文の趣旨に従い，一般条項として，総会の決議につき特別の利害関係をもつ者は議決権を行使できないと定めていた。1938（昭和13）年改正商法239条4項も，全く同じ特別利害関係人の議決権行使の制限を定めた。1938（昭和13）年改正商法253条1項は，かかる議決権行使を禁止された特別利害関係人が禁止規範（1938（昭和13）年改正商法239条4項）に違反して議決権を行使した結果として著しく不当な決議がなされた場合には，これを阻止できなかった株主は決議の取消・変更を請求することができると規定した。

議決権が財産権であるという見地からすると，特別利害関係人は議決権を行使できないとする規定自体が財産権を制限する規定であることを意味するが，1938（昭和13）年改正商法253条1項は，多数決濫用の予防的規定として，少数派株主保護に資する有効な規定であった。同条項は，1931（昭和6）年の商法改正要綱第123を基にしていたが，この解説において，立案担当者の松本烝治博士は，外国法をモデルにしていると特に言及していなかった。ただし，英米法が，議決権が財産権にあたるという立場から，議決権濫用の予防目的のための特別利害関係人の制度は設けず，いわゆる特別利害関係人も決議に参加できるが，決議が結果的に不公正であった場合に，決議に関係している者を救済するという考えに基づいていることに鑑みると[72]，1938（昭和13）年改正商法253条1項は，ドイツ法の考えを，（英米の法制も参考にして）日本独自の方法で抽象化した規定であった。

エ　取締役・監査役　松本烝治博士は，既に1911（明治44）年改正において，取締役・監査役の被選任資格を株主に限定することに反対する論陣を張っていたが，1938（昭和13）年改正にあたっては，かかる被選任資格の限定は会社事業に個人的利害関係をもたせ，経営に熱心にあたらせようという趣旨であるが，取締役・監査役に広く人材を求める観点からは，実際上非常に不便であり，外

---

72) 大森忠夫「株主総会における特別利害関係者の議決権排除——比較法的考察」民商法雑誌35巻6号18頁以下（1957年）参照。

国法にはフランス商法22条・26条など，二三の立法が，株主資格を要件としているに過ぎないと説いて，1938（昭和13）年改正では立案担当者として，取締役・監査役の被選任資格を株主に限定する規定の削除を再度提案した[73]。この提案は1938（昭和13）年改正商法254条・280条として実現した。

1938（昭和13）年改正商法は，英国法のエストッペル（禁反言）の考えに基づき，表見代表取締役の行為についての会社の責任についての規定を置いた（1938（昭和13）年改正商法262条）。この規定は，文言を若干修正して2005（平成17）年会社法354条に受け継がれた。

オ　社債　明治32年3月18日法律第52号「担保付社債信託法」は，担保付社債に限定して日本で初めて社債権者集会の制度を導入した（1899（明治32）年担保付社債信託法第6章48条～67条）。

1938（昭和13）年改正商法は，無担保の通常の社債についても，新たに「社債権者集会」の制度を設けた（1938（昭和13）年改正商法319条～341条）。1938（昭和13）年改正商法319条によると，社債権者集会は，商法で定めている事項の外，「社債権者ノ利益ニ重大ナル関係ヲ有スル事項」について決議を行うことができる[74]。同条によると，例えば，1938（昭和13）年改正商法334条に違反して，利息は談判してくる社債権者にだけ支払うような株式会社については，社債権者集会の決議をもって，社債全部の総額について期限の利益を失わせることができる[75]。

1938（昭和13）年改正商法は，社債権者集会の決議の安定性を図るため，社債権者集会の決議は常に裁判所の認可が必要であるとされた。すなわち，裁判所の認可は，社債権者集会の決議の効力発生要件であった[76]（1938（昭和13）年

---

[73] 松本烝治「商法改正要綱解説」同『私法論文集続編』116頁以下。

[74] 2005（平成17）年会社法は，社債権者集会は，「この法律に規定する事項及び社債権者の利害に関する事項」について決議することができる旨定める。重大な利害関係がある事項ではなく，単に利害関係がある事項とされている点を除けば，現行法の社債権者集会の決議事項は，1938（昭和13）年改正商法の社債権者集会の決議事項を受け継いでいる。

[75] 松本烝治『株式会社法改正の要点』159頁以下。

[76] 2005（平成17）年会社法においても，裁判所の許可は，社債権者集会の決議の効力要件となっている（2005（平成17）年会社法738条1項）。日本では，近時，社債権者集会の決議につき，事前の裁判所の許可の制度を廃止すべきであるということが，学説から主張されている（Kansaku, Anleihenrechtsreform in Japan am globalisierten Kapitalmarkt, Referat, Achtes deutsch-japanisches Rechtssymposium "Wie viel

改正商法327条）。

　1938（昭和13）年改正商法は，社債権者集会で多数の社債権者が集まり些細なことを決めることが困難な場合等につき，社債権者集会は社債総額の0.2パーセント以上を有する社債権者から少数の代表者を選任して決議を代行させることができるとした（1938（昭和13）年改正商法329条）。

　カ　一人株式会社の存続の許容　ドイツの1930年株式法第一次草案179条2項は，「一人会社」を認めるため，「株式会社のすべての株式が1人の者の手中にあることになっても，会社は解散しない」と明文をもって規定した。松本烝治博士は，かかるドイツにおける立法の動きに注目し，日本においても，名義上数人の株主が存在するが，事実上一会社または一個人が，株式の全部を所有する「一人会社」が相当多く存在すると説き，商法改正要綱第170において，株主が7人未満に減少したことをもって，もはや株式会社の解散事由とはしない立法主義を採用した[77]。商法改正要綱第170は，1938（昭和13）年改正商法404条として結実し，日本法においても一人株式会社の存続が認められた。

　cc）「戦時会社法」

　ドイツの1937年株式法とは異なり，1938（昭和13）年改正商法は，当時台頭していた全体主義の政治的イデオロギーの影響を全く受けていなかった。

　戦時中は，かかる1938（昭和13）年改正商法を前提とし，その周囲に多数の統制法規が存在した。これらは学説上「戦時会社法[78]」と呼ばれる。その一つとして，例えば，昭和13年4月1日法律第55号国家総動員法11条[79]に基づく昭和15年10月16日勅令680号「会社経理統制令[80]」があった。この法規は，「会

　　Offenheit – wie viel Ordnung? Staat, Recht und Gesellschaft nach dem Verlust des (neo-) liberalen Marktglaubens" 19. / 20. September 2017, Universität Tokyo, S. 17）。

77）松本烝治「商法改正要綱解説」同『私法論文集続編』163頁以下。
78）藤原俊雄「戦時会社法」倉沢康一郎＝奥島孝康編『（岩崎稜先生追悼論文集）昭和商法学史』243頁（日本評論社，1996年）。
79）「政府ハ戦時ニ際シ国家総動員上必要アルトキハ勅令ノ定ムル所ニ依リ会社ノ設立，資本ノ増加，合併，目的変更，社債ノ募集若ハ第二回以後ノ株金ノ払込ニ付制限若ハ禁止ヲ為シ，会社ノ利益金ノ処分，償却其ノ他経理ニ関シ必要ナル命令ヲ為シ又ハ銀行，信託会社，保険会社其ノ他勅令ヲ以テ指定スル者ニ対シ資金ノ運用，債務ノ引受若ハ債務ノ保証ニ関シ必要ナル命令ヲ為スコトヲ得」（国家総動員法11条）。国家総動員法11条につき，現代法制資編纂会議編『戦時・軍事法令集』196頁（図書刊行会，1984年）参照。
80）会社経理統制令の条文は，山一證券株式会社調査課編『会社経理統制令の解説』17

社ハ国家目的達成ノ為国民経済ニ課セラレタル責任ヲ分担スルコトヲ以テ経営ノ本義ト」する（会社経理統制令2条）という条文の文言に象徴されるように，会社の配当，役員報酬，交際費等の経費支出，資産償却等を含む企業財務全般に対する統制を強化し，かつ合理化しようとするものであった[81]。この法規の下で，一定規模を超える会社は，利益配当を一定割合に制限され，これを超える配当を行う場合には主務大臣の許可が必要とされ（会社経理統制令3条1項），かつ主務大臣は必要があるときにすべての会社に対し法定準備金以外の特別積立金の積立てを命じることができるとされた（会社経理統制令6条1項）。1938（昭和13）年改正商法288条は，資本金の4分の1に達するまで，毎決算期の利益の5パーセント以上等を法定準備金として積立てることのみを要求し，1938（昭和13）年改正商法290条1項は，会社が損失を塡補し，法定準備金積立義務を果たした後の剰余金をすべて利益配当にすることを許していたから，会社経理統制令6条1項の特別積立金の制度は，1938（昭和13）年改正商法のこれらの規定の特例を設けることを意味した。かくして，会社経理統制令は，会社の利益が株主に流失することを防止し，会社に内部留保を積み立てることを強制したものであり，計算規制の面から会社に対する国家の統制を強化するものであった。また，会社経理統制令は，会社が職務の対価として役員・社員に支出する金銭その他の利益を「給与」と呼び（会社経理統制令10条），これを一括して金額等につき制限する規制を導入していた（会社経理統制令12条）。会社経理統制令は，役員報酬に対しては，決定手続についてのみ規制を置き（1938（昭和13）年改正商法269条），支給金額自体には規制を置かない1938（昭和13）年改正商法に対する特別法規であり，役員報酬という会社と役員との準委任関係に対する国家による統制強化を意味した。

　会社経理統制令3条1項・6条1項の（勅令に基づく）会社の配当制限は，ドイツにおいても，緊急命令という法形式で，1941（昭和16）年7月12日，「配当支出命令[82]」が出され，配当を制限する規制が行われた事実[83]と対応してい

頁以下（山一證券，1940年）参照。
81）藤原俊雄「戦時会社法」倉沢康一郎＝奥島孝康編『（岩崎稜先生追悼論文集）昭和商法学史』246頁以下参照。
82）DividendenabgabeVO vom 12.8.1941, RGBl. I 323.
83）Habersack, in: Einleitung Rdnr. 22, Goette/Habersack (Hrsg.), Münchener Kommentar zum Aktiengesetz, 4. Aufl., München 2016; Assmann, in: Hopt/Wiedemann, Aktiengesetz: Großkommentar, 4. Aufl., Berlin 1992, Einleitung Rdnr.

た。

　戦時中には戦争遂行に協力する「特殊会社」のための特別法規も存在した。その代表的なものとして，昭和18年10月15日勅令784号「統制会社令[84]」および昭和18年10月31日法律108号「軍需会社法[85]」があった。

　「統制会社令」の内容は次のとおりであった。「統制会社」とは「国家総動員法第十八條ノ規定ニ基ク事業ノ統制ノ為ニスル経営ヲ目的トスル会社ノ設立ニ関スル命令及其ノ命令ニ依リ設立シタル会社」であり（統制会社令1条），「国民経済ノ総力ヲ最モ有効ニ発揮スル為物資ノ生産（加工，取附及修理ヲ含ム以下同ジ），配給，輸出，輸入若ハ保管又ハ人若ハ物ノ運送ヲ為ス事業ノ統制ノ為ニスル経営ヲ目的トスル株式会社」であった（統制会社令2条）。統制会社の設立は，行政官庁の命令によって行われる（統制会社令3条・32条1項）。統制会社の社長は，行政官庁または統制会長が任命する（統制会社令19条・20条）。社長は，特別の事由があると認められる場合，特別決議（1938（昭和13）年改正商法343条）を必要とする事項以外のものについては，総会決議で反対の決議があっても，行政官庁の認可を得れば業務を執行できた（統制会社令24条）。

　「軍需会社法」の内容は次のとおりであった。「軍需会社」とは，「兵器，航空機，艦船等重要軍需品其ノ他軍需物資ノ生産，加工及修理ヲ為ス事業ヲ営ム会社」であって，政府の指定を受けたものであった（軍需会社法2条）。軍需会社の運営は，「戦力増強ノ国家要請ニ応ヘ」て行わなければならない（軍需会社法3条）。この法律により「軍需会社」として指定されうる会社は株式会社・有限会社・合名会社・合資会社・株式合資会社であり（軍需会社法施行令3条・4条参照），1938（昭和13）年改正商法上のすべての会社は，軍需会社法により「軍需会社」として指定される可能性があった。軍需会社法により軍需会社として指定された会社には，商法の役員とは別に，会社全体について責任を負う「生産責任者」が置かれた（軍需会社法4条1項）。生産責任者は，（勅令で定めるところにより）軍需会社の代表権と業務執行の権限を有し（軍需会社法4条4項），政府に対して軍需会社の機関として国家的責務を遂行すべき責任を直接

172.

84) 統制会社令の条文は，兵庫県商工経済会編『軍需会社法並統制会社令解説』45頁以下（兵庫県商工経済会，1944年）参照。

85) 軍需会社法の条文は，平井豊一述『軍需会社法解説』27頁以下（東京都商工経済会，1944年）参照。軍需会社法施行令の条文は，平井述・同書27頁以下参照。

に負う（軍需会社法4条3項）。通常の株式会社の取締役とは異なり生産責任者には任期がなく[86]，主務大臣の認可を受けなければ辞任もできなかった（軍需会社法施行令7条）。軍需会社法により「軍需会社」として指定された会社では，生産責任者は現場について責任を負う「生産担当者」の選解任権・指揮権を有し（軍需会社法5条），従業員は生産責任者と生産担当者の両方の指揮に従う義務を負った（軍需会社法7条）。

　軍需会社法により「軍需会社」として指定された会社では，生産責任者は，軍需事業の必要がある場合，株主総会等の反対の決議があっても，業務執行をすることができた（軍需会社法施行令20条）。軍需会社法により「軍需会社」として指定された株式会社の株主総会では，開催するにあたり株主に対する招集通知が必要なく（軍需会社法施行令22条参照），定款変更や合併等の商法上の特別決議事項を決議するにあたっても，普通決議で足りた（軍需会社法施行令19条1項）。

　「統制会社令」と「軍需会社法」は，ともに1938（昭和13）年改正商法の機関権限分配秩序である株主総会の最高機関性に大きな例外を設けた特別法規であった。

c　戦後期（1945（昭和20）年—1990（平成2）年）
aa）1948（昭和23）年改正

　戦後の株式会社法改正の出発点となる改正は1948（昭和23）年改正であった。この改正についての先行研究[87]によると，1948（昭和23）年改正は，戦前・戦中の財閥家族の支配形態に，大きな変更をもたらすべく行われた。すなわち，GHQ（連合国軍最高司令官総司令部）の認識によると，株式分割払込制度の下で，「財閥家族や財閥の持株会社は，ほかの株式よりも低い割合で払い込むことができ，しかも払込をすることによって，完全な議決権をもち，これによって資本を拡げることができ[88]」，その結果として「日本のコンツェルンはより少ない投資でより多くの会社をその支配下に置くことがきた[89]」。そこで，GHQか

---

86) 平井豊一述『軍需会社法解説』11頁。
87) 池野千白「戦後会社法への第一歩——昭和23年の改正」浜田道代編『〔北澤正啓先生古稀祝賀記念〕日本会社立法の歴史的展開』206頁以下参照。
88) Hadley, Antitrust in Japan, Princeton 1970, S. 25. この本の邦訳として，エレノア・M・ハードレー，小原敬士＝有賀美智子監訳『日本財閥の解体と再編成』29頁（東洋経済新報社，1973年）参照。
89) Hadley, Antitrust in Japan, S. 25. この本の邦訳として，エレノア・M・ハードレー，

らの要請を基に[90]，1948（昭和23）年改正は，分割払込制度を廃止した（1948（昭和23）年改正商法177条1項）。また1948（昭和23）年改正は，分割払込制度を廃止した結果として零細投資家による投資が困難になるのを防止するため，最低額面額を50円から20円へと引き下げた（1948（昭和23）年改正商法202条2項）。

1948（昭和23）年改正では，株式会社における分割払込制度が，財閥と持株会社による不公正な支配の手段として利用されているという認識が，GHQにあり，財閥解体と同じ「過度な経済集中の排除」という発想で分割払込制度は廃止された。

bb）1950（昭和25）年改正

ア　改正の背景　1950（昭和25）年改正においては，取締役会・株主代表訴訟・授権資本・無額面株式・株式買取請求権といった米国に由来する制度が多数，ドイツ法を基調としていた日本の株式会社法に導入された。1950（昭和25）年改正が，当時日本を占領していた連合国（特に米国）と日本のいずれが主導権をとって実現した改革であったのか，研究者の見方は分かれる[91]。法務庁に商法改正準備委員会が設置されたのは，1948（昭和23）年8月30日であり，日本側がイニシアチブをとって改正の準備を始めた。商法改正準備委員会では，まず，授権資本制度と無額面株式の研究が行われた。授権資本制度が研究された背景には，1948（昭和23）年改正により株式の分割払込制度が廃棄された関係で，会社が事業を拡大するための新株発行を株主総会の特別決議なくして行えるように新株発行の手続を簡素化し，これを容易にするということがあったが[92]，無額面株式の研究が同時になされたのは，額面株式のみが発行されている状態であるならば，株価が額面を下回っている場合には新株発行が困難にな

小原敬士＝有賀美智子監訳『日本財閥の解体と再編成』29頁。なお，この点につき，池野千白「戦後会社法への第一歩――昭和23年の改正」浜田道代編『（北澤正啓先生古稀祝賀記念）日本会社立法の歴史的展開』207頁参照。

90）鈴木竹雄＝竹内昭夫『商法とともに歩む』136頁（商事法務研究会，1977年），池野千白「戦後会社法への第一歩――昭和23年の改正」浜田道代編『（北澤正啓先生古稀祝賀記念）日本会社立法の歴史的展開』207頁参照。

91）小島康裕博士は，「昭和25年商法は…アメリカ占領権力による経済民主化政策の廃棄の所産であった」と説いた（小島康裕「戦後商法学における株主民主化の問題性――昭和25年商法の歴史的性格をめぐって」小室直人＝本間輝雄編『（西原寛一先生追悼論文集）企業と法（上）』103頁（有斐閣，1977年））。

92）鈴木竹雄＝竹内昭夫『商法とともに歩む』143頁。

るため，かかる場合でも新株発行を可能にするために，すなわち，株式会社の資金調達を一層容易にするためであったことが，近時の研究によって明らかにされている[93]。

1950（昭和25）年改正の日本側の中心であった鈴木竹雄博士は，1950（昭和25）年改正に着手された当時の状況につき，法律全般の米国風の制度の採用ということが進められていた当時の状況下では，商法の米国法化という要求も早晩GHQから出てくるのではないかという予想に立った上で，GHQから一方的に押しつけられてから，あわてて検討し始めることでは困るから，米国の制度を日本法の体制にマッチするような形であらかじめ受け入れる用意をしておく必要があるという日本側の認識が存在したことを明らかにしている[94]。

1948（昭和23）年改正が，GHQの一方的な要請に応えての改正であったのに対し，1950（昭和25）年改正は，日本側がイニシアチブをとって開始した。しかし，先行研究[95]が詳細に示すように，1949年1月，GHQから株主権の強化，とりわけ株式の譲渡性・議決権・新株引受権・書類閲覧権・累積投票・取締役の責任・外国会社等の事項を研究することを適当とする示唆があった[96]。この「シックス・ポイント」と呼ばれる主要な6項目にわたるGHQの要請が示すように，1950（昭和25）年改正過程においてGHQから日本側への改正に対する干渉は実際に存在した[97]。1950（昭和25）年改正においては，その基本方針[98]が，

---

93) 中東正文編著『商法改正〔昭和25年・26年〕GHQ／SCAP文書』解9（信山社，2003年）。

94) 鈴木竹雄＝竹内昭夫『商法とともに歩む』149頁以下，143頁以下参照。

95) GHQ文書の英文原典にあたっての画期的な先行研究として，中東正文「昭和25年商法改正――GHQ文書から見た成立経緯の考察(1)～(4)・完」中京法学30巻3号1頁以下（1995年），中京法学31巻1号126頁以下（1996年），中京法学31巻2号21頁以下（1996年），中京法学31巻3号107頁以下（1997年）参照。

96) 岡咲恕一『新会社法と施行法』4頁（学陽書房，1951年）。

97) 中東正文「GHQ相手の健闘の成果――昭和25年・26年の改正」浜田道代編『（北澤正啓先生古稀賀記念）日本会社立法の歴史的展開』221頁以下，中東正文編著『商法改正〔昭和25年・26年〕GHQ／SCAP文書』解10以下，高倉史人「昭和25年（1950）商法改正の意義と位置づけに関する一考察――株主の権利・地位の強化を中心に」国際公共政策研究（大阪大学）6巻1号87頁（2001年）参照。

98) 法務省とGHQ側との協議を経て作成された1950（昭和25）年改正の基本方針は，その協議のさらなる進展により，内容を変化させている。昭和24年8月13日「商法の一部を改正する法律案要綱」中東正文編著『商法改正〔昭和25年・26年〕GHQ／SCAP文書』解84以下，1949（昭和24）年10月29日法制審議会商法部会承認「商法改正案の

法務省とGHQ側との協議を経て確定された。このように1950（昭和25）年改正過程においてGHQの干渉は実際に存在したのであり，1950（昭和25）年改正は，日本側が，日本の株式会社法の米国化は避けられないという認識に立ち，GHQ側との協議を重ねて，その意向を確認しつつその基本方針を定めた改革であったといえるだろう。

　イ　なぜ日本で株式会社法の米国化が占領期に可能であったのか？　ドイツの1937年株式法には，明らかにナチスの全体主義思想の影響を受けた条文が存在した（1937年株式法70条1項・101条3項など）。しかし，第二次世界大戦直後のドイツでは，1937年株式法は維持され，英米の会社法を先取りするような株式法の改正は行われなかった。かかる占領期のドイツと日本の株式会社法改正の相違の背景として，連合国に対し無条件降伏したドイツは，その主権を英米仏ソ戦勝四ヶ国からなる連合国管理理事会に委譲し，中央政府は消滅したこと（中央政府がない状態は形式的には1949年のドイツ連邦共和国成立まで続く[99]）などの占領後の政治体制に関するドイツと日本の違いなどが挙げられよう。すなわち，連合国の中でも主として米国の占領下に置かれた日本と比べ，ドイツは，英米仏ソの分割統治下に置かれ，中央政府が1949年まで存在していなかったという点が，ドイツ側のイニシアチブの下での米国法を先取りした株式法改正が行われなかった一つの背景として挙げられよう。

　ミュンヘン大学教授マティアス・ハバーザックは，1937年株式法につき，その改正が第二次世界大戦直後に行われず，1965年株式法施行まで効力を有した理由として，1937年株式法に対するナチスの影響は一部の条文の文言のなど形式面にあるだけで，規定の実質がナチス的であるとは認められなかったことにあると考える[100]。もっとも，ドイツの学説上，1937年株式法を部分改正しようとする議論は，1948年から存在する[101]。

　　概要（Outline of the Proposed Amendments to the Commercial Code）」中東正文編著『商法改正〔昭和25年・26年〕GHQ／SCAP文書』解92以下，昭和24年12月23日法制審議会回答「商法の一部を改正する法律案要綱（昭和24年8月13日法務府作成）の修正案」中東正文編著『商法改正〔昭和25年・26年〕GHQ／SCAP文書』解117以下。

99）野田昌吾「ドイツ」網谷龍介＝伊藤武＝成廣孝編『ヨーロッパのデモクラシー〔改訂第2版〕』63頁（ナカニシヤ出版，2014年）参照。

100）2017年10月3日ミュンヘン大学教授マティアス・ハバーザック（Mathias Habersack）の筆者の電子メールによる照会に対する回答。

101）Kropff, Reformstrebungen im Nachkriegsdeutschland und die Aktienrechts-

フンボルト大学教授で経済法史家のヤン・テイーゼンも，ドイツ連邦司法省のザイベルトの言[102]を借りて1937年株式法がナチス的法律ではなく，ワイマール共和国時代の法律学研究の成果であったことが，1937年株式法体制が，1965年まで，維持された理由であったと説く[103]。ヤン・テイーゼンは，ドイツ民主共和国（東ドイツ）では，1937年株式法が1990年まで実施され，多数の株式会社が対外国関係の事業に従事していたことは，1937年株式法が各条文の用語においてはナチスの影響を受けていたとはいえ，内容的にはナチス的ではなかったことを示しているとみる。ヤン・テイーゼンによると，ドイツでは，連合国軍ではなく，新しいドイツ連邦共和国（西ドイツ）政府が，株式法改正の主体となり，1965年株式法を成立させたという点が重要であり，連合国軍が株式法改正に着手しなかったのは，株式法が企業組織の法（Recht für die Organisation von Unternehmen）であり，経済組織の法（Recht für die Organisation der Wirtschaft）ではないと認識したためではないかと推測する[104]。

フンボルト大学教授のハンス＝ペーター・シュヴィントフスキは，戦後のドイツの経済立法の特徴につき，次のように説く[105]。戦後のドイツの根本的な立法課題は，コンツェルンとカルテルにあった。カルテルに対しては，1957年に「競争制限禁止法（Gesetz gegen Wettbewerbsbeschränkungen; GWB）」が，コンツェルンに対しては，1965年に株式法の中にコンツェルン規制が，それぞれ設けられた[106]。1965年株式法成立以前においては，1949年8月21日に「ドイツマルク貸借対照表法」が成立し，少額の財産しか所有していない者も株式を購入できるようにするべきであるという配慮から，株式会社の株式の最小額面額が，

---

reform von 1965, in: Bayer/Habersack (Hrsg.), Aktienrecht im Wandel, Band 1, Entwicklung des Aktienrechts, Tübingen 2007, S. 688; Barenfuss, Die Entstehung des Aktiengesetzes von 1965 unter besonderer Berücksichtigung der Bestimmungen über Kapitalgrundlagen und Unternehmensverfassung, Berlin 2001, S. 146 ff.

102) Seibert, 50 Jahre Aktiengesetz 1965, AG 2015, 593.

103) 2017年10月12日のフンボルト大学教授ヤン・テイーゼン（Jan Thiessen）の筆者の電子メールによる照会に対する回答。

104) 2017年10月26日のフンボルト大学教授ヤン・テイーゼン（Jan Thiessen）の筆者の電子メールによる照会に対する回答。

105) Schwintowski, Aktienrecht, 11.10.2017, Typoskript.

106) 1965年株式法におけるコンツェルン規制の成立過程につき，Dettling, Die Entstehungsgeschichte des Konzernrechts im Aktiengesetz von 1965, Tübingen 1997, S. 83 ff.

10万マルクから，100マルクに変更された（1949年ドイツマルク貸借対照表法60条）。1951年4月10日に「炭鉱鉄鋼共同決定法」が成立し，監査役会における労使共同決定の制度が導入された。1952年5月21日に「事業所組織法」が成立し，株式会社の監査役会の構成員の3分の1は労働者によって占められるようになった。1951年に，ドイツ法律家会議では「経済秩序および社会秩序から見た企業形態の形成」をテーマに大会が開催され，ドイツ法律家会議第二研究部会では「株法の改正可能性」が引き続き検討されることとなった[107]。ハンス＝ペーター・シュヴィントフスキは，1965年株式法成立以前の一連の立法およびドイツ法律家会議第二研究部会には，連合国軍の意向が反映されていたとみる。

　ハンス＝ペーター・シュヴィントフスキは，日本において，1950（昭和25）年に株式会社法が米国化された背景として，①日本には戦争末期広島と長崎に原爆が投下されたことに象徴されるように，戦後の日本では，米軍の圧倒的な軍事力を背景に強力な統治がなされたこと，②事実上米国の（事実上単独の）統治下に入った日本と比較して，ドイツは連合国の分割統治下にあり，1949年のドイツ連邦共和国成立以後，1950年に冷戦が勃発し，1952年に事業所組織法が成立した後は，1952年にはドイツ連邦共和国内において親米・反ソの国民感情が生じたため，すぐにはコンツェルン法制定のための株式法改正に至らなかったこと，③占領軍に対しても自己の意見を積極的に主張したドイツ人の批判的精神構造と，占領軍に対して従順であった日本人の精神構造の違い，などが挙げられるとする[108]。

　1950（昭和25）年改正の立案担当者解説である鈴木竹雄＝石井照久『改正株式会社法解説』は，1950（昭和25）年改正の理由につき，①日本が連合国の管理下に置かれ，その連合国の主導権を米国が握っているため，法制上も日本の株式会社法を米国法化しようとしたこと，②産業復興のための米国からの資本の導入のために，日本の株式会社法制を米国法に近づける必要があったこと，③米国法が日本より優れていた点を，短を捨てて長をとるという態度で，日本

---

[107] 1965年株式法成立以前の株式会社法の状況につき，Assmann, in: Hopt/ Wiedemann (Hrsg.), Großkommentar: AktG, 4. Aufl., Berlin 1992, Einleitung Rdnr. 174 ff.

[108] 2017年10月12日のフンボルト大学教授ハンス＝ペーター・シュヴィントフスキ (Hans-Peter Schwintowski) の筆者の電子メールによる照会に対する回答。

の法体系および経済の実情に合わせて導入しようとしたことにあると説明した[109]。

③につき，もう一つの立案担当者解説である大隅健一郎＝大森忠夫『逐條改正会社法解説』は，米国法における株式会社金融の高度な発達は，既に第一次世界大戦後，無議決権株式・転換株式・転換社債などの制度をドイツや日本のような大陸法系の立法に普及させ，また，アメリカ法における取締役会中心の会社経営機構も，第一次世界大戦後，ドイツの学者の興味をひき，その後のドイツの株式法の改正に重要な示唆を与えたのであり，1950（昭和25）年改正は，かかる傾向の日本における新たな進展であると位置づけた[110]。

1950（昭和25）年改正に関する研究は多数に上る[111]。本書は，1950（昭和25）年改正の要点を，立案担当者解説（鈴木竹雄＝石井照久『改正株式会社法解説』）を基礎として，明らかにしたい。1950（昭和25）年改正の要点としては，①資金調達の便宜，②会社業務の運営方式の合理化，③株主の地位の強化の3点が挙げられる。かかる1950（昭和25）年改正の内容を順に解説する。

ウ　株式会社の資金調達の便宜　1950（昭和25）年改正における資金調達の便宜に資する改革としては，授権資本制度（1950（昭和25）年改正商法166条1項3号）と無額面株式（1950（昭和25）年改正商法199条）の導入が挙げられる。

1950（昭和25）年改正における授権資本制度の成立に際しては，株式会社設立時に資本金の総額が引き受けられるとする「総額引受主義」につき，会社の基礎を堅実にするという肯定的評価を与えた上で，どのようにして，総額引受主義の趣旨を生かしつつ，英米法における授権資本（authorized capital）制度を導入し，新株発行を取締役会決議のみで行わせることにより資金調達の便宜を図るべきかが，制度設計上問題になった。日本法の「総額引受主義」の長所である会社の基礎を堅実にするという要請と英米法の「授権資本」制度の長所である機動的な資金調達の要請という二つの要請を調和するため，1950（昭和25）年改正法は，株式会社の定款に「会社ノ発行スル株式ノ総数」（1950（昭和25）年改正商法166条1項3号）（すなわち「授権資本」）とともに，「会社ノ設立ニ際シテ発行スル株式ノ総数」（1950（昭和25）年改正商法166条1項6号）を記載させ，設立に際して後者の株式総数すべてにつき株式の引受があること，お

---

[109] 鈴木竹雄＝石井照久『改正株式会社法解説』6頁（日本評論社，1950年）。
[110] 大隅健一郎＝大森忠夫『逐條改正会社法解説』5頁（有斐閣，1951年）。
[111] 中東正文編著『商法改正〔昭和25年・26年〕GHQ／SCAP文書』解4以下注3参照。

よび，後者は前者の4分の1を下回らないこと（1950（昭和25）年改正商法347条）を要求して，授権資本制度の下で，資本確定の原則を維持した。この規制の考え方は，2005（平成17）年会社法において若干の変更を経たが基本的には維持されている（2005（平成17）年会社法27条4号・32条1項・37条1項・3項参照）。

なお，1950（昭和25）年改正の立案担当者解説は，定款によって定められる授権の枠は，資本の金額によってではなく，株式数によって画されるから「授権資本」という名称は妥当ではないと説いていた[112]。かかる立案担当者の見解を受けて，現行法上のこの制度を「授権株式」と呼ぶ説が有力である[113]。

無額面株式（non par stock）の制度は，日本の従来の商法が，ロェスレル草案以来（ロェスレル草案208条参照），額面株式のみを認めていたのに対し，株券に額面額を記載せず，会社の総資産に対する割合的地位を表示するにすぎない株式を認めるものであった。この無額面株式の導入により，株式会社の株金総額（額面株式において額面金額に発行済株式総数を乗じた額）が資本金額と一致するという原則は破れるに至り，この意味で株式はもはや資本の構成要素ではなくなった。このため，「株式会社ノ資本ハ之ヲ株式ニ分ツコトヲ要ス[114]」という1938（昭和13）年改正商法199条の規定は削除されるに至った。

ドイツ法は，1998年の無額面株式[115]（Stückaktien）の導入後も，「株式会社は，株式に分かたれた資本金を有する」（株式法1条2項）という規定を維持している。通説は，無額面株式導入後は，資本金が株式に分けられるという意味は，無額面株式も資本金に対する参加割合を有するのであり，額面株式にあっては，その額面額により，無額面株式にあっては，その数によって，資本金に対する参加割合が決まると解する[116]。日本法も，ドイツの株式法1条2項の現

---

112) 鈴木竹雄＝石井照久『改正株式会社法解説』9頁。
113) 神田秀樹『会社法〔第20版〕』72頁，田中亘『会社法』464頁（東京大学出版会，2016年）参照。
114) 同じ規定は，1899（明治32）年商法143条において設けられていた。
115) 1998年3月25日の「無額面株式の許容に関する法律（StückAG）」は，株式会社に無額面株式（Stückaktie）の導入を認めた（株式法8条4項）。
116) Hüffer/Koch, Aktiengesetz, 13. Aufl., München 2018, §1 Rdnr. 13; Fock, in: Spindler/Stilz (Hrsg.), Kommentar zum Aktiengesetz, 3. Aufl., München 2015, §1 Rdnr. 99; Heider, in: Goette/Habersack (Hrsg.), Münchener Kommentar zum Aktiengesetz, 4. Aufl., München 2016, §1 Rdnr. 99 f. ドイツ法では，株式法122条1

行法の解釈のような見解を採用したのであれば，1938（昭和13）年改正商法199条の「株式会社ノ資本ハ之ヲ株式ニ分ツコトヲ要ス」という規定を廃止する必要はなかったであろう。

　しかし，1950（昭和25）年の段階で資本と株式の関連性のドグマから，（完全にとはいえないが）一歩解放されたことは，日本法にとって幸運なことであった[117]。確かに，近代株式会社法発生史において，資本金額と株金総額との関連性は，出資を貸付と区別する上で，重要な役割を果たした[118]。しかし，現在の日本法をみる限り，資本金額と株金総額との関連性を維持する実益は大きくなく，資本金額と株金総額との関連性を残そうと立法者が努力すれば，かえって日本法から，株式分割の局面で，規制の柔軟性を失わせる結果となったであろうことが，日本法のその後の発展過程から明らかになった[119]。ドイツ法と比較した場合，額面株式を廃止し，資本金額と株金総額との関連性を全く要求しない日本の現在の株式会社の規制（会社法445条）は，より「現代的」なファイナンス法制として優れているといえよう。

　　項が「その全持分が資本金の20分の1以上を満たす」少数株主に対して株主総会招集請求権を認めているように，株式が有する「資本金に対する割合」という要素が，少数株主権行使を決定するための法律上の要件になっているため，資本金が株式に分かれるという前提を，株式法の体系上，放棄することができない状況に陥っている。ただし，資本金が株式に分かたれるという条文が有する意味は小さいと考えられている（Bachmann, in: Hirte/Mülbert/Markus Roth (Hrsg.), AktG: Großkommentar, 5. Aufl., Berlin 2017, §1 Rdnr. 118）。なお，ルッターは，無額面株式にあっては発行価額の総和が資本金と一致すると説き，資本金が株式に分かたれるという意味は少なくとも2株株式は発行されていなければならないという意味であると説く（Lutter, in: Karsten Schmidt/Marcus Lutter (Hrsg.), Aktiengesetz Kommentar, 3. Aufl., Köln 2015, §1 Rdnr. 30 f.）。

117）額面株式を廃止した2001（平成13）年6月改正の前においては，株式会社が額面株式のみを発行している場合，額面金額に発行済株式総数を乗じた額が資本金額を超えることは許されないとされていた（2001（平成13）年6月改正前商法218条2項前段・213条3項参照）。この点につき，本間輝雄＝菅原菊志＝上田宏＝志村治美『会社法』67頁〔本間輝雄〕，青竹正一「株式の大きさ」法学教室264号17頁（2002年），神田秀樹『会社法〔第20版〕』67頁注2参照。

118）現行法の下でも，別のかたちで資本と株式の関連性は求められ（会社法445条参照），株式会社における出資と貸付は厳密に区別されている。

119）1981（昭和56）年以降，日本法における資本金と株式の関連は，株式の発行価額は原則として資本金を構成するという点にある（1981（昭和56）年改正商法284条ノ2第1項，会社法445条）。

エ　株式会社業務の運営方式の合理化　　1950（昭和25）年改正では，株主総会，取締役および監査役のあり方につき，次のような重大な変更がもたらされた。

　1950（昭和25）年改正前の株式会社法の体制では，株主総会中心主義が採用され，株主総会は万能かつ最高の機関であり，法律上，いかなる事項も決議することができた。しかし，鈴木＝石井両博士によると，1938（昭和13）年改正商法の体制においても実際上多数の株主は自ら議決権を行使せず，法律上の民主体制は単なる形式に堕していた[120]。そこで，1950（昭和25）年改正は，株主総会の権限を商法または定款に定める事項に限定して（1950（昭和25）年改正商法230条ノ2），他の決定権限は取締役会に委譲した。取締役会は，従来株主総会が専属的に有していた新株発行や社債募集の決定権を有するに至り（1950（昭和25）年改正商法280条ノ2・296条），その権限が拡大するとともに，非行がない限り取締役は総会の特別決議がなければ解任されないこととなった（1950（昭和25）年改正商法257条）。鈴木＝石井両博士は，1950（昭和25）年改正法が，企業の所有と経営の分離を一歩進めたのは，株式会社の規模が拡大し，その業務が複雑となり，迅速な業務執行が一層要求されるようになったからであり，かかる改正は合理性に基づいていると解説した[121]。

　1950（昭和25）年改正は，業務執行の決定機関として「取締役会」（board of directors）（1950（昭和25）年改正商法259条以下），業務執行自体を行う機関として「代表取締役」（representative director）（1950（昭和25）年改正商法261条）を導入した。鈴木＝石井両博士は，「取締役会」も，また「代表取締役」も業務経営の合理的所産であると説明した[122]。すなわち，鈴木＝石井両博士は，旧体制では，法律上取締役は業務執行と代表の権限を有していたが，実際には非常勤の取締役を認め，定款上，取締役会を設けていたのであり，「取締役会」や「代表取締役」も実際上の制度を法律上の制度に高めたものに過ぎないと説明した。

　1950（昭和25）年改正では，監査役は会計監査を担当する機関に過ぎなくなった（1950（昭和25）年改正商法275条参照）。松田二郎博士は，ドイツの法律雑誌（RabelsZ）において，この改正点をドイツ型の監査役会（Aufsichtsrat

---

[120]　鈴木竹雄＝石井照久『改正株式会社法解説』12頁。
[121]　鈴木竹雄＝石井照久『改正株式会社法解説』12頁。
[122]　鈴木竹雄＝石井照久『改正株式会社法解説』13頁。

制度が英国法上の „auditor" をモデルとして変遷したと説明した[123]。この改正につき，鈴木＝石井両博士は，監査役は，従来法律上業務監査権限を有していたが，実際上多くの監査役はその監督の実をほとんどあげていなかったため，その縮小された権限の範囲内において忠実に職務を執行させる方がより効果を上げうると考えられたと，その制度趣旨を説明した[124]。両博士は，これに加えて，従来監査役が担当していた取締役の業務執行に対する監査は，新設された取締役会制度および株主代表訴訟制度や株主による取締役の違法行為差止請求権制度が，これを担うと期待することができると説明した[125]。

しかし，1950（昭和25）年改正以降，日本の株式会社法における監査制度は，1974（昭和49）年改正における監査役に対する業務執行監査権の付与を皮切りに[126]（1974（昭和49）年改正商法274条1項)，その後，強化の一途を辿り[127]，1950（昭和25）年改正の立案担当者の期待が実際においては満たされなかったことが明らかになった。

オ　株主の地位の強化　　1950（昭和25）年改正における「株主の地位の強化」という改正事項は，GHQ側からの日本側への主要な要求であり[128]，米国の制度を模範としてなされた。この改正の基礎にある考え方は，「株式会社を契約的にみる理論[129]」であった。同改正は，個々の株主に対し，取締役の違法行為差止請求権（stoppage of director's act）を与え（1950（昭和25）年改正商法272条)，さらに会社が取締役の責任追及を怠ったときには，取締役に対し会社のため代表訴訟（derivative suit）を提起できる権利を認めた（1950（昭和25）年改正商法267条3項)。これらの制度は，（株式会社は契約にすぎないため）取締役と株

---

123) Matsuda, Das neue japanische Aktienrecht, RabelsZ 24（1959)，124．近時，1950（昭和25）年改正により改正前の監査役制度が「廃止」されたことを明らかにした文献として，清水剛「日本型コーポレートガバナンスの原点──1950年商法改正における機関設計」ディスクロージャー＆IR 6巻8号71頁（2018年）参照。

124) 鈴木竹雄＝石井照久『改正株式会社法解説』13頁。

125) 鈴木竹雄＝石井照久『改正株式会社法解説』13頁。同様の趣旨説明として，大隅健一郎＝大森忠夫『逐條改正会社法解説』19頁参照。

126) 大和正史「昭和49年商法改正」倉沢康一郎＝奥島孝康編『（岩崎稜先生追悼論文集）昭和商法学史』47頁。

127) 家近正直「コーポレート・ガバナンスと社外役員」田邊光政ほか編『最新会社法をめぐる理論と実務』190頁以下（新日本法規，2003年）参照。

128) 中東正文編著『商法改正〔昭和25年・26年〕GHQ／SCAP文書』解20参照。

129) 鈴木竹雄＝石井照久『改正株式会社法解説』14頁。

主とは直接の法的関係があるという考えを基にしており，取締役と株主とは株式会社という法人を通じて間接的な関係を有するにすぎないという従来の日本法の考え方からは観念しえない制度であった。

1950（昭和25）年改正が，合併または営業譲渡がなされた場合において，反対株主に株式買取請求権（appraisal right）を認めたのは（1950（昭和25）年改正商法245条ノ2・408条ノ3参照），決議に敗れた少数派株主を保護するためであり，さらに，同改正が，取締役の選任につき比例代表の思想に基づく累積投票（cumurative voting）の制度を創設したのも（1950（昭和25）年改正商法256条ノ3参照），少数派株主にもその代表者を取締役に送る可能性を与えるためであった。

1950（昭和25）年改正は，発行済株式の10パーセント以上を有する少数株主に会社の帳簿閲覧権（inspection right）を与えた（1950（昭和25）年改正商法293条ノ6・293条ノ7）。この制度の設計にあたっては，監査役が業務執行監査権を失ったことに配慮し，株主により帳簿閲覧権の行使がこれに代替する機能を果たすことを期待し帳簿閲覧権の行為要件を緩やかにしようとするGHQ側と，会社に対する「嫌がらせ」目的でこの制度が濫用されるおそれがあることを懸念する日本側との間で協議が多数回行われ，1950（昭和25）年改正商法293条ノ6・293条ノ7のような内容の規定となった[130]。

1950（昭和25）年改正以降，日本法の株主の帳簿閲覧権の制度設計を巡る日米の対立は，1989（平成元）年に開始された日米構造協議を経て行われた1993（平成5）年商法改正まで継続することとなった[131]。

cc) 1955（昭和30）年改正

1955（昭和30）年改正の背景は，1950（昭和25）年改正の新株引受権規制の不明確さにあった。

そもそも，1897年ドイツ商法は，株式会社の資本増加に際して，既存の株主は原則として新株引受権を有するとしていたのに対し（1897年ドイツ商法282条参照），日本法は，1938（昭和13）年改正法下において，株式会社が資本増加を行うのに際して，株主に対して新株引受権を保障していなかった。そこで，

---

[130] 鈴木竹雄＝竹内昭夫『商法とともに歩む』147頁以下，中東正文編著『商法改正〔昭和25年・26年〕GHQ／SCAP文書』解38以下参照。

[131] 上柳克郎＝鴻常夫＝竹内昭夫編代『新版注釈会社法第2補巻平成5年改正』28頁以下（有斐閣，1996年）〔北沢正啓〕参照。

1950 (昭和25) 年改正商法347条2項[132]は、会社が発行株式総数を増加する場合には、「増加スベキ株式ニ付定款ヲ以テ株主ニ対シ新株ノ引受権ヲ与ヘ、制限シ又ハ排除スル旨若シ特定ノ第三者ニ対シ之ヲ与フルトキハ其ノ旨ヲ定ムルコトヲ要ス」と規定した。すなわち、1950 (昭和25) 年改正商法347条2項は、資本増加に際して株主に対する新株引受権を保障せずに、新株引受権を付与するか否か等を定款に記載するとした。

これに対し、松本烝治博士は、1950 (昭和25) 年改正商法347条の規定は、「措辞拙劣で、論理的頭で読んでは到底了解できないものである」と酷評した[133]。

1950 (昭和25) 年改正商法347条2項は、会社が機動的な資本調達を実現するために、既存株主の保護の有無を定款で決定することを要求し、これを取締役会決議により柔軟に決定することを不可能にしていたため、会社にとって不利益な規定であった。また、同条項は、会社が第三者に対して新株引受権を与える場合にも、既存株主がいかなるかたちで保護されるのかが不明であり、既存株主にとっても、不利益な規定であった。実務は、資本増加が機動的に行われるメリットを重視し、新株引受権の有無は明らかにせず、例えば「当会社の株主に対しては、取締役会の決議をもって新株引受権を与えることができる」といった極めて曖昧な内容の定款規定を設けることにより対応した。1951 (昭和26) 年7月5日民事局長通達[134]は、かかる定款規定を有効であると明言した。学界は、この民事局長通達については規定の仕方が粗雑である等の理由から反対であった[135]。しかし、日本の会社法実務はこの民事局長通達に従った。日本において、1953 (昭和28) 年の段階で、新株引受権の一部 (または全部) を取締役会決議で排除しうるとする定款規定を持つ株式会社が、212社中141社を占

---

132) 1950 (昭和25) 年改正商法347条2項の条文につき、淺木愼一編『会社法旧法令集』250頁 (信山社、2006年) 参照。

133) 松本烝治「新株引受権について」大隅健一郎編者代表『(竹田先生古稀記念) 商法の諸問題』155頁 (有斐閣、1952年)。

134) 1951 (昭和26) 年7月5日民事局長通達の新株引受権に関する部分につき、津田利治「新株引受権の正体」私法5号7頁注12 (1951年) 参照。

135) 1951 (昭和26) 年秋の私法学会商法部会においては、満場一致で、本通達につき非難決議がなされるまでに及んだという。この点につき、浜田道代「新株引受権騒動への緊急対策」浜田道代編『(北澤正啓先生古稀祝賀記念) 日本会社立法の歴史的展開』295頁参照。

め，また数量を明示しないで取締役会決議により特定の第三者に新株引受権を付与しうるとする定款規定を持つ株式会社が168社中156社を占めた[136]。これに対し，東京地判昭和30年２月20日下民集６巻２号213頁は，実務上有効であるとみられていた定款規定につき，新株引受権の数量の最大限度が明示されていないため，1950（昭和25）年改正商法347条２項の要件を満たさないと判示した。こうして，1950（昭和25）年改正商法347条２項の文言と会社法実務の対応との矛盾が明らかになった。

1955（昭和30）年改正商法は，新株引受権に関する事項を定款の絶対的記載事項からはずすともに，「新株ノ引受権ヲ与フベキ者並ニ引受権ノ目的タル株式ノ額面無額面ノ別，種類，数及発行価額」は，商法または定款に別段の定めがない限り，原則として取締役会で決定するものとした（1955（昭和30）年改正商法280条ノ２第１項５号）。しかし，1955（昭和30）年改正商法は，株主以外の第三者に新株引受権を与えるには常に株主総会の特別決議を必要とした（1955（昭和30）年改正商法280条ノ２第２項）。

浜田道代博士は，1955（昭和30）年改正は成果も顕著であり，かつ理念も現実を押さえた良い立法であったと評価し，かかる新株発行規制が1966（昭和41）年改正によって些細なきっかけにより崩されたことは嘆かわしいと説いている[137]。

dd）1962（昭和37）年改正

1962（昭和37）年改正は，株式会社の計算規定の基本的な立場を従来の財産法から損益法に移行させた。その背景としては，①損益法[138]に基づく企業会計原則[139]が実務に相当程度定着していたこと，②1962（昭和37）年改正が採

---

[136] 大阪市立大学商法研究室「改正株式会社法施行の実態調査(2)──株式に関する問題」ジュリスト76号20頁（1955年）。

[137] 浜田道代「新株引受権騒動への緊急対策」浜田道代編『（北澤正啓先生古稀祝賀記念）日本会社立法の歴史的展開』299頁。

[138] 損益法とは，原則として所定の期間内において実現した総収益と発生した総費用とを対応させて期間損益を算定する計算方法である。誘導法とも呼ばれる。これに対して，財産法とは，原則として期首と期末の純財産の差額をもって期間損益を算定する計算方法である。この点につき，柴田和史『会社法詳説〔第２版〕』312頁（商事法務，2015年）。

[139] 戦後日本における企業会計原則の発展史につき，弥永真生『会計基準と法』43頁以下（中央経済社，2013年）参照。

用していた財産法が，株主保護の点だけでなく，会社債権者保護の点で，優れていることが，明らかにされなかったことにあった。

　日本の1962（昭和37）年改正における主要改正事項は，次のとおりであった。①資産評価につき原価以下主義を廃して原価主義をとった。②繰延資産の範囲を拡大し，開業費（1962（昭和37）年改正商法286条ノ2）や試験研究費・開発費（1962（昭和37）年改正商法286条ノ3）などを，新たに繰延資産として認めた。③引当金を貸借対照表に記載することができるようになった（1962（昭和37）年改正商法287条ノ2）。

　1962（昭和37）年改正による原価以下主義の廃止・原価主義の導入により，日本の株式会社において秘密準備金は積み立てられないこととなった。秘密準備金の禁止がドイツ法に導入されるのは，1965年株式法以降であり，この点で，日本の1962（昭和37）年改正は，ドイツ法の戦後の発展を先取りした改正であった[140]。また，日本の会計法は，1899（明治32）年商法以来，従来，1884年改正ドイツ普通商法典をモデルとして決算期における会社の資産額と負債額との確定を重視する「財産法」をとっていたのに対し，日本の1962（昭和37）年改正は，日本の会計法の原則を「財産法」から，所定の期間内において実現した総収益と発生した総費用とを対応させて期間損益を算定する「損益法」へと移行させた[141]。この意味で，1962（昭和37）年改正は，日本の会計法におけるドイツ法の伝統を重要な点において変更した。

　1962（昭和37）年改正は，会社の計算規定の改正が主要課題となった点で注目すべき改正であり，この改正を契機として，計算規定の基本的な立場が財産法から損益法へと移行し，従来日本の会社法学で手薄であった計算に関する研究が進展する契機となった[142]。

ee）1966（昭和41）年改正

　1966（昭和41）年改正の主要改正事項としては，①株式の自由譲渡性に例外を設けて，定款による株式譲渡制限を認めた（1966（昭和41）年改正商法204条），

---

140) 1937年株式法は会社債権者保護のみに注目して，会社財産を過少評価することにより貸借対照表上，秘密準備金を積み立てることを許していたが，1965年株式法は株主の利益にも配慮して恣意的な秘密準備金の積立を禁止した。

141) 柴田和史『会社法詳説〔第2版〕』312頁。

142) 森光雄「高度経済成長と計算規定の近代化——昭和37年の改正，昭和38年計算書類規則制定」浜田道代編『（北澤正啓先生古稀祝賀記念）日本会社立法の歴史的展開』327頁。

②記名株券の譲渡につき，株券の交付で足りるとした（1966（昭和41）年改正商法205条），③株主の請求による額面株式と無額面株式の相互転換を認めた（1966（昭和41）年改正商法213条），④1人の株主が複数の議決権を有する場合，それらを統一せずに行使することを認めた（1966（昭和41）年改正商法239条ノ2），⑤第三者に新株引受権を与えて行う新株発行につき一般に株主総会の特別決議が必要であったところ，特に有利な発行価額で発行する場合にのみ，株主総会の特別決議が必要であるとした（1966（昭和41）年改正商法280条ノ2第2項1文），があった。

1966（昭和41）年改正は，主として実務上の必要から経済界の要望に基づいて行われた改正であった[143]。日本が，1964（昭和39）年にOECD（経済協力開発機構）に加盟したことは，日本が，国際社会の中で重要な地位を占めるとともに，欧米から資本の自由化を要求される立場に立ったことを象徴した。1955（昭和30）年改正商法の体制においては，株主以外の第三者に新株引受権を与えるには常に株主総会の特別決議が必要とされたが（1955（昭和30）年改正商法280条ノ2第2項），1966（昭和41）年改正商法は，新株の第三者発行の場合，特に有利な発行価額で発行する場合にのみ，株主総会の特別決議が必要であり（1966（昭和41）年改正商法280条ノ2第2項1文），それ以外の場合には取締役会の決議で新株の第三者発行ができるということになった。この新しい規制は，法的・経済上の問題を生じさせた。

まず，法的な問題としては，次の点が挙げられる。1955（昭和30）年改正商法の体制においては，新株の発行価額の如何にかかわらず，常に株主総会の特別決議が必要であったため，新株の発行価額の公正という問題は生じる余地はなかった。しかし，この新しい規定により，特に有利な発行価額による新株の第三者発行であるのにもかかわらず，株主総会の特別決議を経ていなかった場合，かかる新株発行は瑕疵があるということになり，法令違反を理由に，当該新株発行により不利益を受けるおそれのある株主は新株発行の差止を会社に請求することができることとなった（1966（昭和41）年改正商法280条ノ10）。これにより，株式の公正な価格を決定する株式の評価が法律上の重要問題となった。ドイツ法とは異なり，新株を発行する株式会社が上場会社である場合には，市

---

[143] 戸川成弘「高度経済成長と開放経済体制への移行——昭和41年の改正」浜田道代編『(北澤正啓先生古稀祝賀記念)日本会社立法の歴史的展開』336頁。

場価格が原則として「公正な価格」となるため，大きな問題にはならなかったが[144]，新株発行する株式会社が上場会社ではない場合には，非上場株式の評価の方法という新しい問題が生じることになった[145]。1966（昭和41）年改正商法280条ノ10が，「著シク不公正ナル方法」によって新株の第三者発行をした場合には，これも新株発行差止請求訴訟の対象となると定めていたため，敵対的企業買収防衛策として新株の第三者発行をすることが「著シク不公正ナル方法」による新株発行に該当するか否かが，法解釈上の重要な争点となった[146]。これについて，1966（昭和41）年改正後に，裁判実務が「主要目的論」と呼ばれる基準を発達させていったことは周知のとおりである[147]。

次に経済上の問題については，1966（昭和41）年改正の新株の第三者発行規制は，上場会社が，安定株主工作を行うことを可能にし，企業間の株式の相互保有の網を発達させることにより，敵対的企業買収防衛策の構造を構築することを容易化した[148]。これは，一定のプラスの経済効果を日本の上場大企業にもたらした。すなわち，大株主はメインバンクや関連会社など顔の知った取引相手がなり，大規模上場会社は，外資による敵対的企業買収の脅威に晒されることなく，自社の従業員の利益を追求することができるようになった[149]。とりわけ，大規模上場会社は，収益を配当に回さずとも，内部留保金を積むことがで

---

144) 味村治『改正株式会社法』175頁（商事法務研究会，1967年）。
145) このテーマに挑んだ最初の本格的学術書として，関俊彦『株式評価論』（商事法務研究会，1983年）。近時の実務書として，河本一郎＝濱岡峰也『非上場株式の評価鑑定集』（成文堂，2014年）。
146) Baum, Marktzugang und Unternehmenserwerb in Japan, Heidelberg 1995, S. 146 ff.
147) 日本における裁判所が採用した主要目的ルールの発展の分析として，松中学「主要目的ルールの検討(1)(2・完)——主要目的ルールとは何か，そしてなぜ裁判所はそれを採用したのか」阪大法学57巻6号1011頁以下（2008年），58巻1号87頁以下（2008年）参照。ドイツ語の文献としては，Yamaguchi, Abwehrmaßnahmen börsennotierter Aktiengesellschaft gegen feindliche Übernahmeangebote in Deutschland und Japan, Köln 2005, S. 232 ff.
148) Eiji Takahashi, Die „doppelte Mauer" Japans gegen feindliche Übernahmen aus dem Ausland: Eine ökonomische Analyse der Hindernisse für einen freien Kapitalverkehr mit Japan, DJJV-Mitteilung, September 1991, S. 32 ff.
149) Eiji Takahashi, DJJV-Mitteilung, September 1991, S. 26 ff. 高橋英治「日本における敵対的企業買収と法の発展——資本市場・企業組織・法意識」法学雑誌55巻3＝4号1024頁以下（2009年）参照。

きるようになり，大型の設備投資をすることができるようになったため，日本はさらなる経済成長を実現した[150]。一般の個人株主は，株価の上昇という形で利益を得た[151]。こうして，日本の大規模上場会社が，従業員利益を追求する日本型経営を可能にする基礎となる株式の相互保有関係を新株の第三者発行により構築することが容易化した。これらは，日本の高度経済成長に寄与した。他方で，日本の株式市場に築かれた上場会社の株式相互保有の網は，日本と外国間での国際的な資本移動の自由を実質的に制限し，日本の資本市場の閉鎖性の象徴となった。1991（平成3）年には，「日本株式会社は自己の70パーセントを所有している（"Japan Inc. owns 70 persent of itself"）[152]」と批判された。

ff) 1974（昭和49）年改正

1974（昭和49）年改正の契機は，1964（昭和39）年から1965（昭和40）年にかけて，山陽特殊鋼などの上場大企業の倒産・粉飾決算であった[153]。山陽特殊鋼は，特殊鋼，特にベアリング鋼では業界の最大手のメーカーであったが，1958（昭和33）年から，資産の過大計上，負債の過小表示など様々な方法で粉飾を続け，負債総額460億円・累積赤字72億6,100万円に達し，1965（昭和40）年3月6日に倒産した[154]。同社を監査した公認会計士は，7年前から粉飾決算の事実を知っていたのにもかかわらず，当時の社長に頼まれ，その旨の指摘を行わなかった[155]。

1974（昭和49）年改正の主要改正事項は，監査制度であった。第一に，監査役の職務として，従来から認められていた会計監査のほか，業務監査も新たに付加され（1974（昭和49）年改正商法274条1項），監査役が業務監査を行うため

---

150) 日本経済新聞社編『昭和の歩み3 日本の会社』125頁（日本経済新聞社，1988年）参照。
151) Eiji Takahashi, Changes in the Japanese Enterprise Groups?, in: Baum (Edit.), Japan : Economic Success and Legal System, Berlin 1997, S. 235.
152) Zielinski/Holloway, Unequal Equities: Power in Japan's Stockmarket, Tokyo 1991, S. 24.
153) 上田純子「日本的機関構成への決断——昭和49年の改正，商法特例法の制定」浜田道代編『(北澤正啓先生古稀祝賀記念) 日本会社立法の歴史的展開』369頁以下，高橋英治『会社法概説〔第3版〕』174頁（中央経済社，2016年）参照。
154) 日本経済新聞社編『昭和の歩み3　日本の会社』129頁（日本経済新聞社，1988年）。
155) 以上につき，三枝一雄「昭和49年商法改正と法制審議会商法部会——監査制度改正の基本方向の決定まで」法律論叢82巻1号138頁（2009年）参照。

に必要な権限が与えられた[156]。第二に，監査役の独立性を保持するため，監査役の兼任禁止の範囲を拡大し，親会社の監査役は子会社の取締役またはその他の使用人を兼任することができないとした（1974（昭和49）年改正商法276条）。第三に，監査役の地位を安定させて適正な監査を行うことができるように，その任期を2年に伸長した[157]（1974（昭和49）年改正商法273条1項）。第四に，規模別区分立法の方法を導入し，資本金が5億円以上の株式会社（大会社）は，財務諸表につき監査役の監査のほか，会計監査人の監査を受けなければならないとし[158]（1974（昭和49）年株式会社の監査等に関する商法の特例に関する法律[159]（以下「特例法」という）2条），かつ会計監査人は公認会計士または監査法人でなければならないとした（1974（昭和49）年特例法4条）。第五に，資本金1億円以下の株式会社（小会社）については，監査役は会計監査のみを行うものとし，監査報告書の記載事項は特に法定しないこととした[160]（1974（昭和49）年特例法25条）。

その他に，1974（昭和49）年改正法は，株式会社の「経営の安定化」のため，定款の規定をもって取締役選任につき累積投票を完全に排除できるようにした[161]（1974（昭和49）年改正商法256条ノ3）。しかし，この改正の理由となって

---

[156] 取締役会出席・意見陳述権（1974（昭和49）年改正商法260条ノ3），取締役の違法行為差止請求権（1974（昭和49）年改正商法275条ノ2）や取締役と会社間の訴訟における会社代表権（1974（昭和49）年改正商法275条ノ4）などである。

[157] 1974（昭和49）年改正前は，監査役の任期は1年以内であった（1950（昭和25）年改正商法273条）。なお，監査役の資格，任期，員数などの歴史的変遷につき，上田純子「日本的機関構成への決断──昭和49年の改正，商法特例法の制定」浜田道代編『（北澤正啓先生古稀祝賀記念）日本会社立法の歴史的展開』401頁参照。

[158] この規制の成立の背景として，弥永真生『会計監査人論』26頁以下（同文舘，2015年）参照。

[159] 株式会社の監査等に関する商法の特例に関する法律の1974（昭和49）年改正当時の条文につき，淺木愼一編『会社法旧法令集』421頁以下参照。

[160] 以上につき，三枝・前掲注155）法律論叢82巻1号136頁以下，大和正史「昭和49年商法改正」倉沢康一郎＝奥島孝康編『（岩崎稜先生追悼論文集）昭和商法学史』46頁参照。

[161] 三枝・前掲注155）法律論叢82巻1号137頁。累積投票制度に対しては，当初から，株主間の意見対立がそのまま取締役会に持ち込まれて取締役会の意思不統一を招き，円滑・迅速な経営に対する重大な障害となるという批判が実務界から向けられていたところであった。この点につき，大和正史「昭和49年商法改正」倉沢康一郎＝奥島孝康編『（岩崎稜先生追悼論文集）昭和商法学史』53頁参照。

いる「経営の安定化」とは，資本の自由化による外国資本の日本進出に備えることを実質的に意味した[162]。すなわち，定款による取締役選任についての累積投票の排除は，日本の株式会社の25パーセント以上を取得して少数派株主として株式会社に参加してきた外国企業がその代表者を比例投票により取締役として自己が資本参加している日本の株式会社に送り込むことを不可能にするための改正であった[163]。定款による取締役選任についての累積投票の排除には，日本の経済界の意向に従い，日本と外国との間の資本取引を実質的に制限する道具を株式会社立法が日本の株式会社に与えるという意図がみてとれる[164]。

gg) 1981（昭和56）年改正

ア　改正の経緯　1974（昭和49）年改正において，1973（昭和48）年7月3日に行われた衆議院法務会議の附帯決議には，「1　会社の社会的責任，大小会社の区分，株主総会のあり方，取締役会の構成及び1株の額面金額等について所要の改正を行うこと。2　会計監査人の独立性を確保するため，その選任方法について適切な方法を講じること。」という部分があり，政府は会社法の根本改正のための法律案を作成して，国会に提出すべきことが求められた。

かかる状況に鑑み，日本では，法制審議会商法部会が，1974（昭和49）年7月から会社法の全面改正の審議に入った。法制審議会商法部会は，審議の手がかりとして，以下の七項目を取り上げた。すなわち，①企業の社会的責任，②株主総会制度の改善策，③取締役および取締役会制度の改善策，④株式制度の改善策，⑤株式会社の計算・公開，⑥企業結合・合併・分割について，⑦最低資本金制度および大小会社の区分である。

これらの審議事項の中，企業の社会的責任は，これを商法で取り上げることの効果について疑問視する意見が強く，企業が社会的責任を全うするためには，社会的責任に関する抽象的な規定を置くよりは，業務執行にあたる取締役の責

---

162) 上柳克郎＝鴻常夫＝竹内昭夫（編集代表）『新版注釈会社法(6)』45頁以下（有斐閣，1987年）〔上柳克郎〕参照。上田純子「日本的機関構成への決断——昭和49年の改正，商法特例法の制定」浜田道代編『（北澤正啓先生古稀祝賀記念）日本会社立法の歴史的展開』406頁。

163) 従来の1950（昭和25）年改正商法256条ノ3の規制では，定款で累積投票によらない旨を定めた場合には，発行済株式総数の4分の1以上を有する少数派株主は累積投票請求権を有した。1974（昭和49）年改正商法256条ノ3は，この少数派株主の累積投票請求権を廃止した。

164) 居林次雄『改正商法詳解』30頁以下（税務研究会，1974年）参照。

任や会社の業務および財務内容の強化によって，より効果的にその目的を達成できるとの配慮から，これを独立の審議事項とすることが回避された。大小会社の区分については，法技術的にはそれほど困難な問題ではないが，現行の株式会社を大小に区分することには強く反対する団体もあり，この面での調整が先であるとして，審議の対象から外された。企業結合の問題について，この点に関する基本的な理念の確立が必要であり，その前提としての実態調査や外国法研究が必要であって，これも直ちに討議対象として取り上げることが困難であるという事情があった。

　審議の末，1981（昭和56）年「商法等の一部を改正する法律案」が，同年3月20日の閣議決定を経て，同月24日に国会に提出され，同年6月3日参議院の本会議で可決され，成立した。「商法等の一部を改正する法律」は，1981（昭和56）年法律第74号として，「商法等の一部を改正する法律の施行に伴う関係法律の整理等に関する法律」は，同法律75号として公布された[165]。

　イ　改正の内容　1981（昭和56）年改正の内容は次のとおりであった。まず，新設会社については，設立に際して会社が発行する株式の発行額は，額面・無額面にかかわらず，1株5万円以上とした（1981（昭和56）年改正商法166条2項・168条ノ3・202条）。株式単位の引き上げに伴い，1株に満たない端数については，これを無視することができなくなった。そこで，1981（昭和56）年改正商法は，100分の1株をもって1端株とし，株式の分割等により端株の割当てを受けたときは，1端株ごとに端株原簿に記載し，端株主が端株券を譲渡しようとするときは，会社に端株券の発行を請求することができるとした（1981（昭和56）年改正商法230条ノ2〜230条ノ9）。

　1981（昭和56）年改正は，新たに単位株制度を導入し，一定の数の株式を有する株主はすべての権利を行使できるが，これに満たない株式を有する「単位未満株主」は，利益配当請求権のような自益権は有するが，議決権のような共益権は有しないこととして（1981（昭和56）年改正商法附則18条），株主総会招

---

[165] 以上の改正の経緯につき，元木伸『改正商法逐条解説〔改正増補版〕』4頁以下（商事法務研究会，1983年）参照。1981（昭和56）年改正に関する法制史研究として，高倉史人「昭和56年（1981）商法改正に関する一考察——利益供与規定の立法過程を中心に」高岡法学18巻1＝2号65頁以下（2007年），高倉史人「昭和56年（1981）商法改正における株主提案権——立法過程の考察を中心に」高岡法学第19巻1＝2号67頁以下（2008年）参照。

集通知発送などにかかる株主管理コストを削減しようとした。単位株制度を採用している株式会社は，別に法律で定める日に，1単位の株式を1株に併合する旨の決議があったものとみなされる（1981（昭和56）年改正商法附則15条）。単位株制度は，現在の単元株制度（会社法188条）の元になった制度であるが，1単位の株式の「みなし併合」を前提とした点で，単元株制度と異なっていた[166]。

1981（昭和56）年改正は，株主総会の規制としては，総会における取締役等の説明義務（1981（昭和56）年改正商法237条ノ3）および株主の提案権（1981（昭和56）年改正商法232条ノ2）制度の新設がなされ，株主の権利の強化が図られた。

1981（昭和56）年改正は，特別利害関係人の議決権禁止規定を削除し（1950（昭和25）年改正商法239条5項削除），決議に特別利害関係を有する者も，議決権を有するとし，その議決権行使により著しく不当な決議がなされた場合には，決議は取り消しうるものとした（1981（昭和56）年改正商法247条1項3号）。この1981（昭和56）年改正商法247条1項3号の趣旨は，2005（平成17）年会社法831条1項3号に受け継がれている。

そもそも1899（明治32）年商法162条4項は，決議により責任の解除を受けあるいは義務を免れる株主は議決権を行使できない旨定めていた1897年ドイツ商法252条3項1文の趣旨に従い，これを抽象的一般規定として総会の決議につき特別の利害関係を持つ者は議決権を行使できないと定めていた。この規定は，1938（昭和13）年改正商法239条4項・1950（昭和25）年改正239条5項に受け継がれた。しかし，1938（昭和13）年改正商法239条4項・1950（昭和25）年改正239条5項を文言解釈すると，例えば，発行済総株式の90パーセントを保有する大株主が会社の取締役であって，当該取締役の解任が総会の決議事項になった場合，解任の総会決議で議決権を有するのは，残りの10パーセントの株主だけであるという不当な結果が生じた[167]。判例[168]はかかる場合，当該大

---

[166] 神田秀樹『会社法〔第20版〕』131頁以下，高橋英治『会社法概説〔第3版〕』100頁。
[167] これは典型的な「少数派における多数派（Majority of Minority）」すなわち「MOM」による承認の問題である。本書は，少数派株主のみにより構成される株主総会の多数決決議による承認を「MOM」による承認と呼ぶ。米国における「少数派における多数派（MOM）」の問題につき，伊藤吉洋「手続的側面を重視した少数派締め出し規整（3・完）」法学77巻2号153頁以下（2013年）参照。
[168] 最判昭和42年3月14日民集21巻2号378頁。

株主は特別の利害関係を有する者には該当しないと解していた[169]。かかる解釈は，結論として妥当であったが[170]，1938（昭和13）年改正商法239条4項・1950（昭和25）年改正239条5項の文言に照らして，問題があると考えられていた[171]。

1981（昭和56）年改正は，特別利害関係人には株主総会における議決権を認めないという規制方式を改め，特別利害関係人にも利害関係事項の総会決議につき議決権を認めた上で，特別利害関係人が議決権を行使したことで著しく不当な決議がなされた場合に，これが総会決議取消事由となるとした（1981（昭和56）年改正商法247条1項3号参照）。これに対し，現行のドイツの株式法は，特別利害関係人の議決権行使の禁止という形式で一般的・抽象的に規定するのではなく，議決権を行使できない株主の類型を具体的に列挙するという方式をとり，自己が責任の解除を受けもしくは義務の免除を受ける等の場合には，かかる株主は議決権を行使できないとしている（株式法136条）。この点において，日本の1981（昭和56）年改正は，利害関係人の議決権行使を禁止するというドイツ型の規制から脱却するものであった。既に論じたように，英米法は，議決権が財産権にあたるという立場から，議決権濫用の予防目的のための特別利害関係人の制度は設けず，いわゆる特別利害関係人も決議に参加できるが，決議の結果が不公正であった場合に決議に関係する者を救済するという考えに基づいていた[172]。日本の1981（昭和56）年改正は，決議に特別利害関係を有する者の議決権規制という点でも，英米法の規制方式を導入した[173]。

---

169) 最判昭和42年3月14日民集21巻2号379頁。
170) 矢沢惇「取締役の解任決議と特別利害関係人」我妻榮編集代表『ジュリスト増刊昭和41・42年度重要判例解説』190頁（有斐閣，1973年）参照。
171) 元木伸『改正商法逐条解説〔改正増補版〕』103頁以下参照。
172) 大森忠夫「株主総会における特別利害関係者の議決権排除——比較法的考察」民商法雑誌35巻6号18頁以下（1957年）参照。
173) ドイツ法の規制方式（株式法136条）と比較して，日本の会社法831条1項3号の規制方式は，決議に利害関係のある株主の議決権も認めているのであり，株主の権利の尊重という点では，より優れた規制となっている。また，日本の会社法831条1項3号は，大株主が特別利害関係人になった場合には，少数派における多数派が決議の成否を決定するという「少数派における多数派（MOM）」による承認の問題を回避しているという点でも優れた規定である。ただし，同号は，「特別の利害関係人」あるいは「著しく不当な決議」といった不確定な法概念を用いているという点で，裁判所に解釈上の裁量を与えており，法的安定性の面では問題のある規定となっている。

1981（昭和56）年改正は，株式相互保有規制として機能する規範として，子会社による親会社株式取得の禁止規定（1981（昭和56）年改正商法211条ノ2）および株式相互保有がなされた場合の議決権行使制限規制（1981（昭和56）年改正商法241条3項）も導入した。

　1981（昭和56）年改正は，取締役の責任も強化した。まず，取締役の競業取引につき，取締役会の承認を得るべきとし（1981（昭和56）年改正商法264条），次に，取締役が会社と「間接的に」利益が相反する行為を行う場合にも，取締役会の承認が必要である旨を明文化した（1981（昭和56）年改正商法265条）。これにより，日本法において，取締役の利益相反規制が完成し，2005（平成17）年会社法356条・365条に受け継がれることになった。

　日本法の取締役の競業禁止規定のモデルはドイツ法にあった[174]。日本の1890（明治23）年商法には取締役の競業避止義務に関する規定はなかったが，1899（明治32）年商法175条1項は取締役が株主総会の承認がなければ自己または第三者のために商取引をなしまた同種の会社の無限責任社員となることができない旨定め，同条2項は介入権の規制を置いた。これは1884年改正ドイツ普通商法典232条をモデルとしたものであった[175]。現在のドイツ法も，取締役の競業禁止（株式法88条）および会社の取締役に対する信用の供与（株式法89条）などの利益相反取引に関し，監査役会の承認がなければ，これらの取引はできないという規制を導入している。さらに，現行ドイツ株式法では，利益相反取引を含む一定の行為につき，監査役会の承認を経てのみ行うことができると監査役会自身が定めることができる[176]（株式法111条4項1文）。他方，米国法も，伝統的に，利益相反取引および競業取引に関しては手続重視型の規制を発達させていた[177]。1981（昭和56）年に改正され，2005（平成17）年会社法356条・365条において完成した日本の株式会社の取締役の利益相反取引規制は，ドイツの規制方式とも，米国の規制方式とも異なる，独自の規制方式をとっていた。

　日本の1981（昭和56）年改正は，総会屋を根絶するため，利益供与禁止規定

---

[174]　北村雅史『取締役の競業避止義務』108頁注1（有斐閣，2000年）参照。
[175]　大隅健一郎「取締役の競業禁止」法学論叢60巻1＝2号143頁（1954年）。
[176]　高橋英治『ドイツ会社法概説』165頁。
[177]　Allen/Kraakman/Subramanian, Commentaries and Cases on the Law of Business Organization, Second Edition, Austin 2007, S. 300 ff.; Merkt/Göthel, US-amerikanisches Gesellschaftsrecht, 2. Aufl., Frankfurt a.M. 2006, S. 440 ff.

を導入した（1981（昭和56）年改正商法294条ノ2）。ドイツ法には利益供与禁止規定のような規定は存在しない。ドイツにおいても，会社に対して株主総会決議取消訴訟を提起して，後に会社と和解し，会社から金員を奪い取る「略奪的株主[178]（räuberischer Aktionär）」の存在が社会問題となっている[179]。1981（昭和56）年改正において初めて日本法において導入され，その後改正を続け，ついには総会屋の激減をもたらした利益供与禁止規定（会社法120条・970条3項）は，ドイツ法においても略奪的株主への対策として有効であると考えられる。

　日本では，1981（昭和56）年，特例法も一部改正され，1974（昭和49）年特例法3条1項においては，取締役会決議によって選任されていた「会計監査人」は，株主総会によって（監査役の過半数の同意を得た上で）選任されることとなった（1981（昭和56）年特例法3条）。日本の1981（昭和56）年改正の立案担当者は，これにより，会計監査人は，会社の業務執行機関の依頼によって会社の財務体質を監査するいわば診断者であったものが，株主総会の代理人として，その付託の下に会社の財務状況を監査する立場へと，その立場を根本的に変化させるようになったと解説した[180]。

　ドイツでは，1931年9月19日改正ドイツ商法以来，決算検査人は，株主総会で選任することが定められていた（1931年9月19日改正ドイツ商法262b条[181]）。この規制は，ドイツが，ワイマール期に英国法[182]の影響を受けて導入したものとみられ，決算検査人の独立性と客観性を保障しようとするものであった。なお，株式会社にあっては決算検査人が株主総会によって選任されるという規

---

[178] 「略奪的株主」につき，高橋英治『ドイツと日本における株式会社法の改革――コーポレート・ガバナンスと企業結合法制』237頁，高橋英治『ドイツ会社法概説』253頁参照。

[179] ドイツ法上の「略奪的株主」とそれに対する株式法の改革につき，正井章筰「ドイツの株主総会制度の改革と『略奪的株主』に対する規制」早稲田法学85巻3号1099頁以下（2010年）。日本とドイツにおける「略奪的株主」とその法規制の比較研究として，Eiji Takahashi/Joachim Rudo, Mißbrauch von Aktionärsrechten in Japan und Deutschland, Recht in Japan, Heft 12, Baden-Baden 2000, S. 71 ff.

[180] 元木伸『改正商法逐条解説〔改正増補版〕』18頁以下。

[181] 条文は，Schuber/Hommelhoff (Hrsg.), Die Aktienrechtsreform am Ende der Weimarer Republik, Berlin 1987, S. 482に収録されている。

[182] 1900年会社法（Companies Act, 63 and 64 Vict. C. 48）21条1項「すべての会社は，次の年次株主総会までの会計検査人（Auditor）あるいは事務所をもつ複数の会計検査人を，年度総会毎に選任しなければならない」。

制は，現行ドイツ商法318条[183]に受け継がれている。日本の1981（昭和56）年改正の会計監査人の選任規制は，英国法・ドイツ法の伝統と一致するものであり，米国法を含めた国際的潮流に従うものでもあった[184]。

d　展開期の株式会社立法の総括

20世紀戦前期日本における株式会社の最も大きな特徴は，カルテルやコンツェルンなどの企業結合が本格的に発達してきたという点であった。日本企業は，もはや，孤立した存在ではなく，通常は他の企業と株式保有などを通じて結びついていた。20世紀日本において，かかる企業結合に対して株式会社法が規制を及ぼし始めた。

日本の1938（昭和13）年改正商法245条1項は，株主総会の法定特別決議事項を定めた。株主総会の特別決議が必要な事項としては，営業全部の賃借，経営の委任，他人と営業上の損益全部を共通にする契約（損益共同体契約）の締結等が定められた（1938（昭和13）年改正商法245条1項2号）。これらの契約類型はドイツの1965年株式法においては「その他の企業契約」として企業結合を基礎づける契約として位置づけられている（株式法292条1項）。しかし，日本法では，1938（昭和13）年改正により法定化された営業全部の賃借・経営の委任や損益共同体契約を契機にして，ドイツの1965年株式法に存在する体系的な契約コンツェルン規制（株式法291条以下）が導入されることはなかった。

1981（昭和56）年改正は，株式相互保有規制として機能する規範として，子会社による親会社株式取得の禁止規定（1981（昭和56）年改正商法211条ノ2）および株式相互保有がなされた場合の議決権行使制限規制（1981（昭和56）年改正商法241条3項）を導入した。しかし，株式の取得を禁じられるのは子会社であり（1981（昭和56）年改正商法211条ノ2第1項参照），また，株式相互保有規制において議決権を制限される会社は発行済株式総数等の4分の1を保有されている株式会社・有限会社であり（1981（昭和56）年改正商法241条3項参照），これらの株式会社法上の企業結合規制は，株式相互保有において弱い立場に置

---

[183]　「年度決算書の決算検査人は社員らにより選出される」（ドイツ商法318条1項1文）。邦訳につき，法務省大臣官房司法法制部編『ドイツ商法典（第1編〜第4編）』142頁（法曹会，2016年）〔久保大作〕参照。

[184]　現在の米国法においては，監査委員会が独立会計監査人を選任する権限を独占的にもつが，選任後株主総会の承認を得ることがベスト・プラクティスであるとされている。

かれている株式会社・有限会社の見地からの立法ではなかった。
　20世紀日本の株式会社法は，経済的弱者である子会社の少数派株主・債権者の保護の規制を一切設けず，その視点は常に経済的強者の利益保護にあった。20世紀日本の株式会社法は，企業結合に対して，ドイツのような体系的な従属会社の少数派株主・債権者保護の規定を設けなかった。20世紀日本の株式会社法は，日本企業が海外からの敵対的企業買収から自己を防衛する手段を提供するため，新株発行規制を柔軟化していった。こうして，バブル崩壊までの日本の資本市場においては，株式相互保有のネットが日本の資本市場に張り巡らされていた。日本の株式市場に築かれた上場会社の株式相互保有の網は，日本と外国間での国際的な資本移動の自由を実質的に制限し，日本の資本市場の閉鎖性の象徴となった。1991（平成3）年には，「日本株式会社は自己の70パーセントを所有している（"Japan Inc. owns 70 persent of itself"）[185]」と批判された。
　19世紀にロェスレルの学識に圧倒されていた日本の会社法の立案担当者は，1893（明治26）年のロェスレルの帰国を契機として，自律的に思考するようになった。それが，ドイツ法に先駆けて，異種会社間の合併が可能であることを規定の文言上明確にした1911（明治44）年改正商法44条ノ3第1項などに表れていた。
　ドイツとは異なり，日本の1938（昭和13）年改正は，全体主義のイデオロギーを全く受けなかった。日本の株式会社法は，1938（昭和13）年改正によって，ドイツ法により近づくことになった。日本の1938（昭和13）年改正は，法形式上も，公式の改正理由書を有しており，ドイツの1937年株式法に近いものであった。
　戦後日本の最も重要な株式会社法改正が，1950（昭和25）年改正であった。前述のとおり，この改正は，日本側がイニシアチブをとって開始した改正であった。しかし，実際には，相当程度，敗戦直後日本を事実上統治していた米国の圧力の下でなされた株式会社法改正であり，株主代表訴訟や取締役会などの，多くの米国法由来の制度が，大陸法を基盤とした日本の株式会社法に「移植」された。その後，日本が高度経済成長と不況を繰り返す中で，コーポレート・ガバナンス向上の観点から，監査制度を強化する改正が行われた。

---

[185] Zielinski/Holloway, Unequal Equities: Power in Japan's Stockmarket, Tokyo 1991, S. 24.

総じていうと，日本の株式会社法は，米国からの「法的移植物」を，うまく日本風にアレンジして，高度経済成長を成し遂げた。日本の株式会社法改正は，戦後期の日本の経済成長に大きく貢献した。

20世紀の日本の株式会社法立法は会社法学者が主導権を握り，経済復興と少数派株主と会社債権者の保護をバランスよく実現しようとしていた。20世紀の日本の株式会社法改正は——戦前においては1911（明治44）年の改正を岡野敬次郎博士が，1938（昭和13）年改正を松本烝治博士が，戦後の改正を鈴木竹雄博士が，それぞれ主導したことに象徴されるように——株式会社法のあるべき理想の姿を追求する「アカデミズム」と会社の必要性に対応する「会社実務」に対する配慮の絶妙な調和の上に成り立っていた。

しかし，日本の株式会社法は，その「現代化」の時期を迎えると，バブル崩壊後の経済の長期低迷を背景に，日本の株式会社法改正において，経済界の意向に沿って，長期不況脱却を目的とした改正が行われるようになった。例えば，2014（平成26）年改正による企業結合規制の本格的導入においても，ドイツの1965年株式法制定の場合とは対照的に，従属会社の少数派株主の利益などの「会社における弱者の利益」は株式会社法改正の主要目的とはならなかった。ここにおいて，日本の株式会社法の立法過程を研究し，いかなる要因を背景として日本において大企業最優先の偏った株式会社法改正が行われるようになってきているのか，それを可能にしている制度的要因（株式会社法の改正手続等）を批判的見地から解明する必要が生じている。

(2) 株式会社法学

体系書を対象にしてドイツと日本の株式会社法の発展を辿るという目的を有する本書は，以下において，戦前期・戦中期・戦後期のそれぞれを代表する日本の会社法の体系書を素材にして，ドイツ株式会社法学と比較した上での，日本の株式会社法学の特徴を明らかする。

a 戦前期（1899（明治32）年—1938（昭和13）年）
——株式会社法学の生成

aa）岡野敬次郎

日本の株式会社法学の創始者は，岡野敬次郎博士であった。岡野博士は，梅謙次郎・田部芳両博士とともに，1899（明治32）年商法の草案起草委員を務めた。日本の株式会社法学は，1890（明治23）年商法の下では，起草者ヘルマン・

ロェスレルの圧倒的な影響力の下に「学び」の時代を迎えていたが，20世紀になるに至り，日本人の手による株式会社法の改正とともに，本格的な「開拓」の時期を迎えた。

岡野博士の株式会社法の体系書としては，生前に発表された『会社法講義案[186]』と岡野博士の没後その遺稿を集めて出版された『会社法[187]』がある。前者は，学生を対象として，会社法全般を簡潔に概観したものであり，後者は，多くの外国文献を参照し，当時の日本の会社法の特徴も解明した，研究者も読者として想定した本格的体系書であった。本書は，主として，学術的色彩のより強い体系書である後者を対象に，岡野博士の株式会社法学を解明する。

岡野博士は，株式会社とは，社員の出資によって構成される資本金が株式に分割され，社員が有限責任を負う会社であると定義した[188]。岡野博士によると，株式会社の特徴は，①社員の出資により確定した基金が存在すること，②資本金が一定の株式数に分割されること，③社員の責任が有限であること，にある[189]。20世紀後半の日本の株式会社法学の通説として，株式会社の概念は，株式と社員の有限責任，そして第二次的特徴として，資本金が挙げられていたが[190]，そのすべての要素が，第二次世界大戦後の立法により変更を受けた②の要素を除いて，岡野博士の株式会社概念に含まれていることは特筆すべき点である。岡野博士は，西洋の株式会社法の条文，特に1897年ドイツ商法178条[191]を手がかりとして，日本法上の「株式会社」の概念を確立した。

岡野博士は日本の株式会社法における資本の原則として，資本の三原則が妥当すると論じた。すなわち，岡野博士は，カール・レーマンの学説[192]を参考にして，日本の株式会社法上の原則として，①株式会社の資本金は最初から確定していなければならないという内容の「資本確定の原則（Prinzip des festen Grundkapitals）」，②資本金の額に相当する財産が株式会社の経済的基礎として

---

186) 岡野敬次郎『会社法講義案』（有斐閣，1920年）。
187) 岡野敬次郎『会社法』（有斐閣，1929年）。
188) 岡野敬次郎『会社法講義案』87頁，岡野敬次郎『会社法』202頁。
189) 岡野敬次郎『会社法』207頁。
190) 鈴木竹雄＝竹内昭夫『会社法〔第3版〕』22頁（有斐閣，1994年）。
191) 「株式会社のすべての社員は，株式に分割された資本金に，出資をもって参加し，会社の債務に人的な責任を負うことがない」（1897年ドイツ商法178条）。
192) Karl Lehmann, Das Recht der Aktiengesellschaften, Band 1, Berlin 1898, S. 167 ff.

保存されなければならないという「資本維持の原則」，③「資本不変の原則」があると説いた[193]。20世紀後半[194]および21世紀[195]の日本の株式会社法の通説は，1950（昭和25）年改正前商法においては，岡野博士が論じたように，資本の三原則が妥当すると考えていた。日本法では，1950（昭和25）年改正後，資本の三原則のうち，資本確定の原則は，1950（昭和25）年改正による授権資本制度の下で部分的に妥当するに過ぎなくなり（1950（昭和25）年改正商法166条1項3号・同項6号），1962（昭和37）年改正により新株発行の局面においては全く妥当しなくなった（新株の打切発行の許容，1962（昭和37）年改正商法280条ノ9）。しかし，日本では，2005（平成17）年会社法成立以降も，資本の三原則は，資本確定の原則を除いて，なお妥当していると考える学説がある[196]。岡野博士は，今日の株式会社法を理解する上で重要な株式会社法上の基本原則を日本の株式会社法学に提供した。

　岡野博士は，ローマ法上の租税賃借会社（ソキエタス・ヴェクティガリウム，ソキエタス・プブリカノルム）につき，これを租税賃借人の団体であり，国家は，租税その他の収入を競争入札に付し，最高額で入札した者と賃貸借契約をなし，賃借人に報酬を支払う制度であるとした[197]。岡野博士は，租税賃借会社は，その目的が営利活動にあり，行動の準則があり，役員の組織があり，社員の人的側面を重視しない点においては，今日の株式会社に類似するが，株主有限責任が確立していない点で，法律的には，株式会社の起源とはみなしえないと論じた[198]。岡野博士は，1602年3月20日の特許により設立されたオランダ東インド会社が世界最初の株式会社であると説いた[199]。これは，カール・レーマンの学説に従ったものであった[200]。岡野博士のかかる見解は，日本における経済史研究の今日的通説である大塚久雄博士の研究[201]と結論を同じくしていた。

---

193) 岡野敬次郎『会社法』208頁以下。
194) 鈴木竹雄＝竹内昭夫『会社法〔第3版〕』26頁以下。
195) 大隅健一郎＝今井宏＝小林量『新会社法概説〔第2版〕』22頁以下（有斐閣，2010年）。
196) 大隅健一郎＝今井宏＝小林量『新会社法概説〔第2版〕』22頁以下，高橋英治『会社法概説〔第3版〕』38頁以下参照。
197) 岡野敬次郎『会社法』228頁以下。
198) 岡野敬次郎『会社法』229頁。
199) 岡野敬次郎『会社法』231頁。
200) Karl Lehmann, Das Recht der Aktiengesellschaften, Band 1, Berlin 1898, S. 54.
201) 大塚久雄『大塚久雄著作集第1巻・株式会社発生史論』（岩波書店，1969年）。

岡野博士は，株式会社の設立については，定款の作成に始まるとし，定款の記載事項を，「絶対的必要事項」と「相対的必要事項」とに分類した[202]。これらの用語法は，今日の株式会社法の「絶対的記載事項」と「相対的記載事項」に完全に対応していた。また，岡野博士は，会社の設立を「発起設立」と「募集設立」に分類した。岡野博士は，ドイツの学説に倣い，「発起人組合」の概念は認め[203]，同時に「設立中の会社」という概念を，事実上認めていた。岡野博士によると，例えば募集設立の場合，創立総会は，その決議が多数決をもってなされるという意味において，この時点において会社でも組合でもない社団的組織を有する団体的組織を有する一種特別の人格なき社団が成立しているとし，発起人は，かかる人格なき社団の機関であると論じた[204]。これらの岡野博士の学説は，現代の通説[205]と一致する。

　岡野博士は，株については，三つの意義があると論じた。すなわち，岡野博士によると，株は，①「資本の構成単位」，②「株主権」，③「株券」を意味する。ドイツ法では，株式も株券も同じ „Aktien" という言葉で表現される。岡野博士の株式に関する概説は当時のドイツの株式会社法の代表的体系書[206]に従った説明方法をとった。

　岡野博士によると，株は資本の構成単位であり，各社員が会社に参加する計算的標準である。岡野博士は，カール・レーマン[207]にならい，通常の団体が1個の社員資格を取得するに過ぎないのに対し，株式会社では，1人の株主が数個の資格を有すると説いた[208]。岡野博士によると，株は，株主権も意味する。ここにいう「株主権」とは，株主たる資格において有する権利義務の集合体を意味し，社員権という1個の固有の団体的私権である[209]。

　ドイツにおける社員権論の創始者であるアキレス・ルノーは，1863年，株式

---

[202] 岡野敬次郎『会社法』238頁以下。
[203] 岡野敬次郎『会社法』246頁。
[204] 岡野敬次郎『会社法』285頁以下。
[205] 江頭憲治郎『株式会社法〔第7版〕』59頁以下，神田秀樹『会社法〔第20版〕』58頁以下，龍田節＝前田雅弘『会社法大要〔第2版〕』441頁以下（有斐閣，2017年）。
[206] Renaud, Das Recht der Actiengesellschaften, 2. Aufl., S. 90; Karl Lehmann, Das Recht der Aktiengesellschaften, Band 1, S. 173.
[207] Karl Lehmann, Das Recht der Aktiengesellschaften, Band 2, Berlin 1904, S. 27.
[208] 岡野敬次郎『会社法』305頁。
[209] 岡野敬次郎『会社法』311頁以下。

に関する権利を「社員権（Mitgliedschaftsrecht）」と呼び，同時に社員権を構成する個々の株主の権利を分離して譲渡等することができないという原則，すなわち社員権不可分の原則を説いた[210]。オットー・フォン・ギールケは，かかるルノーの社員権論を受け継いで，1887年，人的会社を念頭に置いて業務執行権，違法行為差止権等の諸権利および会社の本質を変更する等の権利および義務は「すべて商法典により個々の社員の個々の社員に対するそれとしてそれ自体個々の社員に帰属する[211]」と説いた。留学先のベルリンにおいてギールケの講義を聴講した岡野博士は，ルノーの社員権論とギールケの学説を融合して，株式とは株主としての資格において有する権利義務の集合であり，これを社員権という一種固有の団体的権利であると説いた[212]。

　岡野博士によると，社員権の内容は，①利益配当請求権，②残余財産請求権，③会社の事務に関与する権利の三つに分類される。岡野博士は，株主権は債権ではないため株主相互間に債権的法律関係が生じるはずもなく，また，株主権が純然たる権利のみによって構成されると考えるのも誤りであると説いた。

　岡野博士によると，株は株券も意味する。これとの関連で，岡野博士は，株券の譲渡と株主名簿の意義について論じた。

　岡野博士は，株式会社の機関については，意思機関として「株主総会」，執行機関として「取締役」，監視機関として「監査役」が存在すると説いた[213]。岡野博士は，ドイツの学説にならい，株主総会は「最高機関」であり，直接に法人の意思を発現する点に特徴があるとした。岡野博士は，取締役については，必要常置の機関であり，会社の代表と業務執行を常職とすると論じた。岡野博士は，監査役は会社の必要機関であり，会社の業務執行の監視を常職とすると

---

[210] Renaud, Das Recht der Actiengesellschaften, 1. Aufl., Leipzig 1863, S. 72 f. 後にルノーは，1975年の『株式会社法論〔第2版〕』において，1863年に同書の第1版で提唱した社員権論を明確化し，①株式は権利を基礎づけるが，義務を基礎づけることはない，②社員権としての株式権は物権でもなく債権でもない独自の財産権であると説いた（Renaud, Das Recht der Actiengesellschaften, 2. Aufl., Leipzig 1875, S. 99 f.）。

[211] Otto Gierke, Die Genossenschaftstheorie und die deutsche Rechtsprechung, Berlin 1887, S. 525.

[212] 岡野敬次郎『会社法』311頁以下参照。岡野敬次郎博士は，『会社法講義案』では，松本烝治博士の学説を意識しつつ，「幸ニシテ輓近ニ至リテハ株主権ハ株主タル資格ニ於テ有スル権利義務ノ集合ニシテ社員権ト称スル一種固有ノ団体的私権トスルノ論ハ一般ニ認メラレタルカ如シ」と論じていた（岡野敬次郎『会社法講義案』129頁以下）。

[213] 岡野博士の株式会社の機関の解説につき，岡野敬次郎『会社法』361頁以下参照。

説いた。岡野博士は，監査役と会社との間には，日本の民法の主義から考えて一種特別の契約関係が存在するとみるべきであると説いた。

岡野博士は，株式会社の計算についても解説した。この解説で注目されるべき点は，岡野博士が，準備金につき，ドイツの学説に倣い，法律の規定により積み立てられる「法定準備金 (gesetzlicher Reservefond)」と定款の定めまたは総会の決議により積み立てられる「任意準備金 (freiwilliger Reservefond)」とに学説上分類した点である[214]。この分類は，20世紀後半の日本の株式会社法学の通説[215]に受け継がれた。

岡野博士は，定款の変更についての解説において，資本の増加と減少についても説明した。さらに，岡野博士は，「社債」につき，ドイツ法を参照しつつ解説し，最後に解散および清算について解説し，日本の株式会社法の解説を終えた。

岡野博士の日本の株式会社法の説明は，単純にして明解であった。複雑な株式会社法を，単純な原則や原理に遡って説明する岡野博士の手法は，「複雑なものを複雑に」説明する傾向にある現代日本の株式会社法学に反省を促すものであった。

bb）松本烝治

松本烝治博士の会社法に関する体系書としては，1929（昭和4）年の『日本会社法論』があった。松本博士は，日本の株式会社の要件として，①資本が存在すること，②資本を株式に分かつこと，③株主有限責任の原則，④「会社」であること，の四要件を挙げた[216]。松本博士は，カール・レーマンが各国法に通じる株式会社の要件として，社団，資本，株式および有限責任を挙げているが[217]，松本博士の株式会社の概念も，レーマンのそれと大体において同じであると論じた。松本博士は，1938（昭和13）年改正前商法の規定に従い，広義の「会社」を営利社団法人とした[218]（1938（昭和13）年改正前商法42条・44条1項参照）。

---

[214] 岡野敬次郎『会社法』464頁以下。
[215] 鈴木竹雄＝竹内昭夫『会社法〔第3版〕』366頁，大隅健一郎＝今井宏『会社法論中巻〔第3版〕』446頁。
[216] 松本烝治『日本会社法論』95頁（巌松堂書店，1929年）。
[217] Karl Lehmann, Das Recht der Aktiengesellschaften, Band 1, Berlin 1898, S. 132 ff.
[218] 松本烝治『日本会社法論』17頁。

松本博士は，定款の記載事項としては，「絶対的必要事項（absolutwesentliche Inhalt）」，「相対的必要事項（relativ wesentliche Inhalt）」および「任意記載事項（fakultative Inhalt）」の三つに分類した。これは，現代の株式会社法学の定款の記載事項の分類と一致する[219]。

　松本博士は，あくまでもドイツ法上の議論として，発起人の特別利益，現物出資，発起人の報酬，財産引受がある場合の設立を変態設立（qualifizierte Gründung）と呼ぶ者があると解説し，この用語法を日本に紹介した[220]。

　松本博士は，株式には，①株式の金額すなわち資本を分割した一部分，②社員権，③株券を指すという三つの用語法があると説いた[221]。松本博士は，社員権については，議決権などの法人自身の目的を達成するために社員に与えられた権利である「共益権（gemeinnützige Rechte）」と利益配当請求権などの社員自身の目的を達成するために与えられた権利である「自益権（selbstnützige Rechte）」とがあると説いた[222]。松本博士は，これら二種の権利は一個単一の社員権（Mitgliedschaftsrecht）から生じる機能であるとみた[223]。

　1893年，レーゲルスベルガーが，「団体の権利は，個々の構成員が団体の意思に参加するのか，あるいは，団体の私的利益に与るかにより，前者を共益権（gemeinnützige Rechte），後者を自益権（selbstnützige Rechte）として区別される[224]」と説き，共益権としては総会における参加権および議決権，機関選任権などを挙げ，自益権としては構成員の個人的利益を満足させるのに資する権利を挙げていた[225]。

　1904年，カール・レーマンは，レーゲルスベルガーの説を発展させ，株主の権利はその目的により，株主個人の利益のためだけに資する権利たる自益権と，株主の利益とともに全体の利益のためにも資する権利である共益権とに分類し，自益権は株式に関する純粋に財産的な側面であり，共益権は議決権等の会社の

---

219) 江頭憲治郎『株式会社法〔第7版〕』68頁以下，神田秀樹『会社法〔第20版〕』46頁以下，龍田節＝前田雅弘『会社法大要〔第2版〕』460頁以下，田中亘『会社法』551頁以下参照。
220) 松本烝治『日本会社法論』121頁注9。
221) 松本烝治『日本会社法論』178頁。
222) 松本烝治『日本会社法論』57頁。
223) 松本烝治『日本会社法論』58頁。
224) Regelsberger, Pandekten, Erster Band, Leipzig 1893, S. 331.
225) Regelsberger, Pandekten, Erster Band, S. 332.

管理に参加する権利であると説いていた[226]。カール・レーマンは，株主は共益権を行使している際に，会社の機関としての権利を行使しているともいえると説いた[227]。

松本博士は，これらのドイツの学説に影響を受け[228]，1916（大正5）年，社員が社員たる資格において会社に対して有する権利には，議決権のような法人自身の目的を達成するために社員に与えられた権利すなわち共益権と，配当請求権や残余財産分配請求権のような社員自身の目的を達成するために与えられた権利すなわち自益権があると説いた[229]。その上で，松本博士は，株主の権利も，その目的により自益権と共益権とに分類できると論じた[230]。1916（大正5）年の段階では，松本博士は，社員権論を展開していなかった。

1929（昭和4）年に発行された『日本会社法論』において松本烝治博士は，株主権は一個単一の社員権であり，社員権はその目的により自益権と共益権とに分類できると論じるに至った[231]。ここにおいて，自益権と共益権の区別を前提とする現在の日本の判例・通説である株式＝社員権論が確立した。

共益権は社員が法人の機関として有する権限であり，これは権利ではなく，社員権は自益権のみであるという田中耕太郎博士の説に対して，『日本会社法論』において松本烝治博士は，社員が社員たる資格において法人の機関を組織しその経営に参与する権利は公法上の参政権に相当する「権利」と認めるべきであり，このように解しなければ，公益法人の社員が共益権のみを認められる場合につき当該公益法人の社員の権利が全く認められない結果となると反論した[232]。

1929（昭和4）年に発行された『日本会社法論』において松本烝治博士は，

---

226) Karl Lehmann, Das Recht der Aktiengesellschaft, Band 2, Berlin 1904, S. 398. このカール・レーマンの共益権に関する考え方は，現在の日本の判例・通説の考えに近い（後述）。
227) Karl Lehmann, Das Recht der Aktiengesellschaft, Band 2, S. 399.
228) 松田二郎『株式会社法の理論』19頁（岩波書店，1962年），泉田栄一「自益権と共益権」法律時報83巻12号91頁（2011年），新津和典「19世紀ドイツにおける社員権論の生成と展開——社員権論の歴史性と現代的意義」法と政治59巻1号202頁（2008年）参照。
229) 松本烝治『会社法講義』53頁以下（巌松堂書店，1916年）。
230) 松本烝治『会社法講義』286頁。
231) 松本烝治『日本会社法論』189頁。
232) 松本烝治『日本会社法論』57頁。

ドイツ民法35条とは異なり、日本法には固有権（Sonderrechte）に関する明文の規定がないことを指摘し、株主権を「奪うことのできる権利（entziehbare Rechte）」と「奪うことのできない権利（nichtentziehbare Rechte）」とに分類すべきことを提唱した[233]。1935（昭和10）年、松本博士は、株主権を構成する権利中で、定款規定により奪うことのできる権利とそうでない権利との区別は、奪うことができるとした場合の結果が会社の本質に反しまたはその他の強行法規に違反するか否かに帰着すると説き、固有権という概念を認めない論考を発表した[234]。

松本博士は、1938（昭和13）年改正前の株式会社の機関につき、会社の立法機関としての「株主総会」、会社の行政機関としての「取締役会」、そして常設の監督機関としての「監査役」とに分類して[235]、「株主総会」を、株主の総意を直接的に発表して会社の意思を決定する機関として位置づけた[236]。

松本博士は、日本法の株式会社の機関に関する規制は、大陸法によっているが、ドイツとは異なり、監査役が従属的立場に立ち、取締役の鼻息を窺うのを常としていると批判した。松本博士は、日本でも多数の会社で重要事項の決定を取締役会の決議に付し、さらに、近時いくつかの日本の大会社が取締役会会長を置き、「社長」あるいは「副社長」という職名を有した者に業務執行を行わせていることは、米国の実務に依拠したものであると指摘した。松本博士は、1938（昭和13）年改正前の株式会社のコーポレート・ガバナンスにおいて、法律上はドイツ法などの大陸法に属しながら、実務上は米国式の制度が導入されている「法律と事実との乖離」を指摘し、これに対し立法上の手当をなすべき必要性を指摘した[237]。松本博士は、自ら手がけた1938（昭和13）年改正において、任意的制度としての代表取締役制度（1938（昭和13）年改正商法261条2項）および会社が「社長」あるいは「副社長」等のあたかも会社の代表権を有するかのような名称を付した（代表権がない）取締役がなした行為について、善意の第三者に対して会社が責任を負う旨の規定（1938（昭和13）年改正商法262条

---

233) 松本烝治『日本会社法論』198頁。
234) 松本烝治「株式会社に於ける定款自治の原則とその例外」同『商法解釈の諸問題』223頁（有斐閣、1955年）（初出、中央大学50周年記念論文集（1935年））。この説は「固有権否認論」と呼ばれる。
235) 松本烝治『日本会社法論』244頁以下。
236) 松本烝治『日本会社法論』248頁。

を新設した。周知のように，法制度としての取締役会制度の導入は，1950（昭和25）年改正法を待たなければならなかったが（1950（昭和25）年改正商法259条以下参照），1938（昭和13）年改正前に英米型の取締役会制度が既に日本の株式会社に実務上導入されていたという事実および戦前の日本の大会社における「社長」の制度が米国の制度を基にしていたという松本博士の指摘は注目される。

松本博士は，株式会社の計算については，財産目録・営業報告書・損益計算書・準備金および利益または利息の配当に関する議案を，「計算書類」と呼び，取締役は計算書類を作成し，これを監査役に提出し（1950（昭和25）年改正前商法190条），定時総会に提出してその承認を受け（1950（昭和25）年改正前商法192条1項），計算書類の承認後は，貸借対照表を公告すべきであると解説した[238]（1950（昭和25）年改正前商法192条2項）。

なお，松本博士は，実際上は「計算書類」は印刷され株主に郵送するのが通常であると説いた[239]。定時総会の招集通知に計算書類とその監査報告書の謄本の添付が要求されるのは，1974（昭和49）年改正によってであった[240]（1974（昭和49）年改正商法238条2項，1974（昭和49）年特例法17条・25条）。

松本博士は，定款変更については，定款変更の手続とともに，資本増加および資本減少について概説した。また，松本博士は，解散の節において，株式会社の合併について解説した[241]。

松本博士の1929（昭和4）年の『日本会社法論』は，①各款の冒頭で，その款に関するドイツ語・フランス語・英語・日本語の参考文献を挙げた，②大審院の判例に言及し[242]，その誤りも指摘した[243]，③株式会社法の解釈に止まらず，その立法上の課題についても指摘した[244]という点で，当時の日本会社法学の頂点を極めた「体系書」と呼ぶに相応しいものであった。

---

237) 以上，松本烝治『日本会社法論』247頁。
238) 松本烝治『日本会社法論』317頁以下。
239) 松本烝治『日本会社法論』321頁。
240) 岸田雅雄「企業会計法」倉沢康一郎＝奥島孝康編『(岩崎稜先生追悼論文集) 昭和商法学史』444頁（日本評論社，1996年）。
241) 松本烝治『日本会社法論』413頁以下。
242) 松本烝治『日本会社法論』298頁，299頁注1。
243) 松本烝治『日本会社法論』295頁以下注5。
244) 松本烝治『日本会社法論』312頁注4参照。

b 戦中期（1938（昭和13）年―1945（昭和20）年）
——1938（昭和13）年改正法の通説的解釈（田中耕太郎）

　1939（昭和14）年の田中耕太郎博士の『改正会社法概論』は，1938（昭和13）年改正商法における会社法に関する日本を代表する体系書であった。この体系書については，戦後，1950（昭和25）年改正商法における会社法に関するもの[245]が最も新しいが，本書は，戦中期の日本の株式会社法の通説的解釈を示すため，田中耕太郎博士の1939（昭和14）年の『改正会社法概論』を取り上げたい。

　田中耕太郎博士の『改正会社法概論』は，先ず株式会社法の沿革について論じた節において，カール・レーマンの説に従い，1602年のオランダ東インド会社を株式会社の起源であるとし，英国・フランス・ドイツの株式会社法改正の当時の状況を解説した[246]。田中耕太郎博士は，1939（昭和14）年当時のドイツの株式会社法制について，指導者原理および「公益が私益に先立つ」等のナチスの原則が強調されているとし，株式会社から人的会社への組織変更の奨励や最低資本金額の引き上げにみられるように，1939（昭和14）年当時のドイツの株式会社法制が，株式会社の利用を大企業の経営のためにやむをえない場合に限定しようとしているとみた。田中耕太郎博士は，ドイツの1937年株式法につき，取締役の地位を強化しただけでなく，取締役の社会的義務を強調し，株主の忠実義務を強調していると指摘したが，ドイツの1937年株式法の多くの規定は株式会社法発達の必然の結果であるとみた[247]。既に1932（昭和7）年から1933（昭和8）年にかけて『世界法の理論[248]』を著していた田中耕太郎博士は，1939（昭和14）年の『改正会社法概論』においても，株式会社法の将来の展望として，株式会社が民族的色彩の希薄な純粋に経済的存在であり，人間の利己主義を征服し株式会社の健全なる発達を実現する合理的な技術の一つであるとし，株式会社法の根本原則が概ね一致しており，ドイツ法も1937年株式法において授権資本や無議決権株式・転換社債といった英米の制度を採用し，日本法も1938（昭和13）年改正において無議決権株式や転換社債といった英米の制度

---

[245] 田中耕太郎『改訂会社法概論上巻』（岩波書店，1955年），田中耕太郎『改訂会社法概論下巻』（岩波書店，1955年）。
[246] 田中耕太郎『改正会社法概論』308頁以下（岩波書店，1939年）。
[247] 田中耕太郎『改正会社法概論』317頁以下。
[248] 田中耕太郎『世界法の理論第1巻～第3巻』（岩波書店，1932年～1933年）。

を導入したことに鑑み，株式会社法の統一が実現されることに期待すると説いた[249]。

田中耕太郎博士は，岡野＝松本両博士の株式会社の定義にならい，株式会社を，総社員の出資をもって構成された資本を株式に均一に分割し，会社債権者に対しては会社が会社財産をもって責任を負うのみであり，社員たる株主はその株式の金額の限度において責任を負う会社であると定義した[250]。

田中耕太郎博士は，株式会社は，人的会社とは異なり，純粋なる社団であり，株主相互間には何らの法律関係が存在しないと同時に，法人的組織が最も堅固であると説いた[251]。

田中耕太郎博士は，1929（昭和4）年の『改正会社法概論』の「改版序」において，カルテルやコンツェルンなどの「生ける株式会社法」に配慮したと説いていた。田中耕太郎博士は，1939（昭和14）年の『改正会社法概論』においても，現実の株式会社法は，株式会社を営利目的の手段と考える立場からする「少数株主の保護」と大株主・企業者株主の利益と合致する「企業自体（Unternehmen an sich）」の維持との両極の中間を彷徨すると説いた[252]。

田中耕太郎博士は，1938（昭和13）年改正法を前提に，資本を株式会社の物的要素とみて，株式会社には資本確定の原則および資本充実の原則が貫徹しているとみた[253]。

田中耕太郎博士は，株式会社の発起人は多額の資金を管理するとともに，株式会社の設立を標榜して不正を働き，公衆に多大の損害を被らせる機会を有し，株式会社に関する不正の一大部分は実に株式会社設立に際して生じることを認め，このため日本の会社法は，株式会社設立につき，準則主義をとるとともに，発起人等の責任や罰則に関する規定を整えて「干渉主義」をとっていると説いた[254]。

田中耕太郎博士の株式会社の設立の説明の最大の特徴は「設立中の会社」の解説にあった。田中耕太郎博士は，ドイツ人法学者オットー・フォン・ギール

---

249) 田中耕太郎『改正会社法概論』323頁以下。
250) 田中耕太郎『改正会社法概論』337頁以下。
251) 田中耕太郎『改正会社法概論』338頁。
252) 田中耕太郎『改正会社法概論』340頁。
253) 田中耕太郎『改正会社法概論』342頁以下。
254) 田中耕太郎『改正会社法概論』350頁。

ケ，カール・レーマン，ヘルマン・シュウタウプ等の学説に倣い，法学上の概念として，「設立中の会社」の概念を日本法に導入した先駆者であった。田中耕太郎博士は，「自然は飛躍をなすものではない」と説き，株式会社は，合名会社・合資会社とは異なり，定款の作成以外に，資本充実の手続その他の手続を必要とすると説き，株式会社は完全なる人格を法によって与えられるまでは「前生（Vorleben）」の時代をもつと説いたが，これが「設立中の会社（die werdende od. entstehende Gesellschaft）」であった[255]。田中耕太郎博士によると，発起人が会社のために取得または負担した権利義務が，会社成立後に会社に帰属することは，「設立中の会社」の概念を用いなければ説明が不可能である[256]。田中耕太郎博士によると，「設立中の会社」の概念には実定法上の根拠があり，1938（昭和13）年改正商法192条は発起人の補充的引受および払込義務を規定しているが，この義務の権利者は「設立中の会社」であると考えざるを得ない[257]。田中耕太郎博士によると，「設立中の会社」の法的性質は「権利能力なき社団」である[258]。ここにおいて，日本の株式会社法学上株式会社の設立過程を説明するのに不可欠の概念としての「設立中の会社」の学説が確立した。田中耕太郎博士によって日本で初めて提唱された「設立中の会社」の概念は，現代の下級審裁判例[259]に受け入れられ，現代の株式会社法学にも受け継がれている[260]。

　田中耕太郎博士は，発起人相互間には会社設立を目的とする組合契約があるのを通常とするとし，この組合契約を「発起人組合（Gründergesellschaft）」と呼んだ。田中耕太郎博士は，「発起人組合」は会社設立を目的とする契約関係であり，これと並行して存在する「設立中の会社」とは全く別の存在であると説いた。田中耕太郎博士によると，「発起人組合」の法的性質は民法上の組合である。大審院判例も，発起人組合を民法上の組合とみる田中耕太郎博士の説

---

[255] 田中耕太郎『改正会社法概論』353頁。
[256] 田中耕太郎『改正会社法概論』354頁。
[257] 田中耕太郎『改正会社法概論』356頁。
[258] 田中耕太郎『改正会社法概論』357頁。
[259] 東京高判昭和51年7月28日判例時報831号94頁，東京高判平成元年5月23日金融商事法務1251号24頁，東京地判平成11年5月28日判例時報1727号108頁（有限会社の事例）等。
[260] 江頭憲治郎『株式会社法〔第7版〕』107頁注2，神田秀樹『会社法〔第20版〕』58頁以下，龍田節＝前田雅弘『会社法大要〔第2版〕』443頁，田中亘『会社法』574頁参照。

を採用した[261]。「設立中の会社」と「発起人組合」とが併存するという田中耕太郎博士の考えも，現代の株式会社法学にも受け継がれている[262]。

　田中耕太郎博士は，株式の説明においては岡野＝松本両博士の説明に従い，株式が，①資本を構成する単位，②株主権（社員権），③株主権（社員権）を表章する有価証券という三つの意味をもつと説いた。田中耕太郎博士は，自己株式の取得の原則禁止の根拠を，会社が自己の会社の社員とはなり得ないという論理（カール・レーマン）に依拠せず，①自己株式の取得に伴う会社財産の払戻しが会社債権者を害する，②自己株式の相対での取得が特定の株主を優遇する結果となることになるという，法政策上のものに置いた[263]。田中耕太郎博士は，社員権という観念を認めそれが自益権と共益権という二つの機能を有するという松本烝治博士の説に反対し，これらのうち，共益権は社員が機関たる資格において有する「権限」に過ぎないと説き，社員権論は，企業所有・社員資格に基づく権利と，企業経営・機関資格に基づく権限という全く性質を異にする二者を同一の私権の中に包括させていると批判した[264]。共益権と自益権という異質的な二種のものを包括する社員権という概念を認めない田中耕太郎博士は，自らの理論を社員権否認論と呼んだ[265]。

　田中耕太郎博士は，ドイツ法に倣い，日本における固有権理論を導入した開拓者でもあった。日本の商法学において固有権が本格的に論じられ始めたのは，1910（明治43）年の竹田省博士の「株主の固有権を論ず」を嚆矢とする[266]。竹田省博士は，ドイツの固有権論を単に分析・紹介するに止まらず，日本の株式会社法の解釈において，固有権論がいかなる意味をもつのか，各論的にかつ詳細に日本法解釈論を展開した[267]。1928（昭和3）年，田中耕太郎博士は「固有

---

261) 「株式会社設立ノ為メノ発起人団体ハ民法上ノ組合ニ外ナラサル」（大判大正7年7月10日大審院民録24輯1483頁）。
262) 江頭憲治郎『株式会社法〔第7版〕』66頁，神田秀樹『会社法〔第20版〕』59頁注1，龍田節＝前田雅弘『会社法大要〔第2版〕』443頁，田中亘『会社法』547頁参照。
263) 田中耕太郎『改正会社法概論』438頁。
264) 田中耕太郎『改正会社法概論』112頁以下。
265) 田中耕太郎「我が国における社員権理論——社員権否認論1」同『商法学　特殊問題上』81頁以下（春秋社，1955年）〔初出，法学協会雑誌45巻1号（1927年）〕。高橋英治『会社法概説〔第3版〕』67頁，新津・前掲注228）法と政治59巻1号203頁以下参照。
266) 竹田省「株主の固有権を論ず」同『商法の理論と解釈』48頁以下（有斐閣，1959年）〔初出，京都法学会雑誌5巻7号（1910年）〕。

権の理論に就て」と題する論文において，カール・レーマンの „Einzelrecht[268]"，同じくカール・レーマンの „jura quaesita[269]"，ドイツ民法35条の „Sonderrechte"，または，パウル・ラーバントの „iura singulorum[270]" をすべて「固有権」と訳し[271]，自己の学説である社員権否認論の見地からかかる「固有権」に関するドイツの学説を分析・検討した。その後，田中耕太郎博士は，1938（昭和13）年改正商法の解釈論として，多数決をもって奪うことのできない権利として議決権などを挙げ，また一定期間利益配当請求権を定款規定によって奪うことは許されないという解釈論を展開した[272]。

日本の会社立法の出発点において，株主平等原則自体に関する明文上の規定は商法典に置かれていなかった。しかし，田中耕太郎博士は，ドイツ法に倣い，株式会社には株主平等原則が妥当すると説き，この原則は株式会社の民主化の結果生じた原則であり，その基礎は法の理念の一つである衡平（Billigkeit）と株主が財産上の点のみで数学的に会社に対して関係をもつという社会的事実に基礎をもつと論じた[273]。そして株主平等原則とは各株主が絶対的に同一の取扱いを受けることを要するという意味ではなく，相対的意味すなわち株主はその持株数に応じて差異を認めるという意味であると論じた[274]。

田中耕太郎博士の，不文の強行法規として株主平等原則を認め，その根拠を衡平に求める学説は，ドイツのラーバント[275]やフォン・ビューロー[276]の学説に影響を受けたものであり，戦後期の通説を形成した鈴木竹雄博士[277]に受け

---

267) 竹田省「株主の固有権を論ず」同『商法の理論と解釈』59頁以下。
268) Kahl Lehmann, Einzelrecht und Mehrheitswille in der Aktiengesellschaft, ArchBürgerR 9 (1894), 297 ff.
269) Kahl Lehmann, Das Recht der Aktiengesellschaft, Band 2, Berlin 1904, S. 202.
270) Paul Laband, Der Begriff der Sonderrechte nach deutschem Reichsrecht, Annalen des Deutschen Reichs 1874, Sp. 1487 ff.
271) 田中耕太郎「固有権の理論に就て——社員権否認論3」同『商法学　特殊問題（上）』186頁（春秋社，1955年）〔初出，法学協会雑誌46巻3号（1928年）〕。
272) 田中耕太郎『改正会社法概論』458頁。
273) 田中耕太郎『改正会社法概論』444頁。
274) 田中耕太郎『改正会社法概論』444頁以下。
275) Paul Laband, Annalen des deutschen Reichs 1874, Sp. 1503 f.
276) フォン・ビューローは，民法上の社団を念頭に置いて，平等な取扱いを求める権利はドイツ民法典に規定されていないが衡平の原則（Grundsatz der Billigkeit）から社員の奪うことのできない権利であると論じた（von Bülow, Das Vereinsrecht des Bürgerlichen Gesetzbuches, Berlin 1902, S. 59）。

継がれていった。

　判例は，田中耕太郎博士の株主平等原則を認める学説の影響を受け，戦前から，株主平等原則を株式会社法上の原理として位置づけていた。大審院昭和4年12月23日判決[278]は，資本減少に伴う株式の強制的併合に関する事案に対して，「株主平等ノ原則ハ株式会社ニ関スル商法ノ諸規定ヲ一貫スル原理ニシテ株式会社ニ於テ之ニ違背スルコトヲ得サルハ言ヲ俟タサルトコロナ[279]」りと判示した。また，大審院昭和6年7月2日判決[280]は，商法はある株主に対し特に優先の権利を与えまたはその権利を制限する特別の規定を設けている場合の他は「株主ハ其ノ資格ニ於テ有スル権利義務ニ付平等ナル待遇ヲ受クヘキ原則ヲ認メタルモノト謂フヘ[281]」きであるとし，株主総会において平等原則に違反する株式消却の方法を決議した場合，かかる総会決議は無効となると判示した[282]。

　従来の日本の株式会社法学においては，株式会社法上の不文の強行法規としての株主平等原則について本格的に論じる学説は存在しなかった。田中耕太郎博士は，株式会社法上の不文の強行法規としての株主平等原則の日本における確立者であった。

　田中耕太郎博士は，株式会社の「機関論」が「会社の動態の研究である[283]」と説いた。田中耕太郎博士は，いわゆる会社の機関の分化につき，合名会社と合資会社においては，機関たる資格と社員たる資格とが結合しているが，株式会社においては，両者は明らかに区別して規定されていると説いた。その上で，田中耕太郎博士は，会社の機関は大企業においては，株主の手を離れ専門的に経営され，良き場合においては，「企業自体」のために，悪しき場合には機関構成者の個人的利益のために株主全体の利益を配慮しなくなると論じ，これらの利益の「調和」に，株式会社法学の目標があると説いた[284]。

---

277) 鈴木竹雄「株主平等の原則」同『商法研究Ⅱ会社法(1)』245頁（有斐閣，1971年）〔初出，法学協会雑誌48巻3号（1930年）〕。
278) 大判昭和4年12月23日民集8巻974頁。
279) 大判昭和4年12月23日民集8巻980頁以下。
280) 大判昭和6年7月2日民集10巻543頁。同旨，大判昭和6年9月12日法律新聞3313号10頁。
281) 大判昭和6年7月2日民集10巻548頁。
282) 以上，高橋英治『会社法の継受と収斂』80頁以下（有斐閣，2016年）参照。
283) 田中耕太郎『改正会社法概論』511頁。

田中耕太郎博士は，現代の法制において，株主総会が株式会社の最高の機関として認められているが，かかる規制は歴史の産物であることを指摘した。田中耕太郎博士は，かつては1602年のオランダ東インド会社におけるように，株主総会が存在せずに，大株主が会社の経営を左右していたが，18世紀において，政治上の民主主義が株式会社に影響し，株主総会は民主主義的となり勢力を得るに至ったと説いた。田中耕太郎博士は，現在では，民主主義の弊害が株式会社にも現れ，大株主や取締役が勢力を有するようになり，法は，株式会社を再び民主主義的なものにしようとしているが，かかる措置は総会屋の跋扈等の逆効果を生み出すようになっていると論じ，株主総会においては法の世界における外観と実在との隔絶が甚だしく大きくなっていると論じた[285]。

田中耕太郎博士は，取締役については，法律上，株主総会の下位にあるが，実際においては，株主総会が一片の形式に過ぎず，日本における監査役が取締役の専権に属し，会社の盛衰は取締役にかかっているといっていいと説き，ドイツにおいては，ナチスの1937年株式法に従って取締役は指導者としての地位を強化させたと説いた[286]。

田中耕太郎博士は，取締役という機関とそれを構成する個人である「取締役員（Vorstandsmitglieder）」とを区別するドイツの株式会社法学の思考法を導入した。それを前提に，田中耕太郎博士は，取締役員は会社と契約関係（委任および準委任）に立つと説いた。田中耕太郎博士は，取締役の選任行為に関し，これを単独行為とし，かかる単独行為には被選挙人の承認を要しないと解する説を「誤り」であるとした。その上で，田中耕太郎博士は，取締役員の報酬や取締役の義務（会社に対する責任・第三者に対する責任等）のような取締役員と会社との関係の問題を個人法上の問題と位置づけ，取締役の職務権限のような取締役と会社との関係とを社会法上の問題と位置づけ，両者を峻別した[287]。

田中耕太郎博士は，監査役は会社の業務執行を監督することを主たる職責とする通常かつ必要の機関であると定義した。田中耕太郎博士は，監査役については，日本においてはその権力は小さく，概ね取締役の鼻息を窺い監督の実を得ない状況にあると説いた[288]。田中耕太郎博士は，ドイツの学説に従い，監査

---

284) 以上，田中耕太郎『改正会社法概論』511頁以下。
285) 以上，田中耕太郎『改正会社法概論』513頁以下。
286) 田中耕太郎『改正会社法概論』559頁以下。
287) 田中耕太郎『改正会社法概論』560頁以下。

役は会社の内部において監督機能を行うことをその任務とすると説き，監査役は適法性（Gesetzlichkeit）の監査権限以外に合目的性（Zweckmässigkeit）すなわち妥当性の監査権限を有すると論じた。これは，現代の通説[289]の立場と異なる見解であった。田中耕太郎博士は，監査役の制度がドイツ法に由来する事実に加え，日本における監査役の権力が少ないのに鑑み，取締役の業務執行の監視を強化するため，監査役の権限に，妥当性監査を加えた。かかる解釈は，2005（平成17）年会社法の場合とは大きく異なり，監査役の職務権限が詳細かつ包括的に法定されていなかった1938（昭和13）年改正商法下の解釈として，監査役の職務権限を強化するために有効な解釈論であった。

株式会社の計算についても，田中耕太郎博士は，株式会社は資本団体であって，その財産は会社債権者の唯一の担保であるから，会社債権者保護のために合理的計算によって，会社財産状態の健全化を図る必要があるとしつつ，株主はできるだけ多くの配当に与ろうとするが，理事者はこれに便乗して，できるだけ多額の賞与金に与ろうとし，会社債権者の利益と対立すると説いた。田中耕太郎博士は，会社の内部においても，企業自体の利益を考えて配当を制限しようとする理事者・企業者株主とできるだけ多くの配当を望む一時的株主は対立すると説いた。その上で，田中耕太郎博士は，株式会社の病理現象の大半は，この計算の問題に起因するといっても過言でないと説いた[290]。

田中耕太郎博士は，準備金につき，法定準備金・任意準備金とともに，「秘密準備金」についても論じた。1938（昭和13）年改正商法は，1911（明治44）年改正商法26条2項の規定を受け継ぎ，財産評価につき，時価以下であるべき旨を規定していた（1938（昭和13）年改正商法34条1項）。田中耕太郎博士は時

---

288) 田中耕太郎『改正会社法概論』588頁以下。
289) 現代の通説は監査役の権限を違法性監査に限定する。江頭憲治郎『株式会社法〔第7版〕』532頁，神田秀樹『会社法〔第20版〕』243頁，龍田節＝前田雅弘『会社法大要〔第2版〕』154頁。ただし，田中亘教授は，「監査役の権限は，一般的には，違法性の監査に限られる」という命題は，単に，監査役は妥当性の監査のための権限を一般的には有していないという，現行の会社法の規制構造を説明したものに過ぎないと説く（田中亘『会社法』288頁参照）。田中耕太郎博士は，1938（昭和13）年改正商法を前提として，監査役には業務執行の合目的性に関する監査権限があると説いたが，1938（昭和13）年改正商法においても，妥当性監査のための種々の具体的権限が法律上明確に監査役に与えられていたわけではなかった。
290) 田中耕太郎『改正会社法概論』599頁以下参照。

価以下の評価をもって適法であると定めたものではないという前提に立ち，田中耕太郎博士は，秘密準備金は貸借対照表真実性の原則（Grundsatz der Bilanzwahrheit）に反し法律学的には疑問の点があるとしつつ，蛸配当とは反対の効果を有すると説き，資産を控えめに評価することは，企業に必要な持久力を与えることを意味する点で許容すべきであるとし，自己の1911（明治44）年改正商法下での旧説である「秘密準備金＝違法説[291]」を変更した[292]。ここでは，田中耕太郎博士が，日中戦争の長期化により日本企業の持久力を高め日本経済全体の持久力を高める必要性が生じている当時の経済状況に適合した解釈論を展開する必要性に迫られていたことが明らかになっている。国家の経済体制とは無関係であるかのようにもみえる貸借対照表の規制は，国家の経済政策，特に株式会社の持久力を高める必要性と密接に関わっていた。本来，貸借対照表真実性の原則を重視していた田中耕太郎博士の秘密準備金を許容する解釈への変更には，博士の戦時期の苦悩がみてとれる[293]。

田中耕太郎博士は，社債につき，資本増加のような自己資本（Eigenkapital）の増加ではなく，他人資本（Fremdkapital）の増加であると論じ，ドイツ法の枠組みで，これを区別した[294]。ただし，田中耕太郎博士は，社会的経済的には株式と社債とは近接していると論じ，1938（昭和13）年改正商法364条〜396条およびドイツの1937年株式法174条が導入した米国起源の転換社債（convertible bonds；社債権者が社債を株式に転換することを要求する権利を有する種類の社債）のように社債と株式との中間形態が存在していることを認めた[295]。社債券の発行の法的性質については，社債関係発生後の社債券発行につき消費貸借に類似する一種の諾成契約となり，債券売出しの方法による場合には創造説の立場から債券の売買であるとみた[296]。田中耕太郎博士にとって，株式会社が発行する社債は，博士の「商的色彩論[297]」の観点から，とりわけ興味深い現象であった。

---

291) 田中耕太郎『改版会社法概論』549頁（岩波書店，1929年）。
292) 田中耕太郎『改正会社法概論』625頁以下。
293) 田中耕太郎博士の第二次世界大戦中の著作として，田中耕太郎『貸借対照表の論理』（有斐閣，1944年）がある。田中耕太郎博士は，この著作において，貸借対照表真実性の原則を放棄することは理論上容認できないと説いていた（同書95頁以下）。
294) 田中耕太郎『改正会社法概論』644頁。
295) 田中耕太郎『改正会社法概論』646頁以下。
296) 田中耕太郎『改正会社法概論』645頁。
297) 田中耕太郎博士は，商法の特色は一般私法上の法律事実が受ける色彩（Tönung）

田中耕太郎博士は，社債という現象は，一般私法上の消費貸借が技術的，集団的，大量的性質すなわち商的色彩を帯びるに至ったものであると位置づけた。田中耕太郎博士は，社債研究において，かかる社債の特色を忘れて，一般私法的概念の範疇に惑わされて，新たな法理の発見が妨げられてはならないと説いた。田中耕太郎博士は，この観点から，社債は株式の場合と同じく個性を有さず，社債契約の内容は定型化されているものであるとし，社債権者には，株主の場合と同じように，平等の原則が認められると説いた[298]。

田中耕太郎博士は，定款の変更の項目で，資本増加について論じた。資本金の総額は定款の必要的（絶対的）記載事項であったため（1938（昭和13）年改正商法166条3号），資本増加には，常に定款変更の手続を必要とした（1938（昭和13）年改正商法342条）。田中耕太郎博士は，英米法の授権資本制度にも言及し，これは会社設立の基礎が堅固にならないという欠点を有するが，資本調達に関し柔軟性を有するという長所があると評価した。田中耕太郎博士は，ドイツの1937年株式法が英米法の授権資本制度に近似した認可資本制度を導入したことにも言及した。田中耕太郎博士は，資本増加において，この定款を変更する株主総会決議（1938（昭和13）年改正商法342条・343条）において，新株引受権を株主以外の第三者に与えることができることも明言した[299]。しかし，戦中期において，日本の上場株式会社が，新株の第三者発行を用いた「安定株主工作」を行うことはなかった。この理由としては，①戦中期には，株式市場の国際化

によるとし，商法は商的色彩を帯びている私人間の法律関係を規定するという点で民法とは区別されると説いた（田中耕太郎『改正商法総則概論』7頁以下（有斐閣，1943年））。田中耕太郎博士によると，「商的色彩」とは，商法上の法律事実に通用する「技術的性格」であり，具体的には「専門化された営利活動たる投機売買より演繹せられ得べき特性」である「集団性（Massenhaftigkeit）と個性喪失（Individualitätlosigkeit）」を指す（同書注7頁以下，田中耕太郎「方法としての商的色彩」同『商法学 一般理論』73頁（春秋社，1954年）〔初出，『(竹田先生古稀記念論文集) 商法の諸問題』(1931年)〕)。以上につき，高橋英治「日本における商法＝企業法論の課題」法学雑誌57巻1号55頁（2010年），Eiji Takahashi, Rezeption und Fortbildung der Lehre „Handelsrecht als Unternehmensrecht" in Japan—Zur Modernisierung des japanischen Handelsgesetzes, in: Peter Jung, Philipp Lamprecht, Katrin Blasek und Martin Schmidt-Kessel (Hrsg.), Einheit und Vielheit im Unternehmensrecht, Festschrift für Uwe Blaurock zum 70. Geburtstag, Tübingen 2013, S. 451.

298) 田中耕太郎『改正会社法概論』648頁。
299) 田中耕太郎『改正会社法概論』710頁。

が進展していなかったため,海外の大企業により敵対的に日本の上場会社が買収される可能性がなかったこと,②財閥子企業は頂点の持株会社により株式の大半が保有されていたため,敵対的に買収される危険に晒されていなかったこと,③新株の第三者発行を行うためには,定款変更決議（1938（昭和13）年改正商法342条・343条）が常に必要であったため,戦前の日本の株式会社が新株引受権を株主以外の第三者に発行する場合,会社側の手続上の費用と労力が多くかかったこと,などが挙げられる。

　その後,田中耕太郎博士は,株式会社の整理・解散・合併・清算について論じ,『改正会社法概論』における株式会社法の解説を終えた。

　田中耕太郎博士の学説の特徴は,複雑な株式会社法の原理の中から,一般原理（設立中の会社,株主平等原則,固有権論,社債権者の平等など）を発見し,これを基礎にして,日本の株式会社法を簡明に解説した点にあった。複雑な現象に一貫して見られる利益の対立や原理を発見し,それを出発点にして複雑性を解きほぐしながら明快に解説するという点が,田中耕太郎博士の方法の特徴であった。この複雑に見える現象に一貫して貫かれている原理の発見や巨視的にみた利益の対立基軸の明確化（少数派株主の保護と企業自体の維持との対立,会社債権者利益と一時的株主の利益との対立等）という点は,複雑な規制群を有する2005（平成17）年会社法および法務省令等を対象とする現代の日本の株式会社法学が,将来において,目指すべき方向を示している[300]。

　戦中期に,ナチス法学の思想の明白な影響下で,株主総会中心主義を批判し,これとは反対に定款規定の範囲を広く解し,社長中心主義の活動を是認する「統裁主義[301]」ないし「独裁主義[302]」を主張する学説もあった[303]。高田源清博士は,ナチスの法学思想の明白な影響の下で,総会中心主義の民主主義会社法は止揚されるべきであり,会社代表者ないし理事者に自由裁量権ないし独裁権を与えて自由に活躍させる「独裁主義株式会社法」を日本において立法上の方針としてまた現行法の解釈原則として認めるべきことを説き,既にドイツの

---

[300] 高橋英治『会社法の継受と収斂』5頁, Eiji Takahashi, Rezeption und Konvergenz des deutschen Handels- und Gesellschaftsrecht in Japan: Gesammelte Schriften, Baden-Baden 2017, S. 15.

[301] 高田源清『企業の国家性』25頁（東洋書房,1943年）。

[302] 高田源清『独裁主義株式会社法論』77頁（同文館,1938年）。

[303] 正井章筰「ナチス商法学の日本への影響」倉沢康一郎＝奥島孝康編『（岩崎稜先生追悼）昭和商法学史』170頁以下（日本評論社,1996年）参照。

1937年株式法においては「指導者主義」の名の下に取締役の独裁的地位が保障されていることを指摘した[304]。しかし，高田源清博士のかかる立法論および解釈論は株式会社法学の主流とはならなかった。戦中期の鈴木竹雄博士[305]および大隅健一郎博士[306]の株式会社法の解釈にみられるように，戦中期の通説は，ドイツにおいて政治理念の変更が株式会社法の改正に影響を与えている現実や日本においても株式会社理念の変更が盛んに唱えられていることを認識しつつも，戦中に日本において適用されていた1938（昭和13）年改正株式会社法に関し，ナチスの株式会社法学の影響を受けた全体主義的な解釈論および立法論は展開しなかった。

c 戦後期（1945（昭和20）年―1990（平成２）年）
――日本における株式会社法学の黄金時代
aa) 鈴木竹雄

鈴木竹雄博士は，戦後の株式会社立法を主導したとともに，通説的見解を体系書というかたちで発表されており，日本の戦後期のパラダイム[307]ともいうべき，株式会社法論を展開された。本書では，鈴木博士が確立した戦後期の日本の株式会社法のパラダイムとはいかなるものであったのかにつき，特に株式会社法の基礎理論に焦点をあてて，解説する。

鈴木博士の株式会社法論の第一のパラダイムは，その「社団論」にあった。株式会社は「会社」であるが，鈴木博士は，「会社」とは営利社団法人であると説いた。鈴木博士は，社団と組合との違いにつき，団体の形式的性質によって区別するとき，構成員が相互の契約的関係によって直接結合する団体を「組合」とし，団体と構成員の社員関係により間接的に結合する団体を「社団」とした[308]。鈴木博士によると，組合においては，構成員が契約によって相互に結合するため，各構成員の権利義務は他の全構成員に対する権利義務の形をとり，各構成員は団体の財産上に直接物権的持分を有している。これに対して，社団においては，形式的には，各構成員の権利義務は社員たる資格（Mitgliedschaft）

---

[304] 高田源清『独裁主義株式会社法論』77頁以下。
[305] 鈴木竹雄『会社法講義案』92頁（1941年）参照。
[306] 大隅健一郎『会社法論〔第9版〕』144頁（巌松堂書店，1942年）。
[307] 科学史におけるパラダイムにつき，Thomas S. Kuhn, The Structure of Scientific Revolutions, Second Edition, Enlarged, Chicago 1970, S. 43 ff.
[308] 鈴木竹雄『商法　会社法Ⅰ』7頁（弘文堂，1952年）。

という団体に対する法律関係の内容となり，団体の財産も団体自身の所有に属し，構成員はそれにつき観念的持分を有するに過ぎない。

　この鈴木博士の社団論は，松本烝治先生古稀記念論集に収録された論文「会社の社団法人性[309]」において初めて発表されたが,松本烝治博士の考えを出発点としたものであった。すなわち，松本博士は，会社の社員はその社員たる資格においては法人である会社自体との間においてのみ権利を有し，義務を負うと説いた[310]。鈴木博士の社団論は，この松本博士の考えを，独自の視点から再構成し，発展させたものであった。鈴木博士は，社員相互の関係をもって合名会社の本質の発現とみた田中耕太郎博士の見解[311]とは異なる立場に立った。

　鈴木博士の社団論は，現代の会社法の一部の有力な解釈[312]に受け継がれている。そもそもロェスレルは独自の商事会社が権利能力のあるソキエタス（組合）であるという見地に立って草案を形成し，この見解に立って1890（明治23）年商法が形成された。しかし，ドイツと異なり，1899（明治32）年商法以来，会社は法人とされたのであるから，日本の株式会社法学は，「会社＝組合」説から脱却する必要があった。鈴木博士の社団論は，ロェスレルの影響下にあった日本の会社本質論から脱却し，新しい時代の会社の理論を形成するものであった。

　服部榮三博士は，大株主の権力抑制の法理として株主相互間に「誠実義務」を認めるべきであるという説[313]に対し，（鈴木博士の）通説である社団論は，この説に対する疑問を提起するであろうと予想した[314]。しかし，鈴木博士は，議決権等の共益権を行使するにあたっては，自己の利益のみを主張して，他の株主の利益をいかに不当に侵害してもよいものとは到底考えられず，（他の株主に対する）この程度の顧慮は当然要請されなければならないとし，ドイツの近時の学説が認める株主の誠実義務は，かかる範囲で承認することができ，ま

---

[309] 鈴木竹雄「会社の社団法人性」同『商法研究Ⅱ会社法(1)』3頁以下（有斐閣，1971年）〔初出，『(松本烝治先生古稀記念) 会社法の諸問題』(1951年)〕。
[310] 松本烝治『日本会社法論』55頁。
[311] 田中耕太郎『改正会社法概論』165頁以下。
[312] 神田秀樹『会社法〔第20版〕』6頁以下，柴田和史『会社法詳解〔第2版〕』19頁参照。
[313] 別府三郎『大株主権力の抑制措置の研究』（嵯峨野書院，1992年）。
[314] 服部榮三「『大株主権力の抑制措置の研究』の刊行に寄せて」別府三郎『大株主権力の抑制措置の研究』ⅱ頁。

た，承認されるべきであると論じた[315]。鈴木博士は，大株主が議決権の行使にあたって他の株主の利益に配慮するという範囲で「株主の誠実義務」の解釈の内容を認めていた[316]。このように，鈴木博士の解釈論には柔軟性があり，その柔軟性ゆえに，鈴木博士の学説は，戦後期にわたり通説の地位を占め，現在もなお日本の会社法学に多大な影響を与え続けているのであり，その柔軟性の中に，発展の萌芽を有していた。

　鈴木博士の株式会社法論の第二のパラダイムは，その「株式会社概念」にあった。鈴木博士は，株式会社につき，社員の地位が株式と称する細分化された割合的単位の形をとり，そして，その社員（株主）がただ会社に対し各自の有する株式の引受価格を限度とする有限の出資義務を負うのみで，会社債権者に対しなんらの責に任じない会社であると定義した[317]。鈴木竹雄博士は，株式と株主有限責任を株式会社の根本的な二特質とし，資本金を，株主有限責任の結果を考慮して立法政策的に認められた第二次的特質とみた。

　カール・レーマンは，1898年のその著作『株式会社法論　第1巻』において，1807年フランス商法典を基礎に，株式会社の概念を，次の四つの主要な要素に求めた[318]。すなわち，第一に，一定の目的の下に複数の株主が団体を形成すること（株主の存在），第二に，その目的を実現するために，株主の私的領域とは区別された，財産の存在（資本金の存在），第三に，資本金が株式に分かたれていること（株式の存在），第四に，社員が出資を超えた責任を負うことがないこと（株主有限責任），である。レーマンは，これらの複数の要素のうち，株主有限責任原則を最も重要な株式会社の要素とみて，他の要素を二次的なものとみた[319]。

---

315) 鈴木竹雄「会社の社団法人性」同『商法研究Ⅱ会社法(1)』21頁。
316) この提案は，1981（昭和56）年改正において立法化された。すなわち，1981（昭和56）年改正商法247条1項3号は，特別利害関係人が議決権を行使したことで著しく不当な決議がされた場合に，これが総会決議取消事由となるとした。この規定は2005（平成17）年会社法831条1項3号に引き継がれている。鈴木博士は，共益権行使以外の事実上の影響力行使の局面においては支配株主の誠実義務違反を認めていなかったようであり，この点で，会社の少数派株主保護の解釈論としては，不十分であった（高橋英治『会社法の継受と収斂』204頁以下参照）。
317) 鈴木竹雄『商法　会社法Ⅰ』19頁。
318) Karl Lehmann, Das Recht der Aktiengesellschaften, Band 1, Berlin 1898, S. 132.
319) Karl Lehmann, Das Recht der Aktiengesellschaften, Band 1, S. 2.

鈴木博士の株式会社概念は，株主有限責任を株式会社の本質的特質とみた点でレーマンの株式会社概念を出発点としつつも，①資本金を株主有限責任の結果を考慮して立法政策的に認められた株式会社の二次的特質とみた点，②株主有限責任と並んで株式を株式会社の特質とみた点，において，レーマンの理論を大きく前進させたものであった。

　鈴木博士は，株式会社の株主の有限責任が「間接」責任であるのに対し，合資会社の有限責任社員の責任については「間接的」であるとはみなかった[320]。これは，①株式会社の場合とは異なり，合資会社の有限責任社員の責任を直接制限する特別の法律規定が存在していないこと，②合資会社の有限責任社員もその出資が未履行である場合には会社債権者に責任を負うと解されること[321]などを根拠として同様の解釈論を唱えた岡野敬次郎博士の見解[322]に従った結果であると推測される。しかし，岡野博士の見解は，法人ではないドイツ法上の合資会社の有限責任規制を前提として提起された可能性が高い。すなわち，ドイツ法では，合資会社が法人格を有せず，有限責任社員の責任が会社債権者に対して「直接」制限されている旨の規定がある（ドイツ商法161条1項・171条1項）のに対し，日本法では合資会社も株式会社も同じ法人であり（会社法3条），債権者と直接に契約関係に立つのは法人である「会社」であるから，合資会社や合同会社の有限責任社員の責任も「間接的」であるとみる余地は，日本法においては存在しているといってよいのではないか。

　2005（平成17）年会社法の下では，有限責任社員が出資を怠った場合には，当該社員が会社に対して，損害賠償等をする旨の明文規定が置かれている（同法582条）。この規定は，ドイツ商法171条1項（「有限責任社員は，会社債権者に対して，自らの出資の額まで直接に責任を負う。出資が履行されている限りにおいて，当該責任から免れる[323]」）とは明確に異なる規定であり，少なくとも2005（平成17）年会社法の下では，合資会社の有限責任社員の責任が会社に対して「間接的」に制限されていることを示しているのではないか。

　鈴木博士の株式会社法論の第三のパラダイムは，その「共益権論」にあった。

---

[320] 鈴木竹雄『商法　会社法Ⅰ』15頁。
[321] 岡野敬次郎『会社法講義案』84頁参照。
[322] 岡野敬次郎『会社法講義案』83頁以下参照。
[323] 邦訳につき，法務省大臣官房司法法制部編『ドイツ商法典（第1編～第4編）』64頁〔松井秀征〕参照。

鈴木博士は、自益権を社員が団体から経済的利益を受けることを目的とする権利と定義し、共益権を社員が団体の経営に参加することを目的とする権利と定義した[324]。その上で、鈴木博士は、企業の所有者は、個人企業であれば単独で企業を経営し、そこから生じる利益を一身に享受できるが、株式会社の所有者としての株主の権利は、団体的変貌を遂げ、会社に対する種々の権利となって現れるが[325]、それらの中でも共益権は株主自身の利益のための権利であることは、自益権とは異ならないと説き、これを「権限」とみるべきではないと説いた[326]。鈴木博士は、共益権の譲渡性を認めていた。

　かかる鈴木博士の共益権論は、田中耕太郎博士と松田二郎博士の学説と対立するものであった。すなわち、田中耕太郎博士の学説の出発点は、合名会社における社員の業務執行権をどのように位置づけるべきかという点にあった。従来の説は、合名会社における社員の業務執行権を合名会社社員としての権利であるとしていたのに対し、田中耕太郎博士は、合名会社においては社員自身が機関となると考えられているが（自己機関制）、合名会社社員の業務執行権は、社員の権利ではなく、合名会社社員が合名会社の機関を構成することによる権限であると説いた[327]。この田中耕太郎博士の説は、ケルパーシャフトとその構成員との関係を「構成員（Glieder）」と「機関（Organ）」とが併存しているとみるギールケの見解[328]から最も大きな影響を受け[329]、さらに法人の構成員の権利を「機関権（Organschaftsrecht）」と「価値権（Wertrecht）」に二分するヨーゼフ・コーラーの学説[330]からも示唆を受けたものであった[331]。田中耕太郎博士は、同様の議論を株式会社にも適用し、株式会社の株主の議決権等の共益権は株主が株主総会の機関の構成者として有する権限に過ぎないと説いた。

---

[324] 鈴木竹雄『商法　会社法Ⅰ』72頁。
[325] 鈴木竹雄「改正法における株主の共益権」同『商法研究Ⅲ会社法(2)』41頁以下（有斐閣、1971年）〔初出、法学協会雑誌68巻6号（1950年）〕。
[326] 鈴木竹雄『商法　会社法Ⅰ』73頁。
[327] 田中耕太郎「機関ノ観念」同『商法学　特殊問題上』231頁（春秋社、1955年）〔初出、『(富井先生還暦祝賀論文集) 商法研究第2巻』（有斐閣書房、1919年）〕。
[328] Otto Gierke, Die Genossenschaftstheorie und die Deutsche Rechtsprechung, Berlin 1887, S. 182.
[329] 田中耕太郎「我が国における社員権理論——社員権否認論2」同『商法学　特殊問題（上）』172頁（春秋社、1955年）〔初出、法学協会雑誌45巻4号（1927年）〕。
[330] Josef Kohler, Lehrbuch des Bürgerlichen Rechts Band 1: Allgemeiner Teil, Berlin 1906, S. 360.

したがって，田中耕太郎博士によると，これらは株主が会社の社員として有する権利ではないから，社員たる資格において有する権利すなわち株主権の内容と認めることはできない。田中耕太郎博士によると，株主の議決権は会社という法的共同体における権限であるから会社全体の利益のために行使されなければならない[332]。

松田二郎博士は，株主の有する権利の中で共益権を「権限」であり本来株主権の内容と認めることはできないとする立場を推し進め，株式＝債権説を唱えた。この説は田中耕太郎博士の説（「共益権の本質は機関としての地位である」）を基礎に，株式の法的性質につき会社を債務者とする請求権（Forderungsrecht）とみるヴィッテの学説[333]を組み合わせ発展させたものであった。すなわち，松田博士は，株式とは株主が会社に対して有する利益配当請求権を意味すると説き[334]，伝統的に社員権を構成するとされてきた共益権が，社員が会社の経営に関与し，会社の維持・存続・発展に資すべき権利として，国家における国民の公権としての参政権とも等質的なものであり，譲渡・相続の目的となりえない一身専属権であり，財産権ではないと説いた[335]。

鈴木・松田両博士の論争は，最高裁によって決着がつくことになった。すなわち，最大判昭和45年7月15日民集27巻4号804頁では，ある有限会社が個人企業に対して賃貸していた工場および機械類が火災によりその大部分が消失したことから，当該有限会社の社員間の利害対立が表面化し，ついにある社員（X'）によって会社解散および社員総会取消・無効確認の訴えが提起されたが，訴訟の第1審係属中に，X'が死亡した。第1審判決も，第2審判決も，X'の死亡により，訴訟は終了したとした。X'の相続人Xは上告した。最高裁大法廷判決は，次のように判示した。

「有限会社における社員の持分は，株式会社における株式と同様，社員が社員たる資格において会社に対して有する法律上の地位（いわゆる社員権）を意味し，

---

331) 田中耕太郎「我が国における社員権理論――社員権否認論2」同『商法学 特殊問題上』182頁以下。
332) 以上，田中耕太郎『改訂会社法概論下巻』306頁以下。
333) Witte, Erörterungen zum Recht der Aktienverein, ZHR 8 (1865) 20.
334) 松田二郎『会社法概論』75頁（岩波書店，1968年）。
335) 松田二郎『会社法概論』36頁以下。

社員は，かかる社員たる地位に基づいて，会社に対し利益配当請求権（有限会社法44条），残余財産分配請求権（同法73条）などのいわゆる自益権と本件におけるような会社解散請求権（同法71条ノ2），社員総会決議取消請求権（同法41条，商法237条），同無効確認請求権（有限会社法41条，商法252条）などのいわゆる共益権とを有するのであるが，会社の営利法人たる性質にかんがみれば，これらの権利は，自益権たると共益権たるとを問わず，いずれも直接間接社員自身の経済的利益のために与えられ，その利益のために行使しうべきものと解さなければならない。このことは，社員が直接会社から財産的利益を受けることを内容とする自益権については疑いがないが，社員が会社の経営に関与し，不当な経営を防止しまたはこれにつき救済を求めることを内容とする共益権についても，異なるところはない。けだし，共益権も，帰するところ，自益権の価値の実現を保障するために認められたものにほかならないのであつて，その権利の性質上権利行使の結果が直接会社および社員の利益に影響を及ぼすためその行使につき一定の制約が存することは看過しがたいにしても，本来それが社員自身の利益のために与えられたものであることは否定することができないからである。そして，このような共益権の性質に照らせば，それは自益権と密接不可分の関係において全体として社員の法律上の地位としての持分に包含され，したがつて，持分の移転が認められる以上（有限会社法19条），共益権もまたこれによつて移転するものと解するのが相当であり，共益権をもつて社員の一身専属的な権利であるとし，譲渡または相続の対象となりえないと解するいわれはないのである。

　以上説示したところによれば，本件における会社解散請求権，社員総会決議取消請求権，同無効確認請求権のごときも，持分の譲渡または相続により譲受人または相続人に移転するものと認められる。その理は，本件におけるように，社員が社員たる資格に基づいて会社解散の訴，社員総会決議の取消または無効確認の訴を提起したのち持分の譲渡または相続が行なわれた場合においても，異なるところはない。…本件訴訟については，原告たるX'の死亡により，同人の有した被上告会社の持分の全部を相続により取得したXにおいて原告たる地位をも当然に承継したものというべきであり，X'の死亡により本件訴訟が終了したものとすることはできない[336]。」

---

[336] 最大判昭和45年7月15日民集27巻4号807頁以下。

2 展開期

　鈴木博士の株式会社法論の第四のパラダイムは，会社実務上の要請と株主・債権者保護との調和を目指す柔軟な法解釈にあった。かかる柔軟性と衡平を重視する姿勢は，鈴木博士が築いたパラダイムの基盤を固める作用をもった。

　鈴木博士の解釈論の柔軟性は，まず，「政治献金も，通常の寄附の場合と全く同じように，相当程度の金額に止まる限り取締役の責任を生じさせるものではない[337]」という解釈論に現れていた。この解釈は，1963（昭和38）年に発表された八幡製鉄政治献金事件東京地裁判決[338]に反対する判例批評の中で最初に出されたテーゼであるが，八幡製鉄政治献金事件最高裁判決に採用され[339]，現代の下級審裁判例[340]にも大きな影響を及ぼしている[341]。

　鈴木博士の株式会社法の解釈の柔軟性は，株式会社の新株発行の差止事由となる「著しく不公正な方法」による新株発行の解釈にも発揮された。鈴木博士は，「著しく不公正な方法」による新株発行の例として，株主が両派に分かれて争っているときに取締役ないしその一味の者に不当に多数の株式を割り当てるのがその典型であるとし，①資金調達の現実の必要があり，かつ②新株割当の相手方が取締役の一味の者でない場合には，たとえ新株発行によって反対派の勢力低下を欲する取締役の希望が実現されるにしても，不公正発行にはならないと解すべきであると説いた[342]。この解釈は，現代の通説[343]に受け継がれている。

　鈴木博士は，解釈論の創造にあたっては，実務の鼻息を窺う解釈論を展開したのではなく，あくまでも学問的立場で，株式会社と株主・債権者の双方の利益の「調和」を目指した。鈴木＝竹内両博士は，合併比率が著しく不公正と認められる場合には，合併無効となると解した[344]。鈴木＝竹内両博士は，合併比

---

[337] 鈴木竹雄「政治献金判決について」同『商法研究Ⅲ 会社法(2)』299頁（有斐閣，1971年）〔初出，商事法務研究278号（1963年）〕。
[338] 東京地判昭和38年4月5日下民集14巻4号657頁。
[339] 最判昭和45年6月24日民集24巻6号625頁。
[340] 東京高判平成28年7月19日判例タイムズ1434号138頁など。
[341] 高橋英治「政治資金パーティー券購入と取締役の善管注意義務」私法判例リマークス56号，2018［上］平成29年度判例評論103頁以下（2018年）参照。
[342] 鈴木竹雄「新株発行の差止と無効」同『商法研究Ⅲ 会社法(2)』224頁以下（有斐閣，1971年）〔初出，『(菊井先生献呈論集) 裁判と法〔下〕』（有斐閣，1967年）〕，鈴木竹雄＝竹内昭夫『会社法〔第3版〕』422頁。
[343] 神田秀樹『会社法〔第20版〕』160頁。
[344] 鈴木竹雄＝竹内昭夫『会社法〔第3版〕』510頁注6。

率が公正であるか否かを判定するためには企業価値の測定が確立していなければならないが，これが確立していないこと，および，合併の無効を主張する場合には株主は，合併の効力を維持しようとする会社側に比べてバーゲニング・パワーが小さいこと，を挙げて，株主と会社双方の利益の調和を実現するため，かかる解釈をとった。判例[345]は，合併比率が不当であるとしても，合併契約の承認決議に反対した株主は，会社に対し，株式買取請求権を行使できるのであるから，合併比率の不当または不公正ということ自体が合併無効事由になるものではないというべきであるとするが，事件における原告株主の合併比率が「著しく不公正であった」という主張に対しては，事案を詳細に検討して，この主張を認めていない。したがって，判例が「合併比率が著しく不公正」な場合にのみ合併比率の不公正が合併無効事由になるという立場に立っているか否かは，現在なお不明であるとみるべきである[346]。鈴木＝竹内両博士の合併比率の著しい不公正を理由とする合併の無効についての解釈論は，現在でも裁判実務に影響を与えている[347]。

bb) 大隅健一郎

　大隅健一郎博士の株式会社法解釈の第一の特徴は，その解釈の方法に対する，ドイツ法およびドイツ法学の影響にあった。大隅博士の初期の業績として，ドイツの1937年株式法の注釈[348]があった。大隅博士は，助手時代に竹田省博士の指導で主としてドイツ私法の文献を読んだこと[349]およびドイツの1937年株式法の注釈の作業を通じて，ドイツ流の株式会社法の解釈技術を磨いたものと推察される。

　ドイツ法では，取締役という機関を „Vorstand" と呼び，取締役という機

---

345) 東京高判平成2年1月31日資料版商事法務77号193頁，東京地判平成1年8月24日判例時報1331号136頁，最判平成5年10月5日資料版商事法務116号196頁。

346) 村田敏一教授は，「判例に照らしては，著しく不公正な合併比率が合併無効事由とされる余地は必ずしも否定されないものと理解され」ると論じる（村田敏一「株式会社の合併比率の著しい不公正について」立命館法学321＝322号529頁（2008年））。

347) 2014（平成26）年改正は，吸収合併の差止の制度を新たに導入した。この制度によると，略式組織再編につき，合併比率が著しく不当な場合，当該合併の差止を株主は会社に請求できる（会社法784条の2第2号・749条1項2号）。この点につき，奥島孝康＝落合誠一＝浜田道代編『新基本法コンメンタール 会社法3 〔第2版〕』296頁（日本評論社，2015年）〔家田崇〕参照。

348) 大隅健一郎＝八木弘＝大森忠夫『独逸商法〔Ⅲ〕株式法』（有斐閣，1938年）。

349) 大隅健一郎『商事法60年』36頁（商事法務，1988年）参照。

関の地位を占める自然人を „Vorstandsmitglieder" と呼び, 両者を株式法の条文の上でも区別する（株式法77条1項参照）。大隅博士のドイツ流の解釈の例として, 大隅博士は, その単著である1956（昭和31）年の『改訂会社法概説』において, 取締役会の構成員の地位とその地位にある取締役個人とは観念上区別することを要するとし, 前者を「取締役」と, 後者を「取締役員」と呼んだ[350]。大隅博士は, 会社と「取締役員」との関係は委任および準委任であるとし,「取締役員」は善管注意義務を負うと解説した[351]。

大隅健一郎＝今井宏両博士による『会社法論中巻〔第3版〕』では, 取締役の個人法的関係と社団法的関係とを峻別する解釈論が詳細に展開されている。それによると, 取締役の選任に関する株主総会の決議は, 被選任者をして会社の機関構成員たる取締役とする旨の会社の内部決定に過ぎない。被選任者が取締役に就くためには会社と被選任者との間に「任用契約」を必要とする。取締役の選任には, 被選任者を会社機関の構成員と定める社団法的側面と, 被選任者をして取締役としての労務の給付をさせる個人法的な側面とがある。大隅＝今井両博士は, 取締役の選任行為は, 被選任者の承諾を法定条件とする単独行為であって, 総会の選任決議と被選任者の承諾によって効力を生じるとする説[352]は, 任用の個人法的な側面を説明できないと, この「取締役の選任＝単独行為説」を批判した[353]。

この大隅＝今井両博士の学説は, 取締役の選任（Bestellung）と任用（Anstellung）とを区別するドイツ法の「分離説（Trennungstheorie）」の影響を受けていた（株式法84条1項5文参照）。ドイツ法上,「選任」とは, 会社法上の行為であり, 当該者の承認により当該者が取締役という機関に就任する行為を指し,「任用」とは会社との契約により個々の取締役が会社との債権債務関係を有することになる行為を指す。ドイツ法上, 取締役は選任により株式会社の機関としての地位に就任し, 任用により取締役は会社に対してサービスを提供しそれに対して報酬を得ると契約上定められる。取締役が重要な事由により解任された場合, 解任により取締役の会社の機関としての法的地位は終了するが, 任用契約は存続する。ドイツ法上, 取締役の任用契約を終了させる場合には, 特に

---

350) 大隅健一郎『改訂会社法概説』131頁（有斐閣, 1956年）。
351) 大隅健一郎『改訂会社法概説』131頁以下。
352) 鈴木竹雄＝竹内昭夫『会社法〔第3版〕』270頁注9。
353) 大隅健一郎＝今井宏『会社法論中巻〔第3版〕』149頁以下。

任用契約を解除（以下「解雇」という）しなければならない[354]。この場合，期間の定めを置かない解雇を行う場合には，ドイツ民法626条に従い重要な事由が存在しなければならないとされているが，この解雇の規準は，契約当事者双方の利益を考慮して高く設定されている。例えば，取締役の軽過失は，解任事由にはなるが，解雇の理由にはならない[355]。監査役会が株式法84条3項に基づき解任のための重要な事由があるとして取締役を任期途中で解任する場合でも，任用契約を解除するための重要な事由（ドイツ民法626条）が常に存在するとは限らない。このため，株式法84条3項の重要な事由は存するが，ドイツ民法626条の重要な事由が存在しない場合がありえ，その場合には，取締役の地位の終了にもかかわらず任用契約は存続するため，会社は解任された取締役に対し任用契約上合意された報酬を支払わなければならない。

　日本の会社法上，会社は株主総会決議を経て取締役をいつでも解任できる[356]（会社法339条1項）。ドイツの分離説の前提とは異なり，日本の会社法上，取締役が解任されると会社との任用契約も自動的に効力を失う。取締役は解任されると，「うべかりし報酬」等の解任によって生じた損害の賠償請求権を有する（会社法339条2項）。ただし，解任に正当事由がある場合には解任された取締役は損害賠償請求権を失う（会社法339条2項）[357]。このように，日本法は，取締役の解任に際し，当該取締役が受けたであろう報酬を「うべかりし利益」として，その喪失にかかる賠償を損害賠償規制の中で保障しようとしている。しかし，この日本法の規制方法は，「うべかりし利益」の額の立証責任を解任された取締役に課す点で，ドイツ型の分離説に比べて，報酬受給者としての取締役の保護に薄い。解任された取締役がストック・オプション（会社法361条1項1号・2号）や業績連動型報酬のような不確定報酬（会社法361条1項2号）

---

[354] BGHZ 79, 41.
[355] BGHZ 15, 75.
[356] 髙橋美加ほか『会社法〔第2版〕』164頁（弘文堂，2018年）〔髙橋美加〕，伊藤靖史ほか『会社法〔第4版〕』171頁（有斐閣，2018年）〔大杉謙一〕，黒沼悦郎『会社法』100頁（商事法務，2017年）参照。
[357] 会社法339条2項は，株主に解任の自由を保障する一方，取締役の任期に対する期待を保護し両者の利益の調和を図る趣旨で一種の法定責任を定めたものである（大阪高判昭和56年1月30日下民集32巻1～4号17頁）。したがって，賠償すべき利益の額は，取締役が解任されなければ在任中および任期満了時に得られた利益の額であると解されている（江頭憲治郎『株式会社法〔第7版〕』400頁注7（有斐閣，2017年））。

を受けていた場合[358]，取締役は解任により自己が被る損害（「うべかりし利益」）を立証しなければならないが，これは困難である。ドイツ法の考え方を受け継ぐ大隅＝今井両博士の見解に従い分離説を徹底するならば，会社法339条2項を改正して，取締役の地位を解任されても，任用契約はそれにより自動的に解除されるとはいえず，取締役は報酬請求権を失わないとすべきである[359]。

　大隅博士の株式会社法解釈の第二の特徴は，自ら最高裁判事として生み出した会社法上の法理に関して詳細に解説した点にあった。大隅博士が最高裁判事として関わった裁判例としては，法人格否認の法理[360]および共益権の相続性[361]に関する最高裁判決等が挙げられる。大隅博士は，1950（昭和25）年，米国法の判例にならい日本においても法人格否認の法理が導入されるべきことを主張した[362]。その後，日本の最高裁は，大隅博士の見解に従い，法人格否認の法理を判例法理として採用した。大隅博士は，最高裁判事として，法人格否認の法理を認める最高裁判決の形成に直接的に関与した。

　大隅＝今井両博士は，1991（平成3）年，最高裁が法人格否認の根拠につき，法が特定の社団等に法人格を認めるのは，法人格の付与が社会的に価値ある有用な機能を営み，公共の便益に役立つからであり，法人がかかる法の目的を逸脱して不法または不当に法人格を利用していると認められるときは，特定の法律関係において法人格を否定し，あたかも法人格がないのと同様の取扱いをする必要があると解説し，法人格が否認されるべき場合としては，法人格の形骸化と濫用に限られるべきではないと解説した[363]。大隅＝今井両博士は，江頭憲治郎博士[364]および森本滋教授[365]の見解に従い，一般論としては，法人格否認の法理は，一般条項的性格を有するものであるから，その適用は慎重になされ

---

[358] 酒巻俊雄＝龍田節編集代表『逐条解説会社法第4巻機関・1』468頁以下（中央経済社，2008年）〔高橋英治〕参照。
[359] 高橋英治『会社法の継受と収斂』291頁参照。
[360] 最判昭和44年2月27日民集23巻2号511頁。
[361] 最判昭和45年7月15日民集24巻7号804頁。
[362] 大隅健一郎「法人格否認の法理」同『会社法の諸問題〔新版〕』3頁以下（有信堂，1983年）〔初出，法曹時報2巻8号（1950年）〕。
[363] 大隅健一郎＝今井宏『会社法論上巻〔第3版〕』52頁以下（有斐閣，1991年）。
[364] 江頭憲治郎『会社法人格否認の法理』（東京大学出版会，1980年）。
[365] 森本滋「いわゆる法人格否認の法理の再検討(1)〜(4)——会社法人格についての若干の検討」法学論叢89巻3号1頁以下（1971年），89巻4号28頁以下（1971年），89巻5号1頁以下（1971年），89巻6号82頁以下（1971年）。

るべきであり，実定法の解釈により問題の解決が図られうる場合には，この法理の適用は慎むべきであるとしつつも[366]，多数の小規模会社が存在する日本においては，法人格否認の法理により裁判所が事実認定上および法解釈上の困難を救われることが少なくないことを，法人格否認の法理を実際に適用している多数の下級審裁判例が示していると説いた[367]。ここには，小規模閉鎖会社の法的紛争の解決に，法人格の否認の法理が適切かつ有効な解決方法を提供するという大隅博士の裁判官としての経験に裏打ちされた見解が示されていた。

　大隅＝今井両博士は，共益権については，次のように論じた。大隅＝今井両博士によると，社員が会社事業に対して有する所有権はその会社における社員関係に変形させられるのであり，社員権は「所有権」の，自益権は所有権の「収益機能」の，共益権は所有権の「支配機能」の，それぞれ変形物であるから，社員はいずれの権利も自己の利益のために行使できるとし，社員権否認論を批判した[368]。大隅＝今井両博士によると，共益権は自益権の価値の実現を保障するために認められた権利であるという見地に立ち，共益権の譲渡性・相続性を認めた最大判昭和45年7月15日民集27巻4号804頁は妥当な見解を示していると説いた[369]。

　大隅博士の株式会社法解釈の第三の特徴は，会社法の体系書において，『企業合同法の研究[370]』および博士のライフワークであった『新版株式会社法変遷論[371]』における学術成果を反映した世界と日本の株式会社法の歴史を総括する概観を示した点にあった。大隅＝今井両博士は，株式会社の歴史の叙述において，世界規模で展開されている株式会社法の改正運動の共通の基礎として，①立法者の予測を超えた株式会社の大規模化に伴い，大株主・理事者から一般株主（投機株主）をいかにして保護するかが会社法の重要な課題であること，②「企業自体」の思想が説くように，会社の経営は単に株主の見地のみからではなく，株式会社がもつ全体経済の因子としての見地も顧慮しなければならないこと，③現代には孤立した株式会社は例外であり，現代の株式会社は他の会社

---

[366] 大隅健一郎＝今井宏『会社法論上巻〔第3版〕』54頁。
[367] 大隅健一郎＝今井宏『会社法論上巻〔第3版〕』57頁注8。
[368] 大隅健一郎＝今井宏『会社法論上巻〔第3版〕』43頁。
[369] 大隅健一郎＝今井宏『会社法論上巻〔第3版〕』344頁注1。
[370] 大隅健一郎『企業合同法の研究〔復刻版〕』（有斐閣，1989年）。
[371] 大隅健一郎『新版株式会社法変遷論』（有斐閣，1987年）。

と何らかの結合関係に立っている事実が株式会社法において多数の従来予想されていなかった問題を提起していること，④株式会社では議決権の多数を獲得するために権力闘争が行われている事実，⑤米国由来の会社金融技術が世界的に普及していること，を挙げられることを指摘した[372]。大隅健一郎博士は，株式会社学の「実学」としての性質を重視しつつも，あくまでも「学問」としての株式会社法学を追求した。

d 展開期の株式会社法学の総括

ドイツにおいては既に19世紀から本格的体系書が執筆され，株式会社法学がアキレス・ルノーの体系書により成立し，カール・レーマンの体系書により確立していた。日本における株式会社法学の成立と確立は，ドイツより遅れ，20世紀の戦前期であった。ドイツ・ベルリンに留学し，オットー・フォン・ギールケ等の薫陶を受けた岡野敬次郎博士は，日本における最初の会社法の本格的体系書を，遺稿として残した。ドイツ法学の圧倒的影響の下で，松本烝治博士にあっては，実務的見地も考慮に入れ，田中耕太郎博士においては，学問としての株式会社法学の樹立を目指して，会社法の本格的体系書が書かれた。日本においては，岡野敬次郎博士が株式会社法学の「開拓者」としての役割を果たし，その後，松本烝治博士と田中耕太郎博士により日本の株式会社法学は学問として確立した。

日本の株式会社法学が学問として確立する上で，ドイツ株式会社法学が，その基礎となる解釈方法を提供し，また到達すべき目標としての役割を果たした。米国法は戦後の株式会社立法の上では，日本に大きな影響を与えたが，米国で1950年代から始まった「法と経済学」の方法などは，1980年代以前の日本の株式会社法学には，全くといっていい程，影響を与えなかった[373]。

戦後，米国法の影響の下，米国法にならい法人格否認の法理を導入すべきという主張が大隅健一郎博士などから主張されるに至り，日本の最高裁も，この法理を判例法理として認めることになる。ドイツにおいても，同様の理論が透視理論（Durchgriffslehre）というかたちで発展していたが，ドイツ法学は，この理論の適用される場合につき，透視理論が適用される代表的類型を示すに留

---

[372] 大隅健一郎＝今井宏『会社法論上巻〔第3版〕』160頁以下。
[373] 「法と経済学」の日本法への導入は，小林秀之＝神田秀樹『「法と経済学」入門』（弘文堂，1986年）を嚆矢とし，会社法への本格的導入は，三輪芳朗＝神田秀樹＝柳川範之編『会社法の経済学』（東京大学出版会，1998年）によってなされた。

まっている[374]。かかる状況は、日本においても変わらず、法人格否認の法理が適用される代表的類型として、最高裁は法人格の「形骸化」と「濫用」を挙げるが、これらは「類型」であり、「要件事実」ではない。主として米国法からの「法的移植物」である法人格否認の法理は、日本の株式会社法において、その適用のための「要件事実」と「効果」とを明示することができないという点で、法的安定性の見地からは、大きな問題となっている[375]。

　ドイツ法と同じく、日本の株式会社法学は、第二次世界大戦後に黄金時代を迎えた。戦後日本において、株式会社法に関する多数の研究論文・注釈書・教科書・体系書・実務書が執筆された。通説は、戦後の日本経済の復興と発展のため、日本経済の中心に位置していた株式会社の発展の基礎となる解釈論・立法論を展開した。本書では、戦後日本の株式会社法学を代表する鈴木竹雄博士と大隅健一郎博士を取り上げた。鈴木＝大隅両博士の株式会社法学は、方法論上は、ドイツ法学の影響を大きく受けた株式会社法の「解釈論」を展開した。米国の「リアリズム法学」や「法と経済学」は、全くといっていい程、鈴木＝大隅両博士の株式会社法学に対して影響を与えなかった。鈴木＝大隅両博士の会社法の体系書は、戦後期の通説を形成し、戦後期の株式会社法の安定的な解釈に資し、日本の株式会社実務を指導し、日本の戦後期の経済成長の基礎を提供した。

　日本において株式会社法学は、ドイツよりも遅れて成立し確立した。ドイツ

---

[374] Windbichler, Gesellschaftsrecht, 24. Aufl., München 2017, S. 270 ff.; Kübler/Assmann, Gesellschaftsrecht, 6. Aufl., Heidelberg 2006, S. 369 ff.

[375] 法人格の否認の法理は、個別事案において、当該事案限りにおいて会社の法人格が存在しないかのように取り扱う法理であり、その適用にあたり「要件事実」と「効果」を明確にすることは、この法理の性質上、馴染まない。法人格否認の法理は、法システムの機能上の欠缺を埋めるという重要な役割をもっており、その適用のための要件事実を固定化してしまうと、この法理の欠缺補充機能が失われてしまう。すなわち、法人格否認の法理が適用されるための「要件事実」とこの法理を適用した場合の「効果」の固定化によって、この法理が有する個別の事案に対応した適切な解決方法を与えるという「柔軟性」と新しい問題に対応する「生命力」が失われ、この法理が日本社会の変化に合わせて発展していく可能性が制限されてしまうであろうと予想される。なお、中国会社法20条3項は「会社の株主が会社法人の独立的地位および会社の有限責任を濫用して、債務を逃れ、会社の債権者の利益を著しく損なった場合には、会社の債務に対して連帯して責任を負わなければならない」と法人格否認の法理を条文化している。

と日本の株式会社法学は戦後に黄金時代を迎えたという点で共通点があった。また，ドイツと日本の株式会社法学は，その通説的見解が，戦中期，全体主義のイデオロギーの影響を受けていないという点でも共通点があった。ただし，戦後期には，ドイツの株式会社法学が，立法や会社実務とは一線を画したところで「学問」としての株式会社法学を築こうとしていたのに対し，日本において通説の地位を占めていた鈴木博士の体系書における株式会社法学は，立法や会社実務と密接に関わったところで成立していた。また大隅健一郎博士は，最高裁判事となり，その会社法上の学説は，日本の判例形成にも大きな影響をもった。

ただし，このことは，日本の株式会社法学が，実務に対して批判力がないことを意味しなかった。松本烝治博士以来，日本の株式会社法学は，最上級裁判所である大審院や最高裁の判決・決定に対して，これらを自己の学問的立場から評価し，自らがおかしいと考える場合には，体系書においても，積極的に自らの見解を展開した。20世紀の日本の学問的権威のある「通説」においては，裁判実務の誤りを正すのが自己の役割であるという意識が高かった。

これに対して，ドイツの株式会社法解釈学においては，日本の株式会社法学でいう意味での「通説」というドイツ語の用語法は，法学の論文や判決文では使われていない。連邦通常裁判所の見解が「支配説 (herrschende Meinung)」なのであり，これと異なった説が「支配説」になることは通常ありえない。この現象は，判例法を「法源」とみるドイツの現代の法解釈学の方法論と密接に結びついている[376]。ドイツの株式会社法学の体系書は，フルーメ[377]等の個性のある体系書の場合を除き，最上級裁判所とりわけ連邦通常裁判所の判例に反対する見解を展開することが，日本法の場合と比べ少ない。ドイツの株式会社法学の体系書は，連邦通常裁判所の判例を，所与の法として受け入れる場合が多い。ドイツにおいては連邦通常裁判所の見解と異なる見解を展開してきた論者も，自己と違った見解が連邦裁判所の判例として出されると，教科書においては，これを所与の法として叙述するのが普通である[378]。

---

376) Karl Engisch, Einführung in das juristische Denken, 11. Aufl., Stuttgart 2010, S. 311 ff.

377) Flume, Allgemeiner Teil des Bürgerlichen Rechts, Erster Band, Zweiter Teil: Die juristische Person, Berlin 1983.

378) 近時における例外として，ゲオルグ・ビッター（マンハイム大学教授）は，有限

これに対して，20世紀の日本の学問的権威がある「通説」においては，株主や債権者利益の見地から，大審院や最高裁の判決に対して，批判を展開し，これを学問的見地から指導しようという意識が強かった。かかる20世紀の日本の通説の批判的性格は，かかる傾向が弱まった戦後でも，特に竹内昭夫博士の体系書[379]で展開されている設立費用の帰属[380]や事業譲渡にかかる三要素説[381]等の重要な最高裁判例に対する痛烈な批判などに，明確に現れていた。

　20世紀の日本において，判例とは異なる「通説」が大きな説得力を有していた背景としては，通説が，①比較法研究等を通じて国際的状況に通じていたこと，②会社実務に精通し「会社荒し」を防止しながら，他方で株主・債権者といった会社以外の利益に配慮する衡平の感覚に優れており，実務上の必要性と会社関係者の利益保護との絶妙なバランスを保っていたこと等が挙げられる。

　　会社において支配的地位を有する社員による会社財産奪取の事例に対して，透視理論による解決を学説として初めて提唱し，ビッターの見解は後に連邦通常裁判所の判決によって支持されたが，新しい連邦通常裁判所の判例が，透視理論による解決を放棄し，ドイツ民法826条が定める不法行為責任による解決をしたことに対し，自著の学生用教科書の中で，連邦通常裁判所の新しい解決法を，「ほとんど説得力がない（wenig überzeugend）」という強い言葉で批判している（Bitter, Gesellschaftsrecht, 2. Aufl., München 2013, S. 139）。近時，かかるビッターの見解を支持するものとして，Lieder, Die Existenzvernichtungshaftung als verbandsübergreifende Durchgriffshaftung, FS Pannen, München 2017, S. 439 ff.がある。この点につき，高橋英治『企業結合法制の将来像』234頁以下参照。

379） 竹内昭夫著，弥永真生補訂『株式会社法講義』131頁以下，447頁以下（有斐閣，2001年）。
380） 大判昭和2年7月4日民集6巻428頁。
381） 最判昭和40年9月22日民集19巻6号1600頁。

3 「現代化」の時期―1990（平成2）年バブル崩壊から現在までの時期

　日本の株式会社法は，1990（平成2）年のバブル崩壊を契機として，規制を緩和し，日本経済を不況から脱却させるという明確な目標の下に，改正がなされるようになった。その総括ともいえる2005（平成17）年会社法の制定は，株式会社法を現代語化しただけでなく，株式会社法制自体に対して，「現代化」と呼ばれる抜本的な改革を行った。本書は，1990（平成2）年のバブル崩壊から始まる株式会社法の「現代化」につき，2005（平成17）年会社法制定および2014（平成26）年改正の前後に分けて，その要点を示し，日本の株式会社法の改正の特徴と課題を示す。

　21世紀日本の株式会社法学としては，株式会社法の本格的体系書である江頭憲治郎『株式会社法〔第7版〕』を取り上げ，21世紀日本の株式会社法学の特徴と課題を示す。

(1) 株式会社法
a 株式会社法の「現代化」まで（1990（平成2）年バブル崩壊から2005（平成17）年会社法までの時期）

　1990（平成2）年には，①会社の設立手続の合理化，②株式制度の改善，③新株引受権規制の合理化を柱として，株式会社法改正が行われた[1]。

　まず，1990（平成2）年改正は，株式会社につき1000万円の最低資本金を定めた（1990（平成2）年改正商法168条ノ4）。このように日本の株式会社法における規制が強化された経緯は以下のとおりであった。そもそも，日本の株式会社には最低資本金制度がなかったため，零細企業も株式会社として設立され存続できた。このため，事実上の個人企業も株式会社として設立されるという「個人企業の法人成り」という現象がみられた。このため，日本の株式会社の判例法理は，小規模会社の同族内での内部紛争が，株式会社法上の争いの形態

---

1) 1990（平成2）年改正法の注釈として，上柳克郎＝鴻常夫＝竹内昭夫編集代表『新版注釈会社法補巻平成2年改正』（有斐閣，1992年）がある。1990（平成2）年改正法の立案担当者解説として，大谷禎男『改正会社法』（商事法務研究会，1991年）がある。

をとっていたことも多かった[2]。これは，大局的な見地からは，大規模な上場会社と小規模閉鎖会社とを，規制上，切り分けて，それぞれの特徴に合致した判例を形成させるという点からは大きなマイナスであった。1990（平成2）年改正において株式会社に最低資本金が定められたことは，株式会社とその他の会社との間で規制の切り分けを行う契機となるはずであった。しかし，日本の中小企業は，「株式会社」として存続できることを望んだため，最低資本金制度導入にあたっては，できるだけ低い額の最低資本金額を望んだ。その結果として，株式会社の最低資本金額は，既存会社・新設会社ともに1000万円という十分といえない額となった[3]。

ドイツでは，1965年株式法により，株式会社の最低資本金は10万マルクと定められたが（1965年株式法7条），その後のインフレーションの進行により，1991年には，株式会社の最低資本金額の価値は当時の日本の円相場からして約839万円となっていた[4]。その後，ドイツでは，1998年，ユーロ導入に伴い株式会社の最低資本金は5万ユーロ（2017年12月現在で約666万円）となった。ドイツは，1994年8月4日，「小株式会社の規制と株式法の規制緩和のための法律[5]」を制定し，中小企業が株式会社形態をとりやすくするための規制緩和を行っていた[6]。その結果，株式会社・株式合資会社の数は急増し，1983年には，2141社程度しか存在しなかった株式会社・株式合資会社・ヨーロッパ株式会社（SE）は，2004年には，16000社を超えた[7]。

日本は，2005（平成17）年会社法により有限会社制度を廃止し，株式会社につき最低資本金制度を撤廃したため，日本の1990（平成2）年改正が有していた会社の規模による株式会社と有限会社の規制の切り分けは，その後の規制緩

---

2) 矢沢惇＝鴻常夫両博士は，「会社法に関する判例の相当の部分が中小企業に関する事件である」と説いた（矢沢惇＝鴻常夫「会社法判例研究の意義」同編『会社判例百選〔第3版〕』7頁（有斐閣，1979年））。
3) 大谷禎男『改正会社法』41頁参照。
4) 大谷禎男『改正会社法』42頁参照。
5) Gesetz für kleine Aktiengesellschaften und zur Deregulierung des Aktienrechts vom 2.8.1994, BGBl. I S. 1961.
6) この法律の詳細につき，早川勝「ドイツにおける『小株式会社の規制と株式法の規制緩和のための法律』について」同志社法学47巻2号1頁以下（1995年），丸山秀平「小規模株式会社法制とドイツ株式法改正」田中誠二先生追悼論文集刊行会編『（田中誠二先生追悼）企業の社会的役割と商事法』71頁以下（経済法令研究会，1995年）参照。
7) Deutsches Aktieninstitut e.V., DAI-Factbook, Stand: 05.04.2013.

和の中で放棄されたが，ドイツ法では弱いながらもなお存在している（株式法7条，ドイツ有限会社法5条1項）。

1990（平成2）年改正は，一人会社の設立も認めたこと（1990（平成2）年改正商法165条），株式の無償交付を株式分割の規制に統合したこと，株式配当を廃止したこと，株式譲渡制限会社における株主の新株引受権を法定化したこと（1990（平成2）年改正商法280条ノ5ノ2第1項本文）などの点でも，特徴があった。

1993（平成5）年改正は，①株主による会社の業務執行に対する監督是正機能の強化，②監査制度の実効性の強化，③資金調達制度の合理化を柱とする改正[8]を行った[9]。1993（平成5）年改正において最も注目されるべきは，株主代表訴訟が，訴訟の目的の価額の算定については，財産上の請求にあらざる請求にかかる訴えとみなすとする規定が新設され（1993（平成5）年改正商法267条4項），訴額は一律に95万円とみなされ，裁判所に納付すべき手数料が8200円[10]とされたことにある。これにより，代表訴訟の提起数が爆発的に増加した[11]。ドイツにおいては，取締役の責任追及のための株主代表訴訟の訴額の認定は，一般民事訴訟法の原則に従っており，請求額にスライドして訴額が大きくなり，裁判所に支払う手数料も，これに比例して大きくなる仕組みが取られており，これがドイツ法上，取締役の責任追及のための株主代表訴訟制度が利

---

[8] 1993（平成5）年改正法の注釈として，上柳克郎＝鴻常夫＝竹内昭夫編集代表『新版注釈会社法　第2補巻　平成5年改正』（有斐閣，1996年）がある。1993（平成5）年改正法の立案担当者解説として，吉戒修一『平成5年・6年改正商法』（商事法務，1996年）がある。

[9] 吉戒修一「平成5年商法改正法の解説〔1〕」商事法務1324号10頁（1993年）。

[10] 現在では，代表訴訟は，勝訴しても株主に直接に利益が帰属するわけでない点に鑑み，訴訟の目的の価額の算定については，財産上の請求でない請求に係る訴えとみなされるので（会社法847条の4第2項），申立時に裁判所に納める費用の額は一律に13000円である（民事訴訟費用等に関する法律4条2項・別表第1）。

[11] Nakahigashi/Puchaniak, Land of the rising derivative action: revising irrationality to understand Japan's unreluctant shareholder litigant, in: Puchaniak/Baum/Ewing-Chow (Edit.), The Derivative Action in Asia: A Comparative and Functional Approach, Cambridge 2012, S. 140; Eiji Takahashi, Corporate Governance in Japan: Vorgriff auf künftige Reformen in Deutschland?, in: Leipoldt (Hrsg.), Verbände und Organisation im japanischen und deutschen Recht, Köln 2006, S. 89; 高橋英治「日本におけるコーポレート・ガバナンス——ドイツにおける将来の改革の先取りか？」松本博之＝西谷敏＝守矢健一編『団体・組織と法』94頁（信山社，2006年）参照。

用されない要因の一つであると認識されている。このため，ミュンヘン大学教授マティアス・ハバーザックは，2012年の第69回ドイツ法律家会議経済法部会において，株主代表訴訟の訴額決定に，株主総会決議取消訴訟に係る訴額について定める株式法247条を類推適用することを主張したが[12]，判例は未だにこの解釈を採用していない。ハバーザックは，日本の1993（平成5）年改正商法267条4項による解決を積極的に評価し，取締役の責任追及のための株主代表訴訟制度が利用されないドイツ法も日本法と同様の規制を立法により導入する余地があると考えている[13]。ハイデルベルク大学教授デルク・フェアゼは，ドイツにおける株主代表訴訟制度は「死んだ法（totes Recht）」であり，ほとんど利用されない点を指摘し，この要因の分析[14]が近年ドイツで進んでいる点に注目されるべきであると説く[15]。ドイツの取締役の責任追及のための株主代表訴訟制度は，日本の1993（平成5）年改正前の「活用もされなければ，濫用もされない[16]」状態にあり[17]，日本の株主代表訴訟制度の経験は，ドイツの法制度の将来のあり方に示唆を与える。その他に，1993（平成5）年改正では，日米構造協議における米国の主張を受け入れたかたちで[18]，株主の会計帳簿・書類閲覧権行使のための持株要件が，10パーセントから3パーセントに引き下げられた（1993（平成5）年改正商法293条ノ6第1項）。

　1994（平成6）年改正は，自己株式取得が例外的に許容される場合を拡大し[19]，使用人に譲渡するための自己株式取得を，総発行済株式の3パーセント

[12] Habersack, Staatliche und halbstaatliche Eingriffe in die Unternehmensführung, Gutachten E zum 69. Deutschen Juristentag, München 2012, E. 95 f.
[13] 2017年12月18日のミュンヘン大学教授マティアス・ハバーザック（Mathias Habersack）の筆者への電子メールによる回答。
[14] Andreas Gaschler, Das Klagezulassungsverfahren gem. §148 AktG: Geltendes Recht. Kritik. Reform, Berlin 2017.
[15] 2017年12月19日のハイデルベルク大学教授デルク・フェアゼ（Dirk A. Verse）の筆者への電子メールによる回答。
[16] 上柳克郎＝鴻常夫＝竹内昭夫編集代表『新版注釈会社法第2補巻平成5年改正』33頁（有斐閣，1996年）〔竹内昭夫〕。
[17] 上柳克郎＝鴻常夫＝竹内昭夫編集代表『新版注釈会社法第6巻』357頁（有斐閣，1987年）〔北澤正啓〕参照。
[18] 吉戒修一『平成5年・6年改正商法』178頁以下（商事法務，1996年）参照。
[19] 1994（平成6）年改正法の注釈として，上柳克郎＝鴻常夫編集代表『新版注釈会社法　第3補巻　平成6年改正』（有斐閣，1997年）がある。1994（平成6）年改正法の立案担当者解説として，吉戒修一『平成5年・6年改正商法』（商事法務，1996年）

3 「現代化」の時期　357

を超えない範囲で，かつ，買い取る自己株式の総額が会社の配当可能利益の範囲内にあるという条件の下で，許容した（1994（平成6）年改正商法210条ノ2第1項・同条3項）。この1994（平成6）年改正商法210条ノ2第1項は，立法審議の過程，および会社が自己株式を買い付けてから譲渡するまでの期間が短く制約されていたことから判断して（1994（平成6）年改正商法210条ノ2第4項・211条），従業員持株制度を想定したものであり，従業員に対するストック・オプション制度を想定したものではなかった[20]。1994年当時ドイツの株式法71条1項2号・同条2項は，従業員に株式を提供する目的での自己株式取得を10パーセント以内という数量基準および配当可能利益の範囲内という財源規制の下で認めていた。日本の1994（平成6）年改正商法210条ノ2は，①従業員持株制度[21]奨励のための自己株式取得を緩和した点，②数量基準と財源規制の下で，自己株式取得を例外的に認めた点において，当時のドイツの株式法71条1項2号・同条2項を参考にした。

　1997（平成9）年，ストック・オプションを日本の株式会社において可能にしようとするため議員立法により商法改正が行われた。この改正の後，1999（平成11）年4月27日閣議決定「審議会等の整理合理化に関する基本計画」に基づき，法制審議会には常設の部会として「会社法部会」が置かれないことになり，特定の諮問事項に従って法制審議会会社法部会が置かれることになった[22]。その結果，日本の株式会社立法は，法制審議会会社法部会の委員の人選がその都度なされ，日本の経済再生のための立法が行われるようになった。

　日本の株式会社立法は，1999（平成11）年，株式交換・株式移転制度を創設し（1999（平成11）年改正商法352条以下），2000（平成12）年，会社分割制度を創設した（2000（平成12）年改正商法373条以下）。株式交換・株式移転に相当する制度は，それ自体ドイツ法には存在しない[23]。株式交換・株式移転制度は米

---

20) 上柳克郎＝鴻常夫編集代表『新版注釈会社法（3補）平成6年改正』65頁（有斐閣，1997年）〔江頭憲治郎〕。
21) 日本とドイツの従業員持株制度の比較研究として，道野真弘「従業員持株制度の研究(1)(2)（3・完）――ドイツとの比較による制度目的の再検討を中心として」立命館法学240号210頁以下（1995年），立命館法学241号198頁以下（1995年），立命館法学242号64頁以下（1995年）参照。
22) 中東正文＝松井秀征編著『会社法の選択――新しい社会の会社法を求めて』158頁（商事法務，2010年）〔山田泰弘〕。

国法をモデルに日本法に導入された[24]。会社分割も，ドイツ法と日本法で，制度の内容は大きく異なる[25]。これら日本法の新しい企業再編制度は，ドイツ法の影響の外で立案された。

2001（平成13）年および2002（平成14）年の2年間では，二つの議員立法を含む五つの法律により，株式会社法の抜本的な改革が行われた。その中には，①経済界が長く要望していた自己株式の取得・保有についての目的・数量・保有期間の規制の撤廃（2001（平成13）年6月改正商法210条），②種類株式の多様化（2002（平成14）年改正商法222条以下），③委員会等設置会社（現在の「指名委員会等設置会社」）の導入（2002（平成14）年改正商法特例法21条ノ5以下），④議員立法による単位株制度の廃止と単元株制度の創設（2001（平成13）年6月改正商法221条）などがあった[26]。これらの改正のうち①と③は，ドイツ法が，現在目指している改正を先取りして実現したものであった。すなわち，2002年10月4日の会社法専門家ハイレベル・グループの第二報告書（「ヨーロッパにおける会社法に関する現代的な立法枠組みについての会社法専門家ハイレベル・グループの報告書[27]」）では，①自己株式取得規制の10パーセントの数量規制を撤廃す

---

[23] Eisele, Holdinggesellschaften in Japan, Tübingen 2004, S. 252 ff.
[24] 株式交換・株式移転の導入に大きな影響を与えた会社法学上の業績として，中東正文「アメリカ法上の三角合併と株式交換」中京法学28巻2号1頁以下（1994年）参照。
[25] 高橋英治『ドイツ会社法概説』472頁以下（有斐閣，2012年）。ドイツの組織再編制度につき，牧真理子「ドイツ法における『詐害』の意義——組織再編法制の検討」大分大学経済論集68巻1＝2号25頁以下（2016年）参照。ドイツと日本の組織再編法の優れた比較研究として，受川環大『組織再編の法理と立法』7頁以下（中央経済社，2007年）がある。
[26] 2001（平成13）年・2002（平成14）年会社法改正に対しては当時多くの法律雑誌が特集号を掲載した（「特集　商法等の改正——平成13年臨時国会」ジュリスト1220号（2002年），「特集　商法大改正の課題と展望」ジュリスト1206号（2001年），「特集1　平成14年商法改正」ジュリスト1229号（2002年），落合誠一ほか「会社法改正の全体像Ⅰ——平成13年商法改正」法学教室264号（2002年），落合誠一ほか「会社法改正の全体像Ⅱ——平成14年商法改正」法学教室265号（2002年），野田博ほか「特集　商法改正——その将来への視座」法律時報74巻10号（2002年），野村修也ほか「特集1　ここが知りたい！商法大改正のインパクト」法学セミナー575号（2002年）など）。近藤光男＝志谷匡史『改正株式会社法Ⅰ』（弘文堂，2002年），近藤光男＝志谷匡史『改正株式会社法Ⅱ』（弘文堂，2002年）は，2001（平成13）年・2002（平成14）年改正法の実務家を対象とした解説書であった。
[27] Report of High Level Group of Company Law Experts on Modern Regulatory Framework for Company Law in Europe (Nov. 4, 2002) available at http://www.

べきこと、②ヨーロッパ株式会社におけるような一元型と二元型のコーポレート・ガバナンスの一般的な選択権を株式会社に認めるべきことなど[28]が提案されていたが、日本法はかかる「ヨーロッパ会社法の将来の青写真」の実現に先立ち、自己株式取得にかかる数量規制の撤廃および一元型と二元型のコーポレート・ガバナンスとの選択制を、2001（平成13）年・2002（平成14）年の株式会社法の改正で実現した[29]。しかし、これらの主として経済界からの要請からの改革には、株主の財産権保障の観点から問題となるような制度も含まれていた。例えば、単元株制度について、ドイツの会社法研究の第一人者であるマルクス・ルッターは、もしも日本の単元株のような制度がドイツで立法上導入されるならば、かかる制度は株主の財産権（基本法14条）を侵害するものとして憲法異議の訴えが提起されるであろうと予想した[30]。

b 2005（平成17）年「会社法」の成立——株式会社法の「現代化」

2005（平成17）年には、「会社法」という法典が新たに制定された。「会社法」制定の目的は、会社法の「現代化」にあった。2005（平成17）年2月9日に法制審議会総会で決定された「会社法制の現代化に関する要綱[31]」は、「会社法の現代化」の基本方針を次のように示した。まず、会社に関して規定していた商法第2編、有限会社法、商法特例法について、これらを一つの「会社法」という法典にまとめるとともに、片仮名文語体で書かれていた条文を、平仮名口語化した（「会社法制の現代語化」）。次に、会社にかかる諸制度間の不均衡の是

---

　　ecgi.org/publications/documents/report_en.pdf (last visited Feb. 20, 2017). この報告書につき、ハラルド・バウム、早川勝＝久保寛展訳「ヨーロッパ買収法および会社法の改正に関する『会社法専門家ハイレベル・グループ』の提案」ワールド・ワイド・ビジネス・レビュー（同志社大学）5巻1号111頁以下（2003年）、ハンノ・メルクト、小柿徳武＝守矢健一訳「ドイツにおける株式法の改正：基本方針および基本傾向」松本博之＝西谷敏＝守矢健一編『団体・組織と法』107頁（信山社、2006年）参照。

28) Report of High Level Group of Company Law Experts on Modern Regulatory Framework for Company Law in Europe (Nov. 4, 2002), S. 34 ff.

29) ドイツ法において、株式会社のファイナンス上の本格的な規制緩和策は、2016年株式法改正においてようやく始まったところである。

30) 2003年10月28日のボン大学教授マルクス・ルッター（Marcus Lutter）に対する筆者のインタビューにおける発言。高橋英治『ドイツと日本における株式会社法の改革——コーポレート・ガバナンスと企業結合法制』30頁（商事法務、2007年）参照。

31)「会社法制の現代化に関する要綱」はジュリスト1295号192頁以下（2005年）に掲載されている。

正等を行うとともに，最近の社会経済情勢の変化に対応するための各種制度の見直しを行った（「実質改正」）。

2005（平成17）年会社法の実質改正については，多岐にわたるが，①株式会社と有限会社という二つの会社類型を一つの会社類型（「株式会社」）に統合する，②株式制度の見直し（全部取得条項付株式に関する規定の新設・端株制度の廃止・株券の不発行の原則の導入），③株式会社の機関設計を一定の規律の下に柔軟化した，④会計参与制度の創設，⑤取締役の責任規定の見直し（取締役の利益相反規制等において取締役の無過失責任の場合を限定した），⑥組織再編に係る対価として金銭その他の財産を交付することができるようにした（「対価柔軟化」），⑦組織再編につき簡易組織再編と略式組織再編（新設）とを整備した，などがあった。

2005（平成17）年会社法の実質改正のモデルはどこにあったのか。2005（平成17）年会社法は，有限会社法を廃止し[32]，有限会社を株式会社の規制の中に取り込み，かつての有限会社に相当する全株式譲渡制限会社を株式会社の基本に据えた。この理由について，法制審議会会社法（現代化関係）部会の部会長として「会社法制の現代化に関する要綱」を取りまとめた江頭憲治郎博士は，会社法が全株式譲渡制限会社を基本とする規制の立て方をしている理由は，一国の経済力を決めるのはベンチャー企業である中小企業であり，英国の会社法改正におけるスローガンであった"Think small first"と同じ考えを採用したものであると説明した[33]。この説明に着目すると，「株式会社と有限会社という二つの会社類型を株式会社に統合する」という2005（平成17）年会社法の理念については，英国の会社法改正[34]が影響を与えたことは否定できない。し

[32) ボン大学教授マルクス・ルッター（Marcus Lutter）は，日本が有限会社制度を廃止しなければならなかった理由が明確でないと疑問を提起する。①2005（平成17）年の会社法制定前，数の上で有限会社は株式会社よりも多かった，②ヨーロッパでは，有限会社制度は，中小企業において社員が有限責任を享受することができる仕組みとして大いに普及していたこと等からすると，かかる疑問には理由がある。以上，2010年8月9日のボン大学教授マルクス・ルッター（Marcus Lutter）に対する筆者のインタビューにおける発言。

33) 江頭憲治郎「新会社法の意義と特徴」ジュリスト1300号9頁（2005年）。高橋英治『会社法の継受と収斂』266頁（有斐閣，2016年）参照。

34) 近時の日本における英国会社法についての優れた共同研究として，イギリス会社法制研究会『イギリス会社法――解説と条文』（成文堂，2017年）参照。

かし、「会社法」の制定にあたっては、外国の法制度を継受したというよりも、日本の会社法学者・実務家・法務官僚および経済人が、外国の法制度を参考にしつつ、日本における100年以上にわたる株式会社法に関する知識と経験を結集して、「会社法」という新しい法典を作り上げたという面が強い。1990年のバブル崩壊以降の日本の株式会社立法は、「規制緩和」という言葉によりその性格を特徴づけることができるが、2005（平成17）年会社法については、これまで蓄積してきた法実務の経験を主たる基礎として制定されたという意味において、立案担当者の外国法からの「自律性」も、その制定の特徴として挙げられるであろう。

c 2014（平成26）年改正
aa）コーポレート・ガバナンス

2014（平成26）年改正は、コーポレート・ガバナンス体制の改革と本格的な企業結合法制の導入を目的としていた。

2014（平成26）年改正によるコーポレート・ガバナンス体制の改革としては、社外取締役の設置の推奨が挙げられる。すなわち、2014（平成26）年改正は、公開会社で大会社でもある監査役設置会社においては、上場会社は、1人以上の社外取締役を設置することが推奨され、事業年度の末日において社外取締役を設置していない場合、取締役は、当該事業年度に関する定時株主総会において、社外取締役を置くことが相当でない理由を説明しなければならないとした（2014（平成26）年改正会社法327条の2）。2014（平成26）年改正会社法327条の2の規制方式は、「遵守せよ、さもなければ説明せよ（comply or explain）」というソフトローの形をとっており、英国コーポレート・ガバナンス規準をモデルとしていた[35]。

日本において、2012（平成24）年における社外取締役を有する上場会社の割合は、54・2パーセントに止まっていた。かかる状況においては、上場会社に対し、社外取締役の設置の推奨の方が、社外取締役設置の義務づけよりも、上

---

[35] 当時の英国コーポレート・ガバナンス規準は、上場会社の取締役会構成員の半数以上を原則として独立した非業務執行取締役とすることを推奨していた（Davies/Worthington, Principles of Modern Company Law, Ninth Edition, London 2012, S. 426 ff.）。これに対して、米国では、企業改革法（サーベンス・オクスリー法）に基づくニューヨーク取引所上場規則により、取締役会構成員の過半数が独立取締役であることが強制されていた。

場会社に対する負担の軽減の観点から優れていると考えられた[36]。2014（平成26）年改正会社法327条の2の「推奨」は実際に機能した。2014（平成26）年以降、社外取締役を設置する上場会社の数は着実に上昇を続け、2017（平成29）年においては、日本の上場会社の99・6パーセントが社外取締役を設置している[37]。

監査等委員会設置会社制度の新設にあたっては、日本では、主として経営者側から、委員会設置会社（現在の「指名委員会等設置会社」）は、三委員会をセットで導入しなければならない点で、使い勝手が悪いと指摘されていた。特に、委員会設置会社では指名委員会が導入されているため、取締役候補者の決定権が経営者から指名委員会へ移り社長から人事権が奪われるとされた。この点が、委員会設置会社を導入するに際しての経営者（社長）の抵抗感の原因となっていた[38]。そこで、監査委員会だけを導入する一元型の機関構成を認める代わりに、監査委員会の監査を強化し、弱いながらも指名委員会および報酬委員会の機能を伴う「監督」の機能をもたせようという点が、監査等委員会制度導入の趣旨である。

監査等委員会制度によると、監査等委員は取締役でなければならず、監査等委員たる取締役は、その過半数が社外取締役でなければならない（2014（平成26）年改正会社法331条6項）。監査等委員たる取締役は、それ以外の取締役と区別して、株主総会の普通決議によって選任される（2014（平成26）年改正会社法329条2項）。監査等委員会は、監査等委員である取締役の選任に関する議案提案権を有する（2014（平成26）年改正会社法344条の2第2項）。

監査等委員会の「監査」の権限としては、取締役による業務執行の監査および監査報告の作成が挙げられる（2014（平成26）年改正会社法399条の2第3項1号）。監査等委員会の有する「監督」の権限としては、監査等委員会は、株主総会において、監査等委員である取締役以外の取締役の選解任および報酬について意見を決定することができる（2014（平成26）年改正会社法399条の2第3項

---

[36] 高橋英治「日本におけるコーポレート・ガバナンス改革の歴史と課題——現在行われている会社法改正を中心として」商事法務1997号7頁（2013年）、高橋英治『会社法概説〔第3版〕』154頁以下（中央経済社、2015年）参照。

[37] 日本取締役協会「上場企業のコーポレート・ガバナンス調査」7頁（2017年8月1日）。

[38] 坂本三郎編著『一問一答・平成26年改正会社法』18頁（商事法務、2014年）、村田敏一「監査等委員会設置会社の創設とその課題——不思議なコーポレートガバナンス」立命館法学359号266頁（2015年）参照。

3号）。監査等委員会は，指名委員会や報酬委員会に準じる機能を果たすことが期待された。

監査等委員会設置会社では，取締役会は，経営の基本方針等を除いた業務執行決定権限を取締役に委任することができる（2014（平成26）年改正会社法399条の13第4項）。監査等委員会設置会社では，取締役の過半数が社外取締役である場合には，取締役会はその決議により重要な業務執行の決定も取締役に委任できる（2014（平成26）年改正会社法399条の13第5項）。監査等委員会設置会社は，当該会社が監査等委員会設置会社である旨につき登記される（2014（平成26）年改正会社法911条3項22号）。

監査等委員会設置会社は，指名委員会等設置会社と監査役設置会社との中間に位置する第三の制度である。監査等委員会設置会社では，指名委員会および報酬委員会が設けられないため，これまで監査役設置会社で行われていた取締役の人事権を掌握していた社長等による独裁の弊害が改まるか，これからの実務が注目される。監査等委員会がもつ取締役の人事・報酬についての意見決定権（2014（平成26）年改正会社法399条の2第3項3号）が単に代表取締役（社長）が監査等委員会の「意見を聴取する義務」として機能するに止まり，反対意見に配慮して具体的措置をとる義務として機能しなければ，代表取締役（社長）による人事独占の弊害は改まらないであろう[39]。

2017（平成29）年には上場会社において監査等委員会設置会社は442社あり，上場会社全2020社の4分の1（505社）に近づいている[40]。

bb）企業結合規制とその導入の背景

企業結合規制の導入は，コーポレート・ガバナンス規制の整備と並んで，2014（平成26）年改正の最も重要な課題であった。2014（平成26）年改正は，企業結合規制として，多重代表訴訟（2014（平成26）年改正会社法847条の3第7項）や特別支配株主の株式等売渡請求権[41]（2014（平成26）年改正会社法179条1

39）人事・報酬への監査等委員会の関与に関する実態調査として，井須英次＝武井一浩＝永田雅仁「役員指名・報酬への監査等委員会の関与と実務対応」商事法務2161号47頁以下（2018年）参照。

40）日本取締役協会「上場企業のコーポレート・ガバナンス調査」6頁（2017年8月1日）。

41）この制度は，スクイーズ・アウトとも呼ばれるが，ドイツの株式法にも同様の制度が存在する（株式法327 a条～327 f条）。この制度を分析・検討した邦語論文として，福島洋尚「株式会社法における少数派株主の締め出し制度──ドイツ株式法を中心として」柴田和史 ＝ 野田博編著『会社法の現代的課題』200頁以下（法政大学出版局，

項）等，親会社と親会社の株主のための規制を導入した。そもそも企業結合に関する体系的規制は，親会社から子会社の少数派株主・債権者を保護する目的で世界で最初にドイツで導入された[42]。しかし，2014（平成26）年改正では，子会社の少数派株主・債権者保護のための規制は取り入れられなかった。

　2014（平成26）年改正は，企業結合規制として，親会社と親会社の株主の保護ないし親会社の利便性を向上する制度のみを導入した。その背景としては，「会社法の競争[43]」が挙げられる。日本の国際私法上，「子会社の保護が問題になる場合には子会社の属人法により，会社の債権者・社員の保護が問題になる場合には親会社の属人法による」という一般原則が妥当することが認められている[44]。日本では，法人の属人法決定につき設立地準拠法主義が採用されているから[45]，前記一般原則をあてはめると，親会社が日本で設立されたのであれば，親会社ないし親会社株主の保護の規定については日本の会社法が適用されることになる。親会社の株主保護を目的とする多重代表訴訟については，子会社の代表訴訟の原告適格も同時に問題となるため，親会社の設立地の会社法と子会社の設立地の会社法の両方が累積的に適用される[46]。親会社が子会社株式

2004年），斉藤真紀「ドイツにおける少数株主締め出し規整(1) (2・完)」法学論叢155巻5号1頁以下（2004年）・6号38頁以下（2004年），加藤貴仁「ドイツの企業結合形成過程に関する規制」商事法務1832号21頁以下（2008年），伊藤靖史「少数株主の締出しに関する規制のあり方について――ドイツにおける少数株主締出制度を参考に」同志社法学56巻4号74頁以下（2004年）。

42）1965年株式法第4編企業結合（同法291条以下）。1965年株式法の邦訳として，早川勝「1965年ドイツ株式法の改正と展開」同志社法学63巻6号201頁以下（2012年）を参照。1960年株式法政府草案理由書・第3編結合企業序説（Begründung zum Regierungsentwurf eines Aktiengesetzes 1965, Vorbemerkung, bei: Kropff, Aktiengesetz, Textausgabe, Düsseldorf 1965, S. 373 f.; 本書の邦訳として，慶應義塾大学商法研究会訳『西独株式法』442頁（慶應義塾大学法学研究会，1969年），慶應義塾大学商法研究会訳『西ドイツ株式法草案および理由書（1960年）』362頁（慶應義塾大学法学研究会，1961年））参照。

43）会社法の競争につき，ダニエル・チマー，高橋英治訳「ヨーロッパにおける会社法の競争」同志社法学59巻4号215頁以下（2007年）参照。

44）落合誠一＝神田秀樹＝近藤光男『商法II――会社〔第8版〕』336頁以下（有斐閣，2010年）〔落合誠一〕。

45）溜池良夫『国際私法講義〔第3版〕』295頁以下（有斐閣，2005年），山田鐐一『国際私法〔第3版〕』229頁（有斐閣，2004年）。

46）櫻田嘉章＝道垣内正人編『注釈国際私法第1巻』168頁（有斐閣，2011年）〔西谷祐子〕，藤田友敬「国際的な結合企業関係」商事法務1706号36頁（2004年）。

を譲渡するにつき親会社の総会決議を必要とする規制および特別支配株主の株式等売渡請求権の規制においても，親会社は法律関係の当事者であり，前者は親会社の株主保護のための，後者も親会社の便益向上のための特殊な規制であることは，国際私法上も考慮されるべきである。かかる見地から，これらの規制には，子会社の属人法とともに，親会社の属人法も累積的に適用されると解すべきである[47]。

2014（平成26）年改正によって導入された親会社保護の規制を利用するためには，多国籍企業が日本に親会社を設立する必要がある。当時，日本の経済政策として，金融立国を実現するため，海外子会社の収益の移転先の多国籍企業の持株会社が，日本を離脱することがないようにする立法上の措置が求められていた[48]。多国籍企業の持株会社の設立地としての日本の魅力を高めるために，2014（平成26）年改正により親会社・親会社の株主の保護ないし親会社の利便性向上の規制が設けられたと考えられる。2014（平成26）年改正の立法過程において経済界は多重代表訴訟制度導入に反対した。完全子会社の役員として完全親会社の部課長クラスが出向する事例が多くあるため，親会社の経営者は，多重代表訴訟規制の適用には抵抗を感じるのかもしれないが，多重代表訴訟の存在は，日本に設立されている純粋持株会社に対する海外の機関投資家からの投資を促進する効果があり，親会社の長期的利益になる。

2014（平成26）年改正において，子会社の少数派株主・債権者の保護のための規制が設けられなかった理由としては，次の点が挙げられる。第一に，子会

---

[47] 子会社の株式を譲渡するにつき親会社の総会決議を必要とする規制および特別支配株主の株式等売渡請求権等の規制については，最もこれらの制度により影響を受けるのは子会社であり，「最も影響を受ける会社に着目して，それとより密接な関係を有する国の法秩序が選択されるのが適当」であるという落合誠一教授の見解からするならば，これらの制度は子会社の属人法のみによるという立論も十分に成り立つ（落合誠一＝神田秀樹＝近藤光男『商法Ⅱ——会社〔第8版〕』337頁〔落合誠一〕参照）。

[48] 「日本の会社法制度を十分に活用してもらうためには，企業に，最上位にある会社（最終親会社）の設立準拠法として日本法を選んでもらう必要がある。日本企業の事業活動の地理的範囲が拡大し，多国籍企業化が進むに従い，なぜ最終親会社が日本の株式会社でなければならないのかという疑問はますます大きくなろう。創業した場所が日本だったから日本の株式会社が頂点に位置しているという歴史的経緯だけで，日本に多国籍企業をつなぎ止めるのは，いささか厳しい時代になりつつある。会社法制の整備…など国家レベルでの総合的な施策の必要性が高まっているといえよう」（スクランブル「日本の株式会社であることの意味は何か」商事法務2020号94頁（2013年））。

社の少数派株主・債権者の保護の規制のあり方に関し，技術面で意見が分かれ，その一致をみることが困難であった[49]。第二に，子会社の少数派株主・債権者保護は親会社にとって新たなコストの負担を意味する。親会社の責任規制は子会社の少数派株主・債権者の保護のための規制であるから子会社の属人法によるが[50]，新たなコストの負担を望まない親会社は子会社の設立地として日本を選択しなくなり，日本の産業の空洞化が一層進展してしまう。第三に，経済界の代表者が会社法立法に法制審議会会社法部会委員として関与し，同部会では委員全員の一致をみた案件から立法化されていった[51]。この審議方式により，経済界は原則としてすべての案件に拒否権を有することになった[52]。第四に，新しい経済学の考え方（補償原理）が正義の基準として影響力をもった[53]。すなわち，会社法改正により，親子会社の経営がしやすい環境が整えられ，親子会社全体の生産性が向上すれば，従属会社の少数派株主が多少害される状況が生じても，親子会社全体の利益からメリットを受けることができるから，カルドア＝ヒックスの基準[54]からして，かかる改正は正しいと考えられた[55]。

---

[49] Eiji Takahashi/Kazunori Shintsu, Einführung eines Konzernrechts in Japan: Der Zwischenentwurf und die ergänzenden Erläuterungen, Zeitschrift für Japanisches Recht/Journal of Japanese Law, Nr./No. 33 (2012), 15 f.

[50] 櫻田嘉章＝道垣内正人編『注釈国際私法第1巻』168頁〔西谷祐子〕，藤田・前掲注46）商事法務1706号34頁。

[51] 阿多博文「会社法改正の意義と経緯（第2部，第3部）および多重代表訴訟の幾つかの論点」北村雅史＝高橋英治編『（藤田勝利先生古稀記念論文集）グローバル化の中の会社法改正』21頁（法律文化社，2014年）参照。

[52] 高橋英治「会社法における企業結合規制の現状と課題〔上〕——平成26年改正を踏まえて」商事法務2036号22頁（2014年）参照。

[53] 高橋英治「ドイツ法における影響力利用者の責任規制と日本の会社法改正の課題」北村雅史＝高橋英治編『（藤田勝利先生古稀記念論文集）グローバル化の中の会社法改正』326頁参照。

[54] カルドア＝ヒックスの基準によると，他の利益を害する結果となる政策であっても，この政策によって得られる利益の一部から被害者に補償が与えられる可能性がある限り，この政策は望ましく実行すべきものとなる（Kaldor, Welfare Propositions of Economics and Interpersonal Comparison of Utility, The Economics Journal, Sept. 1939, 549 ff.; Hicks, The Foundation of Welfare Economics, The Economics Journal, Dec. 1939, 696 ff.）。カルドア＝ヒックスの基準につき，林敏彦『ミクロ経済学』129頁（東洋経済新報社，1984年）参照。この基準は，「潜在的パレート基準」と呼ばれることもある（田中亘「商法学における法解釈の方法」民商法雑誌154巻1号43頁以下（2018年）参照）。

cc）2014（平成26）年改正会社法下での裁判実務上の課題——企業結合法制を中心として

ア　問題の所在　2014（平成26）年改正は，親会社の責任規制を導入しなかったため，解釈上の一般条項によって親会社の子会社に対する損害賠償責任を基礎づけることが2014（平成26）年改正法下での裁判実務の課題となっている[56]。以下においては，まず2014（平成26）年改正法下で親会社の責任を基礎づける可能性について考察する。次に，親会社の責任規制によって子会社の少数派株主の利益が保護しきれない高度に統合されたコンツェルンにおける子会社の少数派株主保護を，一定の要件の下での少数派株主の子会社からの退社権を憲法の財産権保障から導くことによって実現する可能性について考察する。

イ　親会社の責任と会社法解釈上の一般条項　親会社による子会社の利益の侵害があった際に，子会社の親会社に対する損害賠償請求権を基礎づけるための会社法解釈上の一般条項としては，事実上の（影の）取締役の法理および株主の誠実義務の法理が存在する。次にみるように，どちらの法理にも，法技術的な難点がある。

まず，事実上の取締役の法理の親子会社関係への適用には，株式会社において法人取締役が認められていない現状で（会社法331条1項1号），親会社を取締役とみるという点で無理がある[57]。また，合理性の見地からすると，親会社に子会社の取締役としての責任を課すというのであれば，本来，親会社に子会社の業務を監督する権利も与えなければ，一貫しないだろう[58]。そうでないと，

55）　法律学においては，ある政策により利益を害される第三者が実際に補償を受ける仕組みが整備されていなければ，当該政策は法の観点からは正しいとはいえない。パレートの基準を厳格に適用するならば，補償が実際に与えられない限り当該政策のパレート最適は維持されない。この点につき，高橋英治『ドイツと日本における株式会社法の改革——コーポレート・ガバナンスと企業結合法制』54頁，Eiji Takahashi, Market-Organization-Corporate Group: An Economic Analysis of Law of Corporate Groups, The Journal of Interdisciplinary Economics, Volume 22 No 1 & 2（2010）, 50.

56）　以下の叙述は，高橋英治「会社法における企業結合規制の現状と課題〔下〕——平成26年改正を踏まえて」商事法務2037号36頁以下（2014年）を基礎にしている。近時の親会社等の責任規制の立法論を展開する優れた文献として，洪済植「親会社等の経営責任」島大法学61巻3＝4号79頁以下（2018年）がある。

57）　高橋英治『ドイツと日本における株式会社法の改革——コーポレート・ガバナンスと企業結合法制』203頁注71の文献参照。

58）　高橋英治「企業集団における内部統制」ジュリスト1452号26頁以下（2013年）参照。

親会社が取締役としての責任を負うにもかかわらず，その責任の発生を回避する手段が与えられていない点で，疑問が生じるからである。これを解決するには，その締結によって親会社が子会社を指揮する権限を獲得するが，他方，親会社が子会社の少数派株主・債権者を保護する義務を負う「グループ契約」なるものを認め[59]，グループ契約が締結された場合にのみ，親会社は子会社を指揮できるとするしかない。しかし，かかるグループ契約は，租税法上の伝統がない日本では，法律上導入が困難であるし，そもそも親子会社を「契約なくして支配なし」という原則に服させること自体，親子会社から中間組織としての活力を奪うものであり，妥当でない[60]。

株主が他の株主に対し誠実義務を負うというという考え方には，株主有限責任（会社法104条）に反するという批判[61]以外に，親会社の子会社に対する責任を認めることは，株主間には何らの法的な関係も存在しないという従来の社団概念との矛盾が生じると考えられてきた[62]。特別支配株主の株式等売渡請求権が法定されて（会社法179条1項），株主間における法的関係の存在が認められた2014（平成26）年改正法の下では，この問題はなくなった。しかし，株主の誠実義務には，多層的な支配構造を有するコンツェルンにおいて頂点に立つ親会社が孫会社の利益を侵害した場合について，形式的に考えると両社には直接の法律関係が存在しないために，株主の誠実義務によって親会社の孫会社に対する損害賠償責任を基礎づけることが，法技術的に困難であるという問題がある[63]。

---

59) 高橋英治「親会社の責任規制の在り方について」MARR 5月号32頁（2011年）参照。
60) ドイツにおいて，1958年株式法参事官草案が「契約なくしてコンツェルンなし」という考えに基づいて，契約なき事実上のコンツェルン支配に対して制裁を科してこれを抑制しようとしたが失敗したことにつき，高橋英治『企業結合法制の将来像』31頁以下（中央経済社，2008年）参照。
61) 服部榮三「『大株主権力抑制措置の研究』の刊行に寄せて」別府三郎『大株主権力抑制措置の研究』序2頁（嵯峨野書院，1992年）。
62) 服部榮三「『大株主権力抑制措置の研究』の刊行に寄せて」別府三郎『大株主権力抑制措置の研究』序3頁参照。
63) ドイツ法では，株主の誠実義務は株主の支配力濫用に対する一般法理として理解されているため，通説・判例上，本文に挙げた問題は大きな問題とは意識されていない。高橋英治「持分会社と企業結合法制〔下〕」商事法務1969号5頁（2012年），Eiji Takahashi, Membership Company and Corporate Affiliation Law System – On Protection of Members and Creditor of a Subsidiary, Interdisciplinary Journal of

これら二つの一般条項のうち，裁判実務上実現可能性が高いのは，事実上の取締役の法理の活用の方である[64]。事実上の取締役の法理は，日本の下級審裁判例上，既に認知され，親会社の代表取締役を子会社の事実上の代表取締役と認定した事例もある[65]。子会社の業務を指揮命令している親会社の代表取締役の主導により，親子会社間で子会社に不利益な取引がなされた場合，この親会社の代表取締役が子会社の「事実上の代表取締役」であるとして，この親会社の代表取締役の子会社に対する任務懈怠責任（会社法423条1項）を問うことができるのならば，かかる子会社の法益を侵害する取引を行った代表取締役本人が帰属する親会社の子会社に対する損害賠償責任（会社法350条）を問うことも可能である[66]。

ウ　少数派株主の退出と憲法上の財産権　事実上の取締役等の一般条項は，子会社の親会社に対する損害賠償責任を基礎づけるものであるが，他方，損害賠償秩序が機能しない高度に統合された企業結合関係も存在する。かかる高度に統合されたコンツェルンにおいて子会社の少数派株主の利益が継続的に侵害されており，現在の損害賠償責任を中心とした法律上の手段によっては子会社の少数派株主の利益を適切に保護できないと認められる場合，少数派株主に出資を回収して子会社から離脱する機会を与える必要がある。かかる場合，子会社の少数派株主には，出資を回収して子会社から離脱する権利が，日本国憲法の財産権保障（日本国憲法29条1項）から直接生じると解すべきである。

ドイツの連邦憲法裁判所は，強い企業の統合の下で個別補償による少数派株主保護が実現しない場合，従属会社の少数派株主に憲法上の退社権が認められ

Economics and Business Law Vol. 2 Issue 4（2013），50.

64) 坂本達也『影の取締役の基礎的考察』333頁以下（多賀出版，2009年），高橋英治「少数派株主保護の一般条項と特別規制——両者のあるべき関係」商事法務2005号25頁（2013年）。

65) 京都地判平成4年2月5日判例時報1436号115頁では，親会社の代表取締役に対して子会社の事実上の代表取締役としての対第三者責任（本件では対会社債権者責任）を課しているが（2005（平成17）年改正前商法266条の3第1項），学説からの批判がある（江頭憲治郎『企業結合の立法と解釈』205頁（有斐閣，1995年），吉本健一「本件判批」判例タイムズ975号20頁（1998年））。

66) もちろん，事実上の代表取締役という構成をとらなくとも，親会社の代表取締役が子会社利益を侵害する違法な命令をなしたことにつき，会社法350条（代表機関による不法行為に基づく会社の不法行為責任）の適用により，親会社が子会社に対して損害賠償責任を負うという結論を導くこともできる。

るべきであるという立場に立っていると理解されている。2011年9月7日連邦憲法裁判所決定[67]の事案は、ヨーロッパ会社（A社）を頂点に置くコンツェルンにおいて、その定款の事業目的に高収益を期待できる「建築業」を含む子会社（S社）があったが、このコンツェルンで組織再編があり、A社は建築事業をこのコンツェルンの別の子会社（E社）に集中して行わせることとし、S社の高層建築事業・デザイン建築事業もE社に譲渡させられたというものであった。本件では当該事業譲渡がS社の少数派株主である原告の憲法上の財産権を侵害するか否かが争点となった。連邦憲法裁判所は、結論として、憲法違反を認めなかったが、その決定の中で、「支配企業の影響が金銭的補償システムが機能しなくなる程度にまでに至る場合[68]」、ドイツの株式法が定める補償システム（株式法311条・317条）は憲法上の要請を満たさなくなると判示した。ドイツを代表する会社法学者であるミュンヘン大学法学部教授のハバーザックは、この判示は、個別補償という方法では直ちに補われない程の不利益を従属会社が被る場合、従属会社の少数派株主に退社権の保障が憲法上要求されるという趣旨であると解釈する[69]。

　日本国憲法の財産権保障（日本国憲法29条1項）から直接生ずる憲法上の株式買取請求権は、少数派株主保護の手段として、現行法の他の手段による救済可能性が尽きた場合に、最終の手段として検討されるべきである。その理由は、次の点にある。第一に、国会による専属的法律制定権（日本国憲法41条）に配慮する見地から、法律上および法解釈上考えうる救済手段が尽きた場合、基本権の私人間適用が例外的に認められるべきである。第二に、株式買取請求権は、それが行使された場合、会社財産の払戻しの効果が伴うため、資本の充実に反し会社債権者に危険を与える。第三に、株式買取請求権の行使の結果、会社は請求株主に現金を支払わなければならず、子会社の株式買取請求権を行使しなかった他の株主の利害関係にも大きな影響を及ぼす。現行会社法においても、資本充実に関し問題の少ない合名会社においても、社員の退社は、債権者および社員の利益変動をもたらすことを考慮して「やむを得ない事由があるとき」に最終の手段として認められている（会社法606条3項）。親会社の責任規制や

---

67) BVerfG AG 2011, 873.
68) BVerfG AG 2011, 874.
69) マティアス・ハバーザック、正井章筰訳「ドイツの企業法に関する連邦憲法裁判所の判決」商事法務2019号43頁（2013年）。

企業集団内部統制システム[70]等が機能しえない状態が生じているか否か等，子会社の少数派株主の保護のために機能するすべての法令上および判例法上の規範の保護機能を検討し，これらの手段がすべてもはや機能しえない状態にあると判断される場合に限り，子会社の少数派株主に憲法上の株式買取請求権が認められるべきであろう。

　現行法上，株式買取請求権は，組織再編等の株主の利害に大きな変動をもたらす行為が会社によって行われようとしている場合に，立法者が特別の個別条項を設定し，これに反対する株主に会社に対する株式の買取請求を認めるという形式で認められている（会社法785条・797条・806条等参照）。株式買取請求権について定める一般条項というものは存在しない。しかし，そもそも，少数派株主保護という観点から完全無欠の立法というものは考えられない。立法者が株式買取請求権が必要なすべての状況につき個別に条項を設けることには限界があり，株主が会社関係からの離脱という形で保護を求めなければならない状況は，会社を巡る時代環境・価値観の変化および会社法の立法論・解釈論の深化に伴って必然的に生ずる。そのために，子会社の少数派株主保護のための株式買取請求権を定める一般条項を立法上設けることが望ましい。しかし，そのような一般条項がない現状でどうしても保護が必要な場合があれば，日本国憲法の財産権保障（日本国憲法29条1項）に私人間効力を認め，憲法の財産権保障から直接に基礎づけられる株式買取請求権を観念しなければならないのではないか。

　憲法の基本的人権に私人間効力を認めることは，私人間関係について憲法は適用されないという憲法学上の伝統的理解に反する[71]。最高裁も三菱樹脂事件判決において，憲法規範が私人間関係に直接適用されることなく，民法1条・90条等によって間接的に適用されるという立場を明白にしている[72]。憲法上の財産権保障（日本国憲法29条1項）に私人間効力を認め，憲法上の本規定から

---

70) 企業集団における内部統制につき，弥永真生編著『企業集団における内部統制』2頁以下（同文舘，2016年），高橋均『グループ会社リスク管理の法務〔第3版〕』14頁以下（中央経済社，2018年），齊藤真紀「企業集団内部統制」神田秀樹編『論点詳解平成26年改正会社法』119頁以下（商事法務，2015年），高橋英治「企業集団における内部統制」ジュリスト1452号26頁以下（2013年）参照。内部統制の概念につき，伊勢田道仁『内部統制と会社役員の法的責任』1頁以下（中央経済社，2018年）参照。
71) 宮沢俊義教授は，憲法上の人権保障の私人間の法律関係への直接適用を認めない（宮沢俊義『憲法Ⅱ〔新版〕』248頁以下（有斐閣，1974年））。

私人の私人に対する請求権が生じるとすることは，国会による専属的法律制定権（日本国憲法41条）を侵害し，国会が定めるべき立法政策に対して裁判所が独自の観点から変更を与える危険もある。憲法から派生する子会社の少数派株主の株式買取請求権を認めるために克服しなければならない憲法理論の壁は大きい[73]。

憲法上の株式買取請求権を基礎づけうる学説として，国家に基本権保護義務を認める説が存在する[74]。佐藤幸治博士は，国家の基本権保護義務論に対して，憲法の名宛人はあくまでも国家であるという前提を崩さずに，私人が憲法の基本的人権を私人間関係で裁判上援用することを可能にするものであるという点で，内容的に精緻なことは認めるが，解釈的技巧が勝ちすぎているとし，一般的に広く国家の保護義務を憲法理解の根底に据えることは，個人の自由を核とする人格的自律権の発想と相容れない契機を孕んでいると批判する[75]。たしかに，基本権規定が私人の私人に対する直接的な請求権を根拠づけるという考え方は，従来の日本の憲法理論からは異質のものである。日本における基本権保護義務論の主唱者の一人である山本敬三教授も，基本権保護義務論は憲法の私人間適用を理論的に説明するためのものと位置づけ[76]，損害賠償請求権・差止請求権といった請求権自体が基本権保護義務論から導き出されるとは明確に述べていない。憲法上の財産権保障から少数派株主の株式買取請求権を直接導き出す考え方は，人権規定の直接適用に対して批判的立場をとる現在の通説[77]から強い批判を受けるであろう。その理由は，現在の通説によると，憲法は国家権力を規律する規範であり，憲法から導き出される防御権や請求権は第一次

---

72) 最判昭和48年12月12日民集27巻11号1536頁。
73) 中村睦夫教授は，「そもそも人権享有の主体となりえない国家と国民との関係と異なり，相対立する両当事者それぞれが人権享有の主体である私人間では，一方当事者の人権を一方的に保障するために憲法が適用されることはありえない」と論じる（野中俊彦＝中村睦夫＝高橋和之＝高見勝利『憲法Ⅰ〔第5版〕』252頁（有斐閣，2012年）〔中村睦夫〕）。
74) 小山剛「基本権の私人間効力・再論」法学研究（慶応義塾大学）78巻5号40頁以下（2005年），山本敬三「現代社会におけるリベラリズムと私的自治——私法関係における憲法原理の衝突(2)完」法学論叢133巻5号26頁（1993年）参照。
75) 佐藤幸治『日本国憲法論』168頁（成文堂，2011年）。
76) 山本敬三「基本権の保護と公序良俗」京都大学法学部創立百周年記念論文集刊行委員会編『京都大学法学部創立百周年記念論文集第3巻』174頁以下（1999年）参照。
77) 芦部信喜著，高橋和之補訂『憲法〔第6版〕』115頁以下（岩波書店，2016年）。

的には国家に向けられていると理解されているからである。

しかし，私人間適用が認められる憲法条文として労働基本権を定める日本国憲法28条があり，日本国憲法28条により保障されている団結権が侵害されている場合には，団結権侵害を理由とする妨害排除請求は可能である[78]。本書が憲法上の財産権保障の直接適用を想定している関係は，子会社の定款変更等の能力を事実上有する経済的強者としての親会社とその支配下にある経済的弱者としての子会社の少数派株主との経済的権力関係である。この関係は労使関係という経済的権力関係において弱者である労働者の利益を強者である使用者から保護する労働基本権の直接適用事例と局面をほぼ同じくする。日本国憲法29条1項も，法律上の少数派株主保護が機能しない等の一定の限られた局面においては私人間適用が認められ少数派株主の株式買取請求権を基礎づけるとすることは理論的に不可能ではない[79]。

私見としては，立法の不備により株主保護が十分に実現できない場合，株主保護の最終的手段として，日本国憲法29条1項に基づき株主の財産権を保護する義務を国家に認めるべきであると考える。かかる「国家の基本権保護義務論[80]」は，憲法規範の名宛人はあくまでも国家であるという前提を維持しつつ，法律上の少数派株主保護の上での欠缺を補充する機能を期待することができる[81]。株主の財産権の保護領域の拡大という観点からは，日本法においても，国家に憲法上の財産権保護義務を認め，会社による少数派株主の財産権の侵害があった場合にも，最終的手段として持分所有権者が憲法上の財産権保護を裁判上主張しうるとすることが望ましい[82]。私的自治の原則によっても看過得

---

[78] 芦部信喜著，高橋和之補訂『憲法〔第6版〕』277頁以下参照。

[79] 解釈論としては子会社少数派株主が親会社に対して憲法上の株式買取請求権を有するとすることが望ましい。しかし，ドイツ法と異なり親会社に請求する子会社の少数派株主の法律上の代償請求権（株式法305条）が存在せず，また，セル・アウト制度も導入されていない日本の現行法の下では，子会社株主の株式買取義務を親会社に課すことは，会社法上モデルとなる規定がないため，親会社株主保護の観点および現行法との調和の観点から問題となろう。

[80] 小山・前掲注74）法学研究（慶応義塾大学）78巻5号40頁以下，山本・前掲注74）法学論叢133巻5号26頁参照。

[81] 佐藤幸治『日本国憲法論』168頁。

[82] 私人間における人権の保障に関する判例・学説の現状につき，野中俊彦＝中村睦男＝高橋和之＝高見勝利『憲法Ⅰ〔第5版〕』248頁以下，松原光宏「私人間における権利の保障」小山剛＝駒村圭吾『論点探求　憲法〔第2版〕』89頁以下（弘文堂，2012年）

ない，公権力と同視しうる権力主体による私人に対するその基本的人権の著しい侵害行為に対しては，国家が被害者たる私人の基本的人権を保護する機能を果たすことが，裁判所に期待されるからである。会社と少数派株主との関係は規範設定能力がある権力者と会社の意思決定に影響力を及ぼす能力をもたない弱者との関係であり，前者による後者の財産権の著しい侵害行為に対して，民法の公序良俗規定（民法90条）による保護の余地は事実上全く考えられないため，日本国憲法29条1項の直接適用により，裁判所が少数派株主を保護する必要性が認められる。

　2005（平成17）年会社法制定と2014（平成26）年会社法改正は反対株主の株式買取請求権が認められる局面を増加させ，株式買取請求権制度を少数派株主保護のための制度として活用した（会社法785条2項1号ロ・会社法182条の4等参照）。しかし，会社法の立法者が人智の力で，株式買取請求権により出資の返還という形で少数派株主を保護すべき局面をすべて条文の形で挙げ尽くすことは不可能である。憲法上の株主の財産権保障（日本国憲法29条1項）を基礎として少数派株主の株式を会社が「公正な価格」で買い取る義務を認めることは，少数派株主保護の観点から会社法の欠缺を憲法という上位規範によって補完することを可能にし，これにより国家法は裁判規範の力により健全に発展し続けることができる。

dd）2014（平成26）年改正後の企業結合立法の課題

　ア　親会社等の損害賠償責任の規定の新設　　2014（平成26）年改正法において親会社の責任規制の導入は見送られた[83]。その理由として，かかる責任規定の要件事実の構築方法が困難を伴ったということが挙げられる。すなわち，2014（平成26）年改正過程で出された試案A案には，親子会社間での取引に限って責任規制の対象としようとしたが，これでは親会社が子会社に取引以外の事実行為[84]を命じ，それに従って子会社が行為した結果として子会社に損害が発生した場合が規制の対象から外れてしまう[85]。子会社が行った事実行為

参照。

83) 以下の叙述は，高橋・前掲注56）商事法務2037号39頁以下を基礎にしている。

84)「措置（Maßnahme)」と呼ばれるが，これには，ある事業からの撤退や新事業の着手等が含まれる。

85) Eiji Takahashi/Kazunori Shintsu, Zeitschrift für Japanisches Recht/Journal of Japanese Law, Nr./No. 33 (2012), 18.

を親会社の責任規制の対象としようとすると、事実行為を命じた親会社の命令行為を何らかの形で条文上表現する必要性が生じる。

　本書は親会社等による子会社への指図等につき「影響力の行使」という表現を用いた親会社等の責任規定を会社法上新設することを提案したい[86]。これは、ドイツの株式法117条[87]を参考にした表現であり、東アジアの諸国の法規制とも整合性がある[88]。

　日本の親子会社の運営の実態は多様であるが、その理念型は、高度経済成長期の製造業にみられた分権型親子会社関係に求めることができる。高度経済成長期、日本の伝統的製造業では、「現場の知識（on the spot knowledge）[89]」を生かす企業組織が形成された。日本が安定した成長を遂げていた時代、日本の製造業を担ってきた自動車産業の企業グループは消費者の嗜好の変化等、企業を取り巻く環境の変化に迅速に対応する必要に迫られた。そのためには、親会社の社長がトップダウンで企業グループを統一的かつ包括的に指揮するという中央集権的組織形態は、社長は重要な情報から最も遠い位置にあるという理由から敬遠され、むしろ「ボトムアップ」と呼ばれる子会社の従業員が有する情報を生かす子会社の自立性を尊重する分権的組織形態が採用された。しかし、子

---

86) 中東正文教授は、親会社の責任規制につき、親会社の「影響力の行使」（「支配的影響力の行使」とは表現していない）によって子会社が損害を被った場合に適用されるものとして、その導入を提言している（中東正文「企業結合」商事法務1940号35頁（2011年）参照）。これに賛成するものとして、高橋英治「ドイツ法における影響力利用者の責任規制と日本の会社法改正の課題」北村雅史＝高橋英治編『（藤田勝利先生古稀記念論文集）グローバル化の中の会社法改正』332頁。

87) 1965年株式法117条 1 項は、「故意に、会社に対する自己の影響力を利用して、取締役または監査役会構成員、支配人または行為代理人に会社または株主の損害において行為をさせた者は、これによって会社に生じた損害を賠償する義務を会社に対して負う。その者は、これによって株主が被った損害を賠償する義務を株主に対しても負う。ただし、会社の損害を通じて株主が受けた損害を除いて、株主が損害を被った範囲に限る」と規定する。本条項のただし書きは、株主が被った間接損害は、影響力利用者の株主に対する直接責任の対象外とする趣旨である。株主の被った直接損害としては、株価の下落により株主が株式を売却せざるをえなくなった場合の売却損が想定されている（高橋英治＝洪済植「韓国法上の業務執行指図人の責任」法学雑誌58巻 2 号237頁（2011年）参照））。

88) 高橋英治「ドイツ法における影響力利用者の責任規制と日本の会社法改正の課題」北村雅史＝高橋英治編『（藤田勝利先生古稀記念論文集）グローバル化の中の会社法改正』333頁。

会社の役員人事については，中央主権型意思決定の形態がとられ，親会社がその決定を行っていた[90]。このような子会社の業務執行につき子会社の自主独立性を尊重する親子会社関係は，子会社の業務執行について親会社による一方的かつ包括的な指揮命令が行われるドイツのコンツェルンの実態とも大きく異なる[91]。

中央集権型コンツェルンと分権型親子会社のどちらが組織として優れているのかについては，一概には論じ得ず，その時の所与の環境にどちらが適しているのかということがいえるに過ぎない。急激な変化がやってきて，存立の危機に直面した組織が抜本的な改革を必要としているとき，トップダウンの命令が迅速に通りやすい中央集権型コンツェルンは，分権型親子会社よりも環境適合的である[92]。日本でも，バブル崩壊を契機とした日本企業の組織改革（スクラップ・アンド・ビルド）は持株会社のトップダウンの決定で行われた[93]。しかし，環境が小幅にかつ継続的に変化している場合，「現場の知識」を活用する日本の分権型親子関係は環境適合的である。日本における親子会社関係は，分権型に収斂するものでもなく，中央集権型に収斂するものでもない。

日本の分権型親子会社関係においては，子会社の意思決定が親会社と子会社とのコミュニケーションによって，どちら側が一方的に決めたわけでもなく形成されることも珍しくない[94]。今井賢一博士は，企業グループ（親子会社関係を

---

89) Masahiko Aoki, Horizontal vs. Vertical Information Structure of the Firm, The American Economic Review, Vol. 76 No. 5, December 1986, 973.

90) Masahiko Aoki, Information, Incentives, and Bargaining in the Japanese Economy, Cambridge 1988, S. 51; Eiji Takahashi, Japanese Corporate Groups, Yesterday and Tomorrow, The Journal of Interdisciplinary Economics, Vol. 9, No. 1 (1998) 7; Eiji Takahashi, Change in the Japanese Enterprise Groups?, in: Baum (Edit.), Japan: Economic Success and Legal System, Berlin 1997, S. 229.

91) Eiji Takahashi, Konzern und Unternehmensgruppe in Japan - Regelung nach dem deutschen Modell?, Tübingen 1995, S. 5 ff.

92) チャンドラーは，かかる経営組織上のメリットを"economic of speed"と呼ぶ (Chandler, Administrative Coordination, Allocation and Monitoring: Concepts and Comparisons, in: McGraw (Edit.), The Essential Alfred Chandler, Boston 1988, S. 402)。

93) 二味巖「欧米に学ぶ日本の持株会社化」ダイヤモンド・ハーバード・ビジネス編集部『持株会社の原理と経営戦略――「自律」と「分権」を促す組織デザイン』108頁（ダイヤモンド社，1996年）。

94) 河合隼雄博士は，日本型の意思決定の特徴を，決定を下す強力な自我がない「中空

含む）における各部門間のコミュニケーションを「『相互作用』による調整」と特徴づけた[95]。かかる日本型親子会社関係においては，子会社の代表取締役等が，親会社の意向を「忖度」して，子会社の利益を犠牲にして親会社にとって有利な行為や措置をなす可能性もある。かかる日本型親子会社関係では，親会社の子会社に対する影響力の行使を立証することが困難になるため，子会社の行為が親会社の利益になる場合，かかる子会社の行為は親会社の影響力の行使の結果として行われたという推定規定が必要になろう[96]。

イ　企業結合法上の経営判断原則と不利益補償の可否　親会社の責任規定を立法化しようとする場合，親会社に適用される経営判断原則の内容についても，将来の立法課題として検討する必要がある。

EUにおいて，2012年12月12日のEU行動計画書が「グループ利益」を認める措置を2014年にとるとしていることを前提に[97]，ドイツでは，事実上のコンツェルンにおける支配企業の従属会社に対する損害賠償責任（株式法317条）につき経営判断原則の適用を認める方向での法改正が提案されている[98]。

親会社に適用すべき経営判断原則には二種類のものが考えられる。第一に，親会社が子会社に対してある措置を行うよう命じた場合，親会社から子会社への事実上の影響力行使を適法とみる立場からは，かかる場合の親会社の損害賠償責任の有無につき「経営判断原則」の適用が認められてよいであろう[99]。親

　　構造」と名付けるが，この特徴は人の集団である組織の決定にも表れているという（河合隼雄『中空構造日本の深層』41頁以下（中央公論社，1982年））。

[95] 今井賢一「企業グループ」今井賢一＝小宮隆太郎編『日本の企業』138頁（東京大学出版会，1989年）。

[96] Eiji Takahashi, Konzern und Unternehmensgruppe in Japan – Regelung nach dem deutschen Modell?, S. 101 f.; 高橋英治『企業結合法制の将来像』178頁。

[97] European Commission, Action Plan: European company law and corporate governance – a modern legal framework for more engaged shareholders and sustainable companies, COM（2012）740/2, 15.

[98] ドイツの近年の学説は，ヨーロッパ法上要請される「グループ利益」の容認は，コンツェルン関係を考慮した新しい経営判断原則の定式化によって実現されるべきであり，会社の業務執行者が，コンツェルン利益を考慮し，他のコンツェルン会社のために，情報を十分に収集し，当該措置の根拠を十分に記録した上でなした決定については，当該決定は当該業務執行者の企業者的裁量の中にあり，決定の結果に対しては責任を負わないと考えるべきであると説く（Teichmann, Europäisches Konzernrecht: Vom Schutzrecht zum Enabling Law, AG 2013, 196）。

[99] 高橋英治「利益相反と企業結合法」法律時報80巻11号47頁（2008年）参照。

会社が子会社の利益のためにもなると考え，ある措置を命じ，かつその措置につき親子会社間に利益相反が認められない場合で，親会社が措置を命じるにあたり情報収集も事前に十分に行っていた等の場合，親会社のかかる指図に従って子会社が当該措置を行いその結果として子会社に不利益が発生したとしても，親会社は子会社に対して損害賠償責任を負わないとすべきである[100]。

　第二に，親子会社間取引において親会社は子会社と通常は利益が相反する立場にあるため，親子会社間取引がなされた場合には，原則として，親会社に経営判断原則の適用はないと考えるべきである[101]。しかし，親子会社間の取引についても，親会社は無過失責任を負うべきでない。例えば，親会社が公正であると判断した取引について，取引対象物（例えば，株式）につき親会社が評価方法の選択を誤り過小評価したことが後に判明し，子会社が結果として不利益を被った場合，親会社は子会社に対して無過失損害賠償責任を負うとすべきでない[102]。この場合に適用されるべき親会社の免責基準を「経営判断原則」と呼ぶべきか，あるいは「無過失の抗弁」と呼ぶべきかについては，企業結合法上の経営判断原則を，損害賠償責任法の要件事実論において，どのように位置づけるかの問題である[103]。

　親子会社の経営の柔軟性を確保する見地から，親会社が子会社に対しその利益を害する措置を命じざるをえない局面も存在することを考慮して，親会社が，子会社に将来に生ずる不利益を事前に補償することで，かかる不利益的指図を出しうるとすべきである。このため，親会社の不利益的指図に基づく子会社に

---

[100] 高橋英治「企業結合法制の歴史と課題」沖縄法制研究14号78頁（2012年），高橋英治「親子会社法制の展開に向けて」永井和之＝中島弘雅＝南保勝美編『会社法学の省察』466頁（中央経済社，2012年）。

[101] 利益相反のある場合には経営判断原則の適用がないとする見解として，Fleischer, in: Spindler/Stilz (Hrsg.), Kommentar zum Aktiengesetz, 3. Aufl., München 2015, §98 Rdnr. 72; The American Law Institute, Principles of Corporate Governance, Volume 1, St. Paul 1994, S. 25 ff., §1.23(a)(3).

[102] 高橋・前掲注[100] 沖縄法制研究14号78頁，高橋英治「親子会社法制の展開に向けて」永井和之＝中島弘雅＝南保勝美編『会社法学の省察』465頁。

[103] 日本の最高裁判例は，取締役の任務懈怠責任（会社法423条1項）に適用される経営判断原則につき，善管注意義務違反の存否に関わる要素として位置づけるが（最判平成22年7月15日判例時報2091号90頁〔アパマンショップHD事件〕），他方「過失」の有無に関わる要素としてとらえる見解もある（高橋英治「取締役の任務懈怠責任」法学教室362号30頁（2010年））。

対する損害賠償責任は、親会社が子会社に生じた不利益を即時に賠償した場合には、発生しないとするべきである。ドイツ法で法律上の請求権を与える形式での不利益補償が法定化されていることを参考に（株式法317条1項参照）、親会社が子会社に不利益な行為を行わせるに際して、事前に、将来生ずる不利益の額を算定して、この額を賠償する債務を負う旨を契約で定めるという形式での不利益補償も、認められるべきである。

　ただし、ドイツ法のように、不利益補償に猶予期間（例えば、侵害行為が行われた時点が属する子会社事業年度の終了時まで・株式法311条2項1文参照）を設けるのは適当ではない。かかる猶予期間が与えられると、子会社の取締役は、親会社の子会社に不利益をもたらす指示に対し、補償と引替えに指示に従うという強い立場をとることができず、いったんは親会社の不利益の指示に従わざるをえず、従った後に、不利益補償の実行を親会社に求めざるをえないという弱い立場に置かれるからである[104]。1992年、ハノーヴァーで開催されたドイツ法律家会議の経済法部会決議においても、不利益補償は即時の補償のみが認められるべきであり、猶予期間付きの補償を認める株式法311条2項1文は削除されるべきことが可決された[105]。

　ウ　独立当事者間取引の基準　2014（平成26）年改正法の成立過程では、「子会社が親会社との取引により不利益を受けた場合、当該不利益の有無と程度は、当該取引の条件のほか、それ以外の取引の条件、その他一切の事情を考慮して判断される」という内容の「独立当事者間取引の基準」が親会社の責任の判断基準として提示された[106]。

　米国法の下では独立当事者間取引の基準は取締役と会社との関係のような利益相反にある当事者の取引の公正を判断する基準である[107]。この米国に起源が

---

104) Eiji Takahashi, Konzern und Unternehmensgruppe in Japan – Regelung nach dem deutschen Modell?, S. 100 f.; 高橋英治『企業結合法制の将来像』180頁。

105) Der Ständige Deputation des Deutschen Juristentages (Hrsg.), Verhandlungen des 59. Deutschen Juristentages München 1992, Band II (Sitzungsberichte), München 1992, R 192.

106) Eiji Takahashi/Kazunori Shintsu, Zeitschrift für Japanisches Recht/Journal of Japanese Law, Nr./No. 33 (2012), 16; 村中徹「子会社株主の保護」北村雅史＝高橋英治編『(藤田勝利先生古稀記念論文集) グローバル化の中の会社法改正』136頁参照。

107) American Law Institute, Principle of Corporate Governance: Analysis and Recommendations, Volume 1, St. Paul 1994, S. 218 ff., Comment to §5.02(a)(2)(A).

ある独立当事者間取引の基準を日本法に導入する場合，これを，相当因果関係論における損害の範囲についての「相当性」に関する要件事実とするべきか，取引の違法性の有無に関する基準とするべきか，それ以外の親会社の免責の基準とするべきか，あるいは，子会社が親会社との取引によって被った損害額の算定の基準としてのみ機能させるべきか，日本の損害賠償責任法の伝統的要件事実論に従った位置づけをなす必要がある。

  エ **代表訴訟制度と検査役制度** 親会社の子会社に対する損害賠償責任規制を有効に機能させるためには，子会社の少数派株主が，子会社を代表して親会社の責任を追及する可能性を開く必要がある。このため，ドイツの株式法317条3項にならって，子会社の少数派株主が子会社に対する親会社の損害賠償責任等を追及するための代表訴訟制度を立法化すべきである。

 さらに，親会社による子会社の搾取が報じられて，子会社の株価が下落し，子会社の株主が子会社株式を安い価格で売却せざるをえない状態に追い込まれた場合，かかる株主であった者に対して親会社は直接の損害賠償責任を負うべきかについて，議論が深められなければならない。ドイツの株式法317条1項2文は，かかる株主であった者に生じた直接損害について親会社の直接責任を認めている[108]。

 親会社の損害賠償責任規制が機能するためには，子会社が親会社により侵害されたか否かについての情報を子会社の少数派株主に対して与える必要がある。しかし，親子会社間の取引およびコミュニケーションのすべてを文書化し，子会社の少数派株主に提供することは不可能である。また，親子間取引に関する情報には，仕入価格等株主に開示することが不適切である企業秘密に関わる情報も含まれる。そこで，親会社により子会社利益が侵害されたと疑うに足りる事由があるときに裁判所による検査役選任の制度（会社法358条）を活用することが推奨される。しかし，この検査役制度についても，そもそも，検査役選任を裁判所に請求するに至るためには，子会社の少数派株主が親子会社間取引等につき「疑わしい」と疑問をもつことが出発点になるため，この疑問をもつために必要な情報をいかに少数派株主に提供するのかが大きな問題として残る[109]。

---

 108) 高橋＝洪・前掲注87）法学雑誌58巻2号237頁参照。
 109) 清水円香「グループ利益の追求と取締役の義務・責任」法政研究78巻1号109頁（2011年）参照。

オ　子会社の少数派株主の親会社に対する株式買取請求権の新設　　親会社による包括的指揮下で子会社の利益が継続的に侵害されている結果として損害賠償秩序が機能しえない場合には，子会社の少数派株主には，出資が返還された上で子会社から離脱する権利が認められるべきであり，これは，本来，国が法律によって定めるべきである[110]。ドイツ法上の「変態的不利益付与（qualifizierte Nachteilszufügung）[111]」の議論を参考に，かかる場合につき，子会社の少数派株主の申立てにより，親会社が子会社の少数派株主の株式を買い取る義務が生じるとする会社法上の規定が置かれるべきである。子会社の少数派株主が，子会社に対してではなく，親会社に対して，株式買取請求権を行使しうるとする理由は，子会社の利益を継続的に侵害して損害賠償秩序が機能しない状態を形成した責めは親会社にあり，かつ緊密な企業結合関係からシナジー効果等の利益を得ているのも通常は親会社であるからである[112]。

(2)　株式会社法学

江頭憲治郎『株式会社法』は，日本の株式会社法の「現代化」の時代を代表する体系書である。本著作は，株式会社法を取り扱う実務家までを読者として

---

[110] 子会社少数派株主の親会社に対する株式買取請求制度の導入を提案するものとして，江頭憲治郎『企業結合の立法と解釈』318頁以下，高橋均『グループ会社リスク管理の法務〔第3版〕』170頁以下（中央経済社，2018年）。

[111] ドイツ法上，支配企業が従属会社を広範囲にわたり強く指揮した結果として支配企業から従属会社への働きかけが個別に分離できない状態に至る場合，あるいは，親会社による個々の侵害行為の性質により株式法311条以下の不利益補償あるいは損害賠償責任が機能しなくなる場合，支配契約または利益供与契約が締結されていないのにもかかわらず，従属会社の少数派株主に対し，支配企業から代償を得て従属会社から退社する権利が与えられなければならないという解釈論（株式法305条の類推適用）が提起されている（Emmerich/Habersack, Konzernrecht, 10. Aufl., München 2013, S. 519 ff.）。本文では，包括的指揮および継続的侵害行為の両要件がともに充足された場合に，子会社少数派株主の親会社に対する株式買取請求権が認められるべきであるとしているが，これは，立法論の実現可能性を高めるための提言であり，本株式買取請求権の中心的要件は，損害賠償制度等の無機能化にあることからすると，包括的指揮・継続的侵害のどちらか一方が存在する場合にも損害賠償制度等の無機能化は生じるから，本来立法論としては，包括的指揮・継続的侵害行為のいずれか要件事実が充足される場合，子会社少数派株主の親会社に対する株式買取請求権が認められるとすべきであろう（高橋英治『企業結合法制の将来像』185頁）。

[112] Eiji Takahashi, Japanese Corporate Groups under the New Legislation, European Company and Financial Law Review（ECFR）Vol. 3 No. 3 (2006), 309.

想定した日本で初めての本格的な体系書である。本著作によって，21世紀日本の株式会社法学は，体系書の分野では，ドイツ会社法学を凌駕する水準を示した。江頭博士は，会社法の現代化を実現した2005（平成17）年会社法制定にあたってその骨格づくりに大きな役割を果たした。本著作は，2005（平成17）年会社法の"Think small first"の考えを反映させて，閉鎖型タイプの会社をめぐる問題に解説の重点を置いている[113]。これらの意味において，本著作は，日本の株式会社法学の「現代化」を象徴する体系書である。

ここでは，近時公刊された本著作の第7版を素材として，21世紀における日本の株式会社法の通説的解釈の特徴を示す。

江頭博士の体系書の特徴は，博士の長年にわたる会社法研究を基礎にしており，実務に目配りをした著作でありながら，多数説やかつての通説に盲従することなく，少数説とされる学説であっても，江頭博士自身の解釈論が展開されている点にある。

それは，例えば，本著作の少数派株主の利益の重視の解釈に現れている。取締役の対第三者責任を定める会社法429条によって追及できる損害として，株主の間接損害を，これに含めることができるのか，という論点につき，鈴木竹雄博士[114]や大隅健一郎＝今井宏両博士[115]らの旧通説が，会社が損害を受けた結果株主として間接的に損害を受けた「株主」は，代表訴訟によって会社の損害を回復すればよいから，会社法429条1項にいう「第三者」には該当しないと解していたのに対し，本著作は次のように論じる。

> 「株主の被る間接損害の救済は，代表訴訟によるべきであるから，株主を第三者とするとするこの（引用者注・会社法429条による）損害賠償請求を認めるべきでないとする見解が有力である…たとえば上場会社については右の見解のようにいえるとしても，取締役と支配株主とが一体である閉鎖型タイプの会社の場合，少数株主への加害の救済を代表訴訟に限ると，加害が繰り返され実効的な救済にならない例が多いから，株主の被る間接損害につきこの（引用者注・会社法429条による）損害賠償請求を認める余地はあると解すべきである[116]。」

---

113) 江頭憲治郎『株式会社法〔第7版〕』1頁以下（有斐閣，2017年）。
114) 鈴木竹雄『会社法〔全訂第5版〕』205頁注1（弘文堂，1994年）。
115) 大隅健一郎＝今井宏『会社法論中巻〔第3版〕』270頁（有斐閣，1992年）。
116) 江頭憲治郎『株式会社法〔第7版〕』513頁注3。

3 「現代化」の時期　383

　ここでは，株式会社の中で圧倒的多数を占める小規模閉鎖会社を前提として，かかる閉鎖型タイプで多い取締役と大株主が同一である場合につき，実効的な少数派株主の保護を実現するための解釈論が展開されている。

　江頭博士の株式会社法解釈論の特徴は会社債権者利益の保護の重視にも現れている。それは，会社に債務の履行の見込みがないことが会社分割の無効事由であるとする江頭博士の解釈論に現れている。江頭博士は，次のように論じる。

> 「会社分割は，とくに分割会社の債権者にとって，合併よりも重大な影響を及ぼす可能性が高い…会社法制定前は，「各会社ノ負担スベキ債務ノ履行ノ見込アルコト及其ノ理由ヲ記載シタル書面」の開示が要求されていた…そして「債務ノ履行ノ見込アルコト」とは，債務の履行の見込みがあることが実体的な会社分割の要件であることを意味する（各会社のいずれかにその見込みがないと会社分割の無効事由となる）とされていた…会社則183条6号等は「履行の見込み」の開示しか要求しないので，会社法の下においては「履行の見込みがあること」は会社分割の実体要件ではないのかが問題となるが，当該規定文言の変更は，会社法制定前の登記実務が当該規定文言を理由に分割会社・承継会社・設立会社のいずれかが帳簿上債務超過であると分割の登記を受理しなかった点を改めさせる必要から行われたと伝えられ，そうであれば，会社法の下でも，いずれかの会社に債務の履行の見込みがないことが会社分割の無効事由であることに変わりはないことになる[117]。」

　ここでも，江頭博士は，「履行の見込みがあること」を会社分割の実体要件ととらえ，分割会社・承継会社・設立会社に履行の見込みがないことが会社分割の無効事由であるという解釈論を，2005（平成17）年会社法の制定過程の事情に照らして，展開している。たしかに，江頭博士の見解は，2005（平成17）年会社法の立案担当者の見解[118]および現代の通説[119]とは見解を異にし，会社法施行規則183条6号等の文言に照らして無理があるようにも思われる。また，

---

[117] 江頭憲治郎『株式会社法〔第7版〕』914頁注3。
[118] 相澤哲＝葉玉匡美＝郡谷大輔編著『論点解説　新・会社法』674頁（商事法務，2006年）。
[119] 神田秀樹『会社法〔第20版〕』386頁注4（弘文堂，2018年），森本滋編『会社法コンメンタール第17巻』271頁（商事法務，2010年）〔神作裕之〕。

江頭博士の解釈は，経済界に対して厳しい解釈であり，債務超過となった株式会社が赤字部門を切り捨てて，本体だけが生き延びようという経営戦略，あるいは債務超過となった会社が黒字部門を分割して新設会社・承継会社として生き延びるという経営戦略をとることを困難にする。それにもかかわらず，江頭博士が「会社に債務の履行の見込みがないことが会社分割の無効事由である」という解釈をとっているのは，先に述べた債務超過となった株式会社が赤字部門を切り捨てて，本体だけが生き延びる実務，あるいは債務超過となった会社が黒字部門を分割して，新設会社・承継会社として生き延びる実務がしばしば行われており，かかる会社債権者を侵害する「詐害的会社分割」を，会社法解釈論によって防止しようとする意識から生じたものと推察される[120]。

江頭博士の体系書は，実務家を読み手として想定としながらも株式会社の実務を学問的見地から指導していくという，松本烝治博士以来の日本の体系書の伝統を受け継いでいる。

(3) 株式会社法の「現代化」の総括と将来への展望

日本の株式会社法は，2005（平成17）年会社法制定から転換点を迎えた。この法律の制定から，会社法立法者は，原理のみを法律にして解釈論の余地を残すというのではなく，できるだけ解釈上の争いが生じないように，詳細に規定していくという方向に転換した。今後も，この方向に会社法は発展すると予想される。その結果として，会社法の規定の複雑性は一層高まると予想される。

2005（平成17）年会社法は，規定が複雑な上に，条文の中で用語の難解な定義が頻繁に登場し，分かりにくいと批判されていた[121]。かかる複雑な「会社法」と対峙する日本の株式会社法学者には，複雑なものを複雑なまま解説するのではなく，複雑な法律から原理となっているものを解明し，複雑なものを単

---

120) 江頭博士と同様の解釈をとるものとして，南保勝美「会社分割制度の解釈上の問題点について」法律論叢79巻4＝5号339頁（2007年），吉田正之「会社法における会社分割」布井千博＝野田博＝酒井太郎＝川口幸美編『川村正幸先生退職記念論文集 会社法・金融法の新展開』572頁（中央経済社，2009年），高橋英治『会社法概説〔第3版〕』255頁。

121) 稲葉威雄『会社法の基本を問う』53頁（中央経済社，2006年），稲葉威雄「現代化立法としての会社法の位置づけ」稲葉威雄＝尾崎安央『改正史から読み解く会社法の論点』22頁（中央経済社，2008年）。

純な原理を出発点にして説明するという学問本来の方法をとることが求められている[122]。

---

122) 高橋英治『会社法の継受と収斂』5頁，Eiji Takahashi, Die Rezeption und Konvergenz des deutschen Handels- und Gesellschaftsrechts in Japan: Gesammelte Schriften, Baden-Baden 2017, S. 15.

第3部

総括
―ドイツと日本の株式会社法・株式会社法学の発展史の横断的比較

本書は，主として19世紀から21世紀にかけてドイツと日本の株式会社法の発展の過程を，100年単位で相互に比較して，それぞれの時期におけるドイツと日本の株式会社法・株式会社法学の発展過程を分析・検討してきた。本書の第３部は，その成果を総括するとともに，ドイツと日本の株式会社法・株式会社法学の発展の比較研究から得られた，それぞれの国の株式会社に関する法と法学の課題を示したい。

1 成立期の比較

　まず，ヨーロッパにおける株式会社生成の過程および19世紀のドイツの株式会社法ならびに株式会社法学につき，総括する。
　世界最初の株式会社は1602年オランダ東インド会社であった。かかる植民地会社は，ドイツでも設立されるようになった。ドイツ最初の株式会社は，1651年の特許状により成立したブランデンブルク東インド会社であった[1]。
　ドイツ最初の株式会社法は，ドイツの一部の邦（ラント）に施行された1807年フランス商法典における株式会社に関する規定であった。それは全12条からなる簡潔なものであった。1807年フランス商法典は株式会社を『無名会社（société anonyme）』と呼んだ[2]。その理由は，その商号に社員の氏名を含ませることができず（1807年フランス商法典29条），その目的たる事業対象をもって，その商号とするとされていたからであった（1807年フランス商法典30条）。1807年フランス商法典における無名会社においては，株主有限責任原則が確立してい

---

1) Karl Lehmann, Das Recht der Aktiengesellschaften, Band 1, S. 75; Bösselmann, Die Entwicklung des deutschen Aktienwesens im 19. Jahrhundert, Berlin 1939, S. 51; Kießling, Eisenbahnbau und Industrialisierung als Katalysator der Entwicklung des Aktienrechts, in: Bayer/Habersack (Hrsg.), Aktienrecht im Wandel, Band 1, Entwicklung des Aktienrechts, Tübingen 2007, S. 133; 神作裕之「ドイツにおける会社法と資本市場法の交錯」商事法務1865号12頁（2009年），高橋英治『ドイツ会社法概説』79頁（有斐閣，2012年）。

2) 石川真衣「フランスにおける株式会社法の成立と発展」早稲田大学大学院法研論集151号33頁（2014年）参照。

た（1807年フランス商法典33条）。無名会社においては，資本金が株式に分かれるという原則がとられていた（1807年フランス商法典34条）。しかし，1807年フランス商法典では，近代株式会社法における株主が有限責任を享受しうるための理論的条件ともいうべき，資本金に相当する財産が会社に出資され，維持されるという資本金の充実と維持の原則は無名会社においては確立していなかった。この点での展開は，後の立法における，株式の払込みに関する規定および配当金額決定のための規定等の発展を待つしかなかった。

その後，プロイセンでは，1838年11月3日，『鉄道事業に関する法律[3]』が制定された。鉄道事業に関する法律では，鉄道事業に従事する会社が株式資本（Aktien=Kapital）を明確に定めなければならないと定め（鉄道事業に関する法律1条1文），鉄道会社が株式会社でなければならないとした。

一般の株式会社を専ら対象にしたドイツ最初の株式会社に関する単独の法律は，1843年11月9日のプロイセンの『株式会社に関する法律』（以下『1843年プロイセン株式法』という）であった。1843年プロイセン株式法は，体系性を有する最初の株式会社に関する法典であった。すなわち，この法典は，『一般原則』，『株式会社と株主との関係』，『会社の取締役の権利義務』および『会社の解散』から構成されていた。この『体系』は，1807年フランス商法典の株式会社の規定が有していなかったものであり，現行法の総則・株式・機関・解散につながる近代的株式会社法の出発点となるものであった。

1843年プロイセン株式法では，株主有限責任原則が確立していた（1843年プロイセン株式法15条）。また，1843年プロイセン株式法では，会社債権者との関係で法律関係に立つのは原則として会社であって，株主は会社債権者とは原則として法律関係に立たないことも，定められていた（1843年プロイセン株式法16条）。1843年プロイセン株式法は，1807年フランス商法典とは異なり，不完全ながらも資本金の充実・維持について規定を有していた点においても（1843年プロイセン株式法17条），株主有限責任原則を維持するための制度上の条件を備えていた近代的株式会社法であった。1843年プロイセン株式法の下において認可を得て設立された株式会社は，法人でなく，『修正された組合（modifizierte

---

[3] Gesetz über die Eisenbahn=Unternehmungen, Gesetz No. 1947 vom 3. November 1838, Gesetz=Sammlung für die Königlichen Preußischen Saaten, No. 35, S. 505 ff. この法律は，Das Königreich Preußische Eisenbahngesetz vom 2. November 1838, Elberfeld 1838, S. 3 ff. においても収録されている。

Sozietät)』であった[4]。

1861年ドイツ普通商法典（草案）は，株主が定款で定められた出資額以上の支払いをなす責任を負わないと定め（1861年ドイツ普通商法典219条），株主有限責任原則を採用した。1861年ドイツ普通商法典[5]は株式会社設立につき認可主義を原則として採用した（1861年ドイツ普通商法典208条1項）[6]。ただし，1861年ドイツ普通商法典は，邦による認可が株式会社の設立に必要であるか否か決定する権限を，邦の法律に委ねた（1861年ドイツ普通商法典249条1項）。この1861年ドイツ普通商法典249条1項は，『救世主条項（salvatorischer Klausel）』と呼ばれた。

ドイツにおける私法の統一を目指した1861年ドイツ普通商法典は，かかる救世主条項の存在のため，株式会社の設立主義に関する諸邦の株式法の統一を実現することができなかった。そこで，1870年にドイツ普通商法典が改正された[7]。この第一次株式法改正は，株式会社設立につき，認可制度を廃止し，準則主義を採用した。

1873年のウィーンにおける株価の大暴落などを契機にドイツは恐慌の時代を迎えた[8]。この恐慌の時期に，株式会社の詐欺と濫用から一般株主と債権者を保護するために，第一次株式法改正は不十分であったことが明白となった[9]。これを背景に，1884年7月18日，ドイツ普通商法典は再び改正された[10]。この

---

4) Baums, Einführung, in: Baums (Hrsg.), Gesetz über die Aktiengesellschaften für die Königreich Preussische Staaten vom 9. November 1843: Text und Materialien, Darmstadt 1981, S. 41.

5) 1861年ドイツ普通商法典の株式会社の規定の邦訳として，江村義行「普通ドイツ商法典（ADHGB）の株式会社規定の翻訳——1861年法及び1870年改正を中心に」慶應義塾大学大学院法学研究科論文集44号43頁以下（2003年）。

6)「株式会社は邦の認可によってのみ設立することができる」（1861年ドイツ普通商法典208条1項）。

7) 1870年改正ドイツ普通商法典の株式会社の規定の邦訳につき，江村・前掲注5）慶應義塾大学大学院法学研究科論文集44号53頁以下参照。

8) Assmann, in: Hopt/Wiedemann (Hrsg.), AktG, Großkommentar, 4. Aufl., Berlin 1992, Einl Rdnr. 90.

9) 菅原菊志『取締役・監査役論〔商法研究Ⅰ〕』194頁（信山社，1992年），山村忠平『監査役制度の生成と発展』28頁（国際書院，1997年）参照。

10) 1884年改正ドイツ普通商法典における株式会社法の規定の原文につき，Schubert/Schmiedel/Krampe (Hrsg.), Quellen zum Handelsgesetzbuch von 1897, Band 1 Gesetz und Entwürfe, Frankfurt a.M. 1986, S. 154 ff. 1884年改正ドイツ普通商法典に

第二次株式法改正の柱として，株式会社設立に対する監督の強化が挙げられる。すなわち，第二次株式法改正では，現物出資がなされた場合において，発起人は，現物出資対象物の評価の正当性について，書面によりその状況を説明しなければならない（1884年改正ドイツ普通商法典209 g 条 1 文）とするなどの改正が行われた。

19世紀は，ドイツ株式会社法学の開拓・確立の時期であった。『開拓者』の役割を果たしたのがアキレス・ルノーの1863年の『株式会社法論〔第 1 版〕[11]』であった。ドイツ株式会社法学を学問的に確立したのが，カール・レーマンの『株式会社法論第 1 巻[12]・第 2 巻[13]』であった。レヴィン・ゴルトシュミットは，商法の本質に関する議論を深めただけでなく，株式会社法の改正にも従事した。オットー・フォン・ギールケは，株式会社を有機的組織体であるゲノッセンシャフト（ケルパーシャフト）であるとみて，その法原理を解明した[14]」。

次に19世紀における日本の株式会社法および株式会社法学の成立過程を総括する。

「日本最初の株式会社法は明治 5 年11月15日太政官布告第349号『国立銀行条例[15]』であり，これに基づいて設立された日本最初の株式会社が第一国立銀行であった。国立銀行は米国の『ナショナル・バンク』をモデルとしていた[16]。

福沢諭吉の『西洋事情[17]』，福地源一郎がまとめた『会社弁[18]』，渋沢栄一がまとめた『立会略則[19]』などの株式会社に関する主たる啓蒙書により，会社

　　おける株式会社法の規定の邦訳として，江村義行「普通ドイツ商法典1884年改正における株式会社規定の翻訳」慶応義塾大学大学院法学研究科論文集45号86頁以下（2004年）参照。

11) Renaud, Das Recht der Actiengesellschaften, 1. Aufl., Leipzig 1863.
12) Karl Lehmann, Das Recht der Aktiengesellschaften, Band 1, Berlin 1898.
13) Karl Lehmann, Das Recht der Aktiengesellschaften, Band 2, Berlin 1904.
14) 高橋英治「ゴルトシュミットとギールケが株式会社法に与えた影響について」上村達男先生古稀記念論集・商事法務2019年刊行予定。
15) 国立銀行条例の全文は，明治財政史編纂会『明治財政史第13巻』31頁以下（丸善株式会社，1905年）に収録されている。
16) 『第一銀行五十年小史』2 頁（1926年），玉置紀夫『日本金融史』24頁（有斐閣，1994年）。
17) 福沢諭吉「西洋事情」慶應義塾『福沢諭吉全集第 1 巻』296頁以下（岩波書店，1958年）。
18) 福地源一郎訳『官版会社弁』（大蔵省，出版年不明）。
19) 『官版立会略則』（大蔵省，1871年）。

法施行以前に私立会社設立のブームが生じた。しかし，大審院は，1893（明治26）年7月1日の会社法の施行までは，一般の私立会社について，一般論としては『公告』および『契約』により相手方へ明示された場合には社員の有限責任が認められるという傍論は展開しつつも，具体的な事件においては私立会社の社員の有限責任を認めていなかった[20]。大審院は，一般論として社員が有限責任を負う旨の『公告』等があれば，かかる私立会社の社員が有限責任を負うとはしていたが，『公告』等の具体的な方法は明らかにしなかった[21]。ここに株式会社法を制定して，法律により株主有限責任を明確に定める必要が生じていた。

　日本の株式会社法の制定への第一歩は，ヘルマン・ロェスレルによる商法草案の策定にあった。ロェスレルは，ローマ法の原理により商事会社を位置づけるという視点から，株式会社を含めた商事会社を『権利能力を有するソキエタス』として構成した。ロェスレルは，欧米を中心として各国の株式会社法を比較検討し，世界で最新の原理に基づいた株式会社法を日本において制定しようという野心があった。ただし，ドイツ法については，その精密さと完成度においては，世界第一級の水準にあると信じていたため，株式会社法の内容については1870年改正ドイツ普通商法典が大きな影響を与えた。ロェスレルは，株式会社の設立については，自己の商法草案の段階では，準則主義をとっていたが，後に許可主義の採用を支持した[22]。このロェスレルの株式会社の設立主義に関する考え方の転換には，かかるドイツの1870年以降のバブルの弊害の経験およびこれに伴うドイツ法思想の状況の変化が反映されていたと推察される。

　1890（明治23）年商法（旧商法）は『ロェスレル商法』と呼ばれるように[23]，株式会社の規制については基本的にはロェスレル草案をそのまま立法化したものであった[24]。1890（明治23）年商法は，その編別においてフランス法系であっ

---

20) 大判明治20年4月14日言渡明治20年大審院民事商事判決録・商事1頁。

21) 大判明治24年11月24日言渡裁判粋誌民事集第6巻392頁。

22) 高橋英治「ロエスレル氏商法草案意見書について」関西法律特許事務所編『(関西法律特許事務所開設35周年記念論文集）民事特別法の諸問題　第4巻』230頁以下（第一法規，2002年）参照。

23) 高田晴仁「旧商法典――その意義と研究に関する覚書」奥島孝康先生還暦記念論文集編集委員会編『(奥島孝康教授還暦記念第2巻）近代企業法の形成と展開』24頁（成文堂，1999年）。

24) Eiji Takahashi, Die Rezeption und Konvergenz des deutschen Handels - und

たが，内容的には主としてドイツ法系であった[25]。

　1890（明治23）年商法は，旧民法と同時に施行されるべきであるという見地から，まず，第一議会で旧民法の施行予定日である1893（明治26）1月1日まで施行延期となった。ついで法典論争[26]に巻き込まれ，1890（明治23）年商法も旧民法と同様に外国法の模倣に過ぎず日本の商慣習を十分に考慮していない等の指摘がなされ[27]，第三議会で再び1896（明治29）年12月30日まで施行延期となった。1890（明治23）年恐慌がもたらした経済界の混乱は法典施行の要求を生じさせた。政府は，法典施行の機運の高まりに乗じて，第四議会に商法施行の法案を提出し，その結果，1893（明治26）年7月1日から，手形小切手法，破産法とともに会社法が商法の一部施行として1890（明治23）年商法を若干修正して施行されることとなった[28]。1890（明治23）年商法の残りの部分も，1898（明治31）年7月1日から1899（明治32）年商法（新商法）の施行日の前日まで施行された[29]。

　1899（明治32）年商法は，会社はこれを法人とすると規定した（1899（明治32）年商法44条1項）。これにより，株式会社は法人とされた。1899（明治32）年商法は，株式会社の設立につき，許可主義を廃して準則主義を採用した。

　ドイツにおいて19世紀に株式会社法学が成立・確立したのに対し，日本の19世紀においては，株式会社法学は未だ本格的には成立していなかった。」

　ドイツにおいても，日本においても，株式会社制度および株式会社法は，外国からの「法的移植物（legal transplants）」であった。しかし，ドイツにおい

　　Gesellschaftsrechts in Japan : Gesammelte Schriften, Baden - Baden 2017, S. 45.
25）西原寛一『近代的商法の成立と発展』63頁（日本評論新社，1963年），山本桂一『商法のはなし』19頁（有信堂，1970年），Harald Baum/Eiji Takahashi, Commercial and Corporate Law in Japan, Legal and Economic Developments after 1868, in: Wilhelm Röhl（Edit.），History of Law in Japan since 1868, Leiden 2005, S. 356.
26）商法典論争につき，三枝一雄『明治商法の成立と変遷』83頁以下（三省堂，1992年），大和正史「商法典論争に関する一考察——大阪商工会議所の商法断行決議をめぐって」関西大学法学論集36巻2号18頁以下（1986年），淺木愼一『日本会社法成立史』11頁以下（信山社，2003年）参照。
27）Eiji Takahashi, Rezeption des Aktienrechts in Japan, FS Schott, Bern 2001, S. 323.
28）1893（明治26）年に施行された商法の条文は，『明治26年3月6日公布改正大日本商法』（長島文昌堂，1893年）に収録されている。1890（明治23）年商法と1893（明治26）年商法との対照表は，淺木愼一『日本会社法成立史』74頁以下参照。
29）菅原菊志『企業法発展論〔商法研究Ⅱ〕』13頁（信山社，1993年）参照。

ては，株式会社制度の移植において，大きな混乱はなかった。当時ヨーロッパが，事実上一つの国際市場を形成しており，オランダで生まれた「株式会社」もドイツで設立されるようになっていた（「ブランデンブルク東インド会社」）。また，1807年フランス商法典によって規定された株式会社法も，ドイツの一部の邦での適用にあたって，大きな障害がなかった。

　これに対し，株式会社にとって，日本という「土壌」はヨーロッパのそれと大きく異なるものであった。株式会社制度の受容が始まった時期は，明治維新前後の混乱期であった。日本では，国立銀行条例という法律によって設立された株式会社には株主有限責任が法律上認められていたが，大審院が一般の私立会社に社員の有限責任を認めた例はなかった。私立会社の社員の有限責任の有無を巡る訴訟が多数提起されたため，この問題を解決するため，日本人の手による会社法の草案が複数作成されたが，いずれも出来が悪く，ロェスレル草案をほぼ全面的に受け入れた株式会社法が1890（明治23）年に成立した。また，19世紀のドイツにおいては，ルノー，レーマン，ゴルトシュミット，ギールケといった大学者により株式会社法学が形成・確立したのに対し，日本においては，学問としての株式会社法学は未だ本格的には成立していなかった。

　しかし，日本では，法律の規定上，ドイツよりも優れた点があった。それは，1899（明治32）年商法が，株式会社を含めたすべての会社を「法人」と定義した点であった[30]。この点は，2005（平成17）年会社法の際，合同会社に「法人税」を免除することができなくなり，合同会社に税法上のパススルー課税を適用させることができなくなる制度上の制約となったが，論理的には正しい規制の方式であった。現在，ドイツでも，従来「ゲザムトハント（合手体）」とその法的性質が位置づけられてきた合名会社を権利能力のある「法人」として把握しようという判例・立法の流れができつつある[31]。

---

[30] 1899（明治32）年商法は，1890（明治23）年商法154条が設けていたような株式会社の定義規定を置かずに，単に「総則」において，会社はこれを法人とすると規定した（1899（明治32）年商法44条1項）。

[31] Vgl. Thomas Raiser, Allgemeine Vorschriften über juristische Personen in einem künftigen Bürgerlichen Gesetzbuch, ZGR 2016, 786.

2　展開期の比較

　20世紀ドイツの株式会社法と株式会社法学の発展は次のように総括される。
　「1900年代のドイツは，株式法がドイツ商法によって規制される時代として幕を開けた。第一次世界大戦に敗北したドイツは，経済恐慌下で，緊急命令により株式会社法が改正された。例えば，1931年9月19日の緊急命令[1]は，各事業年度の計算書類の決算検査人による検査義務に関する規定を株式法に導入した[2]。この戦前期には，ミュラー＝エルツバッハ[3]やカール・ヴィーラント[4]が特色のある体系書を執筆した。
　1933年にアドルフ・ヒトラーが政権を握ると，ナチス思想に基づいた株式法改正が議論の対象となった。当初ナチスは，匿名の多数による会社支配を可能にする株式会社が「責任ある経営」という国家社会主義経済の遂行原則と完全に反すると批判し[5]，既に会社化された企業を国営化するべきことを要求した[6]（ナチス綱領13条，フェーダー綱領13条）。しかし，その後，ナチスの株式会社制度改革論は，株式会社の存立は認めるが，その匿名性に基づく弊害は除去する

1）Verordnung des Reichspräsidenten über Aktienrecht, Bankenaufsicht und über eine Steueramnestie vom 19. September 1931, RGBl. I S. 493, Erster Teil. 1931年9月19日の緊急命令は，Julius Lehmann/Hirsch, Verordnung über Aktienrecht vom 19. September 1931, Mannheim 1931, S. 1 ff.; Schlegelberger/Quassowski/Schmölder, Verordnung über Aktienrecht vom 19. September 1931 nebst Durchführungsbestimmungen, Berlin 1932, S. 1-16.に収録されている。1931年9月19日の緊急命令の邦訳として，司法省調査課訳編「1930年独逸国株式会社法及株式合資会社法草案並説明書・1931年9月独逸国株式会社法改正に関する緊急律令」司法資料222号231頁以下（司法省調査課，1936年）参照。

2）Habersack in: Goette/Habersack（Hrsg.）, Münchener Kommentar zum Aktiengesetz, 4. Aufl., München 2016, Einl. Rdnr. 20.

3）Müller-Erzbach, Deutsches Handelsrecht, 2./3. Aufl., Tübingen 1928.

4）Wieland, Handelsrecht, Zweiter Band: Die Kapitalgesellschaften, München 1931.

5）Kisskalt, Reform des Aktienrechts, Bericht des Ausschusses für Aktienrecht der Akademie für Deutsches Recht, Zeitschrift für Deutsches Recht 1934, Heft 1, S. 26.

6）「既に会社化されたる企業（トラスト）を国営化すべきことを要求する」（ナチス綱領13条，フェーダー綱領13条）。杉村章三郎＝後藤清＝木村亀二＝我妻榮『ナチスの法律』94頁（日本評論社，1934年）参照。

という方針に転換し，1937年株式法が成立した。1937年株式法は，その根底においては，ナチス的性格を有さず，1933年以前から行われてきた株式法改正に関する議論に基づくものであった[7]。ただし，いくつかの条項は明確にナチスの思想の影響を受けていた。例えば，1937年株式法70条は指導者原理（Führerprinzip）を導入し，「取締役は自己の責任において，事業およびその従者の福利ならびに国民および帝国の共同の利益の要求するところに従い，会社を指揮することを要す」と規定した。1937年株式法の立案担当者の注釈によると，その趣旨は「公益は私益に優先する」という国家社会主義の基本原理から説明された[8]。この戦中期には，ナチスのイデオロギーを代弁するコンメンタール[9]は執筆されたものの，株式法を解説する本格的な体系書は現れなかった。

戦後，1937年株式法の改正が必要であると考えられた理由は，株式法を経済組織の新しい要請と一致させなければならなかったからであった。とりわけ，コンツェルンを法的に規制する必要が認識されたからであった[10]。1965年株式法は，世界で初めて，主として従属会社の少数派株主・債権者保護の見地から企業結合に関する体系的な規定を創設した[11]（株式法291条以下）。

1965年以降，株式会社に関して，多くの法改正ならびに新法の制定が行われた。その中でも，ドイツ法固有の要請から制定されたのが，株式会社の監査役会における共同決定に関する1976年『共同決定法[12]』であった。この共同決定法は，労働者20000人以上の大規模な株式会社の監査役会が，株主代表と労働者代表との同数の構成員によって構成される（共同決定法7条1項）という点に特色を有していた[13]。この共同決定法以外の20世紀の株式法改正または新法制定は，主としてヨーロッパ法との調和という新しい要請に基づくものであっ

---

7) Baumbach/Hueck, Aktiengesetz, 9. Aufl., München 1956, S. 3.
8) W. Schmidt, in: Gadow/Heinichen/E. Schmidt/W. Schmidt, Großkommentar AktG, 1. Aufl., Berlin 1939, §70 Anm. 11.
9) Schlegelberger/Quassowski/Herbig/Geßler/Hefermehl（Hrsg.）, Aktiengesetz vom 30. Januar 1937, Kommentar, 2. Aufl., Berlin 1937.
10) Begründung zum Regierungsentwurf eines Aktiengesetzes 1965, Allgemeines Ⅳ, bei: Kropff, Aktiengesetz, Textausgabe, Düsseldorf 1965, S. 16.
11) Habersack in: Goette/Habersack（Hrsg.）, Münchener Kommentar zum Aktiengesetz, 4. Aufl., München 2016, Einl. Rdnr. 31 f.
12) Gesetz über die Mitbestimmung der Arbeitnehmer（Mitbestimmungsgesetz - MitbestG）vom 4.5.1976, BGBl. I S. 1153.
13) 正井章筰『共同決定法と会社法の交錯』8頁以下（成文堂，1990年）参照。

た。その例として，1985年12月19日の貸借対照表指令法[14]（BiRiLiG）に基づき，株式会社の計算等の規定は，株式会社のみに適用される計算等に関する特別規定を除き（株式法150条〜176条），株式法から分離され，ドイツ商法第3編商業帳簿[15]（ドイツ商法238条〜342 e 条）において規制されるようになった。

戦後期は，ドイツ株式会社法学の最盛期であった。多数の特色ある体系書が，次々と刊行された。かかる体系書として，戦後の通説を確立したハンス・ヴュルディンガーの体系書[16]，ヴェルナー・フルーメの民法学の見地から執筆され

---

[14] Gesetz zur Durchführung der Vierten, Siebten und Achten Richtlinie des Rates der Eüropäischen Gemeinschaften zur Koordinierung des Gesellschaftsrechts (Bilanzrichtlinien-Gesetz – BiRiLiG) vom 19.12.1985, BGBl. I S. 2355. この法律は，第4指令（Vierte Richtlinie 78/660/EWG vom 25. Juli 1978（Jahresabschlußrichtlinie/Bilanzrichtlinie）），第7指令（Siebente Richtlinie 83/349/EWG vom 13. Juni 1983（Richtlinie über den konsolidierten Abschluß））および第8指令（Achte Richtlinie 84/253/EWG vom 10. April 1984（Prüferbefähigungsrichtlinie））を国内法化するための法律であった。第4指令，第7指令および第8指令の条文は，Lutter/Bayer/Jessica Schmidt, Europäisches Unternehmens- Kapitalmarktrecht: Grundlagen, Stand und Entwicklung nebst Texten und Materialien, 5. Aufl., ZGR-Sonderheft 1, Berlin 2012, S. 761 ff.; Grundmann/Riesenhuber（Hrsg.）, Textsammlung Europäisches Privatrecht, Vertrags- und Schuldrecht, Arbeitsrecht, Gesellschaftsrecht, Berlin 2009, S. 595 ff.に収録されている。貸借対照表指令法の概要につき，ペーター・シュレヒトリーム，山下友信訳「ドイツ連邦共和国における商法・会社法の発展（1985-1987年）――会計指令法」日独法学12号53頁以下（1988年）参照。なお，第4指令と第7指令は，2013年7月26日に「EU貸借対照表指令（EU-Bilanz-Rl）」として統合され，かつ，改正されている（Richtlinie 2013/34/EU des Europäischen Parlaments und des Rates vom 26. Juni 2013 über den Jahresabschluss, den konsolidierten Abschluss und damit verbundene Berichte von Unternehmen bestimmter Rechtsformen und zur Änderung der Richtlinie 2006/43/EG des Europäischen Parlaments und des Rates und zur Aufhebung der Richtlinien 78/660/EWG und 83/349/EWG des Rates）。2013年EU貸借対照表指令は，Lutter/Bayer/Jessica Schmidt, Europäisches Unternehmens-Kapitalmarktrecht: Grundlagen, Stand und Entwicklung nebst Texten und Materialien, 6. Aufl., ZGR-Sonderheft 1, Berlin 2018, S. 831 ff.に収録されている。

[15] ドイツ商法第3編商業帳簿の邦訳として，法務省大臣官房司法法制部『ドイツ商法典（第1編〜第4編）』法務資料465号69頁以下（法務省大臣官房司法法制部司法法制課，2016年）〔久保大作〕，宮上一男＝W・フレーリックス監修『現代ドイツ商法典〔第2版〕』3頁以下（森山書店，1993年）参照。

[16] Würdinger, Aktienrecht und das Recht der verbundenen Unternehmen, 4. Aufl., Heidelberg 1981.

た体系書[17]，会社法の原理を解明しようと試みるヘリベルト・ヴィーデマンの体系書[18]，新しい企業法概念を生み出したトマス・ライザーの体系書[19] などがあった。」

　20世紀日本の株式会社法と株式会社法学の発展は次のように総括される。

　「1893（明治26）年，ロェスレルは欧州へ帰国した[20]。その後の日本の商法の改正は，ロェスレルの考えから離脱していく。合名会社・合資会社を含むすべての商事会社に対し法人格を認めた1899（明治32）年商法44条の制定などは，その典型であった。1911（明治44）年改正は，日本の実務に合致した株式会社法を形成しようという意図が明白にみられる改正であった。株式会社法の改正にあたりドイツ法は最もよく参照されたが，ドイツ法に盲従するという姿勢は，もはや20世紀日本の株式会社法の立法者には存在しなかった。例えば，1911（明治44）年改正商法177条1項は，『取締役カ其任務ヲ怠リタルトキハ其取締役ハ会社ニ対シ連帯シテ損害賠償ノ責ニ任ス』と規定して，取締役の任務懈怠責任を対会社責任として明文化した。1911（明治44）年改正は，従来，取締役の対会社責任の規定が，民法の規制に任されていたところ，それでは責任の連帯性までは根拠づけることができないため，1911（明治44）年改正商法177条1項を新設した。1911（明治44）年改正においては，この取締役の対会社責任（任務懈怠責任）の明文化によっても，取締役の対第三者責任を定める規定（『取締役カ法令又ハ定款ニ反スル行為ヲ為シタルトキハ株主総会ノ決議ニ依リタル場合ト雖モ其ノ取締役ハ第三者ニ対シ連帯シテ賠償ノ責ニ任ス』）は残された（1911（明治44）年改正商法177条2項）。この点で，以後日本の株式会社法は，取締役の責任に関し，対会社責任（任務懈怠責任）と対第三者責任との両方を有するというドイツ法とは違う責任規制をもつようになった。この戦前期に，日本の株式会社法学は岡野敬次郎博士により開拓され，松本烝治博士により確立した。

　戦中期における株式会社法の改正として，日本の1938（昭和13）年改正があった。この株式会社法の改正が，ドイツの1937年株式法と大きく異なる点は，

---

17) Flume, Allgemeiner Teil des Bürgerlichen Rechts, Erster Band, Zweiter Teil: Die juristische Person, Berlin 1983.
18) Wiedemann, Gesellschaftsrecht Band 1. Grundlagen, München 1980.
19) Raiser/Veil, Das Recht der Kapitalgesellschaften, 6. Aufl., München 2015.
20) Bartels-Ishikawa, Hermann Roesler: Dokumente zu seinem Leben und Werk, Berlin 2007, S. 85.

ファシズムの時代に成立した立法でありながら，全体主義思想の影響を全く受けていなかった点である。戦中期，一部の学説はファシズムの影響を受けたが，田中耕太郎博士を代表とする通説的解釈は，1938（昭和13）年改正商法の株式会社の条項に対し，政治思想の影響を受けず，中立的な株式会社法解釈を展開した。

戦後，日本は米国法をモデルにした制度（授権資本制度・株主代表訴訟制度，取締役会制度・無額面株式制度・株式買取請求権制度など）を導入した。戦後には，1950（昭和25）年改正後，監査制度の強化を目的とした改正が行われた。また，日本の株式会社が『安定株主工作』を行うことを可能にするための新株発行にかかる改正が行われた。こうして，戦後，新株の第三者発行等により，株式相互保有を代表とする日本企業に対する敵対的企業買収を不可能にする構造障壁が，日本の資本市場に形成された[21]。

戦後には，ドイツ法の影響を受けた改正はほとんど行われないようになった。しかし，戦後の通説を築いた鈴木竹雄博士と大隅健一郎博士は，その法解釈の方法においては，ドイツ法の解釈技術の影響を受けていた。米国では1950年代から生じた『法と経済学』の議論は，1980年代以前の日本の株式会社法の通説的解釈論にはほとんど影響を与えなかった。鈴木＝大隅両博士は，会社実務を重視しつつも，株主や債権者の利益にも配慮しており，アカデミズムと実務との絶妙なバランスに配慮した株式会社法解釈は，日本経済の復興と経済成長を牽引した。」

これらのドイツと日本の両国の株式会社法の発展期の比較から，日本とドイツには大きな共通点と相違点があることが判明する。ドイツと日本の株式会社法の発展は，第二次世界大戦を境に，戦前期，戦中期，戦後期に時代区分することが可能である。

両国の株式会社法には，戦前には，立法上の大きな変化はなかった。しかし，第一次世界大戦に敗北したドイツでは，経済的混乱に対応するためライヒ大統領の緊急命令による改正があったのに対し，日本では，株式会社法を日本という土壌により適合させるための商法改正が行われた。ドイツでは，株式会社法

---

[21] Eiji Takahashi, Die „doppelte Mauer" Japans gegen feindliche Übernahmen aus dem Ausland - Eine ökonomische Analyse der Hindernisse für einen freien Kapitalverkehr mit Japan, Mitteilung der Deutsch- Japanischen Juristenvereinigung (DJJV), Nr. 6 (1991), 25 ff.

学は，戦前期には，ミュラー＝エルツバッハやカール・ヴィーラント等の若干の例外を除いて，あまりふるわなかったのに対し，日本では，戦前期に，岡野敬次郎博士や松本烝治博士が相次いで日本の株式会社法に関する立法および学問の分野で活躍し，日本の株式会社法学が成立し確立した。

戦中期には，ドイツの1937年株式法が指導者原理の導入などの点において，わずかにナチスの思想の影響を受けたのに対し，日本の1938（昭和13）年改正は全体主義思想の影響を全く受けなかった。戦中期のドイツと日本の通説的解釈も，全体主義思想の影響をほとんど受けなかった。

日本は，占領期の1950（昭和25）年改正において，米国の株式会社法上の制度を積極的に導入した。これに対して，かつて外資導入のため1937年株式法において認可資本制度などの英国法上の制度を導入したドイツは，その占領期に，1937年株式法の改正に着手しなかった。ドイツは，占領期を過ぎた1965年，株式法を新たに制定した。戦後期の日本の株式会社法の改正が，不祥事を契機とした監査役制度の強化や外資からの敵対的買収から日本企業が自己を防衛する手段の提供といった「内向き」なものであったのに対し，戦後期のドイツの株式会社法の改正は，世界で初めての体系的な企業結合規制の整備や共同決定法の制定等，世界をリードしようとする「外向き」の改正が多かった。ドイツも日本も戦後期に株式会社法学の最盛期を迎えた。しかし，戦後のドイツの株式会社法学が，会社法学の多様なあり方を追求したのに対し，日本の戦後の通説は，日本の経済復興と成長のため，会社実務に配慮しつつ，常識的な株式会社法解釈論を築いた。

3 「現代化」の時期の比較

　21世紀ドイツの株式会社法と株式会社法学の「現代化」の過程は，次のように総括することができる。

　「21世紀のドイツ株式会社法の『現代化』は，主としてドイツ法の『ヨーロッパ化』の過程であった。2002年10月4日に示された会社法専門家ハイレベル・グループの第二報告書[1]は，ヨーロッパにおける会社法の進むべき進路を『会社法の現代化』という言葉で表現し，これが21世紀の会社法の進路を示していた。すなわち，第二報告書では，①自己株式取得規制の10パーセントの制限を撤廃すべきこと，②インターネットを介した株主への情報提供および株主の議決権行使の可能性を認めるべきこと，③ヨーロッパ株式会社におけるような一元型コーポレート・ガバナンスと二元型コーポレート・ガバナンスの一般的な選択権を株式会社に認めるべきこと，④利益相反の危険が特に大きい報酬，管理機関構成員の指名提案，計算書類の監査についての決定は，業務執行機関ではなく，監査を委託された複数の独立した構成員だけが行うべきであり，これができないならば，少なくともその旨が公表されなければならず，かつ，その理由を述べなければならない（comply or explain；遵守せよ，さもなければ説明せよ）とすべきことなど[2]ヨーロッパのみならず，ドイツの21世紀の会社立法の指針が示されていた。

　21世紀のEU指令に基づく株式会社に関する立法としては，2001年12月20日

---

[1] Report of High Level Group of Company Law Experts on Modern Regulatory Framework for Company Law in Europe（Nov. 4, 2002）available at http://www.ecgi.org/publications/documents/report_en.pdf（last visited Feb. 20, 2017）．本報告につき，ハラルド・バウム，早川勝＝久保寛展訳「ヨーロッパ買収法および会社法の改正に関する『会社法専門家ハイレベル・グループ』の提案」ワールド・ワイド・ビジネス・レビュー（同志社大学）5巻1号111頁以下（2003年），ハンノ・メルクト，小柿徳武＝守矢健一訳「ドイツにおける株式法の改正——基本方針および基本傾向」松本博之＝西谷敏＝守矢健一編『団体・組織と法』107頁（信山社，2006年）参照。

[2] Report of High Level Group of Company Law Experts on Modern Regulatory Framework for Company Law in Europe（Nov. 4, 2002）S. 34 ff.

『有価証券の取得および企業買収のための公開買付の規制に関する法律[3]』，2005年8月3日『取締役報酬開示法[4]』（VorstOG）』，2009年7月30日『株主の権利指令の国内法化のための法律[5]』（ARUG）』，2017年4月11日『企業の社会的責任指令の国内法化のための法律[6]』等があった。

　この『ヨーロッパ化』の潮流は，新しい理念に基づく進歩的なドイツの株式会社立法に寄与した。ドイツでは，2015年3月27日，『私企業および公企業における管理者の地位への男女の同権的参加に関する法律[7]』が成立した。ドイツの法律家は，この法律の立法過程において，この法律に反対していたが，2012年12月ヨーロッパ委員会は，『上場会社の非業務執行役員におけるジェンダー・バランスの改善に関する指令案[8]』を出し，2020年までに上場会社の非

---

[3] Gesetz zur Regelung von öffentlichen Angeboten zum Erwerb von Wertpapieren und von Unternehmensübernahmen vom 20.12.2001, BGBl. I S. 3822. この法律の翻訳として，早川勝「ドイツ株式公開買付規制の新展開」同志社法学54巻1号355頁以下（2002年）。本法の2007年1月5日改正を踏まえた条文の邦語訳として，早川勝「ドイツ有価証券取得法と公開買付法（試訳）」同志社法学59巻4号175頁以下（2007年），佐藤文彦「ドイツ改正『有価証券取得及び支配獲得法』（試訳）」獨協ロー・ジャーナル3号125頁以下（2008年）。この法律の詳細につき，池田良一「ドイツ『企業買収法』の導入とEU『企業買収指令』合意に向けての再スタート」国際商事法務30巻9号1197頁以下（2002年）。

[4] 正式名称は「取締役報酬開示に関する法律」，Gesetz über die Offenlegung der Vorstandsvergütungen (Vorstandsvergütungs-Offenlegungsgesetz – VorstOG) vom 3.8.2005, BGBl. I S. 2267. この法律につき，野田輝久「ドイツにおける取締役報酬の開示規制」尾崎安央＝川島いづみ編集委員『（石川卓磨先生＝上村達男先生還暦記念）比較企業法の現在――その理論と課題』61頁以下（成文堂，2011年），高橋英治＝山口幸代「EUにおける企業法制改革の最新動向――行動計画の実現過程およびドイツの改革状況〔下〕」国際商事法務34巻4号448頁以下（2006年）参照。

[5] Gesetz zur Umsetzung der Aktionärsrechterichtlinie vom 30.7.2009, BGBl. I S. 2479.

[6] Das CSR-Richtlinie-Umsetzungsgesetz vom 11.4.2017, BGBl. I 2017, 802. この法律につき，Hennrichs, CSR-Umsetzung — Neue Pflichten für Aufsichtsräte, NZG 2017, 841 ff.

[7] Gesetz für die gleichberechtigte Teilhabe von Frauen und Männern an Führungspositionen in der Privatwirtschaft und im öffentlichen Dienst vom 24.4.2015, BGBl. I S. 642.

[8] Vorschlag für eine Richtlinie des Europäischen Parlament und des Rates zur Gewährleistung einer ausgewogeneren Vertretung von Frauen und Männern unter den nicht geschäftsführenden Direktoren/Aufsichtsratsmitgliedern börsennotierter

業務執行役員の40パーセントを女性に割り当てるべきものとした（本指令案4条）。2013年11月20日，ヨーロッパ議会は，この指令案を可決した。これを受けて，『私企業および公企業における管理者の地位への男女の同権的参加に関する法律』は成立した。

21世紀においても，ドイツ株式会社法学の発展は継続し，将来のドイツ法の発展方向を大胆に予想したフリードリッヒ・クーブラーの会社法の教科書[9]が継続して版を重ねた。また，20世紀後半から，ドイツの会社法研究者にとって，米国への留学が学者としてのキャリアアップに重要となり，米国で法学修士号を取得した若手研究者により，米国法の発展を踏まえた，株式会社法の研究が行われた。

クラウス・ホプトは，将来のドイツ株式会社法学は，内部者の視点から『法教義学』すなわち法のもつべき内容の探求という側面が強いドイツ法学の方法と，外部者の視点から経済学その他の学問の方法を用いて法律の経済的および社会的根拠を明らかにしようとする米国の『法と経済学』の方法とを統合したものであるべきであると考える[10]。」

21世紀日本の株式会社法と株式会社法学の「現代化」の過程は，次のように総括することができる。

「日本の株式会社法は，1990（平成2）年バブル崩壊から，規制を緩和し，日本経済を不況から脱却させるという明確な目標の下に，改正がなされるようになった。1997（平成9）年，ストック・オプションを日本の株式会社において可能にしようとするため議員立法により商法改正は行われた。この改正の後，1999（平成11）年4月27日閣議決定『審議会等の整理合理化に関する基本計画』に基づき，法制審議会には常設の部会として『会社法部会』が置かれないことになり，特定の諮問事項に従って法制審議会会社法部会が設置されることになった[11]。その結果，日本の株式会社立法は，法制審議会会社法部会の委員の人選がその都度なされ，日本の経済再生のための立法が行われるようになった。

    Gesellschaften und über damit zusammenhängende Maßnahmen, COM (2012) 614 final.
 9) Kübler/Assmann, Gesellschaftsrecht, 6. Aufl., Heidelberg 2006.
10) Hopt, Professor Takahashi, Aufsatz über „Die Deutsche Rechtswissenschaft im 21. Jahrhundert", Hamburg 12.4.2017, Typoskript, S. 1 f.
11) 中東正文＝松井秀征編者『会社法の選択——新しい社会の会社法を求めて』158頁（商事法務，2010年）〔山田泰弘〕。

2005（平成17）年会社法制定は，日本の会社法の現代語化とともにその内容の『現代化』を目的とした，21世紀最大の会社法上の事業であった。ここでは，中小企業経営者の利益の観点から，有限会社法および株式会社の最低資本金制度を廃止し，中小企業が株式会社として設立されることを可能にした。2014（平成26）年には，コーポレート・ガバナンスの改善および日本に本格的な企業結合法を整備するための会社法改正がなされた。しかし，2014（平成26）年改正が導入した企業結合規制は，多重代表訴訟（2014（平成26）年改正会社法847条の3第7項）や特別支配株主の株式等売渡請求権（2014（平成26）年改正会社法179条1項）の導入等，親会社の利益の見地に立ったものであった。

21世紀，学問の分野においては，現代のドイツの体系書を超える水準をもつ江頭憲治郎博士の『株式会社法[12]』が版を重ねている」。

21世紀に，日本は，2005（平成17）年会社法において，機関設計の柔軟性や資金調達の多様化など「規制緩和」の観点からはドイツにより進んだ法律を作り上げた。

21世紀に日本が本格的に導入した企業結合法制は，ドイツの企業結合規制とは対照的な内容であった。すなわち，ドイツの1965年株式法の企業結合規制が，従属会社の少数派株主・債権者保護を目的としていたのに対し，2014（平成26）年に日本が導入した企業結合規制は親会社の利益のためのものであった。この相違の原因は，ドイツでは，企業結合規制の制定にあたり経済界は外部から意見を述べる存在に過ぎなかったのに対し，日本では，企業結合規制の制定に経済界からの代表者が直接関与したことにも求められる。日本において，現在，株式会社法の改正過程に関する批判的な研究が求められている。

---

12) 江頭憲治郎『株式会社法〔第7版〕』（有斐閣，2017年）。

比較史研究からみたドイツと日本の株式会社法と株式会社法学の課題

　19世紀株式会社法では，立法と学問のいずれにおいても，ドイツがより優れていた。日本においても，株式会社立法が商法の制定の中で行われたが，ロェスレルの個人的資質が秀でていたため，1890（明治23）年商法制定にあたっても，ロェスレルの意見のみが一方的に採用され，ロェスレルの意見に反対する日本人の手による草案が採用されることはなかった。19世紀日本は，ロェスレルの学問的権威に圧倒され，ロェスレルから離れたところで，日本独自の株式会社法と株式会社法学が育つ余地はなかった。ただし，ロェスレルが，比較法に秀でており，7ヶ国以上の商法や会社法を比較して，最新の原理に基づく株式会社法を日本にもたらしたことは，日本にとって幸運であった。戦前の日本の経済発展の背景には，そのための日本の会社法秩序の基礎を創造したロェスレルの功績があった。

　1893（明治26）年のロェスレルの帰国により，日本の株式会社法は，ロェスレルの呪縛から解放され独自の発展を遂げる。岡野敬次郎博士などのドイツの留学経験のある学者が，株式会社法立案にあたり活躍した。戦前期の株式会社立法にあたって，ドイツ法は最もよく参照され，しばしば，日本法の規制のモデルとなった。しかし，19世紀日本の立法者とは異なり，20世紀日本の立法者は，日本国内の会社法実務の問題を解決する一つのモデルとしてドイツ法を参照した。その意味で，20世紀の戦前期および戦時期の株式会社立法は，「外圧」からなされたものというよりは，その多くが「内発的」なものであった。

　戦後には，1950（昭和25）年改正において，連合国の占領下で，日本が授権資本や株主代表訴訟制度など英米の制度を積極的に導入したのに対し，ドイツは，連合国の占領下において，ナチスの思想の影響も受けていた1937年株式法の改正を見送った。ドイツは，1965年株式法において，世界初の体系的な企業結合法を導入し，1976年共同決定法など，独自の観点から，独創的な法律を次々と生み出していった。

　戦後，日本の会社法学者の多数派は，ドイツ法から遠ざかり，専ら英米の株式会社法の研究に専念するようになった。21世紀日本において，法律・学問の両面において，英米の影響はますます強まっている。20世紀戦後期および21世

紀，株式会社法の分野では，ドイツ法と日本法が，米国法モデルに向かって「収斂」するという現象がみられた。これは，日本の研究者および会社法改正立案担当者がドイツの株式会社法および株式会社法学に興味を失ったことを背景としている。ドイツと日本の株式会社法の「収斂」現象の存在はドイツ法・日本法双方にとって残念なことである。21世紀日本には，「機関設計の柔軟化」に代表されるドイツよりも先に実現した株式会社立法[1]とドイツに比肩する株式会社法研究が存在する。ドイツ人研究者がこれらに目を向ければ，自国の立法や学問に生かせるであろう[2]。他面，従属会社の少数派株主・債権者保護のための「企業結合法」，労働者と資本家の共存を目指す「共同決定法」や「経営判断原則の立法化」の経験など，これからの日本法の発展のために生かすことのできるドイツ法の分野はなお多い[3]。ドイツと日本における株式会社法の「収斂」という現象は，ドイツと日本の双方における相手方の株式会社法と株

---

[1] 日本の会社法が実現した機関設計の柔軟化に注目するものとして，Bayer, Empfehlen sich besondere Regelungen für börsennotierte und für geschlossene Gesellschaften?, in: Ständigen Deputation des Deutschen Juristentages (Hrsg.), Verhandlungen des 67. Deutschen Juristentages, Erfurt 2008, Band I Gutachten E, München 2008, E. 75 ff.

[2] ドイツ人による新時代の日本の株式会社法研究として，Baum, Marktzugang und Unternehmenserwerb in Japan: Recht und Realität am Beispiel des Erwerbs von Publikumsgesellschaften, Heidelberg 1995を嚆矢としているが，その後の代表的なものとして，Röhl (Edit.), History of Law in Japan since 1868, Leiden 2005; Moritz Bälz, Die Spaltung im japanischen Gesellschaftsrecht, Tübingen 2005; Spiegel, Independent Directors in Japan: Die japanische Corporate Governance und effektives Monitoring aus rechtsvergleichender Sicht, Tübingen 2017; Kirchwehm, Reformen der Corporate Governance in Japan und Deutschland: Eine gesellschaftsrechtliche Betrachtung, Frankfurt a.M 2010; Eisele, Holdinggesellschaften in Japan, Tübingen 2004 ; Förster, Die Dimension des Unternehmens: Ein Kapitel der deutschen und japanischen Rechtsgeschichte, Tübingen 2003; Meckel, Die Corporate Governance im neuen japanischen Gesellschaftsrecht: Unter besonderer Berücksichtigung der Aufgaben von Verwaltungs- und Prüferrat, Tübingen 2010; Kliesow, Aktionärsrechte und Aktionärsklage in Japan: Gesetzliche Regelungen und soziale Wirklichkeit, Tübingen 2001がある。また，独日法律家協会（DJJV）とマックスプランク外国私法国際私法研究所が出しているZeitschrift für Japanisches Recht/Journal of Japanese Lawは，欧米における唯一の日本法専門誌として，日本の株式会社法に関する論文も掲載している。

[3] 近時，日本における経営判断原則の立法化を提唱する論考として，森田章「コーポレート・ガバナンスの進展と経営判断原則」商事法務2159号20頁（2018年）参照。

式会社法学に対する無関心を基礎とする。この「収斂」現象は，ドイツと日本の会社法研究者が，英米の株式会社法のみに注目するのでなく，相互に「対話」をしながら，双方の株式会社法の比較研究を深めていく必要があることを示している。

あとがき

　本書の基礎は，1990年から３年間にわたるドイツ学術交流会（DAAD）の奨学金によるドイツ・ゲッチンゲン大学留学，および2000年から２年間にわたるアレクサンダー・フォン・フンボルト財団の研究資金によるドイツ・フライブルク大学留学によって築かれた。筆者を指導して下さったゲッチンゲン大学のUlrich IMMENGA教授とフライブルク大学のUwe BLAUROCK教授に心から感謝したい。

　本書は，２人の非常に優秀な若手研究者の助けを得て上梓された。津田裕介氏（大阪大学大学院法学研究科博士後期課程）は，本書の草稿に目を通し，貴重な御助言を下さった。仲卓真氏（京都大学大学院法学研究科特定助教）は，本書の校正原稿に目を通し，誤りを指摘して下さった。津禰鹿雅博氏（大阪市立大学法学部学生）は，本書の草稿および校正原稿に目を通し，貴重な御助言を下さった。記して，感謝したい。

　大阪市立大学大学院法学研究科の諸先生には，自由で学問的雰囲気に溢れた研究環境を提供して下さり，心から感謝している。京都大学商法研究会，関西商事法研究会，関西企業法研究会，早稲田大学商法研究会，比較企業法研究会の諸先生方からは，常に多くのことを学ばせて頂いている。本書の出版を機に，これらの先生方に深く感謝申し上げる。

　本書の刊行に多大な御配慮を頂いた中央経済社編集長の露本敦氏に，厚く御礼申し上げる。露本氏に筆者が本書の構想をお話しすると，露本氏は，出版を快諾して下さり，「先生，そのように重要な本ならば，原稿枚数にこだわらず，思う存分書いて下さっても結構です」とおっしゃって下さったのは未だに忘れがたい。研究者も編集者の励ましによって成長する。もう15年以上の交流があり，いつも筆者を励まして下さる露本氏に，心から深く感謝したい。

　本書は，平成30年度日本学術振興会科学研究費基盤研究（Ｃ）「日本・ドイツ・EUにおける会社法の継受と収斂の研究」（課題番号26380125）による研究成果の一部である。

　本書の刊行にあたっては，瀬川学術基金（大阪市立大学証券研究センター）の助成を頂いた。

■索 引■

事項索引

■英 数

Abspaltung	140
actio pro socio	108
Aktienbuch	142
Aktienrechtsnovelle 2016	156
Aktienregister	142
Anstellung	166, 345
Aufbringung des Grundkapitals	43
Aufspaltung	140
Ausgliederung	140
Auszug	233
authorized capital	80, 294
Beamte	38
bedingte Kapitalerhöhung	80
Behörde	38
Bestellung	166, 345
board of directors	297
Bundesministerium für Familie, Senioren, Frauen und Jugend；BMFSFJ	153
Chancengleichheit	136
"Closed" Company	143
collegantia	11
commenda	6
compagnia	12
comply or explain	144, 146, 156, 361, 401
cumurative voting	299
dauernde Erhaltung des Grundkapitals	43
Deutscher Corporate Governance Kodex	145
Die werdende juristische Person	114
Drittorganshaft	227
EC	110
Eigenkapital	333
Einzelrecht	57
elektronischer Bundesanzeiger	147
Errichtung	230
EU	2
European Private Company・EPC	144
Forderungsrecht	341
Formwechsel	94, 139
FORUM EUROPAEUM ON COMPANY GROUPS	183
freiwilliger Reservefond	320
Fremdkapital	333
Führer	71
Führerprinzip	396
Fusion	39
Gegenstand	106
gemeinnützige Rechte	321
genehmigtes Kapital	80
Generalanwalt	177
Gesamthandspersonengemeinschaft	114
Gesellschaft	126
Gesellschaftsvertrag	107, 233
Gesellschaftsinteresse	112
gesetzlicher Reservefond	320
Gesetzlichkeit	332
Gründergemeinschaft	114
Gründergesellschaft	108, 327
Grundkapital	97
Grundsatz der Bilanzwahrheit	333
Gründung	230
Gruppeninteresse	77
Handel	53
Herrschaftsrecht	100
herrschende Meinung	351
ILO	158

412　索　引

inspection right ⋯⋯⋯⋯⋯⋯⋯⋯⋯⋯ 299
Kapitalherabsetzung in erleichterter Form
　⋯⋯⋯⋯⋯⋯⋯⋯⋯⋯⋯⋯⋯⋯⋯⋯⋯ 67
Keinmanngesellschaft ⋯⋯⋯⋯⋯⋯⋯⋯ 119
KonTraG ⋯⋯⋯⋯⋯⋯⋯⋯⋯⋯⋯⋯ 141, 164
legal capital ⋯⋯⋯⋯⋯⋯⋯⋯⋯⋯⋯⋯ 164
legal transplants ⋯⋯⋯⋯⋯⋯⋯⋯ 198, 394
"Listed" Company ⋯⋯⋯⋯⋯⋯⋯⋯⋯⋯ 143
Mitgliedschaftsrecht
　⋯⋯⋯⋯⋯⋯⋯⋯⋯ 46, 57, 108, 319, 321
Mitverwaltungsrecht ⋯⋯⋯⋯⋯⋯⋯ 33, 57
modifizierte Sozietät ⋯⋯⋯⋯⋯⋯⋯ 25, 389
MOM ⋯⋯⋯⋯⋯⋯⋯⋯⋯⋯⋯⋯⋯⋯⋯ 109
MoMiG ⋯⋯⋯⋯⋯⋯⋯⋯⋯⋯⋯⋯⋯⋯ 149
Nebenleistungsaktiengesellschaft ⋯⋯⋯ 92
nichtentziehbare Rechte ⋯⋯⋯⋯⋯⋯⋯ 323
non par stock ⋯⋯⋯⋯⋯⋯⋯⋯⋯⋯⋯ 295
NSDAP ⋯⋯⋯⋯⋯⋯⋯⋯⋯⋯⋯⋯⋯⋯ 277
Obligationsrecht ⋯⋯⋯⋯⋯⋯⋯⋯⋯⋯ 99
OECD ⋯⋯⋯⋯⋯⋯⋯⋯⋯⋯⋯⋯ 158, 303
on the spot knowledge ⋯⋯⋯⋯⋯⋯⋯ 375
"Open" Company ⋯⋯⋯⋯⋯⋯⋯⋯⋯ 143
ordentlicher Geschäftsmann ⋯⋯⋯⋯⋯ 79
ordentlicher und gewissenhafter
　Geschäftsleiter ⋯⋯⋯⋯⋯⋯⋯⋯⋯⋯ 79
Organ ⋯⋯⋯⋯⋯⋯⋯⋯⋯⋯⋯⋯⋯⋯⋯ 59
Organisationsvertrag ⋯⋯⋯⋯⋯⋯⋯⋯ 107
Organschaftsrecht ⋯⋯⋯⋯⋯⋯⋯ 100, 340
particeps ⋯⋯⋯⋯⋯⋯⋯⋯⋯⋯⋯⋯⋯⋯ 11
participatio ⋯⋯⋯⋯⋯⋯⋯⋯⋯⋯⋯⋯⋯ 11
Prinzip der Beständigkeit des Grundkapitals
　⋯⋯⋯⋯⋯⋯⋯⋯⋯⋯⋯⋯⋯⋯⋯⋯⋯ 43
Prinzip des festen Grundkapitals ⋯ 42, 97
Prioritätsactien ⋯⋯⋯⋯⋯⋯⋯⋯⋯⋯ 240
Prospect ⋯⋯⋯⋯⋯⋯⋯⋯⋯⋯⋯⋯⋯ 233
qualifizierte Gründung ⋯⋯⋯⋯⋯⋯⋯ 321
qualifizierte Nachteilszufügung ⋯⋯ 95, 381
Quistorpschen Bank ⋯⋯⋯⋯⋯⋯⋯ 30, 232
räuberischer Aktionär ⋯⋯⋯⋯⋯⋯⋯ 312

Recht der Person ⋯⋯⋯⋯⋯⋯⋯⋯⋯⋯ 59
Recht für die Organisation der Wirtschaft ⋯ 292
Recht für die Organisation von
　Unternehmen ⋯⋯⋯⋯⋯⋯⋯⋯⋯⋯ 292
Related Party Transactions ⋯⋯⋯⋯⋯ 161
Report of the Reflection Group on the
　Future of EU Company Law ⋯⋯⋯ 159
representative director ⋯⋯⋯⋯⋯⋯⋯ 297
Reservefond ⋯⋯⋯⋯⋯⋯⋯⋯⋯⋯⋯⋯ 38
respondencia ⋯⋯⋯⋯⋯⋯⋯⋯⋯⋯⋯ 200
Rhederei ⋯⋯⋯⋯⋯⋯⋯⋯⋯⋯⋯⋯⋯⋯ 13
salvatorischer Klausel ⋯⋯⋯⋯⋯⋯ 27, 390
Schuldobligation ⋯⋯⋯⋯⋯⋯⋯⋯⋯ 240
SchVG ⋯⋯⋯⋯⋯⋯⋯⋯⋯⋯⋯⋯⋯⋯ 149
SE ⋯⋯⋯⋯⋯⋯⋯⋯⋯⋯⋯⋯ 124, 174, 354
selbstnützige Rechte ⋯⋯⋯⋯⋯⋯⋯⋯ 321
shareholder value ⋯⋯⋯⋯⋯⋯⋯⋯⋯ 192
Simultangründung ⋯⋯⋯⋯⋯⋯⋯ 90, 98
societas ⋯⋯⋯⋯⋯⋯⋯⋯⋯⋯⋯⋯⋯⋯⋯ 7
societas publicanorum ⋯⋯⋯⋯⋯⋯⋯⋯ 6
société anonyme ⋯⋯⋯⋯⋯⋯⋯⋯ 16, 388
Sonderrecht ⋯⋯⋯⋯⋯⋯⋯⋯⋯⋯⋯ 100
Sonderrechte ⋯⋯⋯⋯⋯⋯⋯⋯⋯⋯⋯ 47
Sondervermögen ⋯⋯⋯⋯⋯⋯⋯⋯⋯ 115
Spaltung ⋯⋯⋯⋯⋯⋯⋯⋯⋯⋯⋯ 94, 139
Statut ⋯⋯⋯⋯⋯⋯⋯⋯⋯⋯ 24, 233, 241
StückAG ⋯⋯⋯⋯⋯⋯⋯⋯⋯⋯⋯⋯⋯ 141
Stückaktien ⋯⋯⋯⋯⋯⋯⋯⋯⋯⋯⋯⋯ 295
Sukzessivgründung ⋯⋯⋯⋯⋯⋯⋯ 90, 98
Think small first ⋯⋯⋯⋯⋯⋯⋯⋯ 360, 382
TransPuG ⋯⋯⋯⋯⋯⋯⋯⋯⋯⋯⋯⋯ 145
Trennungstheorie ⋯⋯⋯⋯⋯ 134, 167, 345
Uebernahmegründung ⋯⋯⋯⋯⋯⋯⋯ 89
Ulrich Fugker und gebrudere von
　Augspurg ⋯⋯⋯⋯⋯⋯⋯⋯⋯⋯⋯⋯ 13
UMAG ⋯⋯⋯⋯⋯⋯⋯⋯⋯⋯⋯⋯ 148, 164
Umwandlung ⋯⋯⋯⋯⋯⋯⋯⋯⋯ 94, 139
UmwG ⋯⋯⋯⋯⋯⋯⋯⋯⋯⋯⋯⋯⋯⋯ 139
universitas ⋯⋯⋯⋯⋯⋯⋯⋯⋯⋯⋯ 6, 13

Unteilbarkeit der Mitgliedschaft	108
Unternehmensinteresse	112, 192
Verein	125
Vermögensrecht	100, 107
Vermögensübertragung	94, 139
Verschmelzung	94, 139
Verwaltungsrechte	107
Vorgesellschaft	89, 98
VorstAG	76, 150
Vorstandsmitglieder	331
Vorsteher	14
VorstOG	147
Wertrecht	100, 340
Wissenszurechnung	180
Zeitschrift für das gesamte Handelsrecht（ZHR）	252
ZGB	126
Zweck	106
Zweckmässigkeit	332
Zweckvermögen	106

■あ 行

アウグスブルクのウルリッヒ・フッガーとその兄弟	13
アメリカ恐慌	263
アルゼンチン	52
アルゼンチン商法	257
安定株主工作	399
アンハルト	28
委員会等設置会社	358
EC指令案	110
EU会社法の将来を考えるグループ報告書	159
EU行動計画書	2, 377
イギリス	92
池上電鉄	267
遺族扶助手当	72
イタリア	52, 178
イタリア法	275

一元型	174, 401
一人会社	93, 96, 285
一般条項	180, 347, 367
委任	272
違法行為差止権	59
違法配当	57
煎海鼠	200
インターネット	144, 401
インフレーション	92, 354
ウィーン	30, 232
ヴェストファーレン	11
奪うことのできない権利	323
うべかりし利益	346
宇部市	202
宇部式匿名組合	202
ヴュルディンガー提案	109
ヴュルテンブルク	28
営業報告書	78, 324
影響力利用者の責任	74
英国法	35, 88, 233, 284, 312
英米法	50
エストッペル（禁反言）	284
択捉	200
近江商人	201, 207
大蔵卿	213
大阪上等裁判所	215
オーストリア	53, 92
オーストリア法	88
大番頭	267
大元方	206
岡山始審裁判所	218
オランダ東インド会社	13, 40, 124, 169, 388
オルデンブルク	28

■か 行

外圧	405
ガイウス法学提要	7
海外商事法務調査会	110

索引

開業の自由 …… 178
開業費 …… 302
会計学 …… 194
会計帳簿・書類閲覧権行使 …… 356
外国会社 …… 290
解散 …… 39, 130, 320
会社 …… 125
　──の利益 …… 112
会社荒し …… 352
会社グループに関するヨーロッパ・
　フォーラム …… 183
会社契約 …… 107, 233
会社経理統制令 …… 285
会社条例 …… 221
会社責任説 …… 218
会社設立無効事由 …… 99
会社取扱内則 …… 248
会社并組合条例審査局 …… 223
会社弁 …… 211, 391
会社法指令 …… 136
会社法制の現代化に関する要綱 …… 359
会社法制の現代語化 …… 359
会社法専門家ハイレベル・グループ
　…… 143, 358, 401
会社法ハイレベル・グループ報告書 …… 2
海上遭難 …… 199
開発費 …… 302
廻文会社（バンク・オブ・
　シルクレーション） …… 211
確定した資本金の原則 …… 42, 97
確定性の原則 …… 120
額面株式と無額面株式の相互転換 …… 302
蔭歩 …… 202
貸株 …… 272
貸付会社
　（バンク・オブ・ジスカウント） …… 211
価値権 …… 100, 340
合併 …… 39, 52, 94, 139, 215, 275
合併比率 …… 343

加入 …… 203
加入貸し …… 203, 204
株価の大暴落 …… 30
株金の全額払込制 …… 235
株金の分割払込み …… 235
株券 …… 216, 217, 318
株式 …… 21, 98, 234, 255, 281
株式会社 …… 170, 223, 354
株式会社設立許可状 …… 241
株式会社設立無効 …… 46
株式会社に関する法律 …… 20, 389
株式会社の監査等に関する商法の
　特例に関する法律 …… 306
株式会社の設立無効の瑕疵の治癒 …… 46
株式買取請求権 …… 52, 299, 344, 371
株式買取請求権制度 …… 374
株式合資会社 …… 124, 170, 354
株式社団 …… 59
株式消却 …… 58
株式相互保有 …… 313
株式取引条例 …… 222, 224
株式取引所条例 …… 224
株式の自由譲渡性 …… 18
株式併合 …… 58
株式法 …… 1, 68
株式法第一次草案 …… 68
株式法大コンメンタール …… 117
株式法第二次草案 …… 68
株主 …… 13
　──の解説請求権 …… 80
　──の間接有限責任 …… 41
　──の財産権 …… 359
　──の誠実義務
　　…… 77, 127, 338, 368
　──の長期の関与の観点から
　　株主権指令を改正する指令 …… 160
株主価値 …… 192
株主権 …… 34, 318
株主権指令 …… 162

索 引 415

株主総会 28, 34, 79, 236, 282
株主総会決議 241
株主総会招集権 100, 122
株主総会中心主義 297
株主代表訴訟 101, 132, 164, 188
株主代表訴訟制度 355
株主牒 225
株主登録 142
株主平等原則 329
株主平等取扱原則 86
株主フォーラム 166
株主民主主義 103
株主名簿 142, 241
株主有限責任 15
株主有限責任原則 24, 33, 389
仮株券 21, 66
カリ・ザルツ判決 129
カルテル 263, 292
カルテル法 179
カルドア＝ヒックスの基準 366
家令 267
為替会社（バンク・オブ・エクスチェンジ） 211
簡易形式による資本減少 67
簡易減資 67, 68
監査等委員会制度 362
監査等委員会設置会社 363
監査役 237
監査役会 28, 37, 63, 79
慣習法 12
干渉主義 326
勘定奉行 210
間接損害 101
官庁 38
管理権 107
関連当事者取引 161
議員立法 358, 403
機会の均等 136
機関 60, 90, 128, 236, 256

機関権 100, 340
機関設計の柔軟化 406
機関論 60
企業家 10
企業会計原則 301
企業家的共同決定研究会 175
企業グループ 376
企業結合法 406
企業自体の思想 75
企業組織の法 292
企業の社会的責任 192, 307
企業の社会的責任指令 158
　　──の国内法化のための法律 159
企業の社会的責任報告書 159
企業の誠実性及び取消権の現代化の
　ための法律 148, 164
企業の利益 75, 112, 125, 134, 192
企業買収法 124
企業法論 124
起業目論見書 224
企業領域における統制および透明化の
　ための法律 141, 164
議決権 100
　　──拘束契約 134
　　──なき優先株式 156
規制緩和 67, 169
規制強化 64
貴族 12
議題提案権 31
基本権 3
基本権保護義務 372
基本法 85
ギムナジウム修了資格 136
記名株式と議決権行使簡素化のための
　法律 142
救世主条項 27, 390
共益権 47, 321, 328, 347
教会法 12
恐慌 30

教授資格論文	87, 136, 187
強制規範	191
共同管理権	33, 57
共同決定制度	63
共同決定法	85, 155, 396, 406
共同相続	47
共同利益は個人利益に優先する	72, 103, 131
業務執行権	59
許可主義	213, 254, 393
木を見て森を見ず	115
金貨貸借対照表令	63
緊急命令	1, 64, 66-68, 281, 395
銀行創立証書	213
銀行創立費	218
銀行法	133
金融立国	365
クイストープシェン銀行	30, 232
組合訴権	108
繰延資産	302
繰綿商	208
グループ契約	368
グループ利益	77
軍事活動	10
軍需会社法	287
経営史学	199
経営の委任	282
経営判断原則	128, 188, 377, 406
経済学	194
経済協力開発機構	158, 303
経済組織の法	292
経済的効率性	3
計算	24
計算書類	324
継受	3
芸術活動	10
契約なくして支配なし	368
ゲオルク銀行	97
ゲザムトハント（合手体）	126, 394
ゲゼルシャフト	99, 125
決算検査人	64
ゲッチンゲン大学	232
ゲノッセンシャフト	59, 60, 391
ゲマインデ（市町村）	149
ケルゼン・ルネサンス	191
ケルパーシャフト	7, 53, 58, 60, 340, 391
ゲルマン法	42
ケルン大学	117
原価以下主義	302
厳格主義	9
原価主義	302
検査役	239
検査役制度	380
検査役選任権	122
建設利息支払請求権	48
現場の知識	375
現物出資	30, 321, 391
遣米使節	210
権利能力ある社団	58
権利能力を有するソキエタス	228, 392
元老院	223
公開会社	143
交換媒介	53
公権力	374
公告	219, 392
――義務	37
合資会社	16, 205
公示主義	24
合手体（ゲザムトハント）	126, 394
公証	246
公正な価格	374
構造的コンツェルン規制	110
高度経済成長	315
功納金	207
公務員	38
合名会社	13, 16
合目的性	332
国際会社法	123
国際私法	365

国立銀行	212
国立銀行条例	212, 391, 394
個人企業の法人成り	353
個人は社団の負責するものを負責することなし	13
国家社会主義	69, 396
国家社会主義原則	72, 103
国家社会主義思想	72
国家社会主義ドイツ労働者党（ナチス）	277
国家神学	189
国家総動員法	285
国家二面説	189
国家の監督	57
国家の基本権保護義務論	373
国家法	374
固定報酬	73
個別権	57
コーポレート・ガバナンス	141, 266, 401
コメンダ	6, 10, 199
コモンセンス	54
コモンロー	125
固有権	47, 91
ゴルトシュミット商法雑誌	228
コレガンチア	11
コンツェルン	94, 209, 292, 368, 376
——形成規制	134
——指揮義務	134, 185
——宣言	185
——法上の契約主義	109
——利益	74, 77, 123, 131
コンパニア	12

■さ　行

債券	240
債券法	149
最高裁判事	347
最高の機関	106, 128
財産権	100, 107
財産権保障	369, 372-374
財産譲渡	94, 139
財産引受	279, 321
財産法	302
財産目録	324
財産目録書	241
最低資本金	27, 354
財閥家族	288
債務超過	37, 384
債務法	99
詐害的会社分割	384
詐欺	57
ザクセン	28
鎖国	199
サービス会社	185, 186
山陽特殊鋼	305
残余財産分配請求権	100
GHQ	288
自益権	47, 321
ジェノヴァ	10, 97
ジェラティーネ判決	161
ジェンダー・バランス	154
私企業および公企業における管理者の地位への男女の同権的参加に関する法律	402
事業者団体	264
事業所委員会構成員の監査役会への派遣に関する法律	63
事業所委員会法	63
事業年度	23
資金洗浄対策	157
試験研究費	302
自己株式	43, 68
——取得	49, 66
——取得規制	65, 281
自己機関制	270
自己資本	333
事後設立	98, 280
資産評価	25
事実主義	110
事実上の会社	45

事実上のコンツェルン ……………… 113
事実上のコンツェルン違法説 ……… 95
事実上の取締役 ………………………… 369
　——の法理 ……………………………… 367
市場と組織の経済学 …………………… 163
私人間効力 ……………………………… 371
私人間適用 ……………………………… 373
自然は飛躍をなすものではない …… 327
自然法 ……………………………………… 117
シックス・ポイント …………………… 290
実証研究 ………………………………… 192
質問権 …………………………………… 100
私的自治の原則 ………………………… 373
指導者 ……………………………………… 71
　——原理 ……………… 70, 131, 396, 400
　——主義 ……………………………… 103
支配権 …………………………………… 100
支配・従属関係 ………………………… 209
支配説 …………………………………… 351
紙幣頭 …………………………………… 213
資本維持の原則 ………………………… 317
資本移動の自由 ………………………… 181
資本家（コメンダトール） …………… 10
資本確定の原則 …………………… 97, 295
資本金 ……………………………………… 97
　——の継続的維持 …………………… 43
　——の充実 …………………………… 43
資本金安定の原則 ……………………… 43
資本金制度 ……………………………… 164
資本減少 ………………………………… 67
資本市場 ………………………………… 127
資本市場法 ………………… 124, 133, 134, 188
資本充実の原則 ………………………… 97
資本増加 …………………………… 31, 38
資本団体 …………………………………… 12
資本と株式の関連性 …………………… 296
資本不変の原則 ………………………… 317
社員権 ……………… 32, 46, 57, 91, 98, 108, 319, 321
社員権一体の原則 ……………………… 91

社員権の不可分性 ……………………… 108
社員権否認論 …………………………… 328
社員権不可分の原則 …………………… 33
社員権論 ………………………………… 33
社員録 …………………………………… 221
社外取締役 ……………………………… 363
社債 ……………………………… 258, 284, 320
社債権者集会 …………………………… 284
社団 ……………………………………… 6, 125
社長 ……………………………………… 323
衆議院特別委員会 ……………………… 271
従業員持株制度 ………………………… 357
修正された組合 …………………… 25, 389
従属報告書 ……………………… 111, 113, 162
収斂 ……………………………………… 193, 406
授権株式 ………………………………… 295
授権規範 ………………………………… 191
授権資本 ……………………………… 80, 294
出資の払戻し ……………………………… 43
出資払戻禁止 …………………………… 129, 257
出資払戻禁止規定 ……………………… 134
遵守せよ，さもなければ説明せよ
　………………… 144, 146, 156, 361, 401
純粋法学 …………………………… 189, 191
準則主義 ………… 29, 44, 53, 230, 254, 326, 393
準備金 ……………………………………… 38
商 ………………………………………… 53
小株式会社の規制と株式法の規制緩和の
　ための法律 ………………………… 138, 354
小規模閉鎖会社 ………………………… 383
商業裁判所 ……………………………… 23
商業帳簿 ………………………………… 86
証券史研究 ……………………………… 199
条件付増資 ……………………………… 80
商事裁判所 ……………………………… 56
商社御用聞 ……………………………… 210
上場会社 …………………………… 143, 155
　——の取締役の報酬の適正な規制のため
　　の勧告 …………………………… 147

索引

——の非業務執行役員におけるジェンダー・バランスの改善に関する指令案 —— 402
少数株主権 —— 122
商的色彩論 —— 333
商法案 —— 243
商法＝企業法説 —— 93
商法修正案理由書 —— 230, 254
商法対象論 —— 53
商法中改正法律案理由書（総則・会社）—— 277
消滅分割 —— 140
常陽銀行 —— 216
剰余金配当 —— 24
殖産興業 —— 223
書類閲覧権 —— 290
新株の打切発行 —— 317
新株発行 —— 38
新株引受権 —— 51, 52, 100, 129, 299
審議会等の整理合理化に関する基本計画 —— 357
新商法 —— 251
人的会社 —— 59
人的合手共同体 —— 114
人名会社 —— 223
心理学 —— 194
新ロマネスク調 —— 83
スイス —— 93, 99
　　——債務法 —— 281
　　——法 —— 50
　　——民法典 —— 126
スウェーデン法 —— 88
数量規制 —— 358
数量規定 —— 65
ステークホルダー —— 75, 78, 125
ストック・オプション —— 346, 357, 403
住友合資会社 —— 266
スロベニア —— 178
正義 —— 3

請求権 —— 341
清算 —— 130, 242, 320
清算会社 —— 46
生産責任者 —— 287
生産担当者 —— 288
清算人 —— 31
政治活動 —— 10
製紙所連合会 —— 263
西南戦争 —— 223
西洋事情 —— 211, 214, 391
成立中の法人 —— 114
世界恐慌 —— 64, 276
世界法の理論 —— 325
責任ある経営 —— 81, 395
責任形態 —— 96
責任無限会社 —— 221
ゼスト —— 11
絶対的記載事項 —— 24, 27, 99
絶対的必要事項 —— 318
設立 —— 230, 254
　　——地準拠法主義 —— 171, 364
　　——中の会社 —— 44, 89, 98, 133, 318, 327, 328
　　——中の株式会社 —— 19, 60
　　——中の有限責任会社 —— 219
　　——登記主義 —— 45
　　——認可主義 —— 45
セルビア —— 270
戦時会社法 —— 285
全商法雑誌 —— 252
選任 —— 166, 345
船舶共有団 —— 13, 41
総会屋 —— 311
総額引受主義 —— 294
総社員ノ集会 —— 222
相対的必要事項 —— 318
創立証書 —— 224
僧侶 —— 12
訴額 —— 355

420 索引

ソキエタス ……………………………… 7, 8
　――・プブリカノルム ……… 6, 8, 39
属人法 ……………………………………… 364
組織 ………………………………………… 115
　――改革（スクラップ・アンド・ビルド）
　　　……………………………………… 376
　――契約 ………………………………… 107
　――再編 ……………… 25, 52, 94, 139, 259
　――再編法 …………………… 39, 124, 139
　――体 …………………………………… 60
租税徴収 …………………………………… 7
ソフトロー ………………………………… 146
Soll 規定 …………………………………… 49
ソルベンシーテスト ……………………… 144
損益共同体契約 …………………………… 282
損益計算書 ………………………… 78, 324
損益相殺 …………………………………… 152
損益法 ………………………………… 301, 302
存続分割 …………………………………… 140
忖度 ………………………………………… 377

■た　行

第一議会 …………………………… 251, 393
第一国立銀行 ……………………… 199, 391
第一次世界大戦 …………………… 62, 131, 399
第三議会 …………………………… 251, 393
第三者機関制 ……………………………… 227
胎児 ………………………………………… 44
貸借対照表 ……………… 20, 78, 84, 91, 241, 324
　――指令法 ………………………… 86, 397
　――真実性の原則 ……………………… 333
対象 ………………………………………… 106
代償 ………………………………………… 110
太政官 ……………………………………… 247
太政官布告 ………………………………… 199
退職手当 …………………………………… 72
大審院 ……………………………………… 45
対第三者責任 ……………………………… 36
第二次株式法改正 …………………… 48, 49

第二次世界大戦 …………………………… 399
第二次ポエニ戦争 ………………………… 8
第二四国立銀行 …………………………… 217
第百国立銀行 ……………………………… 219
第一三二国立銀行 ………………………… 217
第一四六国立銀行 ………………………… 218
代表権濫用行為 …………………………… 115
代表訴訟 …………………………………… 298
代表訴訟制度 ……………………………… 380
代表取締役 …………………………… 297, 363
大名貸し …………………………………… 203
第四議会 …………………………………… 393
第六二国立銀行 …………………………… 216
蛸配当 ……………………………………… 322
多数決原理 ………………………… 70, 103
立会略則 …………………………… 212, 391
建 …………………………………………… 207
店卸勘定 …………………………………… 208
店掟目 ……………………………………… 208
他人資本 …………………………………… 333
玉川電鉄 …………………………………… 267
多様性 ……………………………………… 153
単位株 ……………………………………… 358
段階的設立 ………………………… 90, 98
団結権 ……………………………………… 373
単元株 ……………………………… 358, 359
単純多数決 ………………………………… 20
団体＝有機体 ……………………………… 191
担保債権者名簿 …………………………… 241
チェコ ……………………………………… 178
地区労働委員会 …………………………… 62
知悉責任 …………………………………… 180
中央集権型コンツェルン ………………… 376
中間組織 …………………………… 96, 368
中世ヨーロッパ …………………………… 10
チューリンゲン諸邦 ……………………… 53
帳簿 ………………………………………… 23
帳簿閲覧権 ………………………………… 299
貯蔵株 ……………………………………… 68

索引 421

通常集議 ………………………………… 222
通常でかつ誠実な業務指揮者 ………… 79
通常の事業者 …………………………… 79
定款 ……………………………… 24, 233, 241
　　──による株式譲渡制限 ……… 302
定款自治 ……………………………… 127
ディゲスタ ……………………………… 9
手形小切手法 ………………………… 251
敵対的企業買収防衛策 ……………… 304
適法性 ………………………………… 332
手続による少数派保護 ……………… 120
鉄道会社 ……………………………… 38
鉄道事業に関する法律 …………… 18, 389
デット・エクイティ・スワップ …… 149
デット・ハイブリット・スワップ … 149
テロ対策 ……………………………… 157
転換株式 …………………………… 279, 294
転換社債 ……………………… 279, 294, 325
デンマーク株式会社法 ……………… 66
ドイツ会計学 ………………………… 91
ドイツ会社法専門家グループ ……… 172
ドイツ企業買収法 …………………… 144
ドイツ・コーポレート・ガバナンス規準
　　……………………………… 125, 145
ドイツ社会民主党 …………………… 136
ドイツ商法 …………… 52, 62, 86, 99, 395, 397
　　──学 …………………………… 52
ドイツ帝国憲法 ……………………… 62
ドイツ帝国商法典 ………………… 1, 62
ドイツ電子連邦公報 ……………… 147, 166
ドイツ同盟 …………………………… 26
ドイツ普通商法典 …………………… 27
ドイツ法 ……………………………… 52
　　──アカデミー株式法委員会 … 70, 102
　　──系 …………………………… 31
ドイツ法律家会議 ……………… 29, 54, 83
ドイツ法律家会議経済法部会 …… 154, 174
ドイツマルク貸借対照表法 ………… 292
ドイツ民法 …………………………… 1

ドイツ有限会社法の現代化と
　　濫用対処のための法律 ………… 149
ドイツ連邦家族老人女性青年省 …… 153
ドイツ連邦司法省 …………… 82, 83, 292
TUIグループ ………………………… 177
TUI航空事件判決 …………………… 176
当為と存在の峻別 …………… 189, 190, 194
登記書類 ……………………………… 241
東京急行 ……………………………… 267
東京控訴院 …………………………… 218
東京大学 ……………………………… 41
統計学 ………………………………… 194
同権的共同決定 ……………………… 85
統裁主義 ……………………………… 335
投資家保護 …………………………… 133
同時設立 …………………………… 90, 98
透視理論 …………………………… 112, 188
統制会社令 …………………………… 287
頭取 ……………………………… 14, 38
透明性および公開法 ………………… 145
独裁主義 ……………………………… 335
　　──株式会社法 ………………… 335
特別権 …………………………… 91, 100
特別財産 ……………………………… 115
特別支配株主の株式等売渡請求権 … 363, 404
特別集議 ……………………………… 222
特別調査委員会 ……………………… 271
特別利害関係人 …………………… 283, 310
匿名組合 ……………………………… 199
　　──契約 ………………………… 12
独立採算制 …………………………… 265
独立当事者間取引 …………………… 379
特許状 ……………………………… 13, 40
トップダウン ………………………… 376
取締役 ……………………… 28, 38, 79, 237
　　──の違法行為差止請求権 …… 298
　　──の対会社責任 ……………… 37
　　──の報酬の相当性 ………… 73, 131
取締役員 …………………………… 331, 345

取締役会	297
取締役報酬開示法	147
取締役報酬の相当性に関する法律	76, 150
トリノ商事裁判所	35

■な 行

内国通運会社	217
内部留保金	304
中井家コンツェルン	207
抛銀（なげがね）	199
ナショナル・バンク	212, 391
ナチス綱領	69, 395
ナチス思想	69, 75, 81
二元型	174, 401
日米構造協議	299, 356
日露戦争	267
日産	267
日清戦争	41, 263
日本硝子製造会社	219
日本国憲法	369, 373
日本法	50
ニューヨーク証券取引所	276
ニュルンベルク	12, 26
任意準備金	320
認可資本	80, 400
認可主義	53, 54
任用	166, 345
任用契約	134, 166, 346
ネオ・リベラリズム	132, 135, 186
年度計算書類	78
年度決算決議	241
年度構造報告書	185
年度取引報告書	185
農商務省	248, 254
ノルウェー	153

■は 行

バイエルン	53
媒介説	53

ハイデルベルク大学	32, 87
配当保証	110
バーゲニング・パワー	344
破産（倒産）	23
──法	251
バーゼル大学	93
抜粋書	233
罰則	31
バーデン	18, 28
ハノーヴァー	379
バブル崩壊	2, 353, 376
パルティチパチオ	11
パルティツェプス	11
ハンガリー	178
ハンザ都市	26, 28
ハンブルク	26
ハンブルク銀行	207
比較法	88
東アジア	375
引受設立	89
ビデオ判決	111
一株一議決権原則	214, 225, 239
人の権利	59
非ナチ化政策	131
秘密準備金	84
秘密準備金＝違法説	333
兵庫商社	210
比例代表	299
広島銀行	218
フェアネス・オピニオン	184
フェーダー綱領	69, 395
フェルトミューレ判決	107
付加の給付株式会社	92
副社長	323
富士川会社	216
附帯決議	307
ブラウンシュヴァイグ	53
フランクフルト大公国	18
フランス	53, 92

——商法典	6, 16, 40, 60
——法	50, 88, 237
——法学派	273
——法系	31
ブランデンブルク東インド会社	15, 388
古手商	208
ブレーメン	26
プロイセン	30
プロイセン一般ラント法	19
プロイセン株式法	24
プロイセン上級商業裁判所	29
分割	94, 139
分権型親子会社	376
分社	215
粉飾決算	305
分離説	134, 167, 345
分離分割	140
平均配当性向	266
米国	52
——化	3
閉鎖会社	143
米商会所条例	216
ヘッセン	53
ベニス	11
ベルギー法	50
変態設立	321
——事項	98
変態的不利益付与	95, 381
貿易商人	199
俸給	72
法形式の変更	94, 139
冒険事業	14
法人格否認の法理	347
法人実在説	190
法人=特別財産説	119
法人論	112
法制史学	199
法制審議会	403
——会社法部会	357

——商法部会	307
法政大学	261
紡績連合会	264
法定準備金	320
法的移植物	198, 393
法典論争	251, 393
法と経済学	163, 193, 349, 350, 403
法の見える手	171
簿記	65
保護すべき利益	74
保護に値する利益	103
募集設立	90, 280
補償原理	366
保証有限会社	221
発起	230
発起設立	98, 280
発起人共同体	114
発起人組合	108, 327
発起人時代	30
発起人の特別利益	321
発起人の報酬	321
ボトムアップ	375
ポーランド	178
ホルツミュラー判決	134, 161
ポルトガル	178, 270
本拠地準拠法主義	171
ボン=ケッセニッヒ	83
ボン大学	111

■ま 行

孫会社	134
松方デフレ	243
マックスプランク外国私法国際私法研究所	188
満州事変	277
三井銀行	264
三井家組織ニ関スルマックス・ウォルブルク氏ノ意見書	265
三井鉱山	264

三井合名会社 ……………………………… 265
三井財閥 …………………………………… 267
三井物産 …………………………………… 264
三菱合資会社 ……………………………… 265
三菱樹脂事件判決 ………………………… 371
三菱UFJ銀行 ……………………………… 219
みなし併合 ………………………………… 309
ミュンヘン大学 …………………………… 88
民事局長通達 ……………………………… 300
民事裁判所 ………………………………… 23
民主主義的大衆原理 ……………………… 70
民族共同体 ………………………………… 69
　　――の意志 …………………………… 69
無額面株式 ………………………………… 295
　　――の許容に関する法律
　　　　………………………………………… 141
無過失の抗弁 ……………………………… 378
無議決権株式 ………………………… 294, 325
武蔵電鉄 …………………………………… 267
無人会社 …………………………………… 119
無名会社 ……………………………… 16, 388
名士 ………………………………………… 267
明治前期大審院民事判決録 ……………… 215
メキシコ …………………………………… 270
メクレンブルク …………………………… 53
メーデバッハ都市法 ……………………… 11
目的 ………………………………………… 106
目的財産 …………………………………… 106
目論見書 ……………………………… 233, 241
持株会社 ……………………………… 265, 376
持株比率の維持 …………………………… 39
持分会社コンツェルン …………………… 217
持分権 ……………………………………… 14
元伏木村 …………………………………… 215
模範会社法 ………………………………… 126
モリンソン商会 …………………………… 218

■や 行

役員賞与 …………………………………… 266

八幡製鉄政治献金事件判決 ……………… 190
有価証券の取得および企業買収のための公開
　　買付の規制に関する法律 …………… 144
有機的生命体 ……………………………… 60
遊休資本 …………………………………… 222
有限会社 …………………………………… 354
有限定額会社 ……………………………… 221
優先株式 …………………………………… 240
ユーゴスラビア法 ………………………… 88
預金会社（バンク・オブ・デポシット） … 211
横浜丸善為替店 …………………………… 219
ヨーロッパ委員会 ……………………… 2, 77
ヨーロッパ化 ………………………… 170, 173
ヨーロッパ株式会社 ……… 124, 174, 354, 359
ヨーロッパ議会 …………………………… 155
ヨーロッパ・コンツェルン法
　　フォーラム ………………………… 183
ヨーロッパ裁判所補佐官 ………………… 177
ヨーロッパ私会社 ………………………… 144
ヨーロッパ首脳会談 ……………………… 2
ヨーロッパにおける国境を越えた指揮を
　　容易化するための法的枠組みのための
　　要綱 …………………………………… 183
ヨーロッパ法 ……………………………… 85
ヨーロッパ連合 …………………………… 2
四分の三多数決 …………………………… 235

■ら 行

ライヒ裁判所 …………………… 36, 78, 95
ライヒ司法省 ……………………………… 131
ライヒ労働委員会 ………………………… 62
ラント法 …………………………………… 18
リアリズム法学 …………………………… 350
利益配当請求権 …………………………… 100
リスボン会議 ……………………………… 142
利息禁止法令 ……………………………… 12
立法事実 …………………………………… 194
略奪的株主 ………………………………… 312
良俗 ………………………………………… 95

臨時集会	222
累積投票	290, 299, 306
ルカ伝	12
ルノー	35
ルーマニア	52
レヴィ記	8
レース・トゥ・ザ・ボトム	171
レスポンデンシア	200
連合国	1, 131
連邦憲法裁判所	85, 107, 369
労働基本権	373
労働者事業所	62
労働者代表	62
労力団体	12
ロェスレル草案	226
六度寺村通運会社	215
ローゼンブルーム・ドクトリン	183
ローマ時代	8
ローマ帝国	8
ローマ法	9, 13, 42, 392
ローマ法による商事会社の財産の法的性質	226

■わ 行

ワイマール期	1, 312
ワイマール憲法	62
わが闘争	102
和仏法律学校	261

■数 字

1843年プロイセン株式法	389
1875（明治8）年内務省「会社条例」草案	221
1881（明治14）年「会社条例」草案	223
1881（明治14）年会社条例	223
1882（明治15）年商法案	243
1934年組織変更法	81
1937年株式法	78
1965年株式法	85
1994年組織再編法	94
2016年株式法改正	156

人名索引

■ア 行

アスマン ……………………………………… 163
アーニス ……………………………………… 168
アーベルツハウザー ………………………… 135
石井照久 ……………………………………… 293
磯部四郎 ……………………………………… 261
今井賢一 ……………………………………… 376
今井宏 ………………………………………… 382
ヴァールブルク ………………………… 207, 265
ヴィッテ ……………………………………… 341
ヴィーデマン ………………………… 117, 133, 398
ヴィートヘルター ……………………… 37, 132
ヴィーラント ……………… 93, 100, 101, 395, 400
ウィリアムソン ……………………………… 163
ヴィルヘルム ………………………………… 133
ヴィントシャイト ……………………………… 8
ヴィンドビヒラー ……………………… 167, 227
ウェーバー …………………………………… 10
上柳克郎 ……………………………………… 110
梅謙次郎 …………………… 261, 268, 273, 315
ヴュルディンガー ………………… 105, 166, 397
ウンガー ………………………………………… 8
江頭憲治郎 ……………………………… 360, 381
エメリッヒ …………………………………… 168
大隅健一郎 ……………… 24, 31, 294, 336, 382
大森忠夫 ……………………………………… 294
岡野敬次郎 ……………… 261, 268, 315, 398, 405
奥田義人 ……………………………………… 268
小栗上野介 …………………………………… 210

■カ 行

カーザー ………………………………………… 6
カズヴスキ …………………………………… 102
河村譲三郎 …………………………………… 268
河本一郎 ……………………………………… 110
カーン ………………………………………… 134
神作裕之 ……………………………………… 188
菅野喜八郎 …………………………………… 191
菅野和太郎 …………………………………… 200
岸本辰雄 ……………………………………… 261
キスカルト …………………………………… 70
キースリング ………………………………… 19
ギールケ ………………… 42, 44, 58, 61, 118, 189, 261, 319, 326, 391
クヌーテル ……………………………………… 7
クーブラー ……………………………… 163, 403
クラウジング …………………………… 72, 73
グリューネバルト ……………………………… 168
クールマン …………………………………… 168
クルーン ……………………………………… 188
グロースフェルト ……………………… 101, 132
クロンシュタイン ……………………………… 87
ゲスラー ………………………… 83, 102, 132
ケルゼン ……………………………………… 189
鴻池善右衛門家 ……………………………… 203
コース ………………………………………… 163
五島慶太 ……………………………………… 267
小町谷操三 …………………………………… 97
コーラー ………………………………… 100, 340
ゴルトシュミット …………… 52, 54, 56-58, 61, 252, 391

■サ 行

齊藤十一郎 …………………………………… 268
ザイベルト …………………………………… 292
サヴィニー …………………………………… 118
佐藤幸治 ……………………………………… 372
シェーファー ………………………………… 168
志田鉀太郎 ……………………………… 261, 268
渋沢栄一 ………………………… 211, 212, 391
シュヴィントフスキ …………… 136, 173, 292

シュウタウプ	327
シュミット	151, 167
シュミット＝ライトホフ	134
シュルンブラント	188
シュレーゲルベルガー	102
菅原菊志	110
鈴木竹雄	41, 293, 329, 336, 382
ゼンガー	168

■タ 行

タイヒマン	178
高田源清	336
高田晴仁	237
竹内昭夫	41, 110
田中耕太郎	325
田部芳	268, 315
谷川久	110
チマーマン	7
ツェルナー	133
津島憲一	41
鶴田晧	231, 243
テイーゼン	292
トゥール	25
富井政章	268
富谷鉎太郎	268
ドロブニッヒ	135

■ナ 行

ニーマン	211
ノアーク	134

■ハ 行

ハイム	168
バウム	135, 188
バウムバッハ	104
バウムス	25, 134
八郎兵衛高利	206
パッソー	87
服部榮三	32
バッハマン	172, 175
鳩山和夫	268
花井卓蔵	271
ハバーザック	134, 154, 162, 168, 175, 177, 179, 291, 356
浜田道代	301
バラーシュテット	133
原嘉道	268
ハーン	37
ビッター	168
ヒトラー	69, 102, 131, 276
ヒルテ	168
ビンディング	93
ファイル	124, 188
フェアゼ	170, 175, 187, 356
フォン・イエーリング	232
フォン・ハイン	187
フォン・ビューロー	329
福沢諭吉	211, 391
福地源一郎	211, 391
フーゴー	117
フック	104, 133, 167
ブラント	136
プリンツ	106
フルーメ	111, 397
フレックナー	7, 9, 10
ヘーファーメール	102
ベルツ	188
ヘルビッヒ	102
ヘルマン	8
穂積八束	268
ホプト	117, 133, 187, 403
ホメルホフ	185

■マ 行

マーキュアート	8
益田孝	265
松田二郎	297
松田正久	268

松本烝治 ……………… 273, 278, 300, 320, 384, 398
マルメンディア ……………………………………… 9
宮本又郎 ……………………………… 204, 205, 209
ミュラー＝エルツバッハ
　　　　　………………… 43, 88-90, 131, 395, 400
ミュルベルト ……………………………………… 134
ミル ………………………………………………… 211
ムッソリーニ ……………………………………… 276
メストメッカー ………………………… 95, 132, 185
メルクト …………………………………………… 187
元田肇 ……………………………………………… 268
森本滋 ……………………………………………… 347

■ヤ 行

安岡重明 ……………………………………… 204, 205
山口尚芳 …………………………………………… 223
山本敬三 …………………………………………… 372

ユング ……………………………………………… 188

■ラ 行

ライザー …………………………… 123, 254, 398
ラーバント ………………………………… 43, 329
リットナー ………………………………… 133, 134
リペール ……………………………………………… 97
ルーズベルト ……………………………………… 276
ルッター …………………………… 133, 172, 359
ルノー ………………… 8, 32, 61, 87, 166, 318, 391
レーゲルスベルガー ……………………… 47, 321
レービンダー ……………………………………… 132
レーマン …………………… 9, 13-15, 40, 45,
　　　49, 50, 52, 61, 87, 92, 97, 327, 391
レーメ ……………………………………… 252, 255
レーンホルム ……………………………………… 41
ロェスレル ……………………… 226, 268, 392, 405

[著者紹介]

高橋　英治（たかはし　えいじ）

〔略歴〕
1962年　神奈川県生まれ
1987年　東北大学法学部卒業
1989年　東北大学法学修士
1990年10月—1993年9月　ドイツ学術交流会（DAAD）奨学生
1992年　ゲッチンゲン大学法学修士（Magister iuris）
1994年　ゲッチンゲン大学法学博士（Doktor der Rechte）
1997年　東北大学博士（法学）
2000年8月—2002年7月　アレキサンダー・フォン・フンボルト財団研究員
2007年4月より　大阪市立大学大学院法学研究科教授
2009年1月　第13回大隅健一郎賞受賞

〔主要著作〕

Konzern und Unternehmensgruppe in Japan - Regelung nach dem deutschen Modell? Max-Planck-Institut, Studien zum ausländischen und internationalen Privatrecht Bd. 38, J.C.B. Mohr（Paul Siebeck）（1995）

『従属会社における少数派株主の保護』（有斐閣，1998年）

『ドイツと日本における株式会社法の改革——コーポレート・ガバナンスと企業結合法制』（商事法務，2007年）

『企業結合法制の将来像』（中央経済社，2008年）

『ドイツ会社法概説』（有斐閣，2012年）

『企業集団与少数股东的保护』（法律出版社，2014年）

『会社法概説〔第3版〕』（中央経済社，2015年）

『会社法の継受と収斂』（有斐閣，2016年）

Die Rezeption und Konvergenz des deutschen Handels- und Gesellschaftsrechts in Japan: Gesammelte Schriften, Nomos（2017）

日本とドイツにおける株式会社法の発展

2018年12月1日　第1版第1刷発行

著者　高　橋　英　治
発行者　山　本　　　継
発行所　㈱中央経済社
発売元　㈱中央経済グループ
　　　　パブリッシング

〒101-0051　東京都千代田区神田神保町1-31-2
電話　03 (3293) 3371 (編集代表)
　　　03 (3293) 3381 (営業代表)
http://www.chuokeizai.co.jp/
印刷／㈱堀内印刷所
製本／誠製本㈱

©高橋英治 2018
Printed in Japan

＊頁の「欠落」や「順序違い」などがありましたらお取り替えいたしますので発売元までご送付ください。(送料小社負担)
ISBN978-4-502-27831-0 C3032

JCOPY〈出版者著作権管理機構委託出版物〉本書を無断で複写複製 (コピー) することは，著作権法上の例外を除き，禁じられています。本書をコピーされる場合は事前に出版者著作権管理機構 (JCOPY) の許諾を受けてください。
　JCOPY〈http://www.jcopy.or.jp　eメール：info@jcopy.or.jp　電話：03-3513-6969〉